心理學概要 第十一版

Psychology: An Introduction, 11e

Benjamin B. Lahey
University of Chicago
著

黎士鳴　鍾天鳴
編譯

國家圖書館出版品預行編目資料

```
心理學概要 / Benjamin B. Lahey 著；黎士鳴, 鍾天鳴
    編譯. – 三版. -- 臺北市：麥格羅希爾, 2016.04
    面；  公分. -- (社會科學叢書；S011)
    譯自：Psychology: An Introduction, 11th ed.
    ISBN  978-986-341-232-8 (平裝)
    1. 心理學
    170                                           104027034
```

社會科學叢書 S011

心理學概要 第十一版

作　　　者	Benjamin B. Lahey
編 譯 者	黎士鳴 鍾天鳴
教科書編輯	許玉齡
企 劃 編 輯	陳佩狄
業 務 行 銷	李本鈞 陳佩狄 林倫全
業 務 副 理	黃永傑
出 版 者	美商麥格羅希爾國際股份有限公司台灣分公司
地　　　址	台北市 10044 中正區博愛路 53 號 7 樓
讀 者 服 務	E-mail: tw_edu_service@mheducation.com TEL: (02) 2383-6000　　FAX: (02) 2388-8822
法 律 顧 問	惇安法律事務所盧偉銘律師、蔡嘉政律師
總經銷(台灣)	臺灣東華書局股份有限公司
地　　　址	10045 台北市重慶南路一段 147 號 3 樓 TEL: (02) 2311-4027　　FAX: (02) 2311-6615 郵撥帳號：00064813
網　　　址	http://www.tunghua.com.tw
門　　　市	10045 台北市重慶南路一段 147 號 1 樓　TEL: (02) 2382-1762
出 版 日 期	2016 年 4 月（三版一刷）

Traditional Chinese Adaptation Copyright © 2016 by McGraw-Hill International Enterprises, LLC., Taiwan Branch
Original title: Psychology: An Introduction, 11e   ISBN: 978-0-07-803516-6
Original title copyright © 2012 by McGraw-Hill Education
All rights reserved.

ISBN：978-986-341-232-8

※著作權所有，侵害必究。如有缺頁破損、裝訂錯誤，請寄回退換

譯者序

感恩與感謝

　　意外地接到再版的訊息，面對再版的壓力，就是要思考新版中要多提供些什麼訊息給大家。除了原文書已針對近期的心理學研究做了資料更新以外，還要感謝麥格羅・希爾國際出版公司願意接受我們的意見加入了一些插圖，希望這些插圖可以從右腦的圖像區激起我們原有的心理經驗，透過經驗的激發，讓我們可以採用深度學習的方式，學習屬於自己的心理學。

　　我們長年出版與修訂心理學的教科書，也注意到隨著網路資訊的盛行，大家都習慣使用手機或平板電腦來閱讀資料或吸收知識。從認知科學的觀點出發，書本的閱讀歷程與電子產品的閱讀歷程有所不同，很感恩願意買下這本書的人，願意透過手上捧著書、拿著筆畫重點以及在書頁邊緣寫下心得的歷程，來產生更深入的學習。也希望這本書會是您書架上的一本生命參考書，而不單只是一門課程的教科書。

　　生命的成長不是句點，而是由許多逗點所組成。《心理學概要》累積了許多專業知識以及生活體驗，透過學者及前人的知識分享，讓您可以站在巨人的肩膀上遠眺自己的人生。本書也透過許多的實踐體驗，幫助您具有更敏銳的自我覺察力與正向心理特質，來面對快速變動的二十一世紀。期望在課程結束後，本書仍舊是一本陪伴您心靈成長的生命教科書。

　　實體書的存在可以讓您接觸現實，顧及環保的意識與思量樹木的奉獻。本書多了許多精心設計的專欄，就是為了讓這本書有長久使用的價值且具有更大的效能。透過這些專欄的知識與練習，能協助您了解自己及幫助您度過生命的困境與難關。

感謝　十方大眾的青睞而購買此書
感恩　您願意把這本書放在書架上擁有存在價值

信安醫院臨床心理師　　　何政岳診所臨床心理師

前言

雖然前言對於讀者來說是最開始的一個段落，對於作者而言則是最後寫的一個段落，因為這是作者可以好好思考該如何向讀者介紹這本書的機會。這個版本與上個版本相隔近五年，在這段時間內，我們針對讀者、編輯、老師，以及學生們的意見進行統整，以期提供讓老師好教、學生好讀、一般大眾好用的第十一版《心理學概要》。此外，心理學這門科學的知識發展快速，因此在再版的過程中，我們也努力加入了許多新的文獻，並且修訂了許多現存的理論和假設，期望此書的內容可以與時俱進，以協助心理學知識的拓展。

《心理學概要》是心理學的入門書籍，書中提供了許多促進學習的策略，並且特別強調有意義的學習方法（亦即深度學習）。本書透過這些深度的學習策略，協助讀者將心理學的知識與自己的經驗進行整合。為了促進記憶、讓學習趣味化，以及將心理學融入一般生活，第十一版的內容也做了一些調整，包含以下五大特色：

一、章頭漫畫

每章開頭都透過幽默的小漫畫協助讀者認識各章的主題。本書的章頭漫畫是根據大腦的演化理論，將大腦分成爬蟲類的腦、哺乳類的腦，以及人類的腦，分別透過蜥蜴、狗，以及人類三個主角來反映每章心理學主題的意涵。

二、批判思考

每節節末的「想一想」針對該節內容提出問題，透過這些提問來協助讀者反思，以加深對該節重點的了解，同時也協助讀者培養批判思考的能力。

三、重點整理

每節節末的「複習」將該節介紹的新概念與彼此之間的關係作重點整理；此外，每章章末的「本章總結」則將全章重點做筆記式的摘要，透過將全章重點層層列點的方式，讓讀者對全章的架構有清楚的了解，以協助讀者掌握重點，有助加深記憶與提高學習效果。

四、圖表說明

每章重點都有圖表搭配圖說，透過圖畫或表格的呈現幫助讀者運用視覺來學習，可以具體地看到心理的世界。

五、專欄應用

針對各章主題，以專欄形式呈現不同文化面的觀點，以及如何將所學知識應用於日常生活中。本書專欄包括：

- 人類多樣性
  從性別、文化等不同的角度來看各個心理學主題的意涵。

- 心理學的應用

透過這些心理學的應用幫助讀者更加了解如何將心理學所學知識落實到日常生活中。

> ▶▶▶ **心 理 學 的 應 用** 設計屬於你自己的實驗
>
> 　　現在你已經學會研究法的基本原則了，接下來，該思考如何應用這些原則。我們一步一步思考該如何設計自己的實驗。
>
> 　　首先，回顧自己的生活經驗。生活中是否有讓你感興趣的議題？根據最近流行的幸福心理學，我們可以透過許多簡單的活動來增加自己的幸福感，其中一項就是寫快樂日記（每天記錄一件生活中發生的好事）。譯者在自己教授的幸福心理學課程中發現，持續寫快樂日記兩個月的同學，其生活滿意度有顯著的提升。因此，我們的研究假設是：寫快樂日記會促進幸福感。但是該如何確認寫快樂日記會促進一個人的幸福感呢？

目次
CONTENTS

第 1 章
何謂心理學？ 1

1.1 心靈＋科學＝心理學 2
　1.1.1　心理學的定義 3
　1.1.2　心理學的目標 3

1.2 心理學的主要觀點及其起源 4
　1.2.1　意識經驗的本質 5
　1.2.2　意識的功能 7
　1.2.3　行為主義與社會學習理論 9
　1.2.4　自我的探索——進入潛意識的世界 10
　1.2.5　心理計量：Alfred Binet 11
　1.2.6　神經科學觀點 12

1.3 當代觀點與特殊心理學領域 14
　1.3.1　社會文化觀點 14

1.4 當代基礎心理學與應用心理學 16
　1.4.1　當代心理學的基礎理論領域 16
　1.4.2　當代心理學的應用領域 17
　1.4.3　心理學與精神醫學的關係 18

1.5 人類行為的基本狀態 19

本章總結 21
課程活動 22

第 2 章
心理學的研究方法 23

2.1 研究的基本概念 24
　2.1.1　實證資料與操作型定義 24
　2.1.2　理論與假設 25
　2.1.3　樣本的代表性 26
　2.1.4　重複驗證的重要性 26

2.2 研究方法 27
　2.2.1　描述性研究 27
　2.2.2　實驗性研究 32
　2.2.3　描述與解釋資料 37

2.3 研究倫理 39
　2.3.1　以人為研究對象時的倫理 39
　2.3.2　以動物為研究對象時的倫理 40

本章總結 43
課程活動 44

第 3 章
行為的生理基礎 47

3.1 神經系統：生理控制中心 48
　3.1.1　神經元：神經系統的基礎 49
　3.1.2　膠原細胞 53

3.2 神經系統的分類 56
　3.2.1　周邊神經系統的分類 58
　3.2.2　自主神經系統的分類 58

3.3 腦的構造與功能 61
　3.3.1　後腦與中腦：日常例行作業和反射 61
　3.3.2　前腦：認知、動機、情緒和行為 63
　3.3.3　大腦皮質的分葉 65
　3.3.4　工作中的腦影像 69
　3.3.5　大腦半球的功能 72

3.3.6	腦是一個正在發展的系統	76
3.3.7	腦是個互相作用的系統	77

3.4 內分泌系統：身體的化學訊號傳遞者　78

3.4.1	腦下垂體	79
3.4.2	腎上腺	80
3.4.3	胰島	81
3.4.4	性腺	81
3.4.5	甲狀腺	82
3.4.6	副甲狀腺	82
3.4.7	松果腺	82

本章總結　85
課程活動　86

第 4 章
天性與環境　87

4.1　先天：基因對你的影響　88

4.1.1	基因會影響我們的行為與心理嗎？	88
4.1.2	動物行為的遺傳研究	88
4.1.3	人類行為的遺傳研究	89
4.1.4	遺傳的生物機制：基因編碼	90
4.1.5	行為與基因	93

4.2　後天：環境的影響　94

4.2.1	物理環境	94
4.2.2	社會環境	95

4.3　先天和後天的交互影響　96

4.3.1	基因和環境的關聯	96
4.3.2	基因和環境的交互影響	97

4.4　兩性差異　98

4.4.1	心理與社會層面的性別	99
4.4.2	性別的異同	99
4.4.3	性別差異的起源	102

4.5　遺傳學和心理學理論　104

4.5.1	演化的觀點	104
4.5.2	演化心理學	104
4.5.3	性別差異的社會角色理論	106

本章總結　108
課程活動　108

第 5 章
感覺與知覺　109

5.1　感覺：接收有關世界的訊息　110

5.1.1	刺激：什麼樣的訊息可以被接收到？	111
5.1.2	換能：轉換訊息給大腦	111
5.1.3	感覺限制：訊息該有多強？	112

5.2　視覺：感覺光線　114

5.2.1	光：什麼是光？	114
5.2.2	眼睛：眼睛如何運作？	115
5.2.3	暗適應與光適應	117
5.2.4	色彩視覺	119

5.3　聽覺：感受聲波　123

5.3.1	聲音：什麼是聲音？	123
5.3.2	耳朵：耳朵如何運作？	125

5.4　身體感覺　128

5.4.1	方向與動作	128
5.4.2	皮膚感覺	129
5.4.3	痛覺	131

5.5	化學感覺：人生的不同味道	**136**
	5.5.1 味覺	136
	5.5.2 嗅覺	137
	5.5.3 費洛蒙的偵測	138
5.6	知覺：詮釋感覺訊息	**139**
	5.6.1 視知覺	140
	5.6.2 多重感官的整合	150
	5.6.3 動機、情緒與知覺	150
本章總結		**152**
課程活動		**153**

第 6 章
意識的狀態　　　　　　　155

6.1	從廣泛的角度看清醒：一般清醒時的意識	**156**
	6.1.1 分割的意識：一心二用	157
	6.1.2 無意識的概念	157
6.2	睡眠和夢：睡著時的意識	**159**
	6.2.1 睡眠的階段	159
	6.2.2 速眼動睡眠與夢	160
	6.2.3 非速眼動睡眠與夢	162
	6.2.4 生理週期	163
	6.2.5 缺乏睡眠、睡眠的必要與健康	165
	6.2.6 夢境	166
	6.2.7 夢的意義	168
	6.2.8 夢魘與其他的睡眠行為	169
	6.2.9 睡眠疾患	170
6.3	意識狀態的改變	**171**
	6.3.1 冥想	172
	6.3.2 正念	172

	6.3.3 催眠	173
	6.3.4 去個人化	174
6.4	藥物和意識改變	**175**
	6.4.1 藥物的使用：基本考量	177
	6.4.2 心理改變藥物	177
	6.4.3 藥物濫用與成癮	180
本章總結		**185**

第 7 章
學習的基本原則　　　　　187

7.1	學習的定義	**188**
7.2	古典制約：透過關聯的學習	**189**
	7.2.1 關聯（連結）：古典制約的關鍵元素	190
	7.2.2 古典制約的專有名詞	191
	7.2.3 古典制約的定義	192
	7.2.4 古典制約的重要性	194
7.3	操作制約：從行為的後果中學習	**196**
	7.3.1 正增強	197
	7.3.2 負增強	202
	7.3.3 懲罰	204
	7.3.4 古典制約與操作制約的比較	207
	7.3.5 刺激區辨與類化	207
7.4	消弱：學習何時該停止	**210**
	7.4.1 移除學習的來源	211
	7.4.2 自動恢復與去抑制	212
7.5	學習理論	**213**
	7.5.1 認知或連結？	214
	7.5.2 模仿：藉由觀察他人而學習	219

7.5.3	學習的生物因素	220
本章總結		223
課程活動		224

第 8 章
記　憶　　225

8.1	記憶三階段論：訊息處理歷程觀	226
8.1.1	感官登錄	227
8.1.2	短期記憶	228
8.1.3	長期記憶	231
8.1.4	處理程度模式：階段論外的另一種解釋	238
8.2	遺忘及其發生的原因	242
8.2.1	衰退理論	242
8.2.2	干擾理論	242
8.2.3	再建構（基模）理論	244
8.2.4	刻意遺忘	248
8.3	記憶的生物基礎	250
8.3.1	記憶的突觸理論：印痕的搜尋	250
8.3.2	記憶的階段和大腦	252
8.3.3	失憶症：記憶的障礙	253
本章總結		261
課程活動		262

第 9 章
認知、語言與智力　　263

9.1	認知的定義	264
9.2	概念：思考的基本單位	265
9.2.1	簡單的概念和複雜的概念	266
9.2.2	自然概念	266
9.3	思考和問題解決：利用訊息達成目標	269
9.3.1	形成問題	270
9.3.2	了解及組織解題所需的元素	271
9.3.3	想出與評估不同的解決方案	271
9.3.4	決策的情緒因素	273
9.3.5	創意解題：收斂思考和分散思考	274
9.4	語言：符號的溝通	277
9.4.1	語義：話語的意義	277
9.4.2	語言的產生性：元素和規則	278
9.4.3	語言和思考：Whorfian 假說	279
9.4.4	動物語言：我們能對動物說話嗎？	280
9.5	智力：認知的總和	282
9.5.1	各種智力的觀點	282
9.5.2	智力測量：智力（IQ）測驗	285
9.5.3	默會之智	289
9.5.4	智力的個別差異：主要影響因素	290
9.5.5	智力分數在現代社會的重要性	292
9.5.6	人會愈來愈聰明嗎？	293
9.6	種族在智力及成就的差異：正在縮小的差距	296
9.6.1	鐘型曲線：智力差異在政策上的應用	297
9.6.2	智力的極端值：智能障礙與資優	298
本章總結		304

第 10 章
發展心理學　　307

- 10.1　基本發展歷程　　309
  - 10.1.1　先天或後天？　　309
  - 10.1.2　成熟　　309
  - 10.1.3　早年經驗和關鍵期　　310
- 10.2　發展的階段理論　　313
  - 10.2.1　皮亞傑的認知發展理論　　313
  - 10.2.2　道德發展階段理論　　313
  - 10.2.3　Erikson 的人格發展理論　　316
- 10.3　正常發展—終生觀　　317
- 10.4　嬰兒期和兒童期的發展　　318
  - 10.4.1　出生前期　　318
  - 10.4.2　新生兒期　　319
  - 10.4.3　嬰兒期：2 週到 2 歲之間　　319
  - 10.4.4　兒童期早期：2 到 7 歲　　322
  - 10.4.5　兒童期中期：7 到 11 歲　　323
- 10.5　青少年期的發展　　325
  - 10.5.1　生理發展　　325
  - 10.5.2　認知發展（形式運思期）　　327
  - 10.5.3　情緒和社交發展　　328
- 10.6　成年期：成年早期到成年晚期　　330
  - 10.6.1　生理發展　　330
  - 10.6.2　認知發展　　331
  - 10.6.3　情緒與社交發展　　332
  - 10.6.4　成年生活的階段　　333
  - 10.6.5　死亡與臨終：最後的「舞台」　　340
- 本章總結　　346
- 課程活動　　348

第 11 章
動機與情緒　　349

- 11.1　動機和情緒的定義　　351
- 11.2　基本動機：生物上的需求　　352
  - 11.2.1　體內恆定：生物的恆溫裝置　　352
  - 11.2.2　飢餓：進食的調節機制　　352
  - 11.2.3　口渴：水分攝取的調節　　355
- 11.3　心理動機　　357
  - 11.3.1　追求刺激的動機：尋求新刺激　　358
  - 11.3.2　友伴動機：尋求人際關係　　359
  - 11.3.3　成就動機　　361
  - 11.3.4　Solomon 的獲得動機相對歷程理論　　362
  - 11.3.5　內在動機與外在動機　　364
  - 11.3.6　Maslow 的動機階層理論　　366
- 11.4　性動機　　368
  - 11.4.1　性反應週期　　368
  - 11.4.2　性動機與其他基本動機之相似處　　370
  - 11.4.3　性動機與其他基本動機之不同處　　371
  - 11.4.4　荷爾蒙與性行為的其他生物因素　　372
  - 11.4.5　性傾向　　372
- 11.5　情緒　　376
  - 11.5.1　情緒三理論　　377
  - 11.5.2　學習與文化在情緒中的角色　　381
  - 11.5.3　追求快樂　　382

11.6	攻擊性：情緒與動機層面	385
	11.6.1 佛洛伊德的本能理論：攻擊能量的釋放	385
	11.6.2 挫折攻擊理論	386
	11.6.3 社會學習理論	386
	11.6.4 攻擊認知理論	387
本章總結		388
課程活動		389

第 12 章
人格理論　　391

12.1	人格的定義	393
12.2	特質論：描述人格的一致性	393
	12.2.1 Allport 的特質論	394
	12.2.2 五因素特質論	394
	12.2.3 人格特質的重要性	395
12.3	佛洛伊德的精神分析論	398
	12.3.1 佛洛伊德的心智理論：意識的三個層次	399
	12.3.2 佛洛伊德的心智理論：本我、自我，以及超我	401
	12.3.3 取代和認同：成為社會的一員	402
	12.3.4 成長：性心理發展階段	403
	12.3.5 衍生自心理分析的其他理論	406
12.4	社會學習論：Albert Bandura	409
	12.4.1 學習在人格中的角色	409
	12.4.2 認知在人格中的角色	411
	12.4.3 情境論與互動論	411

12.5	人本理論：Maslow 和 Rogers	413
	12.5.1 內在引導及主觀性	413
	12.5.2 自我概念	414
	12.5.3 自我實現	415
	12.5.4 人本主義與古典心理分析理論及社會學習論的比較	416
12.6	人格衡鑑：測量一個人	418
	12.6.1 訪談及觀察法	418
	12.6.2 投射人格測驗	419
	12.6.3 客觀人格測驗	419
	12.6.4 評估人格測驗	420
本章總結		422
課程活動		423

第 13 章
壓力與健康　　425

13.1	壓力：對因應的挑戰	426
	13.1.1 壓力源	427
	13.1.2 壓力反應的一般層面	434
	13.1.3 壓力的生理反應及健康	434
13.2	影響壓力反應的因素	439
	13.2.1 先前的壓力經驗	439
	13.2.2 發展因素	440
	13.2.3 可預測性及可控制性	440
	13.2.4 社會支持	441
	13.2.5 壓力反應的個人變項：認知及人格	442
	13.2.6 壓力反應的個人變項：性別及族裔	444

13.3　壓力的因應　447
　13.3.1　有效的因應　447
　13.3.2　無效的因應　448
13.4　改變與健康相關的行為模式　452
　13.4.1　學習放鬆　452
　13.4.2　適當的飲食、運動，並遵從醫囑　452
　13.4.3　安全管理　457
本章總結　462
課程活動　463

第 14 章
心理疾患　465

14.1　心理疾患的定義　466
　14.1.1　心理疾患的歷史觀點　468
　14.1.2　心理疾患的當代觀點　469
　14.1.3　DSM-5　470
　14.1.4　汙名化的問題　470
　14.1.5　精神失常的概念　472
14.2　焦慮疾患　473
　14.2.1　畏懼症　473
　14.2.2　廣泛性焦慮疾患　474
　14.2.3　分離焦慮症　475
14.3　創傷後壓力疾患　477
　14.3.1　造成 PTSD 的壓力源　478
　14.3.2　恐怖主義與 PTSD　478
　14.3.3　誰容易會有 PTSD？　478
　14.3.4　創傷的正向意義　479
14.4　強迫症　480

14.5　身體症狀疾患　480
　14.5.1　身體化疾患、罹病焦慮症及疼痛症　481
　14.5.2　功能性神經系統疾患　481
14.6　解離性疾患　482
　14.6.1　自我感消失及現實感消失　483
　14.6.2　解離性失憶及遊走　483
　14.6.3　解離性身分障礙（多重人格）　484
14.7　情感性疾患　485
　14.7.1　重鬱症　486
　14.7.2　雙極型疾患　488
14.8　思覺失調症　492
14.9　注意力缺失／過動疾患　494
14.10　人格疾患　496
　14.10.1　孤僻型人格疾患　497
　14.10.2　反社會型人格疾患　497
　14.10.3　其他人格疾患　498
本章總結　500
課程活動　501

第 15 章
心理治療　503

15.1　心理治療的定義　504
15.2　心理治療的倫理規範　504
15.3　精神分析　506
　15.3.1　精神分析治療的技術　507
　15.3.2　憂鬱症的人際取向治療　508

15.4	人本治療	511
	15.4.1 個人中心治療	512
	15.4.2 完型心理治療	512
15.5	認知行為治療	514
	15.5.1 恐懼降低法	514
	15.5.2 行為活化與社交技巧訓練	515
	15.5.3 認知再建構	516
15.6	團體治療與家族治療	519
	15.6.1 團體治療	519
	15.6.2 家族治療	519
	15.6.3 伴侶治療	520
本章總結		523
課程活動		524

第 16 章
社會心理學　　　　　525

16.1	社會心理學的定義	526
16.2	團體與社會影響	526
	16.2.1 去個人化	527
	16.2.2 不涉入的旁觀者	527
	16.2.3 團體形式的工作與問題解決	528
	16.2.4 從眾、社會角色，以及服從	531
	16.2.5 團體的光明面	537
16.3	態度與說服	538
	16.3.1 態度的起源	538
	16.3.2 說服與態度改變	538
	16.3.3 行為與態度改變：認知失調理論	542
	16.3.4 偏見與刻板印象	544

16.4	人際知覺的過程	550
	16.4.1 人際知覺中的歸因歷程	550
16.5	人際吸引：友誼與愛	552
	16.5.1 愛情與社會性情感連結的「化學作用」	553
	16.5.2 人際吸引中另一個人的特質	553
	16.5.3 知覺者本身的特質	556
	16.5.4 關係的維持	557
本章總結		561
課程活動		562

第 17 章
心理學的應用　　　　　565

17.1	環境心理學及永續經營	566
	17.1.1 工作場所及居住環境之建築設計	566
	17.1.2 永續經營與環境保護	567
17.2	心理學與工作	574
	17.2.1 人事遴選與評估	575
	17.2.2 工作選擇測量工具之效度	580
	17.2.3 人事遴選之公平性	582
	17.2.4 工作滿意度、快樂及生產力	584
	17.2.5 人因工程	587
	17.2.6 工作場域的健康心理學	590
17.3	心理學與法律	592
	17.3.1 被告與原告的特性	592
	17.3.2 陪審團成員的特性	593
	17.3.3 心理因素與證據的呈現	595
	17.3.4 嫌疑犯之訊問	596

17.4	**心理學與教育**	**597**	17.4.5	回歸主流：有特殊需求孩童之教育	601
	17.4.1　直接式教學	598	**本章總結**		**603**
	17.4.2　精熟式學習與智慧型助教系統	598	**課程活動**		**605**
	17.4.3　動機式學習	600	**圖片來源**		**606**
	17.4.4　標準參照測驗	600	**照片來源**		**607**

第 1 章　何謂心理學？

1.1　心靈＋科學＝心理學

歡迎來到心理學這門學科！你即將展開一段探索自我的旅程。這是一門與人有關的學科，但到底什麼是心理學呢？

心理學的緣起可以追溯到古希臘哲人探討生命本質（the nature of life）的文章，特別是亞理斯多德（Aristotle）的作品。亞理斯多德生於西元前384年，他對於所有生命的本質都很感興趣。他蒐集許多動物與植物的相關資料，企圖探索生命如何發展，同時研究生命體如何在世代間有所革新，並且觀察人類每天的活動——說話、思考、記憶與學習。

亞理斯多德在晚年時，喜歡與學生在學校裡邊散步邊討論生命哲學。想像一下，他可能會說些什麼：

> 未知死，焉知生！現在與我死亡的那一刻有何不同呢？當我死的那剎那，雖然身體看起來跟我死前的那一秒沒有太大的不同，但我不再動作、不再說話、不再感覺、不再在乎。這些就是生命啊！在那一刻，心靈隨著最後一口氣息溜走了。

亞理斯多德用「心靈」（靈魂）（psyche）表示生命的本質。「psyche」這個字在希臘文的意思是「心靈」（mind），但更貼近的意思是「氣息」（breath）。他認為在死亡的那一刻，心靈隨著最後一口氣息離開了身體。現代的心理學家和亞理斯多德一樣，對於人類的行為、思考與感覺抱持相當程度的好奇。事實上，心理學「psychology」這個字就是由亞理斯多德所謂的心靈「psyche」，加上希臘文的科學「logos」（意指「……的研究」）組合而成。

亞理斯多德哲學方法的訓練源自柏拉圖（Plato），但他並不同意柏拉圖的想法。柏拉圖認為透過思考即可了解一切現象，然而亞理斯多德認為只有透過觀察來研究現象，才能貼近與理解我們的世界。雖然以現代的角度來看，亞里斯多德的觀察並不能當作是一種科學的方法，但是他卻開啟了現代科學的基本觀察法。從亞理斯多德開始，科學展開了一連串的演進，同時也發展出不同的科學研究法，讓心理學家可以更深入地研究心理現象。也就是說，亞里斯多德開啟的生命研究，最終演變成當代的心理學。

1.1.1 心理學的定義

人是一種生命體,因此就某些層面來說,似乎還是可以將心理學當作是一種「研究生命」的科學。但是這樣的定義過於廣泛,無法將心理學和其他同樣是研究生命的學科做區別,例如生理學。因此,目前的定義是:**心理學**(**psychology**)是「研究行為與心理歷程的科學」(science of behavior and mental processes)。

這個定義有三個核心概念:科學、行為和心理歷程。我們分別來思考這三個詞彙的意義。心理學是一門**科學**(**science**),因為心理學家是透過嚴謹的科學方法來觀察,以了解與探索人類的心理現象。為了了解人類的心理現象,心理學家要嚴謹地觀察人類的外顯**行為**(**behavior**),也就是我們的一舉一動。**心理歷程**(**mental processes**)則是指他人無法直接觀察到的內在思考過程,包括想法、感覺與動機。這些私密的心理歷程無法直接觀察得到,因此心理學家透過對外顯行為的觀察來加以推論。

基本上,心理學探討所有與人有關的課題。你讀完這本書後,會發現這門學科就是在探討你的生活,包括人際關係與愛情、情緒表達與控制、心理疾病與心理健康,甚至職場關係等。這本書介紹基本的心理學理論,透過討論如何將其應用到各種問題中,協助你過更有品質的生活。

> **心理學**
> 研究行為與心理歷程的科學。

> **科學**
> 採用系統觀察所累積的知識。

> **行為**
> 可以直接觀察與測量的行動。

> **心理歷程**
> 私密的心理活動,包括思考、認知與感覺。

1.1.2 心理學的目標

心理學家們為何要致力於研究人類行為與心理歷程?他們究竟想成就什麼?心理學這門學科有四大目標:描繪(describe)、預測(predict)、了解(understand),以及影響(influence)行為與心理歷程。

1. **描繪**:藉由科學的方法,我們可以更完整且正確地描繪人類的行為與心理現象;藉由完整且正確的描繪,我們能夠更貼近人們的心理世界。例如,在手機沉迷的研究中藉由科學方法所蒐集到的資訊,有助於對這個現象做完整且正確的描繪。

2. **預測**:如同算命師的功用,心理學家會希望能夠預測個體未來的行為。例如,透過測驗等研究工具以更正確預測有哪些人會沉溺在手機遊戲中。

3. **了解**:當我們可以解釋行為發生的機制或心理歷程的變化時,才算了解這些心理現象。心理學家累積相當多的研究,發展出不少**理論**(**theories**)來解釋行為與心理歷程。這門課將介紹許多重要的心理學理論,幫助你了

> **理論**
> 對於事實所提供的暫時性解釋。

解人們的心理現象。不過,所謂的理論並非真理,仍可能因為後來的研究結果而必須加以修正、甚至推翻。例如,探討沉迷手機遊戲的成因。

4. **影響**:最後,心理學家希望能夠透過描繪、了解及預測個體的行為,進一步正面影響其行為。例如,我們如何協助沉迷於手機遊戲的人放下手機?如何協助想自殺的朋友打消傷害自己的念頭?如何改善自己不良的讀書習慣?心理學家不斷進行研究的最終目的就是改善人的生活。

複習

心理學是研究行為與心理歷程的科學。行為是指可被他人直接觀察到的行動,心理歷程則是觀察不到的想法與感覺。心理學的主要目標在於描繪、預測、了解,以及影響個體的行為與心理歷程。透過科學的方法,我們可以有系統地觀察個體的行為並作批判思考,如此可以更清楚地描繪個體的心理世界。當我們有了足夠的相關資訊,就可以更準確地預測並解釋它們之間的關係,進而得以發展介入方案以影響個體的行為。心理學藉由達成描繪、預測、了解,以及影響等四大目標,可以改善並更加豐富我們的生活。

想一想

1. 你為何想修心理學這門課?
2. 你學心理學的主要目標是什麼?
3. 你是否常玩手機遊戲?你為何會想玩?
4. 你有網路成癮嗎?你想改善這個問題嗎?

1.2 心理學的主要觀點及其起源

大腦如何運作?人為何會思考或憂鬱?如何增加幸福感?心理學家終其一生都在探討這些與生活相關的種種課題。由於人類生活的複雜性,心理學研究的課題也相對豐富。我們先從歷史的發展脈絡看起,讓你對心理學有基本的了解。

在亞理斯多德的時代,心理學的概念還沒有具體成形。在 17 和 18 世紀時,物理學、生物學、醫學等學科漸漸從哲學中獨立出來。心理學也是從哲學領域所發展出來的(台大心理系的設立緣起亦是如此)。

心理學成為一門獨立學科的緣起,可以追溯至 1879 年 Wilhelm Wundt 在德國萊比錫建立的第一個心理實驗室。有些歷史學家則認為可以追溯到更早的

1875 年，是由 William James 在哈佛大學所成立的實驗室。事實上，心理學的創建不能單獨歸功於某一人，而是由許多學者所共同創立。在當時，各地都有學者致力於研究心理學的不同面向，為往後心理學的各個領域奠定了基礎。在這一節，我們將回到早期，看看這些學者如何為心理學這門學科開疆闢土，同時也了解他們眼中的心理學為何。

1.2.1 意識經驗的本質

你現在清醒嗎？你看到些什麼？正在想什麼？又感覺到什麼？這些屬於個人的私密世界，也就是你的意識經驗；心理學家一開始最想了解的就是意識的基本成分，以及它們如何運作。

Wundt、Titchener 與結構主義　Wilhelm Wundt 是德國生理學教授，專攻人類的意識研究，他的學生 Edward Titchener 延續其研究，後來於美國康乃爾大學任教。Wundt 與 Titchener 延續化學家探索物質基本成分的理念，試圖探索意識經驗的基本成分以及運作方法，這類觀點稱為**結構主義（structuralism）**。

在探索意識的基本成分時，Wundt 與 Titchener 所採用的方法是**內省法（introspection）**──透過研究參與者針對其內在世界所做的口頭報告來「拆解」其意識。如同化學家找出物質的基本成分一般，他們也使用內省法來拆解自己的心理世界，希望能夠找出意識的基本結構。

這樣的描述你可能會感到很模糊，畢竟心理狀態的抽象程度遠超過我們接觸到的物質，要將這些心理狀態如同物質般地加以切割，是一件相當困難的事。他們是如何達到的？讓我們體驗一下。

你可以找一位朋友幫忙。首先，請你閉上眼睛，然後請朋友拿一種水果（例如草莓）到你嘴邊。這時候，猜猜看在你嘴邊的是哪種水果：

你會聞一聞，嗅出它的味道：「草莓。」

接下來，請你試著描述觸碰到這個物體時是什麼感覺。你描述它的觸覺：「軟軟的！」

接著，你嚐了一口，並且開始談到這個物體的滋味：「甜甜的！酸酸的！……」

這些都是你當下意識的基本成分。從單純的一個物體──草莓，你可以從嗅覺、觸覺、味覺等感官知覺開始意識到你所碰觸的物體；而你意識的草莓就是由這些小小成分所組成。

> **結構主義**
> 19 世紀的心理學派，透過內省法來探索心理世界的基本成分。

> **內省法**
> 一種探索個人內在世界的歷程，主要是由個體一五一十地報告出腦中浮現的內容。

J. Henry Alston 除了 Wundtr 與 Titchener 以外，J. Henry Alston 也是一位重要的結構主義學者。Alston 最著名的研究是探討熱（heat）與冷（cold）這兩種感覺。他發現，當皮膚的某類神經受到觸發時，我們會感到冷；而另一種神經被觸發時，就會感到熱。最有趣的是，他發現同時觸發這兩種神經時，我們會感到燙。很燙的物體不但會觸發我們的熱神經，也會觸發通常只會對冷反應的神經。

Alston 在 1920 年進行了一個簡單而完整的實驗驗證他的發現。他製造了一個特別的工具，如圖 1.1 所示。此工具包含兩根交錯在一起的管子，一根管子灌入冷水，另一根管子灌入熱水。當個體握住這個工具時，就會產生燙的感覺。因為冷水管觸動了冷神經，熱水管觸動了熱神經，這兩種神經同時被觸發後，個體就會產生一種刺痛感。這個實驗可以很清楚地驗證出 Alston 的理念。

Alston 在心理學史上還有另一個重要性——他是第一個在美國心理學會（American Psychological Association）所屬期刊上發表研究報告的非裔美國人。

圖 1.1 當你同時抓著冷水和熱水的管子，你會感到燙的刺痛感。

完形心理學
此心理學派認為要了解心理現象，必須從整體來了解，不能加以切割。

完形
組織或合成的整體。

Max Wertheimer 與完形心理學 Max Wertheimer 是法蘭克福（Frankfurt）大學 20 世紀初的教授，他也致力於意識經驗的研究，但是他對意識的想法與結構主義者有所不同。Wertheimer 領導了一群**完形心理學家（Gestalt psychologists）**。**完形（Gestalt）**（整體）是這個學派的核心概念。完形心理學家認為，人類的意識經驗無法如結構主義般切割成一小塊一小塊。這些破碎的部分無法形成意義；我們應該觀看物體的整體，才能知覺到它的意義。「部分的總合不等於整體」是完形心理學的核心想法。我們用以下的例子來做說明。圖 1.2 的左邊是由一樣的角所組成的圖形。你會發現，雖然成分都是 60 度角，可是卻會組成兩種不同的圖樣，一個像箭頭，另一個則像三角形。箭頭與

圖 1.2 圖中的線條組成顯示，只有對「整體」的感知才具有意義。線條本身並沒有改變，然而整體的意義卻有不同。

三角形都是由三個 60 度角所組成，可是整體意義卻不一樣。圖 1.2 的右邊就更有趣了，在中間的符號長得一樣，可是在上排是 13，在下排卻是 B。（在看上排時，因為前後分別是數字 12 與 14，所以你會把中間的符號當成 13；但在看下排時，由於前後分別為 A 與 C，所以會自然把中間的符號當成 B。）

完形心理學利用 **phi 現象**（phi phenomenon）來說明完形的概念。當兩盞燈輪流閃爍時，我們所看到的就不是兩盞靜止不動的燈，而是一個移動的光點。這個移動的光點，就是著名的 phi 現象。這是一個特別的現象，因為光點並沒有真正的移動，但在整個情境脈絡中，你卻看到它的「移動」。完形心理學就用這些現象來說明現象必須觀看整體，才能更加突顯其意義。

> **phi 現象**
> 兩個靜止不動而輪流出現的閃爍光點被知覺成一個移動的光點。

1.2.2 意識的功能

心理學家除了探討意識經驗的本質，也探討意識本身對於我們心靈的效用，特別是探討意識對於人類生存的意義。

William James 與功能主義　1875 年，哈佛大學的生物學暨哲學教授 William James 首度開設「心理學」課程，並在 1890 年出版了第一本心理學教科書。James 深受生物學家達爾文（Charles Darwin）的影響。達爾文的演化論認為，物種之所以會演化出一項生理特質，是因為有其用途之故。因此，James 認為人類的心理特質也是如此。他認為，人類的思考、感受、學習、記憶等心理歷程之所以存在，純粹是為了幫助人類這個物種存活下來；這些心理歷程幫助我們得以生存以及繁衍後代。簡單來說，意識的功能就是幫助人類生存。由於 William James 強調心理歷程（意識）本身的功能（function），所以這一派被稱為**功能主義**（functionalism）。

> **功能主義**
> 19 世紀的心理學派，探討意識本身的功能。

James 從演化的角度出發，對意識覺察（conscious awareness）、自主行動（自由意志）、習慣，以及情緒等主題特別感興趣。James 在意的是心理的功用，而不是它的結構。他將人類心理比擬成河流：研究河流中的水分子（如同結構主義所探討的議題）對於了解河流如何沖刷河岸、孕育魚群、提供行船等功能的幫助不大。從這個角度來看，了解心理的功能遠比研究其結構更有實質意義。

記憶研究：Hermann Ebbinghaus 與 Mary Whiton Calkins　記憶是思考歷程中的重要成分。人類就是擁有記憶，才能夠學習新事物及貯存舊訊息。1885 年，德國功能派學者 Hermann Ebbinghaus 出版《記憶》（*On Memory*）一書，

內容詳述 Ebbinghaus 所進行長達六年的一系列研究。身為研究者的他也身兼唯一的受試者，要來探索整個記憶的歷程，試圖揭開記憶的面紗。為了確保能客觀地研究記憶，他創造了一組無意義音節（nonsense syllables），例如 KEB、MUZ 等無意義的字母組合，來進行記憶的相關研究。

Ebbinghaus 的經典實驗就是回憶測試。他在一些圖卡上寫下一些無意義的字母組合。看過圖卡後，他要努力記住圖卡中的字母，並且要在聽到一個「喀啦」聲後回想起圖卡中的字母，然後再記下一張圖卡，再進行下一張圖卡的回憶，如此測試他自己對於圖卡內容的記憶。Ebbinghaus 發現，一開始時遺忘的速度很快，但是隨著回憶時間的拖長，遺忘的速度會放慢（見圖 1.3）。我們現在對於記憶的了解已經遠超過 Ebbinghaus 的發現，但是 Ebbinghaus 開啟了記憶的探索，並且發展出相關的實驗方法。

Mary Whiton Calkins 是另一位研究記憶的早期功能主義派學者，她是 William James 在哈佛大學的學生。她採用與顏色配對的數字為記憶素材。她先讓受試者記憶整組顏色數字，然後只給對方看顏色，請他們回憶數字。這樣的方法就是後來常用的配對法（paired associates）的原型（Madigan & O'Hara, 1992）。

認知
知覺、信念、思考、記憶、知識、決定等心理歷程。

認知心理學 功能主義持續影響心理學的發展，其中最重要的是認知歷程（cognition process）的產生。**認知（cognition）**是所有心理歷程的總稱，包

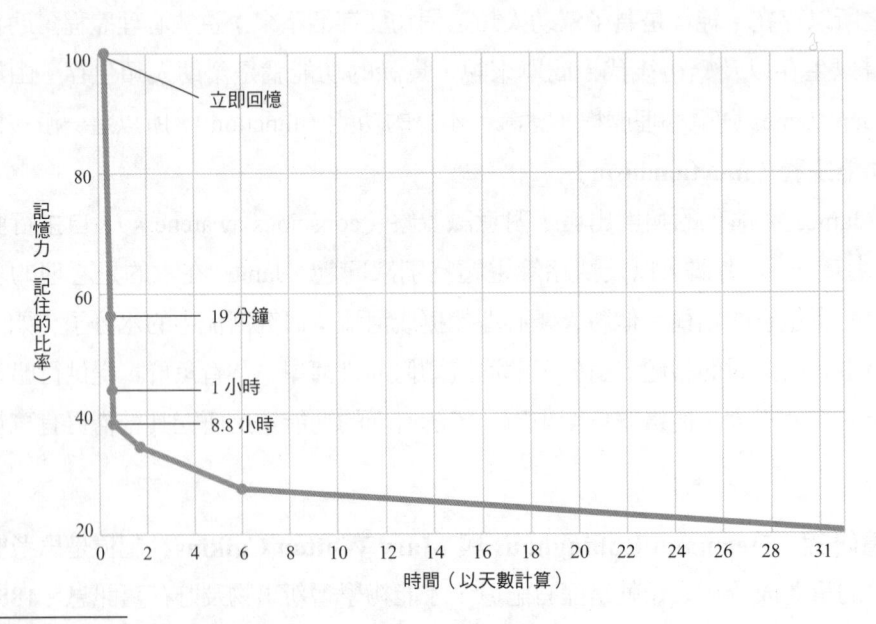

圖 1.3 Ebbinghaus 的研究顯示，無意義的字母大多很快就會忘記，所學的內容在 20 分鐘內就忘掉將近一半。

含知覺、信念、思考、記憶、知識、決定等。當代的**認知心理學（cognitive psychology）**就是功能主義的蛻變，當然也受到完形心理學和結構主義的影響。認知心理學是目前的主流，在眾多的心理學期刊和研討會中都扮演重要的角色（Robins, Goslin, & Clark, 1999）。本書中的感覺與知覺、學習與記憶、思考與語言等主題都是認知心理學的重要主題。

> **認知心理學**
> 探索認知歷程的心理學領域。

1.2.3　行為主義與社會學習理論

Wundt 與其學生研究意識經驗的本質，James 及相關學者則進一步探討意識的功能。於此同時，在俄國也有另一批學者在探索心理現象。這群人和 James 一樣受到達爾文的影響，主要在研究心理歷程的生存功能。不過與 James 不同的是，他們對意識的可塑功能不感興趣，他們認為意識經驗無法以科學方式來研究；他們強調的是經驗中的學習機制，這種想法又稱為**行為主義（behaviorism）**。

> **行為主義**
> 強調外顯行為的測量與學習過程的心理學派。

Ivan Pavlov　1890 年代，俄國生理學家 Ivan Pavlov 與其研究夥伴在進行唾液研究時，發現了一個有趣的現象。當時他們主要是研究狗的消化，卻發現在餵食幾次之後，狗只要看到食物，就會像正在進食般地開始流口水。Pavlov 發現狗學會了食物出現時的訊號，也就是看到食物。由於看到食物後緊接著就是進食，經過幾次的連結後，狗見到食物也會產生和進食時一樣的流口水反應。Pavlov 改用節拍器作為訊號（節拍器的聲響和食物同時出現）來進行測試，結果發現更換訊號後，狗一樣可以學習到訊號與食物的關連。

Pavlov 的意外發現開啟了心理學的新視野。他將這種簡單的學習歷程稱為**制約（conditioning）**──與反射反應本身無關的無意義訊號（聽到節拍器的咔嗒聲）觸發了反射反應（流口水）。

現在將這種制約學習稱為古典制約。Pavlov 證明了，即使是先天的反射反應也會被後天的學習經驗所影響。他在發現這個現象後進行了數個研究做進一步的探討，包含訊號的類型與出現的時間等，深入研究制約學習的產生歷程及影響因素。Pavlov 認為制約對於物種的生存相當重要，他後來甚至放棄了讓他贏得諾貝爾獎的消化研究，轉而將畢生心力投注於制約這個領域的研究。

John B. Watson 與 Margaret Floy Washburn　Pavlov 的研究發現一開始並未被美國心理學界接納，直到 1910 年代和 1920 年代，行為學家 John B. Watson 與 Margaret Floy Washburn 的相關文章才將古典制約的理念帶進美國心

理學界。他們認為古典制約可以應用在人類行為上，大部分的人類行為都是透過古典制約學習而來。Watson 著重在科學精神，認為私密的心理歷程無法客觀地加以觀察與測量，因此心理學的研究應該放在可觀察與客觀測量的行為層面。

社會學習理論　哈佛大學教授 B. F. Skinner 直到 1990 年過世之前，都一直引領著行為主義。直到今日，行為主義仍然影響著心理學的發展，然而當代大部分的行為心理學家都主張行為研究應和認知研究整合。史丹佛大學教授 Albert Bandura 即將認知歷程納入考慮，發展出**社會學習理論（social learning theory）**。他認為除了制約學習以外，人類還可以透過觀察他人的行為而學會新行為；我們的行為經常都是自觀察他人的行為而來，例如父母、手足、朋友、媒體等。社會學習理論整合行為主義與認知心理學，成為當代的顯學之一。

> **社會學習理論**
> 認為行為的學習來自於觀察他人的行為。

1.2.4　自我的探索——進入潛意識的世界

雖然許多心理學家都在探討個人可以意識到的心理世界或是外顯行為，不過，有另一批學者則是反其道而行。他們認為人類心理學最重要的部分不是有意識的思考過程或行為，而是無意識的思考過程，他們研究的是「潛」意識。

佛洛伊德與精神分析　說到潛意識，許多人都會想到佛洛伊德（Sigmund Freud）。他是奧地利的神經科醫師，從臨床工作中發現許多神經系統疾病的病患都有嚴重的心理問題。佛洛伊德從臨床工作中累積許多案例，形成其主要理論，知名的案例包括：歇斯底里症的案例分析（朵拉）、妄想症案例的精神分析（史瑞伯）、畏懼症案例的分析（小漢斯）等。

佛洛伊德從 1890 年代開始發表一系列的報告，說明人類的意識行為深受**潛意識（unconscious mind）**的影響。他從生物學的角度出發，認為在人腦無法意識到的深處藏有一些基本的**動機（motives）**，尤其是和性與攻擊有關。雖然我們無法覺察到自己內在動機的衝突，但這些衝突會默默地影響我們的行為。

> **潛意識**
> 人類無法覺察的心理歷程。
>
> **動機**
> 引導行為的內在狀態。
>
> **精神分析**
> 由佛洛伊德發展出來，用以協助個人解決內在衝突與情緒困擾的方法。

佛洛伊德開創了**精神分析（psychoanalysis）**學派，不過其門徒在他死後開始自立門戶，至今形成相當多的分支。各支派各有其特色，然而共通的基礎在於——潛意識的衝突是心理問題的根源。當代精神分析學派除了沿襲傳統精神分析學派的理念，也將內在動機從性與攻擊拓展到人際關係的需求（Westen, 1998），例如人際取向的心理治療。

人本心理學 1950 年代，有另一個也著重探索自我狀態的學派出現——**人本心理學（humanistic psychology）**。Abraham Maslow 與 Carl Rogers 都是人本心理學派的主導人物。與佛洛伊德不同的是，他們強調主觀意識的重要性。佛洛伊德認為潛意識決定了自我展現，人本心理學家則認為個體可以透過意識歷程決定自我行動。不過，人本主義學家和佛洛伊德一樣，認為潛意識往往使我們的努力功虧一簣，讓我們無法有意識地做出好決定。

> **人本心理學**
> 此心理學派認為，人的行為歷程受到內在正向動力所引導。

人本心理學家認為人的重心在於自我概念（self-concept），也就是個體對於自己的觀感；他們認為自我概念是決定個體行動方向的關鍵。例如，如果你覺得自己是個樂於助人的人，你可能會積極參與志工活動。然而人本主義學家認為，外在社會讓我們很難有正確的自我概念，是外在社會環境造就了潛意識下的黑暗面。

雖然自我概念是人的核心，但是外在環境經常會阻礙我們達到真實的自我。想想看，為了符合社會的期待，你是否經常覺得無法表現自己最真誠的一面？是否必須戴著假面具生活？如果你有這些感受，就代表著你所存在的環境正用某種形式的力量阻礙你展現真我。在生活中，個體有些真實面會被壓抑到潛意識內，導致：一，個體必須虛假地活著，因為真實面不被外在環境接納；二，由於個體不真實地活著，存在潛意識下的真我會與假面具衝突，使得個體產生嚴重的焦慮感。從人本的角度出發，個體若要走出虛假，面對真我，必須要有一個溫暖、接納的環境幫助個體接納真我。目前關於這個取向的實證研究比較少（Robins & others, 1999），但應用範圍卻相當廣泛，例如人本教育。

1.2.5 心理計量：Alfred Binet

法國心理學家 Alfred Binet 將心理歷程的研究帶往一個很不同但相當實用的方向，他最受到注意的就是智力的測量。1890 年代，巴黎教育局（Paris Ministry of Education）開始注意到智力的課題。他們希望提供困難的學習內容給「聰明」的兒童，並提供較實用的適切內容給程度沒那麼好的兒童，因此希望能夠儘早了解每個孩子的特性，以便因材施教。然而兒童的智力應該如何評量呢？

這個任務最後交給成立法國第一間心理實驗室的索邦（Sorbonne）大學（巴黎大學的前身）。Binet 與同事進行無數次的測試，最後發現有一系列的題目（例如，算術、字彙、記憶等問題）可用來了解兒童的智能特性（即某年齡的大部分兒童都能回答，但年紀較小的兒童大多都答不出的題目）。這套工具

經過不斷地修正與測試，最後翻譯成英文版引入美國，成為今日還廣為使用的比西智能量表（Stanford-Binet Intelligence Scale）。Binet 開啟了心理學的新領域，也就是大家熟悉的心理測驗，包括智力、人格、工作性向等測驗，他採用的方法就是**心理計量（psychometrics）**。心理計量一詞是「測量心理功能」的意思，由 metric（測量）與 psycho（心理）這兩個字根所組成。這個方法至今還是很熱門。

心理計量
採用數值化的方法評量心理功能，由 Binet 所創。

1.2.6 神經科學觀點

長久以來，心理學家都試圖探討心理與身體（特別是大腦）之間的關係。1894 年，西班牙學者 Santiago Ramón y Cajal 首度發現神經元（neurons）是構成大腦與神經系統的細胞並發表了對神經元的描述，開啟了人類對大腦的認識，並於 1906 年獲頒諾貝爾獎。

神經科學觀點
透過神經系統來解釋行為和心理歷程的心理學觀點。

採用**神經科學觀點（neuroscience perspective）**的心理學家之主要興趣在於大腦的結構與功能，包括情緒反應、思考、語言等心理歷程，並試圖了解遺傳對人類心智功能（如智能和情緒穩定）的影響到什麼程度。神經科學取向的心理學家除了探討大腦結構之外，還深入研究傳遞訊息的神經傳導物質，以了解這些物質對神經功能的影響，同時也研究大麻等外在物質對大腦功能機制的影響。

我們現在知道，大腦會透過神經傳遞以及內在荷爾蒙影響行為。而在探索大腦的過程中，更能夠發現大腦的複雜性以及大腦運作的奧祕。

複習

　　心理學自亞里斯多德之後經過了 2,200 年的時間，都尚未成為正式的學科。直到 19 世紀晚期，心理學才開始正式發展。1879 年，Wilhelm Wundt 成立了第一間心理學實驗室，並與學生 Edward Titchener 及 J. Henry Alston（結構主義學家）採用內省法來探討人的意識歷程。Max Wertheimer 則與同事發展出完形心理學，強調整體的重要性。William James 正式教授心理學，並撰寫了第一本心理學教科書。他創立功能主義學派，強調意識在演化上的重要性。功能主義學家 Hermann Ebbinghaus 和 Mary Whiton Calkins 發表有關記憶的研究，開創相關的實驗流程，首度有系統地研究意識的功能。Alfred Binet 發展了智力測驗，協助評估兒童的智能，創立了心理計量學派。行為學家 John B. Watson 和 Margaret Floy Washburn 將 Ivan Pavlov 的古典制約引進美國心理學界，開始將外顯行為當作心理學的研究重心。Santiago Ramón y Cajal 發現神經元，開啟神經科學的研究，引導學者探討大腦與生理結構和行為與意識歷程的關係。佛洛伊德發表精神分析的相關論述，開啟了潛意識的探索。在晚近，對潛意識持不同觀點的人本心理學家竄起，讓我們回到真實的自我。

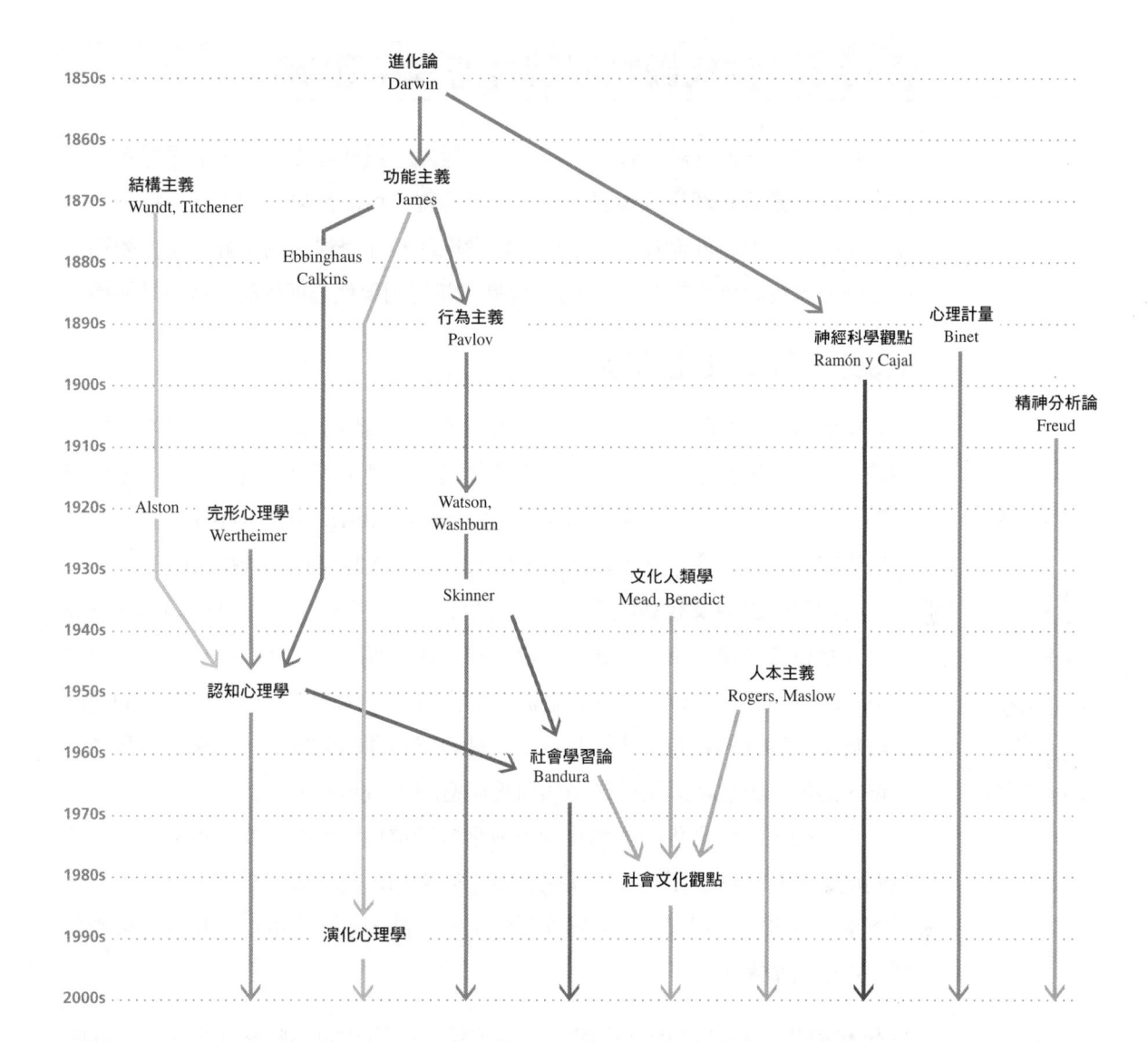

圖 1.4 心理學的觀點是互相影響的,當代心理學受到過去與現在觀點的影響而整合。神經科學與社會文化觀點也逐漸整合至當代心理學的理論與實務中。

想一想

1. 本節介紹了心理學的發展史,你對哪個學派特別感興趣?你會採用哪種觀點來思考自己的心理現象?
2. 為何要採用無意義的詞組來做記憶力的研究?在日常生活中,你認為記憶力重要嗎?

1.3 當代觀點與特殊心理學領域

我們在上一節介紹了幾種傳統心理學觀點，這些觀點所著重的重點不同，卻都深深影響著心理學的發展。你也可以發現，目前尚無一個理論可以完全道盡人類的行為與心理歷程。近年來，影響現代心理學最深的是社會文化觀點。在這一節，我們將探討 21 世紀的新觀點，並說明現代心理學的一些特殊領域。

1.3.1 社會文化觀點

雖然所有人類的大腦基本結構都差不多，但展現出來的行為特徵卻有很大的差異。尤其現在是地球村，各國交流頻繁，人們更可以感受到文化的差異與影響。因此最近這幾年，**社會文化觀點**（sociocultural perspective）開始受到心理學家的重視。在台灣，本土心理學家也在考慮將文化因素納入研究。

心理學的社會文化觀點自 1980 年代開始受到重視，不過這個觀點的發展其實與**社會人類學**（social anthropology）息息相關。在 1930 年代，人類學家 Margaret Mead 與 Ruth Benedict 造訪世界上許多不同的文化，並將其中的異同進行統整。當代的社會文化觀點也受到社會學習理論的影響，同樣探討我們的人格、態度、信念，以及行為是如何被周遭的人所影響。

近年來，多元文化的議題在國內愈來愈受重視，而社會文化觀點可以幫助我們從不同的角度去了解不同文化背景下的人的行為，多一分了解，也會多一分尊重。本書許多章都有「人類多樣性」的專欄，就是從社會文化觀點來看各種心理學的議題。

文化相對性　根據社會文化觀點，在探討一個個體的心理歷程時，必須同時考慮其文化、族群及性別等因素。透過將個體放入所屬文化的情境下，我們可以更清楚個體的心理狀態，減少過度主觀造成的誤解。

社會文化觀點不只鼓勵我們在試圖了解他人時應將文化和其他社會因素納入考量，同時也要求我們不要濫用而做出錯誤的解讀。我們可以從兩方面來討論。首先，社會文化觀點著重**文化相對性**（cultural relativity）。雖然人們總是認為自己的文化優於其他文化（Triandis, 1991），然而社會文化觀點鼓勵我們要學習尊重每個文化的不同，而非判定優劣。每個文化、族群只是單純地擁有不同的特性（相對性），並沒有好壞之分。目前，很多社會中的多數人會排斥少數族群，顯示我們有必要更加努力推展社會文化觀點，台灣也不例外。

社會文化觀點
此理論主張，要完全了解一個人，必須去了解其文化和社會對此人所造成的影響。

社會人類學
研究不同文化彼此之間的異同，以及文化如何影響人類行為。

文化相對性
不同文化只有相對的差異性，沒有本質上的好壞之分。

再來，即便是屬於某個族群或文化的個體，還是有其個別差異性。例如，同樣都是男性，其特性仍有所差異；同樣都是台灣人，所展現的特性也有個別差異性。因此，我們不能單靠所屬族群就判定該個體的特性，而應考慮到個別差異性。

近幾年，國際間的交流頻繁，文化差異的特性更受突顯。在電視節目中，經常可以看到一些外國朋友因為不熟悉台灣的風土民情而發生種種有趣或尷尬的狀況，這也讓我們了解文化差異帶來的影響。台灣逐漸成為一個多元文化的社會，就心理現象的研究而言，這是一個將社會文化觀點納入的好時機。隨著本土心理學研究的努力，我們也漸漸看到這個觀點在台灣萌芽與成長。

社會文化因素與心理學發展史 19世紀末心理學開始發展，當時白人男性位居主導地位，而女性與有色人種則受到強大的壓迫與歧視。

19世紀末期的歧視是一項影響早期心理學發展的重要社會文化因素（Minton, 2000）。有許多年的時間，心理學的領域都是由白人男性主導；如前所述，女性、非裔美國人、西語裔人士等心理學家對於心理學的創建都扮演舉足輕重的角色，但是直到二十年前的教科書，這些人的貢獻仍然幾乎完全被忽略。

1882年，Christine Ladd-Franklin 在約翰霍普金斯大學（Johns Hopkins University）完成博士學位，成為少數的女性心理學家。即便如此，她一直無法獲得正式文憑，因為當時的約翰霍普金斯大學為全男性的學府，因此拒發文憑給她（Furomoto & Scarborough, 1986）。

早期的心理學家大多是以男性為主，女性很難進入研究所；即使得到學位，也很難獲得教職。就在這樣的惡性循環下，男性更加主導心理學領域。

再者，當時的女性在婚後往往得離開職場，留在家庭中扮演家庭主婦的角色。少數幾位女性心理學家大多未婚，而且只是擔任助理教授的職務。

在19世紀末期，一位女性心理學家嶄露頭角——Mary Whiton Calkins，一位未婚的女性心理學家。前文已提過 Mary Whiton Calkins 是 William James 在哈佛大學的學生，她也在哈佛完成博士訓練。可是就像 Christine Ladd-Franklin 一樣，哈佛也從未正式授予她學位。在當時，哈佛大學不會頒予學位給女性學者。

早期的心理學界也存在種族歧視的問題。非裔美國人、拉丁裔等少數族群都受到學界的壓迫。不過，他們當中有許多人克服了困境而成為心理學界的先驅。Gilbert Jones 是美國第一位非裔心理學教授，他於1901年在德國耶

拿（Jena）大學取得博士學位。Inez Prosser 是美國第一位取得心理學博士的非裔女性，她於 1933 年在辛辛那提大學（Univsesity of Cincinnati）取得博士學位，可惜不久後即車禍身亡。Mamie Phipps Clark 與 Kenneth Clark（1939）對於非裔學童自我概念的指標性研究成為美國最高法院對於「布朗訴托皮卡教育局」（Brown v. Board of Education）一案判決的科學基礎，裁定當時美國學校的隔離政策不符合「隔離但平等」的精神。這項重要研究讓 Kenneth Clark 在 1971 年成為美國心理學會第一位非裔會長。同樣地，西語裔人士也逐漸在心理學界占有一席之地。例如，George Sanchez 的研究阻止了對少數族群學童進行有文化偏見的測驗。

雖然近年來，女性心理學家和其他種族（非白人）的心理學家在人數上已有大幅成長，但就和許多學科與專業領域一樣，歧視還是無法從心理學界完全消弭（Peterson, Brown, & Aronson, 1998）。目前的心理學界仍是以男性為主導者，尤其是高階職務者（Denmark; Peterson & other, 1998）。在未來，這個領域需要更多女性心理學家的加入，提供另一種新的視野與觀點。台灣這幾年女性主義崛起，也推動了女性角度思維的心理學發展。

1.4 當代基礎心理學與應用心理學

心理學的範圍廣泛而多元，目前受到普遍重視，許多行業都會應用心理學。在台灣，也常會看到心理學家出現在各大媒體中。心理學發展已經逾一個世紀，隨著研究主題不同，也各自分門別派。當代的心理學家主要分成兩大流派——基礎理論派（學院派）與應用派。基礎理論派專注於某一種心理歷程的探討，例如認知歷程、發展歷程、社會認知歷程等。**應用心理學（applied psychology）**則著重於心理學在生活多方領域的應用，例如醫療系統、教育系統、工商系統等。

應用心理學
將心理學知識運用在生活之中，以解決並預防人的問題的心理學。

1.4.1 當代心理學的基礎理論領域

基礎理論派的心理學家大多在大學院校教書或做研究，也有些在研究機構或政府單位工作（在台灣，在大學系統擔任教職者大都屬於基礎理論派，又稱學院派）。他們的研究為各種應用提供基礎知識。基礎理論派的心理學家會廣泛學習各種基礎的心理學知識，不過他們通常會專門研究某一種心理歷程。從各大學心理系開授的課程來看，可以看到每位老師所偏向的專長領域。目前經

常被討論的領域有：

1. **生理心理學**：生理心理學著重於研究行為的生理基礎，探討神經系統、生理系統與行為和心理歷程的關係。這個領域的學者也研究其他動物的行為並與人類行為做比較，以對其他物種有更多的了解。礙於人權與實驗的精準性，大多會採用動物模式來類推人類的行為。
2. **感覺與知覺**：知覺心理學主要研究人類的感官系統如何接受外界訊息，並探討我們如何詮釋所接收到的訊息。
3. **學習與記憶**：這個領域探索我們如何學到新訊息、新技巧、新習慣，並研究我們如何將所學記憶於大腦中。
4. **認知**：認知心理學研究的是智力功能——思考、感知、計畫、想像、創造力、夢、語言、聽、問題解決等思考歷程。
5. **發展心理學**：發展心理學主要研究個體的成長歷程，探討不同成長階段的心理歷程。
6. **動機與情緒**：在這個領域中，心理學家研究驅動與引導行為的基本需求，包括渴、餓、性等生理需求，以及成就感與人際關係等高層次的需求。同時也研究人類的情緒本質。
7. **人格**：這個領域主要在探討個別差異，強調每個人的特殊個性與特質。
8. **社會心理學**：社會心理學主要研究個體如何在社會環境下生活，包括個體面對社會訊息的反應、他人對個體行為的影響、人際互動，以及團體互動等。
9. **社會文化心理學**：社會文化心理學主要探討不同文化與族群的差異所帶來的心理現象，例如原住民、同志、遊民、老榮民、新移民等。

1.4.2　當代心理學的應用領域

台灣自從心理師法通過後，社會大眾對於心理學的應用更加重視。目前台灣的應用心理學家投入的領域大多在醫療系統、學校系統，以及少數的工商業界。應用心理學的主要領域包括：

1. **臨床心理學家**：了解與治療嚴重的情緒與行為問題。台灣目前有將近 800 名合格的臨床心理師，大多是在醫療系統工作。
2. **諮商心理學家**：協助個人突破困境與成長。台灣目前有將近 1,200 名合格的諮商心理師，大多任職於學生輔導中心。

3. **教育與學校心理學家**：著重於學童在課堂上的學習，同時也發展教育輔助相關的測驗工具。學校心理學家透過老師了解學童的學習與行為問題，並透過測驗以了解學童是否適合特殊的教育課程。台灣目前有心理師進駐校園，擔任校園心理師的工作。
4. **工商組織心理學家**：著重職場中的心理議題，包括工作壓力、人力資源分配、員工潛能開發、工作滿意度提升，以及職場關係處理。由於台大鄭伯熏教授的推展，此領域開始在台灣的工商業界迅速發展。
5. **健康心理學家**：著重在壓力等因素對健康的影響，以幫助人們維持良好的健康狀況。現代人慢性病盛行，疾病的預防與適應是健康心理學家的著力點。他們透過教導人們放鬆、運動、控制飲食，以及停止抽菸等高風險行為，來預防健康問題。國內由於吳英璋教授的推展，目前有部分臨床心理師以健康心理學的角度來處理個體的問題。各大學的心理系大多會開設健康心理學這門課，讓學生了解健康心理學的相關議題。

基礎理論與應用這兩大領域並非截然二分。要能有效應用心理學，就必須奠基在穩健的理論基礎上；而要發展出能解決人們實際生活問題的理論，則必須從實踐出發。基礎理論幫助我們以科學知識來分析生活現象，而理論的應用則可以協助我們確認理論的有效性。本書中的「心理學的應用」專欄，即探討如何將心理學的知識應用於日常生活中。

1.4.3 心理學與精神醫學的關係

心理師與精神科醫師有何不同？簡單的說，精神科醫師有醫學院背景，取得的是醫師資格，而且必須在醫院接受完整的精神科住院醫師訓練，因此往往能開立處方或採取其他醫療措施。心理學的範圍則更廣，所以心理師的角色也有所不同。與精神科醫師最相似的是臨床心理師，不過他們就讀的是心理學系而非醫學院，必須完成臨床心理實習，然而心理師在美國大部分的州都不能開立處方（台灣也不能）。台灣多數民眾對於精神科醫師與心理師的角色和功能並不清楚，本節就從台灣的制度出發，以協助大家具體了解精神科醫師與心理師的差異。

心理師包含臨床心理師與諮商心理師兩大類，皆以心理學為基礎提供個案專業的協助。在訓練過程中，臨床心理師與諮商心理師皆須具備碩士以上學歷，而且必須接受完整的專業課程與實習訓練。在服務工作中，他們運用心理學的知識與方法處理個案的心理問題，以非藥物性的治療為主。精神科醫師則

是醫學系畢業後，先經過三到四年的精神科住院醫師訓練，再經過專科醫師考試合格後，才能擔任精神科醫師的工作，以採用藥物治療為主，透過提供疾病診斷和藥物治療來協助個案。

不論是心理師或精神科醫師，皆會採取會談方式進行心理治療。不過，心理師有長期穩固的心理學背景和專業技能，協助他們了解個案的心理狀態並加以處理；精神科醫師的訓練則大多以生物醫學知識為主，這個部分主要是在住院醫師期間接受心理治療的訓練工作，因此這方面的訓練取決於醫師本身的興趣以及服務單位的相關訓練。

總之，心理師主要採用心理學的知識提供專業的協助，而精神科醫師則採用精神醫學與基礎醫學的知識提供專業的服務。目前，台灣的精神科醫師與心理師扮演著相輔相成的合作關係，由精神科醫師提供藥物治療，心理師則提供專業的心理評估與治療服務，藉由兩者的合作以提供個案更完整的治療。

複習

社會文化的觀點主張，要了解一個人，必須將個體置於其所處的社會文化脈絡之下，例如要考慮種族、性別等因素。

一般而言，當代心理學家不會只採取單一的理論，而是集各家大成，採取折衷的觀點。當代心理學家不只學習基礎的理論知識，更應用所學以符合人們的需要。目前的心理學大致可分成理論派與應用派，兩大領域相輔相成。理論派著重在基礎理論知識的發展，應用派則著重在現實生活中的實踐工作。這兩個領域又各自分為許多次領域，造就了目前多樣性的心理學。

想一想

1. 這一節介紹了許多當代心理學的領域，你最喜歡哪一個？為什麼？
2. 在許多專業領域中，男性似乎還是占大多數。你認為有哪些因素可能會阻礙女性的發展？
3. 面對台灣的媒體亂象，你認為哪個理論派或應用派的領域最有助於改善這個問題？

1.5 人類行為的基本狀態

至此我們可以發現，心理學的理論與觀點相當複雜而多元，各自有不同的想法與假定，也有不同的研究主題。雖然心理學已發展出許多不同的領域，但還是有一些共通的基本觀點。也許並非所有心理學家都同意以下所列，不過這

裡的用意是將心理學家共享的重要概念做個摘要，是大家對於人類「本質」的共同看法：

1. **人類是一個生物體**：不可諱言地，人類本身就是生物體。在日常生活中，我們花了相當多工夫在滿足生物體的基本需求（如吃喝拉撒睡）。同時，我們的行動也需要靠身體來完成。當然，科技的發展也開始讓人類突破身體的某些限制，例如飛機讓人們可以翱翔天際。人們會受到身體的影響，但不會完全受限於身體。

2. **每個個體都有共通點與個別差異**：每個人都是獨特的個體，都有屬於自己的個性與特色。而在這樣的獨特性中仍然可以找到一些共通點，例如台灣人的人情味。心理現象也是一樣，人們會有一些共通的心理狀態，而在這些共通點中，又會有一些個人獨特的表現方式。

3. **個體要放入情境脈絡中（如文化、種族、性別等），才能夠清楚地描繪**：個體所處的情境脈絡會影響其思考、行為等心理狀態，所以要能夠完整地描繪一個人的心理狀態，必須將個體放在其所屬的情境脈絡下來思考。

4. **生命是一個不斷改變的歷程**：從出生到死亡，我們的生理和心理都不斷地在改變。人們無時無刻都在吸收新的經驗，將新的經驗納入我們的心理狀態之中，這樣的經驗吸收也造就了我們心理狀態的成長與改變。

5. **行為背後都有其動機**：人類的行為都有目的性，一舉一動都反映出內在的動機需求。早上起床的穿著、午餐與同學的聚餐、晚上與朋友的邀約，以及睡前的一些活動，一天從早到晚的活動都在滿足自己內在的需求。

6. **人是社會性的生物**：人類是群居性的生物，從小到大都過著社會生活。從小家長就會教導我們一些禮節與習俗，這些都是一種社會化的歷程。人與人之間的互動、協助，都是我們的生命本質。同時，我們也可以體會到親密關係的美好、孤單的痛苦。這一切在在說明了我們基本的社會性。

7. **人主動創造自己的經驗**：亞里斯多德認為嬰兒就像一張白紙，會受到外界的影響，而在白紙上產生圖樣。現在我們可以發現，人不只是一張被動受到環境塗鴉的白紙，而是一種會主動去經驗這個世界的個體。每個人對同一件事物的知覺詮釋各有不同，這就顯現出個體對於外在主觀知覺的重要性。例如同樣是面對「被當」，每個人對「被當」這件事的感受、想法都不一樣。可以說，我們不是被動地受到環境影響，而是會去主動地經驗這個世界。

8. **行為本身可能是適應良好的狀態，也可能是適應不良的狀態**：人類不斷地在適應所處的環境，也會隨著環境的變動而產生某些行為反應以應對。這些行為可能反映出個體適應良好，也可能反映出個體是處於適應不良的狀態。例如，在危險的環境中，緊張的情緒可能有助於個體適應環境；但若明明是在一個安適的環境卻出現緊張的反應，可能顯示個體有適應不良的情形。這些適應不良的行為是受到生理因素和學習經驗的共同影響。當我們發現自己的行為是一種適應不良的反應時，就需要進行修正，以便更加適應環境。

本章總結

第1章定義何謂心理學，並先概略介紹目前心理學家對於人類行為有哪些了解。

I. 心理學是一門探索行為與心理歷程的科學。
  A. 心理學是一門科學，利用客觀系統性的方法來獲取知識。
  B. 心理學的目標有：
    1. 描繪
    2. 預測
    3. 了解
    4. 以及影響行為和心理歷程。

II. 心理學的主要思潮如下：
  A. 研究意識經驗本質的早期學者：
    1. Wilhelm Wundt（結構主義）
    2. Edward Titchener（結構主義）
    3. J. Henry Alston（結構主義）
    4. Max Wertheimer（完形心理學）
  B. 功能主義的學者：
    1. William James
    2. Hermann Ebbinghaus
    3. Mary Whiton Calkins
  C. 行為主義的學者：
    1. Ivan Pavlov
    2. John B. Watson
    3. Margaret Floy Washburn
  D. 研究自我的先驅學者：
    1. Sigmund Freud（精神分析）
    2. Carl Rogers（人本心理學）
  E. Alfred Binet 開創了心理計量學，開啟心理測驗的發展。
  F. 神經科學觀點：強調透過神經系統和其他生理系統來了解人類的精神本質。Santiago Ramón y Cajal 發現了神經元，開啟神經科學觀點的研究。
  G. 認知心理學是當代的顯學，強調從知覺到思考這整個過程的重要性；社會學習理論以早期行為學家的研究為基礎，但又將認知因素納入考慮，讓整個理論更加豐富。
  H. 社會文化觀點：主張只有在考量文化以及諸如性別等其他社會因素下，才能真正了解一個人。社會文化觀點對當代心理學有相當大的影響。
  I. 當代心理學可分為兩大領域：
    1. 基礎領域：專注於行為的生理基礎、感覺和知覺的歷程、學習與記憶、認知、人類發展、情緒、人格、社會行為、族群和性別認同，以及性取向。
    2. 應用領域：將心理學的知識應用於助人，可分為許多領域，包括臨床治療、個人或婚姻諮商、工商或教育應用，以及健康心理學。

III. 大部分的心理學家都同意人類的行為與心理歷程具有以下特性：
A. 人類是一個生物體，生理特質會影響並限制行為。
B. 每一個人都有其獨特性，但人與人之間也有共通性存在。
C. 只有在考量文化和其他社會因素下，才能徹底了解一個人。
D. 生命是一個不斷改變的歷程，從出生到老年不斷發展。
E. 行為都有其動機，並非漫無目的。
F. 人是社會性的動物，要與他人互動。
G. 人類透過選擇主動創造自己的經驗。
H. 行為可能是適應良好的，也可能是適應不良的。

課程活動

內省法練習

活動目的：體驗自己的內在想法如何運作
進行方式：
　　班上同學兩人一組，一位同學負責記錄，另一位負責報告。每組10分鐘的時間進行活動。
記錄的同學：「現在開始，把你腦中所想到的念頭、影像，一五一十地報告出來。」
報告的同學：開始把腦中所浮現的任何想法與念頭都說出來。
記錄的同學：將報告的同學所說的內容逐字記錄下來。

附註：
　　若報告的同學覺得腦中的念頭或想法難以描述時，可以用一個主題引導該同學進行思考，例如，車子、水果等事物。

夢的解析

活動目的：探索自己的潛意識如何運作
進行方式：
　　準備一支錄音筆放在床邊。當你做夢醒來後，馬上把自己的夢境內容用口述的方式錄下來。起床後重聽一次，並試著分析你的夢境。你在夢中是什麼角色？遇到了哪些人？在什麼樣的場景？發生了什麼事？
　　若夢中出現以下的訊息，代表你的生活中有某些壓力存在：
1. 身體受到傷害的夢：夢見自己受傷或是有人受傷。
2. 失敗的夢：夢見自己想要完成某件事卻失敗。
3. 攻擊的夢：夢見發生攻擊或戰爭。
4. 被處罰的夢：夢見自己遭受處罰。

第 2 章　心理學的研究方法

在日常生活中，我們經常接觸到很多似是而非的訊息。這些訊息基本上只是一些人口耳相傳的經驗談，雖然有些正確，但大多都不可靠。科學方法則可提供一套原則，幫助人們有系統地蒐集資料，形成知識。在這一章，我們將討論心理學如何利用科學的方法來探索人類行為與心理歷程。科學的研究方法很多，主要可分成量化研究與質化的研究。本章將著重在兩種常見的研究方法——描述性研究方法與實驗性研究方法。只有深入了解研究方法，才能真正清楚它們在心理學的價值。

2.1 研究的基本概念

科學方法
依循系統觀察與嚴謹的實證方式所進行的研究。

科學方法（scientific method）就是：系統地觀察、嚴謹地蒐集證據（資料），並且謹慎地分析證據（資料）。面對一個訊息時，心理學家就像一名神探，會小心地提問：證據何在？證據是如何取得的？證據是否充足？這些證據說了些什麼？是否有其他的詮釋與可能性？我們還需要哪些更進一步的證據？在這一章，你會開始學習當一名神探——學習如何採用科學的方法來解開種種心理現象背後的謎團。

2.1.1 實證資料與操作型定義

實證資料
針對可公開觀察到的現象，透過客觀方式所蒐集到的資料。

跟其他科學家一樣，心理學家會使用**實證資料**（empirical evidence），也就是透過觀察公開行為所蒐集到的資料。所有的科學都著重在公開現象的客觀資料蒐集過程，以便他人可以確認。心理學也不例外，透過客觀有系統地觀察行為，再從這些觀察結果來推論個人私密的心理歷程。

操作型定義
將心理現象轉成可觀察與測量的方式。

在蒐集資料之前，必須先釐清我們將觀察哪些行為訊息。首先，要針對欲觀察的現象進行**操作型定義**（operational definitions）。透過操作型定義，我們可以清楚地界定所欲蒐集的資料範圍。在科學化的心理學中，我們所欲觀察的現象必須可以清楚地加以測量，亦即必須可以定性（它是什麼）與定量（強度有多強）。例如，我們要了解大學生蹺課的行為，就必須先清楚地定義何謂蹺課，以及蹺課的強度如何評估：

蹺課的操作型定義：個體在下課前 10 分鐘點名時未到即是蹺課。
蹺課的強度：以蹺課的次數來評估。

有了這樣的定義之後，在研究蹺課行為時，就可以透過在下課前 10 分鐘進行點名的動作來計算名單上的同學有哪幾位不在教室內（測量），藉此了解此班級的蹺課行為。從以上的定義來看，個體只要在點名時有出現，就不算蹺課。當然，你也可以根據自己的研究重點來定義你所謂的蹺課行為。操作型定義的好處就是——我們可以清楚地知道研究者對於其研究主題的界定範圍。透過明確的界定，可以更清楚每項研究所欲了解的現象為何。

以蹺課為例，假設全班總共有 100 位同學，其中有 30 位同學準時進教室上課，有 20 位同學在上課後 10 分鐘內進教室，有 10 位同學在上課後 30 分鐘才進教室，有 10 位同學在快下課前 10 分鐘才進教室，而剩下的同學則一直未進教室。假設某甲老師要研究該班級的蹺課行為，不過，某甲老師認為上課後 10 分鐘未到，即是蹺課。這樣一來，他就會在上課後 10 分鐘開始觀察班上有哪些同學未到，來計算該班級的蹺課人數。

由這個例子來看，某甲老師對於蹺課的操作型定義與先前所列的定義不同，統計出來的班上蹺課人數自然也就不同了。由此可知道操作型定義相當重要，不但會影響資料蒐集的方式，還會影響對於資料的結果所做的詮釋。

當然，沒有一種操作型定義是十全十美的。以上述所舉的蹺課為例，若有位同學剛好是在點名時離開座位去上廁所，那麼他算不算蹺課呢？有了清楚明確的操作型定義，我們就可以清楚地了解一項研究所著重的行為特性為何，也可以提出各種不同角度的切入點。

2.1.2 理論與假設

科學是基於理論，而非絕對的事實。**理論（theories）** 是一種對於科學觀察的暫時性解釋。由於理論隨時可能會被推翻，因此目前所提出的科學解釋也皆是暫時性的。科學家們不斷在測試理論，使得理論常常需要修正，甚至會被推翻。在進行理論建構時，我們必須先針對研究主題提出**假設（hypothesis）**，然後蒐集資料進行研究，再分析資料是合乎假設或是推翻假設——這就是實證科學的過程。例如，心理學家 Terrie Moffitt（1993）提出一個具有影響力的理論：在青春期之前犯罪的罪犯和在青春期之後才犯罪的罪犯，是兩種不同類型的罪犯。

為了測試根據這個理論所提出的一個假設，即要驗證「早年（兒童期）犯罪的人比後期（青少年時期）犯罪的人更暴力」這個假設，心理學家必須蒐集相關資料來探討假設是否為真（Lahey & others, 1998）。在資料蒐集上，研究

理論
對於科學上的事實和關係給予暫時性的解釋。

假設
根據一項研究要驗證的理論所提出的預測。

者選取了同年齡的罪犯（20~30 歲）並將其分成兩組：一組是在兒童期即有違規經驗，另一組則是在青少年時期才有違規經驗。然後比較這兩組人在這次犯案罪行上的嚴重度，試圖去驗證或推翻 Moffitt（1993）的理論。雖然結果印證了 Moffitt 的理論，但這並不代表此理論就是事實，或是永恆不變的「真理」，因為還是可能會有其他的研究不支持此理論。果真如此的話，Moffitt 的理論不是需要做修正，就是會被推翻。

2.1.3 樣本的代表性

心理學家以人類或動物為研究主體。由於要對所有個體進行研究是不可能的事，於是會選用適當的數量進行研究——這就是我們在研究中所稱的**樣本（sample）**。樣本必須具有代表性，研究才具有效性。例如，要了解國人對於某項政策的看法時，由於無法真正訪問台灣 2,300 萬人民，只好根據某種方法選出部分國人進行訪談，以了解其看法。而在這樣的調查中，為了避免結果只是某些族群或具有特定特質民眾的偏見，因此必須要確定所選取的樣本可以代表全台灣人民，這樣的考慮就是樣本的代表性。

> **樣本**
> 代表群體參與研究的個體。

我們再舉一個例子來說明樣本代表性的重要。例如，我們想要了解大學生對於社區服務的看法。在選取樣本上，如果都是選取樂於參與社區服務的同學，所得到的結果一定是相當樂觀的狀態；而若是選取逃避社區服務的同學，所得到的結果大致會是負面多於正面。從這樣的角度來看，我們可以清楚地知道，這兩個族群樣本都無法真正代表學校的大學生。這兩個結果都只是某些族群偏誤性的看法，若要用這個結果來反映學校大學生的態度，則此樣本有失代表性。

若我們改用另一種方法，從每一個科系隨機選取五名同學進行調查，這種方式選取出來的樣本涵蓋廣泛，包含學校各科系，而且利用隨機選取的方式，更能夠避免只選取某些族群的偏誤。針對此樣本進行調查所得出的結果，當然更具可信度。

2.1.4 重複驗證的重要性

> **重複驗證**
> 重複進行相同的研究，其依據的理念是，研究結果都應該被質疑，直到其他研究者進行類似的實驗也發現相同的結果為止。

大家都曾做過物理或化學實驗吧！在實驗過程中，應該都有這種經驗：同樣的實驗反覆進行，以便確認實驗結果。科學研究就是如此，每個研究結果都需要反覆加以驗證，以便確認研究結果的準確度。也就是說，一個良好的研究結果必須能夠經得起**重複驗證（replication）**的考驗，以確認研究結果的穩定性與準確度。

2.2 研究方法

心理學研究會用到的方法相當多種,各有其優點與限制。每種研究問題都有適合的研究方法。因此,若要進行良好的研究,我們必須先了解各種不同的方法,再根據自己的研究議題選擇適當的方法來進行研究。不過,所有的研究方法都是基於對系統性觀察做批判性思考而來的。

2.2.1 描述性研究

描述性研究(descriptive studies)是採用客觀的立場來觀察並描述人類的行為與心理現象。研究者在不干擾個體生活的情況下進行資料蒐集,目的在於能夠真實且客觀地了解人類在生活脈絡下的行為反應。現在心理學常用的描述性研究有以下三種方法:調查法、自然觀察法,以及臨床法。

> **描述性研究**
> 採用客觀的立場來觀察並描述人類的行為與心理現象。

調查法 調查法(survey method)是我們在日常生活中最常接觸到的研究方法,也就是直接詢問人們的意見,例如電話調查、問卷調查等。研究者利用問卷來蒐集所想了解的心理現象之相關資料,透過受訪者在問卷填答的資料,反映出個體的心理現象。目前調查法在心理學領域被廣為使用,常用來詢問人們對於電視節目、軟性飲料、政治候選人等的看法(Zimbardo, 2004)。在學期末,學校會請大家填寫對這門課的滿意度和建議,這樣的課程問卷就是一種調查法。

> **調查法**
> 採用訪談或問卷來進行研究的方法。

美國國家心理健康中心(National Institute of Mental Health)所做的一項研究是使用調查法的最佳範例(Kasper, Wehr, Bartko, Gaist, & Rosenthal, 1989)。這項研究透過電話隨機訪問了 416 名住在馬里蘭州與維吉尼亞州的居民,詢問他們過去一年來的情緒變化狀況,同時比對當地一年來的氣溫與日照狀況。結果發現,情緒低落與氣溫降低以及日照時間少有關(見圖 2.1)。這樣的研究提供了臨床心理學家有關氣候與情緒之間關聯性的資料,幫助人們更加了解環境與情緒變化的關係。

調查法主要的優勢是可以在短時間內蒐集大量的資訊,然而缺點則是調查結果會受到以下因素的影響:

1. 樣本的代表性會影響結果的準確度。假設調查採樣多半都是針對高中以上學歷的人,則低學歷族群的意見會被忽略。
2. 無法確定受訪者是否如實回答,尤其在面對一些敏感性的問題時。

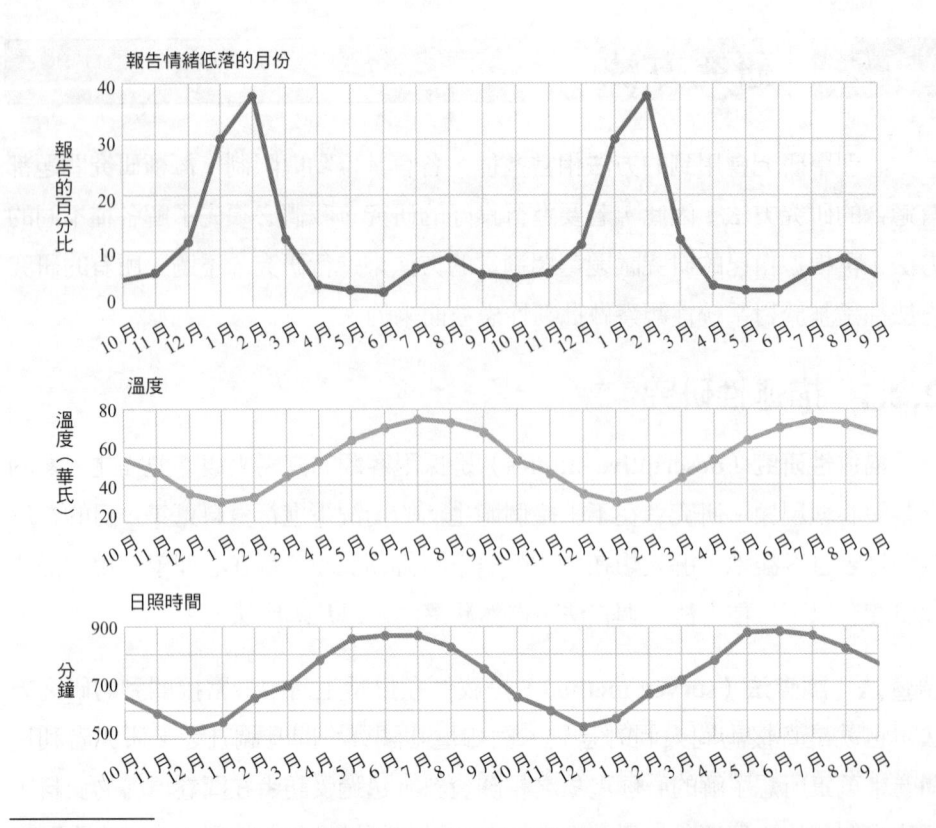

圖 2.1 電話訪談 416 名居住在維吉尼亞州與馬里蘭州的居民，結果顯示情緒波動與氣溫以及日照有關。

資料來源：Data from S. Kasper et al. (1989). "Epidemiological Findings of Seasonal Changes in Mood and Behavior" in *Archives of General Psychiatry, 46*, 823-833.

3. 調查進行的方式也可能影響結果，例如用字遣詞的些微不同也可能會影響作答。

自然觀察法　在日常生活中，我們也可以透過觀察來了解人類的行為。這種小心地觀察與記錄現實生活狀況的方式稱為**自然觀察法（naturalistic observation）**。著名的動物行為學家珍·古德（Jane Goodall）深入非洲叢林，利用自然觀察法了解黑猩猩的行為。經過長期觀察後，她發現黑猩猩有與人類相似的社交行為和使用工具的能力。

在心理學界，有許多研究都是透過自然觀察法來蒐集資料，特別是一些社會心理學的研究。德國學者 Irenaus Eibl-Eibesfeldt（1968）採用自然觀察法來研究人類對他人的讚許。他發現微笑、點頭等非語言行為都是一種跨文化的讚許行為。自然觀察法也可以用來研究其他現象，例如兒童的人際互動行為、青少年的廟會參與等。透過觀察與記錄，我們可以清楚看到這些互動的歷程，同時找尋其中的意義。

> **自然觀察法**
> 不介入地觀察在自然情境下的行為反應。

臨床法 不同於自然觀察法，**臨床法**（clinical method）又稱臨床觀察，是在病患就醫時所做的觀察，是一種相當早期的研究方法。精神分析學派的始祖佛洛伊德就是透過治療時對病患做觀察記錄，形成了影響後世甚巨的精神分析理論。臨床法目前多用於臨床治療方法的初步評估。例如要評估某個治療過度焦慮的新方法，就要在治療前、中、後記錄病患的焦慮情形。

> **臨床法**
> 在病患接受心理治療時觀察病患的方法，主要是探討心理疾病的病因與療效。

相關研究 **相關法**（correlational method）的目的就是要確認兩種觀察結果是否有系統地相關。我們以新聞常見的主題為例：媒體暴力對兒童和青少年可能造成的影響。觀看媒體上的暴力是否會讓年輕人變得暴力？近 25 年來，許多心理學家和教育學者都針對這個議題進行研究。2007 年，維吉尼亞理工大學（Virginia Tech）有一名學生殺害了 32 個人，據說他都玩很暴力的電玩遊戲。是暴力電玩助長他變暴力的嗎？許多心理學家認為，20 世紀兒童接觸到的媒體暴力量大增的確助長了暴力犯罪，因此主張立法禁止（Anderson & others, 2001, 2003）。但是，也有人認為觀看暴力節目並不會導致暴力行為，而且加以規範會嚴重違反言論自由。想一想，我們的生活中充斥著暴力訊息，例如現實生活中的霸凌、電視上的暴力行為、新聞媒體的報導內容，以及網路遊戲中的攻擊行為等。哪些因素會導致青少年產生暴力行為呢？這是個複雜的議題，需要從多方面的角度來探討。我們就來看看相關法如何探究這個議題。

> **相關法**
> 探討變項間關係強度的研究方法。

相關：兩個量化變項之間的統計關聯 目前已有超過 200 篇探討媒體暴力的研究發表在心理學的期刊上（Anderson & others, 2001; Huesmann, Moise, & Podolski, 1997, Konijn & others, 2007），這當中有許多研究都是採用相關法。這類研究一般都會測量兩個主要變項——觀看暴力媒體節目，以及現實生活中的暴力行為——並分析兩者是否具統計相關性。**變項**（variable）就是可以量化的事物，而**量化**（quantitative measures）就是自然觀察法和相關法的主要差別所在。以此類研究來說，量化的兩個變項通常是：兒童觀看暴力節目的次數（例如以每週小時數測量）和兒童發生暴力行為的次數（例如每週發生言語或肢體攻擊行為的次數）。然後我們就可以採用統計中的相關係數，來表示這兩個變項之間的相關程度。

> **變項**
> 可量化的因素。
>
> **量化**
> 將因素轉換成數值。

多項研究結果顯示，接觸較多暴力媒體節目或電玩遊戲的兒童，其攻擊行為稍微多些。這代表這兩個變項彼此相關，但我們能就此斷言觀看暴力媒體節目會讓兒童變得較暴力嗎？那可不一定。我們要能確認以下兩點：兩個變項之間的關聯性有多強？另外，這種關聯性研究顯示出何種因果關係？

相關係數 表示兩個變項關係之強度與正負向的數值。

相關係數 相關係數（correlation coefficient）是表示兩個變項之間關係程度的一種指標，係數愈高表示兩個變項的關係程度愈高。延續上面的例子，觀看暴力節目與兒童攻擊行為之間的相關性，當相關係數愈高，表示觀看暴力節目這個變項與兒童暴力之間的關係愈密切；反之，則表示這兩個變項較無關聯。我們可以透過相關係數來了解不同變項之間的關係程度。

在統計上，相關係數可從 −1 到 +1；0 表示兩個變項無關係，+1 表示兩個變項間有極度的正向關係，稱為完全正相關；−1 則表示兩個變項間有極度的負向關係，稱為完全負相關。以下分別說明這些相關的意義。

如果兩個變項的相關係數為正相關，表示個體在一個變項的得分低時，另一個變項的得分也低；反之，在一個變項的得分高時，則另一個變項的得分也高。如果相關係數為 +1，我們就可以很精準地從一個變項的得分來預測另一個變項的得分。圖 2.2 即呈現變項 1 與變項 2 之間為完全正相關，即相關係數為 +1。該研究的每位研究參與者以圓點並標上英文字母表示，點的位置代表研究參與者在兩個變項上的得分。由於兩個變項呈完全正相關，我們可以把這兩個變項的關係畫成一條向上延伸的完美直線。

如果兩個變項的相關係數為負相關，表示個體在一個變項的得分低時，另一個變項的得分則高；反之，在一個變項的得分高時，另一個變項的得分則低。圖 2.3 即呈現變項 1 與變項 2 之間為完全負相關。如果相關係數為 −1，

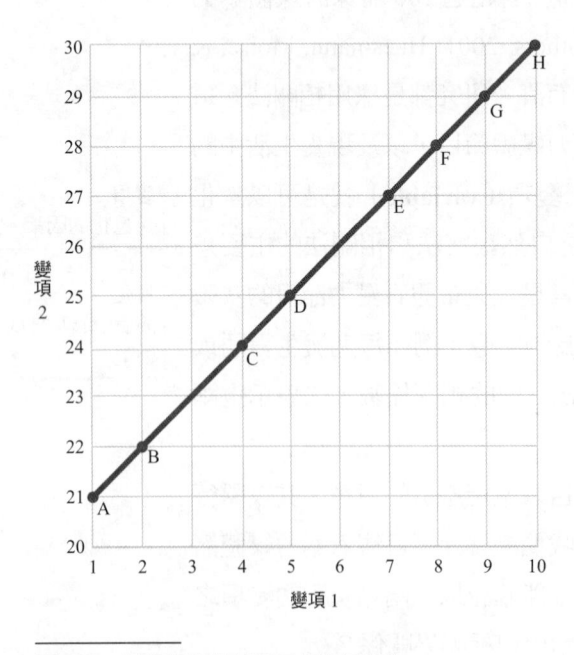

圖 2.2 以假設性數據圖示相關係數為 +1。

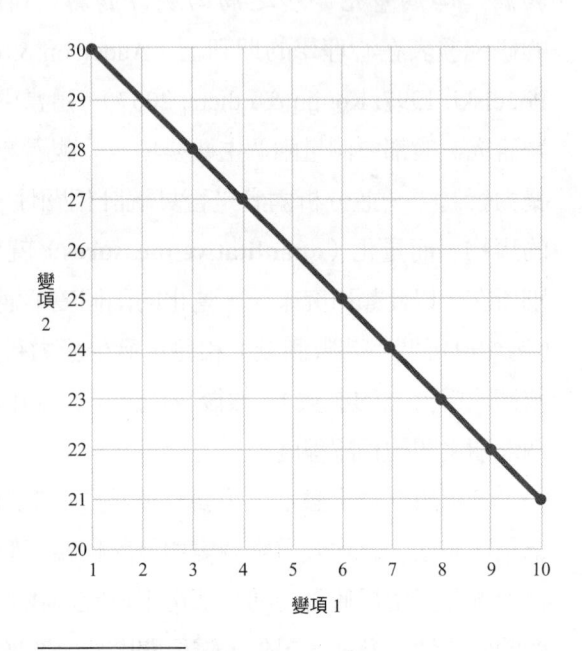

圖 2.3 以假設性數據圖示相關係數為 −1。

我們還是可以很精準地從一個變項的得分來預測另一個變項的得分，只不過這時兩者的關係為負向的。要注意的是，+1 與 −1 的相關程度是一樣的，正負號只是代表關係的方向，而數值高低則表示相關的程度。

相關係數為 0 代表兩個變項之間毫無關聯，如圖 2.4 所示。變項 1 的得分與變項 2 的得分之間並沒有一種明確的關係存在，亦即我們無法透過個體在變項 1 的得分來預測個體在變項 2 的得分。

+1 與 −1 這兩種完全相關係數在實務上很難看到，一般得到的相關係數都是介在 +1 到 −1 之間。圖 2.5 呈現的是相關係數為 −0.68，這樣的相關係數在大部分的研究中都算是高的了。這個關係係數表示，個體在變項 1 的得分愈高，在變項 2 的得分則愈低。而且從圖中可以看到有些圓點和圖中的直線相距甚遠，這表示我們只能約略地從一個變項的得分來預測另一個變項的得分。

回到我們先前討論的主題：兒童觀看暴力節目與其攻擊行為的關係。眾多研究顯示，兩者的相關係數介於 +0.20 到 +0.30 之間（Anderson & Bushman, 2001; Anderson & Others, 2003; Paik & Comstock, 1994）。這樣的相關係數看似不大，但卻可能表示每 100 名觀看暴力節目的兒童中，就有 8 名孩子會受到影響而產生攻擊行為（Paik & Comstock）。有攻擊行為的兒童在數量上有任何微幅的增加，都會對社會造成重大的影響，所以一定要審慎看待。

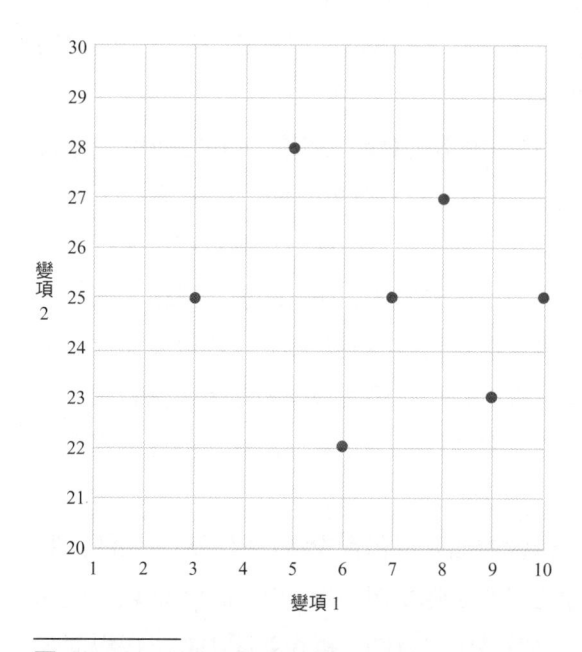

圖 2.4 以假設性數據圖示相關係數為 0。

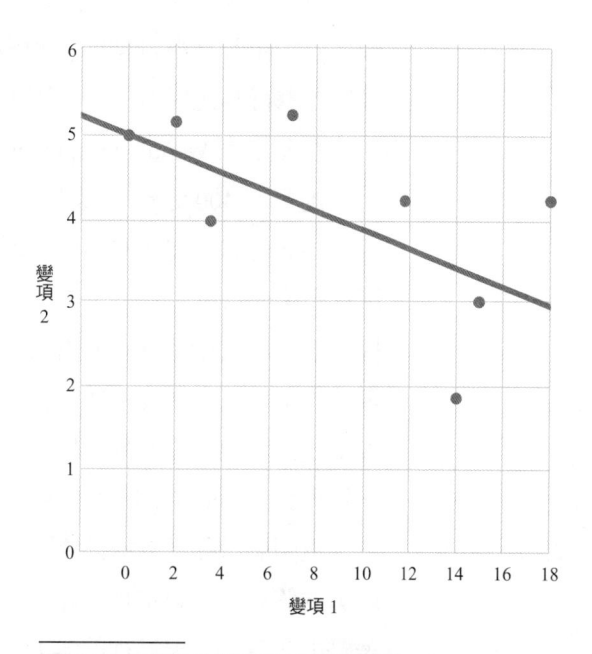

圖 2.5 以假設性數據圖示相關係數為 −0.68。

相關不等於因果 在此要特別聲明，相關不等於因果；相關係數只能說明兩個變項有關聯。例如觀看暴力節目與攻擊行為有關，但並不代表觀看暴力節目會導致攻擊行為。導致攻擊行為的因素很多，相關只是幫助我們了解有哪些因素與攻擊行為有關。透過相關係數的分析，可以找出一些與攻擊行為有關的重要因素，然後可以進一步去探討這些因素在攻擊行為產生機制中所扮演的角色。

相關係數主要在說明兩個變項之間的關係程度，而非某個變項導致另一個變項的因果關係。接下來，我們將介紹實驗性研究的心理學實驗法，這是一種推論因果關係的方法，一起來了解若要推論因果關係時，在研究上所需的準備與思考。

2.2.2 實驗性研究

> **實驗法**
> 操弄獨變項以觀看依變項的變化，就此推論獨變項與依變項之間的因果關係。

實驗法（formal experiment）主要是為了達到了解行為與改變行為的目標。相關法可以幫助我們了解兩個變項之間的關係程度，而實驗法則可以進一步確認兩個變項之間的因果關係。

在實驗法中，研究者會創造不同的條件，並比較不同條件下的行為計量。例如，心理學家 Jean-Pierre Leyens 針對暴力影片對青少年攻擊行為之影響所進行的實驗（Leyens & others, 1975）。他挑選少年感化院的學員，將他們分成兩組，一組觀看暴力影片，另一組則觀看未涉及暴力的一般影片。經過幾天的影片觀看後，觀察者（並不知道所觀察的少年看了什麼影片）針對這兩組學員在感化院中罵髒話與打架的次數做記錄。如圖 2.6 所示，觀看暴力影片那一組學員的攻擊行為比觀看一般影片組的學員多。

心理學家 Wendy Josephson（1987）也透過實驗法來探討暴力節目的影響力。她選取 400 名沒有暴力行為紀錄的 6~8 歲男童，將他們分成兩群，要比賽室內曲棍球。在比賽前，兩群小朋友分別先觀看影片，一群看有攻擊行為的影片，另一群則看無暴力行為的影片。為了要增加小朋友的憤怒情緒，該研究採用讓小朋友期待落空的方式——事先告知所有小朋友看完影片後會播放「很讚」的卡通，之後要播放時卻發現電視故障了。接著兩群人開始比賽曲棍球。觀察結果發現，觀看暴力影片男童的攻擊性比觀看非暴力影片的男童多許多。此結果與 Leyens 的研究結果一樣。

這兩個實驗都支持觀看暴力節目會增加兒童和青少年攻擊行為（口語與肢體）的假設。面對這樣的結果，你有何看法呢？想想看，我們的生活環境充斥著暴力訊息——卡通裡的暴力、網路遊戲中的打鬥、電視新聞中的火爆場面、

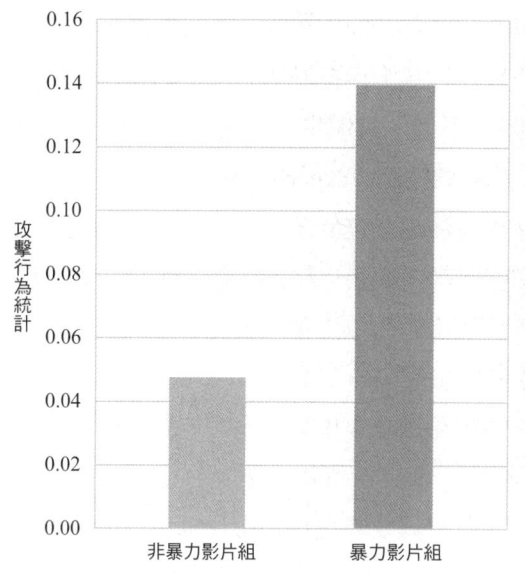

圖 2.6 觀看暴力影片的學員攻擊指數比較高。

動作片中的鬥毆等，難道我們的生活環境就因此變成暴力城市了嗎？想一想，我們都看過一些有打鬥與殺人場面的動作片，可是看完後有增加我們的暴力動作嗎？是否有其他因素影響著攻擊行為的產生呢？例如，一個人的個性、行為的掌控能力等。從之前這兩項研究中，我們可以發現研究者都選用本身就有攻擊傾向的個體（感化院中的孩子或年幼的小男孩）。或許這些研究只能顯示暴力節目較易影響本身就有暴力傾向的個體，而其他個體則可能對於不同的誘發因素較有反應。我再次重申，這是個非常複雜的議題，會牽涉到政治、哲學、法律、經濟等不同層面的考量。

實驗法的基本邏輯與內涵　每個實驗法都至少包含兩個核心變項：**獨變項**（independent variable）和**依變項**（dependent variable）。實驗法主要是要探討因果關係——A 因素（獨變項，例如是否觀看暴力節目）對 B 因素（依變項，例如暴力行為）的影響。獨變項是研究者所介入操弄的變項；在此操弄之下，我們可以清楚地觀察個體在不同情況下的表現。例如先前提到有關暴力影片對暴力行為的影響，將個體分成觀看暴力影片組和觀看非暴力影片組，這樣的分組就是獨變項的操弄，這也讓我們得以觀察之後的依變項，也就是暴力行為反應。

在最簡單的實驗設計中，獨變項可分成**實驗組**（experimental group）和**控制組**（control group）。在理論假設上的 A 因素會設計於實驗組中，例如觀

> **獨變項**
> 由研究者操弄的變項。
>
> **依變項**
> 受到獨變項所影響的變項。
>
> **實驗組**
> 反應獨變項特性的介入組。
>
> **控制組**
> 未牽涉任何獨變項，主要目的是和實驗組做對照。

看暴力影片；另一組是控制組，也就是需要突顯 A 因素影響的操弄組，例如觀看非暴力影片；如果實驗組的參與者在行為上與控制組有明顯的差異，則獨變項會影響依變項的假設就獲得支持。不過，實驗的有效性必須符合兩個條件：**隨機分派**（random assignment）和**實驗控制**（experimental control）。

隨機分派指的是在分派受試者進入實驗組或控制組時，必須無偏見地將受試者隨機分派至兩組，以減少研究的誤差。例如，若是將男性都分派到實驗組，而女性都被分派到控制組，這時就無法確認依變項的變化是受到實驗操弄獨變項的影響，還是因為受到性別因素的影響。

再來，有效的實驗必須透過嚴格的實驗控制來排除所有可能對實驗結果做出其他解釋的因素。例如，先前案例中的兩組男童都有看影片。若只有一組有看，另一組沒看，我們便無法排除是否有「只要看過任何影片都會影響暴力行為」的可能性。又例如暴力影片在早上播放，非暴力影片在下午播放，我們便無法確定究竟是影片內容還是播放時間才是真正的影響因素。總之，實驗法必須將所有其他的可能因素加以控制，以確保實驗組和控制組在依變項上的差異只能追溯到一個因素——獨變項。

實驗法是單純觀看獨變項對依變項的影響。我們利用實驗操弄展現獨變項的特性，經由實驗組與控制組的對比來推論獨變項對依變項的影響。實驗過程必須嚴謹，必須避免其他因素的干擾而影響到依變項的變化，如此才能有把握地確認獨變項與依變項的關係。請見圖 2.7 的步驟說明。

實驗法的安慰劑控制 接下來要討論在心理學研究中很重要的一種實驗控制，即安慰劑控制，最簡單的範例就是藥物方面的研究。假設我們要測試一種治療焦慮的新藥療效。在設計實驗時，我們會將有高度焦慮問題的受試者隨機分派至實驗組和控制組。實驗組每天服用新藥，共服用 5 天；控制組則沒有服用新藥。在這 5 天中，受試者每天填寫一份有關其焦慮症狀的問卷。這個實驗的假設是，在服藥的這 5 天，服用藥物組的焦慮程度會比未服用藥物組明顯降低。

結果合乎我們的預期——服用藥物組的確在這 5 天期間減低焦慮度。但這樣的結果能讓我們確定這是藥物的效果嗎？雖然藥物看似產生了效果，但若仔細思考，服用藥物組和非服用藥物組兩者之間的差異是在有沒有服藥，因此服藥這個行為是否也是一種干擾因素呢？

從過去的研究可以發現，光是服藥的行為本身就會造成部分的效果，這就是我們常說的**安慰劑效應**（placebo effect）。在上述研究中，除了服用藥物

隨機分派
非刻意性的分組，而是透過隨機的方式分派以平衡在實驗前的可能誤差。

實驗控制
將會干擾整個實驗結果的因素進行控制。

安慰劑效應
在藥物實驗中，控制組拿到非具效果的藥物也會產生療效。

首先，先**隨機選取**參與研究的樣本，並請他們提供知情同意書。

將研究參與者**隨機分派**到實驗組和控制組。

觀看暴力影片　　　　　　觀看非暴力影片

將兩組研究參與者分別安排至**獨變項**的不同條件中（例如安排一組觀看暴力影片），另一組觀看非暴力影片）。**控制**其他因素以排除其他因素的干擾。

測量**依變項**（例如本研究即為研究參與者的暴力行為），看看兩組是否有差異。

實驗組　　　　　　　　　　控制組

圖 2.7　進行實驗法的步驟。

組必須服用我們所要測試療效的藥物以外，我們也要讓非服用藥物組服用外觀一樣的假藥丸以控制安慰劑效應，如此才能夠清楚地驗證所測試藥物的實際效果。

　　心理治療的研究和藥物的研究一樣，都必須考慮安慰劑效應。在心理治療的研究中，除了介入計畫的實驗組以外，控制組不能只是單純地等待，而必須是有類似心理治療互動的安慰劑效應組。安慰劑效應組所得到的心理治療應看似與實驗組所得到的差不多，但實際上會缺少某些重要因素，也就是整個研究所希望調查的目標。環顧近年來的心理治療研究，可發現大多數的研究都採用支持性治療為安慰劑效應組，透過與支持性治療的比較，更能清楚地看到特殊介入計畫的效應。

單盲、雙盲與多盲實驗設計 想一想前述有關男童觀看暴力影片的實驗。假設你是觀察者（記錄男童暴力行為者），若你知道所觀察的男童是屬於觀看暴力影片組，你可能會先入為主地認為這群男童的暴力行為較多，所以你會傾向將其一舉一動都記錄為暴力行為，這樣的偏誤就是**實驗者偏誤**（experimenter bias）。為了要減少這種偏誤的產生，我們會採取**單盲設計**（single blind experiment），將這些觀察記錄者蒙在鼓裡，使其不清楚所觀察的小朋友來自於哪一組，如此就可以很客觀地評估小朋友是否產生攻擊行為。

一個實驗的進行，包含實驗參與者（一般稱為受試者）、資料蒐集者（一般是實驗者或研究者），以及資料分析者（一般是撰寫研究報告者），每一個環節都會影響到所蒐集的資料品質。例如，你參與一個減低焦慮的藥物研究，如果事先知道自己是屬於實驗藥物組（非安慰劑組）時，在服用藥物後，你對自己做焦慮度評估時是否會低估，以便呈現出服用藥物的效果呢？如果是，表示你呈現出參與者的實驗者偏誤。同樣的狀況也會出現在資料蒐集者與資料分析者身上。這樣看來，當愈多層面的人受到影響，資料的可信度自然也就愈低。

為了讓實驗能夠減少偏誤，因此在進行實驗時就會讓某些人被蒙在鼓裡。單盲設計是讓某個層面的人被蒙在鼓裡（一般都是受試者或資料蒐集者）；**雙盲設計**（double blind experiment）則是讓兩個層面的人被蒙在鼓裡，一般是參與者與資料蒐集者；最嚴謹的就是**三盲設計**（triple blind experiment），被蒙在鼓裡的人所包含的層面廣及參與者、實驗者與資料分析者。

接下來以一個研究為例，讓讀者了解所謂的單盲、雙盲，以及三盲研究。假設我們進行一項治療失眠的藥物研究。在研究設計上，先將失眠的參與者隨機分成安慰劑組和藥物組，每一組在服用藥物後，記錄自己的睡眠狀態。在此研究中，必須將誰蒙在鼓裡才能避免有先入為主的偏誤而造成研究的偏差呢？

1. **單盲研究：** 在研究中，必須將某一層面的人蒙在鼓裡，一般都是參與者本身。研究者不會告知參與者參加的是安慰劑組或是藥物組。參與者都會取得外觀一樣的藥物回家服用，同時記錄自己的睡眠狀況，如此可以避免參與實驗的個案因為事先知道自己服用的是藥物或是安慰劑而造成先入為主的期待，影響了研究的品質。

2. **雙盲研究：** 雖然單盲研究不會讓參與者知道自己服用的藥物是哪一類，但若進行實驗的實驗者（給予藥物的人）有暗示性的言行，也會引發參與者的臆測。為了避免這個問題，研究者會進行第二個層次的盲目設計，也就是不讓實驗者知道所派發的是安慰劑還是藥物。

實驗者偏誤
在實驗進行中，實驗者或參與者會非刻意地朝向研究預期的結果反應。

單盲設計
讓某層面的人被蒙在鼓裡（一般都是參與者或資料蒐集者）。

雙盲設計
讓兩個層面的人被蒙在鼓裡，一般是參與者與資料蒐集者。

三盲設計
為了避免研究資料蒐集、分析的預期干擾，會讓資料蒐集者、參與者、資料分析者不知道其接受哪種操弄。

3. **三盲研究**：即在整個實驗的過程中，除了研究執行者和研究參與者都不清楚自己被分派的組別及接受的介入（藥物）以外，連資料分析者也被蒙在鼓裡。這個過程可以避免許多先入為主的偏誤。在資料蒐集後，為了確保整個研究的客觀性與嚴謹性，研究者並不會告知資料分析者整個研究的基本假設以及每個分組的意義。如此就可以單純地進行資料分析、客觀地呈現資料，以免造成資料分析者為了達到預期的結果而做了一些偏誤的資料處裡。

操弄檢核　在進行實驗介入時，研究者還必須確保所進行的實驗操作確實能夠達到預期的效應，這樣的過程就是操弄檢核（manipulation checks）。假設我們要研究生氣（獨變項）對心跳（依變項）的影響。這時研究者邀請參與者進入實驗室，然後進行一項誘發生氣的實驗操弄，再測量個體的心跳狀態。在這樣的實驗中，研究者必須確認其在實驗室所進行的操作的確是誘發「生氣」，而非興奮或是其他的情緒。

表2.1將本節介紹的各種心理學研究法做一比較。本章章末的「心理學的應用」專欄會把這些研究法再做一次整理與複習。

2.2.3　描述與解釋資料

量化研究最重要的就是採用統計學來分析資料。在大一的課程中，你修習了心理與教育統計學，這門學科就是教你如何分析量化的資料。在此將介紹兩個常用的概念。

表2.1　心理學各種研究方法之比較

研究方法	重點	優點	缺點	範例
調查法	針對具有代表性的樣本問問題	快速蒐集大樣本資料	具代表性的樣本不易找	各種民意調查
自然觀察法	觀察在生活中所發生的行為	客觀地描述行為模式	無法推論因果關係	兒童行為觀察
臨床法	觀察接受治療的病患之行為	了解可能的病因	無法推論因果關係	憂鬱症的因素
相關研究	確認變項間的關係強度與方向	找出有哪些因素和行為與心理狀態有關	無法推論因果關係	氣溫與情緒的關係
實驗法	隨機分派與有效操弄	可以推論因果關係	需要考量倫理問題	觀看暴力節目與暴力行為的因果關係

描述性統計
將數值做有系統的整理，透過平均數與標準差等數據來說明蒐集到的資料特性。

平均數
樣本分數的總和除以樣本數。

標準差
數學上用來描述樣本分數依平均數為基礎的分散狀況。

統計顯著性
統計結果有實質的意義，而非巧合所造成。

描述性統計　描述性統計（descriptive statistics）的主要目的在於利用平均數與標準差等統計數據來呈現研究結果，以了解群體的特性。**平均數（mean）** 表現出一個群體的平均數值，例如某一年級學生的平均身高、平均體重等。根據主計處發表的報告中顯示，2010 年 3 月受僱員工的平均薪資為 40,744 元，這表示該月有工作的人之平均薪資。**標準差（standard deviation）** 則表現出群體的差異狀態。例如，在大學畢業生的薪資調查中，2002 年度大專畢業生的平均薪資為 3.54 萬元，標準差為 1.24 萬元。換言之，該年度中大專畢業生的最低薪只有 2.3 萬元，而最高薪卻可達到 4.78 萬元。透過描述性統計，你可以很簡單地藉由平均數與標準差等數據來判讀群體資料。

推論統計　心理學家利用推論統計來進行研究資料的分析。透過推論統計的使用，研究者可以進行假設檢定（驗證假設的正確性）。例如，假設某項研究結果顯示觀看暴力節目和暴力行為的相關係數為 +0.32。這樣的數值還需要進一步採用推論統計，以確認其相關係數是否真的表示有關聯性。經由推論統計的分析，若發現這樣的相關係數具有**統計顯著性（statistical significance）**，就表示這樣的結果是有意義的，並非巧合。

複習

　　心理學是一門科學，研究者採用科學的方法來蒐集資料以及驗證假設。心理學家透過系統性的資料蒐集後，經由嚴謹的分析來了解資料的意義。這一節介紹了兩大類主要的研究方法：描述性研究與實驗性研究。在描述性研究中，研究者可以透過問卷調查、自然觀察，以及臨床觀察等方式來蒐集資料，以協助我們描述想要觀察的心理現象。當我們想了解的心理現象涉及兩個變項時，則可透過相關法，以計量方式找出兩個變項的相關係數，以幫助我們了解變項之間的關係強度與方向。不過，相關法只能告訴我們兩個變項是否相關，但無法確認是否具有因果關係。

　　要確認兩個變項是否存在因果關係，必須進行嚴謹的實驗。在實驗性研究中，研究者就是透過嚴謹的實驗設計，藉由操弄獨變項的變化，來觀看獨變項對依變項的影響。研究者必須藉由隨機的方式分派受試者至實驗組和控制組，以及透過實驗控制排除可能的干擾因素，才能確保實驗的有效性。而實驗控制也必須考慮安慰劑組的安排和雙盲控制因素，讓我們可以更精準地了解獨變項對依變項的影響。

想一想

1. 心理學這門科學和物理學、化學等科學有何異同？
2. 在人類的行為與心理歷程中，是否有些部分是無法用科學方法來探索的？

2.3 研究倫理

　　心理學研究的目的是想了解，進而改善所有生物的生命。雖然這個理想很崇高，但不能以崇高之名而罔顧研究倫理。不論研究的對象是人類還是其他動物，都是有生命的生物體，所以在進行研究時，都必須恪守嚴格的倫理規範。

2.3.1 以人為研究對象時的倫理

　　心理學研究經常以人為對象來進行，而研究者有保護研究對象權益的義務。在台灣有一個現象：修習心理學相關課程時，常會被邀請參與心理學研究，這時的研究主持人經常是由研究生或研究助理擔任。由於研究生或研究助理通常還是研究新手，對於研究的進行方式尚不熟悉，有時會忽略一些需要注意的細節。當你的研究是以人為對象時，請別忘了人與人之間的基本尊重。任何以人為對象的研究都必須符合以下五個倫理規範：

1. **自由權**：我們都有權決定自己是否要參與研究，而非被迫參與。在台灣，有些學校會要求修習心理學相關課程的學生必須參與心理所的研究，美其名是促進學習效果，但實際上則必須思考這項要求是否違反個體的自由意識。從動機的角度出發，我們可以知道主動參與和被迫參與的成效差異。此外，研究開始後也應告知參與者可在中途改變心意退出研究，而且不會受到懲罰。

2. **同意權**：任何研究的進行，都必須經過研究參與者的知情同意。研究者必須先讓研究參與者充分了解研究過程和進行方式，以及其利弊。讓研究對象知情且充分了解後同意，是研究者必須遵守的基本原則。

3. **有限的欺瞞**：在進行心理學研究時，有時為了研究的控制，研究者必須隱瞞某些研究的訊息，以避免研究參與者因了解這些訊息而干擾研究的進行。先前所提到的單盲與雙盲研究就是一種隱瞞。雖然為了研究的需要，研究者必須有所隱瞞，但這樣的隱瞞不是全然的。凡是會影響到參與者權益的訊息都不應該隱瞞。

4. **適當的事後解說**：參與者有權利知道研究結果。如果實驗結果無法立刻獲得，參與者也應該能在結果出爐後被告知。

5. **保密**：心理學研究是以人為樣本來進行資料蒐集。任何人的個人資料都是屬於私密資料，研究者必須將研究參與者的資料小心保密，不可在發表結果時意外將其揭露。譯者自身就曾看過保密缺失的例子。某校邀請大學生

參與實驗，並請大學生在公布欄填寫其要參與的研究。為了便於聯繫，研究者更要求參與研究的學生在公布欄上留下個人的姓名與電話，這樣的過程就等於將個人的私密資料公諸於世。保密的原則不只是在研究資料的保密，整個研究過程（從招募受試者到資料蒐集、資料分析，以及研究發表）都必須恪守保密的原則。

參與者人權的議題相當多，很多部分屬於灰色地帶，無法用法律來清楚界定行為，這種對人權的尊重完全取決於研究者的心。

2.3.2 以動物為研究對象時的倫理

以動物為實驗對象一直是相當受到爭議的議題。保育人士長期質疑人類為了自我研究的發展而使用動物來進行研究的做法，也提出動物基本的「生命權」。

心理學研究有時是因為礙於人權問題與研究控制等問題，而使用動物進行研究（一般都是大白鼠），例如生理心理學的研究。不過，選擇動物為研究對象時，也應考慮動物的生命權。不能因為牠無法說話、抗議，而忽略了動物身為生命體的基本權利。心理學是一門科學，也是一門人性關懷的學科，我們應當比其他學科更重視生物的基本權利。美國心理學會指出以動物為研究對象時，必須符合以下三個原則才符合倫理：

1. **必要性**：選擇動物為研究對象，必須是基於研究的必要性，而非純粹為了方便。所謂的必要性是指必須有充分且必要的理由，顯示的確有必要以動物為研究對象，以能明顯提升對於人類或動物行為與心理歷程的了解。
2. **健康**：所有的動物受試對象都應受到能確保其健康的對待。
3. **人道處理**：在實驗進行中與結束後，所有動物都必須受到人道對待，研究者應盡可能地將動物的不適感降到最低，例如必要手術前必須予以麻醉，或任何死亡也必須盡可能減輕其痛苦等。任何會加諸痛苦或壓力於動物身上的研究，只有在為達成有意義的科學目標而有其必要時，才可以在盡可能人道的方式下進行。

研究者在追求研究成果時，別忘了秉持一顆善良之心。研究結果的發表也要謹慎小心，不能因此傷害其他人的基本人權。

▶▶▶ 人類多樣性 研究中代表性的平等

美國國家衛生研究院（National Institutes of Health）現在要求所有以人為研究對象的新研究計畫都需要考慮性別、種族與文化等因素的平等性，也就是說，一個研究計畫的樣本必須多元，應包含男性與女性、不同的種族與不同的文化族群。不過，例如要研究某種只發生在某個性別的疾病時，就不在此限。

這樣的政策，正好說明了取樣的重要性。因為我們並不知道根據一個族群而得來的研究結果是否可以適用到其他族群。一個對男性有成效的酒癮治療方式，對女性也會有同樣的成效嗎？不一定。心理學研究必須注意到不同性別與族群的思考及行為模式。考量到這些因性別或文化所導致的心理歷程差異，許多心理學家試圖發展出適合該國國情的研究策略，以期能夠更貼進其國人的心理世界。

複習

這一節談到研究時的基本倫理。心理學研究固然重要，但是研究對象的權益也必須受到保護。以人為研究對象時必須注意：參與者是基於自願而非被迫參與研究，必須在參與者充分了解研究過程與可能風險後才能取得其同意，攸關參與者權益的內容不應隱瞞，必須告知研究結果，以及參與者的相關資料必須保密。以動物為研究對象時則必須注意：研究的確有以動物為對象的必要性，動物的健康必須受到保護，必須將痛苦減至最低。

心理學研究的對象是人與動物，研究者在面對這些研究對象時，必須保有對其基本生命權的尊重。在追求生冷的科學發展時，也不能忽略內心對於生命的基本熱情。

想一想

1. 現在很多研究都以白老鼠進行實驗，例如藥物療效的研究。你認為研究者該如何在動物生命權和增進人類福祉之間取得平衡？
2. 有些學校會規定修習心理學課程的學生必須參與幾項研究。你是否贊成這樣的方式？為什麼？

▶▶▶ 心理學的應用　設計屬於你自己的實驗

現在你已經學會研究法的基本原則了，接下來，該思考如何應用這些原則。我們一步一步思考該如何設計自己的實驗。

首先，回顧自己的生活經驗。生活中是否有讓你感興趣的議題？根據最近流行的幸福心理學，我們可以透過許多簡單的活動來增加自己的幸福感，其中一項就是寫快樂日記（每天記錄一件生活中發生的好事）。譯者在自己教授的幸福心理學課程中發現，持續寫快樂日記兩個月的同學，其生活滿意度有顯著的提升。因此，我們的研究假設是：寫快樂日記會促進幸福感。但是該如何確認寫快樂日記會促進一個人的幸福感呢？

你的研究對象是誰？

若要驗證這個假設，應該選擇什麼樣的人參與研究？該以哪些人作為樣本才具有代表性？兒童、青少年、大學生、成年人，或是老年人？在選擇對象時，你必須考慮：（1）合適性：哪個族群適合參與你的研究以否符合你的研究目的？（2）可行性：你目前可以找到的對象是哪些人？或許，目前適合且可行性高的就是你的同學。這學期就邀請同學一起參與你的研究吧！

你的獨變項是什麼？

在這項研究中，寫快樂日記是你的獨變項。這時還必須做進一步的釐清：書寫方式該如何設定？是特定的（例如，每天寫一頁日記），或是自由決定呢？該持續寫多久呢？假設書寫方式為寫在日記本上，時間設定為30天。實驗組（進行獨變項組）被要求每天寫下一件感到快樂的事情；而控制組（不執行獨變項組）則被要求每天寫下所吃的晚餐。

你的依變項是什麼？

這項假設的依變項為幸福感。幸福感的測量方式有很多種，例如填寫生活滿意度量表，或是從0~10分來評估自己的幸福感。這時你需要選擇適切的工具來做評估。

你該如何分組？

哪些人該安排進入實驗組，哪些人又該安排去控制組呢？前面提過，實驗具有效性的條件之一就是隨機分配，如此才能把每位參與者的特性所可能造成的誤差減到最低（例如健康狀況、性別等）。一種作法是將每位參與者編號，再透過電腦隨機選號將參與者分配至實驗組或控制組。

需要做什麼樣的控制？

整個研究經過隨機分派後，受試者本身特點的干擾因素就可以減少。但是在這項研究中，仍有一些需要控制的事項。所有的參與者參與的時間點是否都處於相似的狀況呢？如果時間點不同，則可能會因為情境因素而造成結果的誤差。例如，考試前後是最容易生病的時

候，身體不適或緊張情緒都可能影響到一個人的幸福感。如果這些因素未能加以排除，你所得到的幸福感就會被環境因素所影響，而無法證實純粹是因為寫幸福日記的關係。

可以進行雙盲研究嗎？

為了避免實驗參與者的預期效果，以及資料蒐集者的預期效果，你是否要考慮雙盲研究呢？在雙盲研究下，預期效果的影響會降到最低。如果實驗組的參與者知道研究目的，在回答快樂狀況時，是否會傾向回答「快樂」的答案呢？另外，訪談者如果知道其所追蹤的參與者是屬於實驗組，是否會誘導對方回答「較快樂的狀況」呢？這些都是研究預期所造成的效果。採用雙盲研究的設計，能夠更真實地反映研究結果。

要操弄檢核嗎？

這項研究要了解的是寫快樂日記與幸福感之間的關係。實驗組是否真正寫出快樂的事以及控制組是否只寫中性的晚餐，都需要加以確認。可以在實驗組和控制組進行完實驗時，請參與者回答情緒表達的相關問卷，以確定他們在實驗進行中，是否真的如預期地表達我們所希望他們表達出來的情緒。

現實生活中的研究

很多研究都是在完善的實驗室下進行嚴謹的操作。然而，現實生活與實驗室有相當程度的差異。為了讓研究結果可以類推到現實生活，在整個研究進行的過程中，愈逼近現實生活環境愈好。

本章總結

心理學是一門研究人類行為與心理歷程的科學。第 2 章介紹心理學家所採用的研究方法，讓讀者能夠透過科學的方法來了解心理現象。

I. 科學的方法就是採用有系統地觀察來蒐集實證資料，藉此回答所欲了解的問題。

II. 心理學家經常採用兩大類的研究方法來進行研究，一種是描述性研究，另一種則是實驗性研究。

　A. 描述性研究：主要是透過非介入性的觀察來了解研究對象的心理現象。

1. 調查法：針對具有代表性的樣本，通常是採用問卷或訪談的方式來了解某種心理現象。
2. 自然觀察法：利用觀察的方式來了解現實生活中的行為。
3. 臨床法：透過觀察正在接受心理專業人員治療者來了解心理困擾者的狀態。
4. 相關研究：透過統計的分析來了解兩個變項之間的關係。
　a. 相關係數提供兩個變項關係強度的標準統計數據。

b. 如同其他的描述性研究法，相關研究也無法協助研究者確認變項之間是否具有因果關係。
B. 實驗性研究：透過操弄獨變項來觀察依變項的變化，藉此來了解變項之間是否具有因果關係。為了確認變項之間的關係，實驗設計必須排除可能的干擾因素。採用實驗法有幾個要點必須注意：
1. 控制干擾變項
2. 採用隨機分派
3. 安慰劑控制組
4. 雙盲設計

III. 統計學的應用
心理學家採用統計學來分析量化研究資料。

IV. 倫理議題
研究進行者必須維持研究參與者的基本人權與生命權。
A. 以人為研究對象時必須注意人權的保障：
1. 參與者是自願而非被迫參與研究。
2. 參與者是在充分了解後而同意參與研究。
3. 避免無必要的欺瞞，若有欺瞞的必要，也必須有其限度。
4. 研究進行完畢必須讓參與者對研究本質有充分的了解。
5. 參與者的相關資料必須保密。
B. 以動物為研究對象時必須注意生命權的保障：
1. 研究必須有必要性。
2. 動物受試對象的健康必須有所保障。
3. 必須用人道的方式對待動物受試對象。

課程活動

看看你的心跳

活動目的：體驗實驗設計。
活動材料：準備三篇不同類型的新聞報導；一篇是溫馨的新聞，一篇是暴力的新聞，一篇是科學報導。
活動流程：
將全班同學分成三組。首先請同學測量自己的心跳速度，觀察自己每分鐘的心跳速度如何。然後各組同學分別閱讀其所拿到的報導。閱讀報導後，請同學想像當時的情景，然後再測量心跳速度。觀察隨著閱讀報導內容的不同，心跳速度是否也有所變化。

新聞範例

1. 溫馨新聞
由一群家有身心障礙兒的家長所組成的「天使心家族」互助團體，礙於人力、物力與財力，僅在台北、桃園與高雄有據點，一直沒有辦法建立台中的據點。
台中縣太平市一位發展遲緩兒的媽媽希望天使心家族可以到台中。為了邀請天使心家族到台中，她特別將擺攤賣冰淇淋賺來的錢奉獻給天使心基金會。

天使心基金會希望社會各界發揮愛心，擔任特殊兒家庭的聖誕老公公，和特殊兒家庭一同感受充滿愛與溫暖的感人音樂劇。

2. 暴力新聞

開槍殺死安親班女老師的情人屠夫吳敏誠，在逃亡一週、盤纏用盡後，主動於 7 日深夜投案。12 月 1 日，他在光天化日下槍殺女友，震驚全國。16 年前，他也因細故持刀將另一名女友砍死剁成肉醬；就連結婚多年的前妻，也因長年被他毆打，連離婚後都不敢離開，還同住在一起。根據某週刊報導，吳敏誠因身體缺陷而產生極強的占有慾。他的胞弟難過地說：「我哥以為金錢可以買到愛情，但他錯了！」（資料來源：壹蘋果新聞）

3. 科學報導

美國芝加哥大學、加州大學聖地牙哥分校和哈佛大學的研究員發現，寂寞不只是個人心理問題，而是會透過個人的社交網絡，在團體中像感冒一般傳染開來。

這次的研究運用佛明罕心臟研究（Framingham Heart Study）對人口關係網絡所建立的數據資料。1948 年，佛明罕心臟研究團隊調查麻州佛明罕鎮 30~62 歲共 5,209 名男女的身體狀況，並了解他們的生活方式。後來發現一個人的行為存在「三度影響力」，不只會影響朋友，甚至也會影響到不熟識的人。（資料來源：Your News 李庭碩）

第 3 章 行為的生理基礎

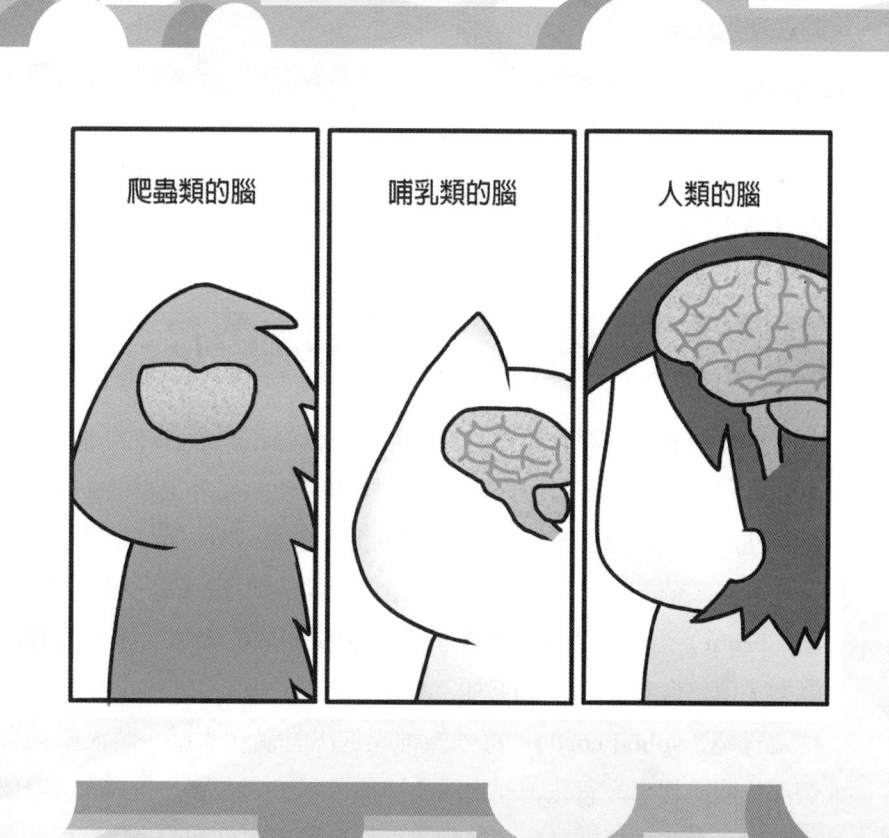

爬蟲類的腦只有腦幹和小腦，只負責吃喝拉撒睡跟繁殖；而哺乳類的腦則多了邊緣系統，因此有了情緒，會關注群體與照顧後代；人類的腦又加上了新皮質區，所以能夠思考與說話，而這也是人類世界會這麼豐富的原因。

在我們的身體中，與心理活動最緊密連結的部分就是大腦。1930 年代，加拿大腦部外科醫生 Wilder Penfield 進行的一個經典實驗，戲劇性地呈現出大腦與心理活動間的關聯。Penfield 博士在病人的大腦表層（稱為皮質）處進行手術，當時病人在局部麻醉的情況下意識清醒。當 Penfield 在病人腦中放置一個通有微電流的小針頭時，驚人的現象發生了，這位病人開始回憶起多年前一個事故的細節。當時她正在廚房，可以聽見她的兒子在庭院玩耍、社區的吵雜聲，以及路上的車輛呼嘯而過。Penfield 驚訝地發現，刺激腦部的特定某一點可以產生視覺和聽覺的經驗：有一位病人回憶起小鎮上的籃球比賽，其中包括一位男孩試圖爬行穿過柵欄的情景；另一位女士則是每當皮質中的特定某一點被刺激時，就可以回憶起一種旋律。Penfield 的實驗結果很明確：大腦和我們的心理生活緊緊相連。

大腦是透過散布至全身的複雜神經元網絡和內分泌腺來和身體溝通。這些腺體釋放出的荷爾蒙藉由血液遊走全身。荷爾蒙調節身體很多功能，影響我們的行為和經驗。荷爾蒙是大腦強而有力的工具，但它是以擴散的方式，而不是以直接的方式影響我們。

3.1 神經系統：生理控制中心

神經系統分為兩大部分。一個部分包含腦和經過脊柱的神經束，因為位於頭蓋骨到脊柱之間，所以稱之為中樞神經系統。另外還有很多神經位於頭蓋骨和脊柱之外，由於這個部分到達了身體的邊緣，因此稱為周邊神經系統。

神經系統既是個超級電腦，也是個複雜的溝通網路。與電腦不同的是，**大腦（brain）**這個由大量複雜的神經細胞所組成的器官，不只具有理性的思考能力，還包含感性的情緒能力。大腦藉由一叢細長束的神經細胞來串穿脊椎，稱為**脊髓（spinal cord）**。每一條神經進出脊髓和大腦，將大腦和身體的每一個部位連結起來。有些神經會從身體攜帶訊息到大腦，告知大腦身體正在發生什麼事；有些神經則從大腦攜帶訊息到身體，用來調節身體功能和個人行為。沒有了神經系統，身體只不過是一具不會活動、不會思考，也沒有情緒的肉體；簡言之，神經系統就是我們心理活動的根源。

大腦
頭顱內複雜大量的神經細胞和相關細胞。

脊髓
脊柱內的神經纖維。

3.1.1 神經元：神經系統的基礎

電腦、通訊系統和其他電子系統，都是由電線、轉接器、晶片，以及其他負責傳遞和調節電流的元件所組成。這些元件排列成複雜的模型，成為具有功能的系統。神經系統也一樣，是由多個不同功能的部件組合而成。神經系統中最重要的單位就是個別神經細胞，稱為**神經元（neuron）**。我們先討論神經系統中的神經元，再進一步討論整個神經系統。當我們以生物性的角度來探討神經元時，別忘了它對意識和行為的重要性。20 世紀初期，發現神經元的科學家 Santiago Ramón y Cajal 將神經元描述為「沉睡在靈魂中的神祕蝴蝶，也許有一天牠們震顫的雙翅⋯⋯誰知道呢？⋯⋯會揭開心靈的秘密。」時至今日，我們已經對神祕的神經系統認識頗多。

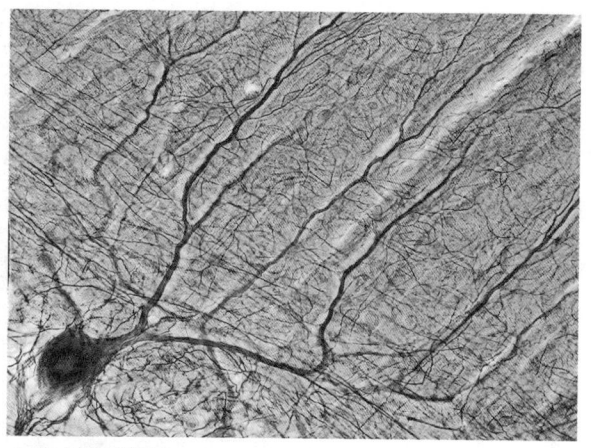

大腦中的神經元。

> **神經元**
> 單一神經細胞。

神經元構造 神經元的長度從不到 1 公釐到長於 1 公尺都有，不過，所有神經元的基本構造都一樣，主要由以下三個部分組成（見圖 3.1）：

1. **細胞本體（cell body）** 是神經細胞的核心，包含細胞核以及其他保護和滋養的必需成分。
2. **樹突（dendrites）** 是伸出細胞本體的樹枝狀分支，負責接收從其他神經元傳來的訊息。樹突是神經元特別進化出來接收外界訊息最重要的部分。
3. **軸突（axons）** 是在神經元另一端的小分支，將神經訊息由細胞本體傳遞到下一個神經元。區別樹突和軸突兩者間功能差異的一個簡單方法就是記住：軸突（axon）是作用（act on）在下一個細胞上。不過，雖然我們長久以來一直認為神經訊息是由樹突傳至軸突，再傳至下一個神經元的樹突，但是近期的研究已經發現有些神經元可以反向傳導訊息。

> **細胞本體**
> 位於神經細胞的中央部分，包含細胞核。

> **樹突**
> 細胞本體的延伸，通常為接收來自其他神經元訊息的區域。

> **軸突**
> 神經元分支，負責傳遞訊息到其他神經元。

神經元集合成複雜的網絡，使得人腦這部世界上最大的電腦看起來就像玩具一樣。人類的神經系統是由 1 兆個神經元所組成（Kandel, Schwartz, & Jessel, 1995），大約就像我們星系中的星星一樣多。每一個神經元可以接收或傳送訊息給 1,000 到 10,000 個其他神經細胞，所以你的身體總共包含了上兆的神經連結，而且大部分都在腦部。這些數字的正確與否並不重要，重要的是它們幫助我們了解這些驚人的神經連結網絡造就了我們人類。

圖 3.1 神經元通常由包含細胞核的細胞本體、接收來自其他神經元刺激的樹突，以及傳送神經衝動到下一個神經元的軸突所組成。

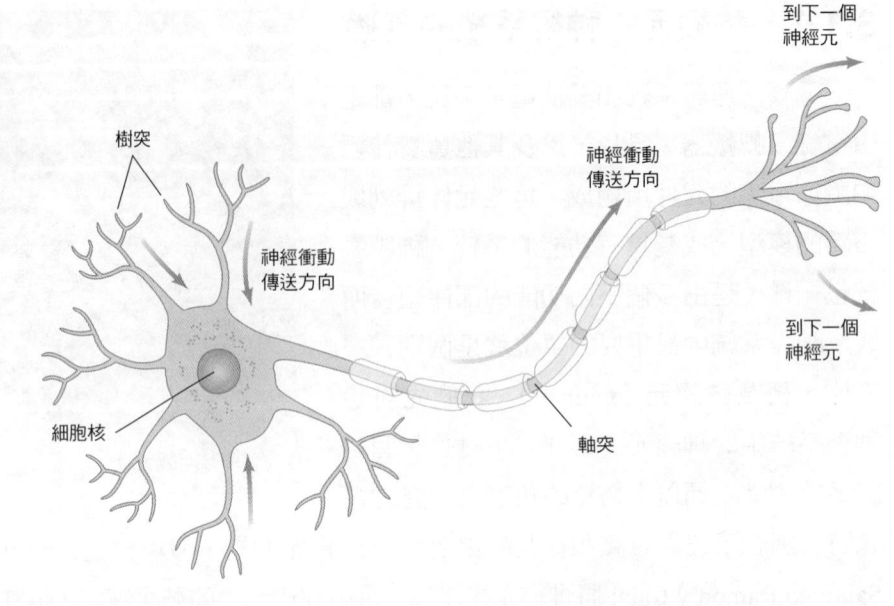

（圖中標示：樹突、神經衝動傳送方向、細胞核、軸突、到下一個神經元）

神經
腦和脊髓之外集結成束的長神經元們。

順帶一提，千萬別搞混「神經元」（neuron）和**「神經」（nerve）**這兩個名詞，它們可不是同義詞。神經指的是在腦和脊髓外面集結成束的許多（常常是上千個）長神經元們。

接下來，我們會介紹神經系統中的神經元傳遞訊息有兩個階段：(1) 從一個神經元的一個末端將訊息傳遞到另一個末端（神經性傳導）；(2) 從一個神經元將訊息傳遞到下一個神經元（突觸性傳導）。

神經性傳導　神經元就像神經系統的「電線」；訊息經過神經元傳遞，就像你的聲音經過電話線傳遞一般。但神經元是活生生的「電線」，它們本身就擁有電力供應，所以它們也是神經系統的「電池」。

神經元之所以能擔任電線和電池的功能，是因為它們就像所有的細胞一樣，是溼的。神經元囊裡面充滿了一種液體，而外面則沉浸在另外一種液體裡。這兩種液體就像是濃稠的解離化學物質液體，包含著**離子（ions）**——一種帶正電荷或負電荷的粒子。在神經元裡面的離子是負電荷多於正電荷，使得整體的細胞為帶負電。這些負電荷會吸引正電荷的離子，就像一個磁鐵的負極會吸引另一個磁鐵的正極一樣，尤其是鈉離子（Na^+）。在靜止的狀態下，神經元細胞膜外面的鈉離子是裡面的 10 倍之多，這就是神經元電力能量的來源，因為細胞膜一邊帶正電荷，而另一邊則帶負電。

離子
帶電粒子。

如果你覺得要記住細胞膜哪一邊帶最多正電鈉離子很難的話，記住這一點：海水中含有很多的鈉。神經元「外面」的液體有著類似海水的化學成分，

包括高含量的鈉離子。這是為什麼呢？根據進化論，當動物進化且從海洋搬離來到陸地時，牠們的體內帶著海水，而這種像海水般的液體就填滿了身體細胞間的空隙。這就可以解釋為何沉浸神經細胞的液體裡包含豐富的鈉離子了。

許多離子可以透過神經元的**細胞膜（cell membrane）**自由進出，但有些離子不行，像鈉離子就不行。因此細胞膜在平常的靜止狀態時可說是**半透膜（semipermeable）**，也就是只有某些化學物質可以通過細胞膜上的「洞」。所以在細胞膜裡面含有較多負離子和外面含有較多正離子的狀態之間，存在著一種平衡。因此，當神經元在靜止狀態時，就被稱為處於**極化（polarized）**（見圖3.2）。

然而，當細胞膜被鄰近的神經元所激發時，這細胞膜的半透性會暫時消失。正電荷離子（包括重要的鈉離子）都被允許進入神經元，使得裡面少一點負電。這個過程稱為**去極化（depolarization）**。

Ramón y Cajal 認為神經性傳導的運作是根據**全有全無律（all-or-none**

細胞膜
神經元或細胞的表層。

半透膜
一種可以允許部分但不是全部分子通過的表面。

極化
當神經元靜止時，細胞膜內較多負電荷，而細胞膜外較多正電荷的狀態。

去極化
正電荷離子流入軸突，使得神經元內部較少負電荷的過程。

全有全無律
一旦動作電位產生，其強度會從頭到尾保持一定的程度。

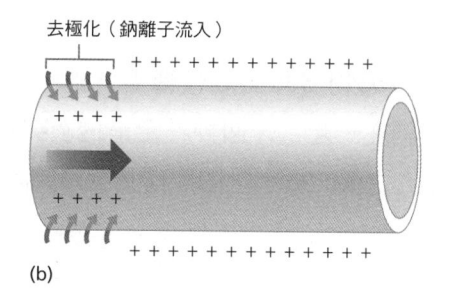

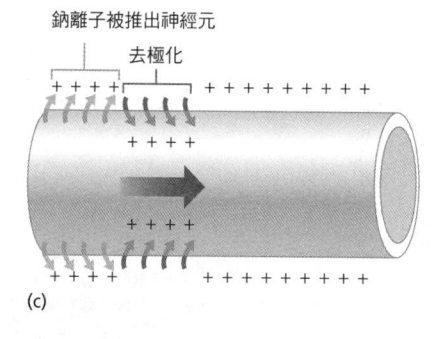

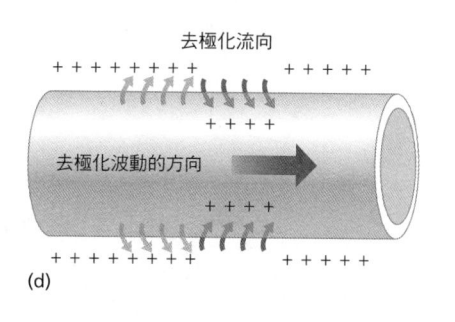

(a) 極化細胞膜

(b) 去極化（鈉離子流入）

(c) 鈉離子被推出神經元 / 去極化

(d) 去極化流向 / 去極化波動的方向

圖 3.2 用一小段軸突說明神經傳導（動作電位）。(a) 當軸突處於靜止狀態，沿著細胞膜內外的正電荷和負電荷數會達到一種平衡。(b) 當軸突被充分激發，細胞膜允許正電荷鈉離子進入細胞，將那一點的細胞膜去極化。(c) 這個去極化作用會擾亂臨近的細胞膜，使得前一個區域的鈉離子被推出去的同時，這個區域會讓鈉離子進入。(d) 這個過程就像水流一樣不斷地持續下去，直到軸突的終點。

動作電位
一個短暫的電子訊號流經整個軸突。

principle）。也就是說，一個小程度的去極化並不會影響神經元；要有足夠大的去極化，才會觸發劇烈的**動作電位**（**action potential**），以連鎖反應的形式來完成神經訊息的傳遞。動作電位一旦被引發，強度全都一樣。這個想法稱霸神經科學將近一百年，但是最近有人發現，神經傳導是一種階層性的電位傳遞（Bullock & others, 2005）。

髓鞘
一層隔離的油脂覆蓋環繞著軸突，可增加神經訊號傳遞的速度。

髓鞘與神經傳導 許多軸突被一層白色、具油脂性的東西包裹著，稱為**髓鞘**（**myelin sheath**）。這個鞘層環繞著軸突，使軸突絕緣，並且增加軸突傳導衝動的速度（見圖3.3）。髓鞘會繼續長厚至成年晚期。有趣的是，從兒童早期到成年晚期，在腦部的一些區域中，女性髓鞘的平均厚度高於男性（Benes, 1998）。這可能意謂著，女性在某些訊息種類的神經傳導上會比較快。髓鞘在神經傳導中的重要性在多發性硬化症患者的身上即可看出。這類疾病摧毀許多神經元的髓鞘，使它們無法正常運作，導致患者難以控制自己的肌肉，容易感到疲倦、頭昏眼花、疼痛，以及飽受嚴重的認知與眼疾之苦（Morell & Norton, 1980）。

突觸
一個神經元的軸突和另一個神經元之間的空間。

突觸間隙
兩個神經元在突觸上的小間距。

神經傳導物質和突觸性傳導 神經元連結形成複雜的網絡，但它們並不是直接連結在一起。一個神經元是透過**突觸**（**synapse**）影響另一個神經元，兩個神經元之間的微小空間則稱為**突觸間隙**（**synaptic gap**）。然而，動作電位並無

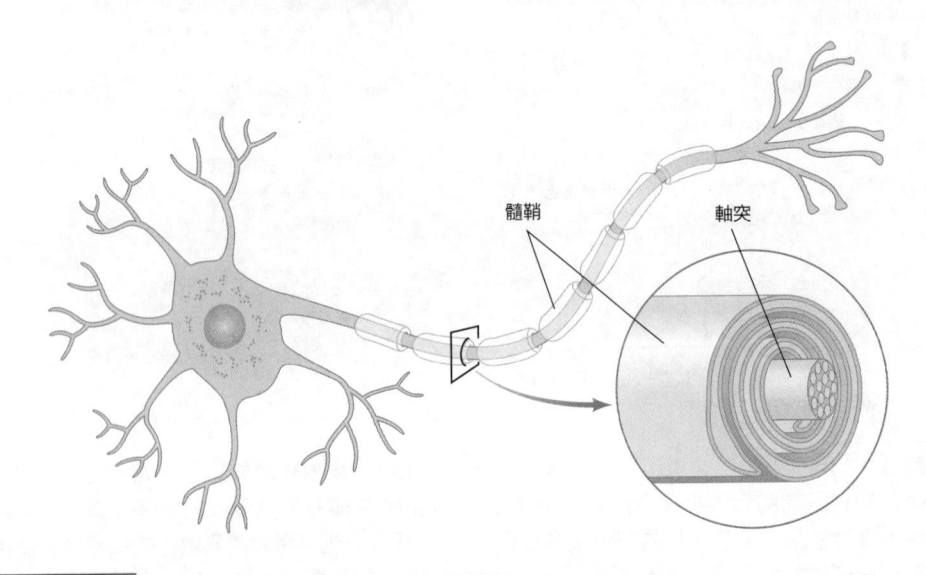

圖3.3 許多神經元被稱作髓鞘的白色油脂物質層層環繞、包圍；髓鞘的作用是隔絕軸突，並增加神經傳遞的速度。

法跳躍過這個間隙，需要靠稱作**神經傳導物質（neurotransmitters）**的化學物質來傳遞神經訊息。在大腦中有些神經傳導物質是興奮性（excitatory），可以使下一個神經元活化，但也有一些是抑制性（inhibitory），很難激發下一個神經元。因此，大腦藉由龐大「正」和「負」迴圈網絡的組合，來進行和製造我們的經驗（Kandel & others, 1995；Snyder, 2009）。

神經傳導物質
由軸突產生的化學物質，負責傳遞訊息通過突觸。

大部分的神經傳導物質都被儲存在一種極小的囊泡中，稱為**突觸小泡（synaptic vesicles）**，位於像鈕扣一般的軸突末端，稱為**突觸節（synaptic terminals）**。當動作電位到達軸突節（axon terminal）時，會刺激囊泡釋放神經傳導物質進入突觸間隙中。此神經傳導物質飄過間隙，和鄰近神經元細胞膜上的**受器位置（receptor sites）**結合，就像鑰匙插進鎖孔一樣（Gubernator & others, 2010）。這樣就改變了接受神經元的極性，導致產生動作電位而繼續傳導神經訊息（見圖 3.4），或者是抑制接受神經元被激發。

突觸小泡
在軸突的突觸節中有極小的囊泡，包含著大量的神經傳導物質。

突觸節
軸突的囊狀端點。

受器位置
神經元上接收神經元傳導物質的位置。

數百種不同的神經傳導物質在腦部的不同部位運作，執行不同的功能。（Kandel, Schwartz, & Jessel, 1995）。根據這項事實，腦中特定區域的突觸傳遞過程可以藉由藥物影響神經傳導物質的功能而加以改變。基於我們對神經傳導物質的了解，目前已發展出一些精神科藥物可幫助個案控制焦慮、憂鬱和其他心理問題。有些藥物都會影響突觸內的神經傳導。有些藥物的化學結構和神經傳導物質很類似，能和接受神經元上的受器結合，然後產生動作電位。有些藥物反而會阻塞受器位置，降低神經傳導的可能性。還有一些藥物會減少軸突所回收的神經傳導物質的量，讓神經傳導物質保持在突觸間隙內活躍久一點，增加神經傳遞的可能性。例如被廣泛用來治療憂鬱症的百憂解（Prozac），其功用就是減低神經傳導物質的再吸收（見表 3.1）。

3.1.2 膠原細胞

除了大家所熟悉的神經元以外，還有為數更多的**膠原細胞（glial cells）**是輔助神經系統運作的幕後功臣。膠原細胞透過以下的方法輔佐神經系統運作：

1. 轉變成新的神經元（Malatesta & others, 2008）。
2. 補充神經元養分。
3. 形成髓鞘。
4. 調節神經元間的訊息傳遞。

膠原細胞
透過運送養分、製造髓鞘，以及調節神經元間的訊息傳遞來輔助神經元的細胞。

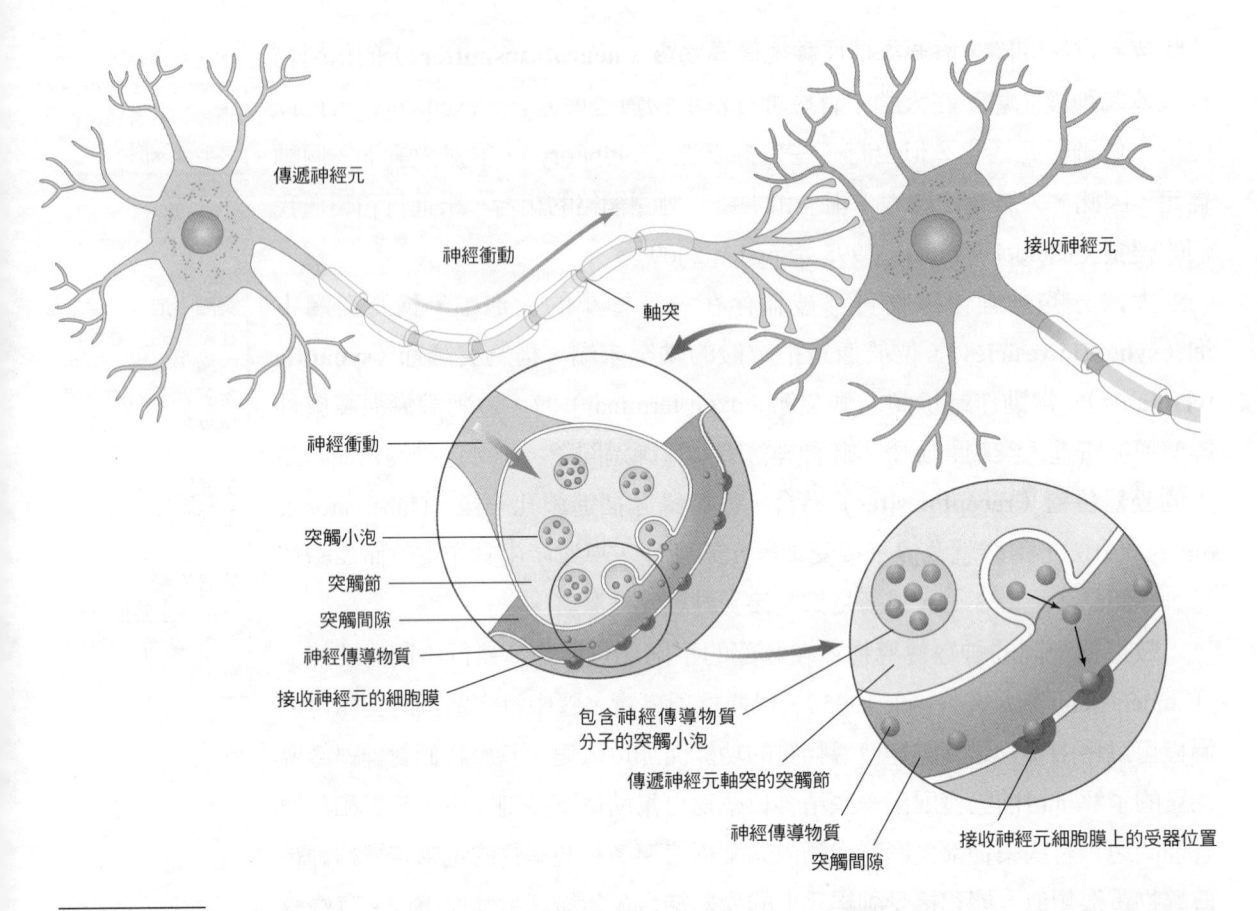

圖 3.4 神經訊息以化學方式從傳遞神經元的軸突傳遞到接收神經元。突觸小泡中儲存的神經傳導物質會被釋放而通過突觸間隙。而神經傳導物質可以活化接收神經元，因為其化學「形狀」和接收神經元上的受器位置相符合。

表 3.1 重要的神經傳導物質

大腦和神經系統的神經元使用種類繁多的神經傳導物質來管理其複雜的功能。每一年都有新的神經傳導物質被發現，對於它們的生理和心理功能也有更多的認識。我們在這裡介紹一些神經傳導物質，以作為神經傳導物質多樣性的例子，並為後面章節的討論建立基礎。

乙醯膽鹼

乙醯膽鹼（acetylcholine）是體神經元用來收縮身體的大肌肉。一些有毒的蛇和蜘蛛所釋放的毒液會阻斷乙醯膽鹼在突觸內的運作，藉由干擾控制呼吸的肌肉使牠們的獵物窒息。同樣地，南美洲某些原住民會將箭毒（curare，一種植物）放在吹槍的尖端，發射出去後，使動物因為乙醯膽鹼的運作受到阻礙而癱瘓。乙醯膽鹼也在腦中扮演調節清醒（wakefulness）的角色，同時被認為會影響作夢和記憶。

乙醯膽鹼
體神經元用來收縮身體大肌肉的一種神經傳導物質，同時也在記憶和調節作夢方面扮演重要的角色。

表 3.1 重要的神經傳導物質（續）

多巴胺

腦內有一大群神經元是使用神經傳導物質**多巴胺（dopamine）**來控制大肌肉的運動。罹患帕金森氏症（Parkinson's disease）的人之所以會有無法控制的肌肉顫抖和其他運動問題，就是因為多巴胺在這些神經網路中已耗盡。另一種多巴胺的神經元則在腦部的愉悅和回饋系統中扮演重要的角色，也可能與思覺失調症（schizophrenia）和注意力缺陷──過動症（attention-deficit hyperactivity disorder, ADHD）有關。這種神經元似乎可以被古柯鹼和其他興奮劑來觸動。

多巴胺
控制大肌肉的大腦神經傳導物質，同時也和大腦中的愉悅和回饋系統有關。

血清素

血清素（serotonin）在許多表面上看似不相關的心理運作過程扮演重要的角色。血清素是大腦中的一種神經傳導物質，一般認為和調節睡眠週期、作夢、胃口、焦慮、憂鬱，以及暴力的抑制有關。用來治療憂鬱症的百憂解，就是透過增加血清素在突觸內的活性來改善憂鬱症狀。

血清素
神經元系統所使用的神經傳導物質，用來調整睡眠、作夢、胃口、焦慮、憂鬱和抑制暴力。

正腎上腺素

腦內神經元的系統，在碰到獎賞或危險等需要警戒和注意力的重要事件時，會利用**正腎上腺素（norepinephrine）**（或稱為 noradrenaline）來當作神經傳導物質。它也被認為是和焦慮及憂鬱有關的一種神經傳導物質。正腎上腺素在自主神經系統中交感神經內的神經元，也扮演神經傳導物質的角色。腎上腺所分泌的正腎上腺素被視為一種荷爾蒙。

正腎上腺素
一種神經傳導物質，和警戒及注意力有關，由交感自主神經元和腎上腺所分泌。

麩胺酸

麩胺酸（glutamate）是中央神經系統中主要的興奮性神經傳導物質。實際上，腦內每個神經元上都含有麩胺酸的接受器。麩胺酸被認為在認知和情緒上（還有思覺失調症的嚴重機能失調）有重要的影響。除此之外，對於人類一生中腦神經結構的塑造和發展，也扮演重要的角色。

麩胺酸
腦中最普遍的興奮性神經傳導物質。

神經胜肽

神經胜肽（neuropeptides）是種類多樣的神經傳導物質，化學結構非常不同於其他神經傳導物質，但常常由同一種神經元所分泌。有時候，神經胜肽會被稱為神經調節物（neuromodulators），因為它們會廣泛地影響自身神經元所分泌的其他神經傳導物質的運作。例如，某些神經元會分泌乙醯膽鹼到突觸中，同時也分泌一種或多種神經胜肽；當神經胜肽被分泌後，可以增加或降低乙醯膽鹼的正常效果。神經胜肽比其他神經傳導物質擁有更長期的效果，在許多情況下是由神經元的部分來釋放，而不是經由軸突，並藉由擴散影響鄰近的神經元。就像稍後會提到的，有一些神經胜肽是由內分泌腺所分泌。

神經胜肽
有時被視為神經調節物的大量神經傳導物質，它們似乎會廣泛地影響其他神經傳導物質的運作。

複習

神經系統就像是高效能的「活電腦」，也是由神經元所構造的溝通系統。這些特化細胞藉由改變細胞膜的半透性，讓流動紛亂的帶電分子由樹突傳到軸突，以便傳遞神經訊息。當神經訊息到達軸突端點，會藉由神經傳導物質穿越突觸間隙傳到下一個神經元。許多較長的神經元被一種稱為髓鞘的絕緣層所包圍，可以增加神經訊息的傳遞速度。

想一想

1. 神經系統中的神經元間並非直接連接在一起，所以必須藉由神經傳導物質穿越突觸間隙來傳遞訊息。如果神經元就像電線那樣簡單地連在一起，我們會有何改變？
2. 有些影響神經系統的藥物（如安眠藥、抗憂鬱劑）被視為有幫助，而有些藥物如搖頭丸、K他命則被認為具有傷害性，而且不合法。為何這些藥物有可能會造成傷害或是提供幫助呢？

3.2 神經系統的分類

中樞神經系統
包含大腦和脊髓。

周邊神經系統
由腦和脊髓向外延伸至全身的神經網絡。

我們複雜的神經系統有許多部分（見圖 3.5），其中最重要的就是**中樞神經系統（central nervous system）**和**周邊神經系統（peripheral nervous system）**。

1. **中樞神經系統**：包含大腦和脊髓。大腦控制整個神經系統的運作，是神經系統的司令部；脊髓的主要功能是在大腦和身體之間傳送訊息，就像是通訊部，負責訊息的傳入與傳出。透過它，大腦可以掌握整個人與環境的相關訊息。除了傳遞訊息以外，脊髓還會做一些基本的訊息處理工作。簡單的反射動作，例如一摸到燙的物體就會反射性退縮，就是個很好的例子。這個反射衝動由物體引起，藉由輸入神經傳送到脊髓的神經元，稱為**中介神經元（interneuron）**。中介神經元接收訊息後將訊息傳遞到其他神經元，引發肌肉收縮（見圖 3.6）。不過，任何比簡單反射更複雜的動作還是需要靠大腦的運作。

中介神經元
在中樞神經系統中負責連接其他神經元的神經元。

輸入神經元
將感官訊息傳回中樞神經系統的神經元。

輸出神經元
由中樞神經系統傳遞訊息到器官或肌肉的神經元。

2. **周邊神經系統**：由從腦和脊髓擴散至全身的神經分支所組成。周邊神經系統將訊息從身體向中樞神經系統傳送，也從中樞神經系統傳送訊息到肌肉、腺體和器官，進而將神經訊息轉換成動作。不過，神經訊息只能由單一方向穿越突觸。從身體傳送訊息到中樞神經系統的神經元稱為**輸入神經元（afferent neurons）**；而從中樞神經系統傳送訊息到器官或肌肉的神經元稱為**輸出神經元（efferent neurons）**。

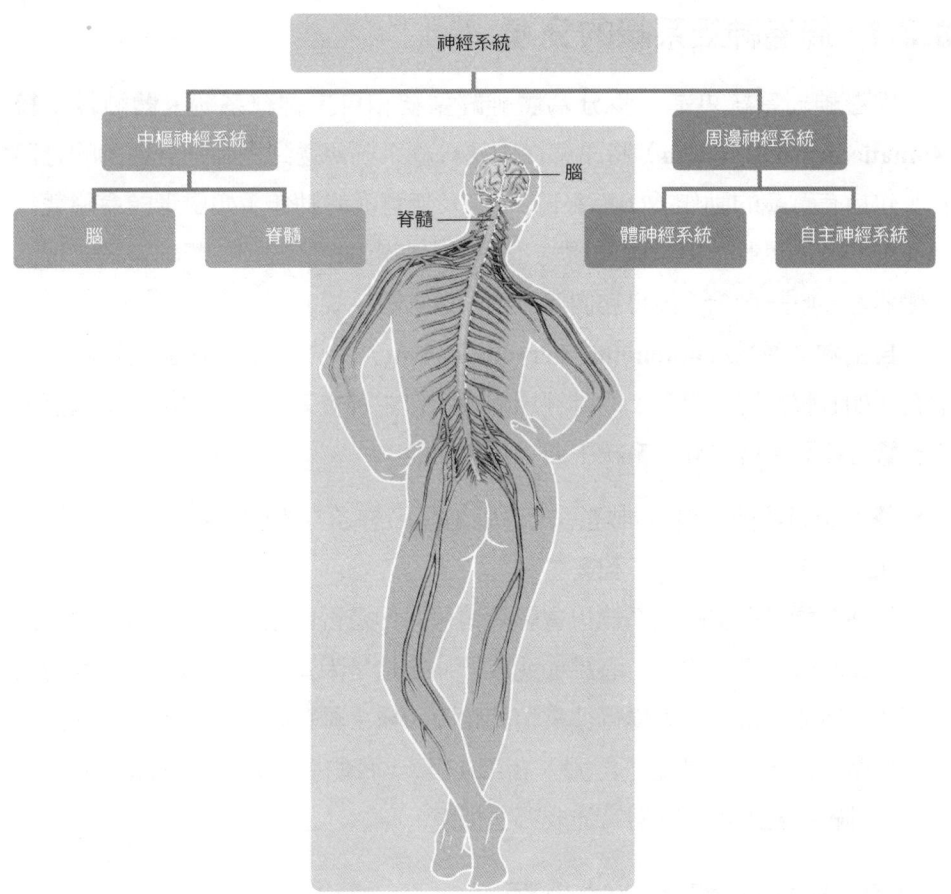

圖 3.5 人類神經系統的組織。

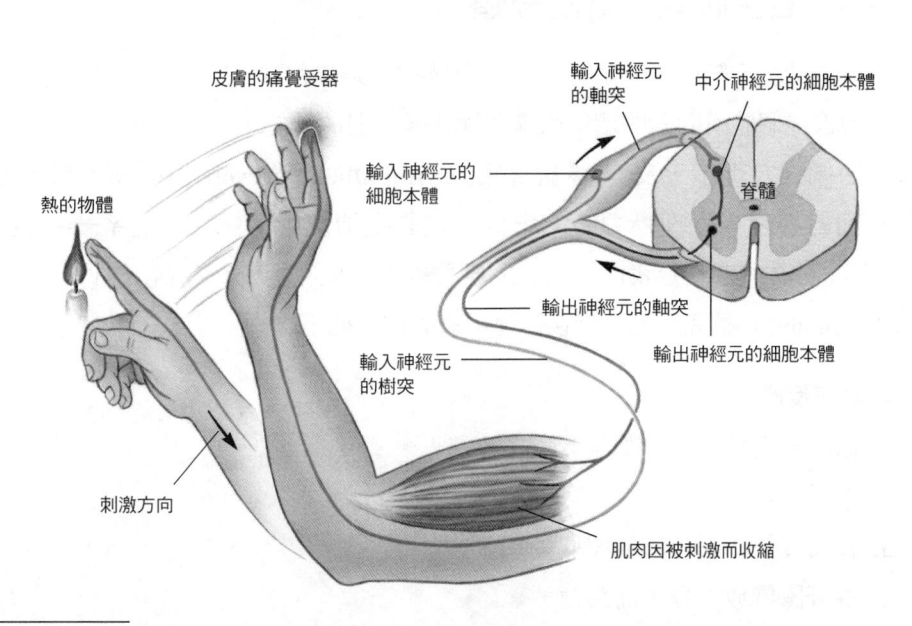

圖 3.6 一些簡單的反射，如手碰到熱的物體會反射性地退縮，是因為訊息從手碰到熱物體的那一點，沿著輸入神經元傳送到脊髓。在脊髓中，此訊息經過一個短的間接神經元，再由輸出神經元傳到四肢的肌肉而收縮。

3.2.1 周邊神經系統的分類

體神經系統
周邊神經系統的一部分，負責傳遞由感覺器官到中樞神經系統，以及由中樞神經系統到骨骼肌的訊息。

自主神經系統
周邊神經系統的一部分，負責調節身體內各器官的運作，例如心跳。

周邊神經系統更進一步分為體神經系統和自主神經系統。**體神經系統（somatic nervous system）**將訊息從中樞神經系統傳送到控制全身運動的骨骼肌，包括有意識的動作（如打報告），以及無意識的動作（如儘管頭會隨著打字而有些微的晃動，但眼睛的視線還是固定在電腦螢幕上）。體神經系統也從感覺器官接收訊息，然後將它們傳遞到中樞神經系統。

自主神經系統（autonomic nervous system）由傳遞訊息到腺體和體內各器官（如心臟、胃、腸等）的神經所組成。自主神經系統只藉由影響肌肉張力來影響骨骼肌。自主神經系統主要有兩種功能：

1. **基本身體功能**：自主神經系統自動地調節許多身體的基本功能，例如心跳、呼吸、消化、流汗和興奮。
2. **情緒功能**：自主神經系統也會影響情緒。你是否曾經想過，為何當你感到焦慮時會胃痛、腹瀉、心跳加速或頭痛？這是因為自主神經系統受到情緒激發所致。當一個人變得非常情緒化時，自主神經系統會使體內器官失去些微平衡，令人感覺不舒服。在第 13 章，我們會討論長期的壓力會對自主神經系統所控制的器官造成哪些損害。

3.2.2 自主神經系統的分類

自主神經系統由兩個部分組成：交感神經系統和副交感神經系統。這兩個系統會根據個體所面對的環境來調整與平衡身體的功能。

交感神經系統
自主神經系統的一部分，負責讓身體對心理或生理上的壓力做好準備。

如圖 3.7 所示，**交感神經系統（sympathetic nervous system）**讓身體做好面對心理或生理壓力時的準備。在許多情況中，交感神經系統會激發（activate）器官來改善我們對壓力的應變能力；但在另外一些情況中，它卻是抑制（inhibit）器官反應。交感神經系統的作用如下：

激發器官反應

1. 眼睛瞳孔會放大（張開）讓光線進入。
2. 心跳加速。
3. 使支氣管擴張，增加換氣量。
4. 從肝臟釋放糖分（葡萄糖）。
5. 刺激腎上腺素分泌。

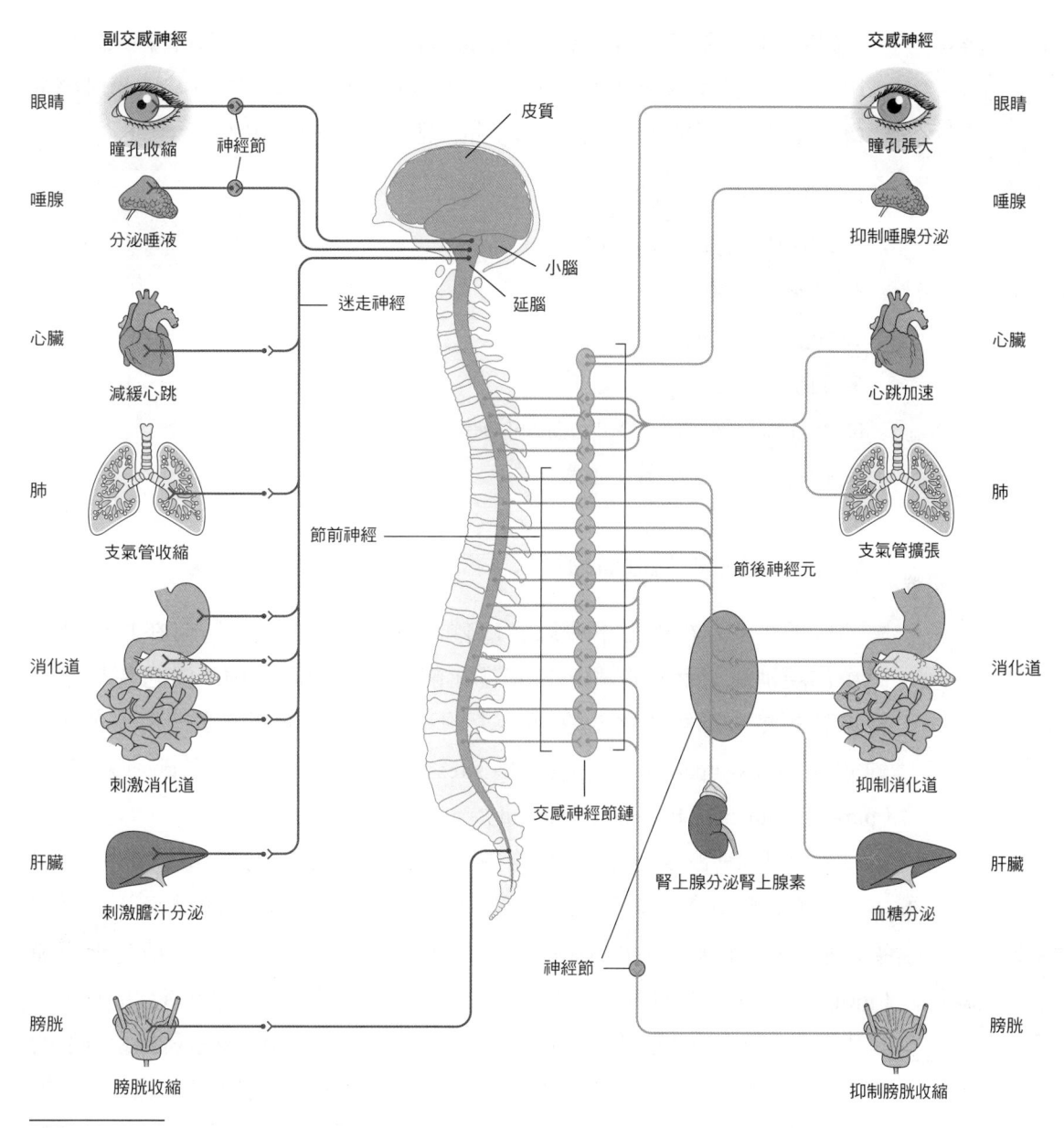

圖 3.7 自主神經系統的交感神經和副交感神經系統調節身體的許多器官。

6. 增加血流量和大肌肉的張力（未顯示在圖 3.7 中）。

抑制器官反應

7. 減少唾液分泌，進而抑制消化。
8. 抑制消化道（胃、胰、腸）。
9. 抑制尿囊收縮。

副交感神經系統
自主神經系統的一部分，在無壓力的情況下，負責促進身體的維持以及保留和儲存精力。

副交感神經系統（parasympathetic nervous system）和交感神經系統一起作用，共同維持體內各器官的調節。當生理或心理壓力較低時，副交感神經系統會負責刺激活動的維持和精力的保存。副交感神經的作用如下：

1. 收縮（關閉）眼睛瞳孔。
2. 增加唾液分泌，促進消化。
3. 減慢心跳速度。
4. 使支氣管收縮。
5. 刺激消化道。
6. 從肝臟分泌膽汁，幫助油脂的消化。
7. 抑制腎上腺分泌腎上腺素。
8. 收縮尿囊。
9. 降低血流量和大肌肉的張力（未顯示在圖 3.7 中）。

為何許多人在壓力下會感到口乾舌燥和心跳加速？為何在長期壓力下會出現消化方面的問題？答案就在前面所列的內容中。要記住交感神經系統和副交感神經系統在功能上的不同有個簡單的方法：S 代表交感神經系統（sympathetic）和壓力（stress），而 P 則代表副交感神經系統（parasympathetic）和平靜（peaceful）。

我們可以從圖 3.7 清楚看到自主神經系統這兩大部分的功能和構造。基本上，所有經由交感神經調節的器官，也會受到副交感神經所調節。另外還要注意，在這兩個不同的神經系統中，神經元的細胞本體群──稱為**神經節**（ganglia），兩者的組織方式不同。交感神經的神經節是在靠近脊柱的地方，以「鏈」（chain）的方式連結起來，而這樣的排列方式導致交感神經以擴散的方式運作。也就是一旦交感神經被刺激，所有交感神經連結的器官也多少會被刺激，因為這些部分都經由神經節串連起來。相反地，副交感神經中的神經節是分開的，且位於靠近個別器官的地方。這讓副交感神經可以具有選擇性地運作。在某些情況下，這是尤其值得慶幸的事。例如，副交感神經可以刺激唾液和尿液的分泌，如果副交感神經控制唾液腺和尿液系統的神經節未分開，那我們每次流口水時，就都會尿溼褲子了！

神經節
在中樞神經系統之外，神經元的細胞本體群。

複習

神經系統可以分為中樞神經系統以及周邊神經系統，前者包括腦和脊髓，後者包含傳送訊息進出身體的神經。周邊神經系統又進一步分為體神經系統和自主神經系統。體神經系統負責從感覺器官、肌肉和關節傳送訊息到中樞神經系統，然後再從中樞神經系統傳送到骨骼肌；自主神經系統則負責調節體內各器官，以因應外在改變。自主神經系統又可以分為兩個工作部分：一是交感神經系統，負責身體面對壓力或需要耗精力的情況時所做的因應；一是副交感神經系統，負責在平和靜止時促進活動的維持以及保留和儲存精力。

想一想

1. 自主神經系統完全自動地運作（我們無法有意識地控制），有哪些好處與壞處？
2. 在生活中，你有哪些反射動作？這些反射動作對生活造成哪些影響？

3.3 腦的構造與功能

從《封神榜》「比干挖心」的例子來看，比干的心被挖了還是可以思考，顯然古時候人們就覺得心理並不是指那顆跳動的心臟，大腦才是我們的心理中心。接下來，我們就進入「腦」的世界，讓你更清楚腦的運作如何與心理息息相關。

3.3.1 後腦與中腦：日常例行作業和反射

所有的心智功能都需要腦的許多部分一起運作，沒有一個部分可以獨立運作。大腦複雜的結構可以用好幾種方式來分類，但最簡便的方法就是將大腦分為三個主要的部分：後腦、中腦和前腦。接下來，我們就從腦的底部開始，由下往上介紹每一部分的構造和功能。

後腦（hindbrain）在腦部最下面，位於頭顱的底部，主要功用是確保身體可以維持正常的運作。後腦有三個重要部分：延髓、橋腦，以及小腦（見圖3.8）。**延髓（medulla）**是位於脊髓進入大腦之處上方的膨脹處，負責控制呼吸和各種反射功能，例如維持站立的姿勢。**橋腦（pons）**位於延髓上方，和平衡、聽覺，以及一些副交感神經的功能有關。

小腦（cerebellum）由兩個複雜的圓形構造所組成，位於橋腦後面。小腦

後腦
大腦的最下面，位於頭顱的底部。

延髓
在後腦內，位於脊髓上方的膨脹處，負責控制呼吸和各種反射。

橋腦
後腦的一部分，和平衡、聽覺，以及一些副交感神經的功能有關。

小腦
橋腦後面的兩個圓形構造，和協調肌肉運動、學習及記憶有關。

與協調複雜的肌肉運動有關，也和學習與記憶的形式有極大相關（Andreasen, 1999; Woodruff-Pak, 1999）。

網狀組織（reticular formation）是橫跨延髓和橋腦的神經元組。神經元由網狀組織往下延伸到脊髓，負責根據環境的變化，維持肌肉的狀態和心臟的反應。讓心理學家感興趣的是，神經元複雜的網絡在網狀組織中出現，而在大腦皮質各處結束。這些網狀組織會影響我們的清醒度、激發程度和注意力。雖然一開始網狀組織被視為單一神經系統，但現在認為它是由許多使用不同神經傳導物質（如血清素、正腎上腺素和乙醯膽鹼）的神經系統所組成。網狀組織這些不同的部分多少會對大腦不同的區域造成影響（Guillery & others, 1998; Mesulam, 1995）。

中腦（midbrain）是後腦上方的一小塊區域，主要為姿勢反射中心，尤其是和知覺有關。例如當頭移動時，我們會無意識地調節眼睛，使其固定在物體上，或是自動將耳朵調至聲音源方向的頭部反射性移動——這些都是由中腦所控制。

> **網狀組織**
> 從延髓和橋腦向下延伸進入脊髓的神經元組，負責維持肌肉的狀態和心臟的反應，然後向上遍及大腦皮質，影響清醒度、激發程度和注意力。

> **中腦**
> 後腦上方的小區域，主要負責讓眼睛和耳朵適應的反射中心。

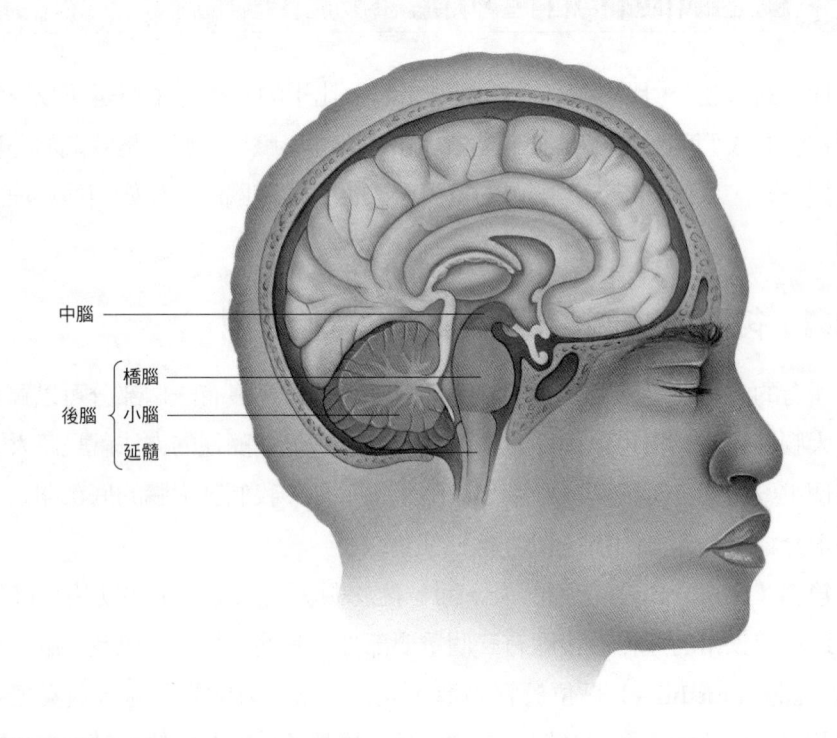

圖 3.8 後腦和中腦的重要構造。

3.3.2 前腦：認知、動機、情緒和行為

對心理學家來說，最有趣的部分就是**前腦（forebrain）**。在結構上，前腦由兩個不同的區域所組成。其中一個區域包含視丘、下視丘，以及大部分的邊緣系統，位於後腦和中腦上方（見圖 3.9）；而另一個區域則主要由大腦皮質組成，位於整個大腦最外層的位置，就像橡樹果實的油脂層包圍住核仁一樣。這兩個區域不僅在結構上有很大的差異，連所控制的功能也非常不同。

視丘、下視丘和邊緣系統 視丘（thalamus）是訊息進出大腦的轉換點，將感覺器官傳進來的刺激送到大腦中適當的部位，並且連接大腦的上、下中心。視丘也跟大腦上部結構一起處理接收進來的感官訊息有關。

下視丘（hypothalamus）是大腦中較小但極為重要的部分，位於視丘的下方、中腦的前面。下視丘和我們的動機及情緒緊密相關，同時也在調節體溫、睡眠、內分泌腺活動和對疾病的抵抗力等方面扮演重要的角色。下視丘負責控制胃腸的腺體分泌，以及維持血壓和心跳等身體功能的正常速度和節奏。因此，下視丘是腦中最直接和自主神經系統的功能有連結的地方。

> **前腦**
> 大腦中覆蓋後腦、中腦和填滿大部分頭顱的部分，包括視丘、下視丘，以及大腦皮質。

> **視丘**
> 前腦的一部分，主要負責傳送感官訊息到大腦中適當的部位，並與大腦中的其他部位一起處理感官訊息。

> **下視丘**
> 前腦的一小部分，與動機、情緒和自主神經系統的功能有關。

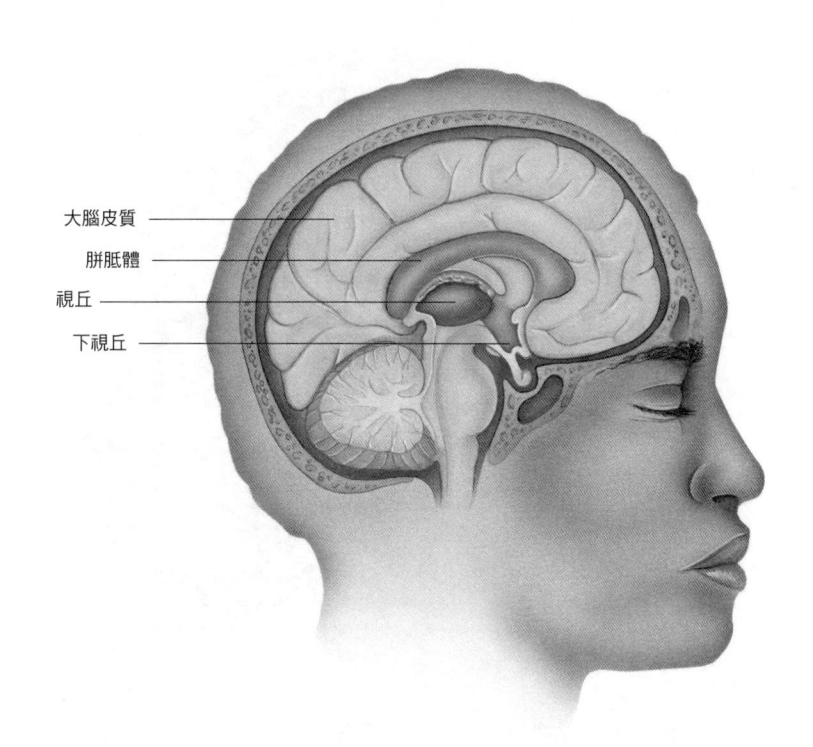

圖 3.9 前腦的重要構造。

邊緣系統
複雜的大腦系統，由杏仁核、海馬迴和扣帶腦皮質所組成，與下視丘共同運作，負責情緒激發。

杏仁核
邊緣系統的一部分，和情緒有關。

海馬迴
邊緣系統的一部分，和記憶與情緒處理有關。

扣帶腦皮質
邊緣系統的一部分，位於大腦皮質上，負責處理情緒的認知訊息。

下視丘和**邊緣系統**（**limbic system**）互相協調運作，共同控制情緒激發，這個複雜的神經系統由三個重要部分所組成（見圖 3.10）：

1. **杏仁核（amygdala）** 與攻擊性和刺激訊息處理過程有關（Phelps, 2006）。由於杏仁核和情緒處理關係密切，因此在情緒相關事件的記憶中扮演著重要的角色（Buchanan, 2007; Kandel, 1999; Phelps, 2006）。

2. **海馬迴（hippocampus）** 與情緒相關訊息的記憶有關（Zubieta & others, 2003）。它也在新訊息的記憶上扮演重要的角色（Whitlock & others, 2006）。它將儲存在大腦皮質各個不同部位的記憶元素如影像、聲音，以及記憶的意涵「組合在一起」（tie together）（Jacobs & Schenk, 2003），而且和空間記憶尤其有關。罹患阿茲海默症（Alzheimer's disease）的病患之所以會有記憶力喪失的情況，有部分就是因為海馬迴受到損害。

3. **扣帶腦皮質（cingulate cortex）** 與海馬迴合作，一起處理與情緒相關的認知訊息（Zubieta & others, 2003）。這兩個結構與比較目前的情緒訊息和儲存在記憶中的訊息有關。

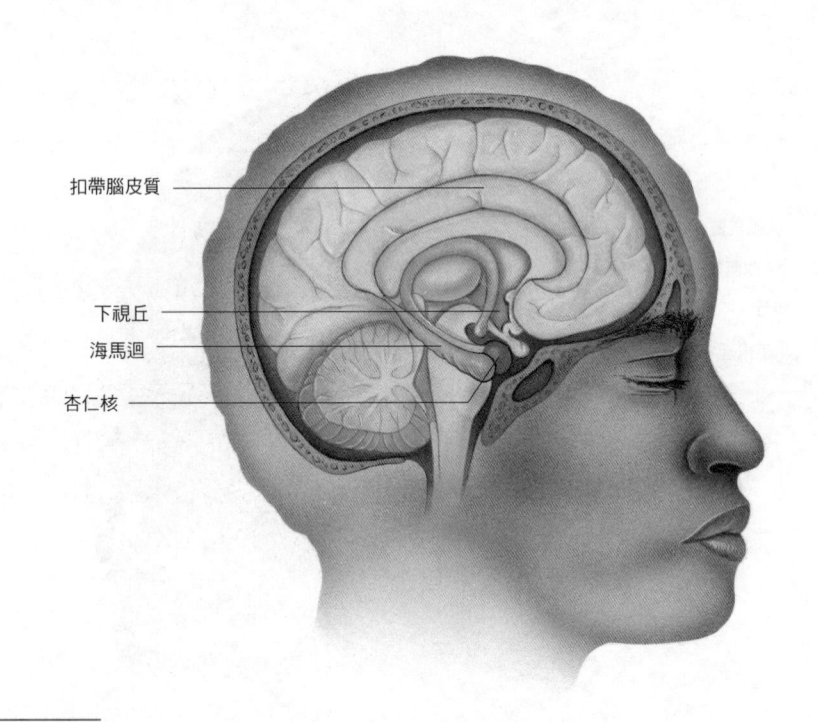

圖 3.10 邊緣系統的結構和情緒激發有很重要的關聯。

大腦皮質：感覺、認知和運動功能　在前腦中，最大的構造就是**大腦皮質**（cerebral cortex），主掌人類重要的心理歷程，包括意識經驗、自主行為、語言和智力等（Gazzaniga, 2000）。因此，大腦皮質是和體神經系統相關的主要腦結構。「皮質」（cortex）一詞是「樹皮」之意，指的是大腦外層薄弱的表面是由無數個神經元細胞本體緊密組成的組織。皮質外表呈灰色，是因為神經元的細胞本體呈現灰色的關係，所以常被稱為大腦的灰質（gray matter）。而在皮質下方四分之一英寸的大腦區域常被稱為白質（white matter），因為它主要是由皮質神經元的軸突所組成，而油脂髓鞘包住這些神經元，所以呈現白色。大腦的「業務」主要都是在皮質中傳輸。圖 3.11 的核磁共振影像可以讓我們清楚地看到大腦皮質的灰質與白質。

> **大腦皮質**
> 前腦中最大的構造，控制意識經驗和智力，且與體神經系統有關。

3.3.3 大腦皮質的分葉

大腦皮質對心理功能相當重要，我們要做進一步的介紹。大腦皮質可分為四個區塊，又稱分葉（lobes）（見圖 3.12）。以下為這些分葉的名稱與位置：

1. 額葉（frontal lobes）　額葉占據前額後方頭顱的部分，往後延伸到頭部的中上方。額葉有許多重要的功能，包括思考、記憶、決策、說話、預測行為的後果、控制行動與調節情緒（Gray & Thompson, 2004; Krawczyk, 2002;

> **額葉**
> 大腦皮質的一部分，在頭顱前面，與計劃、組織、思考、決策、記憶、自主運動以及口語有關。

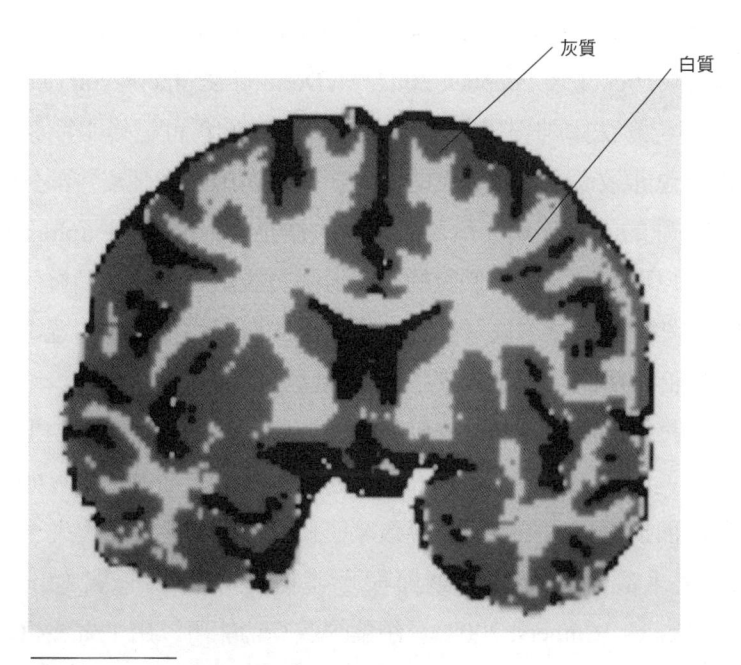

圖 3.11　大腦皮質的灰質和白質。

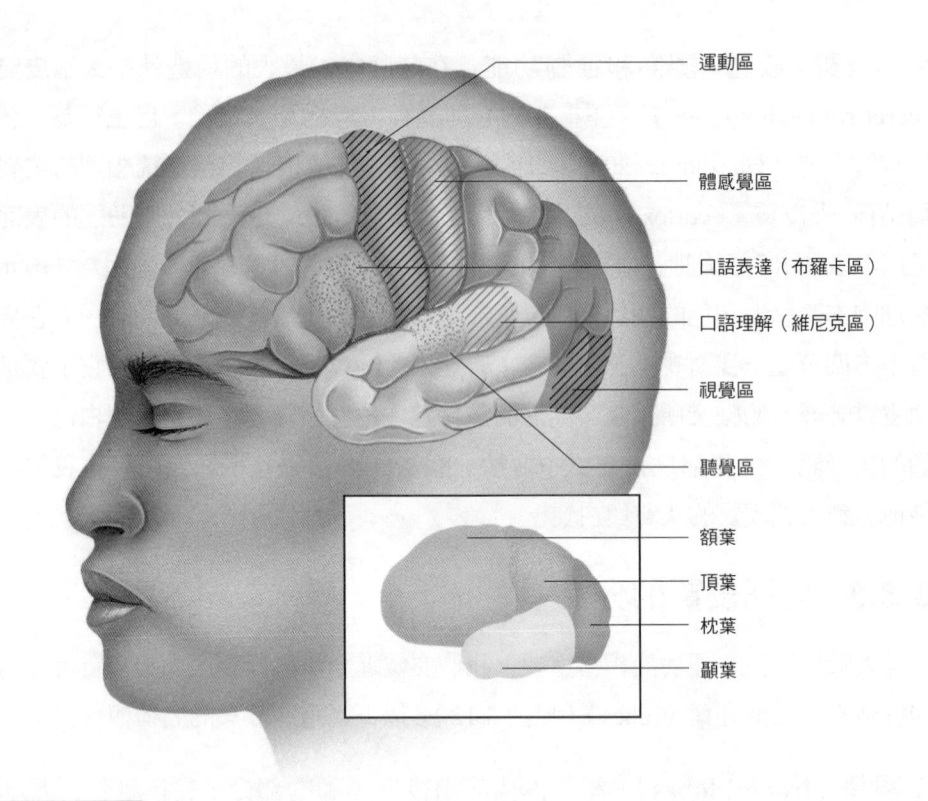

圖 3.12　大腦皮質的四個腦葉和重要區域的功能。

Lieberman & others, 2007; Stuss & Levine, 2002）。

布羅卡區
在左腦半球的額葉區域，和口語表達有關。

表達性失語症
產生口語的能力受到損壞，但不影響對語言的理解能力。

　　左大腦半球的額葉也包含**布羅卡區（Broca's area）**，這和我們的語言能力有很大的關係（Hickok & Poeppel, 2007; McDermott & others, 2005）。這個區域的命名是為了紀念法國神經學家 Paul Broca，他在 19 世紀後半期發現這項功能。他解剖罹患非致命中風而去世的病人，這些病患的大腦皮質部分受損，因此罹患一種特殊的語言疾病，稱為**表達性失語症（expressive aphasia）**。罹患此症的病人可以理解別人對他們說的話，但卻有說話障礙。他們發病的地方，就是我們現在知道的布羅卡區。布羅卡從自己的研究中推論，布羅卡區只和產生語言有關，而理解語言則應和大腦的其他區域有關。

　　額葉也是控制四肢和身體自主動作的主要中心。在靠近頭部中上方有一條細長地帶稱為運動皮質區（motor area），橫跨到額葉後面的部分。如果因為中風或其他原因而損傷這個區域，會導致癱瘓和動作控制能力的喪失。

　　除此之外，額葉也和情緒調節與不當的社會行為有關（Lieberman & others, 2007; Yeates & others, 2008）。額葉的這些功能可以用 Phineas Gage 這個特別的案例來說明。Gage 是一位有禮貌又勤奮的工頭。1848 年某天下午，他

正在為美國佛蒙特州的一家鐵路公司挖掘一條新鐵路，結果突然發生意外。當時他正準備炸開某個區域的石頭，在火花點燃炸藥的當下，Gage 正在用鐵棒搗搥火藥，將火藥填滿到一個洞中。這個爆炸使得鐵棒插入他額頭的左上方，而且完全穿過他的頭顱。如圖 3.13 所示，鐵棒傷及他的左邊額葉（相當接近前面，但避開布羅卡語言區）。Gage 的同事找到他時他還有意識，並且可以說出發生了什麼事。後來 Gage 雖被救回一命，但他左邊額葉受到的嚴重創傷卻對他造成莫大的影響。Gage 變成一個性急、粗俗和完全無法溝通的人，而且似乎也喪失了理性思考和計劃的能力。結果他根本保不住工作，而且以前的同事都認為他變成一個「完全不一樣」的人（Bigelow, 1850）。

約 150 年後，心理學家 Christina Meyers 和她的同事（1992）在德州大學醫學中心發表了一個類似的案例。J. Z. 是一名 33 歲的男性，他接受腫瘤切除，在和 Phineas Gage 左邊額葉被破壞的相同地方進行手術（見圖 3.14）。手術之前的 J. Z. 是一位「誠實、穩定、可以信賴的員工及丈夫」。然而在手術之後，他的人格產生劇大的轉變。就像 Phineas Gage 一樣，他變得性急、不誠實、不負責和裝模作樣。Phineas Gage 和 J. Z. 這兩個案例讓我們知道，額葉在控制複雜的社會與情緒行為上有很大的影響。

最近一個使用核磁共振造影技術的研究發現，當研究參與者用文字描寫從他人臉上看到的負面情緒時，腦中額葉的反應會增加，而杏仁核的反應則會減少（Lieberman & others, 2007）。這顯示透過情緒的表達可以增加額葉對於杏仁核的控制能力。

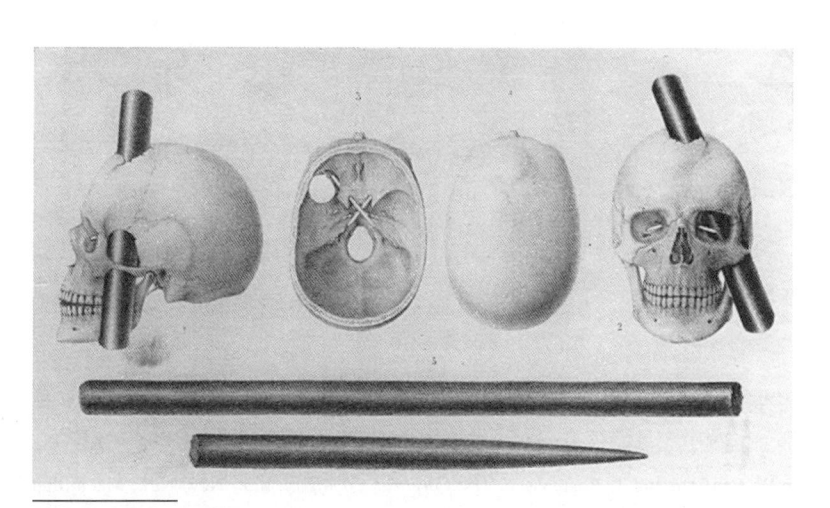

圖 3.13　此圖描繪出 Phineas Gage 的頭顱以及刺穿他腦部的鐵條。

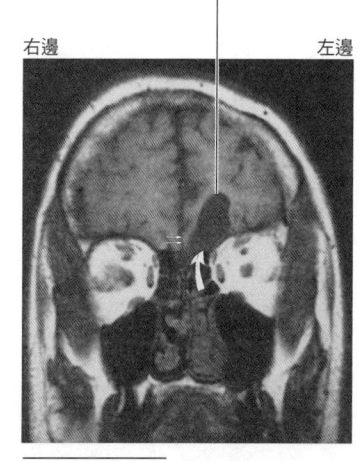

圖 3.14　J. Z. 的 MRI 腦影圖（從前面來看）顯示腫瘤被移除後對額葉所造成的傷害。

頂葉
大腦皮質的一部分，位於頭顱上方，在額葉後面，包含體感覺皮質區。

體感覺皮質區
在頂葉成細長帶狀，和額葉運動皮質區成平行，和身體感覺有關。

2. 頂葉（parietal lobes） 頂葉位於頭顱上方，就在額葉的後面。在頂葉上，與額葉的運動皮質區平行的細長帶狀稱為**體感覺皮質區（somatosensory area）**。這個區域的重要性在於它可以告訴我們接觸的感覺和其他身體的感官，例如我們的手和腳在哪裡，以及它們正在做什麼。因此體感覺皮質區位於運動皮質區的旁邊，是因為它們的功能相輔相成。

不同區域的體感覺和運動區域負責身體不同的部分。大腦皮質區對特定身體部分所分布的數量，並非相稱於該身體部位的大小；反而是和感覺及運動神經元進出該身體部位的數量成比例。腦科學家描繪了有趣且具教育價值的圖畫，圖上的體感覺和運動皮質區依人類的身體特徵按比例分配其所占的空間（見圖 3.15）。

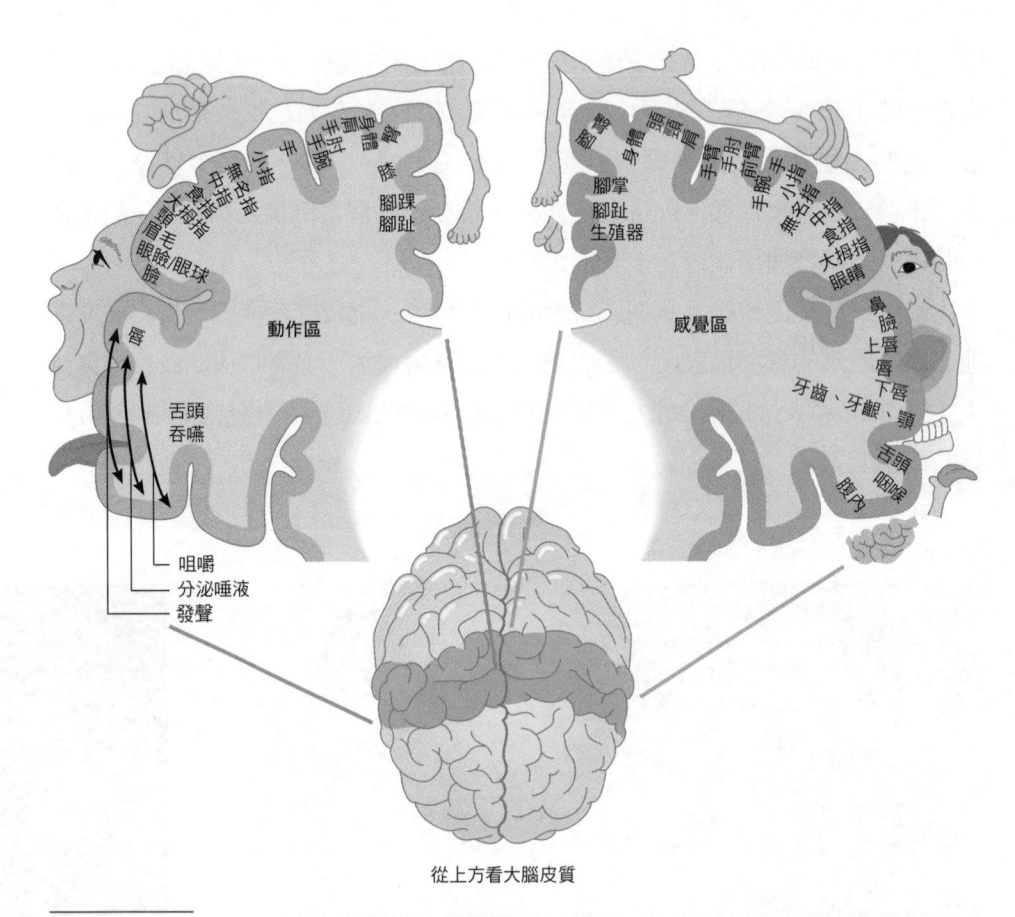

從上方看大腦皮質

圖 3.15 大腦皮質在運動控制區和身體感覺區交雜的部分，顯示皮質中的區域對應到身體的每個部分。圖中，身體特徵的大小是按照比例對應到腦中的區域。

資料來源：Data from W. Penfield and T. Rasmussen, *The Cerebral Cortex of Man.* New York: Macmillan Publishing Co., 1950.

3. 顳葉（temporal lobes） 顧名思義，顳葉從太陽穴（temples）附近向後延伸，占據額葉和頂葉下面腦部基底的中間區域。在左右兩個腦半球中，顳葉包含聽覺區域。這些區域位於頭顱內靠近耳朵、緊接著頂葉體感覺區的地方，和聽覺有關。

維尼克區（Wernicke's area） 位於左腦半球聽覺區後面，這是皮質中與理解口語有關的部分。聽覺區是第一階段的訊息處理過程，而維尼克區會更進一步地處理到達耳朵的訊息。因為中風或其他因素使皮質的這個區域受損，會導致**維尼克失語症（Wernicke's aphasia）**。罹患維尼克失語症的病人無法理解他人所說的話。此外，他們雖然可以說出看似正常的句子，但他們所說的話並無邏輯或意義。

4. 枕葉（occipital lobes） 枕葉位於腦基底後方的位置。雖然它位於離眼睛最遠的地方，但視覺區卻是枕葉中最重要的部分（Amedi & others, 2007）。視覺區對來自眼睛的視覺訊息處理過程有很重要的影響。因此，即使眼睛可以正常運作，若損傷枕葉的視覺區，仍會導致部分或完全失明。

注意，在圖 3.12 腦半球的四個腦葉中，一些區域的特殊功能都有被標示出來，但每一個腦葉中還有許多區域未被標示，這些未被標示的大腦皮質區域被稱為**聯合區（association areas）**。雖然聯合區在大腦活動中的角色不那麼明確，但它們常常和附近一個特定能力區域更緊密地協調運作。這可以透過圖 3.16 的系列 PET 腦影圖中看見。大腦皮質區中呈現不同深度的灰色，是擁有最大量神經激發的地方。當一個人聽到說話時，維尼克區和在其後的聯合區都會被激發；當一個人用眼睛看文字時，其枕葉中的視覺區和附近的聯合區部分會被激發。相反地，當一個人在說話時，只有在布羅卡區和額葉的運動皮質區中控制口語動作的地方有被激發的活動；而當一個人在思考時，額葉就會被激發。

3.3.4 工作中的腦影像

過去 40 年來，隨著科技的發展，心理學家愈來愈能夠探索大腦的奧祕。這些技術利用電腦來蒐集和解釋大量電子活動、電磁波及其他放射線形式的訊息，創造出腦部活動的影像。這些大腦影像比傳統的 X 光圖要來得更精確、更有用。如同天文望遠鏡對於天文學的影響，這些新科技就好像望遠鏡般，讓我們可以探索腦的神祕世界。

顳葉
大腦皮質的一部分，由額葉和頂葉下面的太陽穴區域延伸到後面，包含和聽覺及了解語言有關的區域。

維尼克區
皮質的語言區，對了解口語訊息很重要。

維尼克失語症
失語症的一種，病人可以流利地說話（但無邏輯與意義），但無法理解他人所說的話

枕葉
大腦皮質的一部分，位於頭部後面的底部，處理來自眼睛的感官訊息。

聯合區
在大腦皮質每一個腦葉之間的區域，扮演一般而非特定的角色。

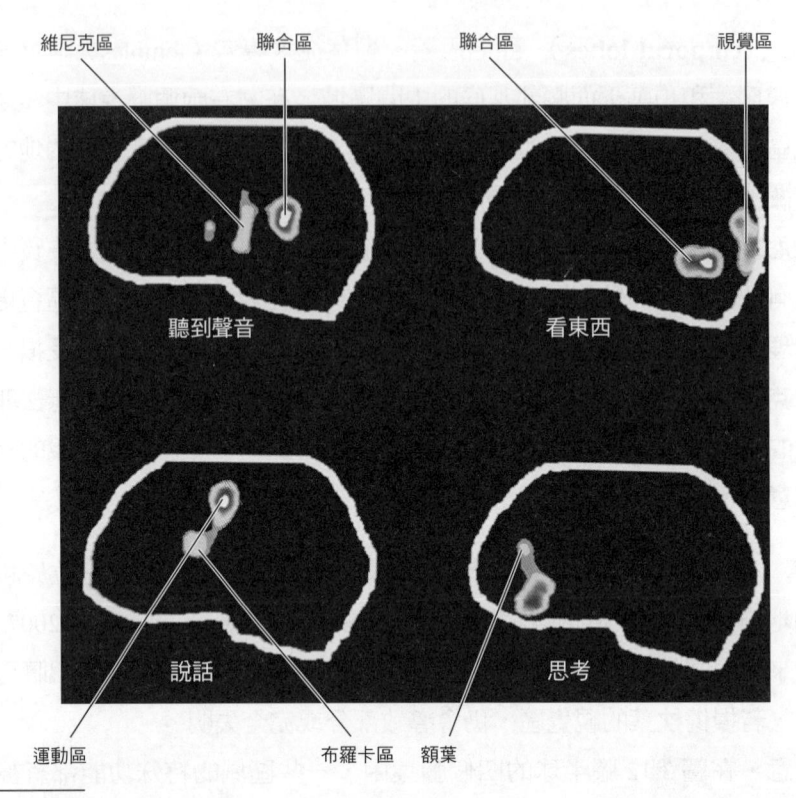

圖 3.16 大腦進行四種不同工作時的 PET 影像圖。

腦電波
經由放置在頭皮上的電極來記錄腦中電子的活動。

傳統研究腦部活動的方法是使用**腦電波**（electroencephalogram，簡稱 **EEG**），將電極放置在頭皮表面，然後測得腦的電波活動。腦電波通常是用來研究睡眠週期和診斷疾病症狀，例如癲癇（seizure disorder）。有一種腦影像技術可以將腦電波紀錄轉換為電腦呈現的腦波活動分布圖。首先，必須在頭上覆蓋具有間隔緊密電極的電極帽，用以記錄腦的活動，然後電腦會將這些紀錄轉為彩色的腦影像圖。圖 3.17 就是精神疾病研究學者 Monte Buchsbaum 對自己手臂給予微量電流電擊後不久他腦部的活動情形。其中，神經活動最活躍的區域（點狀和斜線）在腦的頂端，腦中的這個區域是負責接收來自皮膚的感覺（Buchsbaum, 1983）。

正子斷層掃描
顯示腦功能的一種影像技術。

另一種腦影像圖（見圖 3.18）是由**正子斷層掃描**（positron emission tomography，簡稱 **PET**）取得腦部活動，然後由電腦呈現影像。我們可以發現，當強效藥物嗎啡（和海洛因有關）產生作用時，大腦外圍部分開始降低活動（London & others, 1990）。我們可以透過 PET 照出大腦的運作狀況。在許多類似的研究中，PET 可以提供工作中的腦部許多驚人的圖片。

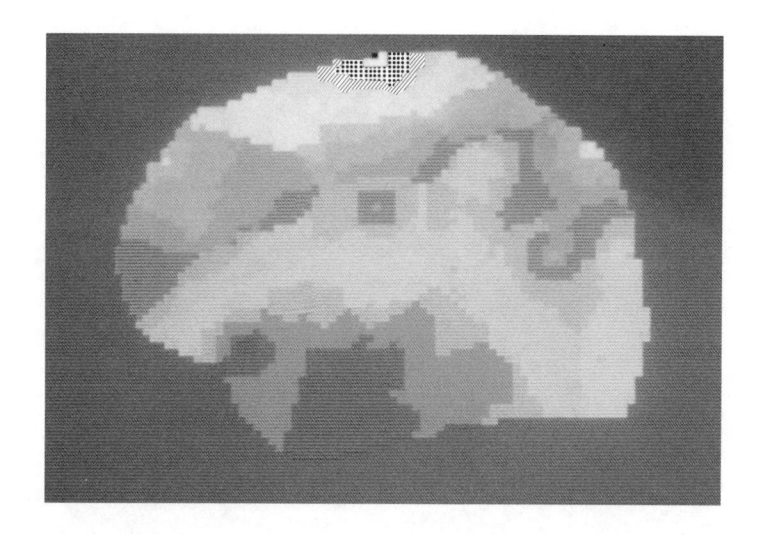

圖 3.17 大腦運作時的影像,由電腦從大腦活動的電子紀錄所產生。這張圖顯示 Monte Buchsbaum 博士用微電電擊自己的手臂後,立即用 EEG 拍下他大腦皮質區域活化的情況(點狀和斜線表示神經活動最活躍的區域)。

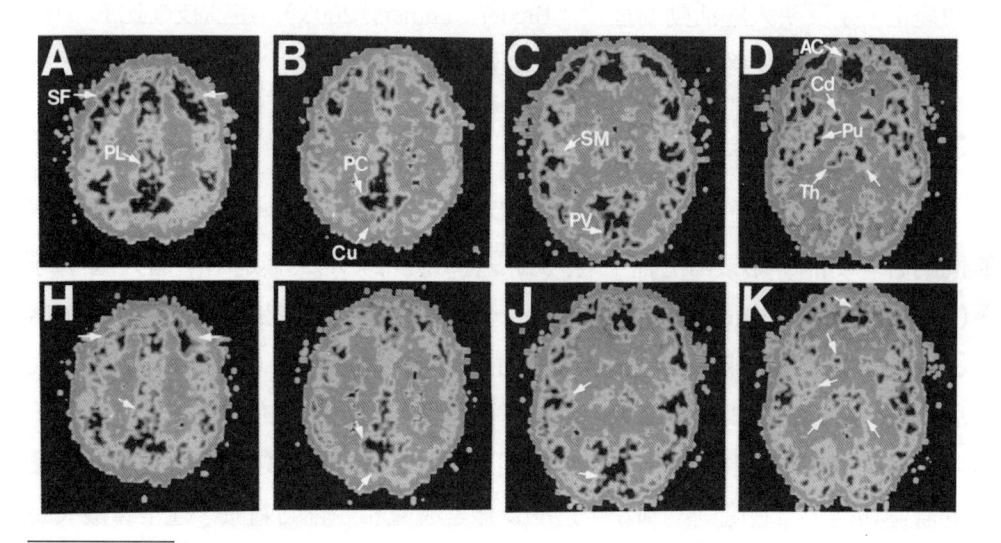

圖 3.18 PET 掃描,用顏色呈現出葡萄糖的耗損率,這是一種測量腦活動的方式,由自願者先接受安慰劑(A~D)再接受與海洛因有關的嗎啡(H~K)而來。這些腦影像依照由上往下(由左至右)的層次,按順序排列。下排影像(H~K)顯示,研究參與者在接受嗎啡後,重要區域中的腦活動減少。

最神奇的腦影像技術是**磁振造影**(**magnetic resonance imaging**,簡稱 **MRI**)。這項技術可以從細胞原子核中的原子來探測腦部的磁性活動,然後製造出腦的解剖視覺影像。圖 3.19 就是腦的磁振造影圖片,請注意磁振造影所

磁振造影
一種利用磁振技術取得大腦細部構造和功能的影像技術。

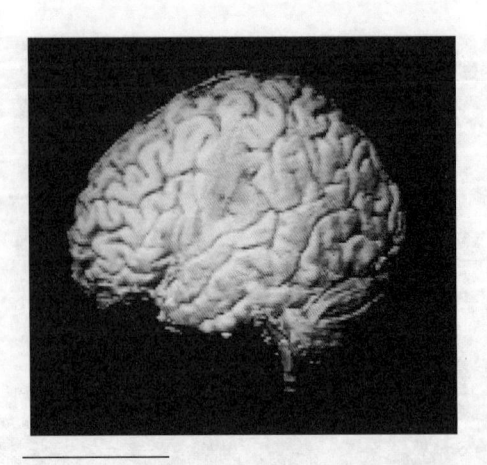

圖 3.19　由 MRI 所呈現的大腦 3D 圖影像。

製造出的腦解剖圖是多麼精細。最近，磁振造影的技術已經發展到可以讓研究員不只看見腦的解剖圖，還可以測量腦特定區域的活動。**功能性磁振造影**（**functional magnetic resonance imaging**，簡稱 **fMRI**）藉由測量神經元耗氧量的變化，來反映大腦活動的程度（Baxter & others, 2003）。這種技術比 PET 安全許多，因為接受檢查者不需要注射顯影物質。

功能性磁振造影
MRI 的一種，藉由測量神經元的耗氧量來測得大腦的活動。

3.3.5　大腦半球的功能

我們前面介紹過大腦皮質是由四個腦葉所組成，每一個腦葉都牽涉到不同的心理功能。如果由上往下看大腦皮質，就會發現大腦是由兩個**大腦半球**（**cerebral hemispheres**）所組成。這兩個分開的半球是由**胼胝體**（**corpus callosum**）連接起來，使得兩個半球的皮質可以進行溝通（見圖 3.9）。許多大腦皮質的功能由這兩個半球共同分擔，而它們共同運作的方式往往非常複雜。除了某些例外的情形，腦部基本上控制對側的身體，也就是說左腦控制右半邊的身體功能，而右腦則控制左半邊的；像是視覺和觸覺的刺激，通常會輸入到相反對邊的腦半球。左手皮膚上的刺激通常輸入到右邊的大腦半球；視覺刺激落在眼睛右邊的視野上會輸入到左腦半球；還有扭動你左腳的腳趾，則是由右腦半球所控制。因此，重要的感覺和運動神經在進入和離開大腦時是交錯的，也幾乎是完全橫跨過彼此。

大腦半球
大腦皮質的兩個主要部分，被分為左半球和右半球。

胼胝體
連接左右腦半球的主要神經結構。

左腦半球和右腦半球的功能　左腦半球和右腦半球在處理訊息上扮演不同而互補的角色。例如許多證據顯示，超過 90% 的人執行最多控制語言的區域是位於左腦半球（Banich & Heller, 1998; Hopkins & Cantalupo, 2010）；尤其

在分析語言的邏輯內容方面，左半球扮演主要的角色（Beeman & Chiarello, 1998）。相對地，右大腦半球似乎處理的是有關形狀和物體空間位置的訊息。例如當你讀一段文字訊息，好比記憶這四個腦葉的名字，則左邊額葉被激發的程度會比右邊額葉高；不過，如果你用圖片來記憶大腦四個腦葉的形狀和位置的話，那麼右邊額葉被激發的程度會比較高（Craik & others, 1999; Wheeler, Stuss, & Tulving, 1997）。一般說來，大腦左邊皮質趨向處理文字訊息，而右邊皮質則傾向處理視覺和空間訊息。

裂腦研究 兩個大腦半球之所以能夠透過協調共同分擔功能，是因為它們可以藉由連結這兩個半球的構造來溝通，其中最大且最重要的橋梁就是胼胝體。然而，有時為了控制癲癇這種神經性的疾病，必要時需要進行手術切斷胼胝體，以防疾病發作時，會從一邊的腦半球傳到另一邊。而手術完成後，左、右腦半球就比較沒有能力彼此交換訊息。換句話說，就是左腦不知道右腦正在做些什麼，而右腦也不知道左腦正在做些什麼。針對這些「裂腦」（split-brain）病人所做的研究，提供我們有關大腦兩個半球不同功能的重要知識來源（Franz, Waldie, & Smith, 2000; Gazzaniga, 1967, 1998, 2000）。

切斷兩腦半球間最主要的溝通管道，會有什麼樣的結果呢？表面上，胼胝體被切開的個案看來與一般人沒有什麼兩樣，但透過心理學實驗就可揭露切斷胼胝體的後遺症。在一項實驗中，裂腦病人被安排坐在一個螢幕前，並被要求盯著螢幕中間的一點。突然一個字在螢幕的一邊快速閃過，以至於只有左邊或只有右邊的眼睛可以看見。這是因為左視野只會傳送刺激到右腦半球，而右視野只會傳送刺激到左腦半球。而眼睛輸出的神經在視神經交叉處交錯，而此處並未被切斷（見圖 3.20）。

如果「筆」這個字出現在每隻眼睛的右視野，則這個刺激訊息會傳送到左腦半球的語言控制區。在這種情況下，病人可以毫不費力地唸出「筆」這個字。但如果同樣的字呈現在每隻眼睛的左視野，則裂腦病人被問到出現什麼樣的字時，他們會答不出來。然而這並不表示右邊的大腦無法接收或理解「筆」這個字，而是病人無法將他看見的東西用言語表達出來。但是透過觸覺，裂腦病人可以輕易地從一堆東西中，找出與文字對應的具體實物「筆」——但這只有從右腦皮質接收到訊息的左手可以做到（提醒你：大腦的控制是交錯的——左大腦控制右半邊，右大腦控制左半邊；而胼胝體會將兩邊的訊息連結，讓你有完整的訊息。裂腦病人因為胼胝體被切開，所以無法像正常人一樣地運作，由此可知胼胝體的重要性）。

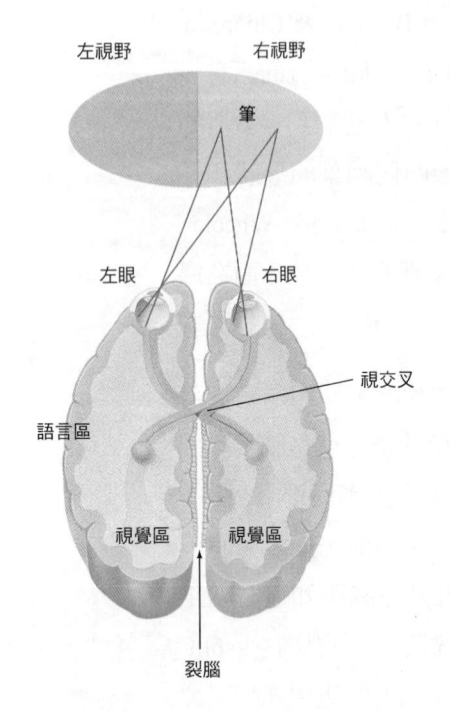

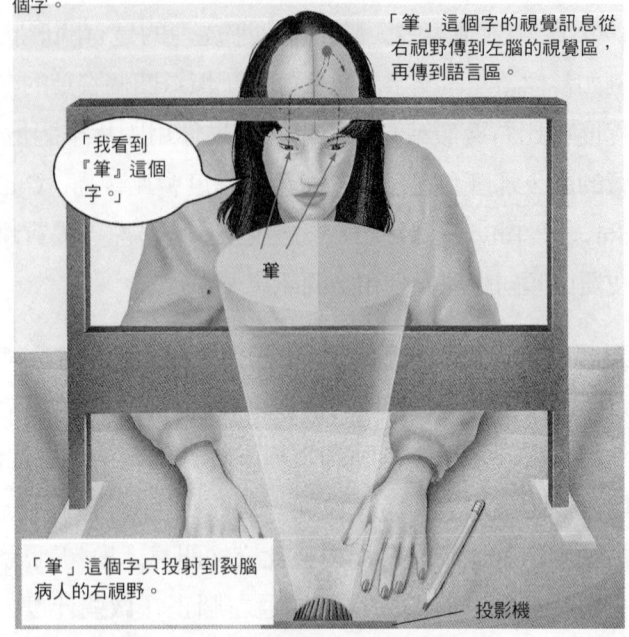

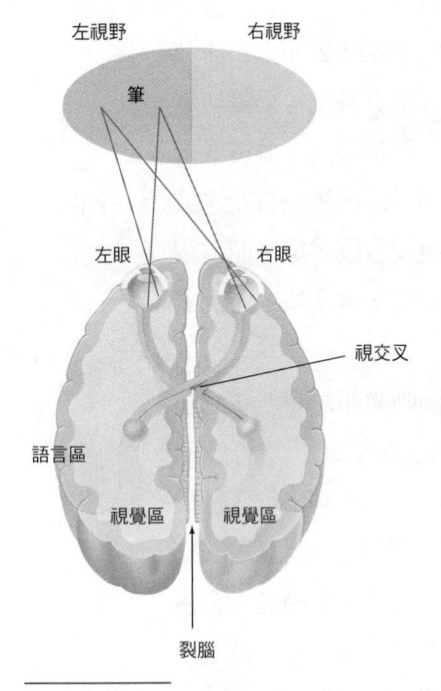

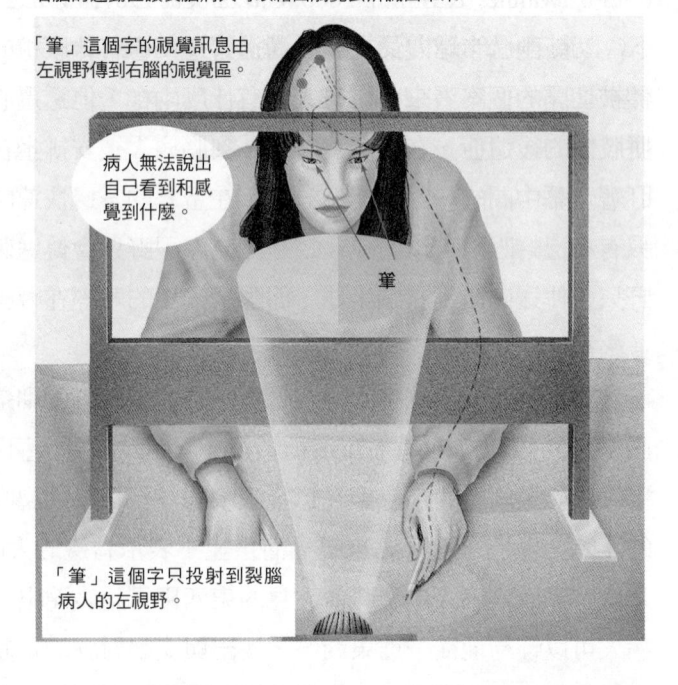

圖 3.20　對於裂腦病人的研究，可以幫助我們了解左右大腦半球不同的功能，並了解胼胝體在兩者間扮演溝通橋梁的重要功能。當「筆」這個字只出現在右視野時，這個訊息只會傳到左半腦，而在左半腦的語言區讓病人得以說出「我看到『筆』這個字」。但是當這個字只出現在左視野時，訊息只會傳到右半腦。由於右半腦並沒有語言區，因此病人無法用語言表達自己有看到「筆」這個字，但是可以用手碰觸筆來表示。

然而，如果裂腦病人左手拿著一枝筆，但眼睛卻看不到，他就無法說出手上拿的是什麼東西。因為訊息只傳到右腦，而裂腦病人無法將右腦皮質的訊息傳送到左腦，導致可以控制說話的左腦皮質也無法說出答案。這類裂腦病人的實驗清楚地揭露出左腦半球區域化的語言表達能力（Gazzaniga, 1967, 1998）。有趣的是，上述結論只適用於慣用右手的人，對於慣用左手的人來說，大腦半球的語言功能經常是相反的。

大腦半球中的大腦皮質和情緒　　大腦皮質除了在感覺、運動和認知過程中所扮演的角色之外，還有一個關鍵角色，就是情緒資訊的處理。就如我們所看到的，兩個大腦半球在認知功能方面有顯著的差異，在情緒處理的過程，左右腦也有所不同（Davidson, 1992; Verona & others, 2009）。右腦主宰著負面情緒的知覺與表達，而左腦則主掌著正面情緒的知覺與表達（Pizzagalli &others, 2005; Stewart & others, 2010; Urry &others, 2004）。

早在 1861 年，布羅卡醫師就注意到左腦中風的病人較容易感到憂鬱。這顯然是因為負責正面情緒的左腦受損，而主掌負面情緒的右腦並未受到影響所致。相對地，有些右腦中風的病人會因為右腦受傷而變得更快樂，一點也不會因為自己的能力受損而感到沮喪（Kinsbourne, 1988）。布羅卡所觀察到的現象已經一再獲得驗證（Robinson & Starkstein, 1990; Vataja & others, 2001）。舉例來說，如圖 3.21 所示的腦部影像（使用電腦化的 X 光所獲得）可以很明顯地看出，在中風後出現憂鬱症的人，其損傷主要都出現在左邊的皮質（Starkstein, Robinson & Price, 1988）。

威斯康辛大學 Richard Davidson 的研究結果也證實左右腦在情緒處理上的差異（Davidson, & others, 1990）。他放映短片給學生看——有些是有趣動物的娛樂影片，有些是「十分恐怖」的截肢或燒死動物的影片。學生在看這些影片時，他們的臉部表情會被攝影下來。當他們笑的時候，EEG 的紀錄顯示左腦的活動較多；而當他們出現噁心的表情時，則顯示右腦的活動較頻繁。這類研究皆顯示，左腦處理較多正面情緒，而負面情緒則是由右腦所處理（Heller & others, 1998; Pizzagalli & others, 2005）。

皮質的可塑性　　大腦皮質的嚴重損傷常會導致重要心智功能的喪失。幸運的是，許多功能都是可以部分或完全恢復的，特別是傷害發生在幼年時期。這是因為皮質和腦的其他部分有高度的**可塑性（plasticity）**，允許皮質的其他區域可以接管受傷區域的功能（Mason, 2009; Yeates & others, 2008）。例如，左腦語

可塑性
部分腦獲得新功能的能力，特別是在大腦皮質中，可以部分或完全取代腦受損害部分的功能。

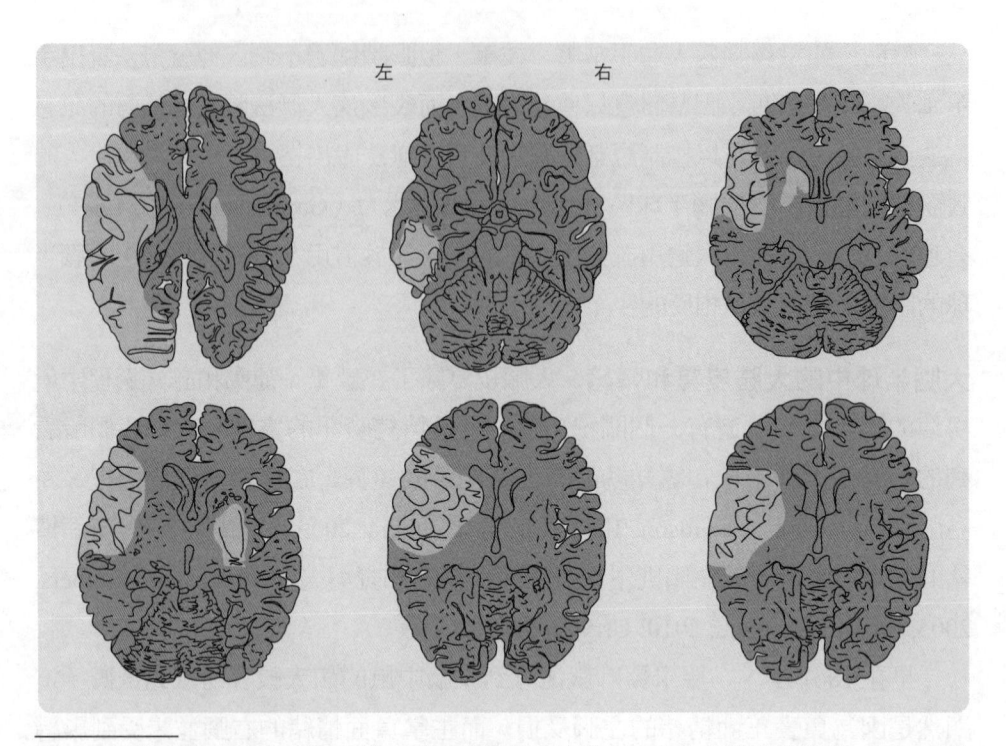

圖 3.21 由電腦化 X 光所呈現的個體大腦影像。這些個體在中風後變得憂鬱，淺灰色的陰影部分表示受損的腦部組織。

言區受傷的孩童通常可以重新學習語言，因為右腦半球可以接管受傷區域的功能（Gazzaniga, 1992）。雖然許多腦部區域被特化成執行特定作業，但這些區域也不是完全由這些作業所專用。例如，當盲人用手指「讀」點字書時，視覺皮質的活動量會增加（Cohen & others, 1997），觸覺刺激不是由腦部的觸覺區來處理，而是由皮質區原本負責視覺刺激的區域來解讀。

3.3.6 腦是一個正在發展的系統

　　一般都以為人類從出生至中年的腦部變化不大，但直至近期，新的 MRI 與其他神經影像的研究推翻了這個想法。有充分的證據顯示，腦的結構會在我們有生之年持續地改變（Lenroot & Giedd, 2006, 2010; Sowell & others, 2003; Yeates & others, 2008）。

白質與灰質的改變　　腦的總重量在五歲以後改變不大，但白質會從孩提時代到中年在腦皮質中增加（特別是額葉和連接左右腦半球的胼胝體），而灰質則以相同的比率減少。白質的增加是因為髓燐脂（myelin）持續地成長，隔離了

神經元並加速神經衝動的傳遞（Durston & others, 2001）。相對地，灰質（神經細胞本體）會在皮質和一些次皮質區域中持續地減少。大部分灰質的減少是因為選擇性的**神經修剪（neural pruning）**，就像修剪樹木一樣地消除不必要的神經細胞以改善神經系統的效率（Durston & others, 2001）。白質增加與灰質減少持續到成年期早期，似乎會增加大腦的效率。然而五十多歲以後，白質與灰質都會開始減少，也讓我們明顯地感受到記憶力與思考速度受到影響（Abe & others, 2010; Bartzokis & others, 2001）。男性的白質隨著年紀增長而減少的速度比女性快（Abe & others, 2010）。

神經修剪
隨著時間過去，腦中灰質選擇性消失的自然過程，一般認為這是藉由減少不必要的細胞來改善神經系統的效率。

神經新生 新的神經元會一直不斷地在大腦的許多重要區域生成一直到成年期，尤其是皮質和海馬迴，這個過程稱為**神經新生（neurogenesis）**（Gould, Tanapat, Rydel, & Hastings, 2000; Lee & Son, 2009; Wandell & Smirnakis, 2009）。透過神經新生長出的新神經元對於學習與儲存新的記憶非常重要（Gould, 2007）。例如，實驗證明學習新的技巧（雜耍球）可使在皮質區主管視覺注意力的神經細胞本體（灰質）的數量平均成長 3%（Draganski, 2004）。

神經新生
在成年的哺乳類個體中，仍會增加新的神經元。

3.3.7 腦是個互相作用的系統

雖然把腦分成很多部分來看有助於我們的理解，但腦的這許多部分通常是一起運作智力和情緒功能的。我們用以下狀況為例。你在深夜時分等公車，一名穿著邋遢、滿身酒氣的男子走上前來，問你是否可以給他 5 美元。你看到他的口袋裡有個看起來像是手槍的東西。對於這樣的情景，你的反應會牽涉到腦中許多部分一起運作。你大腦皮質的某些部分評估著可能會有的威脅和做法，周邊系統則涉及到情緒刺激的過程。如果你和他打起來、逃離，或是伸手進口袋拿錢給他，你大腦皮質中的運動區將會和你的後腦與中腦一起運作，以便協調肌肉運動。在你思考該如何與對方應對時，你身體的其他系統也在做好相關的準備工作。

有時候，腦的許多部分會一起交互作用，因為腦的一部分會傳送訊息給另一部分，然後再傳送訊息給第三部分等。然而更多時候，腦的許多部分會同時處理不同種類的相關資訊。以電腦語言來說，腦通常會使用「平行」處理（同時處理不同的資訊），而不是「序列」處理（一次只處理一種資訊）（Rumelhart & McClelland, 1986）。大腦的平行處理具有驚人的潛力，可以擴大能力到使用大腦中一千億個神經元，以便處理我們複雜的動作、情緒和思緒。

複習

　　腦是一個複雜的系統，由許多部分所組成，以各自配合好的方式同時運作不同的功能。後腦和中腦大部分負責身體日常例行活動的管理，例如呼吸、身體姿勢、反射和其他基礎過程。較大的前腦區域負責較多的「心理」功能：視丘整合輸入的感覺，而下視丘則控制動機、情緒、睡眠和其他基礎的身體過程。視丘和下視丘都位於大腦皮質頂蓋的下方。大部分的周邊系統是位於皮質下方，在情緒激發上扮演很重要的角色。大腦皮質提供思考、語言、運動控制、知覺和其他認知過程的神經基礎，不過它也處理情緒資訊。大腦皮質由兩個大腦半球所組成，主要由胼胝體來連接。兩個大腦半球涉及不同層面的認知處理過程。右腦主要主掌空間和藝術認知過程，左腦則涉及到邏輯、數學和語言為主的過程。兩個腦半球也處理不同面向的情緒，左腦是處理正向情緒，而右腦則是處理負向情緒。最近的研究顯示，直到成年初期，腦還是一直持續在發展且會增加效率，並且在成年期還有能力在某些區域長出新的神經元。

想一想

1. 想像一下，你放下了這本書，然後正咬了一大口你最愛的那種披薩。想想看腦的各部位在這個簡單的動作中所扮演的角色。
2. 這一章學到了兩個腦半球，你覺得我們應該認為自己有「兩個」腦，還是一個腦？自主神經系統又如何呢？它算是另一個「擁有自我心智能力的腦」嗎？

3.4 內分泌系統：身體的化學訊號傳遞者

內分泌系統
分泌荷爾蒙的腺體系統。

腺體
在身體中分泌物質的結構。

　　如同我們之前所述，神經系統就像是人體的指揮中心；而另一個生物系統在溝通和身體的調節過程中也扮演很重要的角色，即**內分泌系統（endocrine system）**。此系統包含無數個**腺體（glands）**，分泌兩種化學訊號傳遞物：

1. **神經胜肽物質**：許多內分泌腺會分泌神經胜肽物質（neuropeptides）到在體內循環的血液中。當這些神經胜肽到達其他的內分泌腺時，會影響內分泌腺的功能，在內分泌腺間提供溝通和協調。除此之外，某些神經胜肽會到達腦，並影響神經系統。因此，雖然腦會直接與間接地影響所有內分泌系統，但內分泌腺也會影響腦。的確，如同我們將在本書稍後所看到的，一些神經胜肽在壓力調節、人際連結、情緒和記憶的機制之中，也扮演很重要的角色（Feldman & others, 2007; Kandel & Abel, 1995; Rosenkrantz, 2007; Skuse & Gallagher）。

行為的生理基礎

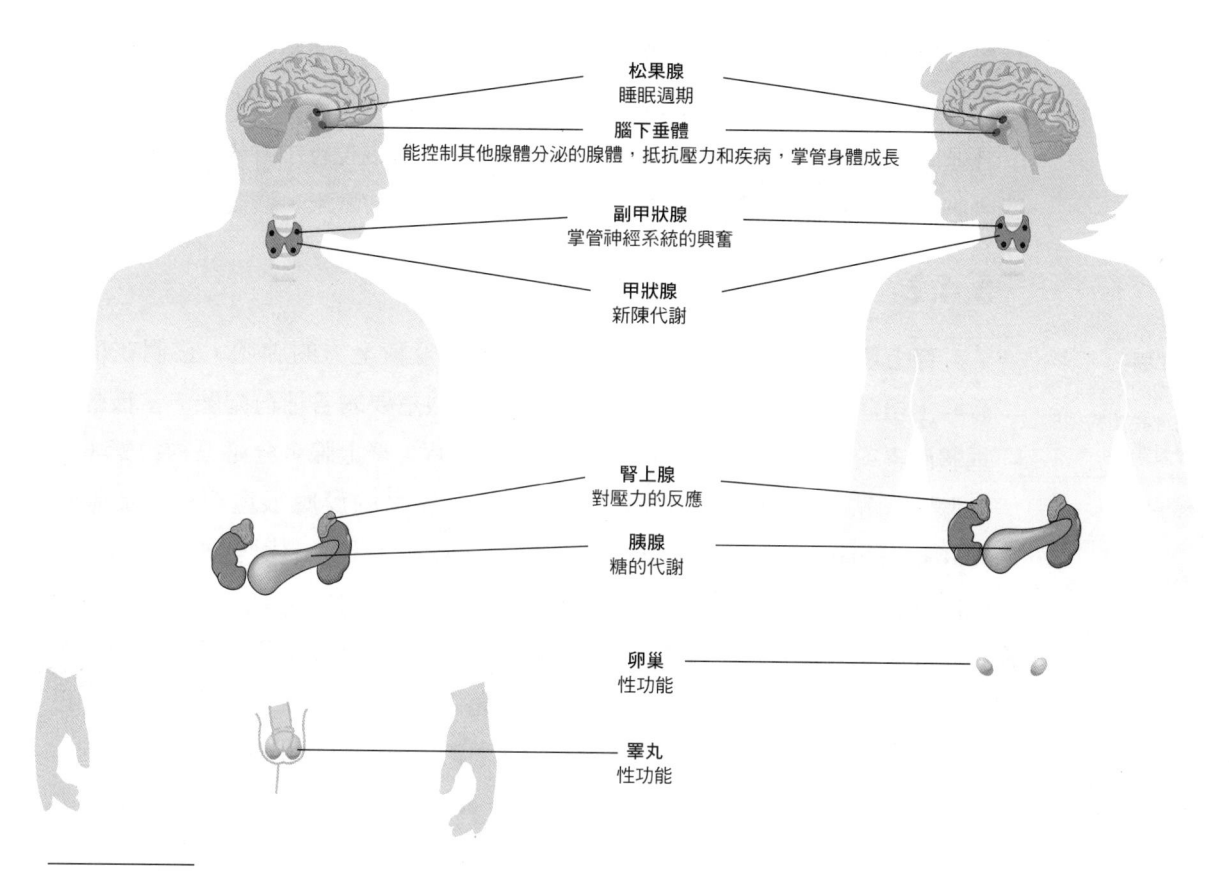

圖 3.22 重要內分泌腺體的位置及其主要功能。

（圖中標示：
- 松果腺：睡眠週期
- 腦下垂體：能控制其他腺體分泌的腺體，抵抗壓力和疾病，掌管身體成長
- 副甲狀腺：掌管神經系統的興奮
- 甲狀腺：新陳代謝
- 腎上腺：對壓力的反應
- 胰腺：糖的代謝
- 卵巢：性功能
- 睪丸：性功能）

2. **荷爾蒙**：內分泌腺會分泌**荷爾蒙**（或激素，**hormones**）到血液中，然後流到身體的各個部位。荷爾蒙會影響各種不同的器官系統，包括大腦在內。

> **荷爾蒙（或激素）**
> 由內分泌腺所分泌的化學物質，會影響體內的各個器官。

大腦透過下視丘來調節內分泌系統分泌神經胜肽物質與荷爾蒙（Taylor & others, 2008）。荷爾蒙與神經胜肽物質藉由在身體壓力或情緒激發的情況下活化許多器官，並藉由新陳代謝、血壓、血糖濃度和性功能，來幫助神經系統控制身體。

我們先簡單介紹影響心理生活最重要的七種內分泌腺（見圖 3.22）。

3.4.1 腦下垂體

腦下垂體（**pituitary gland**）位於腦的底部附近，和下視丘相連，主要由下視丘所控制。因為其分泌物可以幫忙調節內分泌系統中其他腺體的活動，所以被認為是身體的主要腺體；它最主要的功能應該是調節身體對壓力的反應，

> **腦下垂體**
> 身體的主要腺體，位於腦的底部附近，其分泌物可以幫忙調節內分泌系統中其他腺體的活動。

以及對疾病的抵抗力。腦下垂體分泌的荷爾蒙可以控制血壓、口渴和身體的成長。腦下垂體成長激素不足或過剩會使人變成侏儒或巨人。當嬰兒吸吮母親的乳頭時，一個神經訊息會傳送到母體的下視丘，下視丘經由神經胜肽把訊息傳到腦下垂體，這會促使腦下垂體分泌一種釋放母奶的激素，讓嬰兒喝到母奶。

3.4.2 腎上腺

腎上腺
腎臟的兩條腺體，跟身體和情緒的激發有關。

腎上腺素
由腎上腺所製造的激素。

正腎上腺素
由腎上腺所製造的激素。

可體松（或皮質醇）
由腎上腺所製造的壓力激素。

腎上腺（adrenal glands）是一對在兩個腎臟上方的腺體，它們在情緒激發上扮演重要角色，並且分泌對新陳代謝很重要的各種荷爾蒙。當被腦下垂體激素或自主神經系統的交感神經所刺激時，腎上腺會分泌三種激素（腎上腺素、正腎上腺素，以及可體松），對於壓力的反應很重要。**腎上腺素**（epinephrine）和**正腎上腺素**（norepinephrine）（它們也是神經傳導物質）的刺激讓身體產生改變，準備處理身體對強烈活動的需求，包括心理的威脅或危險（即使當危險無法由身體來處理）。這兩種腎上腺激素的影響相當類似，但運作方式不同。例如在壓力時，腎上腺素藉由增加心跳和血流來增加血壓。正腎上腺素也會增加血壓，但它是藉由縮小肌肉血管的直徑和減少消化系統的活動。腎上腺也會分泌**可體松**（或**皮質醇**，cortisol）激素，會在身體處於壓力時活化身體反應（Bandelow & others, 2000; Taylor & others, 2008），並在調節疾病免疫上也扮演重要角色。

我們來看一個在壓力下腎上腺活動的例子。在公開場合中演講會讓你緊張嗎？大部分人發現，在公開場合中演講是最讓人感到緊張的一件事。德國科學家 Ulrich Bolm-Andorff 針對 10 位醫生和心理學家，在以下兩種情況下分別取樣他們的血液和尿液：(1) 在他們剛對自己的同事作完一場重要的公開演講後；(2) 在另一天的同一時間採樣，但那天沒有安排演講（Bolm-Andorff & others, 1986）。研究者測量樣本中三種腎上腺激素（腎上腺素、正腎上腺素和可體松）的含量。從圖 3.23 中可以看出在演講中腎上腺激素的驚人增加；同時也可以注意到心跳和血壓有相對應的增加。

心跳和血壓的改變，是由於腎上腺素和正腎上腺素在心臟及血管中活動所引起，但也是由自主神經系統在這些器官上的直接活動所引起。因此，自主神經系統有兩種方法可以活化內臟器官：(1) 直接影響器官；(2) 藉由刺激腎上腺和其他內分泌腺，然後用這些腺體的激素去影響器官。第二點也是為什麼在一個壓力事件後，恢復冷靜要花很久時間的原因之一。由於激素離開血流會花相當長的一段時間，所以影響會持續很久。

行為的生理基礎

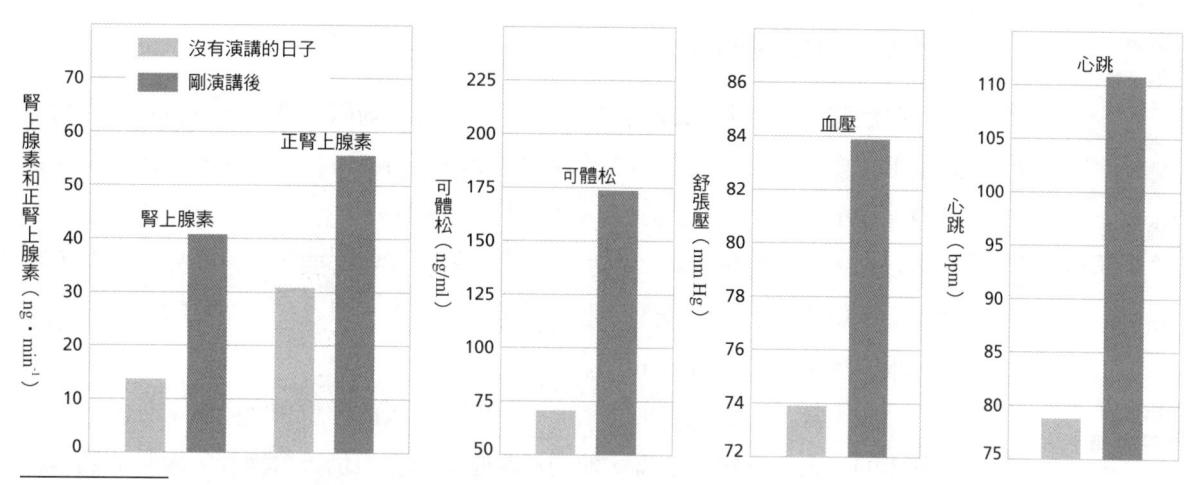

圖 3.23 公開演講的壓力會影響腎上腺分泌的激素，並增加心跳和血壓。

資料來源：Data from V. Bolm-Andorff, et al., "Hormonal and Cardiovascular Variations During a Public Lecture" in *European Journal of Applied Physiology*, 54:669-674. Copyright 1986 Springer-Verlag, New York, NY.

3.4.3 胰島

胰島（islets of Langerhans）位於**胰臟**（pancreas）中，藉由分泌兩種作用相反的激素來調節血糖濃度。**胰高血糖激素**（glucagon）使肝將肝糖轉換為血糖，並釋放到血液中；相對地，**胰島素**（insulin）是藉由幫助細胞吸收以脂肪形式存在的糖來減少血糖含量。血糖濃度具有很重要的心理作用，因為它是飢餓動機的因子之一，並幫助一個人感覺活力的多寡。

3.4.4 性腺

與性功能有關的腺體有兩種——女性是**卵巢**（ovaries），男性是**睪丸**（testes）。**性腺**（gonads）會製造性細胞——女性是卵子，男性是精子；性腺也會分泌荷爾蒙，對於性激發很重要（Eastwick, 2009），並且促進發展所謂的第二性徵（例如，女性的乳房，男性的胸毛及聲音變低沉，以及兩性都有的陰毛）。最重要的性荷爾蒙，在女性中是**雌激素**（estrogen），在男性中是**睪固酮**（testosterone）。在生活上，雌激素與人際關係有關，並且可以減緩壓力帶來的傷害；而睪固酮則與成就感有關，睪固酮高會促使個體與他人競爭。有愈來愈多證據顯示，性賀爾蒙對於個體在青春期的社交行為影響甚巨（Forbes & Dahl, 2010）。

胰島
胰臟中的內分泌細胞，可以調節血糖濃度。

胰臟
在胃附近的器官，包含胰島。

胰高血糖激素
由胰島所分泌的激素，使肝釋放糖到血液中。

胰島素
由胰島所分泌的激素，可以減少血糖含量。

卵巢
雌性的內分泌腺，分泌與性相關的激素，製造卵子或蛋。

睪丸
雄性的內分泌腺，分泌與性相關的激素，製造精子細胞。

3.4.5 甲狀腺

甲狀腺（thyroid gland）位於喉部下方，在**新陳代謝**（metabolism）的調節上很重要，它會分泌一種叫作**甲狀腺素**（thyroxin）的激素。甲狀腺素在人體血液中的含量以及其導致新陳代謝的速率改變，在許多方面都非常重要。在兒童身上，甲狀腺的適當作用對其心智發展相當必要。如果在兒童時期甲狀腺產生嚴重的缺乏，會導致行動遲緩、肌肉無力，以及一種罕見的心智發展遲緩，稱為**矮呆病**（cretinism）。

在成人身上，甲狀腺素的濃度會決定一個人的體重和活動量。分泌過多甲狀腺素的人會過度精力旺盛。他們通常吃得很多但仍不會變胖，因為他們的新陳代謝太快，導致卡路里燃燒快速；相反地，低甲狀腺素的人通常活動力偏低，並且過重。然而，甲狀腺問題通常不是體重問題的主要原因。甲狀腺混亂也會導致成人的憂鬱，但是就像體重問題一樣，大部分的憂鬱症並不是由甲狀腺功能失調所引起。

3.4.6 副甲狀腺

在甲狀腺中的四條小腺體叫做**副甲狀腺**（parathyroid glands），會分泌**副甲狀腺素**（parathormone），對於神經系統的運作很重要。副甲狀腺素藉由調節神經元的離子濃度來控制神經系統的興奮性。太多的副甲狀腺素會抑制神經活動而導致嗜睡萎靡，太少則會導致神經過度活動而緊張。

3.4.7 松果腺

松果腺（pineal gland）位於兩個腦半球之間，依附在視丘頂端，主要分泌物是褪黑激素（melatonin）。褪黑激素對於生物節奏的調節很重要，包括女性的月經週期和日常的清醒與睡眠調節。褪黑激素的濃度似乎會被暴露在日光下的量所影響，也就是與個體的日夜生活活動有關。褪黑激素在調節心情上也有一定的影響。季節性抑鬱症（seasonal affective disorder）是一種憂鬱症，最常發生在冬天，被認為是因為光線對於褪黑激素的影響所引發，但光照治療似乎效果並無法持久，不過目前已知的一些心理治療還是能有效地降低季節性抑鬱症的一些症狀（Rohan & others, 2007）。

性腺
製造性細胞和對於性激發很重要的荷爾蒙腺體，並且促進發展第二性徵。

雌激素
一種雌性性激素。

睪固酮
一種雄性性激素。

甲狀腺
在喉部下方的腺體，負責調節新陳代謝。

新陳代謝
身體使用能量的過程。

甲狀腺素
由甲狀腺所分泌的激素，對於兒童的心智發展相當重要，並且會影響成人的體重和活動量。

矮呆病
由甲狀腺素缺乏所引起的一種兒童心智遲緩。

副甲狀腺
在甲狀腺中製造副甲狀腺素的四條腺體。

副甲狀腺素
一種激素，可以調節神經元的離子濃度和控制神經系統的興奮性。

松果線
主要負責調節生物節奏的內分泌腺。

複習

內分泌腺激素會增加腦協調身體反應和活動的能力,這些化學訊號傳遞者涉及新陳代謝、血糖濃度、性功能和其他身體功能的調節。從心理學的觀點來看,最重要的是腎上腺素和正腎上腺素在情緒激發上所扮演的角色。由腎上腺所分泌的這些激素以持續很久的不同方式來活化器官,這也使得我們在壓力事件之後,總是需要一段時間才能夠恢復冷靜。

想一想

1. 腎上腺素在哪些方面和咖啡因相似?
2. 面對壓力時,你該如何自處?想想看在壓力之下,你的內分泌系統會如何運作?

▶▶▶ 心理學的應用　我該怎麼吃?

由本章內容可以發現神經傳導素對人體的影響甚巨。很多藥癮者透過藥物的使用來改善腦中的神經傳導素,進一步調整心情。然而,藥物對於人體通常是弊多於利。我們該如何用最自然的方法來改善腦中的神經傳導素呢?

我們可以從飲食中攝取多巴胺與血清素這兩項重要的神經傳導素。這兩種元素與人的情緒及活力息息相關。以下介紹這兩種元素的影響和相關的食物。

一、活力來源——多巴胺

多巴胺是大腦內的神經荷爾蒙,是人體精力的來源。多巴胺足夠,會讓人感到精神飽滿;多巴胺不足,就會讓人感到精神不濟。若你有以下症狀,就是多巴胺不足:

1. 精神不濟
2. 興趣缺缺
3. 衝動
4. 易分心
5. 健忘
6. 無聊感

7. 成癮行為

當你發現自己精神不濟時，可嘗試下列強化多巴胺的食物：

魚類	肉類	豆類	其他
螃蟹 鱈魚 比目魚 蝦 鮪魚 扇貝 沙丁魚	火雞肉 雞肉 肝臟 牛排 羊排 碎牛肉 培根	青豆 黑豆 豆腐	蛋 牛奶 麵包 優格 香腸 燕麥 花生醬 杏仁 花生 腰果

二、有助情緒穩定的情緒調節劑——血清素

生活中的大小事本來就容易讓人產生各種情緒，而血清素的主要功用就是在緩和情緒，讓人感到心情平靜舒適。若你有以下症狀，代表你的血清素不足：

1. 健忘
2. 情緒化
3. 人際需求高
4. 易怒／愛爭執
5. 過度花費
6. 憂鬱

當你發現自己情緒低落或是煩躁不安時，下列食物可以幫助你增加血清素：

水果類	蔬菜類	核果類	其他
木瓜 西瓜 柳橙 芒果 葡萄柚 草莓 櫻桃 鳳梨 芭樂 香蕉	荷蘭芹 洋蔥 芹菜 甘藍 紅蘿蔔 蕪菁 甜菜 番茄 馬鈴薯	黑棗 香菇 胡桃 杏仁	海帶 太白粉 巧克力

從今天開始，試著調整你的飲食，讓腦部可以有更多的多巴胺與血清素的原料，好讓你的大腦更加有活力、情緒更加穩定。

本章總結

第 3 章描述人們在身體中的心理本質；探討神經系統和內分泌系統在我們行為及心智過程中所扮演的角色。

I. 神經系統是一個複雜的神經細胞網路，這些神經細胞會夾帶訊息，並且調節身體功能和個人行為。
   A. 兩種細胞讓神經系統得以執行其功能：
      1. 神經系統的細胞神經元會傳送電子訊號。
      2. 膠原細胞透過運送養分、製造髓鞘，以及調節神經元間的訊息傳遞來輔助神經元的細胞。
   B. 一種稱為神經傳導物質的化學物質，會從一個神經元的軸突經由突觸傳遞神經訊息到下一個神經元。
   C. 中樞神經系統是由腦和脊髓所組成。周邊神經系統會在中樞神經系統和身體其他部位之間傳遞訊息，它包含體神經系統和自主神經系統。
      1. 體神經系統會從感覺器官攜帶訊息到中樞神經系統，並從中樞神經系統攜帶訊息到骨骼肌。
      2. 自主神經系統調節內臟器官和其他身體功能，並且在情緒活動上扮演重要的角色。

II. 腦可分為三個基本部分：後腦、中腦和前腦。
   A. 後腦包含延腦、橋腦和小腦。
      1. 延腦控制呼吸和各種不同的反射。
      2. 橋腦調節平衡、聽力和許多副交感神經的功能。
      3. 小腦主要負責肌肉強壯和肌肉移動時的相互協調，並且負責順序事件的學習和記憶。
   B. 中腦是關於視覺和聽覺的反射中心。
   C. 大部分的認知、動機和情緒活動都是由前腦所控制，前腦包含視丘、下視丘、邊緣系統和大腦皮質。
      1. 視丘是個發送感覺資訊給適當腦部區域的轉換站。
      2. 下視丘和邊緣系統與動機和情緒有關。
      3. 腦中最大的部分是大腦皮質，由兩個腦半球所組成，主要透過胼胝體來連接。皮質控制意識經驗、智力活動、感覺和自主性的功能。
   D. 腦的每一個部分都會和整個神經系統交互作用，並且會在智力、身體和情緒的功能上共同運作。
   E. 腦在某種程度上是個可塑性的器官——它會隨著發展過程而有所改變。

III. 神經系統是形成行為和心智歷程的主要生理基礎，而分泌激素腺體的內分泌系統則影響情緒激發、新陳代謝、性功能和其他生理過程。
   A. 腎上腺分泌腎上腺素和正腎上腺素，這些激素與情緒激發、心跳和新陳代謝有關。
   B. 胰島分泌胰高血糖激素和胰島素，這些激素控制血糖和能量高低。
   C. 性腺製造性細胞（卵子和精子）以供人類繁殖；性腺也會分泌雌激素和睪固酮，這些激素對於性功能和第二性徵的發展很重要。
   D. 甲狀腺分泌甲狀腺素，可以控制新陳代謝的速率。
   E. 副甲狀腺分泌副甲狀腺素，可以控制神經活動的程度。
   F. 腦下垂體分泌各種不同的激素，可用來控制其他內分泌腺的活動，對一般的生理活動也有重要的影響。

課程活動

動動腦

走路是你每天都會做的動作。試著大步慢慢走,並擺動雙手。想想看,當你走路的時候,會運作到大腦的哪些機制?
1. 同手同腳走路
2. 正常走路
3. 慢動作走路
4. 閉眼走路

透過以上幾種走路的方式,來討論每種方式可能運作到的腦部區塊。

男女大不同

男性跟女性在生理層面有明顯的差異,那心理層面也是嗎?從演化心理學的角度來看,性別差異與演化息息相關。就以買東西為例,男性通常會事先想好要買的物品(如電腦耗材),然後選定商店,直接購買。而女性則通常會以逛街的方式來添購物品。這樣的購物行為,基本上就是源自於早年的「男性狩獵」與「女性採集」的兩性分工。在課堂中進行討論,看看班上同學認為男女之間的不同有哪些,其中哪些不同是生理或演化因素所致,有哪些則是社會文化所致。

第 **4** 章　天性與環境

環境中的小蟲，加上我會伸舌頭，所以我吃到了蟲

我想要吃狗餅乾，所以聽他的話跟他握手

後天要考心理學，加上自己的好學心，現在在讀心理學

我們的行為是受到先天特性與後天環境交互影響而成。我們的許多先天特性如兩腳站立、手指形狀等，讓我們可以有與其他生物不同的行為展現；而透過後天環境的學習與影響，讓我們可以進一步展現更豐富的思考與行為表現。這一章將從天性與環境這兩大因素來看人類的心理世界。

4.1　先天：基因對你的影響

4.1.1　基因會影響我們的行為與心理嗎？

我們可以發現小孩除了從父母親身上遺傳到諸如膚色、髮色、眼球顏色、身高等生理特徵外，也遺傳到許多心理特徵（Bouchard, 2004）。人類許多心理特性都受到遺傳的影響，如智能、個性等（Plomin, 1989, 1999）。雖然一直以來都有人懷疑人類的性格其實是深受遺傳的影響，不過一直要到 20 世紀後期，才有實證證實這一點。許多研究都發現，人類的社交性、攻擊性、物質濫用、仁慈、憂鬱與焦慮等生活中常見的特性，都與遺傳息息相關（Bouchard, 2004）。然而，遺傳絕非影響人類行為的唯一因素，遺傳永遠和環境因素一同影響我們的行為與心理特質。

4.1.2　動物行為的遺傳研究

奧地利的修道士 Gregor Mendel 在 1860 年代發現遺傳的意義。他利用豌豆探討基因對於生理特徵的影響。他混雜了不同品種的豆子（如表皮平滑或粗糙的），然後觀察下一代豆子的生長。選擇性育種也成功地被用在其他的生物上。結果發現，遺傳會影響老鼠的學習能力，以及猴子的情緒表達（Petitto & others, 1999; Suomi, 1988）。

Patricia Ebert 和 Janet Hyde（1976）的經典研究即是利用老鼠來探討遺傳對行為的影響。在第一代老鼠中，攻擊性高的母鼠與攻擊性低的母鼠被分開，然後和隨機選中的公鼠交配。接著，在每一代中，選取攻擊性最高及攻擊性最低的母鼠各 10 隻，分別與隨機選取的公鼠進行配種。結果如圖 4.1 所示，高攻擊組的攻擊程度一代比一代強，而低攻擊組的攻擊程度則一代比一代弱，這個結果顯示基因會影響攻擊性。當然也有人質疑 Patricia Ebert 和 Janet Hyde 的研究結果是否可能是基因以外的因素所造成，例如攻擊性高的母鼠對待幼鼠的方式會影響幼鼠的攻擊行為。不過，許多研究都排除其他因素的可能性（Sluyter & others, 1996），而對 Patricia Ebert 和 Janet Hyde 的研究結果提供更有力的支持。

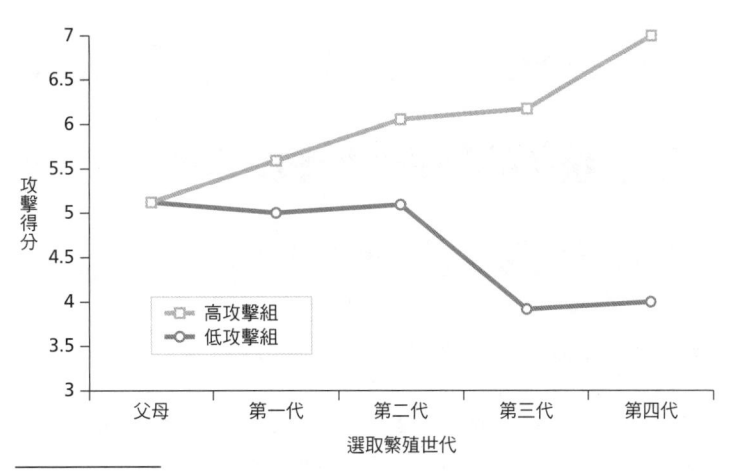

圖 4.1 Patricia Ebert 和 Janet Hyde 進行的混種研究顯示，攻擊行為可透過基因遺傳至下一代。

4.1.3 人類行為的遺傳研究

基於道德因素，選擇性育種的實驗當然不能用在人類身上。因此，要解開人類行為是因先天或後天的影響便成為一個難題。

研究者採用的研究設計必須讓他們能夠將遺傳和環境的影響區隔開來，但是由於這些實驗的控制性不良，所取得的任何結論都需要多種研究反覆驗證。最常見的兩種「自然」實驗牽涉到雙胞胎研究和領養研究（Bouchard, 2004; Rutter, 2006）。

雙胞胎研究 雙胞胎有兩種：同卵雙生與異卵雙生。**同卵雙生（monozygotic twins）**是一個授精卵分裂成兩個成長的胚胎，擁有共同的基因結構以及一樣的胚胎成長環境。**異卵雙生（dizygotic twins）**則是母體產生兩個卵子，而兩者同時受孕，所以基因結構與一般的手足一樣，只有 50% 的一致性，只不過他們同時也擁有一樣的孕育環境。

透過同卵雙生子與異卵雙生子的比較，我們可以比較基因結構 100% 相同與 50% 相同的狀況下，個體心理特性的共通性和異質性。透過這樣的觀察可以了解遺傳對人類行為的影響程度。例如研究顯示，智商（IQ）有部分是受到遺傳的影響（Bouchard, 2009; Plomin, 1999）。圖 4.2 總結了數個研究結果，顯示出不同類型的雙胞胎與手足的智力測驗成績（Bouchard, 2004; Bouchard & McGue, 1981）。同卵雙生雙胞胎的智力分數幾

同卵雙生
來自同一個授精卵，有共同的基因成分。

異卵雙生
來自不同的授精卵，同時在子宮內成長。

同卵雙生是指一個受精卵分裂成兩個成長的胚胎，並逐漸生長成不同的個體。

同卵雙生	0.86
異卵雙生（同性別）	0.60
手足	0.47
沒有血緣關係的小孩	0.00

相關係數

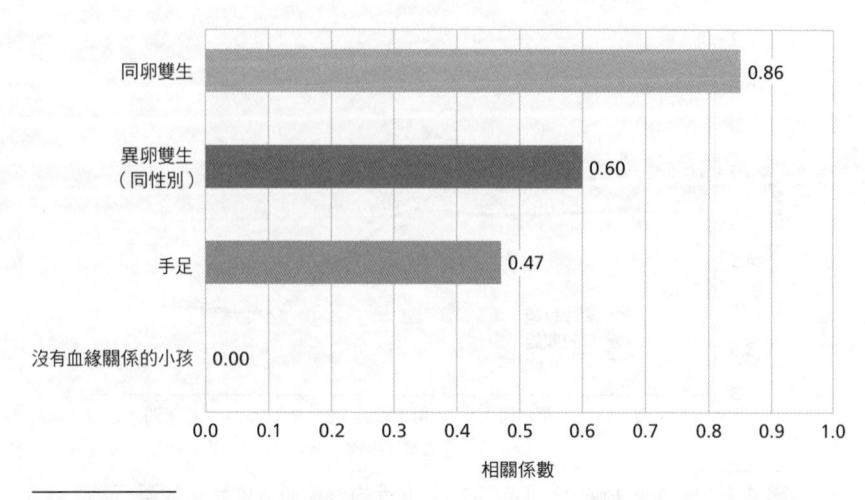

圖 4.2 同卵雙生、異卵雙生，以及一般手足在智力方面的相似度。

乎一樣，相較之下，異卵雙胞胎和一般手足則有明顯地差距。除了智商以外，運動能力、肌力強度等活動力也與基因有關（Silventoinen & others, 2008）。此外，人類許多行為和心理的特性都多少與遺傳有關（Rutter, 2006）。

領養兒童研究　研究領養兒童也可以讓我們看到遺傳對人類行為的影響（Angoff, 1988; Plomin, 1994）。以智商為例，被領養孩子的智商與親生父母比較接近，而不是自嬰兒時期即養育他們的養父母（Plomin, 1994）。由於領養兒童並未與親生父母同住過，因此這些研究結果顯示，智商本身受到遺傳的影響程度遠大過後天環境。

4.1.4　遺傳的生物機制：基因編碼

　　許多年來，遺傳被認為是經由血液傳輸。我們現在知道，遺傳是經由一種在人類細胞核中叫做基因的物質而發生。修道士 Gregor Mendel 建構了現在遺傳學的基礎，他早在一百多年前就認為有基因的存在。但是直到 20 世紀後半時期，我們才能透過電子顯微鏡真正看到基因。

染色體
細胞中呈長條狀的 DNA（去氧核醣核酸）。

DNA（去氧核醣核酸）
細胞中的結構，形狀像彎曲的梯子，由腺嘌呤、胸腺嘧啶、鳥糞嘌呤和尿嘧啶四種記錄基因資訊的鹼基序列所間隔連接。

基因、染色體和 DNA　所有身體的細胞都包含極微小的結構，稱為**染色體（chromosomes）**（見圖 4.3a）。染色體是呈長條狀的**去氧核醣核酸（deoxyribonucleic acid）**，簡稱 **DNA**。如圖 4.3（a）所示，DNA 通常以雙股螺旋（double helix）的型式存在，由四種鹼基物質創造一種類似梯子的連結結構。這四種物質包括腺嘌呤（A）、胸腺嘧啶（T）、鳥糞嘌呤（G）、尿嘧啶（C）。A、T、G、C 可組成攜帶基因編碼的不同序列，也就是人們常說的基因

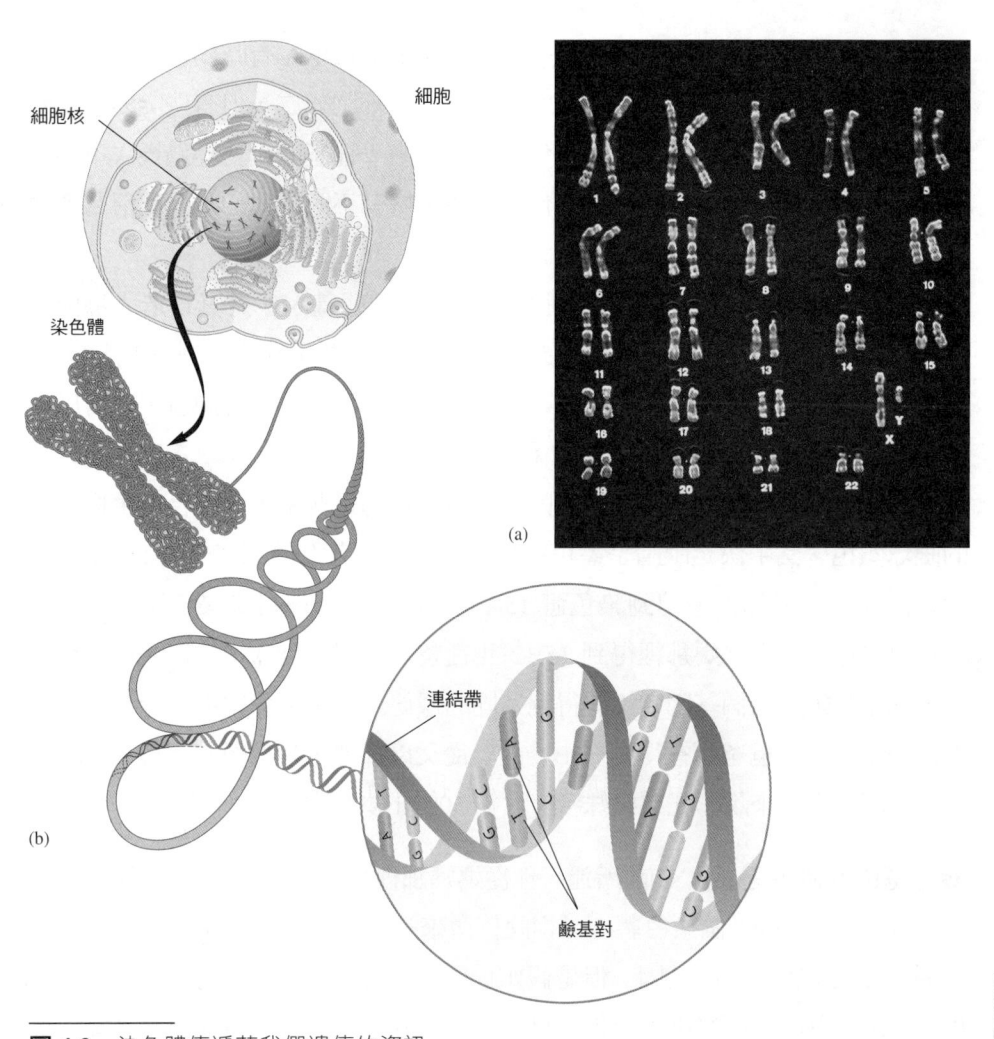

圖 4.3 染色體傳遞著我們遺傳的資訊。

密碼。染色體的 DNA 中含有會影響人體特質的部分稱為**基因（genes）**，因此基因可視為左右遺傳的基本生物單位。

一個正常人的細胞中有 23 對染色體，每一個染色體都包含數以千計的基因。當細胞在組織成長和配對的過程中正常分裂，就會自我複製。然而，當性細胞（精子或卵子）形成後，染色體的配對會分裂，產生只有 23 個沒配對染色體的性細胞；當一個精子和一個卵子成功**受精（fertilization）**後，就會結合成一個有生命潛能的穩定細胞，稱為**受精卵（zygote）**。受精卵有完整的 23 對染色體，一半來自媽媽（卵子），另一半來自爸爸（精子）。如果一切順利，受精卵會在媽媽的子宮內壁裡著床，而胚胎就會開始發育。

基因
染色體的一部分，由腺嘌呤、胸腺嘧啶、鳥糞嘌呤和尿嘧啶四種鹼基序列所組成，這四種鹼基是遺傳的基本生物單位，因為它們包含影響某些身體結構功能的所有基因資訊。

受精
精子和卵子合成受精卵的過程。

受精卵
經由受精所產生的穩定細胞，人類擁有 46 個染色體，一半來自精子，一半來自卵子。

多樣態基因　在人類長期演化的過程中，性細胞的 DNA 有時候會發生細微變化，稱為突變（mutation）。大部分的突變會造成細胞死亡，但有些突變會幫助細胞存活、繁殖，並因此傳承至後代。有時候，一種基因因為經過幾次不同的突變而產生一種以上的形式，並且代代相傳。擁有不同形式的基因就稱為**多樣態基因（polymorphic genes）**。

> **多樣態基因**
> 有不同形式的基因。

人類有 99% 的基因都只有一種樣態，而多樣態基因才是真正造成每個人不同的原因。例如你從父母接收的染色體是一種隨機的配對狀態，所以手足雖然都是同個父母所生，但是會有不同的基因和遺傳特質。想想看，你父母親 23 對染色體中的每一對都被分為 A 和 B。

例如，眼睛的顏色是由三組基因來決定，透過這些基因的組合產生你目前的眼球顏色。其中決定眼睛是藍色還是褐色的基因存在於第 15 對染色體上。你也許是從媽媽那裡遺傳到染色體 15A，也從爸爸那裡得到染色體 15A；然而你姐姐也許是從媽媽那裡得到 15B，也從爸爸那裡得到 15B。以這個特質來看，你和姐姐的這個基因就沒有得到共同的遺傳。不過，你弟弟可能從媽媽那裡得到 15A，從爸爸那裡得到 15B。由於從父母那裡得到哪種基因形式是隨機性的，因此平均來說，兄弟姐妹會有大約 50% 的共同基因。

顯性基因和隱性基因　如前所述，你從媽媽那裡得到 23 個染色體，配對你從爸爸那裡得到的 23 個染色體。以相同特徵來說，每一對染色體分別攜帶著從父親和母親那裡得來的基因。但是假如它們互相衝突呢？假如從爸爸得來的是攜帶藍眼的基因，而從媽媽獲得的是攜帶褐眼的基因，結果會如何？答案取決於哪一個是**顯性基因（dominant gene）**。以眼睛顏色的例子來說，褐眼基因通常是顯性的，而藍眼基因則被稱為是隱性的。一般來說，顯性基因都會顯現它的特質，而**隱性基因（recessive gene）**只有在從父母雙方都遺傳到一樣的隱性基因而且沒有顯性基因時，才會表現出來。褐眼、黑髮、捲髮、遠視和酒窩都是顯性特質的例子；相對而言，藍眼、淡色頭髮、正常視力和雀斑則是隱性特質。要有隱性特質，必須從父母雙方都得到相同的基因形式才行。

> **顯性基因**
> 即使和它配對的是隱性基因，在個體中還是會表現出該特質的基因。
>
> **隱性基因**
> 只有在從父母雙方都是遺傳到隱性基因，才會表現出該特質的基因。

連鎖基因特質　上述的基因遺傳都很簡單。事實上，很多生理和行為特質的表現不是只由一個基因所控制，而是很多基因的交互作用，例如一個人的身高就是由四個基因所控制。由多種基因控制的特質稱為**連鎖基因特質（polygenic traits）**。大部分重要的行為特質都屬於連鎖基因特質，如智力、人格等。以上介紹的基本原則既適用於簡單特質，也適用於連鎖基因特質，但是要確實找出

與連鎖基因特質有關的所有多樣態基因以及這些基因彼此交互影響的機制，則需要很長的時間（Jabbi & others, 2007）。

X 染色體、Y 染色體和性別　　人類行為與思考模式的差異還會受到另一種基因機制的影響。我們的生理性別是由性別染色體 X 和 Y 決定（由基因的外形來命名），男性的性別染色體組合為 XY，而女性的組合則為 XX。這兩種染色體的組合造就人類的性別差異及性別表現，例如不同的腺體、身高與肌肉強度的差異等。最近的研究也發現，除了性別染色體會影響到性別差異外，其他的 22 對染色體也影響著兩性的行為表現（Ellegren & Parsch, 2007）。也就是說，即便是同一種基因的同一種形式，在男性和女性身上所展現出來的特質也會不同。

染色體異常　　不幸的是，基因機制的運作也會有出錯的時候。當染色體受損或變形時，往往會造成身體和行為異常的結果。一個常見的例子就是**唐氏症（Down syndrome）**，原因是 21 號染色體多出了一個。唐氏症兒童在外表上和常人有明顯的不同，往往一眼即可看出。就如同其他染色體異常，唐氏症最嚴重的狀況就是心智遲緩。

> **唐氏症**
> 第 21 對染色體多出一個所造成的異常。

4.1.5　行為與基因

人類是如何受到 DNA 的影響？答案就在我們細胞中，遺傳編碼會製造出不同的蛋白質，而這些蛋白質形成人體不同的結構與器官。組成神經元和內分泌腺的細胞因為蛋白質的組成不同，運作方式通常也不同。而他們的合作，就可以影響我們的行為表現。

例如，有些基因決定了我們的神經結構。有一種蛋白質的工作是將神經傳導素從神經元間的軸突間隙轉到樹突。這些蛋白質會影響神經元的運作方式，進而間接影響人的行為和心理（Caspi & Moffitt, 2006）。另外，基因也影響大腦中每個區域的大小和功能（Giedd & others, 2007; Gottesman & Hanson, 2005）。同樣地，基因會影響到內分泌腺體的功能狀態（Jabbi & others, 2007），內分泌腺所分泌的荷爾蒙和神經胜肽也會藉由影響神經元和許多器官的運作，進而影響到我們的行為反應（Flint & others, 2007）。

基因不只是透過影響神經元和內分泌腺的方式影響人類的行為反應，還會透過人體的外表，如高矮、胖瘦、髮色、膚色等特徵，影響我們對自己的看法以及人際互動。

複習

遺傳對人類心理和行為的影響可以從雙胞胎研究和領養研究中發現。同卵雙生子有完全同樣的基因，而異卵雙生子則只有 50% 的基因相似性；透過這樣的比對，我們可以發現遺傳的影響程度。即便這兩種雙胞胎在同樣的環境中長大，同卵雙生子在許多行為面都比異卵雙生子的相似度高，顯示遺傳會影響行為。而在領養研究中，我們也發現領養兒童在許多心理特質上都和親生父母較相近，這也證明了遺傳的影響力。

基因影響人類的生理特徵和行為特性。DNA 傳遞攜帶個體特徵訊息的基因密碼。我們從父母親的基因分別獲取一半的基因密碼，然後重組成現在的基因形態。有些基因形態是顯性的，而有些基因形態是隱性的。透過這些基因的展現，讓神經系統、內分泌系統等與行為有關的系統產生，並且進一步影響著人的行為反應。

想一想

1. 你同意智能是受到遺傳影響的看法嗎？
2. 優生學就是透過良好的基因組合來創造優秀的下一代。你同意這樣的做法嗎？

4.2 後天：環境的影響

上一節討論了遺傳對人類行為的影響，這一節將討論後天環境對人們有哪些影響力。雖然我們的身高、體重等生理特徵受到遺傳的影響頗深，但是也不可忽視像養分攝取這類後天的環境作用。同樣地，我們的人格特質等心理特性也會受到父母的教養方式、生活壓力、成長經驗等後天因素所影響。遺傳和經驗會不斷地交互作用，影響我們的心理特質。

4.2.1 物理環境

心理學家把環境因素分成物理環境和心理（社會）環境兩大因素。首先，我們生活的物理環境——氣溫、空氣、水質等，這些因素與我們的身心發展有密切的關係。例如許多研究皆顯示，血液中的鉛、汞，以及其他重金屬的濃度過高，可能會影響神經傳導物質的功能並減損兒童的智力（Hubbs-Tait & others, 2005, 2007; Lanphear & others, 2005; Shih & others, 2006）。而且還有研究證實，母親在懷孕期間飲酒會影響胎兒，導致孩子在日後較易出現具侵略性與不服從的行為（D'Onofrio & others, 2007）。由於環境汙染會默默地傷害我們的身心健康，我們必須重視相關的議題。

4.2.2 社會環境

人類受到社會環境的影響很大，家庭（父母與兄弟姊妹）、社區（鄰居）、學校等社會環境都影響著我們（Richter, 2006）。我們的語言、飲食習慣、生活習性、價值觀等，無一不受到他人的影響。想想看，你現在的穿著、髮型是否是受到周遭朋友的影響呢？基本上，周遭的人例如家人與朋友，以及周遭的環境，包含有形的媒體以及無形的文化等，都在在影響著我們。

文化、族裔和認同　我們身屬的文化與族裔是左右我們行為最主要的社會影響之一。要確實了解人類行為，我們一定要先認識文化、族裔認同，以及性別認同所扮演的角色。

　　文化（culture） 就是一個群體共有的行為模式、信念與價值觀。人們受文化的影響很大，從語言、信仰、道德觀到食物偏好等都看得到文化的痕跡。像是我們過年要吃年夜飯和要守歲的傳統習俗也是一種文化象徵。

　　族裔團體（ethnic group） 指的是有著相同祖宗的後人，通常是來自一個特定的國家或區域。**族裔認同（ethnic identity）** 則是每個人對於特定族裔團體的歸屬感，有著相同的信仰、態度、技能、習俗等。在同一個區域中，較微小的族裔團體往往會受到較強大的族裔團體歧視或壓迫（French, Seidman, Allen, & Aber, 2006）。

　　一個族裔團體裡的成員通常有相同的種族特徵，但有許多例外。我的友人 Maria 從多明尼加共和國移民來美國。她是說西班牙語長大的，直到青少女時期來美國才學英語。她自認屬西語裔，但她的祖先是非洲人，而她也認同非裔的美國友人。她的種族是她族裔認同的重要因素，但只是其中一個因素。

文化與養育　譯者經常搭火車往返台北與嘉義，常會遇到母親帶著年幼的孩子坐火車。在漫長的旅程中孩子經常會躁動不安，這時你會發現不同的母親管教的方式也不一樣。有的母親用責罵的，有的用安撫的，還有的根本是無奈地放棄管教。這些不同的管教方式自然會影響到孩子未來的人格成長。

　　東西方的管教方式不同。東方的集體主義文化（像台灣與日本）強調家庭與團體的和諧，西方的個人主義文化（像美國）則強調個人的需求。在火車的例子中，若小孩在火車上與其他乘客打招呼與玩樂，西方文化會覺得這個小孩很大方，而東方文化則會希望小孩可以乖乖坐好，當個好孩子。不同的文化差異也造就了不同的民族特性。

文化
一群人共有的行為模式、信念與價值觀。

族裔團體
根源自相同祖宗的一群後人，通常來自一個特定的國家或區域。

族裔認同
每個人對於某個特定族裔團體的歸屬感。

在國內，林惠雅（2008）教授深入探討母親對於學童的教養模式。結果發現，國內母親對於男童的教養目標有「多元期待」與「品德與學歷」，而教養方式採用的是「誘導學習」。相對地，對於女童的教養目標則有「多元期待」與「品德與適性發展」，而教養方式則是「指導」。由此可以推斷，由於母親對於男孩和女孩的教養期待與方式有些差異，可能會影響到男孩和女孩的未來發展。從文化的角度來看，在集體主義的文化影響下，品德教育很明顯地備受重視。此外，對於男童的學歷要求勝過女童，也顯現出傳統對於男性光耀門楣的需求。由此可知，我們的文化透過教養的方式影響著你我的成長。

複習

人類的行為同時受到基因與環境的影響。我們生活的物理環境會影響我們的行為和心理。例如現在已有愈來愈多的證據顯示，早年即暴露在有毒化學物質的環境下，會影響神經傳導功能並降低智力。此外，社會環境的影響，包括文化與族裔認同，也會模塑孩子未來的人格。文化是指一個群體共有的行為模式、信念與價值觀；族裔認同是每個人對於特定族裔團體的歸屬感。文化背景不同，個體的行為反應也會有所差異。

想一想

1. 想想看，你處於何種文化（氛圍）之下？這樣的文化（氛圍）如何影響你？
2. 你是否有參與過一些民俗活動？這些民俗活動對人們又有哪些影響？

4.3 先天和後天的交互影響

前面已經分別介紹了先天（基因）和後天（環境）對於人們心理狀態的影響，這一節則要深入討論這兩種因素複雜的交互作用。

4.3.1 基因和環境的關聯

基因和環境因素並非各自獨立，而是共同影響著我們的心理特性（Plomin, DeFries, & Loehlin, 1997; Rutter, 2006）。基因和環境的關聯反應是某個基因影響著個體的心理特徵，也同時會造就相關的環境經驗。基本上，基因和環境的關聯性透過以下兩種方式產生：

1. **被動的關聯**：會影響個體行為的基因和環境經常是被動地產生關聯，也就

是說，個體並不需要主動採取任何動作使這種關聯發生。例如，正在就讀大學的你智商應該在平均值以上。這樣的智能有部分是來自於你父母的基因影響（Silventoinen & others, 2006），有部分是由於你的父母智商在一定水準之上，為你造就了一個良好的學習環境，讓你可以好好地表現，進入好大學。這樣的影響就是傳統所謂的「龍生龍、鳳生鳳，老鼠的兒子會打洞」。

2. **主動的關聯**：基因和環境的關聯也會來自個體主動的行動。我們以有反社會傾向的兒童為例。我們從雙胞胎與領養兒童的研究中，得知反社會行為（具侵略性與不服從）的確會受到基因的些許影響（Rhee & Waldman, 2002）。不幸的是，由於那些潛藏犯罪基因的孩子較容易產生侵略性與不服從的行為，會因此導致他們更容易累積反社會行為的經驗。父母與師長往往對於他們的行為予以斥責或嚴厲的懲處，他們也更容易在學校受到同儕的拒絕與排斥。此外，他們也會去找一樣具攻擊性和不服從的同學做朋友，長大後甚至會加入反社會的幫派。原來的基因觸動了個體的行為反應，接下來的行為反應造就了養成環境，會讓基因的行為反應更加強化。換句話說，基因和環境會透過個體的行動而產生了主動的關聯。

4.3.2 基因和環境的交互影響

除了基因和環境的關聯外，基因和環境也會產生交互影響，稱為**基因和環境的交互影響**（**gene-environment interaction**）（Rutter, 2006）。也就是說，兩個基因不同的人在面對相同的環境時，會有不同的反應；而在不同的環境下，有相同基因的人也會對個體的心理產生不同的影響。例如，在家暴家庭長大的孩子大多會有暴力行為；但是我們也發現，並非每個在家暴家庭長大的小孩都會產生暴力行為。為何會如此呢？數個研究顯示，有某特定基因某一形式的受暴兒童比有該基因另一種形式的受暴兒童更容易有反社會行為（Caspi & Moffitt, 2006; Kim-Cohen & others, 2006）。這個基因會對某一酵素的濃度產生反應，而這個機制影響了在壓力狀況下幾種神經傳導物質的分泌量和其相關的神經反應。若孩子該種基因的形式是會導致低酵素活動者，就較容易顯示反社會行為，但前提是這孩子必須親身經驗到家暴（Caspi & Moffitt, 2006）。也就是說，是否會有暴力傾向會受到基因的影響，或者說基因對行為的影響會受到孩子自身經驗的左右。圖 4.4 說明基因和環境複雜的交互作用如何影響我們的行為和心理歷程（Gottesman, 2001; Johnston & Edwards, 2002）。

> **基因和環境的交互影響**
> 基因和環境交互影響著個體的行為表現。

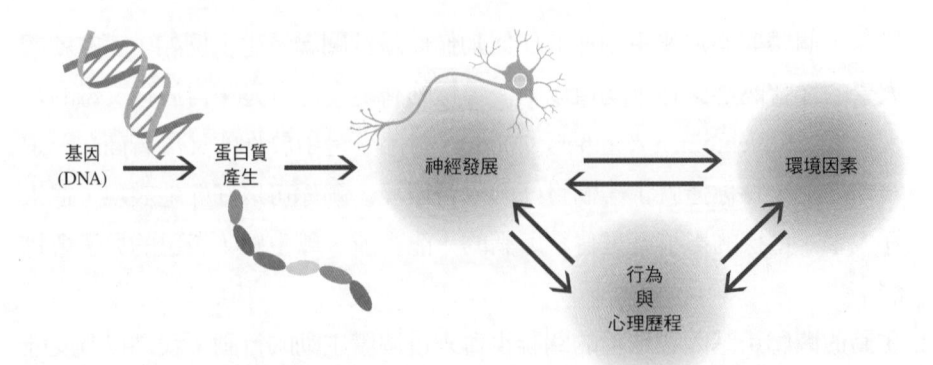

圖 4.4 基因與行為產生的歷程──基因產生了基本神經系統，而神經系統與環境及行為產生交互的影響歷程。

複習

人們的行為受到基因和環境的共同影響，有簡單的關聯性影響，也有複雜的交互影響。在關聯影響中，有被動的默默影響（基因自然造就的環境），也有因為基因影響了行為而主動的透過改變環境來影響個體。在交互作用影響中，反應出基因因應環境的影響做最適切的反應。這樣的影響歷程讓我們的心理特徵更加多樣化。

想一想

1. 你之所以會選擇現在所讀的系所，可能是受到哪些因素的影響？
2. 你同意「老婆未來的樣子，就是現在的丈母娘」這樣的想法嗎？

4.4 兩性差異

你覺得男女大不同嗎？譯者在學生輔導中心服務時，經常會遇到大學生的感情問題，男同學總是不了解女同學在想什麼，而女同學總是覺得男同學猜不到她的感受。面對這樣的狀況，譯者會以男女上的差異來跟他們溝通。從染色體來看，男性的性別染色體為 XY，女性的性別染色體為 XX，顯示男性跟女性有相似性（來自母親的 X）及相異性（來自父親的 Y）。從生理的角度來看，男女的確大不同。**性別認同（gender identity）**是個體對於自我性別的認知，**性別角色（gender role）**則是社會普遍認為該歸屬於男性或女性的行為（Money, 1987, 1988），不同的社會有不同的性別角色。接下來，這一節將討論兩性的差異，並且提供你一些與異性互動的方式。

性別認同
對於自己性別的認知。

性別角色
合乎社會文化對於男性與女性該顯示的行為。

4.4.1 心理與社會層面的性別

性別認同的過程自個體的嬰兒期即開始。新生兒的生理性別是根據他們的生理器官來判定。父母親會根據孩子的生理性別為其命名，同時準備相關的嬰兒用品。男孩可能會取「家豪」、「俊龍」等男性化的名字，並且會準備藍色的嬰兒服；女孩可能就會取「淑芬」、「婉雅」等女性化的名字，並且會準備粉色系的嬰兒服。之後孩子在成長的過程中，就會從和父母、同儕、老師以及其他人的互動過程學習到大家對其所屬性別該有行為的期待，來產生自己的性別認同。

性別角色是社會文化所形塑的性別期待。延續著生理性別，男性會被期待有男子氣概（masculine），女性就被期待有女性溫柔（feminine）。在過去會認為這是兩類性別特性，然而現在心理學家的看法是，這是兩個性別特徵展現的向度（Bem, 1974; Spence & Helmreich, 1978）。這兩者並非彼此對立，而是完全不同的展現。也就是說不論男性或者是女性，都可能同時擁有有這兩種性別特性，這種人稱為**雌雄同體（androgynous）**。例如，若一位男性既堅強且獨立，同時也有愛心並敏感，他可能就會被認為是雌雄同體。研究證明這種人更容易適應不同的環境，因為他們有更多的人格彈性以因應生活中的種種需要。

雌雄同體
個體同時擁有典型男性與女性的心理特質。

4.4.2 性別的異同

男生與女生的心理特性差異很大嗎？很多人擔心這種研究會導致性別歧視的觀點。因此我們要牢記一點，「不同」不代表「優劣」。本節將討論過去研究中所發現的性別差異，所探討的是一個整體平均上的差別，並非針對誰優誰劣來做比較。而且我們也要能體認到，每個人都是獨立的個體，即使和所謂的「平均」有別，也不應影響到個體的價值。

身體特徵　生理特徵可說是兩性最大的差異，只有女性可以懷孕、生產與哺乳，而男性則有較強壯的體魄及較發達的運動細胞（Buss, 1995; Hyde, 2007）。基本上，這些生理上的性別差異深深地影響著心理上的性別差異（Buss, 1995; Eagly & Wood, 1999; Wood & Eagly, 2002）。

認知能力與成就　就認知能力和學業表現來看，男性和女性的相似處遠遠大於相異處（Else-Quest & others, 2010; Hyde, 2007; 見表 4.1）。在整體的智力與學業表現上，男性與女性並無顯著的差別，但若以細部來看，則有其差異。

表 4.1 認知功能與成績上的性別差異

平均而言，女性分數較男性高者	平均而言，男性分數較女性高者
語言能力	空間與推理能力
閱讀理解能力	科學成就
拼字能力	空間記憶能力
口述記憶能力	社會科學能力
知覺速度	電子、汽車及工匠能力
精細動作	

資料來源：Benbow & others, 2000; Buss, 1995; Eagly, 1995, Eagly & Wood, 1999; Else-Quest & others, 2010; Halpern, 1997; Hedges & Nowell, 1995; Herlitz & Rehnman, 2008; Hyde & Plant, 1995; Keenan & Shaw, 1997; Seidlitz & Diener, 1998; Steele, 1997; Stumpf & Stanley, 1998.

一般來說，女性的語文能力比較好，例如語文理解、語文使用等；男性的數理能力則比較好一些，例如數學推理與空間能力等（Halpern, 2004; Hyde 2007; Stumpf & Stanley, 1998）。這也顯現在科系的選擇上，文學院的女性比率普遍比較高，相對地，工學院的男性比率比較高。當然這樣的差異只是一種平均上的差異，在文學院中，我們還是可以遇見文筆好的男同學，同樣地，我們也可以在工學院中遇到學業表現頂尖的女同學。而且在學期間女性整體的數學平均會比男同學來得高，並且她們會將成績好的原因傾向歸於她們的用功努力，而男生則會認為是他們天資優異。這也顯示女性會認真準備工作，但在未來職業選擇上，女性比較不會從事與數學有關的工作（Ceci & others, 2010）。就認知能力方面來看，雖然男生的平均閱讀及拼字分數只比女生稍微低一點（Hedges & Nowell, 1995），但是男生得到閱讀成績最低的前 10% 的可能性是女生的兩倍。當然，任何人都不應以一個人的性別來論斷一個人的閱讀或拼字能力。

情緒與社交行為 性別差異在情緒反應與社交活動上比較明顯（Bjorklund & Kipp, 1996; Eagly & Wood, 1999; Hyde, 2007; Keenan & Shaw, 1997）。「女人是水做的」、「男兒有淚不輕彈」，這些都反應了性別在情緒反應上的差異。一般來說，女性比男性更喜歡照顧人、友善、樂於幫忙、開放、願意信任別人、肯合作，也能隱藏自己的情緒（表 4.2）。因為如此，女性對於可以幫助他人的工作較有興趣。（Diekman & others）。相對地，男性較有競爭性、愛掌控、積極、較偏好與數理或工程相關的工作（Diekman & others; Eagly & others, 2004）。女性較容易和彼此相處，但也較容易焦慮、憂鬱、看不起自己；男性則較容易產生暴力或危險行為，也較易觸法（Bjorklund & Kipp, 1996; Eagly & Wood, 1999;

表 4.2 情緒與社交行為上的性別差異

平均而言，女性較會有的特性	平均而言，男性較會有的特性
愛照顧人並附同情心	競爭性與支配慾
樂於社交及友善	主動性強
信任他人與開放	容易觸法〈尤其是性犯罪〉
願意合作及妥協	無懼冒險
偏好間接的口語攻擊	偏好無原因的生理攻擊
容易焦慮或憂鬱	高自尊
較善於隱藏情緒	
偏好較社會性與藝術性的活動	偏好實用與探索性的活動

資料來源：Bettencourt & Miller, 1996; Bjorklund & Kipp, 1996; Byrnes, Miller, & Schafer, 1999; Dindia & Allen, 1992; Eagly, 1995, 2009; Eagly & Wood, 1999; Feingold, 1994; Hyde & Plant, 1995; Keenan & Shaw, 1997; Kling & others, 1999; Knight, Fabes, & Higgins, 1996; Su & others, 2009.

Keenan & Shaw, 1997）。想想以下的情境：堯祥與婉雅是一對情侶，堯祥這時正在玩網路遊戲，婉雅走到堯祥身邊跟他說今天遇到的倒楣事。說著說著，婉雅很生氣地說：「你都沒注意聽我說！」堯祥繼續打著遊戲說：「有啊！我知道妳……」。這種場景是否很熟悉呢？這就是兩性差異惹的禍。的確，以婉雅的角度來看，堯祥沒有聽她說，因為女性期待的是面對面的互動；而以堯祥的角度來看，他的確有聽婉雅說，因為他習慣於肩並肩的互動方式。你現在了解兩性的差異後，以後就可以減少一些誤會產生。不過還是得記住，由於每個人都是獨立的個體，所以這些都是一般的行為，僅供參考。

擇偶與性行為的差異　在不同文化中，男性較常想到性、較常自慰，也比女性有更頻繁的性行為（Hyde, 2007; Peplau, 2003; Peterson & Hyde, 2010）。一般說來，男性喜歡的伴侶為較年輕、貌美，並有好的持家能力。雖然男性對自己的伴侶掌控慾更強且容易忌妒，對自己則可容許一夜情。相對地，女性偏好的伴侶會較年長、人品佳，且收入高。女性對於伴侶的心理出軌比生理出軌更無法忍受，並較容易滿足於只有單一的長期性伴侶（Bjorklund & Shackleford, 1999; Eagly & Wood, 1999; Peplau, 2003; Schmitt, 2003）。表 4.3 分別列出男性與女性的擇偶差異。

記得陶子（陶晶瑩）與「達爾文」的戰爭嗎？一個代稱「達爾文」的聽眾打電話到陶子主持的廣播節目，表達男性花心是天性，引發一場男性與女性的戰爭。男性真的比較花心嗎？在一個調查研究中，研究者詢問受訪者這 30 年

表 4.3　兩性擇偶與性行為的差異

女性平均心中的理想伴侶	男性平均心中的理想伴侶
偏好年紀較長的伴侶	偏好較年輕的伴侶
偏好賺錢多的伴侶	偏好外型好的伴侶
偏好個性人品好的伴侶	偏好會整理家務的伴侶
較易受到情感出軌的威脅	較易受到性出軌的威脅
較安於單一的長期性伴侶	可容忍自己的一夜情
	較易去掌控伴侶，並容易產生忌妒

資料來源：Bjorklund & Kipp, 1999; Bjorklund & Shackleford, 1999; Eagly & Wood, 1999; Oliver & Hyde, 1993; Peplau, 2003; Schmidt, 2003; Peterson & Hyde, 2010; Puts, 2010.

來是否忠於一個伴侶，結果發現大多數的男性（48%）以及女性（66%）是專情的（Pedersen & others, 2002）。整體而言，男性還是比女性花心。雖然有少數的男性希望自己有三妻四妾，但大多數的男性還是期盼一夫一妻制。

4.4.3　性別差異的起源

為何男性和女性有這些差異呢？關於性別差異，目前有兩個截然不同的理論。一個觀點主張，男性和女性在生理上的差異，導致兩性在生活上會有不同的行為反應；另一個觀點則主張，社會對於兩性角色的期許不同，因而導致兩性在行為上的差異。大腦是我們行為的主宰，我們就先從大腦的結構來探討這些差異的根源。

大腦的性別差異　從許多腦照影的研究中，我們發現兩性除了在與生殖有關的大腦區塊有很大的差異外，在其他許多地方也有差異（de Vries & Sodersten, 2009; Schulkin, 1999）。同時，也可以發現睪固酮與催產素這兩種荷爾蒙在其中扮演著重要的角色（Dohanich, 2003; Halpern, 2004; Wisniewski, 1998）。另外，我們還發現整個大腦皮質區，男性比女性多 10%（Collaer & Hines, 1995; Giedd & others, 1997; Hopkin, 1995; Reiss & others, 1996），而且這主要的差異在於白質區（主要為樹突組成的區域），而兩性在灰質區（主要由神經元的細胞本體組成的區域）則無顯著差異（Passe & others, 1997）。另外，在兒童期，男性和女性同樣都是右腦半球比左腦半球略大，但到了成年期，男性右腦與左腦的差異比女性大，也就是男性的右腦偏大（Wisniewski, 1998），這也可說明為何男性的空間能力比較好。

另外，我們也可以在胼胝體上看到兩性的差異。胼胝體主要連結人體的左腦與右腦，這樣的連結工作可以幫助左、右腦的訊息交流。從研究中可以發現，女性的胼胝體明顯地比男性大（Collaer & Hines, 1998），這也可以說明女性整合左、右腦的能力比男性好（Banich, 1998）。由於女性兩腦的協調能力比較好，所以可以勝任那些需要兼顧理性與感性的工作，例如照顧小孩。想一想，小時候你會不會覺得母親很厲害呢？把情境拉回發考卷的那天，母親正在廚房準備晚餐，而你把成績相當不理想的考卷拿給她看。這時，她的左手捏了你的臉頰，罵你一頓（右腦情緒區在運作），同時，右手炒菜的動作沒停過（左腦的運作）。神奇的是，母親可以邊炒菜邊罵你，但卻不會出錯。這一切，就要感謝偉大的胼胝體，它連結了整個大腦的運作，讓女性可以同時多工運作而不會出錯。

另外，我們還發現了一些腦區塊的差異，例如，男性的杏仁核比女性的大，以及女性的海馬迴比男性的大（Collaer & Hines, 1995）。這樣的差異可以說明為什麼男性比較容易衝動、易生氣，而女性則總是可以記住各種不同的紀念日。

複習

性別反映了生理上我們可以將人分成男性和女性，透過性別認同以及社會化的性別角色，更突顯了男性與女性的特徵。目前的研究將男性特質與女性特質分成兩個向度，認為同時有這種兩種特質的個體是最能夠適應當前環境的人。同時，許多研究也發現，在生理、認知能力、情緒與社交行為，以及擇偶上，男女的確大不同。而男性與女性的這些差異，也都可以在大腦的結構中找到根源。

想一想

1. 你目前選擇的科系跟你的性別有關嗎？
2. 你理想中的對象有哪些特性？你要求的特性跟你的同學們一樣嗎？

4.5 遺傳學和心理學理論

4.5.1 演化的觀點

1859年達爾文（Charles Darwin）出版了《物種原始》（*The Origin of Species*），這本書說明地球上的各種物種，是透過自然天擇的過程演變成現在的樣貌。這種「物競天擇、適者生存」的觀點，一直影響著人們對於大自然力量的看法。今日，我們已經知道物種的演變是透過基因突變所致。例如，假設公孔雀的某基因使其有美麗的羽毛而更容易吸引母孔雀，使其更容易繁殖出後代，那麼這個基因就會存在其後代並一直流傳下去。然而，基因突變通常造成較不健康的動物，一旦該動物無法繁衍後代，突變的基因也就無法存續。只有因基因突變的最適者才能生存下來。從演化的觀點來看，人類生存有兩大意義，第一是適者生存，第二是基因傳遞，所以人類有些行為就反映出這些特性。

4.5.2 演化心理學

> **演化心理學**
> 以自然天擇的角度來看個體的心理歷程。

演化心理學（evolutionary psychology）就是採用演化的觀點來探討人類行為（Buss, 1995, 1999; Confer & others, 2010; Puts, 2010）。演化心理學家認為，影響著我們今日行為與心理歷程的基因，是從過去讓人更有能力存活下來的基因突變揀選而來。例如，我們很自然地就會怕蛇，主要是遠古的人們認知蛇是危險的。簡單來說，數千年的人類生活習性透過基因的運作，將適應環境的部分留給了我們（Kameda, Takezawa, & Hastie, 2005）。

演化心理學家也認為，個別差異本身也是一個演化的過程（Buss, 1995），其中，性別差異更能夠突顯出演化的遺跡。我們的祖先男性以狩獵、女性以採集果實為主的生活型態，這樣的兩性分工模式傳承到目前的兩性分工。

演化心理學中的兩性差異 達爾文（1871）認為兩性的差異來自於演化的力量。根據他的觀點，兩性的差異都在於基因的傳承。所以公鳥要讓自己的外表好看，以吸引母鳥的注意，如此才能夠交配繁衍後代，讓其基因能夠順利傳遞下去。根據演化的觀點，我們現在的兩性差異可以追溯到遠古時期的生活方式。以下分別說明這樣的觀點：

1. **狩獵行為的影響**：因為女性在懷孕時期行動不方便，所有的狩獵行為就

由男性來執行。在這樣的情況下，因而演化出男性勇敢、強壯的特質。同時，為了能夠抓到獵物，男性的空間感以及數理能力就必須比較好（Casey, Nuttall, & Pezaris, 1997; Casey & others, 1995）。

2. **支配與攻擊行為的產生**：男性為了讓自己的基因能夠傳承下去，必須要跟其他的男性競爭。因此，男性必須培養出支配與較具侵略性的基本特性，才能夠戰勝其他男性，獲取芳心（Buss, 1995; Puts, 2010）。相對地，由於自古來，女性並沒有類似的壓力，所以這也不會是女性會廣於傳承的特質。

3. **養育小孩的行為**：女性懷孕生子，還要負擔起照顧孩子的責任。由於照顧小孩是一個複雜的過程，需要大家一起互相協助與合作以防掠奪者傷害孩子，女性因而發展出良好的社交能力，才比較容易被團體接納。這樣的特性，也讓女性可以成功地將小孩照顧長大。

4. **教養模式**：由於女性從懷孕生子至養育小孩需要很長的時間，而且由於一胎通常只有一子，因此女性需要投注相當多的心力來確保孩子的生存。而男性在繁殖後代的角色只限於傳授精子，因此他們較偏向和更多的異性交配以增加繁殖的成功率。由於男女性在繁殖上所扮演角色的不同，所以對於養育的投入差異甚大；男性的投入往往遠低於女性（Bjorklund & Kipp, 1996; Buss, 1995; Geary, 1998）。

5. **擇偶方式**：因為女性懷孕期間無法有效地覓食，因而女性會希望能夠找到顧家的男性好幫助其在懷孕期間的生活。而男性也要確保基因的傳遞，所以會找「能生」的女性。這樣的模式也影響到兩性的擇偶條件。女性會選擇會賺錢和顧家的男人，男性相對會選擇能生育小孩的賢妻良母。由於女性需要依靠男性養家活口，因此對於男性的心理背叛比生理背叛要更介意。

對進化論的批判　你對於兩性差異的進化論解釋有何看法？有些人認為頗有助益，有些人認為那只是男性用來認同自己不當行為的藉口，更有許多人對進化論學者認為性別行為會因基因而無法改變的說法感到憂慮。

有些心理學家覺得，進化論最好只被視為對於人類行為有更深入了解的一種學術基礎，無法被視為定論。例如，如果女性因為較容易聚集合作分攤家務而被視為較有社會性，那麼為何男性為了要更有效的狩獵而組團合作不能被視為類似特質的展現？現在有許多研究都已開始推翻進化論的解釋。

4.5.3 性別差異的社會角色理論

性別差異的社會角色理論
男性和女性不同的社會角色所帶來的機會和限制造成心理上的性別差異。

性別差異的社會角色理論（social-role theory of gender differences）（Abele, 2003; Bandura & Bussey, 2004; Bussey & Bandura, 1999; wood & Eagly, 2002）說明了人們的行為是社會化的過程。該理論的主要假設是，一個社會的勞務分工及其為男、女兩性分別塑造出的社會角色，是造成兩性行為差異的主因。我們所生存的社會文化造成了許多分工的狀況，進而塑造出我們的行為；「男主外、女主內」的分工方式，就是社會文化所形塑而成。

和演化論相同的是，社會角色理論也贊同男性和女性先天生理上的差別，造成過去以性別差異做社會角色的分工，如前述狩獵社會的分工。然而和演化論不同的是，社會角色理論認為現在社會已不再需要狩獵，之所以還維持男性應強壯、女性應溫柔等社會角色，不是因為生理上的基因造成，而是社會壓力要求男、女兩性應符合長久以來社會對兩性的期待。該理論還認為，隨著現在社會中的性別角色逐漸出現變化，男女兩性在行為和心理上的差異也會出現變化。過時的性別角色發生改變是可以預期的，只是改變的過程可能很緩慢也不會那麼順利，例如兩性若發現自己的行為模式和內化的社會角色並不一致時，剛開始可能會覺得不自在。

史丹佛大學的 Claude Steele（1997）在其經典研究中發現，大學女生會內化性別角色，而導致數學成績表現不佳，顯現出這些社會角色的期待對於個體行為的影響。你回想過去的經驗，是否曾像譯者小時候一樣，國語考不好不會被責難，但數學考不好卻會被罵？這就是傳統認為男生應該數學好、語文能力差的刻板印象。這些刻板印象都是社會角色的期待，自然而然地影響到我們的行為。

這種社會角色刻板印象也會影響我們的擇偶。研究顯示，一般男性會偏好較年輕且會做家事的女性，而女性會偏好較年長且較會賺錢的男性的這種關聯，在兩性較平等的文化中最為薄弱。另外，一個針對 93 個不同文化的研究顯示，在女性可以繼承遺產及從政的社會中，女性較常被鼓勵更社會化且有野心，比較不會被要求要服從（Low, 1989）。

簡單來說，社會角色理論主張社會對於男生和女生應該如何的期待，造成了兩性的差異。當然，隨著時代的演進，社會的期待也會有所調整與改變，在未來，自然也將造成其他的兩性角色期待。

對社會角色理論的批判　社會角色理論是一個較新近的理論，許多部分的說明不夠清楚，而且該理論尚未充分說明男性和女性在大腦上的差異有何重要性。如第 3 章所述，大腦是一個有彈性的器官，會隨著經驗而有所變化。因此，男女在大腦結構和功能上的差異，有可能是男女兩性的社會角色不同所造成的結果，而不是大腦的差異造成社會角色的差異。諸如此類的議題還有待社會角色論的學者做進一步的研究。

複習

本節從演化理論和社會角色理論來說明兩性差異的根源。演化理論認為遠古的生活習性導致了現在的兩性差異；社會角色理論則主張社會上對性別角色的期待，造成兩性在行為上的差異。

想一想

1. 想想你的父母親，他們是如何影響你的性別角色呢？
2. 演化心理學對於兩性差異的看法是否給你一些想法？你覺得這個理論是否有充足的科學依據？

▶▶▶ 心理學的應用　終止兩性戰爭

　　從這一章，你可以發現許多兩性的差異是有跡可循的。可惜的是，性別差異往往會造成兩性戰爭。在夫妻治療的案例中，夫妻的爭論經常都來自兩性先天的差異，這樣的爭論基本上只會破壞關係。譯者在此教你一些技巧，來幫助你面對異性、了解異性，以減少不必要的爭論與戰爭。

　　基本上，壓力是造成戰爭的開始。在沒有壓力的生活中，兩性都可以和平共處。想想看，你跟另一半吵吵是否都是在有壓力的狀況下發生的？在有壓力的情境下，男性處理壓力的方式通常是尋求問題解決模式，而女性處理的方式則大多是尋求社會支持。

　　根據譯者自身的教學經驗，當期末考到來，男同學在想怎麼面對考試，而女同學則會找朋友聊天紓解壓力。也由於這樣的差異，男同學會覺得女同學太吵，他需要「安靜」才能解決問題；而女同學則會覺得男同學太悶，她需要有人陪伴、聊天。若你不了解這樣的差異，是不是會以為對方討厭你或者是不領情呢？當你了解了彼此的差異後，下回在面對考試壓力時，請給男同學一些獨處的空間，或是陪女同學多聊聊天。

本章總結

第 4 章介紹基因和環境如何以複雜的方式交互作用以促進人類的多樣性。

I. 基因影響著人類的行為與心理特性。
   A. 在動物的混種實驗中，我們可以發現基因對後代的影響。
   B. 在人類的研究中，雙胞胎研究和領養研究也發現遺傳的影響。
   C. 基因傳遞著遺傳的資訊。
   D. 基因密碼透過合成不同的蛋白質影響著人類的器官構造與行為。

II. 人類的行為與心理不只受到基因的影響，還受到環境的影響。
   A. 物理環境，例如暴露在有毒環境中的小孩，其行為和心智功能的發展都會受到影響。
   B. 社會環境，包括家庭環境、朋友以及文化，都會對我們的行為和認同有深遠的影響。

III. 我們的心理狀態受到天性和後天的共同影響。
   A. 基因和環境的關聯：
      1. 被動的關聯：會影響個體行為的基因和環境經常是被動地產生關聯，也就是說個體並不需主動採取任何動作使這種關聯發生。
      2. 主動的關聯：基因和環境會透過個體的行動而產生了主動的關聯。
   B. 基因和環境的交互影響：
      兩個基因不同的人在面對相同的環境時，會有不同的反應；而在不同的環境下，有相同基因的人也會對個體的心理產生不同的影響。
   C. 先天基因和後天環境的關聯與交互影響造就人類行為和心理特徵的多樣性。

IV. 要深入了解人類的多樣性，必須探討生理性別（sex）和性別的心理經驗（gender）。
   A. 在基因層面上，男性和女性的基因有所差異。
   B. 在性別認同上，男性特質和女性特質有所差異。
   C. 在社會角色上，男性角色和女性角色有所差異。
   D. 兩性在生理、認知功能、情緒反應、社交活動、擇偶方式等方面有所差異。
   E. 兩性的差異可由演化理論和社會角色理論進行探討。

課程活動

將班上的同學分成男生組與女生組，請各組同學分別對擇偶條件來進行探討，之後分析兩組在擇偶條件上是否呈現兩性的差異？「高富帥」及「白富美」是否為兩組的必要條件？

第 5 章　感覺與知覺

| 我可以吃嗎？ | 牠們是彩色的蝴蝶還是灰色的蛾？ | 幸福的蝴蝶好像梁祝的故事 |

我們往往認為世界就是我們所能看到、聽到或聞到的。其實，我們所認知的世界是基於我們身體不同感官一連串複雜的感覺訊息交流的結果。由於我們所認知的「事實」是透過自體的感官認知，因此我們必須了解這些感覺器官的作用，以及它們如何左右我們的認知。

本章將探討五個主要的感覺：視覺、聽覺、身體感覺、味覺和嗅覺。視覺，是光線透過眼睛蒐集、轉換，傳送能量到腦部。聽覺，是空氣中的振動分子經由耳朵，以同樣的方式傳達到腦部。身體感覺，則是將皮膚所感覺到的溫度、觸覺、疼痛傳給腦部，內耳、關節、肌肉中的接受器則會告知腦部我們身體的位置和運動——即我們身處的地方與運動的方向。鼻子與舌頭上的接收細胞提供腦部有關化學性的感覺，如空氣中的化學氣味或吃喝東西的味道。

未經處理過的感覺對人類來說毫無意義，直到它們經過了組織與詮釋的過程後成為知覺——一個主動詮釋感覺訊息的過程。就如同我們在看電視時，觀賞並接收到螢幕上演員移動的畫面；其實，人並不是真的在螢幕上移動，而是大腦良好地知覺到一張張快速轉換且連續不斷的「照片」所帶來的一份份感覺訊息，所以，大腦創造了隱藏在感覺訊息中的移動知覺。在大多數的情況下，從出生的那一刻起，大腦便會開始解釋所接收到的訊息，而這些對世界的知覺，會隨著個人的期望、文化經驗、需求等而有所不同，所以不同的人對世界會有不同的視野和觀點。

感覺器官
接收刺激的器官。

感覺接收細胞
存在於感覺器官內，將刺激訊號轉換成傳至大腦的神經脈衝。

感覺
將外界的刺激，經由接收、轉換和傳遞訊息給大腦的過程，稱為感覺。

知覺
大腦組織和解釋從外界所接收的訊息的過程，稱為知覺。

5.1　感覺：接收有關世界的訊息

人們可以意識到外在世界和內在的身體感覺，是因為有**感覺器官（sense organs）**來負責接收這些訊息，這些器官讓我們可以去看、聽、觸、聞、嚐、平衡，並感受到身體的緊繃、疼痛、飽脹、溫暖、痛苦、運動。感覺器官的運作其實是靠著**感覺接收細胞（sensory receptor cells）**來接收（receive）外界的能量（光能、振動、熱能）；接著，這些能量會轉成（translate）神經脈衝（neural impulses），這些脈衝再傳到大腦進行解釋。電腦播放著《格雷的五十道陰影》，將影像（或訊息）透過光波傳到你的眼睛，這個過程稱為**感覺（sensation）**。對這些訊息加以詮釋，進而建立對世界的觀感則稱為**知覺（perception）**。

5.1.1 刺激：什麼樣的訊息可以被接收到？

刺激（stimulus）就是外界任何可以影響我們行動或經驗的事物。刺激（stimulus）這個詞是由刺激（stimulating）感覺接收細胞這個動作而來。

任何可以激活接收細胞的事物，都可稱作是刺激。你被邀請到一個餐會，當你坐在一張椅子上，這張椅子給你的是觸覺與視覺上的刺激；當你開始用餐，食物給你的刺激是味覺、嗅覺與視覺；假如用餐的地點很熱，那麼，溫度便成為一個對人體皮膚上的刺激。你給予食物讚美對廚師而言也是一個刺激，廚師對你給予的讚美回報以微笑也是刺激；不管人身處何時、何地、用何種方式接觸這個世界，我們都不斷地在接收刺激。

在文中，我利用「外界」這個字眼來形容外在世界所有可能帶來的刺激。當然身體內部也有刺激，例如用餐過度時，膨脹的胃就是一個很重要的刺激。

> **刺激**
> 任何可以影響個體行為或意識經驗的外在事物。

5.1.2 換能：轉換訊息給大腦

刺激所帶來的能量並不能直接傳達給腦，外界提供的光波、聲波，或是其他種類的能量，都不能直接經由神經傳達到腦部，大腦「不懂」這些能量所代表的意義。那什麼對大腦而言才是有用的呢？感覺訊息必定得轉換成經由神經運載的神經衝動，大腦才會「懂」這些訊息代表什麼意義，這一個從能量轉換成神經衝動的過程，稱為**換能**（transduction）。

感覺器官透過感覺接收細胞將感覺能量轉換成神經能量。感覺接收細胞其實是一群特化的神經元，這群神經元被特定的感覺能量激發後，會從軸突發散神經脈衝。有些感覺接收細胞對聲音敏感、有些對光線敏感、有些則對化學成分有反應等。我們只有透過這些接收細胞的換能，才可以知覺到外在的刺激（見圖 5.1）。要注意的是，人類只能察覺到那些有接收細胞可以換能的刺激。例如，我們沒辦法看到手機發出的電磁波或是聽見一些比較高頻率的音調，也沒辦法找出感覺不出味道的化學成分，這全是因為我們並未擁有可以轉換這些刺激的接受器。雖然電磁波如同蘋果反射至我們視網膜的紅光一樣的真實，但我們就是無法轉換無線電波能，也就是我們看不到它。我們會知道有電磁波，是因為手機在物理性質上把電磁波轉換成了音波，由耳朵接收了音波轉換成神經衝動傳到腦。能量具有多種人類無法察覺到的形式，因為我們沒有相對應的接收細胞來轉換這些能量。就像你家的小狗看到的世界與你有所不

> **換能**
> 將某一類的能量轉換成另一類的能量。

人類所看見的花

蜜蜂所看見的花

圖 5.1 蜜蜂的視覺接收器可以轉換紫外線，所以蜜蜂可以「看見」這類型的能量。上圖的花是人類所看見的，而下圖則是蜜蜂可以看見人類所不能看見花上的紫外線，也就是看到這些蜜蜂的「降落跑道」。

同，所以不要責怪牠為何會對空氣亂吠，因為牠可能看到或聽到了你看不到的東西。

5.1.3 感覺限制：訊息該有多強？

雖然我們擁有接收細胞可以轉換感覺能量，但並不是每一個刺激都有足夠的強度讓我們能偵測得到。閾值（threshold）是指人們可以接收到感覺訊息的最小極限。閾值有兩類：(1) 可以偵測到的最小強度（magnitude）刺激；(2) 可以偵測到兩個刺激的最小差異值。

絕對閾值（absolute threshold）是指人可以偵測到最小強度的刺激。測量這些閾值並不是件容易的事，每個人對於微弱刺激的敏感程度有很大的差別，而隨著時間的不同，同一個人對微弱刺激的敏感度也會不一樣。研究參與者 50% 的時間都能知覺到最小強度的刺激，稱為絕對閾值；而研究參與者有 50% 的機會能偵測到兩個不同刺激的最小差異，稱為**差異閾值**（difference threshold）。例如比較兩個聲響的大小，這兩個聲響要差幾分貝才會被發現為有差異的最小值。差異閾值與絕對閾值甚至已運用到電子產業，以便發展出更完備的立體音響系統。

感覺適應 人對刺激的感覺會隨著時間而改變，也往往會受到不同原因的影響，像是疲勞或漫不經心，但其中一個主要的原因是**感覺適應**（sensory adaptation）。當一個刺激一直持續存在或不斷地出現，那些感覺能量所引起的感覺會逐漸減弱，部分是因為接收細胞的疲勞所致。我喜歡游泳，寒流來的時候，在下水前都有一番掙扎。心一橫剛跳下水時，水溫冷得令人無法忍受，但幾分鐘後，水溫似乎就變得沒那麼冷了，自己開始能適應水溫。水溫從來沒有改變，改變的是感覺接收器適應了這樣的溫度，這就是所謂的感覺適應。在生活中，我們常常會有這種感覺適應，像是晚上吵雜的聲音與房間難聞的氣味等。

心理物理學 心理物理學（psychophysics）是心理學中的特殊領域，主要在研究感覺極限、感覺適應等相關的議題，探討刺激的物理（physical）性質與所造成之心理（psychological）感覺之間的關係。心理物理學試著用科學的方法來找出外在物理世界與內在心理感受之間的規則。

絕對閾值
有 50% 的機會能夠偵測到刺激的最小強度。

差異閾值
有 50% 的機會能偵測到不同刺激的最小差異。

感覺適應
長時間的刺激會減弱人對感覺的偵測。

心理物理學
心理學的特殊領域，研究有關感覺範圍、感覺適應等相關議題。

一開始，冰冷的水不斷地刺激我們的感覺。過了一陣子後，皮膚上的接收器適應了水溫，對冰冷的感覺也減輕了。

我們對外在世界的了解是透過感覺系統，所以我們必須知道，有時我們的感覺不見得能直接反映出刺激物的實際物理性質。感覺適應其實是一個轉換刺激與感覺關係的過程。有不少例子告訴我們，這不是一對一的關係。像不同的差異閾值就是一個好例子。

早在 19 世紀，心理物理學家就已開始注意差異閾值的問題。他們發現，差異閾值的大小會隨著刺激強度的增加而增加，刺激強度強時，兩個刺激的差異要大，我們才能發現其中的差別。在一間暗房中，觀察三段式（50、100、150 瓦特）的燈泡所帶來的亮度。當打開第一段 50 瓦的亮度時，我們可以很快地觀察到暗房中的物品擺設，所以我們可以分辨黑暗與 50 瓦亮度有很大的差異；但從 50 瓦轉換到 100 瓦的亮度時，人類對這樣的亮度轉換的差異似乎不那麼敏感；當從 100 瓦轉換成 150 瓦的亮度時，人可以察覺出的亮度差異就更小了；如果這時再加入另一個 50 瓦的燈泡，說不定你根本感覺不出其中的差異，因為你的差異閾值太高了。隨著照明的強度愈強，差異閾值也會增加，相對來說，人類接收到的亮度差異變得愈來愈小。

刺激強度弱時，小小的改變人類就可以偵測到；刺激強度愈強時，較大的改變人類才能偵測到，這樣的現象是被德國心理物理學家 Ernst Weber 所發現，稱為 **Weber 定律（Weber's law）**。有趣的是，可偵測到改變的量，往往與原始刺激的強度成一定的比率。例如，當手上托著放了四個杯子的托盤時，人可以偵測到增加一個杯子的重量；如果手上托著的是放了八個杯子的托盤，就只能偵測到增加兩個杯子的重量；杯子增加的數量會剛好與拿著杯子的重量成比例，以這個例子來說是 1/4。這就好像你手上有 100 元，花掉了 10 元的感受與你有 1000 元，花掉 100 元的感受一樣，這些感受都是 1/10 的比率。

> **Weber 定律**
> 說明刺激改變量的差異偵測，與原先刺激的強度具有一定比例的定律。

這和我們有什麼關係呢？Weber 定律告訴我們，身體感覺到和實際進入感覺器官的能量不盡相同；有時可感受到的變化在其他時候卻感受不到，這是需要重視的現象。我們假設你要為一架新飛機設計介面。飛行員希望有更簡單的方式來監控飛機的高度，因此你設計一個燈，其亮度愈亮表示愈靠近地面。根據 Weber 定律，這樣的設計是很危險的，當高度愈高，燈光的亮度比較小，因此，亮度只要轉變一點點，就可以被飛行員偵測到；但高度愈低，燈光亮度較大，亮度的改變必須要很大才會被偵測到，但這時飛機的高度已經非常接近地面了。若將 Weber 定律用於日常生活中，它也提醒我們身上的錢不要帶太多，以免變得花錢不手軟。

複習

人類對世界的了解是間接的，因為我們的大腦並不是直接地與外在世界接觸，而是藉由感覺接收細胞，將外界的物理能量轉換成神經訊號傳送給大腦（感覺），大腦再對這些神經訊號做解釋（知覺）。然而，並非所有的物理能量都可以被知覺到：人類必須擁有可以轉換這些能量的感覺接收細胞，而且刺激的能量必須強過人的感覺閾值。我們對於外在真實世界的知覺其實是很複雜的，因為刺激的物理特性與我們意識到的感覺，是沒有直接且簡單的關聯性。舉例來說，當收音機裡的聲音很輕柔時，聲音的強度只要一丁點的改變，就很容易被我們偵測到；但當聲音很大聲時，同樣強度的改變就不一定會被偵測到了。物理刺激與感覺之間複雜的關係就是所謂的心理物理學。

想一想

1. 當人類對聲音有較低的絕對閾值時，世界會有什麼不同？當有較高的閾值時，又有什麼不同？
2. 感覺與知覺有什麼不同？有沒有可能有知覺卻沒有感覺？
3. 閉上眼睛，注意聆聽外面的聲音，你腦中是否會浮現跟那些聲音有關的影像呢？

5.2 視覺：感覺光線

1950 年，心理學家 George Wald 寫了一篇研究比較人類的眼睛與照相機。從某些方面來說，這的確是好的類比，因為眼睛和照相機都是利用晶體（鏡頭）來聚光，都利用可感光的表面來記錄影像。圖 5.2 是粗略的眼睛和照相機的解剖圖，透過複雜卻又效率高的內部零件，將光的物理特性轉換成神經訊號。

5.2.1 光：什麼是光？

電磁波
包括電流、無線電波、X 光等能量，有些是可見光。

在了解視覺之前，我們必須先了解光是什麼。光其實是一種**電磁波**（**electromagnetic radiation**），包含無線電波和 X 光。人類只能看見一部分波長的光，因為感覺接收細胞只能轉換這一部分波長的光。試想光是由不同頻率（frequency）與強度（intensity）的光波（waves）組成，這兩個光波的特性提供了人類視覺的絕大多數資訊。

光波的強度（intensity）決定亮度（brightness）。在一燭光的照射下，一顆蘋果反射出來的亮度就很低，所以蘋果看起來是模糊暗淡的。能夠區分不同光源刺激的強度是視覺的功能。有趣的是，打電動可以提升這樣的能力（Li &

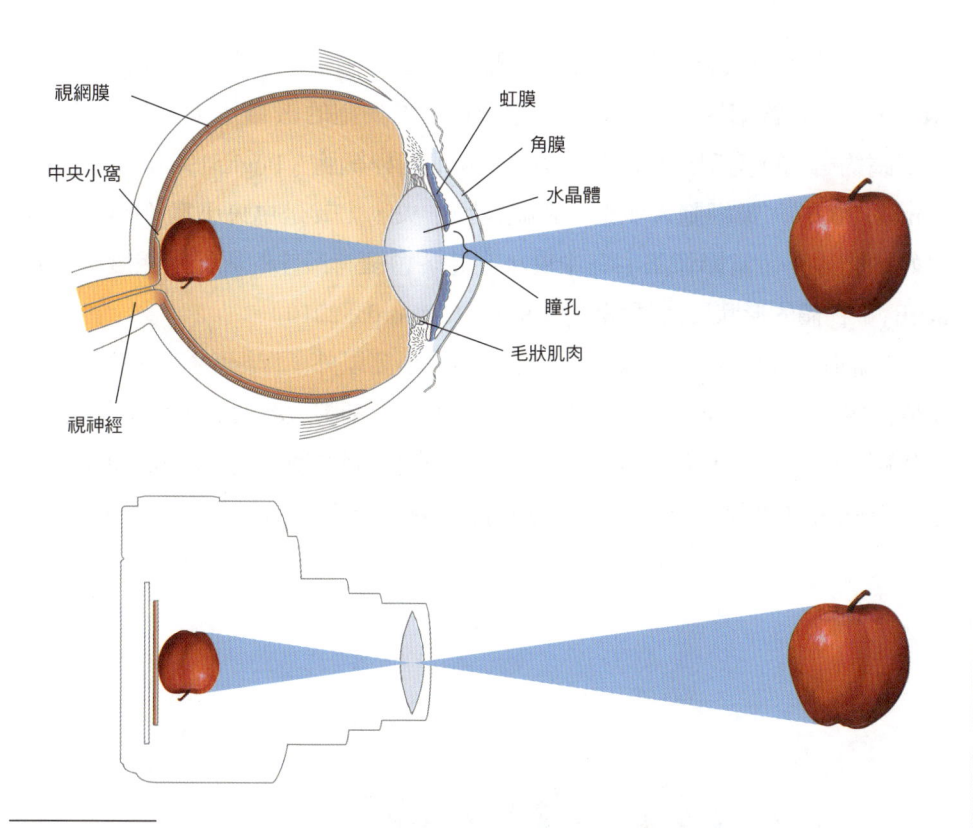

圖 5.2 眼睛和照相機在光學上最明顯的相似性是交叉橫渡的部分，皆利用一個凸透鏡將顛倒的影像投射在感光的表面上，而且皆擁有似虹膜的構造來調節進入光線的強度。

others, 2009）。光波的**波長（wavelength）**決定我們看到的色彩（hue），不同的波長會產生不同的顏色。絕大多數的顏色都不是由單一波長組成，而是由多種波長組合而成，因此，光裡頭擁有的光波數愈多，則呈現出來的色彩就愈不純。

5.2.2 眼睛：眼睛如何運作？

眼睛是由兩個充滿液體的腔室形成的幾近完美的球體。光經由**角膜（cornea）**進入第一個腔室，再經由**虹膜（iris）**調節進入**瞳孔（pupil）**與**水晶體（lens）**。水晶體旁的**毛狀肌肉（ciliary muscle）**固定水晶體，肌肉可以控制水晶體的厚薄進而對焦影象，使景物清楚地落在**視網膜（retina）**上（見圖5.2）。看近的物體時，毛狀肌肉的收縮會讓水晶體因此變薄，使得景物剛好落在視網膜上。因此長時間閱讀後眼睛會疲勞，是因為肌肉不斷地收縮所致。當眼球不夠圓時，水晶體就無法有效地聚焦，於是就產生近視或遠視的問題。

波長
光波的頻率，這個頻率決定了人類視覺上的色彩。

角膜
眼睛最表面保護眼睛的膜，光第一線通過的地方。

虹膜
眼睛具有顏色的地方，在角膜之後，調節光線進入眼睛的多寡量。

瞳孔
虹膜的開口。

水晶體
眼睛中透明的部分，可調節使光集中在視網膜上。

毛狀肌肉
控制水晶體形狀的肌肉。

視網膜
位於眼睛的後部，物體投射入眼睛成像的地方，具有錐細胞和桿細胞。

桿細胞
位於視網膜周邊的部分，將光波轉換成神經脈衝，處理有關光與暗訊息的細胞，數量有 1 億 2,500 萬。

錐細胞
多集中於中央小窩，能夠將光波轉換成神經脈衝，處理有關光、暗與顏色訊息的細胞，數量約 600 萬。

中央小窩
視網膜正中央的位置，是錐細胞聚集最密集的地方。

視覺敏銳度
視覺上物體的形狀與清晰程度。

將光波轉換成神經衝動的，是視網膜上的兩種感覺接收細胞——**桿細胞（rods）** 與 **錐細胞（cones）**（見圖 5.3）。錐細胞的數量遠少於桿細胞，一隻眼睛約有 600 萬個錐細胞和 1 億 2,500 萬個桿細胞（Pugh, 1988; Solomon & Lennie, 2007）。錐細胞大多集中在視網膜中央，尤其是**中央小窩（fovea）**。在良好的光線下，當影像集中在中央小窩時，會擁有最佳的**視覺敏銳度（visual acuity**，物體的形狀與清晰程度）（Rossi & Roorda, 2010）。

桿細胞廣闊分布在視網膜上，除了中央小窩以外。桿細胞有四個與錐細胞不同之處：第一，因為分布位置的不同，所以桿細胞大多負責周邊的視覺——視覺區域的上方、下方與周邊；第二，桿細胞對光的敏感度是錐細胞的好幾百倍，意味著當光線不足時，桿細胞將扮演視覺上重要的任務；第三，桿細胞

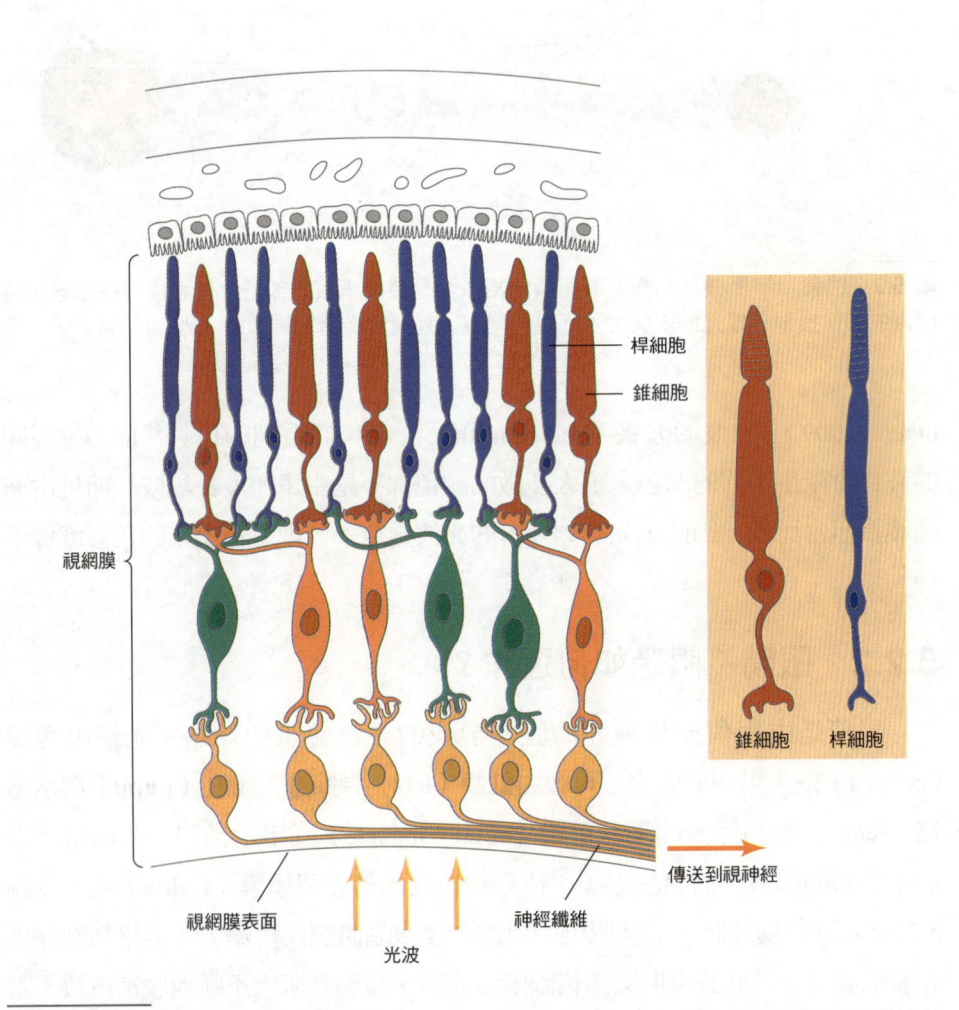

圖 5.3 圖解在顯微鏡下視網膜的精微構造，錐細胞與桿細胞與其之間主要神經連結的部分，右圖是單個放大的錐細胞和桿細胞。

感覺與知覺　117

　　　　　　　　盲點　　　　　　　　　　　　　　　　　　　焦點

圖 5.4　你可以藉由下述的方式，自己來證明盲點的存在。將書拿起至約一手臂的距離，將「焦點」這個詞放在眼睛正前方，接著閉起右眼並盯著「焦點」看，將書慢慢地移動至靠近眼睛的地方直到看不到「盲點」這個詞為止；此位置剛好投射在視網膜視神經離開眼球的點，所以沒有接收器可以接收這個刺激。平時不容易發現盲點的存在，是因為我們會自動將缺失的部分「填補」起來。以這個例子來說，當「盲點」這個詞消失後，我們看到的是一條連續的點線。

產生的影像有較低的視覺敏銳度，且數個桿細胞才會聚合成一條神經纖維（圖 5.3）；相對地，由錐細胞產生的神經衝動分別會由不同的神經纖維傳送到大腦去，所以影像會較為精確清晰。

　　第四，只有錐細胞才能對顏色訊息編碼，而桿細胞則不行。因為桿細胞無法偵測顏色，而錐細胞只能在光亮的情況下有反應，所以我們在黑暗的情形下無法看到顏色，只能感受到黑或灰的色調。

　　我們的雙眼都各有其盲點。靠近視網膜中央在所有**視神經（optic nerve）**集結的區域是沒有錐細胞與桿細胞的，因此此區域無法接收任何訊息，也就是俗稱的**盲點（blind spot）**。平時我們感受不到盲點的存在，是因為我們會藉由其他部分的訊息，自動地「填補」這些「失落」的訊息。圖 5.4 顯示盲點的存在。

　　經由錐細胞或桿細胞所編碼的訊息，會經由視神經傳送到大腦枕葉的視覺區域來做解釋。我們在第 3 章曾提過，訊息從眼睛傳到大腦是一個複雜的過程，如圖 5.5 所示，落在兩眼右視域的刺激（扣子），會經由**視神經交叉（optic chiasm）**傳送到左大腦的枕葉區；刺激落在兩眼左視域（小球），則會傳送到右側大腦的枕葉區。

視神經
傳達視覺神經訊號到大腦的神經。

盲點
視神經從視網膜離開的地方，不包含錐細胞和桿細胞。

視神經交叉
大腦中一半的視神經纖維會傳到對向大腦的交換區域。

5.2.3　暗適應與光適應

　　某天艷陽高照的午後，你走進暗暗的電影院放映廳準備看某部電影，剛開始會感覺自己好像變「瞎」了，因為幾乎什麼東西都看不到。此時，你的眼睛會盡可能地搜索任何視覺上的訊息，但很快地，還不到 5 分鐘你的視力就慢慢地恢復，而 25 分鐘後，你又頗能看得清楚了。當你看完電影走出放映廳時，經驗會完全相反：一開始是外面的強光讓你感到「眼盲」，你瞇起雙眼，好阻止那麼亮的強光進入眼中，然後過了一會兒，你就可以慢慢適應那樣光亮的環境。這是怎麼一回事？

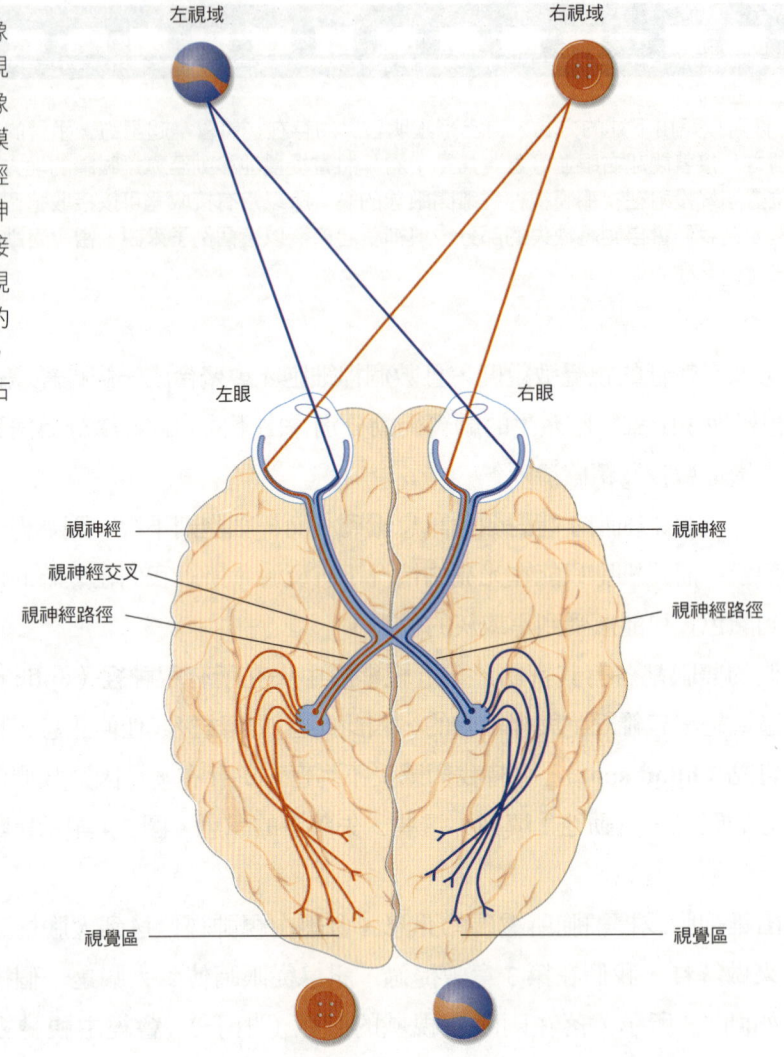

圖 5.5 右視域物體的影像會投射在每隻眼睛的左邊視網膜上，而左視域的影像會投射在眼睛的右邊視網膜上，接著，視覺神經訊號經由視神經輸出後，經過視神經交叉後傳到視丘，視丘接替傳遞訊號至大腦枕葉的視覺皮質區。注意，右視域的影像會傳到左邊枕葉區去，而左視域的影像會傳送到右邊枕葉區去處理。

左視域　　右視域

左眼　　右眼

視神經　　　　　　　　　　　　　　視神經
視神經交叉
視神經路徑　　　　　　　　　　　　視神經路徑

視覺區　　　　　　　　　　　　　　視覺區

暗適應
對微亮的光線眼睛會逐漸增加敏感度，而適應黑暗地方的情形。

　　這兩種現象分別稱為暗適應與光適應。**暗適應（dark adaptation）**的發生是因為眼睛在一般光線下，錐細胞與桿細胞對光線的敏感度只有一般，一旦到了弱光環境中，則無法被弱光所刺激，需要重新增加光接收的化學成分後，才能對弱光有所反應。進入戲院放映廳的感受就是視網膜的暗適應。當你在一個光亮的環境中，錐細胞與桿細胞已經習慣了那樣的光線，因而變得比較不敏感。當我們走進一個較黑暗的環境，錐細胞與桿細胞沒有足夠的敏感度在弱光環境中感受光線，等經過一段時間，錐細胞與桿細胞重新恢復它們的敏感度後，即可接收這個新環境中的光源。

　　父母親都希望孩子能夠多吃一些胡蘿蔔，以便保持好的視力。當桿細胞在接收光線時，會牽扯到一些化學物質，而這些化學物質是由維他命 A 所形成

在微弱的光線下，紅蘋果的顏色並沒有改變，但我們看到的蘋果顏色會退去。錐細胞負責處理顏色視覺，但錐細胞只在強光下表現良好。

的，缺少維他命 A 會造成「夜盲」的現象，而胡蘿蔔中即擁有非常豐富的維他命 A。

在**光適應**（light adaptation）的情況下，眼睛已經在黑暗的環境中一陣子了，因此對光變得很敏感，這有部分是因為眼睛已提供接受光線時會產生的化學物質。當我們突然暴露在強光下時，錐細胞與桿細胞對光的感光度是「不堪負荷」了；一直要到強光降低接收器的敏感度，我們才能再次清楚看見。所幸這樣的過程只需大約 1 分鐘的時間。無論是暗適應或光適應，都需要一段時間運作。錐細胞適應地較快，在 5 分鐘內即可完全恢復它的敏感度；桿細胞雖然是在 30 分鐘內慢慢地恢復敏感度，但在黑暗中對光的感受度會比在光明下高達 10 萬倍。

> **光適應**
> 對增加的光線，眼睛會取回對亮光的敏感度，以適應光亮地方的情形。

5.2.4　色彩視覺

不同可見光波長的能量引發人類視覺系統去感覺到不同的顏色。但能量僅是能量而已，本身並不帶有顏色。顏色是一種能量藉由眼睛和神經系統的運作之後所產生的知覺上的經驗。

能區分不同波長的光波是很有用的：櫻桃變成「深藍紫色」，就表示成熟可食用，而「綠色」的櫻桃則是還沒成熟不能吃。那對顏色的感覺到底是怎麼來的呢？這花了心理學家與其他科學家超過 150 年的時間累積知識，才到達現在對顏色視覺機制的了解。

19 世紀早期，Thomas Young 和 Hermann von Helmholz 就觀察到，藉由紅、藍、綠三種光的投射後，任何顏色皆可被創造出來。如圖 5.6 所示，紅光與綠光的結合會產生黃光。基於這些觀察，Young 和 Helmholz 猜測有三種類型的錐細胞分別對紅、藍、綠三個範圍的光波有反應，這就是所謂的**三色論**（trichromatic theory）。根據這個理論，所有對顏色的知覺都是因為視網膜上的紅、藍、綠接收器所產生的不同程度的反應。

> **三色論**
> 有關顏色視覺的理論，主張眼睛有三種類型的錐細胞，每一類的錐細胞對某一範圍的光波長有反應。

圖 5.6 顏色視覺的三色論是闡述所有顏色都能藉由紅、藍、綠三色光組合而成（混合三色光會創造白光）。

根據多年來的研究證實，錐細胞的確有三種（Solomon & Lennie, 2007; Mancuso & others, 2009）。如圖 5.7 所示，每種錐細胞負責吸收不同的光波，分別包括紅、綠、藍三個區段的波長。這是否就意味著 Young 和 Helmholz 的三色論是正確的呢？答案可以說是，但也可以說不是。事實上，顏色視覺是很複雜的。

在 Young 和 Helmholz 提出三色論後不久，其他科學家則指出三色論並無法解釋令人困惑的「色彩後像」：如果我們一直盯著一個顏色一段時間，然後將視線移到一張白色的紙上，會很神奇地看到與剛剛顏色互補的後像出現。例

圖 5.7 我們能看見顏色部分，是因為我們擁有三個種類的錐細胞，錐細胞內含有色素，分別對藍、綠、紅三波長的光線有反應。然而要注意的是，每一種類的錐細胞也會對鄰近波長的光有反應，這代表著，例如，黃色光的波長會同時刺激紅與綠的接收器，只是刺激沒那麼強，其餘的顏色便以此類推。

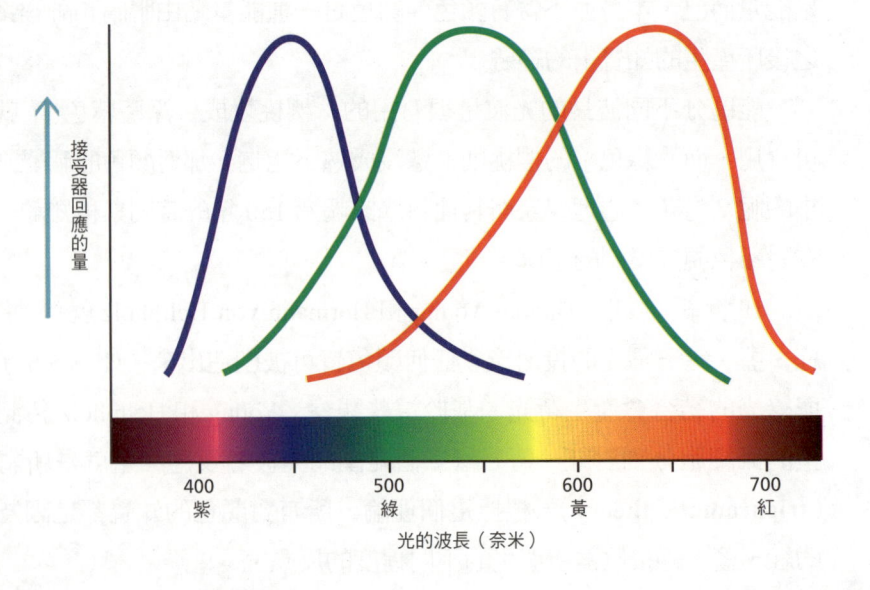

如，專注地凝視圖 5.8「RED」這個字中央的白點 30 秒，接著將視線轉移到這個字上方的空白處，就會看到原先「RED」這個字，但在後像中變成了綠色。這樣的情形會發生在所有四個互補色上。

拮抗歷程理論（opponent-process theory）的發展，是為了要解釋三色論無法解釋的現象。拮抗歷程理論提出有兩個色彩歷程機制（color-processing mechanisms）負責接收三種錐細胞傳回的訊息（見圖 5.9）。這兩種色彩歷程機制會透過兩種互補色彩的拮抗而產生回應。由圖 5.7 可以發現，紅色錐細胞會活化紅綠以及黃藍兩種色彩歷程；而綠色錐細胞會活化黃藍色彩歷程，而會抑制紅綠色彩歷程；藍色錐細胞則是抑制黃藍色彩歷程。我們能夠見到五顏六色的世界就是靠這樣的拮抗歷程而產生。舉例來說，當看到一個檸檬（黃色範圍的光波），光線會刺激紅色和綠色的接收細胞，但不會刺激藍色的接收細胞（見圖 5.7）。黃藍色彩歷程會受到紅綠接收器的觸動而增加，但會受到藍色接受器的抑制而減緩。因此，黃色波長會使黃藍歷程送出高頻訊號至大腦，使其產生黃色知覺。不過，紅綠歷程則是會受到紅接受器刺激而增加，但會受到綠接收器的抑制。當綠色波長刺激綠接收器時，接收器會送出強大的抑制訊息給紅綠抗拮歷程，使其送出低頻的中性訊號給大腦。而所有的顏色也以類似的結合方式，來傳送不同頻率的訊號給大腦加以解讀、感覺。

拮抗歷程理論也解釋了色彩後像，因為紅—綠、黃—藍機制無法同時以高低頻兩種方式做反應，所以無法將互補色混合在一起。當眼睛久盯著紅色看，因為感覺適應的關係，紅色接收細胞不斷地被刺激而疲乏後，綠色部分相對地就活躍

圖 5.8 此為證明後像存在的刺激圖。盯著「RED」這個字中間的那個白點 30 秒後，接著把視線移到這個字上方的空白處，你看到了什麼？

拮抗歷程理論
有關顏色視覺的理論，主張視覺系統有兩類的顏色處理程序，分別對紅—綠和黃—藍範圍的波長有反應。

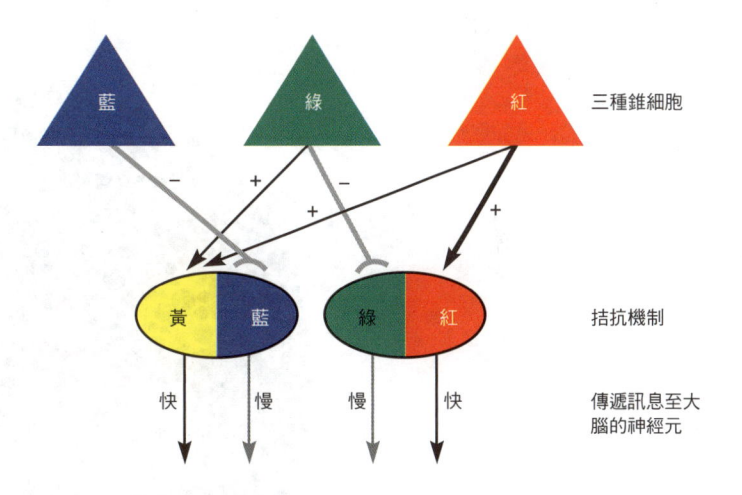

圖 5.9 現代的顏色視覺理論，是結合了三色論中的三種接收不同顏色的錐細胞，以及拮抗歷程理論的兩種處理拮抗顏色的機制。紅光會刺激接收紅色的錐細胞，並釋放出強大的興奮訊號給紅—綠歷程機制，由紅—綠歷程機制快速地激發，並傳送出神經訊號給大腦。黃光的波長會稍微刺激紅和綠的錐細胞接受器，紅、綠錐細胞會送出微弱的興奮訊號給黃—藍拮抗機制，兩個訊號會使得黃—藍機制快速地激發，而傳送出神經訊號給大腦。藍光會刺激藍色的錐細胞接受器，錐細胞會釋放出強大的抑制訊號給黃—藍拮抗機制，並緩慢了黃—藍拮抗機制的激發。綠光運用相同的方式抑制並緩慢了紅—綠拮抗機制的激發。

了起來，因此使得紅—綠機制送給大腦的神經訊號會解釋成綠色感覺。我們可以從很多證據中發現，視網膜的錐細胞是透過這樣的拮抗歷程而傳遞訊息到大腦（Engle, 1999; Solomon & Lennie, 2007）。例如，我們用綠光去刺激視網膜的神經元，然後用紅光會抑制神經元的反應。

三色論準確地說明了視覺系統第一層的神經元（視網膜中的錐細胞）的工作，拮抗歷程理論則描述了視覺系統中其他神經元活動的情形。以上兩個理論必須結合，才能解釋視覺的種種情形（Gegenfurtner, 2003）。

色盲 很少人是完全色盲，但部分色盲的發生率則是分別占男性的 8% 和女性的 1%。大多數部分色盲的人只是無法分辨兩種顏色，通常是紅色和綠色（見圖 5.10）（也有例子是無法分辨黃—藍色，但可以分辨紅—綠色，只是這樣的案例很少）。值得注意的是，有色盲的人不能分辨的顏色都互為互補色。

紅—綠色盲是一種基因缺陷，是因為個體的錐細胞缺乏接受紅色或綠色的能力，而黃—藍色盲則是錐細胞缺乏接受藍色的能力。缺乏反應藍色範圍波長能力的錐細胞無法給予拮抗處理細胞完整的資訊，導致無法區別藍色和其互補的黃色。

圖 5.10 擁有正常顏色視覺的人會看到數字 8，大部分紅—綠色盲的人則會看到數字 3，少數人根本看不到數字。

資料來源：This has been reproduced from *Ishihara's Tests for Colour Blindness* published by KANEHARA & CO., LTD., Tokyo, Japan, but tests for color blindness cannot be conducted with this material. For accurate testing, the original plates should be used.

複習

眼睛就像人類身上的照相機，水晶體將視覺影像集中在視網膜上。視網膜上存在兩種感覺接收細胞：桿細胞與錐細胞，這兩種細胞將光的種種特性轉換成大腦可以解讀的神經訊號。錐細胞在強光下的作用較強，負責視覺的敏銳度和顏色訊息的轉換；桿細胞在弱光下能有效運作，但敏銳度不及錐細胞，可以判斷形體。眼睛的功能在光線突然改變之下無法有效運作，但隨即在光適應或暗適應之後便迅速地恢復功能。三色論和拮抗歷程理論是兩個解釋視覺系統如何將顏色轉換成神經訊號的理論，三色論闡述了分別有三種不同類型的錐細胞對三個不同區段的光波很敏感，拮抗歷程理論則說明了視覺系統中有兩種顏色歷程機制，兩個理論分別適用於不同階段光波訊號的處理。

想一想

1. 如果錐細胞對視覺敏銳度做出了很大的貢獻，那麼桿細胞有什麼優點呢？
2. 你覺得三色論與拮抗歷程理論哪一種理論比較能夠解釋我們對色彩的知覺？

5.3 聽覺：感受聲波

我們能夠發展出文字系統，都奠基於我們的聽力與視力；也因為有了語言文字的發展，文化與科學的成就才得以發揚光大。聽覺需要依賴耳朵的幫忙，耳朵將聲波收集後，轉換成神經訊號傳到大腦，神經訊號傳送到大腦顳葉的初級聽覺區後，再傳送到大腦的其他區域進行解釋（King & Nelken, 2009; Recanzone & Cohen, 2010）。

5.3.1 聲音：什麼是聲音？

聽覺（audition）是一種因偵測空氣中**聲波（sound waves）**振動所產生的感覺。一個振動的物體，例如音叉，會將空氣中的分子不停地壓縮（compression，密度增加）、延展（rarefaction，密度減少），連續不斷地創造出波動（見圖 5.11）。當連續的波動傳送到耳朵，耳朵接收聲音的任務就開始了。聲波的波動送到耳朵，經由耳朵裡許多的小構造，共同合作出傳至大腦的神經訊號。

對於一個物體來說，聲波的**頻率週期（frequency of cycles）**會隨著空氣的壓縮和延展而不同（見圖 5.11）。空氣分子振動的速度快，會創造出高

聽覺
聽的感覺。

聲波
週期式的空氣壓力構成了聽覺的刺激。

頻率週期
聲波振動的速率，是音高的決定因素。

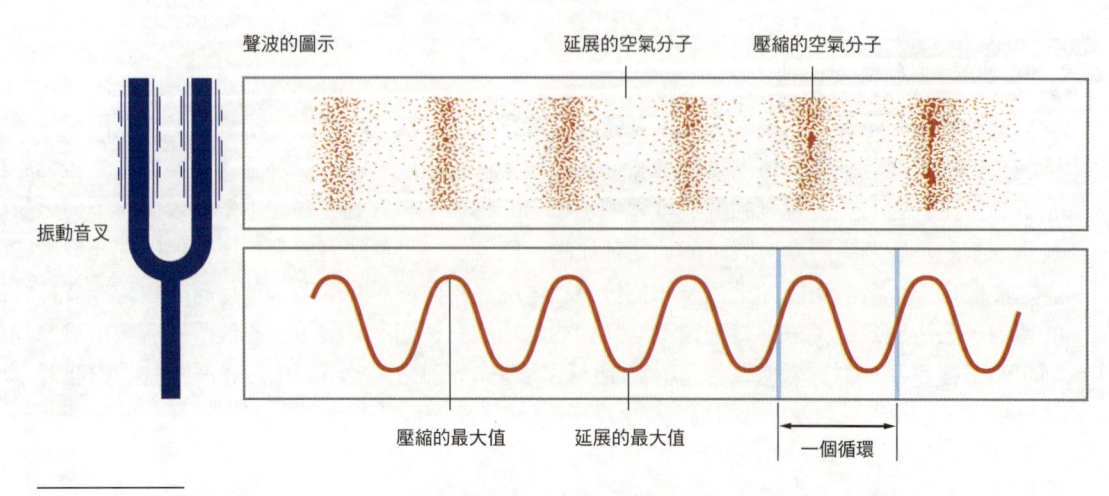

圖 5.11 振動的物體，例如音叉，會連續壓縮和延展空氣而製造出聲波，如圖所示。

赫茲
測量每秒鐘聲波週期的頻率的單位。

強度
空氣分子振動的密度，是聲音大小的決定因素。

音高
對聲音高低音的經驗。

分貝
測量聲音強度的單位。

頻率的聲波；振動的速度慢，則會創造出低頻率的聲波。聲波的頻率以**赫茲**（hertz，簡稱 Hz）為單位（分子振動週期／每秒鐘）。人耳對介於 20~20,000 赫茲範圍內的聲波敏感。聲波的**強度（intensity）**也會有所不同，視聲波中空氣分子被緊壓的程度而定。

聲波的頻率決定了聲音的**音高（pitch）**，例如金屬湯匙敲打玻璃杯造成的音高，比起敲打低音鼓的音高要高得多。聲波的強度則決定了聲音的音量。聲音強度的單位為**分貝（decibel，簡稱 db）**。以 1000 赫茲的聲音為標準，零分貝到完全無法被人耳聽見，每增加 20 分貝就是原來的聲波強度乘以 10。一般說話的音量約為 60 分貝，120 分貝以上的音量對人耳是很大的負荷（如圖 5.12）。長期暴露在 85 分貝以上的環境會對聽力造成永久性傷害，還會造成耳鳴。即便只是短暫地暴露在 150 分貝的環境中也會對聽力造成永久性的損害，而大部分的搖滾音樂會都超過這樣的音量。

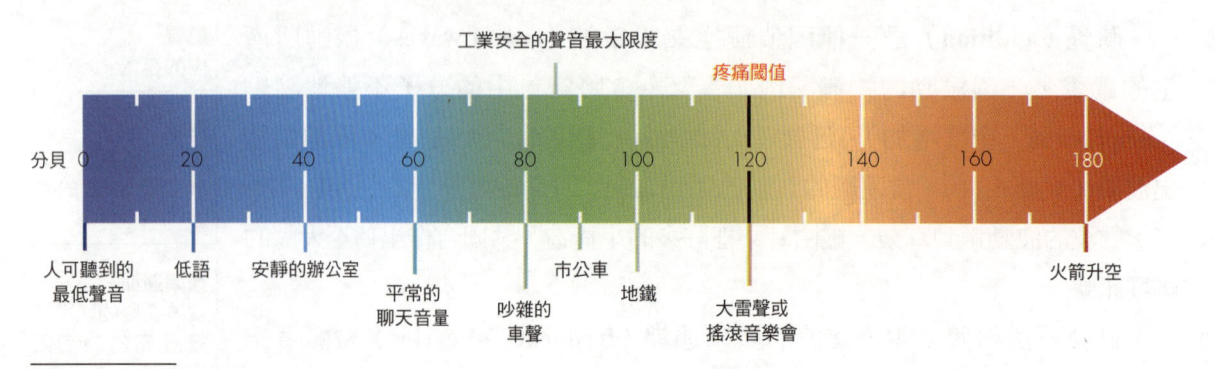

圖 5.12 生活中各種聲音的分貝數。

聲波的複雜度會決定聲音的**音色（timbre）**，意即聲波是由好幾組不同頻率與強度所組合成。生活中有許多不一樣的聲音，是因為獨特的音色所致。

聲波的物理特性與對聲音的感覺之間的關係並不像上述那麼單純。舉例來說，兩個相同強度的音，可能會因為頻率不同，而被人耳感受到大小聲不同。目前發現最大響度約發生在 3,000~4,000 赫茲的範圍；比這個頻率區間更高或更低頻率的聲音，雖然是同樣強度，但會感覺較小聲。

> **音色**
> 聲音品質的特性，由聲波的複雜程度來決定。

5.3.2 耳朵：耳朵如何運作？

耳朵是個對聲波敏感的器官，將聲波轉換成神經衝動，再傳送至大腦。耳朵由三個部分組合而成：外耳、中耳和內耳（見圖 5.13）。

外耳　一般人所認為的「耳朵」，是屬於耳朵最外面部分的聲音收集器，稱為**耳廓（pinna）**。耳廓的形狀在定位聲音的來源尤其重要。連接外耳與中耳的中空通道，稱為**外聽道（external auditory canal）**，聲波經由外聽道進入耳朵後，首先會碰到中耳的鼓膜。

中耳　**鼓膜（eardrum）**是中耳最外面的一層膜的結構，因看似鼓皮而稱為鼓膜。空氣中的聲波會使得鼓膜振動，並將振動傳送到三小聽骨：**錘骨（hammer）**、**砧骨（anvil）**、**鐙骨（stirrup）**（依照骨頭的形狀來命名）。中耳會將振動擴大，繼續傳送至內耳。

> **耳廓**
> 耳朵最外面的部分。
>
> **外聽道**
> 連接耳廓與中耳的管道。
>
> **鼓膜**
> 位於中耳的一個薄膜，可受聲波影響而振動。
>
> **錘骨、砧骨、鐙骨（三小聽骨）**
> 中耳內三塊連結的骨頭，聲波經由三小聽骨後進入內耳。

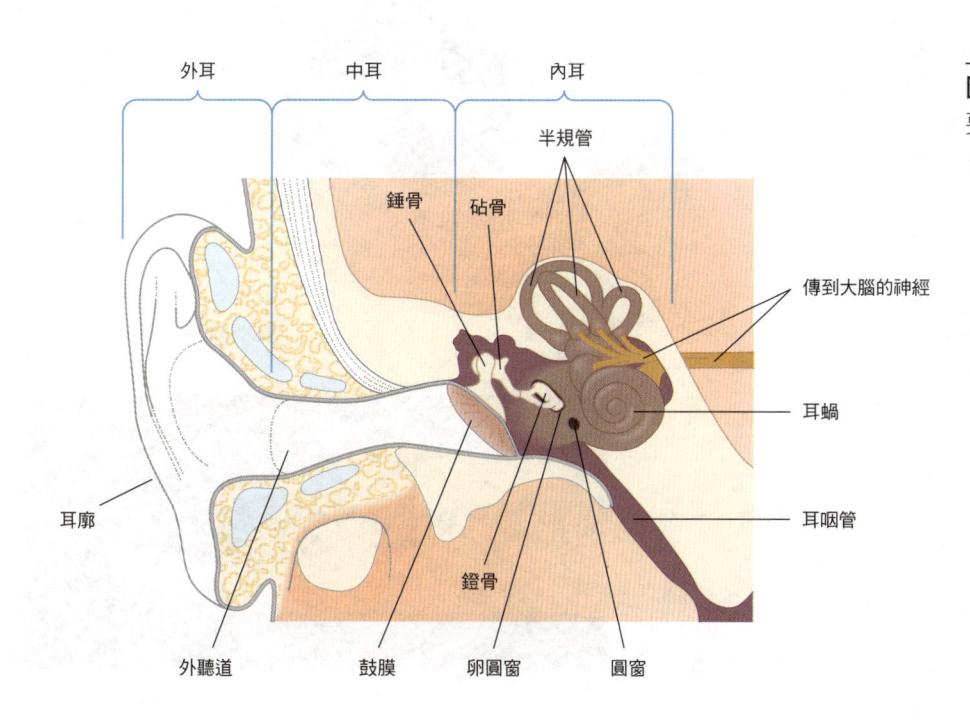

圖 5.13　耳朵的主要構造。

卵圓窗
位於內耳的一個薄膜，鐙骨的運動會引發卵圓窗的振動，而創造耳蝸內液體的波動。

耳蝸
內耳中一個螺旋的構造，蝸內充滿液體和聽覺接收器。

圓窗
為一薄膜，液體的波動促使圓窗釋放壓力至耳蝸液體內。

基膜
分隔耳蝸與柯氏器的膜。

柯氏器
位於耳蝸內的感覺接收器，將聲波轉換成神經衝動。

內耳 由中耳傳送過來的波動會引發內耳**卵圓窗（oval window）**（似鼓膜）的振動。卵圓窗位於**耳蝸（cochlea）**的末端；耳蝸是個長且捲曲的構造，蝸內充滿了液體。耳蝸的另一端還有一層類似鼓膜的薄膜，稱為**圓窗（round window）**。耳蝸包含了兩個長管狀通道，兩通道最後都會通往耳蝸細細的尾端。振動的卵圓窗會在耳蝸內的液體中創造出波動（見圖 5.14）。而振動造成的液體壓力會使得耳蝸內的**基膜（basilar membrane）**運動。基膜上的**柯氏器（organ of Corti）**也會一起運動。這樣的運動相對地會刺激柯氏器上毛狀的感覺接收細胞，使其將聲波振動後的壓力轉換成神經衝動，再傳至大腦。這些毛狀細胞對於大的聲響很敏感並且會老化，當這些細胞日漸死亡後，我們的聽力也就漸漸變差了。目前還沒有藥物可以治療這個問題（Groves, 2010）。

柯氏器是如何將聲波編碼成神經衝動呢？音量的大小是靠著柯氏器內的接收器被激發的數量多少來決定。音量大的接收細胞被激發的數量多，音量小的被激發的細胞數量少。

聲音的頻率（frequency）至少有兩個方式來進行編碼。第一，不同頻率的聲波會刺激不同部位（places）的柯氏器；較高頻的聲波刺激較靠近卵圓窗位置的接收細胞，頻率愈低則刺激的部位會愈遠離卵圓窗（除了頻率非常低的聲波）。第二，某些範圍頻率的聲波會被接收細胞複製。在低頻率的時候，每個

圖 5.14 聲波的振動經由卵圓窗進入耳蝸內，傳遞了整個耳蝸的長度，藉由基膜內柯氏器中的接收器轉換成神經訊號。有兩個因素幫我們定位聲音的來源；第一個是聲音傳達的速度，例如，由右邊傳來的聲音到達右耳的時間快於到達左耳的時間，我們就可以由哪隻耳朵先聽到聲音來判斷聲源；第二個是強度，聲波傳來時，頭部會阻隔某些聲波，以至聲音強度受到影響，同樣地，我們也可以從哪隻耳朵接受的強度較強來判斷聲音來源。

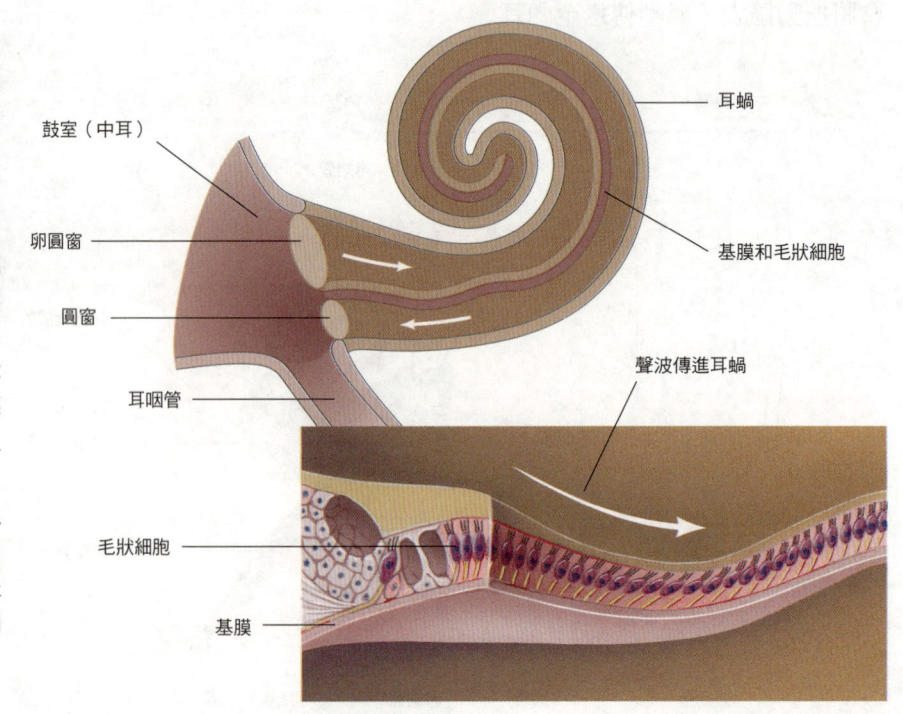

神經元有能力去編碼相同頻率的聲波；當聲波頻率較高時，必須仰賴多組神經元一齊發出神經衝動來編碼高頻的聲波。

並非所有的聲波都會經由「外耳→中耳→內耳」這樣的路線，有些聲波會直接經由頭骨而振動到耳蝸的液體。我們之所以能聽到自己說話或吃東西的聲音，大多數是藉由骨頭輸送聽覺（bone conduction hearing）。這是一個診斷聽覺問題需要考慮的重要因素。中耳部分構造損傷的人，還能藉由骨頭傳導聲音的方式來感覺到聲音（聽覺的來源非由空中傳送的聲波）；若一個人是因為聽覺神經受到損傷，則空中傳送和骨頭傳送的聲音都無法聽見了。

關於聽覺還有一點很重要，就是為什麼人類需要有兩個耳朵。首先，當一個耳朵出問題時，還有另一個耳朵可以罩得住；但更重要的是，有兩個耳朵在定位（locating）聲音的來源上有很重要的功用。當聲音的來源是在正前方或正後方時，聲波應該會同時到達兩個耳朵；當聲音是從側面或從某個角度傳來時，聲波傳到兩個耳朵會有一段的時間差，耳朵對於這段時間差很敏感，而足以讓我們去確定聲音來源為何處，特別是高頻率的聲音。你會知道你的左邊有個人在吹口哨，因為他發出的聲音會先傳到你的左耳，再傳到右耳，再加上你的頭會減緩一些傳到右耳的聲音，因此傳到右耳的聲音強度也比傳到左耳的強度還弱，藉由時間與聲音強度的些微差距，耳朵便可以來定位聲音的來源。

複習

聲音是一個物理刺激，是空氣分子連續的壓縮與延展波形組合而成。耳朵是由許多小構造組成，聲波從外耳經由這些構造，讓內耳耳蝸內的液體產生振動；振動的耳蝸液體藉由柯氏器內的接收細胞轉換成神經衝動後，會傳送至大腦的聽覺區。聽覺區會將聲波的頻率、強度、複雜度，解釋為音高、音量、音色。聲音到達兩個耳朵的時間與聲音強度的差異，足以讓我們去定位聲音的來源。

想一想

1. 就人類的適應與生存而言，兩個耳朵位於我們頭的兩側有何優點與缺點？若在身上其他處，又有哪些優點與缺點呢？
2. 你有看過陳妍希和陳意涵所主演的《聽說》這部電影嗎？片中的兩姐妹，一個可以聽到聲音，另一個聽不到聲音，她們的世界有何不同呢？

5.4 身體感覺

身體感覺可以告訴我們，我們正往哪個方向走去、我們是怎麼移動的、我們觸碰到什麼東西等。運動與方向的資訊，是來自位於內耳和散布在身體各處的感覺接收細胞，觸覺與溫度的感覺細胞則位於皮膚表面，痛覺的資訊則是由皮膚與身體內部的細胞負責傳達。雖然我們通常並不會察覺我們在使用這些資訊，但是這些資訊對於我們能夠站立、往前走、遠離滾燙的水等都扮演著重要的角色。來自身體各處的感覺訊息會被送到大腦頂葉的身體感覺區域進行解釋。

5.4.1 方向與動作

身體的定位、平衡及運動的訊息，來自我們的皮膚感覺以及兩類感覺器官（Lackner & DiZio, 2005）。第一類是內耳的**前庭器官（vestibular organ）**，主要負責將定位與運動的訊息傳到大腦；第二類是個體感覺接收器，稱為**動覺接收器（kinesthetic receptors）**，散布於肌肉、關節、皮膚，提供大腦其他有關姿勢、運動與定位的訊息。

前庭器官 前庭器官由兩個小型的感覺構造所組成：半規管和連接半規管的球囊與橢圓囊（見圖 5.15）。**球囊（saccule）**與**橢圓囊（utricle）**中充滿了液體，隨時傳達大腦有關定位的訊息，但對定位最為敏感的還是**半規管（semicircular canals）**。半規管是由三個圓形管所構成，每一個圓形管都與另一個成直角，三個圓形管形成的方式剛好提供了 3D 空間內身體位置的偵測。3D 由前後、上下、左右三個平面所組成，就像是一個房間的地板與兩個方向牆壁之間的關係。在管內有一些形狀像頭髮般的接受細胞，稱為**纖毛接收器（cupula）**。當你轉動頭部時，管內的液體就會流動，並觸動這些接受細胞，然後傳遞「傾斜」的訊息到大腦中，讓腦部來判斷你頭部的定位。雖然前庭器官可以提供大腦有關定位與運動的訊息，不過一旦前庭出了問題，就會讓人跌入痛苦的深淵。當我們坐在搖晃的船上、車上，或是身體不斷地轉圈之後，我們會感到一陣作嘔噁心。為什麼會有這種情形呢？為什麼傾斜的前庭會讓人作嘔不舒服？有些專家認為，由於人類會感到暈頭轉向時大多都是因為中毒所致，而暈車或暈船所導致的頭暈會讓身體以為是中毒，因此啟動嘔吐的保護機制（Stern & Koch, 1996）。

前庭器官
內耳的感覺構造，提供了大腦有關頭、身體的定位與運動。

動覺接收器
位於肌肉、關節、肌腱、皮膚上的接收器，提供大腦有關身體運動、姿勢和定位的訊息。

球囊、橢圓囊
充滿液體的小構造，屬於前庭器官，提供大腦有關身體四肢的定位。

半規管
前庭器官內三個類似圓形的管狀物，提供大腦有關頭和四肢的傾斜度。

纖毛接收器
在三半規管中類似毛髮的組織，主要可接收管內物質流動的狀態。

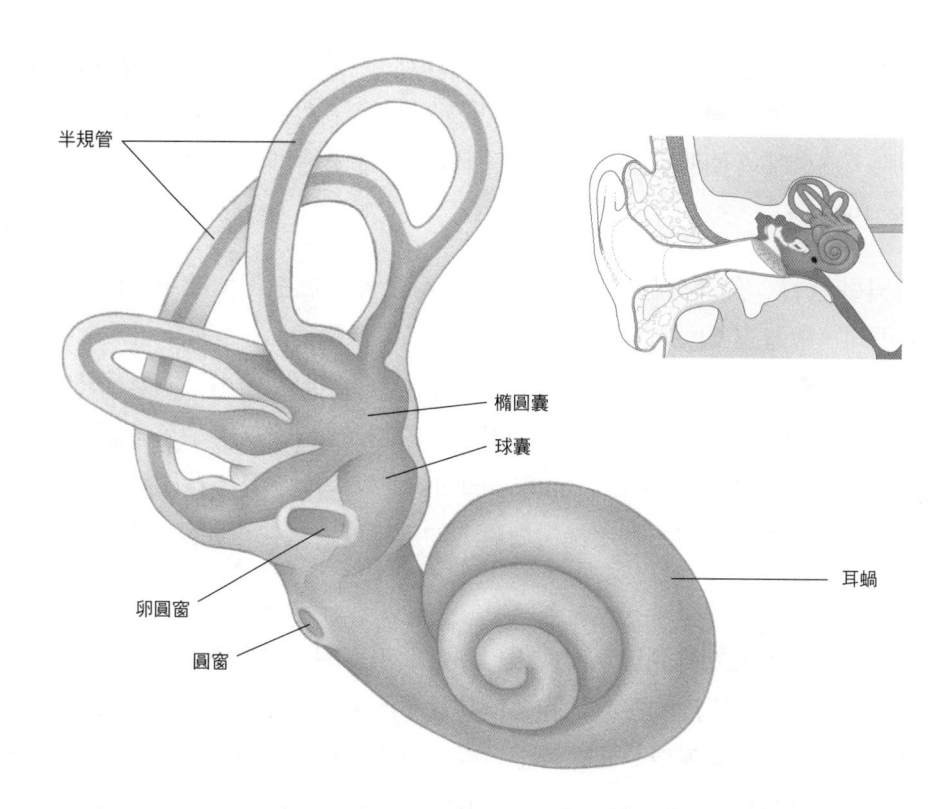

圖 5.15 前庭器官的主要構造。

動作感覺 皮膚、關節、肌腱、肌肉中,都散布著動覺接收細胞。每當身體移動、彎曲、寫字等時,都會使動覺接收細胞發出訊號,告知大腦現在身體每個部位所處的位置與正在做的運動。閉上你的眼睛,脫下鞋子,擺動一下腳指頭。你可以確切地告訴別人你正在擺動腳指頭,這是動作感覺的功勞。不似前庭器官一簇的接收細胞傳送至感覺器官,動覺接收細胞是個別在運作著。像是音樂家、畫家、擲鐵餅的運動選手,他們的動覺接收細胞會特別敏感,以便應付更為複雜的動作。動覺接受器提供頭與身體轉動的訊息,透過身體不同部位因為移動而產生的壓力差,將這些訊息整合成身體移動的狀況(Gray, 2008; Sholl, 2008)。看過太陽劇團的表演,你一定會對於他們的身體展現感到驚喜,而這些技能高超的表演者,他們的纖細動作與驚人表現就來自於良好的動作感覺。

5.4.2 皮膚感覺

我們通常不覺得皮膚是一種感覺器官,但其實皮膚負責接收好幾種感覺的訊息。皮膚可以偵測壓力(pressure)、溫度(temperature)和痛覺(pain)。雖然只有偵測三類的感覺,但皮膚上面至少有四種接收細胞:**游離神經末梢**

游離神經末梢
位於皮膚內偵測壓力、溫度、痛覺的感覺接收細胞。

觸覺圓盤
偵測壓力的感覺接收細胞。

特化球狀末梢
偵測壓力的感覺接收細胞。

籃狀細胞
位於毛髮基部，偵測壓力的感覺接收細胞。

（free nerve endings）、**觸覺圓盤**（tactile discs）、**特化球狀末梢**（specialized end bulbs）和**籃狀細胞**（basket cells，位於毛髮基部）。圖 5.16 說明這四種接收細胞，它們都能偵測觸覺（壓力），而游離神經末梢則主要負責溫度與痛覺（Hole, 1990）。

壓力與敏感性　皮膚對於壓力很敏感，但身上每一個區域偵測壓力的接收器數量不同，會造成不同的敏感度。最敏感的區域像嘴唇、手指尖、生殖器官，只要皮膚被壓約莫 0.001 mm 皆可被偵測到。身體其他部位則沒有那麼細微的敏感度（Schiffman, 1976）。皮膚偵測壓力最顯著的例子為用手來「讀」書。許多盲人利用布拉耶點字法（Braille alphabet）來「讀」書，藉由觸摸平面上凸起小點的壓力來認字，利用指尖對壓力的敏感度，最快可達到每分鐘讀 300 字的速度（見圖 5.17）。

溫度　我們要怎麼知覺到天氣冷或天氣熱這個事實呢？我們整個皮膚的表面似乎都有可以偵測到溫度的接收細胞，但其實不然。感覺接收細胞存在於某些聚集處，而這些聚集處廣泛分布在身上各處。這些聚集處可分為感覺「溫」與感覺「冷」；聚集處在偵測到感覺後，會創造同樣的感覺散布到整個皮膚表面。

當皮膚處在暖的環境中（空氣中、日光燈下、水中），感覺暖的聚集處會

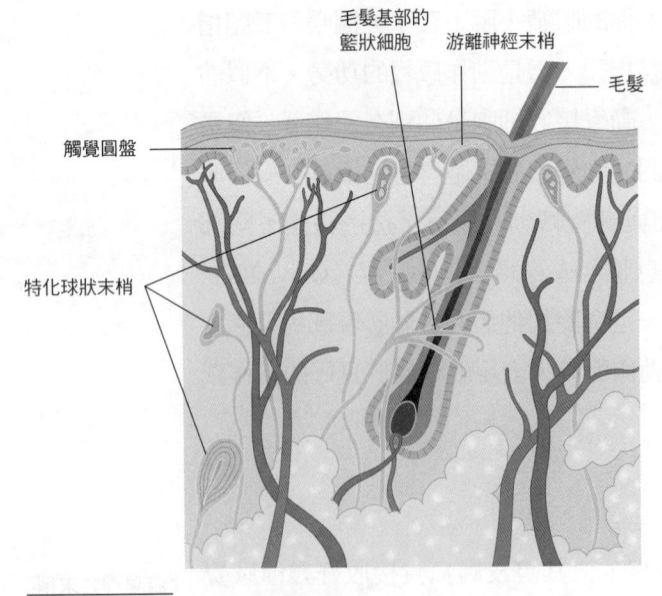

圖 5.16　皮膚中主要接收細胞的圖解。

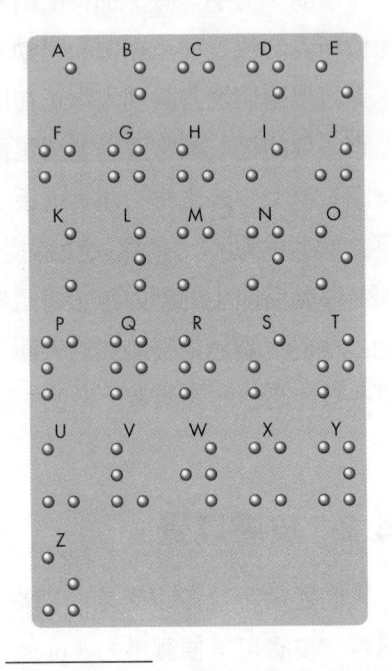

圖 5.17　布拉耶點字法運用凸起的小點，讓手指頭來「讀」這些點字。

發出暖的訊息給大腦；當皮膚處於冷的環境中，感覺冷的聚集處會發出冷的訊息給大腦。我們在第 1 章曾提到，在很強的熱度下，冷、暖兩組的聚集處皆會發出訊號給大腦，當大腦同時收到冷、暖兩組的訊息，就會解釋為皮膚正接觸到很強的熱度。

5.4.3 痛覺

每個人都會感受到痛，腳指頭被踩、刀子切到手指、腳踝扭到等，都會讓人感受到痛。雖然感覺疼痛讓人不舒服，但痛覺也是一個引起我們注意身體的重要訊號。到底神經系統是如何構成感受痛的基礎呢？

游離神經末梢遍布全身，其中負責感受到痛的接收細胞稱為**痛覺受器**（nocioceptors）（Perl, 2007）。從痛覺受器發出的神經衝動傳到大腦有兩條神經路徑：「快」路徑和「慢」路徑，這也是為什麼我們通常會感受到兩種痛——先痛和後痛（Melzack & Wall, 1983; Sternbach, 1978）。先痛的疼痛感受雖不是非常痛，卻很清楚，可以讓我們定位痛覺的來源，以及知道受到什麼東西的傷害；接著先痛之後的痛，疼痛的感覺是四散的，且時間持續較長，甚至是會影響情緒的痛。當刀子不小心割到手時，一開始痛的感覺讓我們知道自己被割傷這個事實以及傷口的位置在哪裡；接下來痛的感覺才會慢慢地擴散開來。換句話說，先痛的感覺會讓人把刀子丟掉，接著立即抓住受傷的部位，後痛的感覺才會讓人痛到跳起來大聲尖叫。

痛覺受器
接收痛覺刺激的感覺接收細胞。

有兩個原因讓我們體驗到先後不同的痛楚。第一，先痛、後痛的感覺是經由不同的神經路徑傳達，因此傳達的速率也不同。傳達比較快速的神經比較粗厚，且被髓鞘包覆，使得傳遞的速度加快；傳達比較慢的神經比較細小，且沒有被髓鞘包覆，使得速率比較慢。第二，會經驗到兩種不同的痛，主要是因為兩種神經路徑會分別傳到腦的不同區域。傳達較快速的路徑會經由視丘再傳至身體感覺區。此區位於大腦皮質的頂葉，負責接收和解釋來自皮膚與身體的訊息。當訊息經由較快速路徑傳達到此區被解讀後，我們可以很快地知道為什麼會有疼痛感和疼痛的來源。但是此區並不負責處理這種訊息的情感詮釋。較慢路徑會傳導此訊息到邊緣系統來做情感上的解釋。「哎呀！好痛！」這樣的痛就是由此區負責處理的。

痛覺閘門　痛覺的產生不只是單純地痛覺接受器的訊息傳遞。真實的痛覺與痛覺刺激的傳遞並非線性關係。在某些情況下，痛的感受會被壓抑著。例如，一個美式足球運動員可能直到比賽結束後，才發現自己的腳被隊友踢傷了；痛

覺接收器在比賽時不斷地傳達痛的訊息給大腦，但大腦直到比賽結束後，才全權處理這樣的痛覺感受（Keefe & France, 1999）。

疼痛可以透過神經系統的三個部分來調節疼痛反應：腦幹、脊髓，以及周邊疼痛神經（Melzack,1999; Perl, 2007），分別說明如下。

1. **透過腦幹來調節神經**：心理學家 Ronald Melzack 提出了痛覺閘門控制理論（gate-control theory of pain）來解釋上述的現象（Christie & Mallet, 2009; Melzack & Wall, 1983）。根據這個理論，神經的「閘門」會調節從痛覺受器傳到大腦的神經衝動（見圖 5.18）。所有從身體而來的刺激經由痛覺受器傳至大腦時，都會經過腦幹，而神經「閘門」就位於腦幹上。當傳遞較慢的神經纖維經過閘門時，閘門可能是「開」或「關」；也就是說，神經閘門可以決定痛覺是否進入大腦中，讓你發現你會痛。

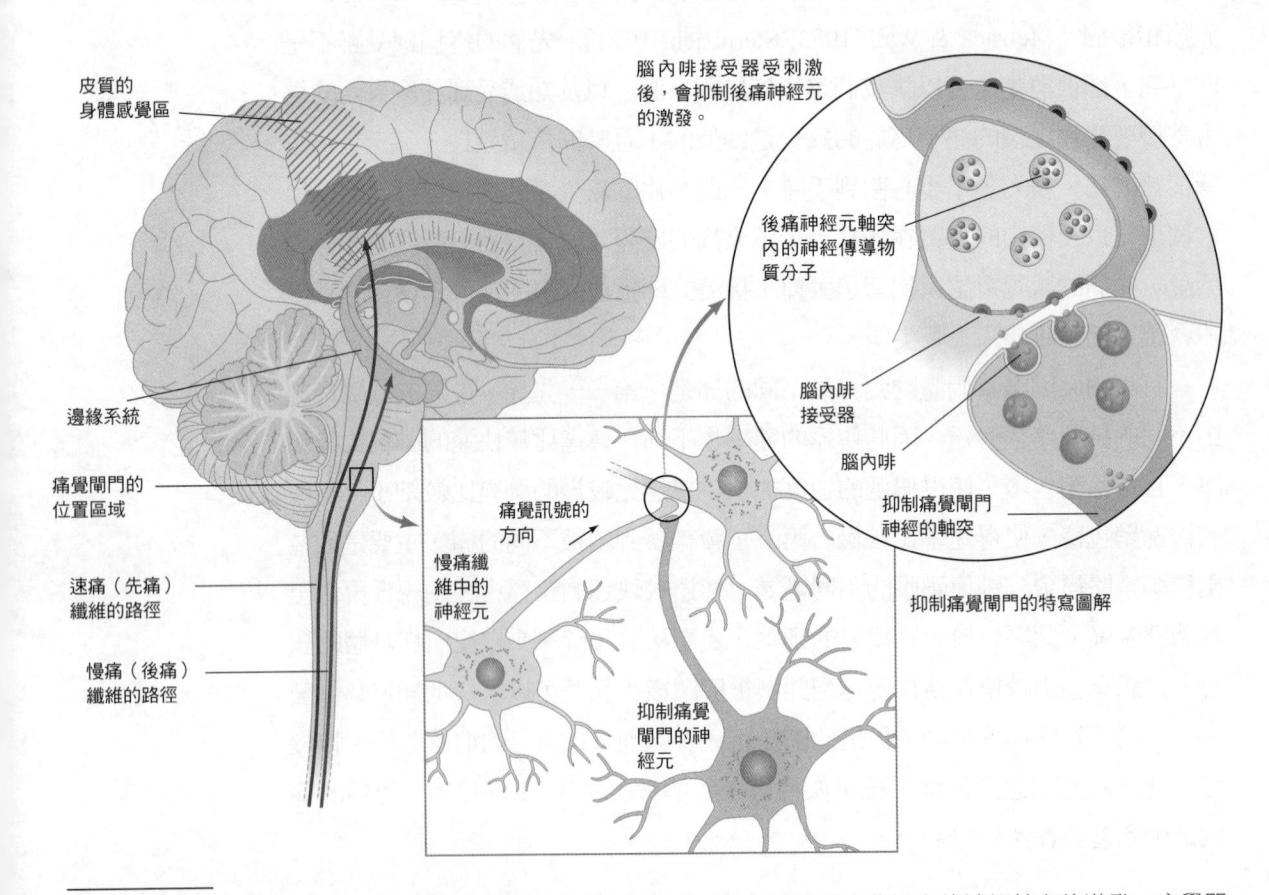

圖 5.18 抑制痛覺閘門的運作。抑制痛覺閘門分泌的腦內啡，抑制了傳送痛覺訊息的神經軸突的激發。痛覺閘門神經只能調節後痛訊號的傳送，位於腦幹和脊髓。不幸的是，在某些情況下，其他的痛覺閘門神經會將後痛訊息傳至邊緣系統。

以腳踢到桌角為例，你會先發現自己踢到了桌角，然後再感受到痛。這就是閘門打開讓後痛路徑傳遞到邊緣系統；當痛覺受器收到痛的訊息後，會觸動痛覺閘門打開，還會使得後痛的神經衝動傳導得更準確。會有這樣的效果，是因為後痛傳遞的神經傳導物所含的物質 P（substance P）所致。P（pain）物質會擴散到周圍的神經纖維，使得這些本來不是傳遞痛覺的神經一起幫忙傳送痛覺訊息（Hopkins, 1997; Kobayashi & others, 2010）。

所幸，痛覺閘門也有「關上」的時候，使得傳遞到邊緣系統的痛覺神經衝動減少。例如，將疼痛的腳趾放入溫水中，溫的感覺可以關上痛覺閘門阻止痛覺衝動通過，使得痛覺降低。甜味也可以抑制疼痛的感受（Prescott & Wilkie, 2007）。

痛覺閘門是利用很特殊的神經機制來阻擋傳達到大腦的後痛神經衝動。如圖 5.18 所示，閘門神經（gate neurons）藉由腦內啡（endorphins）來抑制痛覺神經。當閘門神經被其他感覺神經或大腦皮質的神經纖維告知要關上閘門，閘門神經就會釋放腦內啡去抑制痛覺神經釋放神經傳導物質，藉此阻止痛覺衝動傳到大腦。

有些止痛藥（鴉片類嗎啡）都是藉由操弄腦內啡抑制痛覺神經的效果來止痛（Perl, 2007）。沒錯，腦內啡（endorphin）就是指腦內的內生性（endogenous）嗎啡。腦內啡可能也可以解釋為什麼針灸對某些人有效。藉由加熱的細針刺入特殊的點，加以旋轉後，通常可以減輕疼痛。這是為什麼呢？一個可能是細針間接刺激了腦內啡的產生，因而阻止了痛覺的傳遞（Goldman & others, 2010）。為了驗證這個假設，科學家針對正在接受針灸療法的人身上使用會限制腦內啡活動的藥物 naloxone，以阻擋腦內啡的作用。當該藥物的作用產生時，接受針灸的研究參與者會感覺到一般的痛楚（Price, 1988）。這證明了針灸是透過刺激腦內啡的方式去關閉痛覺閘門，藉此減輕疼痛的感受。

2. **透過脊柱來調節疼痛**：Linda Watkins 與 Steven Maier（2003）發現脊柱中的膠質細胞可以調節疼痛的感覺。膠質細胞充斥在神經元間，它們可以調節訊息的傳遞。例如當你感冒時，這些膠質細胞就會加快痛覺的傳遞；另外，在處於壓力的情境下時，這些細胞也會加速痛覺的傳遞（Watkins & Maier, 2003）。

3. **周邊感覺**：在某些狀況下，你對痛覺會特別敏感。假設你曾經被刀子割傷手，那你一定會發現，即使輕微地觸碰到傷口周邊的皮膚，也會讓人感到非常疼痛。仔細想想似乎不太合理，為什麼不是觸碰傷口本身，而是傷口

的附近輕碰一下，也會讓人痛得受不了？原因一是發炎（腫脹）會增加傷口附近的痛覺受器敏感度，所以觸碰到傷口旁邊也會感覺很痛。原因二是物質 P 會翻轉本來不是負責疼痛神經的角色，使得它們成為痛覺受器的一分子（Hopkins, 1997），讓這些非疼痛神經一起傳遞疼痛訊息。這些敏感的神經末梢會當自己是傷口，盡責地傳遞疼痛訊息。但在關節炎和慢性發炎的患者身上，周邊敏感的現象會嚴重干擾到患者的日常生活。希望我們對疼痛能多加了解，以便改善上述現象。

幻覺肢 當一個人失去部分肢體時，往往會有種特別的體驗：被截肢者會感覺到他們失去的臂膀或小腿仍然存在。例如，被截去臂膀的人在站立時，仍會感受到已截肢的那隻手臂是垂放在身體旁邊的，走路時，也還會感受到被截肢的手臂與完好的手臂協調地擺動著。這些幻覺肢的感受並不是截肢者去體驗肢臂以前的記憶，而是截肢臂當下清楚且真實的感受，就好像它們一直在那裡沒有消失（Melzack, 1992）。超過 60% 的截肢者會感到幻覺肢疼痛，尤其是女人，而且尤其當幻覺肢為手臂時（Bosmans & others, 2010）。我的一位朋友曾說：「我母親在 20 出頭歲就因小兒麻痺而失去了左腿。她今年已經 73 歲。我偶爾問她風濕痛好些了沒，她會說，她失去的那條腿和完好的那條腿一樣痛。」值得慶幸的是，幻覺肢的疼痛通常會隨著時間過去而有所改善。

不存在的肢臂怎麼可能會有感覺，而且還將感覺傳送給大腦？一支來自德國和美國的研究團隊做了一連串的研究，他們利用腦顯影的技術找到答案。當從身體某部分發出的感覺與痛覺神經被切斷，原來負責該身體部位感覺的大腦皮質身體感覺區域會變得敏感於鄰近區域的刺激（Flor & others, 1995）。舉例來說，某位女士的左臂被截肢，本來負責接收左臂感覺訊號的身體感覺區域會開始接收從她臉上來的訊息（回頭參考圖 3.15，大腦皮質的身體感覺區域，感受臉部訊息的區域剛好就位在接收手臂感覺的區域旁，於是手臂感覺區也會開始處理從臉上來的訊息）；此外，切斷了接收身體感覺的神經會使得痛覺閘門的效能降低。這說明了幻覺痛是因為臉部接收了一些次要刺激物的刺激後，通過了痛覺閘門，傳至大腦皮質手臂的感覺區域去，讓人感受到截肢臂的痛覺（畢竟這個區域本來就該是手臂傳來的訊號，大腦也會回饋解釋是手臂的感受）。有時候，你可能感覺到從四肢傳來的痛覺，可是在四肢卻找不到痛覺的來源。幻覺肢的體驗再度證明我們的意識經驗並不完全和大腦所接收到的知覺訊息有直接並單純的關係。

▶▶▶ 人類多樣性　文化與痛

　　本章探討了感覺器官如何傳遞訊息給大腦。雖然這些神經衝動都是生理的反應，然而文化卻影響著人類對感覺的解讀。

　　西非貝南共和國（Benin）的 Bariba 社會中的成員，比起其他文化的人更能忍受痛覺。在 Bariba 的民俗中，對痛覺忍耐的強度是榮譽的表現，而對痛覺的鎮定反應更是 Bariba 人不可欠缺的自尊心表現（Sargent, 1984）。例如，懷孕的婦女不能在他人面前表現產前的陣痛，而分娩的痛也不能在他人面前表現出來，所以必須自己默默地找地方生下孩子，頂多找個人來幫忙剪斷臍帶。

　　在 Bariba 的社會中，讓別人看到自己陷入痛覺的苦楚是一件非常羞恥的事。當論及痛覺時，Bariba 人會引用一句 Bariba 名言：「介於死亡與羞愧，死亡比較美麗。」根據 Bariba 一位內科醫生的說法，表現痛的人欠缺勇氣，而膽小正是羞愧的本質；與其在羞愧中過一生，Bariba 人寧可選擇死亡（Sargent, 1984）。在這樣的文化背景下，一個人無論如何也不願顯露任何疼痛的徵象。

　　只因為 Bariba 的女人學習不讓痛表現出來，就真的比其他文化的女人感受較少的痛覺嗎？由於我們難以融入另一個人對痛覺的描述與感受，所以很難確切知道她們的痛覺是否比別人還要輕微。痛是很私人的經驗，必須透過語言來和他人溝通彼此的經驗，然而語言的形成會受到文化的影響。因此，在 Bariba 文化中用來描述痛覺的字彙比起其他文化少了許多，也就不足為奇了。當與 Bariba 人討論痛覺經驗時，我們很難確認他們的描述有多少是受到語言的影響。

　　不過，也的確有些理由讓人相信，文化壓抑痛覺的表現的確會減低 Bariba 人的痛覺感受總量。第 10 章即有證據顯示，臉部表情是體驗痛覺的重要環節之一（Izard, 1977）；從臉部肌肉傳送到大腦的感覺回饋，會提供部分的神經輸入訊息給知覺痛的生理構造（部分輸入訊息是來自痙攣或受傷的部位）；的確，曾有這麼一個實驗：遭受電擊的研究參與者若被要求限制臉部的反應，會感受較少的痛覺；而那些可以表現出痛覺反應的人則感受到較多的痛覺（Colby & Lanzetta, & Kleck, 1977）。或許分娩時 Bariba 婦女的鎮定臉孔，讓她們比來自於其他文化中因感受極度痛苦而產生怪臉的婦女可以經驗較少的痛覺。

　　根據 Linda Garro（1990）的研究，需要與患有疼痛的病人接觸的醫療人員必須了解文化對於痛覺表現的影響力；如果沒有考慮到文化的因素，他們可能會高估或低估了病人對痛覺的感受度。另一方面，也應留意並非同一文化中的人對痛覺的感受都相同。

　　關於痛覺，你從自己的文化中學到了什麼？你曾被教導必須將痛的感受減到最小，這樣才算夠堅強嗎？還是學到了你得誇大自己的疼痛感受，才會有人關心？當家人或朋友處在痛的苦楚中，你會如何反應？上述問題可以幫助你思考文化對知覺有何影響。

複習

身體包含了許多感覺器官,這些感覺器官提供身體在空間中的運動、定位訊息,有的器官也提供了有關皮膚所接觸到世界的種種訊息。有關身體的姿勢、運動、定位等訊息,都會由內耳的前庭器官和散布在身上的動覺感覺接受器來發出,傳至大腦皮質的身體感覺區去。皮膚的接收器則是接收有關溫度、壓力和痛覺的刺激,傳到大腦的身體感覺區進解釋。經驗疼痛感覺會有先痛(告知發生何事與疼痛來源為何)和後痛(情緒上的痛覺),之所以有這兩種截然不同的痛覺,是因為經由不同的神經路徑到達大腦的不同區域。減少與增加痛覺的經驗,驗證了物理刺激與感受感覺間沒有直接關係;幻覺肢的例子又更令人信服:感覺的感受是建構在大腦中,而非奠基於由外在輸入的刺激感受。

想一想

1. 何種「痛」的事件會創造屬於心理上和物理上的經驗?
2. 你的生活中有無任何經驗可以支持痛覺閘門控制理論?

5.5 化學感覺:人生的不同味道

味覺
味道的感覺。

嗅覺
聞的感覺。

味覺(gustation,嚐)與嗅覺(olfaction,聞)和一般的感覺不同,因為它們是對化學物質的反應。這些化學反應告訴我們自己吃了、喝了,還有聞到了什麼。

5.5.1 味覺

味覺細胞
接收味覺的感覺接收細胞,位於味蕾上。

乳突
位於舌頭上由一簇簇的味蕾所組成。

我們能品嚐食物,是因為舌頭上分布了 10,000 個味蕾(taste buds),而每個味蕾上有 12 個感覺接收器,稱為**味覺細胞(taste cells)**。味覺細胞聚集在一起,像極了橘子的果肉(見圖 5.19)。味覺細胞對於所吃進和喝進食物的化學物質很敏感(Bartoshuk, 1988)。味蕾會一串形成小突起,稱為**乳突(papillae)**,這些乳突很容易在舌頭上觀察到。

通常食物的刺激是各種味道結合在一起(combinations)。味蕾會分別對各種化學刺激產生反應。不同的味蕾會對不同的化學刺激特別有反應,像是甜(sweetness,大部分為糖)、酸(sourness)、鹹(saltiness,有鹽分的)、苦(bitterness,通常是無食物價值的化學物或毒物)。最近的研究則指出了第五種味蕾:油膩(fattiness,對脂肪)(Schiffman, & others, 1998)。有些科學家

認為還有一種味覺感受，鮮（umami，對肉湯、起司、菇類等），但這種味道有可能來自感覺甜味的味蕾（Li & others, 2002）。

有趣的是，這五種味蕾並非均勻地分布在舌頭上，而是各自占據舌頭的不同部位，如圖 5.20 所示。也就是說，舌頭不同的位置會對應到不同的味道。然而我們似乎不太會注意到這個事實，因為感受的差異不甚大，而且在我們咀嚼食物時，食物通常是滿布在我們舌頭的表面。不過，下次當你必須得吞下一顆苦藥丸時，試著把藥放在舌頭的正中央，因為那個區域沒有任何的味覺接收器，你就不會感覺到藥的苦味了。

小嬰兒的味蕾是最多也是最敏感的，而隨著年紀的增長，味蕾的數量會漸漸減少，且對化學刺激的敏感度也會降低。尤其是過了 45 歲之後，味覺會明顯地退化（Schiffman & others, 1998）。

我們察覺食物的味道也會靠著嘴唇和舌頭皮膚來給予訊息，像是觸感（食物的質地和厚度）、溫度（冷咖啡的味道一定和熱咖啡的味道非常不同）、痛覺（麻辣鍋的麻辣感）。食物的外觀和香味也都會影響我們對食物的感覺。

5.5.2　嗅覺

在空氣中的化學物質藉由呼吸進入肺部時，會通過鼻腔頂端約一元硬幣大小、由黏液包覆的嗅覺接收器，稱為**嗅覺上皮（olfactory epithelium）**（見圖 5.21）。長久以來，科學家認為我們只能聞到幾個種類的味道（Ackerman, 1991; Amoore, Johnston, & Rubin, 1964）。但是在 2004 年，最新研究證明我們有數百個（甚至數千個）接收器，能察覺空氣中的不同化學成分。（Buck, 1996; Dulac & Axel, 1998; Liberles & others, 2009）。

有趣的是，人類的嗅覺能有效偵測到的氣味全部來自有機複合物，也就是植物、動物等活的生物。相對地，我們很難聞到無機複合物，像是沙子或石頭。因此，我們的鼻子對於要分辨植物或動物就相當有用，尤其是要分辨何者為可食，或何者為有毒的時候。

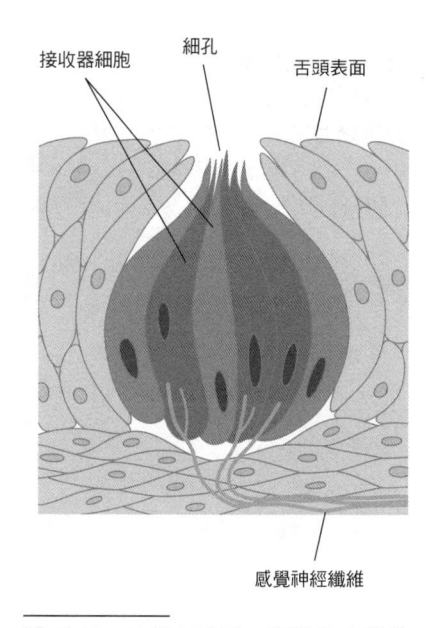

圖 5.19　味蕾包含了一簇簇的味覺接收細胞。

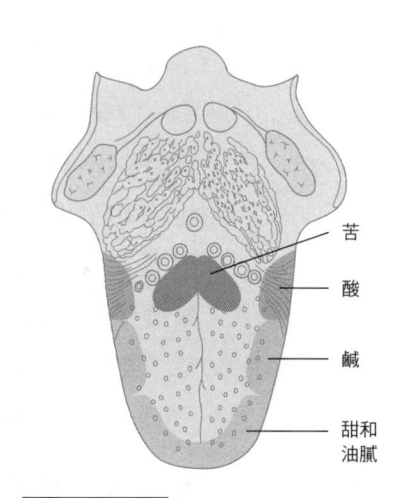

圖 5.20　對甜、油膩、鹹、酸、苦這五種味道最為敏感的舌頭部位。

嗅覺上皮
位於鼻腔頂端的薄膜感覺接收細胞。

圖 5.21 嗅覺接收細胞位於鼻腔頂端的嗅覺上皮。

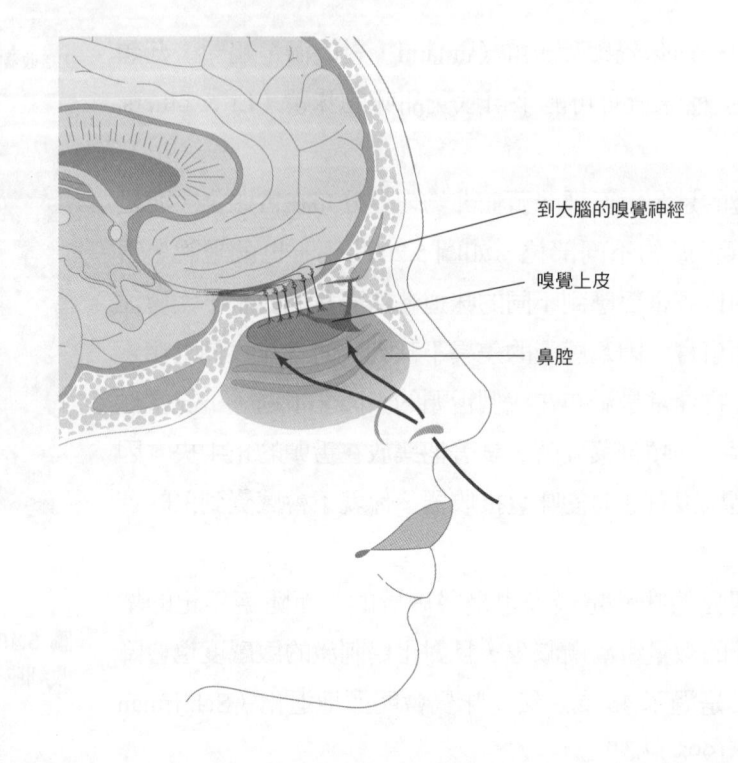

到大腦的嗅覺神經
嗅覺上皮
鼻腔

嗅覺非常有用，會傳達由甜味激發的愉悅訊息給大腦，也會對聞到惡臭氣味時發出警告訊息，告知大腦有危險。嗅覺對味覺的偵測也有貢獻，不只是藉由吸氣時聞到食物的味道，食物在嘴巴中咀嚼時，氣味也會從嘴與鼻腔的通道傳過去。平時我們不易察覺嗅覺對味覺的貢獻，但只要我們嚴重感冒時，就會發覺食物吃起來都像漿糊般平淡無味。嗅覺對味覺非常重要，因為嗅覺很敏感。空氣中的氣味分子濃度只需味覺濃度的 1/25,000，嗅覺接收器即可偵測到（Ackerman, 1991）。

5.5.3 費洛蒙的偵測

費洛蒙
在某些動物身上會影響生殖行為的化學氣味。

氣味在動物的求偶行為中扮演著重要的角色，而人類也不例外。**費洛蒙（pheromones）** 就是一種與求偶有密切關係的氣味。費洛蒙會透過汗水來發散，而這些味道會刺激大腦中的性荷爾蒙（Savic, 2002）。這也可以說明運動員是如何地吸引著妳。研究證實，當女性吸入聚集在皮膚上的男性性荷爾蒙（adrostadienone）時，她們的注意力會轉向情感導向的刺激素，像是面部表情（Hummer & McClintock, 2009）。也有研究發現，聞到乳汁的味道會增加女性的性渴望與性幻想（Spencer & others, 2004）。當男性聞到處於排卵期女性所穿的T恤時，他們體內的睪固酮會明顯提升（Miller & Maner, 2010），這說明了男

性的嗅覺也是觸發性吸引力的來源之一。

芝加哥大學的研究人員發現，費洛蒙會影響女性的排卵週期（Stern & McClintock, 1998）。當一群女生住在一起一段時間後，會發現她們開始在同樣的時間月經來潮，箇中原因直到最近才清楚，就是因為費洛蒙的關係。心理學家 Kathleen Stern 和 Martha McClintock（1998）蒐集了女性在月經週期不同時間所排出的汗，鑑定了至少有兩種費洛蒙存在。當其他女性吸聞了月經週期較早階段的汗時，體內的黃體激素會開始分泌，加速了她們月經週期的到來；而當吸聞了月經週期較晚階段的汗時，效果會剛好相反。由於費洛蒙本身並沒有味道（因此並非刺激嗅覺上皮的接收器），而且費洛蒙的接收器會將神經訊號傳遞到次皮質區而非皮質區，所以女性通常察覺不出費洛蒙的影響。

複習

空氣中化學物質的刺激，會經由呼吸、吃進或喝進東西而被感覺到，舌頭上的味覺接受器（味蕾）和鼻腔中的嗅覺接收器都是用來偵測這些化學物質的；不管是刺激嗅覺或味覺的化學物質，在一般日常生活中，所聞到、嚐到的味道都是幾類基本感覺的組合。對許多種類的動物來說，費洛蒙會影響其生殖行為；而對人類而言，費洛蒙影響的則是女性的月經週期和心情。

想一想

1. 你認為是什麼原因讓有些人很喜歡聞咖啡的味道，而有些人卻很不喜歡？
2. 你認為是什麼原因讓舌頭上的味蕾不是均勻分布？

5.6 知覺：詮釋感覺訊息

從感覺接收器傳遞到大腦的感覺神經訊息本身其實是沒有意義的，直到大腦加以組織和解讀後，才賦予這些訊號意義。大腦組織和解讀的過程稱為知覺（perception）。每個人知覺的過程都大同小異；如果每個人都有自己一套特別的知覺方式，這個世界就沒有所謂的「真實」了。當然，不同的文化會產生不太一樣的知覺方式。另外，我們的學習經驗、動機和情感也會影響知覺。舉例來說，刀子是一個很尋常的刺激，但是對於曾經被刀子砍傷的人而言，它又有一種特殊的意義。

本節將審視人類從一出生便具有的組織特性，並討論每個個體獨特的知覺方式。知覺與感覺在理論上很容易分辨，實際上則不然。以視覺為例，接收到影像的訊息到看到影像這樣的視知覺歷程，感覺與知覺連結的點是在視網膜還是在視交叉？簡單來說，感覺來自於感覺器官，而知覺來自於大腦系統。

5.6.1 視知覺（visual perception）

接下來的討論著重在感覺訊息如何被解釋成具有意義的知覺。重點是，我們的視知覺（visual perception）主要是根據大腦如何處理感覺訊息而來，而非只根據在我們眼前的事物（Long & Toppino, 2004）。例如，請見圖 5.22，你看到的是年輕女子，還是老婆婆？視覺訊息的處理方式不同，對圖案的解讀也有所不同。由於視覺是人體非常重要的知覺感覺系統，對視知覺的確實理解可以藉此類推到其他的知覺過程上，所以本節主要討論視知覺。

知覺組織　未經處理的視覺感覺就像是尚未組合的洗衣機零件，必須將之組合完成後才會對我們有用。大約 75 年前，完形心理學家有關知覺的開創性文章將眼睛和大腦組織視覺感覺的基本原則整理出來（見第 1 章），這些原則至今仍然值得大家注意（Palmer, 2002; Prinzmetal, 1995）。下列五項就是所謂的完形知覺原則（Gestalt principles of perception）：

> **形像和背景原則**
> 完形知覺原則之一，主張部分的視覺刺激會成為注意力的中心（形像），而其餘部分則成為模糊的背景。在某些情況下，形像與背景的刺激是可以被反轉的。

1. **形像和背景（figure-ground）**：我們在知覺一個視覺刺激時，注意力集中的部分屬於形像，其餘部分則屬於背景。圖 5.23 突顯了這個原則的運

圖 5.22 這張圖可以看成一名年輕女子或一名老婦，完全取決於觀看者如何組織此圖的形像和背景。

圖 5.23 利用此圖可以清楚地闡明視知覺中形像和背景的區別。你看到的是一個花瓶，還是兩個側面的臉對看，完全取決於你將黑色的部分組織成背景或形像。

用，但如果重新改變我們的注意力，就會重組所謂的「真實」。如果將圖 5.23 知覺為花瓶，花瓶即為形像；但若將花瓶的部分知覺為背景，此時的形像則為兩張對看的側臉。同樣的，圖 5.22 所看到的究竟是少婦還是老婆婆，取決於哪個部分被知覺成形像，哪個部分被知覺成背景。這項知覺原則指出，大腦會先決定誰是主角，誰又是配角。

2. **連續性（continuity）**：我們傾向將擁有流暢的輪廓、平滑的結構的小單位，知覺成是一條線或同一種型態。在圖 5.24 中，B 是從哪一點開始跳彈簧單高蹺呢？通常我們會覺得，她是從點 1 開始跳的。不過，A、B 兩個女孩都有可能是先跳到中間後，再轉彎到達終點，但我們比較不會利用這樣的方式知覺她們的跳動路徑，我們比較會以連續性的原則知覺。

3. **接近性（proximity）**：距離接近的東西通常會被知覺成同一組群。在圖 5.25 中，我們會將左圖知覺成三排垂直的縱列，並將右圖的三排視為水平的橫列，就是因為接近性的原則。

4. **相似性（similarity）**：在圖 5.26 中，我們會知覺左圖分別有兩縱列的蘋果和兩縱列的梨子，而右圖則分別有兩橫列的蘋果和兩橫列的梨子，即使蘋果和梨子是均勻配置在圖上，我們還是會將蘋果和梨子分成兩個組群來知覺。這就是相似性的原則，將相似的東西看成相關的組群。

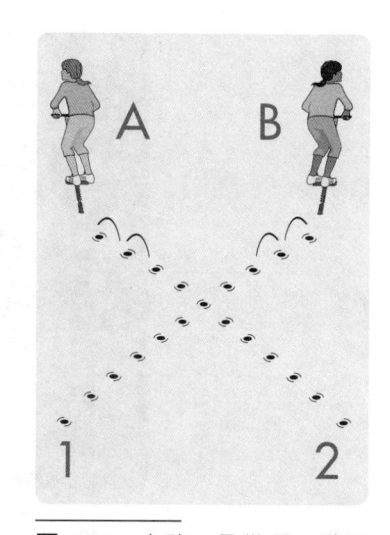

圖 5.24 女孩 B 是從哪一點開始跳她的彈簧單高蹺？根據連續性的原則，我們通常會認為起點是 1，儘管 1 和 2 為起點的機率各占一半。

連續性原則
完形知覺原則之一，人類傾向將沿著一平穩圓滑輪廓的線條或圖形型態的小單位知覺成一個整體。

接近性原則
完形知覺原則之一，主張相距較近的視覺刺激會被視為同一組群。

相似性原則
完形知覺原則之一，主張相似的視覺刺激會被知覺成同一組群。

圖 5.25 你看到的是橫列還是縱列？接近性原則決定了知覺上這些刺激該如何組織。

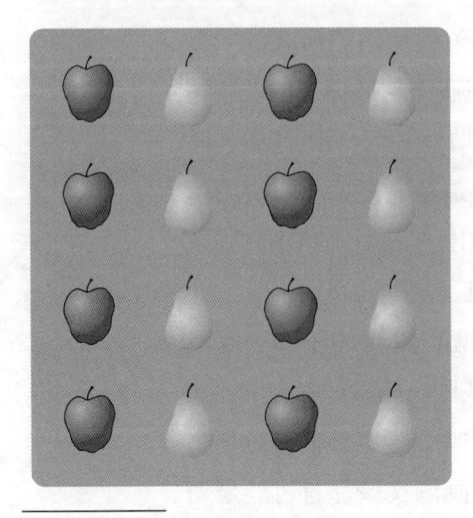

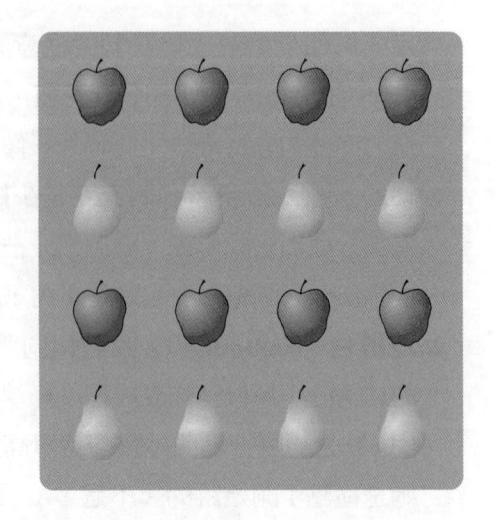

圖 5.26　你看到的是橫列還是縱列？相似性原則暗示我們將左邊的圖組織成縱列，右邊的圖組織成橫列，即使每個物體相距相等的距離也不會改變此原則。

封閉性原則
完形知覺原則之一，主張熟悉但不完整的圖形會被知覺成一個完整的整體。

5. **封閉性（closure）**：對於不完整的圖像，如圖 5.27，我們會傾向將之視為完整的形像，自動補上缺失的訊息以創造出完整的知覺訊息（Kellman & others, 2005）。

基於上述的原則和一些個體天生就有的獨特原則，知覺會自動地組織與發生。

知覺恆常

知覺恆常　我們知覺這個世界，覺得似乎變化不大。桌子、油燈、人等的大小、形狀、顏色都不太會改變。然而我們對於這些東西的感覺卻常常一直在變。例如，當一個人的影像落在我們視網膜上的大小愈變愈小時，我們會知覺是這個人遠離了，而不是這個人縮小了；當我們從不同的角度看一個花瓶時，視網膜上的影像也會隨之不同，但我們深信花瓶的形狀並未改變。這些知覺的特性稱為**知覺恆常（perceptual constancy）**，下列為知覺恆常的幾種類型：

即使原始的感覺刺激已經改變，但人有物體相對不變的知覺傾向。

圖 5.27　我們看的出來這是一張臉，知覺的封閉性原則使我們完整補足那些不完整的圖形。

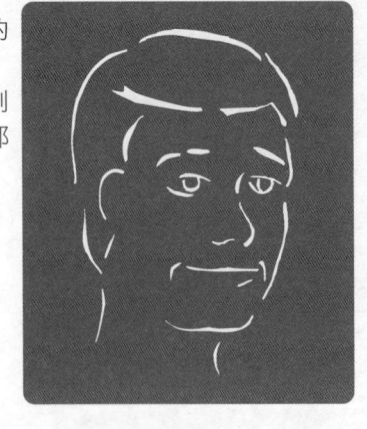

1. **亮度不變**：一張白紙從光線弱的房間移到光線亮的房間，我們並不會因此知覺這張白紙的亮度也隨之變亮了。很幸運地，人們在面對這個世界時，運用的知覺是依據白紙不變的物理特性，而非依據亮度這個

會因感覺而改變的訊息。以往我們都將這項能力視為理所當然,甚至是讀到了這個段落,才注意到原來有這麼一回事。

2. **顏色不變**:即便光線和環境有變化,顏色的知覺也不會改變。
3. **大小不變**:距離自己 1 公尺和 5 公尺遠的百元鈔票,雖然在視網膜上所占據的大小不同,卻不會因此改變我們對百元鈔票大小的知覺。熟悉的物體大小並不會隨著距離的遠近而改變。
4. **形狀不變**:一個 50 元硬幣,擺在眼睛正前方和斜著一個角度去看硬幣,落在視網膜上的形狀應分別為正圓形和橢圓形,但我們還是會知覺硬幣是圓形,不會因此而有所改變。

知覺不變的過程代表我們會依據自己對於世界上物理特性的認知,而非單獨只依賴輸入的刺激改變,而自動調節我們的知覺(Graf, 2006)。

深度知覺 視網膜是個二維的表面,有上下和左右兩個維度,但卻沒有深度。那我們是如何利用二維的視網膜,來知覺到這個世界是個三維的空間呢?眼睛和大腦運用多組的二維空間線索來創造知覺上的距離,以共同完成這個偉大的事蹟。

深度知覺的**單眼線索(monocular cues)**是藉由一隻眼來感受三度空間(見圖 5.28)。在生活中,我們經常都是利用這些訊息來建構三度空間的世界,以下是八項單眼線索:

單眼線索
利用單眼便可知覺深度的八個視覺線索。

紋理梯度 　　　　　　　線性透視 　　　　　　　陰影

圖 5.28 紋理梯度、線性透視,以及陰影皆為知覺深度的單眼線索。

1. **紋理梯度**：物體的紋理質地在近處會比較大且看得清晰，在遠處會比較小和糢糊；一個有曲線的表面，質地紋理也會有傾斜的狀況。請看圖 5.29，這是一個三度空間的圖案，我們透過這些斑點的大小紋理來建構出三度空間的圖案（Todd & others, 2004）。
2. **線性透視**：當物體距離我們比較遠時，投射到視網膜的影像會比較小，所以一條軌道的兩條平行軌跡在距離愈遠時，兩條軌跡會愈變愈近；在一幅圖中，相對比較大的物體會比相對比較小的物體感覺更靠近我們一些。
3. **重疊**：距離我們比較近的物體會傾向遮住比較遠的物體。
4. **陰影**：物體投射出來的陰影暗示著它們的深度。圖 5.30 是一個平面的圖，但透過陰影會讓人感覺這是三度空間的立體球（Norman, Todd & Orban, 2004）。
5. **運動的速度**：遠處的物體在視線內的移動比較慢，相對地，近處的物體則會移動得比較快。當一隻狗從遠處跑過來時，似乎跑得比較慢，可是到了眼前時，卻又似乎跑得快多了。
6. **大氣透視**：水蒸氣或汙染的空氣消散在空氣中時，會讓遠處的物體看起來比較藍且模糊。
7. **調節**：我們在本章稍早討論過，眼睛的水晶體會隨著物體的遠近而改變厚薄度，好讓距離不同的物體能夠確切投射在視網膜上，這個過程稱為調節。在毛狀肌肉上的動覺接收器會提供物體距離遠近的資訊，這是一個很有用的訊息，但僅止於 1~2 公尺內的距離偵測。
8. **垂直方位**：一個在地上的物體，當低於地平線愈遠，則看起來好像離我們比較近；然而當一個在空中的物體離地平線愈高時，則感覺離我們較近。

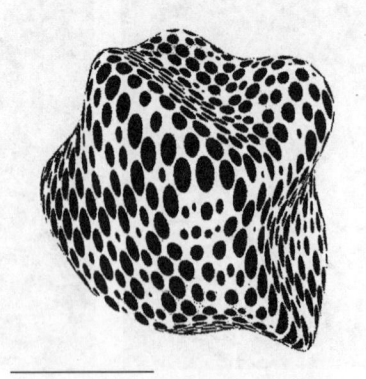

圖 5.29 透過這個圖案上的紋理，讓我們知覺是一個立體的物體。

圖 5.30 透過圖案上的陰影，讓我們知覺是一個立體的物體。

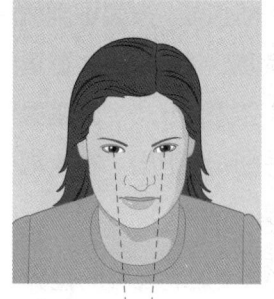

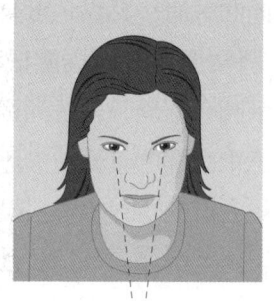

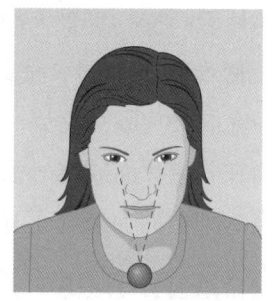

圖 5.31 眼睛為聚焦不同距離的物體，向內看（聚合）的程度也不同，這提供有關物體距離遠近的訊息。因為需運用兩隻眼睛，所以為雙眼深度線索。

深度知覺的**雙眼線索**（binocular cues）必須同時利用兩隻眼睛所得到的資訊。最近流行的 3D 電影所採用的就是這種雙眼訊息。常用的雙眼線索包括：

1. **收斂**：當雙眼同時看著一個物體的中心時，看遠處的物體比近處所呈現的角度還要尖銳（見圖 5.31）。眼睛的肌肉所移動的角度也是估計距離的一項資訊來源。
2. **視網膜上的不等同**：兩隻眼睛彼此有幾公分的差距，所以看同樣的物體卻會呈現不一樣三維空間的景象，尤其是對近距離的物體所看到的差距會愈大；在視網膜上，兩眼看到影像的不等同，就提供了深度知覺很好的線索。早期的立體鏡就是應用了視網膜上影像不等同的原則。如圖 5.32，這

雙眼線索
需要利用兩眼方可知覺深度的兩個視覺線索。

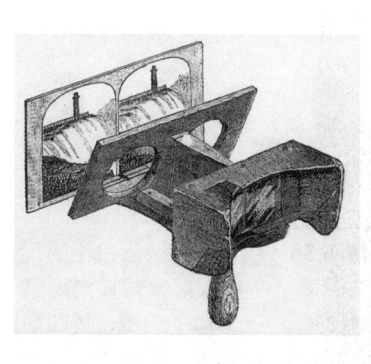

圖 5.32 兩張照片有些微角度上的不同，運用立體鏡，藉由視網膜上的不等同，可以創造出圖片深度的幻覺。這是目前 3D 電影常用的策略。

兩張照片取同樣的場景，彼此間只有一點點角度上的不同，複製了兩個視網膜上影像的不等同。試著將兩張照片的周圍框起來，讓鼻樑放在正中間，只允許一隻眼睛看到一張圖，立體鏡就是利用這樣的方式，讓兩張照片融合在一起，而成為一張三維空間的景像。最近的研究指出，在大腦中有特定的神經細胞來處理這些立體空間的知覺（Parker, 2007）。

經由結合單眼與雙眼線索，我們就能利用二維的訊息來知覺三維的世界。

視覺錯覺　普通心理學的老師很喜歡在課堂上放映有關**視覺錯覺（visual illusions）**的照片來讓學生驚艷。這些幻覺圖片是故意運用視覺知覺的線索來創造錯誤的幻覺。這其實是很具教育性的，除了告訴我們更多有關知覺的過程之外，又再次提醒我們，我們所看到的影像並不是與進入眼中的視覺訊息相同。舉例來說，圖 5.33（Ponzo 幻覺）的兩條水平線是否長度一樣？——它們的長度是相同的，雖然上面那條看起來比較長。圖 5.34（垂直—水平幻覺）的水平線段還是垂直線段比較長？大部分的人會覺得垂直線看起來長一點，不過其實兩條線的長度是相同的。在圖 5.35 中，你所看到的白色正方形其實是不存在於圖片當中，圖片只有四個缺一角的圓形罷了。我個人最喜歡的 Zollner 幻覺（圖 5.36）圖片中的斜線都是平行的，但是即便你確實量過了兩線之間的距離，或是只看其中一對線條，你還是會覺得這些線條歪七扭八。

> **視覺錯覺**
> 視知覺所運用的視覺刺激線索創造了錯誤的知覺。

圖 5.33　Ponzo 幻覺。兩條水平線是一樣長的嗎？

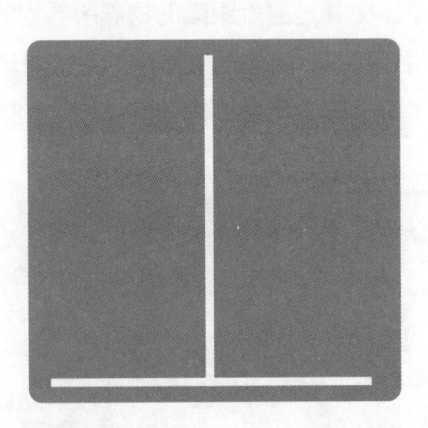

圖 5.34　此圖經常創造出對長度估計的幻覺；比較兩條線，是水平線較長還是垂直線較長？事實上，兩線是一樣長的。

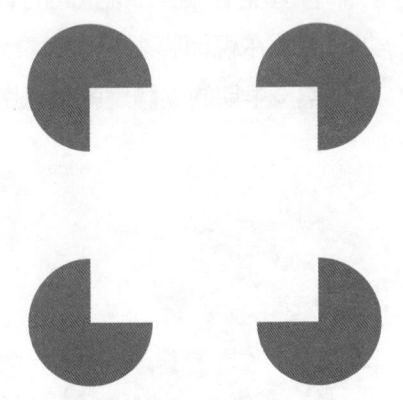

圖 5.35　你有看到一個白色的正方形嗎？多數人都會知覺到所謂的「Kanizsa 方形」幻覺位於四個灰色圓形的前面，而不是知覺到這裡根本沒有方形，只有四個缺角圓形的事實。我們所看到的並非實際存在那裡。

這些幻覺是如何愚弄我們的？它們其實操弄了單眼深度線索來創造這些幻覺。試想 Müller-Lyer 幻覺：圖 5.37 中這兩條垂直線段看起來似乎不一樣長，但實際上呢？它們看起來不一樣長是因為背景脈絡的關係。其實，在線段兩端的短線是重要的深度線索，如同圖 5.37 右邊的兩本小冊子，當深度線索暗示垂直線距離我們比較遠時，我們就會覺得這條垂直線比較長。圖 5.33 的 Ponzo 幻覺，兩條垂直的線段在遠處會漸漸聚合，就像是鐵路的兩條鐵軌，這也暗示著上方的水平線段比較遠，所以會覺得它比較長。其他的幻覺也是以同樣的道理運作。最令人深刻的視覺錯覺是由心理實驗室創造出的 Ames 房間（Ames room）。當從一道牆上的窺視孔（為了限制雙眼得到相關的深度線索）看此 Ames 房間時，看起來是一間正常的正方形房間；但實際上，這個房間的一邊比另一邊還深，造成房間擁有相同深度的錯覺是因為所有的背景創造出了等深度的錯覺。當人站在此 Ames 房間內，會有令人吃驚的知覺效果（見圖 5.38 和圖 5.39）。

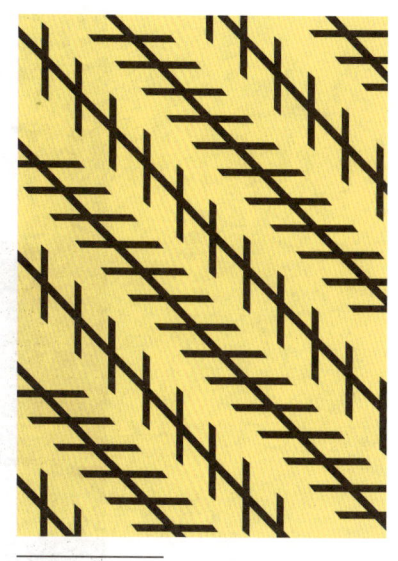

圖 5.36 Zollner 幻覺。這些斜線是否平行？

其實日常生活中也很容易發生視覺錯覺。你有沒有想過，為什麼在地平線附近的月亮會大於在頭頂的月亮？這一切都是幻覺。實際上，有關月亮幻覺的現象並沒有一個被廣為接受的定論（Reed, 1984; Rock & Kaufman, 1972），但基本上，有部分是有關深度知覺的偏差所造成的。

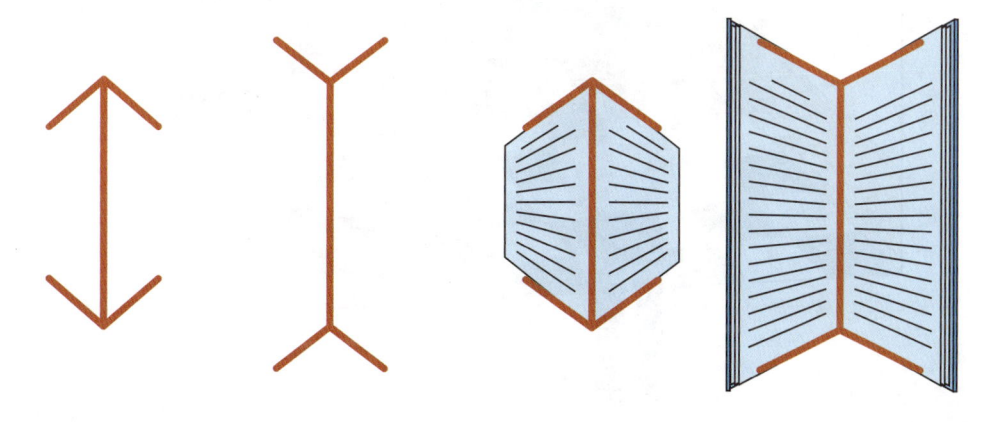

圖 5.37 Müller-Lyer 幻覺。即便知道這兩條垂直線是一樣長的情況下，多數人還是會知覺右邊的垂直線比較長。其實，垂直線上下兩端的短線給予了深度的線索，如同右邊的兩本書。

圖 5.38 圖為 Ames 房間，說明了單眼線索如何運用在知覺深度上，進而創造了幻覺。房間右邊的小孩真的比左邊的大人還要高嗎？

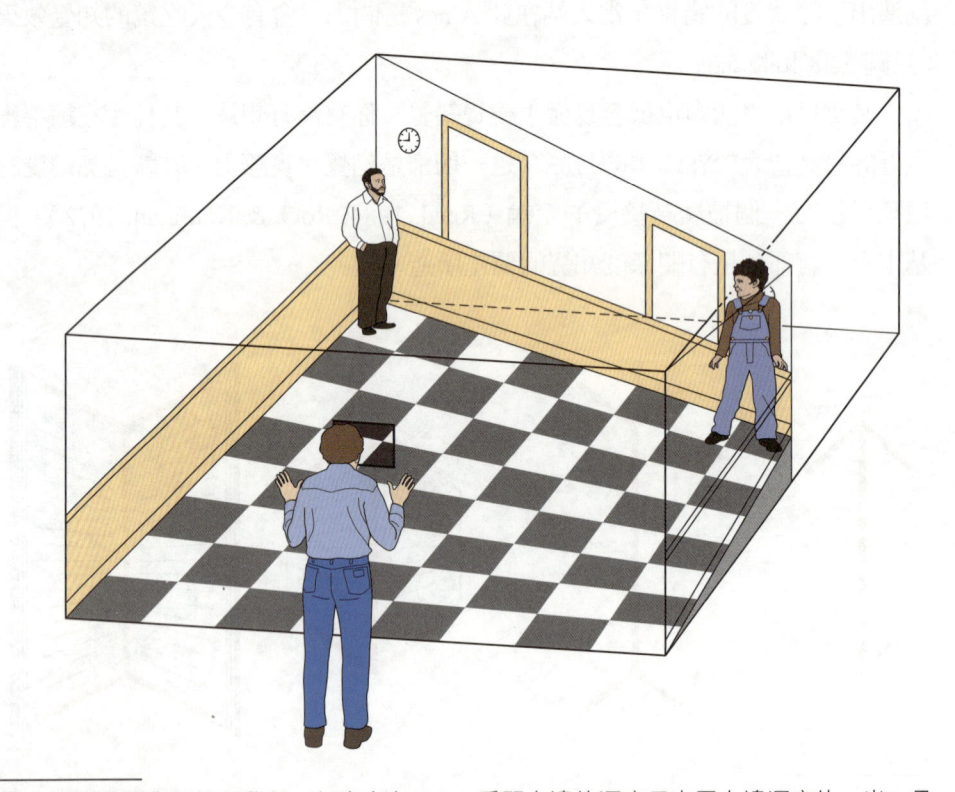

圖 5.39 雖然你可能不覺得，但事實上 Ames 房間右邊的深度只占了左邊深度的一半，且右邊的地板高了些、天花板矮了些、窗子小了些，所有這些線索都創造出 Ames 房間中右邊的人比左邊的人大多了的印象。

如圖 5.40，投射在視網膜上物體的尺寸大小一樣時，我們會覺得遠處的物體大於近處的物體，這兩個三角形大小相同，但上面的那個看起來比較大，因為它比較遠；一般來說，上面的三角形看起來比較大，但投射在視網膜上的大小，卻是和下面的三角形一樣大。

月亮幻覺有部分是依據上述的原則產生的。當月亮在頭頂時，不但因為月亮本來在垂直位置上就比較靠近我們，也是因為我們沒有月亮距離的線索，所以不會對知覺月亮的大小產生影響；但月亮在地平線時，月亮看起來比起遠處的建築物或樹木還遠得多，因為我們知道樹木和建築物有多大，加上它們投射在視網膜的影像很小，所以月亮和這些建築物、樹木比較起來，應該就會大得多了。

還有一項令人驚訝的幻覺——Poggendorf 幻覺。看看圖 5.41，一條斜線從藍色條狀物後穿過去，右邊的哪一條線是延續左邊的斜線？大部分的人會選擇中間那條線。現在拿把直尺來對對看，正確答案為何？在 Poggendorf 幻覺中，當一條線從一個固體後面穿過去時，等到線條再次出現時，知覺總是會挪開一個小角度。試試自己在白紙上畫一條長線，然後用另一小張白紙將線條中間部分遮住，知覺會覺得這條線似乎移開了一點點，而不像是一條連續的線條。

Poggendorf 幻覺不只是有趣而已，其實這樣的幻覺也很危險（Coren & Girgus, 1978）。試想有位外科醫生利用探針想幫病人移除子彈（見圖 5.42）。在 X 光下，醫生從骨頭的一頭穿進去以便移除骨頭另一邊的子彈，探針會確實地碰到子彈嗎？利用直尺對準探針，會發現沿著探針的直尺會從子彈旁穿過，探針並未碰到子彈。有場空難就與 Poggendorf 幻覺有關。1965 年，兩架前往紐約的飛機分別從雲層的兩端進入雲層中，顯然是 Poggendorf 幻覺的關係，兩架飛機看似位於同一條線上，因此兩位機長調整了他們的航道。但不幸的是，結果兩台飛機發生了碰撞，造成 4 人死亡、49 人受傷（Matlin, 1988）。

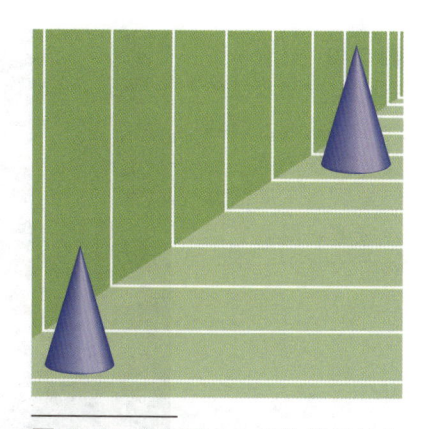

圖 5.40 當相同大小的物體擺放在不同的距離時，較遠處的那個物體會被知覺得大些。

圖 5.41 Poggendorf 幻覺的例子。右邊的哪一條線是接續著左邊的那條線？

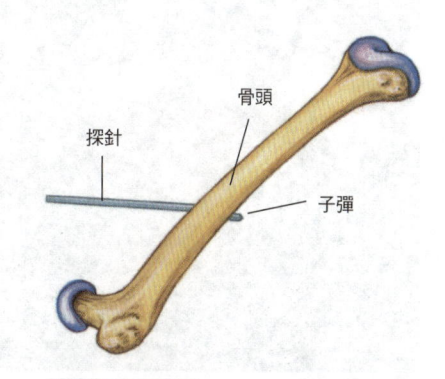

圖 5.42 Poggendorf 幻覺會引發的危險事例之一。這位外科醫生的探針會碰到子彈嗎？

圖 5.43 比較一下右圖與左圖的橘色光圈，基本上這兩個光圈都一樣，但因為背景不同而讓你感覺這兩個光圈有所不同。

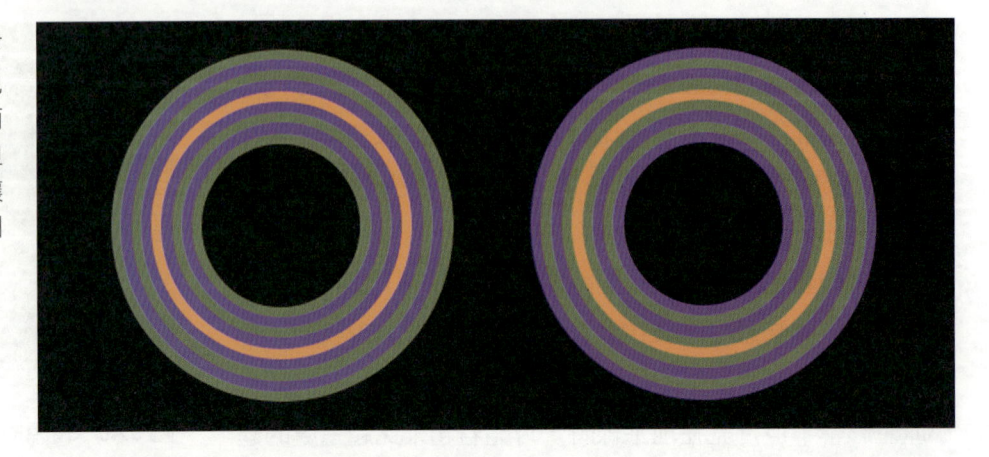

色彩知覺 色彩知覺和錐細胞及拮抗歷程一樣重要。我們對色彩的知覺遠比這些細胞接受的光波長還要複雜。和所有的知覺歷程一樣，視覺資訊需要大腦的詮釋。在圖 5.43 中，你可以發現右邊橘色的光環比左邊的亮，但真是如此嗎？基本上，這是兩個一樣的橘色光圈，只是其他光圈的色彩不同，因而讓你產生不同亮度的感受（Hong & Shevell, 2004）。由這一點可以了解，我們對於色彩的知覺也會受到背景線索的影響。

5.6.2 多重感官的整合

我們並非只是用單一個感官知覺來接觸這個世界，而是將多重訊息整合在一起（Ernst & Bulthoff, 2004）。當你在吃一顆蘋果時，你用了視覺（看蘋果的顏色）、觸覺（果皮的滑順）、嗅覺（蘋果香）與味覺（蘋果的酸甜）以及經常會忽略的動態感覺（如何將蘋果準確地送到嘴中）與聽覺（咬下蘋果的清脆聲音）。透過這些訊息的整合，我們才能感受到這個世界的美好。課堂練習就是透過五感知覺來好好品味一顆葡萄乾，讓你開啟感官知覺的世界。

5.6.3 動機、情緒與知覺

到目前為止的討論似乎顯示我們知覺的方式都一樣。其實不然，因為我們的動機和情緒都會影響知覺。例如，和不餓的人相比，飢餓的人會對甜味或鹹味更

你看到的是紅色的箭頭還是白色的箭頭呢？有人說心情好或處於壓力下會看到向上的箭頭，心情憂鬱或處於不滿中會看到向下的箭頭。你覺得呢？

敏感（Zverev, 2004），或是背了大背包的人感覺上要走的路會比較長（Proffitt, 2006）。另外，情慾激發的男性會較容易被女性吸引（Maner & others, 2005）。情緒也會影響到我們的知覺；有懼高症的人站在陽台上更容易高估到地面的距離（Proffitt, 2006）。由此可知，知覺是透過大腦詮釋的一種複雜的歷程，而不是一個機械化的過程。

複習

知覺是對感覺的解讀。知覺是一個主動的歷程，知覺的形成通常不是只靠感官提供的些微訊息而已。許多我們組織和解釋感覺的方式，是與生俱來而且是人類共通的。知覺組織、知覺恆常和深度知覺三大類的完形原則，以及視覺錯覺都提供例子說明了知覺具有主動性與創造性的本質；其他進入知覺歷程的因素則是有個體獨特性的，例如情緒、動機狀態和文化學習的經驗等都會影響知覺。這些影響因素確保了大部分人知覺這個世界的方式其實大同小異，不過由於動機和情緒因素的不同，也有其個別性。

想一想

1. 學習知覺幻覺有何重要性？我們可以從中學到什麼？
2. 知覺會受到情緒和動機的影響，這樣的結論有何重要性？

▶▶▶ 心理學的應用　香氣與心理狀態

嗅覺是無法關閉的感覺，你每一次呼吸都會「聞到」周遭的氣味。人類自古就對嗅覺很感興趣，並透過香水的發展來調整自己的「味道」。最近芳香療法盛行，許多人會透過「精油」來幫助自己放鬆、提神，透過這些「香氣」來幫助自己調整「心理狀態」。以下列出常見的「香草」，你可以透過喝花茶或是洗有這樣香味的香皂讓自己沉浸在香氣中，感受一下它對你心理感受的影響：

1. 薰衣草—平靜情緒。
2. 佛手柑—鎮定、放鬆心情。
3. 尤加利—重振精神。
4. 茉莉—感到愉悅。
5. 檸檬—提神、減少憂慮。
6. 香蜂草—減緩焦慮、處理失眠。
7. 迷迭香—增加自我感與信心。
8. 檀香—清醒、沉澱自我。
9. 玫瑰—鎮定神經。
10. 洋甘菊—放鬆神經、舒緩疼痛、調理失眠。

本章總結

第 5 章討論了有關我們如何藉由感覺器官和神經系統的知覺解釋來體驗這個世界。

I. 我們能察覺外在世界是因為我們有特殊的感覺接收細胞。
   A. 感覺器官將感覺能量轉換成神經脈衝，並傳送此神經脈衝訊號到大腦來進行解釋。
   B. 心理物理學家是研究物理刺激與感覺知覺之間關係的心理學家。

II. 眼睛的錐細胞和桿細胞將光能量轉換成神經訊號。
   A. 光波的強度決定了光的亮度，光的波長（頻率）決定了色彩。
   B. 眼睛是視覺的第一線感覺器官。
      1. 光線經由角膜進入眼睛（藉由虹膜來調節瞳孔的大小），並經由水晶體投射在視網膜上。
      2. 錐細胞和桿細胞將光波的能量轉換成神經脈衝後傳到大腦。
      3. 1 億 2,500 萬的桿細胞分布於視網膜上，除了中央小窩之外；桿細胞對周邊的視覺和微弱光線特別敏感，但並沒有參與顏色視覺的轉換傳遞工作。
      4. 600 萬的錐細胞多位於中央小窩，處理有關顏色的視覺。
      5. 三色論和拮抗歷程理論對我們了解顏色視覺有很大的幫助。

III. 聽的感覺是對聲波有反應。
   A. 聲波的頻率決定了音高，聲波的強度決定了聲音大小。
   B. 耳朵是聽覺的第一線感覺器官。
      1. 外耳的功能很像聲波收集器。
      2. 聲波會震動鼓膜，鼓膜連接著中耳裡面三塊可移動的聽骨（錘骨、砧骨，以及鐙骨）。
      3. 內耳包含耳蝸和柯氏器，將聲波能量轉換成神經脈衝傳遞到大腦。

IV. 身體內在的刺激也會被感覺系統所接收到。
   A. 前庭器官提供有關相對於重力拉扯的身體定位，動作感覺則提供了身體四肢的位置和運動訊息。
   B. 皮膚感覺可偵測壓力、溫度和痛覺。
      1. 兩類的痛覺以些微的時間差距，分別經由不同的神經路徑傳送到大腦。
         a. 第一類的痛覺（先痛）會藉由有髓鞘的神經傳到大腦的神經感覺區域。
         b. 第二類的痛覺（後痛）是具有情緒方面的痛覺，經由無髓鞘的神經傳送到大腦的邊緣系統，傳送速度較慢。
      2. 許多因素都能阻斷情緒方面的痛覺閘門。

V. 化學感覺是對環境中的化學分子有反應。
   A. 味覺可以感受甜、酸、苦、鹹、油膩等化學感覺。
   B. 嗅覺是對於不同的化學分子感受到不同的味道。

VI. 感覺神經衝動傳到大腦被解讀的過程，稱為知覺。
   A. 知覺是一種主動的心理過程，完形原則解釋了人類傾向解釋感覺訊息的方式。
   B. 個體的獨特性，如情緒、動機、先前的學習經驗等都會影響之後的知覺。

課程活動

品味葡萄乾－多重感官的使用

每個人發一顆葡萄乾，請大家想像這是沒吃過的神奇物品。請大家先用手指感受這顆葡萄乾，在耳朵邊揉捏它聽聽看有什麼聲音，然後用眼睛觀察其紋路，再用鼻子聞聞它的香味，之後慢慢地放入口中，品味這顆葡萄乾的滋味。

第 6 章 意識的狀態

在開始閱讀本章以前，我們先來進行一個想像遊戲。將眼睛閉上，想像你的書本從桌上慢慢地升起，往你的臉靠近，再靠近一點，然後輕輕地碰到你的鼻子。

在你的想像中，你能否看到書本升起？你能否感覺到鼻子被輕輕地碰到？人的生命中充滿各式經驗，有些是事實，有些是想像。我們經常在自我的意識中創造出可能永遠不會發生的事實。每當我們想像、做白日夢或睡眠作夢時，就是如此。

美國喬治亞州心理健康機構（Georgia Mental Health Institute）的 Nancy Kerr 做了一個經典的研究，讓我們發現意識的神妙之處（Foulkes, 1989）。Kerr 研究自兒童時期便失去視力的成年男性與女性後發現，當他們做一些關於朋友的夢時，他們的夢與擁有視力的人非常相似。就算他們從來沒有看見過失明後才認識的朋友，在夢中卻可以「看見」這些朋友長什麼樣子。現實生活中的他們失去了視覺，他們完全是在大腦中創造視覺影像。

意識是一種覺醒的狀態──我們可以覺知到外在世界、自己的想法以及感受。然而，意識並不是單一的狀態，甚至是很多不同意識知覺的狀態，有白天的清醒狀態，也有晚間的夢境。當我們陷入睡眠，我們經歷了夢幻般的「迷朦」（twilight）階段，並在不同的睡眠階段中，經驗到夢境奇特的真實感。

有些意識狀態平時較少經驗到。有些意識狀態的改變是自行發生的，像是產生幻覺和一些扭曲的知覺經驗；有些意識狀態的改變是透過在高度注意力和深層放鬆下會達到，像是冥想和催眠狀態；還有一些意識狀態的改變是因為服用某些藥物所致。當你讀到每一種意識狀態時，試著去想自己有多少知覺是從在第 5 章讀到的知覺器官而來，又有多少是來自心理層面。

6.1　從廣泛的角度看清醒：一般清醒時的意識

「有意識的」是指什麼呢？顯然它和知覺有關。當我們具有意識的時候，會察覺到外在世界的景觀與聲音，帶給我們一些感覺與想法；當我們沒有意識的時候，我們便不能知覺到這些東西。**意識**（consciousness）簡單的定義為一種覺察狀態（a state of awareness）。即使在有意識的狀態下，也有各種不同程度的覺察狀態，像是在專心工作時與嗑藥時的覺察狀態就大不同。在知覺刺激之後，如果需要更精細的處理，大腦還需要聚焦於該刺激並排除其他訊息；我

意識
一種覺醒狀態。

們通常稱這種能力為**注意力**（attention）。由 Simons 和 Chabris（2009, 請參考連結：https://youtu.be/vJG698U2Mvo）所進行的經典傳球實驗讓我們了解到，有意識不見得就代表你看到了，想想看坐在課堂上或是書桌前的你是不是也有同樣的情形。

> **注意力**
> 選擇性地專注於環境中的某些事物，並排除其他事物。

意識不只是單純的清醒程度與思考層次，還包含其他不同型態。當人做白日夢、冥想、服藥或作夢，他們經歷這些事的意識知覺品質是非常不同的，所以我們會去設想意識具有不同的知覺程度。為了充分了解意識，我們需要去探索它不同的種類，以及在什麼情況下會發生。在本章裡，我們會談到作夢、恍神、興奮等，以了解這些狀態的本質，並幫助我們更了解清醒時的意識經驗。

6.1.1　分割的意識：一心二用

上星期六，譯者跟朋友相約去 KTV 唱歌。那一天是老歌之夜，大家都點選很久沒聽到的老歌，像是小虎隊、草蜢、陳淑樺等歌手的經典歌曲。開車回家的路上，我的腦中一直縈繞著「紅蜻蜓」的旋律，等到了家以後，我才驚訝地發現，回顧這 10 公里的路程，我竟想不起這一路上的任何事物。我明明在幾個紅綠燈前停下來，也轉了幾個彎，但我太專注於自己的思考，以至於沒有任何與開車這件事相關的印象。史丹佛大學的心理學家 Ernest Hilgard（1975）以**分割的意識**（divided consciousness）來形容這種現象。他認為當我們同時進行兩件需要意識知覺的事情（在上述例子中，就是開車和哼歌）時，我們的意識和知覺就會「分裂」（split）。

> **分割的意識**
> 同時發生的兩個意識活動的分裂。

那麼一邊開車、一邊講手機又會如何？人們可以在同一時間，將意識知覺成功地分配給這兩件事情嗎？研究結果顯示答案是不行。即便是免持聽筒，甚至只是來電鈴聲，都會使駕駛分心，造成失誤或肇事（Strayer & Johnston, 2001; Shelton & others, 2009）。一邊開車、一邊傳簡訊也會釀成事故。那麼一邊走路、一邊講手機呢？雖然這看起來好像比上述情形簡單，然而實驗也證明這個行為足以讓人分心而忽略周遭發生的事（Hyman & others, 2009）。很明顯地，分割意識有其代價。

6.1.2　無意識的概念

當討論到意識經驗的時候，比較「有意識」與「無意識」是很重要的。許多學習心理學的人期望了解**無意識的心智**（unconscious mind）。在過去，對於無意識的探討都放在哲學的角度來看，而非放在心理學領域。直到最近，才開

> **無意識的心智**
> 不經意識知覺處理的心智歷程，也就是在不自覺的情況下無意識地發生。

始有學者採用科學的方法來探討這個議題（Bargh & Morsella, 2008; Dijksterhuis & Nordgren, 2006）。如今心理學家們了解，很多人類的認知運作與心理歷程其實是在不自覺的情況下無意識地發生。

例如，當處在吵雜的聚餐中，我們都會忽略旁邊的雜訊，只專注於你正在談論的議題，而周遭的訊息就像背景音樂般地消失了。這時的我們會忽略其他周遭的聲音。但若此時有人叫你的名字，你還是會從「背景音樂」中發現這個訊息，這個現象稱為雞尾酒會效應（cocktail party phenomenon）。關於那些不是我們注意去聽的聲音，有研究顯示，儘管我們並非有意識地（consciously）去聽其他聲音，這些聲音仍然會傳達到大腦；也就是說，聲音會被大腦無意識地（unconsciously）處理。Andrew Mathews 和 Colin MacLeod（1986）透過實驗來研究這個現象。研究參與者被要求去聽同時從耳機的兩邊傳來的不同訊息，參與者被指示要忽略一邊的訊息，並大聲複誦另一邊的訊息。從耳機中被忽略的一邊所傳出的訊息有時是中性詞彙，例如朋友、音樂會等，有時則是具脅迫性的詞彙，例如攻擊、緊急等。參與者在複誦訊息時，同時也要注視電腦螢幕，並在「按下」這個字出現時，馬上按下一個按鍵（見圖 6.1）

為了確認具脅迫性的詞彙會對研究參與者產生巨大的情緒衝擊，因此參與者均是高度焦慮且正因此問題而接受治療的人。參與者都報告說，他們全心專注在需要複誦的訊息上，完全沒有意識到應忽略的那一邊傳來的訊息。但當脅

圖 6.1　在 Mathews 和 MacLeod 的無意識訊息處理研究中，研究參與者頭戴耳機，兩耳同時聽見從兩邊耳機傳來的不同訊息。他們都能夠完全忽略一邊傳來的訊息並複誦另一邊傳來的訊息，同時，當電腦螢幕出現「按下」一詞時便迅速按下按鍵。儘管並非有意識地知覺到威脅性的字眼，但是這類字眼還是會阻礙高度焦慮的研究參與者的反應時間，顯示他們已經無意識地處理過威脅字眼的情緒意義了。

迫性的詞彙出現時,這些高度焦慮的參與者按鍵的反應速度,明顯比中性詞彙出現時慢了許多。顯然這些被忽略的詞彙在無意識的情況下已經被處理過了,而具脅迫性的詞彙所帶來的情緒影響會阻撓參與者的反應時間。這類審慎規劃的實驗,讓我們得以對那些我們不具意識知覺卻會對我們產生影響的心智歷程有更深切的了解。

複習

意識是由許多不同的知覺狀態組成,我們無時無刻都在轉換我們的注意力;我們每天都不斷在日常生活的意識和白日夢之間轉換。有時候,我們的意識會「一心二用」,就是 Hilgard 所謂的「被分割的意識」。我們也會無意識地處理資訊,這些無意識的過程可以透過科學方式加以研究。

想一想

1. 你認為我們為什麼常常會忽略自身注意力的限制?你曾經有過突然意識到周遭狀況的經驗嗎?
2. 你曾有過一心多用的經驗嗎?你也有過分心的狀況嗎?

6.2 睡眠和夢:睡著時的意識

大部分的夜晚,我們會逐漸由清醒進入睡眠,然後隔天早上,再從這個睡夢世界中醒來。這中間都只有睡覺嗎?難道我們一生中有三分之一的時間都處於意識斷層狀態嗎?一夜好眠到底有多重要?我們為何會作夢?睡眠不只是一個單純的狀態,而是許多狀態的複雜組合,甚至有意識參與其中。在整晚的睡眠中,我們並不會把意識拋在腦後,而是進入一個與清醒時截然不同的世界。

6.2.1 睡眠的階段

當我們要進入睡眠時,會從清醒的意識到半夢半醒的狀態,再到四個漸次的深沉睡眠(全都包含了極少或毫無意識)。我們間歇性地變換四個睡眠的階段到作夢——一種自以為真實的知覺狀態。以下讓我們討論這些睡眠週期。

入眠前的狀態 要入睡時,我們並不是從清醒直接墜入夢鄉,而是通常會經過「迷朦」階段,也就是既不屬白日夢、也不是作夢的狀態,這個狀態就是

入眠前的狀態
在夢醒之間，夢境般的放鬆狀態。

肌陣攣
在入眠前狀態發生，睡眠者常經驗到下墜感而產生的突然移動。

腦波圖
一種腦電波的測量。

入眠前的狀態（hypnagogic state）（Vaitl & others, 2005）。此時，我們的意識會開始對身體的移動失去控制，對外在刺激的感覺減少，而且我們的想法會開始變得異想天開、變得不受現實約束。對大部分的人而言，這是高度放鬆並愉悅的狀態。但在某些情況下，這種平靜的入眠前狀態會無預警地被中斷——我們會突然感覺到自己好像在往下掉，而身體會經驗到突如其來的抽動——**肌陣攣**（myoclonia）。這是完全正常的現象，這些短暫的抽搐是睡眠的開始。

淺眠與深眠的階段　在入眠前狀態轉變為睡眠之後，我們會經歷四個逐漸熟睡的階段。大部分的睡眠研究者以**腦波圖**（electroencephalogram，簡稱 EEG）測量的腦部活動為基礎來區分這四個睡眠階段。在一個晚上，睡眠深度可以上下交替數次。年輕人進入睡眠狀態後的前 6 個小時，睡眠深度平均有 34 次的變動（Webb, 1968）。因此，睡眠通常不是一個單一持續的狀態，而是會經常變換，而且愈後段的狀態代表睡眠愈深，腦波頻率愈慢（見圖 6.2）。

6.2.2　速眼動睡眠與夢

1952 年，芝加哥大學的研究生 Eugene Aserinsky 在 Nathaniel Kleitman 教授的研究室熬夜觀察一名兒童的睡眠。Kleitman 是 Aserinsky 的指導教授，對於嬰兒在睡眠中緩慢、不停轉動的眼球運動很感興趣。這名兒童的身上連接了許多不同儀器的複雜電線以監控其身體功能（如腦波、心跳、呼吸等），還有一個儀器特別測量眼球的運動。

Aserinsky 盡責地觀察儀器。他發現眼球會不定時地快速運動。一整晚有 6 次左右，在兒童闔上的眼皮下，眼球會不規則地來回快速轉動。當 Aserinsky 觀察腦波圖，他看到令人吃驚的事情：這名兒童的眼球在轉動時，他的腦部活動看起來像是清醒著！每當快速的眼球運動重複出現時，與清醒時相似的腦波型態也跟著重複出現。

作夢
主要在速眼動睡眠中發生的意識知覺。

當 Aserinsky 向他的指導教授說明這個意外的發現時，他們假設：那名兒童當時是否在**作夢**（dreaming）？在接下來的幾年間，Aserinsky 與 Kleitman 針對許多成人與兒童的睡眠進行研究，在他們進入有快速眼球運動的階段時叫醒他們，並詢問他們剛剛是否在作夢？超過 80% 的人說「是」。

Aserinsky 與 Kleitman 意外發現作夢與速眼動睡眠之間的關係，開啟了對於夢境的科學研究（Kleitman, 1960）。他們發現，在快速眼球運動的睡眠期間，作夢是很常有的事情，而且腦波的活動也間接證明了意識的存在。這使得科學家可以輕易就知道夢在什麼時候發生，好讓他們可以加以研究。因為這個

(a) 放鬆，清醒

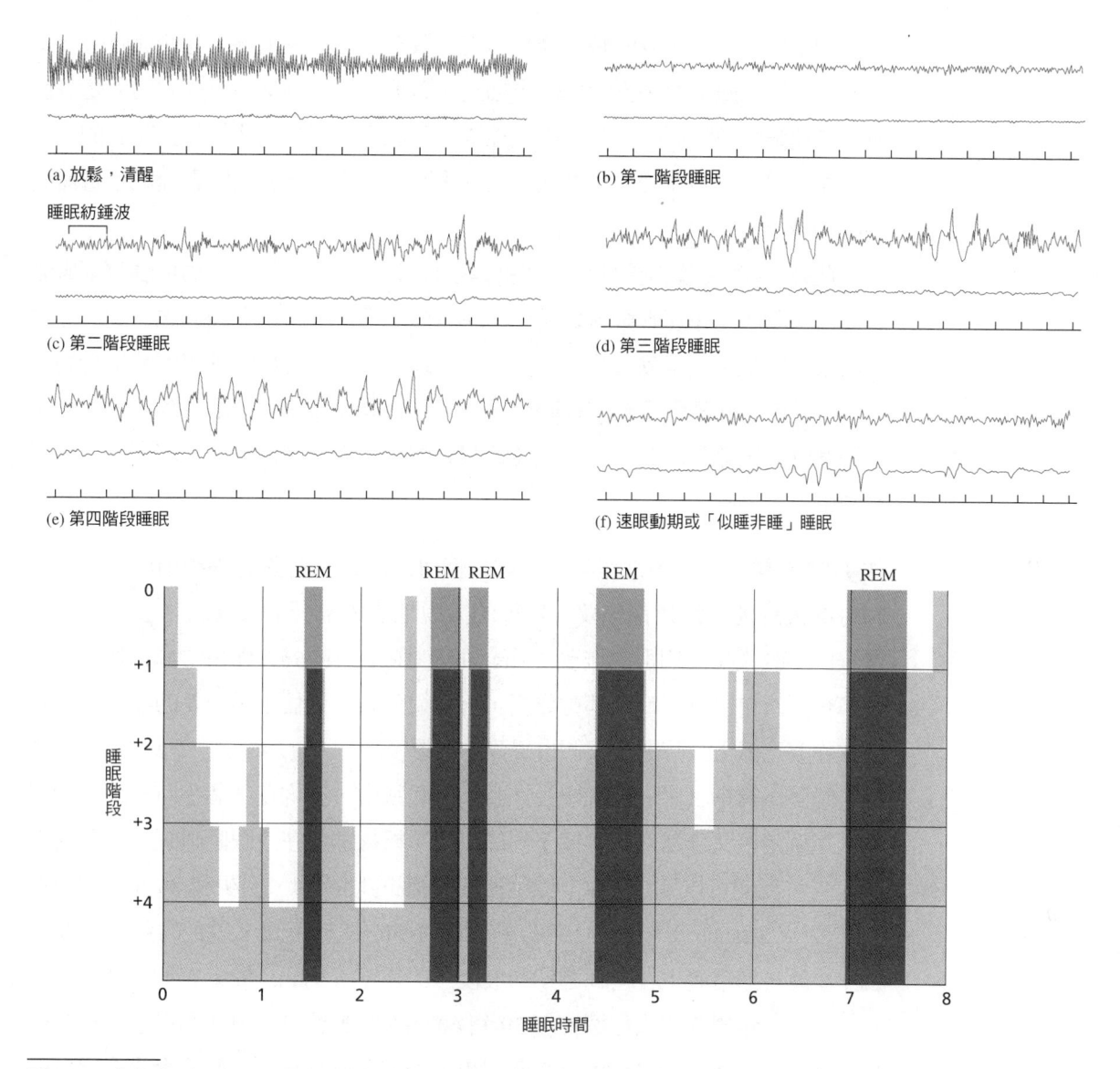

(b) 第一階段睡眠

睡眠紡錘波

(c) 第二階段睡眠

(d) 第三階段睡眠

(e) 第四階段睡眠

(f) 速眼動期或「似睡非睡」睡眠

圖 6.2 我們的睡眠包含四階段的睡眠與快速動眼期。上圖呈現出大學生在不同睡眠階段的腦波變化，以及一整夜下來各階段的睡眠時間。

資料來源：Records provided by T. E. LeVere. Used by permission.

階段的眼球會快速移動，因此稱為**速眼動睡眠**（**rapid-eye-movement sleep**，簡稱 **REM sleep**）。

自主性的身體風暴 經過 60 年的研究，我們知道眼球不是唯一在作夢時會忙碌轉動的身體部位。睡眠研究者 Wilse Webb（1968）將作夢時的睡眠比喻為「自主性的風暴」（autonomic storm）。自主神經系統與周邊神經系統（見第 3

速眼動睡眠
睡眠中眼球快速運動的階段，常伴隨著作夢。

章）的某些部分在作夢的時候非常活躍：腦部的血流量上升、心跳與呼吸變得不規律，以及臉部與手指的肌肉會抽動。有趣的是，由意識所控制的大量身體肌肉在速眼動睡眠期間大多會失去控制，可能是為了防止我們作夢時真的把夢境「做」出。小狗在睡夢中亂吠，並做出跑步動作，代表速眼動睡眠也會發生在動物身上。

此外，在速眼動睡眠時，女性的陰道會潤滑與陰蒂緊繃，男性陰莖則會勃起。因為勃起是在速眼動睡眠發生，所以成年男性的陰莖在四分之一到二分之一的夜晚睡眠中都是勃起的。這項結果可以用來診斷男性的勃起困難：請病人花一晚的時間在睡眠實驗室裡睡覺，看看是否能在速眼動睡眠時勃起，如此便能診斷勃起困難是由於心理因素（速眼動睡眠可勃起者）或是生理因素（速眼動睡眠不可勃起者）。

作夢的時間　你有多常作夢呢？有一個以大學生為對象的研究指出，大約有15%的人說他們每晚都作夢，25%的人說他們大部分的夜晚會作夢，有三分之一的年輕人說他們很少作夢（Strauch & Meier, 1996）。你多常真正作夢呢？就算你認為自己每天晚上都會作夢，可能還是大大低估了你作夢的頻率。我們花在作夢意識上的時間比我們自覺到的還要多。

睡眠研究指出，一個大學生在整晚的睡眠中，平均花2個小時在速眼動睡眠，這個階段又分為四到六個不同的段落。根據那些在速眼動睡眠被叫醒的人的報告，我們可以知道，我們在速眼動睡眠的段落中，至少有80%的時間都在作夢。（Strauch & Meier, 1996）。速眼動夢的長短不同，最長的速眼動夢約為1小時，通常發生在睡眠週期的最後一部分（Hobson, 1989; Webb, 1982）。

因此，年輕的成人每週約有30到40個速眼動夢境，但我們自己不會記得這麼多。除非在作夢之後馬上被叫起來，否則在清醒時，我們很容易忘記自己的夢。我們每晚花2小時在速眼動作夢的意識層次，但在睡眠時，還有很多其他意識上的事件。更何況，夢境並非只發生在速眼動睡眠。

6.2.3 非速眼動睡眠與夢

一開始，睡眠研究者認為非速眼動睡眠期間很少作夢（Kleitman, 1960）。然而後續的研究則指出，非速眼動睡眠期間所做的夢，比原先被認為的多很多。當研究參與者在非速眼動睡眠被叫醒時，會有二分之一的時間報告他們在作夢（Strauch & Meier, 1996; Vaitl & others, 2005）。與速眼動睡眠的夢相較，

非速眼動睡眠的夢一般來說比較沒那麼怪，也比較少有負面情緒。但最近的研究也指出，非速眼動睡眠的夢和速眼動睡眠的夢的相似處比相異處要多（Vaitl & others, 2005）。

若將兩種夢都納入考慮，我們應該很訝異地發現，其實我們在睡眠中有很長的時間是在有意識狀態。除了每晚 2 小時的速眼動夢境外，非速眼動夢境每晚平均會發生 2~3 小時。

6.2.4 生理週期

什麼時候是該去睡覺的時間？對某些人而言，睡意在日落不久就來；有些人則是夜貓子，在早晨之前都能夠非常清醒。但所有的人——包括那些睡不好的人，都有一個大約 24 小時長的生理時鐘來使我們的睡眠型態規律，叫作**生理週期（circadian rhythm**，其中 circa = about；dia = day）（Bratzke & others, 2007）。大部分的研究都在探討生理時鐘的生理現象。海馬迴與部分的腦幹負責我們的生理時鐘（Sakurai, 2007）。生理時鐘的活動在 24 小時裡依循一個規律的型態增加或減少。此外，體內褪黑激素（melatonin）在 24 小時中含量的變異，也是一個調節睡眠的關鍵因素（Gilbertini, Graham, & Cook, 1999）。

生理週期
身體內在產生大約一天 24 小時的循環，使睡眠、清醒、體溫和荷爾蒙分泌有規律。

身體有很多其他的生理週期，許多都概略地遵循著睡眠週期。例如，腦下垂體所分泌的生長激素（growth hormone）對身體的生長和修復有很大的影響，而生長激素在睡眠中的前面兩個小時分泌最多，在醒的時候分泌很少。很明顯地，這反映出睡眠在一般生長及維持健康中扮演很重要的角色。

體溫（body temperature）也有生理週期，而且與睡眠週期有關。在圖 6.3 可以看到，體溫在你想睡覺的時候開始下降，而且持續下降，直到睡眠中段。這就是為什麼你會在半夜拉被子的原因，儘管你的臥房已由中央空調控制。

圖 6.3 也顯示，腎上腺所分泌的荷爾蒙可體松（cortisol）與睡眠階段有緊密的關係。可體松在睡著後不久就會開始增加分泌，並持續增加分泌一整晚。這個現象再次指出速眼動睡眠並不是一個身體完全安靜的時段。可體松的分泌在睡醒的前一刻達到巔峰，也是速眼動睡眠最長的時間。因此，速眼動睡眠時發生的自主性風暴帶來生理或情緒壓力，導致腎上腺激發。一夜好眠的確有益健康，但並不代表你的身體都一直在「休息」。

睡眠週期會受到不同程度的光源所影響。實驗發現，人就算單獨處在一直維持明亮的房間，也會維持生理的睡眠週期。但令人驚訝的是，如果光源的強度沒有改變，這個週期很快會轉變到以 25 小時為循環的週期（Aschoff, 1981;

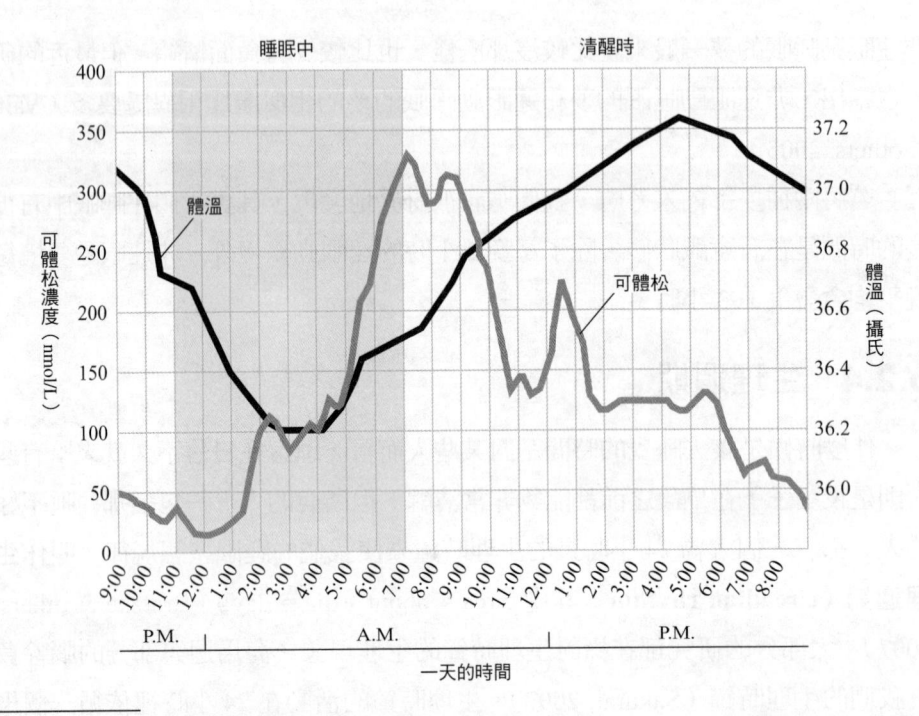

圖 6.3 腎上腺荷爾蒙可體松在血液中的分泌遵循生理週期，在一個人要睡醒的前一刻達到最高峰，而體溫則是遵循另一種不同的型態。

資料來源：Data based in part on J. Puig-Antich & others, "Cortisol Secretion in Prepubertal Children with Major Depressive Disorder," *Archives of General Psychiatry*, Vol. 46:801-812, 1989.

Horne, 1988）。顯然生理時鐘是以一個比 24 小時還長的日程表在行進，但每一天都會因著日光而重新設定一次。

大部分人之所以會意識到生理週期的重要性，通常是由於長時間的飛行打亂了生理週期。例如，如果你往西飛行，從台灣飛到歐洲，會經歷到一個比平常更久的白天，也因此在第一天清醒比較久；若你往東飛到美國，你會經歷到很短的夜晚。兩段旅途都會使你的生理週期被打斷，並且變得低效率、暴躁、不舒服──這個現象稱為「時差」。每個人受到時差的影響不太一樣，但有趣的是，每個人調整時差所需的時間，通常是由西往東的旅程會比較久（Moore-Ede, Sulzman, & Fuller, 1982；見圖 6.4）。因此，你不要指望可以在抵達紐約後還可以跑完所有的景點；通常你還有精力吃個飯就已經很不錯了。美國職棒大聯盟十年的資料顯示，生理週期較佳的棒球隊較易贏球，因為對手往往會因時差調適不良而表現較差，這幾乎等同於有主場優勢（Winter & others, 2009）。

相同的現象在輪班工作者身上也可以看到（Wilkinson & others, 1989）。從晚班（午夜 12 點到早上 8 點）改到早班（早上 8 點到下午 4 點），或從早班改

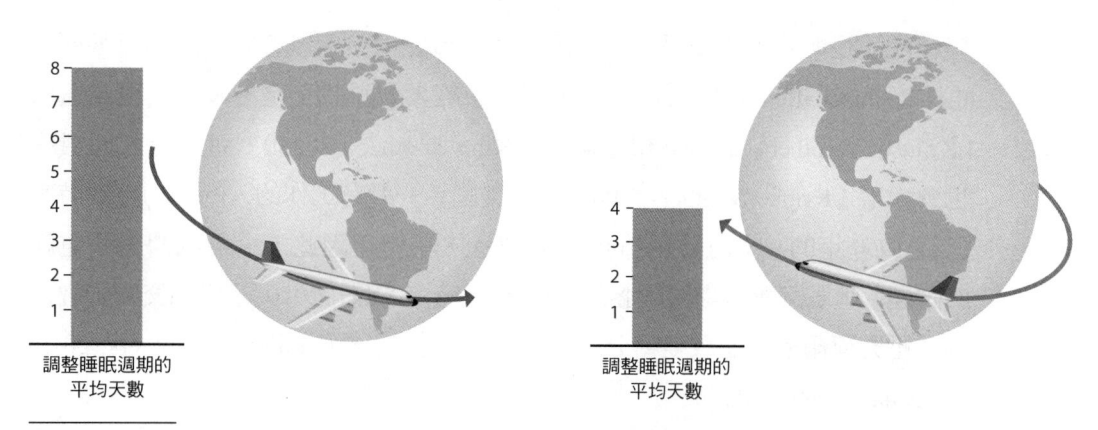

圖 6.4 通常由西邊到東邊的旅途會需要花較長的時間來調整時差。

資料來源：Data from M. C. Moore-Ede, F. M. Sulzman, and C. A. Fuller, *The Clocks That Time Us*. Harvard University Press, Cambridge: 1982.

到中班（下午 4 點到午夜 12 點）的影響，比反方向調整輪值時間的影響來得小，因為你不管在什麼時候輪班，你第一天清醒的時間都比較長。從晚班改到早班，或從東方飛行到西方之所以比較好，是因為我們的身體有自然拉長生理週期的趨勢（Moore-Ede & others, 1982）。很多人都在研究時差和輪班工作的相關主題，因為會嚴重關係到該如何排定小夜班或大夜班，像是航空公司飛行員、護士和其他重要雇員，以及外交、企業、軍事因素的旅行時間規劃。近期的研究顯示，打亂生理週期會影響我們的心情及身體健康，同時也可能造成更多意外並增加罹患癌症及心臟疾病的風險（Erren & others, 2008; Megdal & others, 2005; Davis & Mirick, 2006; Elliott, 2001）。

6.2.5 缺乏睡眠、睡眠的必要與健康

你有補眠的經驗嗎？若你晚上睡不好，隔天通常會去補眠，小睡一下。在佛羅里達大學進行過一個有趣的研究，參與研究的大學生晚上只睡 2 小時，結果發現他們隔天都會出現煩躁不安、疲憊、無法專心、沒有效率等問題，而且在隔天晚上他們會比平常更快入睡且睡得更久（Webb & Bonnet, 1979）。

在早期的睡眠研究中，我們還不清楚睡眠對於身心健康的影響。在一個睡眠剝奪的研究中，Randy Gardner 持續 264 小時不睡覺，雖然他會感到疲憊、易怒，但就短期來看好像沒有其他明顯的身體傷害。另一個研究則是要求大學生漸進式將每晚睡眠從 8 小時減少到 4 小時，持續 2 個月，結果就短期來看也沒有發現明顯的傷害（Webb & Bonnet, 1979）。然而現在，我們已

經發現睡眠與健康的關係。在睡眠剝奪的實驗中，老鼠會因為缺乏睡眠而死亡（Rechtschaffen & Bergmann, 1995）。一般人若睡眠不足，較易出現高血壓（Knutson & others, 2009）和心臟病（King & others, 2008），而且死亡的機率也會大增（Kripke & others, 2002）。在美國，一般有工作的人的平均睡眠時數已從 1960 年的 9 小時降至 2000 年的 7 至 8 小時。因此，這是我們應該重視的議題。睡眠剝奪會影響大腦的效能（Gujar & other, 2010），增加交感神經活動及壓力荷爾蒙，並改變糖分代謝及減緩免疫系統（Grandner & others, 2010; Motivala & Irwin, 2007）。

此外，睡眠剝奪也會使意外死亡的機率大增，因為睡眠不足會使人注意力下降，增加發生意外的機會。例如在美國，每年的春天由於調整夏季節約時間，會讓睡眠少 1 小時，而全美的意外死亡率也會跟著短暫上升（Coren, 1996, 2004）。

我們不只需要睡眠，在睡眠中還特別需要速眼動的夢。在部分實驗中，即使參與者每晚都可以睡滿正常的時數，但每次一進入速眼動睡眠便被喚醒。結果發現，剝奪參與者每晚接近 2 小時的速眼動睡眠量，與更長時間的普遍睡眠剝奪具有相同的效果。參與者都很疲累、低效率，以及暴躁，隔晚他們的速眼動睡眠量增加了，顯示他們有補充速眼動睡眠的需要──或是作夢的需要。其他的研究也顯示，剝奪最深層的非速眼動睡眠也有相同的影響（Hobson, 1989; Webb, & Bonnet, 1979）。記憶整理似乎會在深層睡眠中發生，因為此時海馬迴和前額葉間的突觸會同步（Molle and Born, 2009）。

速眼動睡眠除了會產生夢以外，還可以幫助我們沉澱新的訊息（Hu & others, 2006; Ribeiro & others, 1999; Walker & Stickgold, 2006）。這個時期，大腦神經連結最為旺盛（Ribeiro & others, 2002）。由這些訊息可以知道，睡個好覺、做個好夢對人有多重要。最後，睡眠也會改善與情感資訊相關的記憶（Payne & others, 2008），尤其是速眼動睡眠對於處理情感以及與情感相關的記憶和經驗特別重要（Walker & van der Helm, 2009）。

6.2.6 夢境

白日夢
與幻想有關的思考。

白日夢（daydreams）通常是在有意識狀態下可感受的想法與感覺，不受邏輯或現實的限制。睡眠中發生的夢境是人類意識最具吸引力之處。早在法老王時期，人類就想嘗試解夢。讓我們先討論有關夢境的心理學研究。

系統性的夢境研究是由 Mary Whiton Calkins 開始，我們在第 1 章就有提

過。她首創科學性的夢境研究。早在一百年前，她和她的研究夥伴將自己所能記得的夢境詳細寫下來，時間長達數個月（Calkins, 1893）。從那時開始，有許多研究者研究了數以千計的夢，有自然回憶出的夢，也有在睡眠實驗室裡被喚醒的參與者所報告的夢，因此，我們現在能有信心地描述「一般的」夢境。

夢中性質　夢中的意識經驗大部分都是視覺上的，如果你夢到洗盤子，一般都是夢到洗盤子的影像，但比較少「聽到」洗盤子所發出的嘎嘎聲，或「感覺到」洗盤子又熱又濕的水。只有四分之一作夢的影像還包含了聽覺，20% 包含了身體的感覺；有一半身體感覺的夢與性有關，也就是大概占所有夢境的10%；包含了味覺與嗅覺的夢不到 1%（Hall, 1951; Strauch & Meier, 1996）。

　　你的夢都是黑白或彩色的呢？大部分的夢都在這兩者之間。睡眠時的視覺影像通常與清醒時是一樣明亮清楚的，但色彩上比較單調。夢境通常很少包含強烈的顏色，而且大部分的對比都是灰茫的（Rechtschaffen & Buchignami, 1983）。你夢中的角色都是些什麼人呢？是你的家人或朋友嗎？你夢中有陌生人嗎？你是你夢中的角色嗎？因為你是自己夢境的「導演」，所以你常常在夢中扮演主要角色並不令人意外。在夢中，有四分之三你都是扮演主要的角色（Strauch & Meier, 1996）。夢中其他的角色有二分之一是你的朋友、認識的人，或是家庭成員；另外二分之一則是你不認識或認不出來的人。夢中角色的男女分布都差不多（Hall, 1951; Strauch & Meier, 1996）。

甜蜜的夢：夢中的情緒成分　你的夢境大部分是快樂、悲傷或害怕的呢？當人們在自然清醒的情況下被馬上問到他們做的夢帶有什麼情緒時，大概有 60% 情緒性的夢都帶有負向的情緒（Strauch & Meier, 1996）。當研究者在速眼動睡眠時把人叫醒，大部分的人都回報他們的夢都帶有正向情緒（Fosse & others, 2001）。這是怎麼一回事？為什麼在早晨醒來時，我們無法記得所做過甜蜜的夢？看起來，我們似乎會做很多正向情緒的夢境，但在睡眠週期中較晚發生的負向情緒的夢比較有可能把我們嚇醒，所以我們便忘記了所有的好夢（因為它不會把我們嚇醒），而比較會去注意那些負向告誡、把我們嚇醒的夢。這完全不公平，但至少我們可以知道，在大部分夢中我們都是快樂的。

　　當我們在自然清醒時所回憶的夢境，其情緒品質有性別上的差異。普遍來說，男性比女性更容易回憶出正向夢境；同樣地，男性夢中的角色比較可能出現社會性壓抑的動作，例如夢中的角色比較不會對其他角色展現友善，也比較不會對其他角色有攻擊行為。當口頭或身體性的攻擊行為在夢中發生時，男性

和女性都比較可能夢到自己是受害者，而不是攻擊者，但這個趨勢是女性比男性多一點（Strauch & Meier, 1996）。

夢的創造性與奇特性　夢會吸引人，有很大的原因是在於它驚人的創造力與荒謬性。大部分的夢境都很近乎平時的日常生活，但即使是我們最真實的夢，也常包含了創造力和不尋常的元素。我們的夢大約有四分之三包含了至少一個奇特而不真實的元素，混合在看似一般的夢裡面。另一方面，我們有 10% 的夢包含了荒謬的情節，另外有 10% 的夢幾乎完全荒誕不經（Hall, 1951; Strauch & Meier, 1996）。

6.2.7　夢的意義

為什麼會「日有所思，夜有所夢」？夢的意義是什麼？一個世紀以來的研究認為，夢的內容和我們清醒時的經驗有關。

日間殘餘
夢境與清醒時的日常生活相似。

日間殘餘　大部分的夢境都直接與日間生活有關──佛洛伊德稱之為**日間殘餘（day residue）**。在多數的夢裡，至少有一個事件或人物是從過去的這一天而來──或較少的是從過去的一週，甚至是作夢者更早期的生活而來。夢中最重要的主角與事件，比其他部分更可能反映了日間殘餘。例如，在睡眠實驗室參與實驗的參與者，有一半都報告說睡眠研究者或實驗室的某部分出現在他們的夢裡（Strauch & Meier, 1996）。

另一個日間殘餘對夢境有重要影響的證據，是德國慕尼黑 Max Planck 精神病機構的一個設計精良的實驗（Lauer & others, 1987）。參與者先觀看一部一般性的影片，或是一部令人煩亂的影片，後者的內容夾雜暴力、羞辱與絕望，看完影片後在睡眠實驗室過夜。參與者在第一次速眼動睡眠的時候被喚醒，並被詢問是否有作夢。觀看令人煩亂影片的參與者，比起觀看一般性影片的參與者，做了更多具攻擊性、焦慮的夢，而且超出的比率相當高。此外，高達三分之一的夢境主題或影像與令人煩亂的影片內容直接相關。

1989 年 10 月 17 日，舊金山發生了一場大地震，造成了超過 50 億美元的損失與 62 人死亡。在大地震發生後的連續 3 週內，研究人員（Wood & others, 1992）訪問了舊金山兩所大學的學生，並追蹤他們到底作了多少惡夢。控制組是距離地震非常遙遠的亞歷桑那大學的學生。毫無意外地，有 40% 舊金山區域的學生說他們至少作了一個以上與地震有關的夢，而這樣的比例在亞歷桑納大學只有 5%（Wood & others, 1992）。人若是暴露在高壓的情境下（例如戰

爭），有時在許多年後，仍會夢到相似情境的惡夢（Neyland & others, 1998）。無疑地，日常生活的想法與事件，是我們最常夢到的內容。

對夢的詮釋　我們知道有些夢境是單純反映日常生活的事件與想法，那其他的呢？夢中詭異如小說般的影像有什麼意義？不同的心理學家對夢的意義有非常不同的觀點，從認為夢不具任何意義，到認為夢對我們性格中隱藏的部分提供了其他方法所不能取得的豐富資訊來源等看法皆有。

佛洛伊德的追隨者認為，夢是「通往潛意識的捷徑」，能讓我們更深入地潛入潛意識，從夢境裡的象徵窺探隱藏的衝突與動機。對佛洛伊德來說，夢境有兩個層次：明顯的與潛藏的。我們在夢中經歷的事件屬於**明顯的意義**（manifest content），佛洛伊德對這個層次比較沒有興趣，他認為應該越過夢的表面內容，從其象徵中挖掘它的真正意義，或是**潛藏的意義**（latent content）。例如，一位年輕女性夢中的明顯意義可能是駕駛火車，但在進入隧道前開始感到害怕。表面上看來，這是個有關火車與隧道的夢，但這個明顯意義象徵什麼呢？佛洛伊德可能會認為，火車與隧道分別象徵男性與女性的生殖器，因此，這個夢內在、潛藏的意義，可能就是這位年輕女性對是否該進行性行為的掙扎。

> **明顯的意義**
> 根據佛洛伊德的說法，明顯的意義是指夢境的表面意義。

> **潛藏的意義**
> 根據佛洛伊德的說法，潛藏的意義是指夢明顯的意義下所象徵的真實意義。

這類對夢的詮釋既具爭議性又吸引人，但是正確性如何呢？心理學家對這一點不敢苟同，因為象徵的東西可以有無窮的解釋方式，我們永遠無法確定詮釋得對不對。現代的心理學家不像佛洛伊德那樣那麼強調夢的詮釋。

6.2.8　夢魘與其他的睡眠行為

我們都曾有過令人恐懼的夢──**夢魘**（nightmares）。這些發生在速眼動睡眠中的夢的內容令人恐懼、難過、挑釁，或在某種程度上讓人不舒服；儘管它們只占所有夢境的一小部分，但它們令人煩亂到足以讓我們從睡夢中醒來，鮮明地記得夢魘的內容（Hartmann & others, 1987）。當生活壓力大的時候，我們就容易產生夢魘，特別是那些在壓力下有很多負面情緒的人（Levin & Nielsen, 2007）。

> **夢魘**
> 在速眼動睡眠中發生的夢，內容特別令人感到驚嚇、難過、生氣，或其他不愉快的感覺。

夜驚（night terrors）是比較少見、但更令人心煩的夜間經驗。人在夜間突然醒來，呈現驚慌、恐懼的狀態，但卻對伴隨的夢境並不是有那麼清楚的回憶；通常幾分鐘後就會恢復平靜，但卻是個令人驚恐的體驗。與夢魘不同的是，夜驚不在速眼動睡眠中發生，而是在非速眼動睡眠最深層的階段發生。夜驚最常發生在學齡前兒童身上，但有時成人也會經歷到（Hartmann & others, 1987）。

> **夜驚**
> 令人煩亂的夜間經驗，通常發生在非速眼動睡眠時期，尤其是在學齡前兒童身上。

夢遊
在睡眠的同時也走路或從事複雜的活動，在較深層的非速眼動睡眠發生。

說夢話
在睡眠週期的每個階段都會發生的說話現象。

睡眠疾患
與睡眠有關的困擾。

失眠
有入睡困難或早醒困擾的睡眠疾患。

猝睡
有這種睡眠疾患的患者會在完全清醒、從事活動時，突然進入睡眠，就算他們已有足夠睡眠仍會發生。

睡眠呼吸中止
睡眠中突然呼吸中止。

夢遊（sleepwalking）是發生在深層非速眼動睡眠中另一個有趣的現象。夢遊的人會從床上爬起來，並從事一些複雜的行為，例如從一個房間走到另一個房間，但看起來仍像是在睡眠中。夢遊最常發生在青春期前的孩子身上，但也會發生在成人身上，尤其是兒時曾有夢遊經驗，而成年後經歷壓力時，夢遊現象可能會再度發生。除了在黑暗中漫步可能會發生意外的危險外，夢遊並不是一個異常的現象。

說夢話（sleeptalking）是常見的現象，在整個睡眠循環的每個階段中都可能發生。睡著的人在睡眠中的一小段時間，會說一些清晰易懂的話，在每個年齡層都會發生，但在年輕的成年人最常見。

6.2.9 睡眠疾患

每個人都會睡覺，有些人睡得比自己希望的多或少，也有些人在睡眠的過程中遇到了一些嚴重的麻煩。**睡眠疾患**（sleep disorders）指的就是這類使人苦惱但又可以治療的毛病。

失眠（insomnia）指的是個人覺得入睡困難，或自己睡得比期望中少。失眠有兩大類：入睡困難型（sleep-onset insomnia）指的是在要入睡的時刻卻難以睡著，但睡著後的睡眠與一般無異；相對地，早醒型（early-awakening insomnia）是比預期中還早起，包括半夜醒來數次，或早上早起。這兩種失眠在沒有其他心理問題時都可能發生，但在經歷壓力、焦慮或憂鬱時更常見。

猝睡（narcolepsy）是一種罕見的睡眠疾患，發生在少於 0.5% 的一般大眾，但它的影響卻很嚴重。猝睡症者常無預警地在工作中或與他人的談話中進入睡眠狀態，尤其是在他們挫折或壓力大的時候。通常猝睡症者會經歷肌肉失去張力，表現出缺乏肢體運動，就好像他們突然進入深層睡眠一樣。但研究指出，猝睡並不是速眼動睡眠。猝睡不是極度愛睏，因為猝睡症也會發生在睡眠時間足夠的人身上。在操作危險的機器或從事其他職業相關的活動時，猝睡症會帶來很嚴重的麻煩。

睡眠呼吸中止（sleep apnea）是在睡眠中，突然、臨時的呼吸中斷，這些呼吸中斷一定要長過 20 秒，才能被稱為睡眠呼吸中止，因為短暫的呼吸中斷是很常有的事。睡眠呼吸中止在老年打呼者中特別常見，因為不管是喉嚨肌肉太放鬆，或大腦對呼吸的訊號中斷，都有可能造成睡眠呼吸中止。睡眠呼吸中止可能會帶來嚴重的健康問題，即使是症狀輕微，也可能對日常生活造成不便，像是易累、認知能力降低、愛打瞌睡等。研究發現，患者若在 1 小時內

發生 5 次的睡眠呼吸中止情形，發生車禍的機率會比常人高出 7 倍（Findley, Unverzagt, and Suratt, 1988）。

> **複習**
>
> 每一天晚上，我們從意識清醒的世界離開，進入到隔天早上幾乎不記得的世界。不帶有意識經驗的睡眠階段不斷交替著，我們一生的夢伴隨著身體內在活動的騷動。有系統的研究告訴我們，夢的內容大部分是反映生活事件與想法，而夢的意義一直很吸引人，也在佛洛伊德試圖去了解潛藏的心靈活動中扮演重要的角色。在部分的夜晚，睡眠使我們很困惑，有時候甚至令人煩惱，亦即為睡眠疾患所苦。睡眠與清醒的日夜週期是眾多遵循一天、一星期、一年等型態的自然週期之一。

> **想一想**
>
> 1. 你在自己的夢境中發現了任何模式嗎？
> 2. 依據睡眠週期的研究發現，什麼樣的時間最適合考試？

6.3 意識狀態的改變

到目前為止，我們談了我們熟悉的意識狀態。接下來，我們要談意識狀態中較不尋常、較不熟悉的領域，也就是所謂意識狀態的改變（altered states of consciousness），我們會從意識狀態改變的共通特性開始談起。

意識狀態的改變可能發生在冥想、服用藥物、非比尋常的強烈性高潮，或宗教儀式中，雖然每種都與其他的有所不同，但都具有以下共通點（Deikman, 1980; Pahnke, 1980; Tart, 1975）：

1. **知覺的扭曲**：在意識狀態的改變下，視覺、聽覺和感覺常會被扭曲。感覺自己好像在某種夢境中，一切感覺都虛幻不一樣。
2. **強烈的正向情緒**：在一個極度的快樂感受中，個體會覺得自己飄飄欲仙。
3. **融合的感覺**：感覺到自己與大自然融為一體。
4. **不合邏輯**：有一種脫離理性現實狀態的感覺。例如，「我如同一個抽離的人存在著，然而我又與宇宙合而為一。」
5. **難以言喻**：個體會有一種妙不可言的感受，無法用現有的語彙來表達自己的經驗。

6. **超然的**：意識狀態的改變是超然的──在一般經驗之外，特別是個人可能經驗到一個超越時間、空間限制的全新觀點。
7. **自我的真實感**：個體會有一種專屬於自己的真實感。好像發現某種只有自己可以領受的真理。

以上提到的都是個體的真實感受，例如，冥想者會進入自己的天堂。以科學的角度來看，我們可以發現個體的意識狀態有所改變，然而對於個體的「天堂」是否為真實狀態則無法驗證，畢竟那是他心中的真實感受。

6.3.1 冥想

> **冥想**
> 集中注意力去阻隔所有的想法和感覺，以達到放鬆感的一些方法。

有些人追求一種不尋常的意識狀態，所採用的方法就是**冥想**（meditation）。冥想是源自於佛教的修行方法，可以幫助個體改變當下的意識狀態。冥想有很多種形式。在最簡單的形式中，冥想包括了很放鬆的坐姿或躺姿，然後很深層、緩慢、有規律的呼吸（Vaitl & others, 2005; Walsh & Shapiro, 2006）。這時，你專注在你的呼吸上，不要注意腦中在想什麼。對於初學者而言，這個練習有點困難，但經過每天的練習後，你會愈來愈上手。在某些形式的冥想中，個人會自己重複默唸一些字或發出聲音，這些詞常帶有特別的宗教意涵〔**頌經**（mantras）〕；但研究發現，任何愉快的聲音或詞（例如：哈）對於將注意力從感覺或想法移開，都有相同的效果（Benson, 1975）。

> **頌經**
> 在冥想中使用的詞句或聲音，帶有宗教意涵。

> **超然的狀態**
> 一種意識改變的狀態，據說是超越一般人類的經驗，有時可以透過冥想達到。

一旦你精通了方法，冥想時就會產生上述意識狀態的改變，而達到所謂的**超然的狀態**（transcendental state），與一般的意識非常不同。通常冥想是產生一種放鬆的狀態（Beiman & others, 1976; Walsh & Shapiro, 2006），而由於冥想的狀態會減低交感神經的激發（Cahn & Polich, 2006; Wallace & Benson, 1972），近年來常被用來處理高血壓或失眠的問題（Walsh & Shapiro, 2006）。許多人相信冥想可以抵銷壓力帶來的生理影響。儘管已經開始有證據支持這個觀點，但在整個學術領域中尚未有定論（Walsh & Shapiro, 2006）。

6.3.2 正念

> **正念**
> 注意自己當下的經驗。

近年來，佛學漸漸影響到大眾的生活，甚至心理學界也開始研究佛學中的一些內涵。**正念**（mindfulness）就是一種受到心理學關注的佛學修行策略。正念就是注意到自己當下的內外在經驗（Brown & Ryan, 2003）。一般人的生活都是自動化歷程，例如你早上起床、刷牙、洗臉到出門上課，這些例行的動作都讓你可以不自覺地產生行動；這些自動化的動作讓你遠離了自己的經驗。

正念的訓練就是幫助你注意到你當下的每一刻，讓你感受每一刻的經驗；透過正念的訓練，可以幫助你紓解壓力以及提升生活品質。最新的研究顯示，正念訓練可以幫助面對壓力的人降低情緒波動（Brown & Ryan, 2003; chambers & others, 2008; Hofman & others, 2010）。

6.3.3　催眠

一個被催眠的人相信自己正站在雪地中，因沒有穿棉襪而發抖著；同樣地，催眠者可以告訴被催眠的人要他回到4歲時的生日派對上，然後就看到被催眠的人行動像是跟其他4歲小朋友玩一樣。被催眠的人常會告訴我們，他真的感覺到寒冷的風，也相信自己重新體驗了4歲那次的生日派對。**催眠**（hypnosis）狀態為什麼如此不同於清醒狀態？

> **催眠**
> 一種意識改變的狀態，高度放鬆且易受暗示。

人被催眠的時候，會使自己的注意力穩定地專注在催眠者的聲音，並被引入意識狀態的改變。被催眠的狀態因人而異，但大致上都有下列典型特色（Vaitl & othes, 2005）：

1. **放鬆**：深層的放鬆與平靜，常伴隨著身體感覺的改變，例如感覺漂浮著或往下沉。
2. **催眠性的幻覺**：當被告知去做某事時，被催眠者可能在改變的情況下，看到、感覺到或聽到，甚至經驗到不存在的事物，例如聞一朵不存在的花。
3. **催眠性的痛感喪失**：被催眠者身體的某些區域，可能因接受暗示而失去觸覺或痛覺，這是確認催眠最好的方法，催眠也因此能被用在手術、牙科醫術或生產上（Milling & others, 2006; Patterson & others, 2006; Price & Barber, 1987）。
4. **催眠性的年齡退化**：有時候，人可以因為催眠感覺到他正回到生命比較早期的階段；但大部分專家不認為催眠可以幫助回憶孩童時期發生的事情（Kirsch & Lynn, 1995）。
5. **催眠性的控制**：被催眠者的行動有時看起來像被外力控制。當一個被催眠者被告知她的手臂可以漂浮起來，她的手臂可能就真的看起來像是被看不見的氣球舉起來一樣，比較不像是靠著自己的肌肉舉起的（Bowers, 1976）。

這種意識狀態改變的本質到底是什麼？為了更了解它，我們要簡短地回顧一下催眠迷人的歷史。

Mesmer 醫生與催眠術 Franz Anton Mesmer 是 18 世紀末在巴黎行醫的一位內科醫生。雖然他接受古典醫學的訓練，但他的行醫方式卻極其不尋常——不尋常到被傳說是招搖撞騙的江湖術士，因此他很早便遭到自己祖國奧地利的醫學組織驅逐。他以一種稱為磁場（magnetic séances）的方式來治療有身體或心理問題的病患。Mesmer 認為，所有的活體都充滿了磁性的力量，會發生疾病是由於磁力失衡。他的治療方式是將他的手掌（他相信手掌帶有磁場）拂過病患痛苦的身體部位，並讓病患觸摸自大浴缸中向外伸出的一根金屬棒，而這個大浴缸中充滿了水、化學物質、磨碎的玻璃，以及鐵屑等物質，因為 Mesmer 認為這樣的混合可以創造磁場。

其實更有可能的是，Mesmer 創造的是一個相當不同的東西——一種增加神秘與帶有力量的催眠式恍惚氣氛。他穿著淡紫色的長袍，進入一間黑暗且肅靜的房間。他安撫病患至深層的放鬆階段，並讓他們相信他有醫治的能力。換句話說，他催眠了病患。他告訴病患病會遠離，有些人的病痛就真的消失了。這種讓人進入催眠式恍惚狀態的過程，多年來都以他的名字命名為 mesmerism，直到許久以後才以 hypnosis 這個字來指稱催眠。

心理學家花了好長一段時間來決定這可疑的現象是否真的有研究價值。近 30 年來，終於有了關於催眠的實證科學研究（Allen & others, 1995; Benham & others, 2006; Kirsch & Braffman, 2001）。例如，目前已證實當一個被催眠者被告知將一個灰色刺激物「看成」是帶有顏色時，大腦中知覺顏色的區域的確也被活化了（Kosslyn & others, 2000），顯示他們不是假裝有看到顏色。

然而，心理學家對於如何看待催眠仍未達成共識。有些人（Barber & Wilson, 1997; Kirsch & Lynn, 1995）建議催眠不應被認為是恍惚、昏睡，而是一種意識高度集中、想像力高度增強，並且極容易受到催眠師指示影響的高度放鬆狀態。以這種方式看待催眠，總算讓催眠在降低疼痛方面得到醫師和心理學家有限度的接受（Harmon, Hyan, & Tyre, 1990; Patterson, 2004）。

6.3.4 去個人化

有些意識改變是自然發生，並非刻意取得。本節要談的是這種情況下最常出現的經驗。**去個人化（depersonalization）**指的是一個人身體某層面的知覺變得扭曲或不真實，或感覺周遭環境有奇怪的扭曲。雖然這似乎很詭異，但我們偶爾都會產生這種意識改變。英國研究者訪問了 891 位大學生，並發現有 76 位經歷過這種現象。專家們藉由這群學生的幫助，描繪了這些經驗（Myers

---

去個人化
一種覺得個人身體或環境變得扭曲或不真實的知覺經驗。

& Grant, 1972）：

假設今天中午你感覺自己的意識離開身體，在天花板附近漂浮，並觀望著自己。這表示你瘋了嗎？你有過超自然或宗教經驗嗎？有時候，去個人化經驗也包含了意識離開身體，並產生所謂出竅經驗或**神遊**（**astral projection**）的錯覺。當這種經驗重複出現時，可能就是心理問題的一個指標；偶發一次是較為平常的情形，只是會嚇壞人（Myers & Grant, 1972）。

> **神遊**
> 去個人化裡包含的錯覺──覺得意識離開身體。

複習

有時候，我們會經驗到一種意識狀態與一般清醒的意識大為不同，有些意識狀態的改變是不受歡迎的，因為它的出現會帶來困擾（如去個人化），但有些是刻意經由冥想或催眠達到的。冥想會製造一種超然的放鬆狀態，對減壓可能有效；而催眠則在某些情況下對紓緩痛感很有用。

想一想

1. 就你的看法，為什麼催眠在我們的社會中沒有被更廣泛地運用為手術中麻醉藥的替代品？
2. 你曾經有過意識狀態改變的經驗嗎？你會怎麼形容這樣的經驗？

6.4 藥物和意識改變

在意識狀態的改變中，最顯著不同的類型就是服用化學物質到體內──也就是服用藥物；我們要特別討論**心理改變藥物**（**psychotropic drugs**），這是一種能改變意識經驗的藥物。這些藥物藉著影響大腦中特定的神經傳導物質，或是在神經元間改變其化學傳導，來發揮它們的影響力。這些心理改變藥物影響的範圍很大，從溫和的放鬆到鮮明的幻覺都有。然而在現代社會中，它們本身的影響還不比它們被濫用的頻率來得大（Carroll, 2000）。

心理改變藥物大致可分為四大類：**鎮靜劑**（**depressants**）降低中樞神經系統抑制中心的活動，導致鬆弛的感覺以及降低抑制作用；**興奮劑**（**stimulants**）可以增加中樞神經系統中誘導中心的活動，並減低中樞神經系統中抑制中心的活動，提供了能量和安寧的感覺；**迷幻劑**（**hallucinogens**）使知覺產生類似夢境的經驗；**吸入劑**（**inhalants**）是普通家用化工產品，當被用來吸入時便具有危險性，會產生極度興奮的感覺。大麻比較難放進這個分類，因為大麻給多數人帶來輕鬆且安寧的感覺。這些分類中大多數的藥物已經被歸納在表 6.1 中。

> **心理改變藥物**
> 可改變意識經驗的藥物，包括興奮劑、鎮定劑、迷幻劑。
>
> **鎮靜劑**
> 一種降低中樞神經系統的藥物，導致幸福感、想睡與降低抑制。
>
> **興奮劑**
> 增加大腦誘發中心活動的藥物，可提供精力與幸福感。
>
> **迷幻劑**
> 改變知覺經驗的藥物。
>
> **吸入劑**
> 吸入時會產生興奮感的有毒物質。

表 6.1 台灣常見藥物的效果

	心理作用	人際效果
酒精	釋放、減壓、放鬆	壯膽、減少害羞
香菸（尼古丁）	放鬆、減低焦慮	增加人際互動
興奮劑（如：安非他命）	增加活力與警覺性、產生飄飄然的感覺、提振精神，可狂歡整夜	增加性慾與親密感
迷幻藥（搖腳丸）	增加事物的興趣、提升想像力	增加經驗分享
搖頭丸（E）	幸福感增加、興奮感	人際親和度增加、開放心胸、性愛時間增加
G水	釋放感、抗焦慮	減少疏離感
鴉片類（四號）	愉悅感、減少痛苦	溫馨感、分享藥物
RUSH（吸入劑）	刺激感、神智不清	親密度增加
K他命（麻醉劑）	愉悅感、夢幻感	冒險、舞廳用藥

藥物常見的傷害

	心理傷害	身體傷害	社會傷害
酒精	意志消沉、記憶力與思考能力減退	戒斷症狀、肝功能	暴力行為
香菸（尼古丁）	慣性使用、不易專心、易怒	肺與心臟	菸害防制法
興奮劑（安非他命）	增加焦慮、多疑、幻覺	血壓增加、中風	花錢、違法、不安全的性行為
咖啡	慣性使用	腸胃道問題	花費
迷幻藥（搖腳丸）	無法控制自己的行為	身體不適	違法
搖頭丸（E）	E後的憂鬱	心跳加快、脫水、腎衰竭	違法、不安全的性行為
鎮定劑（G水）	焦慮感、學習能力降低	痙攣	失去意識、不安全的性行為
鴉片類（四號）	不易戒除	共用針頭	吸毒的負面標籤、失業
吸入劑（RUSH）	判斷力不佳、危險行為	腦部傷害	不安全的性行為
麻醉劑（K）	焦慮的情緒	意外	不安全性行為
大麻	記憶力受損	肺部傷害	非法

我們將針對非法藥物以及常被濫用的處方藥物討論它們的使用型態。在本章最後「心理學的應用」專欄中，我們會介紹最常合法使用在改變意識狀態的藥物：咖啡因、尼古丁和酒精。

6.4.1 藥物的使用：基本考量

在接下來這個部分，我們將會看到一些廣泛被使用的藥物所帶來的心理效果。在討論這些效果的過程中，我們必須記住，藥物在每個人身上的效果都很難被完全預測，許多因素會影響每個人對藥物的反應，其中最重要的是：

1. **劑量和純度**：藥物的劑量顯然會影響它的效果。基本上自行購買的藥物大多混雜其他物質，這會改變藥物的效果。
2. **個人的獨特性**：體重、健康、年齡，甚至服藥者的人格特質都會影響藥效。
3. **效果預期**：服用藥物的人對藥效的期望也會部分影響藥效。
4. **社會情境**：環境的氣氛也會影響你的用藥效果。在一個情緒高昂的派對中，一點點的藥物就會讓你感到欣喜若狂。
5. **心情**：一個人服用藥物時，當時的心情會強烈地改變藥物的效果。以酒精為例，酒精會使一個快樂的人更快樂，使一個難過的人更難過，而且可以使一個生氣的人宣洩他的暴力。

6.4.2 心理改變藥物

本節談到的藥物有強烈的藥效，也容易成癮，並且在很多場合常常被非法使用。

興奮劑　興奮劑（stimulants）通常被稱為提神藥，可以激發中樞神經系統中的誘導中心，並減低中樞神經系統抑制中心的活動。

安非他命類（amphetamines）的藥物〔包括苯齊巨林（Benzedrine）、右旋苯丙胺（Dexedrine）和去氧黃麻鹼（Methedrine）〕都是興奮劑，通常會產生有意識感的能量增加、高度警覺、充滿熱情及精神愉快。由於它們會產生快速且強烈的心理依賴，因此濫用的機率很高。安非他命對身體的傷害以心臟為最；心理上最大的危險是在於**安非他命精神病（amphetamine psychosis）**——一個對於使用過量興奮劑的延長反應，特徵包含思緒混亂、混淆、喜怒無常，以及猜忌心強。安非他命在國內的使用狀態有改變的趨勢。過去有些學生為了延長讀書時間，會使用安非他命來提神；而現在則是一種娛樂性使用，稱為「煙 High」；在聚會中，透過安非他命來增加正向愉快的心情，以讓聚會更加愉快。

> **安非他命類**
> 一種強烈的興奮劑，有意識感地增加精力與安樂感。

> **安非他命精神病**
> 過度使用興奮劑的延長反應，有思緒混亂、混淆、喜怒無常和猜忌心強等特徵。

古柯鹼（cocaine）是一種快速且強烈成癮的藥物（Martinez & others, 2007）。古柯鹼是一種類似安非他命的興奮劑，由古柯樹（coca）的葉子製成，有很多種服用形式，最常見的是以粉狀吸入、注射，以及「快克」（crack）這種最危險的抽菸方式服用。古柯鹼會產生高度警覺、高能量、樂觀、自信、快樂、愉快的心情以及多話，也會造成體溫、呼吸以及心跳速度的升高，並減低食慾和睡眠。

由於古柯鹼造成的高亢只維持幾分鐘，所以當藥效退去後，會繼續頻繁地反覆使用。這種反覆使用古柯鹼的情況，從持續幾小時到甚至幾天都有，直到精疲力盡為止。這時，古柯鹼的使用者會感到非常疲倦、飢餓，以及需要長時間的睡眠。在古柯鹼狂熱之後的幾天內，使用者會感到絕對的痛苦、沮喪、躁動、混亂、妄想、憤怒、精力耗竭（Weddington & others, 1990）。古柯鹼對偶爾使用的人也很危險。由於每個人對古柯鹼的耐受性差異甚大，即便慣用藥物的使用者也很容易意外使用過量。即使首次使用也可能導致心臟病發作致死。諷刺的是，古柯鹼在美國曾經是一種合法的藥物。可口可樂最初以「神經補藥」銷售時，古柯鹼曾經為其「祕密配方」的一部分。1906 年，可口可樂改以較溫和的興奮劑——咖啡因——取代了古柯鹼。

麻黃
一種植物性興奮劑，會抑制食慾，但也有可能會造成嚴重的情緒困擾。

麻黃（ephedra）是一種植物性興奮劑，會抑制食慾，所以有時候會在減肥產品中見到。但它也有可能會導致精神症狀，或產生嚴重的情緒困擾，引起攻擊他人及自傷的可能（Maglione & others, 2005）。美國食藥署基於它可能引起心臟及心血管問題而致死，已經在 2006 年禁止使用。

醫師有時會開立一些興奮劑，像是治療注意力不足過動症（ADHD）常用的利他能（Ritalin）或思銳（Strattera）等。近年來這些藥物被濫用的情形愈來愈普遍，尤其是常常被用於娛樂或是增強能力及學習效果用。

鎮靜劑　鎮定劑、放鬆劑、麻醉藥全都是鎮靜劑（depressants）。我們將在這一章的後面看到，酒精是最被廣泛使用的鎮靜劑。

鎮定劑
是鎮靜劑，少量使用會產生一種鎮靜和放鬆的感覺。

鎮定劑和放鬆劑　鎮定劑（sedative）是鎮靜劑，少量使用會產生一種鎮靜和放鬆的感覺，有時也會用來治療睡眠問題。常見的廠牌為 Ambien, Halcion 和 Restoril。由於它們可能使人成癮，也有可能使用過量，尤其不可與酒精混合使用，因此近年來已較少有醫生使用。

放鬆劑（tranquilizer）是一種比較溫和的藥物，與鎮定劑類似，因為它們都會在一段時間內產生放鬆的感覺，因此會用來減輕焦慮感。常見的廠牌有

Xanax、Valium、Librium、Ativan、Miltown，以及 Equanil。就像鎮定劑，這些大部分都容易成癮，很難戒斷，而且與酒精混合使用是非常危險的。

麻醉劑　麻醉劑（narcotics）是具強烈藥效與高成癮性的鎮靜劑。從罌粟花中提取出的鴉片這種麻醉劑的使用，起源於至少 7,000 年前的中東地區。鴉片的衍生品包含了嗎啡、海洛因（heroin）和可待因（codeine），全都是強烈的麻醉劑，而且都會改變意識狀態。它們通常具有緩和疼痛且產生突然而迅速的麻醉效果，接著就令人非常放鬆、想睡。麻醉劑會在生理上產生快速且強烈的成癮，長期成癮會造成生理上的嚴重損害。相較於其他藥物的使用，麻醉劑在美國的使用量並不高，但鴉片強烈的藥效造成許多犯罪問題。例如，很多成癮者為了維持逐漸增加的昂貴惡習而去犯罪，產生一個非常嚴重的藥物濫用問題。在越戰時期，這是一個特別嚴重的問題，也許應該歸因於海洛因隨手可得和戰爭壓力，估計有 20% 的退役軍人在那時至少試過一次海洛因（Harris, 1973）。

> **麻醉劑**
> 強烈且高成癮性的鎮靜劑。

吸入劑　被吸入而產生極度興奮感的物質，稱為**吸入劑**（inhalants）。為了產生高度興奮感，有毒（毒性的）物質（例如強力膠、汽油、油漆）被放在紙袋中並且吸入（聞）。由於這類原料容易取得，這種中毒類型在孩童中很常見。吸入劑也具高度的成癮性，而且非常危險，這種有毒的氣體通常會造成大腦永久性的傷害，與其他嚴重的併發症。

迷幻劑　改變意識最有效的藥物是**迷幻劑**（hallucinogens），像是麥角酸二乙氨（lysergic acid diethylamide，簡稱 LSD）、梅斯卡靈（mescaline，從一種仙人掌提煉出來），還有二甲 -4- 羥色胺磷酸（psilocybin，一種由墨西哥蕈類提煉出來的迷幻藥）。這類藥物通常會改變知覺經驗，但只有極大的劑量才會產生栩栩如生的幻覺。在這種狀況下，個體經驗到虛構的視覺影像和真實的影像，而有時在幻覺中看到的，感覺甚至比清醒時看到的還要「真實」。不過，這可能是因為使用者對日常生活的不滿多於藥效本身。

迷幻劑通常不會造成生理上的成癮，但是個體可能很快在心理上對藥物產生依賴。另外，雖然很多迷幻劑產生的狀態（迷幻的經驗）是很愉快的經驗（trips），但是「壞的迷幻經驗」——因藥物而產生的危險、恐怖——其實也算常見（McWilliams & Tuttle, 1973）。本身害怕服用藥物，但又受迫於同儕壓力而服藥的人，比較會經驗到壞的迷幻經驗。不管是好或壞的迷幻經驗，就算個體不再服用藥物，有時還是會以經驗重現（flashback）的方式重複出現。大約 65% 的經驗重現是負面經驗，且顯然是被壓力和焦慮所引起的。經常服用

LSD 的人，大約有 25% 經歷到經驗重現，有時是在最初的迷幻經驗後的幾個月出現（Matefy & Kroll, 1974）。

另外要談到一種危險的迷幻劑——天使塵（phencyclidine，簡稱 PCP），最初是用做動物的鎮定劑，現在已經漸漸被青少年使用。PCP 的藥效通常可以持續 4 到 6 小時。在某些病例中，個體會經驗到聽覺或視覺的幻覺，但是比較容易經驗到的是包括麻木、缺乏肌肉協調、焦慮，還有與現實環境脫離的感覺，也會發生「euphoria」（興奮）這種有力且「夢幻」的感覺。PCP 的使用者也會致力於一些不受傳統拘泥的行為，像是在公共場所裸露身體。這種藥物可能產生的其他反應有：對他人的暴力行為、自殺，以及心理方面的問題等，通常被認為是一種最危險的街頭藥物（Petersen & Stillman, 1978）。

大麻 大麻在改變意識的藥物中很受歡迎，它會產生一種放鬆且安樂的感覺，甚至改變了感覺經驗與對時間的認知。從上個世紀到現在，從未有任何其他藥物引起這麼多的爭議與討論。在美國，有些地區允許醫生開立藥用大麻，因為它可以止痛並降低反胃的感覺。雖然大麻並不會造成生理成癮，但是經常使用的人停止用大麻後，會經驗到非常不舒服的戒斷症狀（Budney, Hughes, Moore, & Novy, 2001）。有愈來愈多的證據指出，長期使用大麻會減低認知歷程的效率，並使身體免疫系統變弱，以及減少男性荷爾蒙產生的行為（Henquet & others, 2006; Pope & others, 2001; Skosnik & others, 2006; Wallace & Fisher, 1983）。此外，就像抽任何一種香菸一樣，大麻會大幅增加罹患肺癌的風險。陶醉在大麻（或任何其他物質）的同時，駕駛任何車輛也都是非常危險的。

娛樂性用藥 在舞廳、pub 等娛樂場所經常流行一些新興的藥物。這些藥物是藥物學家自己研發自製的——即所謂的自製藥物（designer drug）。例如，安非他命的衍生物「搖頭丸」會讓人產生如人際親近的虛幻感，並且持續 8 小時以上。這些藥物影響著大腦中的語言區（Reneman & others, 2001; Rodgers & Ashton, 2004; Schilt & others, 2007）。而且在藥物的影響下，容易產生不安全的性行為，進一步導致性病與未婚懷孕的風險。

6.4.3 藥物濫用與成癮

改變意識的藥物會因為兩種原因對人體有害——濫用以及成癮。

藥物濫用 只要藥物的使用會造成生理或心理的傷害，就屬於藥物濫用。這些傷害從傷害器官到學業成績退步都算。其他潛在傷害還包括使用吸入劑可

能導致腦部傷害、興奮劑會導致心臟病、鎮靜劑會降低駕車的操控能力、飲酒過量會增加暴力傾向等，在在證明藥物濫用的可怕。有些科學家認為藥物會改變神經功能，造成嚴重的精神問題，例如過早使用大麻可能會提高自殺率（Holden & Pakula, 1998; Lynskey & others, 2004）。

藥物成癮　很多使用心理藥物的人發現，他們一旦不用，就會對此藥物產生飢渴感，並會出現戒斷症狀。這是為什麼？無論是何種藥物，出現戒斷症狀的原因皆為以下三種：

1. **大腦對快樂的感覺更敏感**：不同的藥物對大腦中的神經傳導物質有不同的影響。長期使用藥物會使這些神經系統更敏感，使人更覺得需要它們才會得到快樂或滿足。
2. **降低負面的感覺**：使用藥物所得到的愉悅感是暫時性的。當藥效退了以後，使用者會比未用藥前感覺更糟。為了避免這種感覺，個體會持續用藥，以降低負面的感覺。（Baker, 2004; Baker & others, 2004）。
3. **古典制約**：常用藥物會使得這些感覺的刺激和藥效產生關聯。如果在服藥後，這些刺激會重複出現的話，這種現象會使身體認為自己更需要這些藥物。即使是藥物本身，也是引導身體要求更多量藥物的引線（Siegel, 2004）。

▶▶▶ 新知識　減害治療模式

　　要改變習慣不是件容易的事，我們需要有耐性來處理用藥者的問題。每個用藥者初次使用藥物可能是基於某種原因想要來改變自己的意識狀態，但是長期使用的結果卻造成了藥物依賴的問題。基本上，要讓藥物依賴者可以改變自己的問題習慣，需要一個長期的抗戰過程。目前，新的治療方式稱為「減害模式」，這也是目前國內針對海洛因使用者的治療模式。

　　減害模式是一種基於「人本」的模式，相信個案有改變的能力，也相信個案的自主權。透過找回自己的自主權與生命的控制權，慢慢就可以遠離藥物的影響，找到自己生命的方向。在減害的原則中，安全的使用藥物會是第一步；再來是節制的用藥，以達到最終目標——停止用藥。

　　以下是安全用藥原則，幫助用藥者跨出第一步：

1. **注意用量**：對用量「小氣」，用最小的量達到最大的效果；藥物的效果來自於藥量與自己的心情。你對當天使用藥物的「期待」與「感受」會決定當天的效果。保持良好的用藥心情，用最少的量達到最大的效果。

2. **不要追藥（續 HI）**：藥效是週期性的，藥效退的時候，也是該休息的時候。有時你會捨不得那種快感，沒關係，下次還有機會。在良好的身心狀態下，藥物才會達到最好的效果。否則「補藥」效果減半，得不償失。
3. **注意使用頻率**：人不是鐵打的，身體也需要休息。使用藥物後，讓身體休息個兩、三天，給自己的身體一個喘息的時間。
4. **熬過不適**：使用藥物後，身體會出現反彈的現象，例如嗜睡、疲憊等感受。這些都是自然的現象。切記，不要再用「藥物」來消除不適。讓身體自然恢復，給身體時間休息，熬過那段痛苦的時光。
5. **安全性愛**：用藥過後判斷力會減弱。一定要注意安全性愛的重要性，不要「High」過頭，以免「疾病」上身。
6. **安全用藥**：避免共用針具、避免混藥，以減少傷害。
7. **保養身體**：用藥過後會有食慾不振的現象，強迫飲食，保健身體，以減少用藥的傷害。用後灌一大瓶牛奶（與藥間隔一段時間）、多吃水果、補充維生素等，都是保健之道。
8. **用對時間**：用藥隔天最好是放假沒事的時間，一來可以讓你無壓力的用藥，二來，可有多一天的時間休息，減少傷害。最好在小週末（週五）的夜晚用藥，如此週六可休息，週日可出外運動，以維持健康。

複習

　　心理改變藥物會藉著影響大腦內神經元的活動而造成意識經驗的改變，可能引起心理狀態的改變。這些藥物造成的意識狀態改變，從溫和的心情變化到鮮明的幻覺都有，但是在某些情況下，它們也帶來了危險、依賴性、成癮和身體上的直接傷害。藥物對意識的影響取決於很多因素，包括劑量和純度、服藥者的體重、健康、年齡、人格，以及對藥效的期望、社會情境、服用藥物當時的心情。

想一想

1. 即使大家都知道藥物濫用的害處，為什麼還是有那麼多人繼續使用？
2. 我們的社會如何對合法物質（例如酒精、咖啡因）與非法物質（例如大麻、古柯鹼）訂立區別的標準？你認為這樣的區別有道理嗎？

▶▶▶ 心理學的應用　常見的「藥物」

很多人每天都會使用改變意識的藥物，但通常不會意識到我們服用的是「藥」。咖啡中包含了興奮劑咖啡因、香菸包含了興奮劑尼古丁、酒包含了一種具強烈作用的抑制劑酒精。數百萬人不曾想過會對這些「藥物」使用、濫用，甚至成癮。這些改變意識藥物的作用（甚至是副作用）到底是什麼？

咖啡因

85% 的美國人每天都攝取咖啡因（Hughes & others, 1992）平均約 300 毫克，等於兩杯咖啡的量（Gray, 1998）。很多人承認對咖啡因上癮，不喝咖啡會很不舒服（Juliano & Griffiths, 2004）。

醫生及心理學家想了解咖啡因對情緒的影響。David Veleber 和 Donald Templer（1984）設計了一個研究，探討咖啡因對情緒的影響。研究參與者是加州 San Joaquin Valley 自願參與的大學生和商務人士，這些人分別在喝咖啡前與喝完咖啡的 1 小時後，各完成一份測量憂鬱、焦慮及敵意程度的心理測驗。有些參與者喝的是不含咖啡因的咖啡，有些參與者則喝了高咖啡因含量或低咖啡因含量的咖啡（參與者不知道自己所喝咖啡的咖啡因含量）。如圖 6.5 所示，咖啡因會造成三種情緒很小但很重要的改變，大多數人喝了少量的咖啡並不會感受到負面效果；但是大量的咖啡因對所有的人來說，都會導致令人討厭的情緒；然而對敏感的人來說，只要少量的咖啡因就會造成困擾。

不幸的是，咖啡因濫用對健康有幾種傷害。雖然咖啡因只會產生意識上相當輕微的改變，但是它對身體的影響卻很大。咖啡因會使血壓升高，尤其是在有壓力的狀況下（Pincomb & others, 1987）。長期每天飲用 5 杯以上的咖啡會使冠狀動脈心臟病的發作率增加 2 至 3 倍，尤其是男性（LaCroix & others, 1986）。咖啡因會導致成癮，沒喝咖啡因時會產生戒斷症狀（Hughes & others, 1992; Gray, 1998）。即使只是少量咖啡的飲用者，長期使用咖啡因也會造成生理上對這個物質的成癮，而戒斷症狀包含了想睡、頭痛，以及輕微的憂鬱心情。

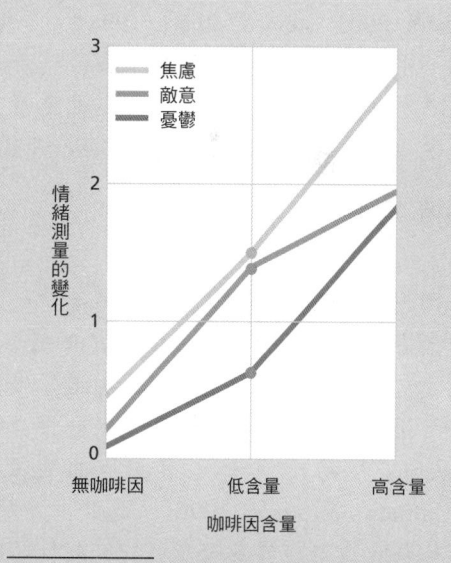

圖 6.5　在喝了無咖啡因，以及包含高、低咖啡因含量的咖啡後，情緒測量上的變化。

資料來源：Data from D. M. Veleber and D. T. Templer, "Effects of Caffeine on Anxiety and Depression," *Journal of Abnormal Psychology*, 93, 120-122, 1984. © 1984 by the American Psychological Association.

尼古丁

在菸草內發現的尼古丁是另一種被廣泛使用的藥物。在美國有一項逾 4,400 人的調查指出，

有一半的人每天抽菸，年紀從 15 到 54 歲不等，而 24% 的人曾經或正在依賴（成癮）尼古丁（Breslau & others, 2001）。雖然近年來，偶爾吸菸的比率已在 15 到 54 歲的人口中下滑，但他們對尼古丁依賴的比率下降得很少（Breslau & others, 2001）。

使用菸草的比率仍然很高，清楚地顯示抽菸仍然具高危險性，經常抽菸的人減低了其平均壽命，因為抽菸大幅增加了得到肺癌、口腔癌、心臟病、肺炎、肺氣腫，以及其他對生命有威脅的疾病之機會（Jenkins, 1988）。此外，在懷孕時吸菸，會增加新生兒體重過低、早產，甚至嬰兒死亡的危險。在美國，每年大約有 135,000 人死於肺癌，其中有 101,000 人的死亡可直接歸因於吸菸（Jefey, 1988）。一名 25 歲從來不抽菸的人，比一天抽兩包菸的人的平均壽命多了 8 年以上。那麼到底為什麼要吸菸呢？

這個答案似乎可以分成幾個部分：第一，實際上，所有的抽菸者都在青少年時期開始學會抽菸。這時期的他們特別容易受同儕或廣告的影響。廣告將抽菸描繪成一種強壯、性感的成人形象。第二，青少年的父母通常不希望他們抽菸，結果抽菸變得像是具有吸引力的禁果般，而且是一種反抗父母的方法。（很少青少年成熟到足以意識到有些成年人就是希望他們開始吸菸：富有的菸草公司老闆會很高興將一種會上癮的藥賣給他們，而這種藥將會害死四分之一的年輕人。）

第三，不管吸菸者是基於什麼原因開始吸菸，他們很快就會成癮，並養成習慣（Stein & others, 1998）。有兩個主要的原因使尼古丁具有高度成癮性：它對邊緣系統的快樂中樞來說，是一種溫和刺激劑，而且會藉著刺激大腦皮質的額葉增加少量程度的警覺感（Rose & others, 2003; Stein & others, 1998）。更重要的是，尼古丁會減輕它自己製造的不舒服感：抽完一根香菸之後，尼古丁會造成吸菸者易怒和不舒服，而下一根菸卻可以降低吸菸者的不舒服感，使他的不舒服減退，回到他還沒抽菸前的正常狀態。但在抽完菸之後，不舒服又再次出現，產生再度抽菸的動機（Baker & others, 2006; Parrott, 1999）。

酒精

啤酒、葡萄酒、酒類飲料等算是藥物嗎？雖然我們通常不這麼認為，但是酒精是一種以液體形式呈現、強烈且被廣泛濫用的心理改變藥物。原則上，酒精是一種鎮靜劑，但它在社交活動和派對上被當作一種「興奮劑」，因為酒精降低了大腦的抑制機制，因此，酒精降低飲酒者的抑制，看起來就像是刺激了這個人。

酒精也可使人抹去對自我的懷疑，降低緊張與焦慮，並增加自信和自尊（Steele & Josephs, 1990）。酒精也有其他的效果。它會削弱視覺判斷、動作控制，並且引起困倦（Matthews & others, 1996）。此外，酒精能使負面情緒惡化，尤其是加深沮喪，並使憤怒更可能轉化成口頭或身體方面的侵略性（Eckhardt, 2007; Steele & Josephs, 1990）。

要把血液中的酒精含量換算成喝多少量的酒精並不容易，因為很多因素會影響血液中的酒精含量：在空腹時喝酒、喝含二氧化碳類的酒、快速大口喝酒（不是啜飲），以及喝含高濃度酒精的飲料等，在這些情況下會比在其他情況下飲用等量的酒精有更高的血液中酒精含量（Chruschel, 1982）。

由於體內酵素的不同，女人的胃與肝代謝酒精的速度較慢。每個人的代謝速率也有所不

同。簡單來說,一單位的飲酒量就是一罐啤酒的量(或一小杯烈酒),用這樣的簡單分析方法,就可以很快算出一個人喝了幾單位的酒。

除了尼古丁外,酒精是最常見的成癮濫用藥物。酗酒可能影響一個人的工作表現、婚姻狀況,以及健康。酗酒者的壽命比一般人的平均壽命短 12 年。(National Institute on Alcohol Abuse and Alcoholism, 1987)。此外,懷孕期間飲酒可能會造成胎兒畸形或是智能不足。但是酒精也不全然都有害。一份研究(Calahan & Room, 1974)發現,有一半以上的飲酒者表示並未出現有害的副作用。在某些狀況下,少量的酒精可能對某些特定個體有益。每天飲酒不超過一單位的人比完全不喝酒的人的壽命要更長些。

本章總結

第 6 章探討了人的意識知覺與注意力、一般的清醒意識、睡眠和夢,以及意識狀態的改變。

I. 意識被定義為「一種知覺的狀態」,並且在很多情況都會經驗到。
   A. 我們的注意力有其限制,而且我們無時無刻都會專注於某些事物,並忽略其他事物。
   B. 有時,意識會出現分割的狀態,同時進行不同的意識活動,但還是有其限制。
   C. 心理學家的研究指出,無意識的心理過程會在我們的日常生活中運作。

II. 我們生命中約有三分之一的時間都是在睡覺,但並不是所有的睡眠都是無意識的。
   A. 睡眠一開始是半睡半醒的狀態,接著才逐漸進入比較深層的睡眠。
   B. 作夢大多發生在速眼動睡眠階段,但是比較不怪異、比較不那麼情緒性的夢通常發生在非速眼動睡眠。
   C. 睡覺和作夢對健康很重要,即便是短期的睡眠剝奪,也會產生疲勞、效率低和易怒。
   D. 夢魘、夜驚、夢遊,以及說夢話,皆為常見的睡眠現象。
   E. 常見的睡眠失調包括失眠(不能得到充足的睡眠)、猝睡(在白天活動時突然睡著),以及睡眠呼吸中止(睡覺時短暫的停止呼吸)。

III. 我們有時會經驗到比較罕見的意識改變狀態。
   A. 很多人練習冥想來達到一個高度放鬆的狀態。
   B. 有時會利用催眠來改變意識、減輕疼痛,或提升運動表現。
   C. 有時候,意識改變會以去個人化的形式經驗出現。

IV. 意識可以透過服用不同的心理改變藥物來改變。
   A. 心理改變藥物可以分為興奮劑、鎮靜劑、迷幻劑和吸入劑;大麻不易被歸類。
   B. 儘管不同的藥物有不同的危險性,但是使用藥物皆會導致濫用、依賴或成癮。處方藥通常都被濫用。
   C. 常用的合法藥物(咖啡因、尼古丁、酒精)都一定會造成身體和心理上的影響,而且可能極具傷害性。
   D. 比較強效的藥物會造成意識上的急遽轉變,

會造成嚴重的身體和心理問題，而且這些藥許多都是不合法的。

1. 興奮劑不會造成身體上的成癮，但會產生心理上的依賴；它們對心臟尤其危險。
2. 鎮定劑與放鬆劑都具有強烈的成癮性，當高劑量服用或是和酒精一起服用時，會產生高度的危險。
3. 尼古丁是強而有力且危險的鎮靜劑；生理上會快速成癮，且長期使用會對身體產生極度的傷害。
4. 吸入劑通常是有毒的物質，且常會造成大腦永久性的傷害。
5. 迷幻劑會改變知覺、導致幻覺，而且常與怪異、甚至是暴力行為有關。雖然迷幻劑不會造成生理上的成癮，但是常見的問題是會產生心理上的依賴。
6. 大麻是一種讓多數的人產生安寧感，且有時會改變知覺的一種藥物。

第 7 章　學習的基本原則

我們的行為模式大部分來自我們在成長過程中的學習歷程。假設你從出生就被世界另一端的一個家庭收養，你就會說不同的語言、吃不同的食物，並且行為會符合當地文化的要求及標準。在這些方面，你可以說是一個完全不同的人，這全是因為你的學習歷程完全不一樣。

在本章，你將會學到三種類型的學習。在你了解有關學習歷程的細節時，不要忘了最重要的一點：學習，是造就今日的你最重要的力量。

7.1 學習的定義

生命是一連串不斷改變的歷程。從嬰兒到青少年到成人到死亡，我們不斷在改變。許多因素造成了這些改變，但其中最重要的便是**學習（learning）**的歷程。我們從經驗中學習到新的資訊、態度、恐懼和技巧；我們也學著了解新概念，使用新的方式來解決問題，甚至發展出一生的人格。而且，在課堂上讀著課本時，我們學到「學習」這個詞的新定義：在心理學，「學習」一詞是指藉由經驗（和環境的互動）影響，而產生相當永久的行為改變。

> **學習**
> 任何透過經驗所產生永久的行為改變。

如同定義所述，並非所有的行為改變都是學習的結果。「學習」只限於相對永久的改變，而非暫時性的；是來自於經驗的結果，而非生理因素（如藥物、疲勞、成熟或傷害）所引起的改變。若一位棒球投手此季的投球方式不同是由於他的教練示範了一種新投法，學習於焉產生——藉由教練示範的經驗，因而產生相對永久的投球方式改變。但若此投手的投球方式會改變是因為受傷、投太多球產生疲勞，藉由舉重而強化了手臂肌肉，或是生理上的成熟（假如他是年輕的小聯盟投手）所致，我們就不會把這樣的改變當作是學習。

然而，行為的改變並非總是立即可見。大家都有學習新運動的經驗。我們都知道，一種新運動不是一朝一夕就可以學會，例如游泳、打網球等。而且有些學習經驗是潛移默化產生的。例如，你因為吃了虱目魚被魚刺刺到，因而開始討厭吃虱目魚，這就是一種學習；對虱目魚新產生的厭惡感並不是你想要這樣的，而且也不是有意的，但這仍是學習的結果。

這幾年，心理學家已經區分且研究出一些學習發生的方式。因而，我們現在能夠了解幾種不同的學習原則。接下來，我們會加以描述並指出在日常生活中，這些學習的原則影響我們的幾種方式。

7.2 古典制約：透過關聯的學習

有關學習的科學研究始於 20 世紀初的俄國，當時 Ivan Pavlov 在位於列寧格勒的實驗室中有一個意外的發現。Pavlov 是一位俄國生理學家，因研究唾液在消化中的角色而榮獲諾貝爾獎。為了研究唾液的分泌，他透過手術將管子埋入狗的臉頰裡，以便測量當食物放在狗口中時的唾液分泌量（見圖 7.1）。不過 Pavlov 注意到，那些已經參與實驗一陣子的狗，會在助理拿著食物盤進入房間——在食物放入狗的嘴巴之前——就開始分泌唾液了。助理的影像（也可能是聲音）激發了原先只有食物才會引發的反射動作。要是沒有將唾液收集管埋進狗的臉頰，就不會有人注意到這個事實了——這是個意外的發現。乍看之下，注意到狗會在看到帶食物來的實驗室助理時流口水似乎並不是什麼驚人的大發現，但 Pavlov 卻注意到，一種在生理上與狗的神經系統緊密連結而會對食物產生反應的天生反射行為，竟然會被不同的刺激所控制（看見助理的影像）。

換句話說，Pavlov 知道他目睹了一種建立於兩種刺激重複性關聯的學習形式。刺激（stimulus）是任何能夠直接影響行為或意識經驗的事物。由於狗對食物的經驗連結到助理的影像，因而狗的行為被改變了——助理靠近的這個刺激現在也會讓狗流口水。換句話說，這個刺激引發了一個反應（response）。你

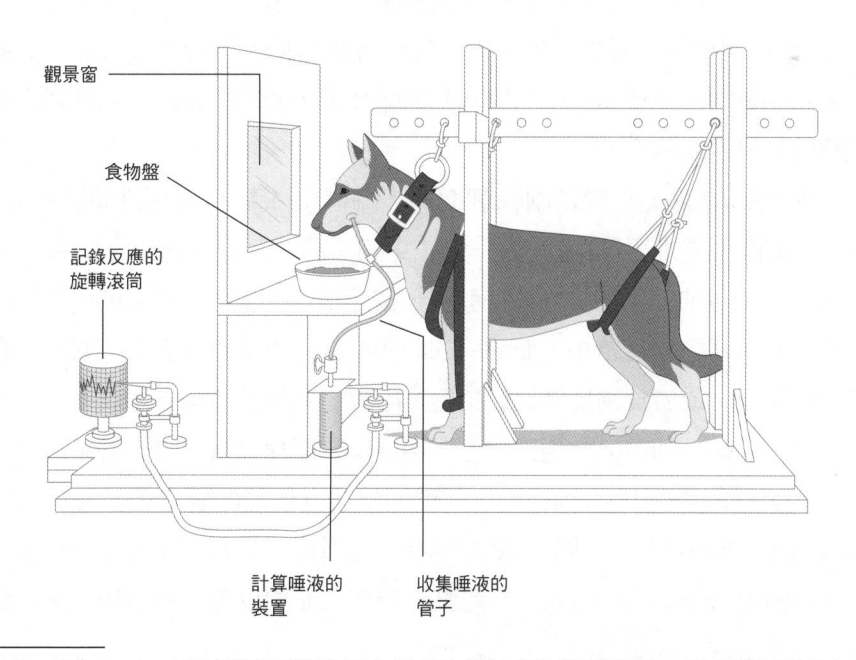

圖 7.1 原為 Pavlov 用以研究唾液分泌在消化中的功能的實驗器材，後來用以研究古典制約。

剛出生時，對外在世界的反應只限於天生的反射。然而經由學習的經驗，現在的你已是個神奇的複雜產物了。Pavlov 想了解此一學習的歷程，因此不顧其他同事的反對，他迅速地完成這個消化研究，並將畢生心力投入這種學習模式的研究（Watson, 1971）。

7.2.1　關聯（連結）：古典制約的關鍵元素

雖然 Pavlov 開啟了第一個對古典制約的科學研究，但早在 Pavlov 之前的兩千多年前，亞里斯多德就已經注意到反覆地同時經歷兩種知覺會產生關聯（associated），而關聯就是古典制約的重要元素。舉例來說，如果你和初戀情人同遊墾丁，那麼在下次舊地重遊時，可能就會勾起對初戀情人的記憶；如果你上回吃鹽酥雞結果吃壞肚子，那麼下次當你看到鹽酥雞時可能會覺得反胃。透過關聯來學習，是我們生活中常見的部分。

Pavlov 認為，古典制約是一種透過關聯而來的學習模式——一個中性的刺激（一個原本不會引發反應的刺激）和一個會引發反應的刺激之間的連結。Pavlov 以他實驗室原本就建置好的儀器，並利用食物作為引發反應（分泌唾液）的刺激，來測量學習的進展。

Pavlov 擺出一個狗可以聽得見的節拍器（當作中性刺激）。在精確地測量時間的間隔後，他將少量的肉粉吹進狗的嘴巴裡，用來引發唾液的分泌，並每隔 15 分鐘重複相同的程序。很快地，狗也會在節拍器單獨出現時分泌唾液。藉著連續測量狗臉頰裡的管子所收集到的唾液量，便能準確地看到透過古典制約歷程的新學習的強度。

古典制約的關鍵元素是兩個刺激的「關聯」。節拍器和食物的關聯頻率愈高，節拍器就愈能引發唾液的分泌（見圖 7.2）。而兩種刺激之關聯的時機（timing）也很重要。例如，Pavlov 發現，當節拍器在食物出現之前半秒鐘呈現時，會得到最好的學習結果，而間隔的時間愈長，效果也就愈差。當食物和節拍器同時呈現，或者食物稍微比節拍器早出現，則幾乎沒有學習效果了。

因此，Pavlov 利用機會觀察，並開始對學習歷程進行單方面的系統研究。儘管學習方面的研究早在 Pavlov 以前就開始了，但他的研究規模和精確性仍使其具有重大的影響力。他的出眾之處在於他看出了這種簡單的學習形式的重要性。John B. Watson 將 Pavlov 的觀點譯成英文並加以普及和發揚光大，他的著作因而在美國心理學界占有一席之地。

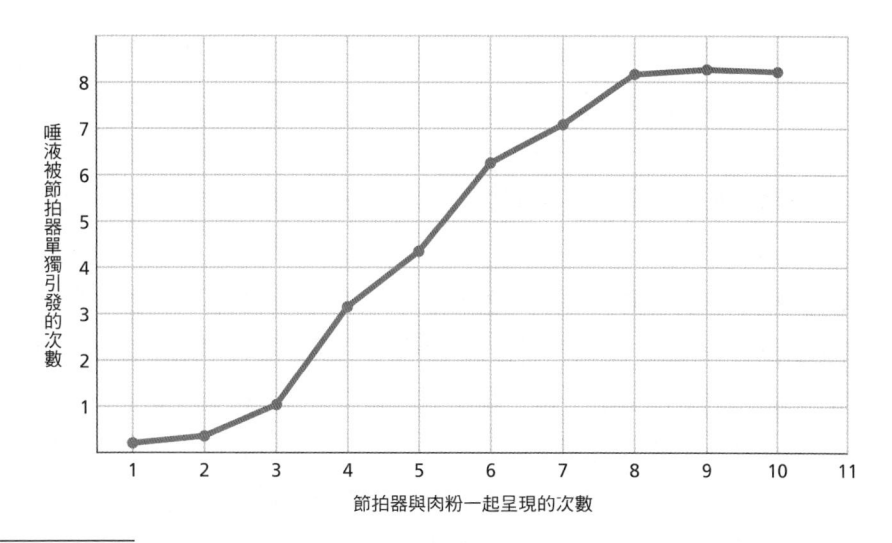

圖 7.2 在 Pavlov 的實驗中，節拍器的聲音與食物的配對愈多次，則節拍器就愈能引發唾液的分泌。

7.2.2 古典制約的專有名詞

在更進一步了解古典制約之前，我們需要先學一些新的專有名詞。雖然這些名詞在一開始會有點拗口，但是它們能幫助我們討論古典制約，從分泌唾液的狗擴展到與生活更相關的主題上。我們先用四個名詞來表示在 Pavlov 實驗裡特定的刺激和反應，分別如下：

1. **非制約刺激**（unconditioned stimulus）：在 Pavlov 的實驗中，肉粉就是**非制約刺激**（**UCS**）。這是不需任何學習就能引發反應的刺激。也就是說，對於非制約刺激的反應是天生的，就如同肉粉自然會引起流口水的反應一樣。

2. **非制約反應**（unconditioned response）：唾液的分泌即是**非制約反應**（**UCR**）。這是對非制約刺激與生俱來、非後天習得的反應。對於肉粉的流口水反應就是非制約反應。

3. **制約刺激**（conditioned stimulus）：節拍器一開始並不能引發唾液分泌的反應，但當它伴隨著非制約刺激配對出現時，也具有了引發反應的功能。在 Pavlov 的實驗中，節拍器就是**制約刺激**（**CS**）。

4. **制約反應**（conditioned response）：當狗開始會對制約刺激（例如節拍器）流口水時，唾液的分泌就成了**制約反應**（**CR**）。當一個反應是由制約刺激所引發時，它就稱為制約反應。

非制約刺激（簡稱 **UCS**）
一個不需經過學習就能引起反應的刺激。

非制約反應（簡稱 **UCR**）
一種非習得、對非制約刺激天生具有的反應。

制約刺激（簡稱 **CS**）
一個與非制約刺激配對之後能夠引發反應的刺激。

制約反應（簡稱 **CR**）
一種由制約刺激所引發的反應，與非制約反應類似或相同。

簡而言之，肉粉是非制約刺激（UCS）；節拍器是中性刺激，可變成制約刺激（CS）；唾液分泌是非制約反應（UCR）；而被制約刺激所引發的唾液分泌則是制約反應（CR）。一開始要正確記住這些詞彙可能比較困難，圖 7.3 可協助大家了解古典制約的歷程。圖 7.3 藉著 Pavlov 實驗中流口水的狗來複習這些詞彙的意義。以下還有一個關於狗的故事，可以作為古典制約的進階範例。

我家有一隻狗叫乖乖。狗如其名，鄰居們都覺得牠很乖很可愛。我絕不會忘記帶牠去獸醫那裡第一次打預防針的事。那時要連續幾星期去打針。第一次在針還沒扎進牠的臀部之前，牠一如往昔地端坐在工作檯上，絲毫不畏懼打針的樣子。然而就在針扎入的那一瞬間，牠開始退縮、左右搖晃，發出淒厲的吠叫。打過幾次針後，乖乖開始會在看到手上拿著針筒的獸醫時汪汪叫。

說實話，我現在也不能對乖乖畏懼的行為太過苛責，因為當針頭朝著我來的時候，我也會感到恐懼。你對此又是怎麼想的呢？為什麼一個成人、一隻成犬會在看見針頭時有這麼大的反應？畢竟，除了針頭真的刺進去以外，光是看見針頭並不會使你受傷。答案是，當你看到針頭就恐懼，就代表已經形成了古典制約。

在此先停幾分鐘，回頭想想在乖乖的例子裡，哪些是 CS、UCS、UCR 和 CR。針頭的影像是 CS，因為它原本並不會引發吠叫；針頭刺入的疼痛則是 UCS，因為它會引發吠叫；針頭刺入之後的吠叫是 UCR，而當 CS 出現而引發的吠叫則是 CR。

7.2.3 古典制約的定義

古典制約
一種學習的形式，原本中性的刺激（CS）和非制約刺激（UCS）配對後，可以引發出與非制約反應（UCR）相同或是類似的制約反應（CR）。

我們終於擁有足夠的專有名詞可以對古典制約下一個精確的定義。**古典制約（classical conditioning）**是一種學習的形式，其中在中性的制約刺激（CS）出現後，接著便出現會引發非制約反應（UCR）的非制約刺激（UCS），藉由將 CS 和 UCS 加以配對後，CS 會引起制約反應（CR），而且在大多數的情況下，CR 通常和 UCR 一樣或很類似。

為了產生古典制約，CS 也必須是 UCS 出現的可靠訊號（Domjan, 2005; Woodruff-Pak, 1999）。緊急警鈴必須只有在真的發生緊急事故（非例行測試或假警報）時才響，才會比每月一次的例行測試警鈴產生更大的恐懼反應。同樣地，在節拍器的聲音之後總是伴隨著食物的出現，如此所引發的唾液分泌的反應強度會比只有偶爾出現幾次食物來得更強。

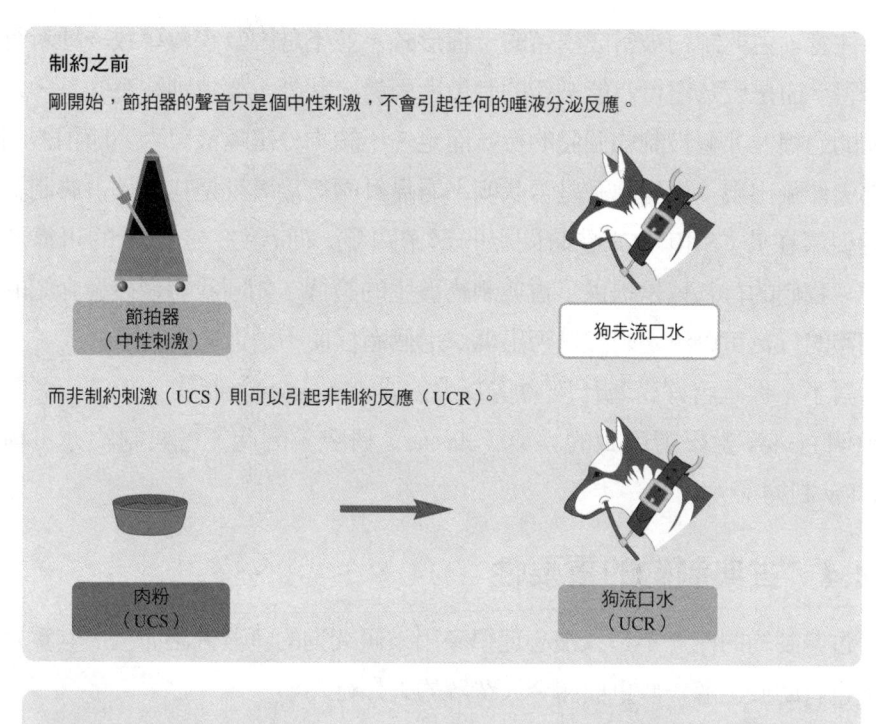

制約之前
剛開始，節拍器的聲音只是個中性刺激，不會引起任何的唾液分泌反應。

節拍器
（中性刺激）

狗未流口水

而非制約刺激（UCS）則可以引起非制約反應（UCR）。

肉粉
（UCS）

狗流口水
（UCR）

制約過程
在古典制約的過程中，中性刺激和能夠引起非制約反應的非制約刺激配對出現。

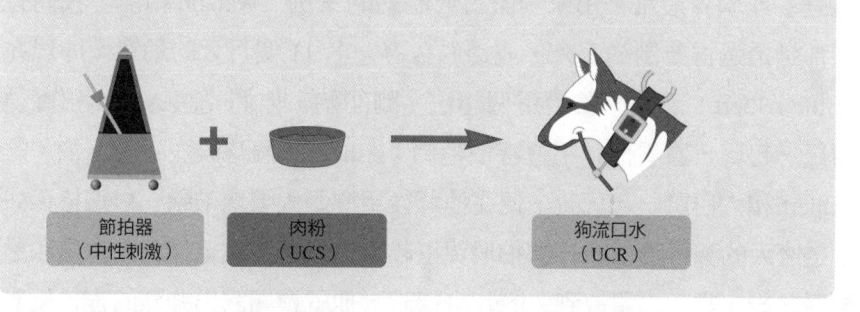

節拍器
（中性刺激）

＋

肉粉
（UCS）

狗流口水
（UCR）

測試制約效果
經過古典制約之後，中性刺激就成了制約刺激（CR），也能引發分泌唾液的制約反應（CR）。

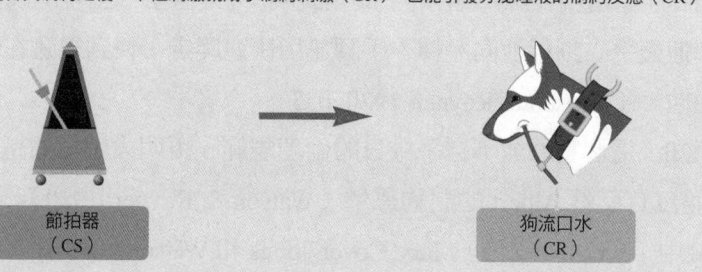

節拍器
（CS）

狗流口水
（CR）

圖 7.3 古典制約示意圖。

注意，古典制約被當成學習的一種形式，並不是因為它會導致一種新行為的學習，而是因為舊行為能被新的刺激所引發。此外，要特別注意的是，古典制約的過程並非視被制約個體的行為而定。不論狗分泌唾液與否，節拍器和肉粉都會伴隨出現；不論乖乖是否吠叫，看見針頭後接著就是扎針。古典制約的關鍵要素在於 CS 和 UCS 在時間上的緊密關聯，而且 CS 是 UCS 的可靠預測指標。我們的行為只是提供了古典制約發生的證據。如同我們之後會介紹的，若個體的行為可以決定刺激是否出現，這個過程便不是古典制約了。

對了，你是否好奇為什麼會稱為「古典（classical）制約」？這個名詞只是說明 Pavlov 對學習所做的經典（classic）研究。因此，古典制約亦可稱為「Pavlov 制約」。

7.2.4 古典制約的重要性

古典制約的概念不是只被心理學家用來研究狗的唾液分泌而已，其實這個概念也有助於了解一些重要而令人費解的人類行為。

1920 年，行為學家 John B. Watson 和他的夥伴 Rosalie Rayner 發表了一個可能是心理學界最常被用來引證古典制約的案例。Watson 相信，我們有許多恐懼都是透過古典制約而來，並透過教導一名 11 個月大的幼童（即現在知名的 Little Albert）恐懼來驗證這個想法。剛開始，他們先讓 Albert 和實驗用的大白鼠一起玩，看看他會不會害怕牠們：Albert 那個時候並不會害怕。之後，當 Albert 和大白鼠一起玩時，便在他背後用榔頭大聲地敲擊一根鐵棒。一如預期，這麼大的聲音讓 Albert 害怕地哭了起來。經過 7 次這樣將大白鼠和敲擊聲的配對之後，當大白鼠放到 Albert 身邊時，他就會顯露出強烈的害怕反應。他經由古典制約學到了害怕大白鼠。

Watson 的話為這個實驗結果做了最佳說明：「大白鼠一出現的瞬間，寶寶就開始哭，他幾乎立刻猛地向左轉，手腳並用快速爬走，快到很難在他爬到桌緣之前抓住他。」（Watson & Rayner, 1920, p. 3）

可想而知，這個實驗並不合乎今日的倫理規範。更叫人生氣的是，Watson 和 Rayner 並沒有反轉 Albert 的制約恐懼（Watson & Rayner, 1920）。不過，在後續的實驗中（Jones, 1924），Mary Cover Jones 和 Watson 利用漸進的方式將兔子（CS）與餅乾（UCS）配對，成功地減緩另一名小小孩對兔子的恐懼。這種反轉古典制約反應的方法，是藉由 CS（在本例中為兔子——會引發哭泣反應）和 UCS（在本例中為餅乾）的配對，產生另一個不相容的反應（吃餅

乾），讓同時間不會出現不想要的反應（害怕得哭了），這種方法稱為**反制約**（**counterconditioning**）。在此例中，產生不相容反應的 UCS 是一開始就呈現的（Mary Cover Jones 一開始先讓小孩吃餅乾）；然後，只短暫地用 CS（兔子）引發不想要的 CR（害怕得哭了）。利用吃餅乾的行為（UCR）來抑制哭泣的行為（CR），就是一種反制約的作用。

　　古典制約也會影響我們的生理健康（Ader & Cohen, 1993）。當身體暴露在威脅健康（如病毒）的情況時，就會產生一些攻擊入侵病毒的血球。聽起來有些不可思議，但免疫系統是可以受到古典約制的（Bovbjerg, 2003）。Robert Ader（1981）給老鼠施打一種會抑制其免疫系統細胞活性（UCR）的藥物（UCS），這種藥物是在老鼠喝糖水（CS）的時候一併投藥的。經過藥物與糖水的數次配對之後，老鼠在喝糖水時，就會呈現抑制免疫細胞製造（CR）的情形。

　　性衝動也和古典制約的影響有關（Zamble, Mitchell, & Findlay, 1986）。雄鼠和正值交配期的雌鼠被放在一個特製的籠子裡，但用個屏幕隔開用以防止性交。不過可交配的雌鼠的出現（UCS）已足以引起雄鼠的性衝動（UCR）。這裡的問題是：可交配的雌鼠和特製籠子（CS）的配對，能否產生對籠子有性衝動的古典制約？因此，接下來就是將雄鼠和另一隻雌鼠放入同樣的籠子裡——但這次沒有分隔的屏幕了。與沒有此制約經驗的雄鼠相較，這個特製的籠子對雄鼠來說變成了性衝動的 CS，因此使牠能更快地進行性交。性衝動能夠被制約的現象，已被用來解釋不正常性戀物癖（sexual fetishes）的起因。人們有時候會發現自己會被一些與性無關的物體，例如鞋子、皮製手套等制約，而引發性衝動（Rachman, 1966）。

　　在我們學習恐懼那些原本並不具危險性的刺激的過程中，古典制約也扮演了重要的角色。這種極度恐懼稱為恐懼症（phobias）(Tamminga, 2006)。古典制約是一個簡單的概念，但可以幫助我們解讀生命中一些複雜的謎題。

反制約
一種消弱古典制約的歷程。亦即將制約刺激（CS）與非制約刺激（UCS）配對，產生一個在強度上較原本的制約反應（CR）強，而且在時間上無法同時發生的競爭反應。

複習

　　你的行為不是固定不變的，它會隨著你的經驗經年累月地不斷改變，這種行為改變的歷程稱為學習。學習的定義是，因經驗所引起（非由生理因素所引起），造成行為上相對長久的變化。在美國心理學界關於學習這個主題的研究可追溯至上個世紀，發現簡單卻相當重要的學習形式並進一步投入研究的俄國生理學家——Ivan Pavlov。Pavlov 在研究唾液分泌反射時注意到，在經過幾天的實驗後，他的狗會在食物還沒放進口中之前就開始分泌唾液。他推論這些狗是由於學習到了助理（在

食物之前出現）和食物之間的關聯，因此會因為看到帶食物來的助理這個影像的刺激而流口水。Pavlov 以節拍器的聲響伴隨著肉粉出現的反覆配對進行一系列實驗來測試他的推論，結果節拍器很快地就能引發狗分泌唾液的反應。當一個中性刺激和一個能引發非習得反應的刺激反覆配對，則這個中性刺激也能夠開始引起同樣或類似的反應，這種學習形式就稱為古典制約。

想一想

1. 一名學生如何會對某個特定教室發展出古典制約的害怕反應？
2. 一般而言，我們可以透過古典制約來學習的能力是好處還是壞處？Little Albert 會如何回答這個問題？

7.3 操作制約：從行為的後果中學習

若你將機車停在某棵樹下，發現每天都有鳥糞在車上，最後你就不會再停在那個位置；同樣地，假如你換到教室裡的某個新位子，結果一個風趣又迷人的人開始跟你聊天，那麼你以後可能會再選坐那個位子。大致說來，人們會視他們的行為後果（consequences），來增加或減少做某件事的頻率。從我們自身的行為後果來學習，稱為操作制約。這個名稱是由操作（operate）一詞衍生而來。當我們的行為在外在世界「操作」著，就會產生一些結果，而我們就會根據這些結果來決定要不要再繼續進行這個行為。因此，我們可將**操作制約**（**operant conditioning**）定義為：由行為的後果來改變此行為發生率的一種學習形式（Dragoi & Staddon, 1999; Schultz, 2006）。

操作制約
由行為的結果來學習，因而改變該行為的發生率。

操作制約是由美國心理學家 Edward Thorndike（1911）首先提出的。Thorndike 對於動物的智力很感興趣，他用一個他稱為「迷宮盒子」（puzzle box）的裝置來進行這類研究。他將一隻飢餓的貓放入一個有門的盒子裡，門是關上的，食物就放在盒子外面，然後觀察貓咪如何努力從這盒子裡脫困。隨著一次次地嘗試，貓咪打開盒子的門的效率也愈來愈高。根據這些觀察，Thorndike 發展出一套「效果律」，用以說明一個反應的結果會決定將來是否要再產生此一反應。Thorndike 的效果律即為今日心理學中操作制約的研究基礎。接下來，我們要來細究影響行為的三種結果：正增強、負增強以及懲罰。

7.3.1 正增強

在正增強（positive reinforcement）中，由於行為的結果是正向的（positive），因此就會更頻繁地產生此一行為。簡言之，一個行為的結果能導致該行為的發生率上升，就是**正增強（positive reinforcement）**。

在 1960 年代初期，某幼稚園教師團隊進行了一項經典的研究。他們幫助一名小女孩克服了她的害羞，成了被廣為引用的正增強原則範例（Allen, Hart, Buell, Harris, & Wolf, 1964）。老師們很擔心這名小女孩，因為她不太和其他孩子一起玩，只會一直黏在老師身邊。因此，他們決定要以正增強的方式鼓勵她和同伴們一起玩。他們知道小女孩喜歡得到老師們的讚賞，所以他們決定，只有（only）當她和其他小朋友一起玩的時候，才會讚美她。使用正增強的成效如圖 7.4 所示。為了能夠評估正增強計畫的成效，教師們在進行計畫之前，先分別記錄小女孩和其他孩子互動以及和老師互動的次數。然後，開始對她進行正增強：當她和其他孩子一起玩的時候便讚美她（正增強），如果沒有和其他孩子一起玩，就幾乎不去注意她（如此使她只有在和同伴們一起玩的時候，才會得到老師的正增強）。我們可從圖 7.4 的第二階段裡看到，當老師們給予

> **正增強**
> 任何能夠增加該行為發生率的行為結果。

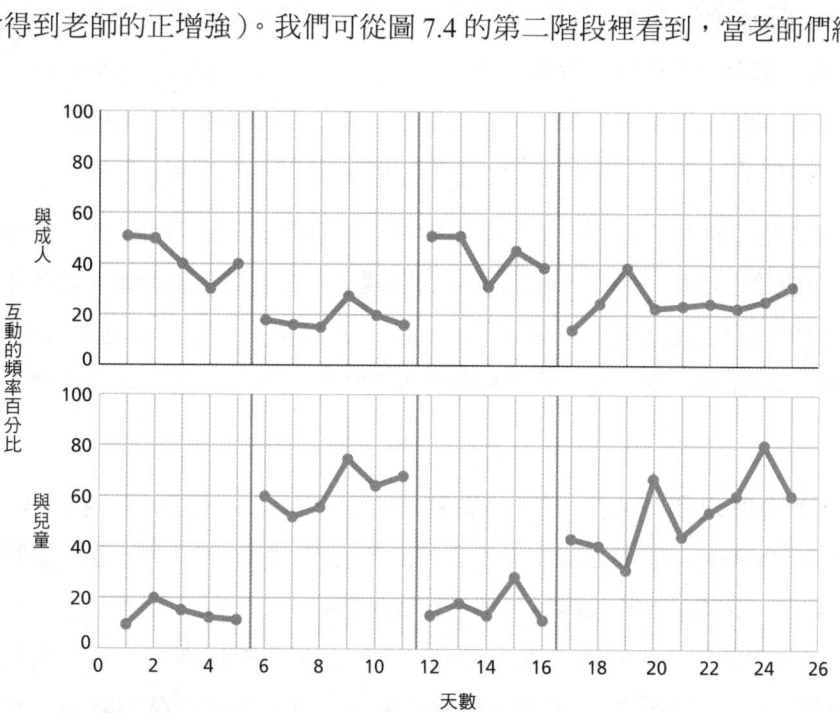

圖 7.4 利用正增強來增加小孩與其他兒童一起玩耍的時間。

資料來源：Data from K. Eileen Allen, et al., "Effects of Social Reinforcement Isolate Behavior of a Nursery School Child" in *Child Development*, 35:511-518, 1964. Copyright © 1964 The Society for Research in Child Development.

她正增強的時候，小女孩和同伴一起玩耍的頻率有顯著的增加。為了確定這是正增強而非其他因素造成的改變，在圖 7.4 的第三階段逆轉期（the reversal phase）裡，教師們停止增強她和同伴一起玩的行為，接著在第四階段又再次對她進行增強。如圖所示，在停止正增強的階段中，小女孩與同伴一起玩的頻率明顯降低，而在恢復正增強時又再度增加。因此，老師們便能夠透過正增強的方式，教導這名小女孩較合適的行為表現。

正增強的原則已經應用至許多領域，從教導患有思覺失調症的住院精神病患較正常的行為模式，到教導空運的員工減低在分類貨物時造成的損害都有。在這些例子中，想要增加其頻率的行為稱為操作反應（operant response），而此反應的正向結果稱為正增強物（positive reinforcer）。

使用正增強時有兩個應注意的重要事項：

1. **時機**：正增強物必須在反應之後的短時間內給予，否則學習的進展就會很慢，甚至無效。一般而言，反應和增強物之間的間隔愈久，學習愈慢，這個現象稱為**延宕增強**（delay of reinforcement）的原則。

> **延宕增強**
> 行為發生後至增強出現之間的時間，時間愈長則學習的效果愈低。

2. **給予增強的一致性**：為了產生學習效果，在每一次（或幾乎每次）反應之後，都要一致地給予增強。然而當學習已有部分成效時，就不見得需要或甚至最好不要去增強每一次的反應。正如我們稍後將在「正增強計畫」小節中所討論的，在學習初期，一致性的正增強是不可或缺的。

正增強並非只有在刻意安排下才會發生。事實上，我們的行為自然產生的結果也能給予增強。例如，我們學習到以某些方式和朋友或主管互動自然就可以和他們建立起比較愉悅的關係，這就是一種正增強。因而，我們一直都受到自己行為結果的影響，也一直透過操作制約的學習歷程來學習如何適應我們的世界。

> **初級增強物**
> 不需透過學習、與生俱來的正增強物。

> **次級增強物**
> 經學習而得的正增強物。

初級增強與次級增強 正增強有初級增強與次級增強兩種。**初級增強物**（primary reinforcers）是天生而不必經由學習的，例如：食物、水、溫暖、新奇的刺激、身體活動和性滿足，都是初級增強物。

次級增強物（secondary reinforcers，操作制約中相當重要的一部分）是經由古典制約學習而得。記得在古典制約中包含了兩種刺激的關聯——一個中性的刺激在重複與初級增強物配對後，可以變成次級增強物。以訓練狗為例：在教導狗做複雜動作的時候（例如，導盲犬需要會的動作），經常會用到食物這類的初級增強物。不過，若能藉著說：「乖狗狗！」這句話來增強狗的

良好表現，那就比帶著滿滿的食物來訓練狗簡便多了。可惜，當你在稱讚狗的時候，牠們聽不懂你說的話，就算聽得懂也不會在意，除非你「教」牠們去在意。因此，該如何讓稱讚成為次級增強物呢？其實還蠻簡單的！你只需在每次給狗食物時，同時對著牠說：「乖狗狗！」就行了。經過足夠的配對之後，稱讚就能變成次級增強物，並能有效增強狗的行為表現。

不論學業成績、獎牌、金錢和稱讚等，有多少激勵我們的事物是從和初級增強物配對而習得的呢？對某些人來說，這些事物的確能變成有力的增強物，在他們的學習歷程中扮演了關鍵的角色。

正增強計畫　至此，我們所談的每一個正增強反應，看起來似乎總伴隨著增強物，類似持續增強（continuous reinforcement）的情境。不過，現實生活中並非總是如此規律簡單。除了連續增強之外，心理學家也提出了四種不同的增強計畫，以及它們對行為所產生的效果（Ferster & Skinner, 1957）：

1. **固定比率**：以**固定比率增強計畫（fixed ratio schedule）**做增強時，只有在達到特定的反應數之後，才會得到增強物。若縫紉機操作員每縫製六件衣服就能得到一個積分（之後可用以兌換現金），這個增強計畫就稱為固定比率計畫。由於它必須進行多次行為以得到增強物，所以，這種增強計畫能夠產生相當高的反應率，但在每一次得到增強物之後，會產生典型的暫停現象（見圖 7.5）。在生活中，按件計酬就是這樣的原理。

2. **變動比率**：以**變動比率增強計畫（variable ratio schedule）**做增強時，只有在達到一個變動的反應數之後，才會得到增強物（見圖 7.6）。這種增強

> **固定比率增強計畫**
> 在此計畫中，當行為數達到特定數量時，才給予增強物。
>
> **變動比率增強計畫**
> 相較於固定比率計畫，在此計畫中，給予增強物的行為數量標準是變動的。

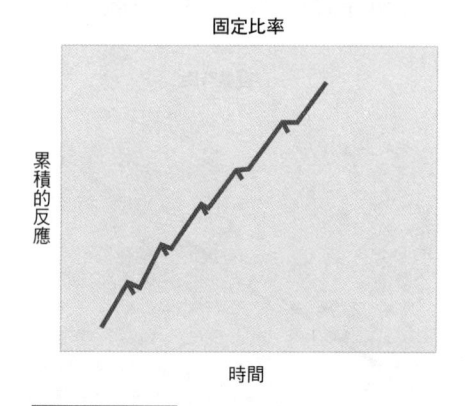

圖 7.5　由固定比率增強計畫所產生的行為模式典型。切點表示給予增強物。在圖 7.5 到 7.8 中，線條的斜率愈大，表示行為反應率愈高。

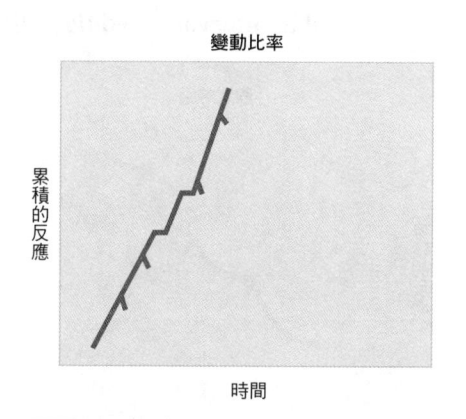

圖 7.6　由變動比率增強計畫所產生的行為模式典型。

計畫能產生很高的反應率,而且學習效果能持續相當久。舉例來說,為什麼即使是成功的業務代表也如此拚命呢?因為他們從經驗中得知,平均每展示六次,就能達成一個成功的交易。但實際上,他們並無法預知是哪一次的展示可以成交——是這次的?還是下次的?——這讓他們必須這麼拚命。賭博也是一個變動比率增強的好例子。水果盤或 777 的玩家即在不可預測的期待下,被增強其投幣和拉桿的行為,許多人於是迷上了這種賭博遊戲。

3. **固定時距**:另外一種增強計畫,不是根據反應的次數(number),而是基於反應的時間(time)間隔。當第一次行為出現後,在預定時間間隔給予增強,即稱為**固定時距增強計畫(fixed interval schedule)**。此增強方式所產生的行為模式是:平時的反應次數很少,直到固定的時間間距快要到了,行為反應次數才會急遽增加(見圖 7.7)。某位心理學教授舉出固定時距增強很棒的例子:在他唸研究所時,晚上到一個鐵工廠去當保全。他被雇來巡邏廠房的四周,並在每小時完成巡邏後去打卡,以獲得酬勞。他坦承這種增強的方式讓他有 40 分鐘是坐著不動的,之後的 20 分鐘才趕快去繞繞廠房,然後打卡!立法委員拜訪選民的行為,也是一種固定時距增強。平時回鄉拜訪鄉親,對政客來說是沒有什麼價值的,直到選舉快要到了,他們才會開始有動作。這個返鄉拜訪鄉親的行為即是被選舉所增強,因而拜訪鄉親的次數會大幅增加。

4. **變動時距**:最後一種增強計畫則是指在第一次行為出現之後,在變動的時間間隔給予增強。如同變動比率增強計畫一樣,**變動時距增強計畫(variable interval schedule)**也能產生穩定的高行為反應率(見圖 7.8)。

固定時距增強計畫
在此計畫中,當首次行為發生後,每逢特定的時間間隔,即給予增強物。

變動時距增強計畫
相較於固定時距計畫,在此計畫中,首次行為發生後,每次給予增強物的時間間隔是變動的。

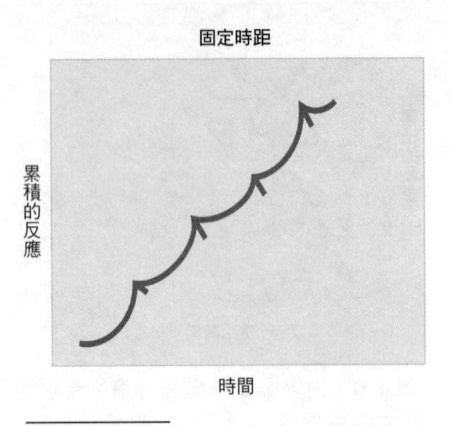

圖 7.7 由固定時距增強計畫所產生的行為模式典型。

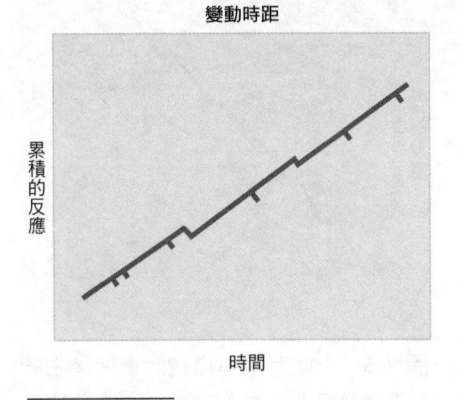

圖 7.8 由變動時距增強計畫所產生的行為模式典型。

雖然在剛開始學習時，這並不是很好的增強計畫，但只要行為已經由持續增強的方式初步建立之後，就能產生高穩定度的表現。在譯者成長的家鄉屏東東港，有許多手裡拿著釣竿坐在碼頭或橋上釣魚的人，他們的行為就是變動時距增強的例子。誰也不知道魚何時會上鉤——這是無法預期的，但對某些人來說，只要三不五時可以釣到魚，就足以激勵他們繼續垂釣。

因此，不同的正增強計畫會產生不同的行為反應模式。選擇何種增強方式，對那些需要管理他人行為的人來說，諸如父母、師長或上司，是相當重要的一件事。

逐步養成 在許多情況下，我們想要增強的行為是從來都沒出現過的。舉例來說，你可能想要增強你三歲的孩子收拾房間的行為，那你可能得等上很長的一段時間，收拾房間的行為才會出現！如果讓小孩自己決定的話，大多數的孩子根本就不會去整理房間。在此情況下，我們所要採取的方法，就是對行為做漸進式的增強，讓行為愈來愈接近我們最終所想要的樣子（目標行為）。藉此方式，就能逐漸增加目標行為發生的機率，然後再增強它。這種藉由增強接近最終目標的反應來達到目標行為的方式，就稱為**逐步養成（shaping）**，或稱連續的接近法（method of successive approximations）。

在實際應用逐步養成的概念之前，讓我們先回顧一下許多在動物學習實驗室中經過嚴謹的研究所發現對人們有幫助的學習原則。有一個由哈佛大學的 B. F. Skinner 教授所發明的特殊學習工具，稱為**史金納箱（Skinner box）**（見圖 7.9）。假設你心理學的學期成績是要成功訓練一隻老鼠去壓史金納箱子裡的壓桿才能及格，你會怎麼做？如果你沒有讀過這一節的話，你可能會把史金納箱設計為每當老鼠壓一次壓桿，才會掉出些食物在餐盤上，然後就是等，再等，再等，等著那隻老鼠再度壓下壓桿。這個方法或許有時會成功——老鼠可能在無意間壓了數次壓桿，剛好掉出的食物量又足以增強牠壓壓桿的行為頻率。但我可不想這麼賭。一般而言，老鼠被放進箱子之後，並不會乖乖地待在壓桿旁邊，牠們會忙著理毛、咬咬塑膠箱壁、大小便，並且這裡聞聞那裡嗅嗅，但就是不會去壓壓桿。那你該怎麼教這不合作的老鼠去壓壓桿呢？

你要用逐步養成。首先，每當老鼠（以下稱之為「B. F.」以紀念史金納）起床，且「朝向壓桿移動」時，就要給牠一些食物。重複這個步驟幾次之後，老鼠應該比較會朝著壓桿移動了。之後，你可以在 B. F. 去「碰觸」壓桿的時候給予增強；進行數次後，再等到牠「有一個下壓傾向的動作」時再給予增強（如果增強失敗了，可以再回到上一個步驟再開始）。當 B. F. 能夠穩定地碰觸

逐步養成
一種行為改變策略，透過增強一連串逐漸接近目標行為的反應來達成。

史金納箱
一個配備有反應壓桿、餵食器的動物籠子，用來進行操作制約的研究。

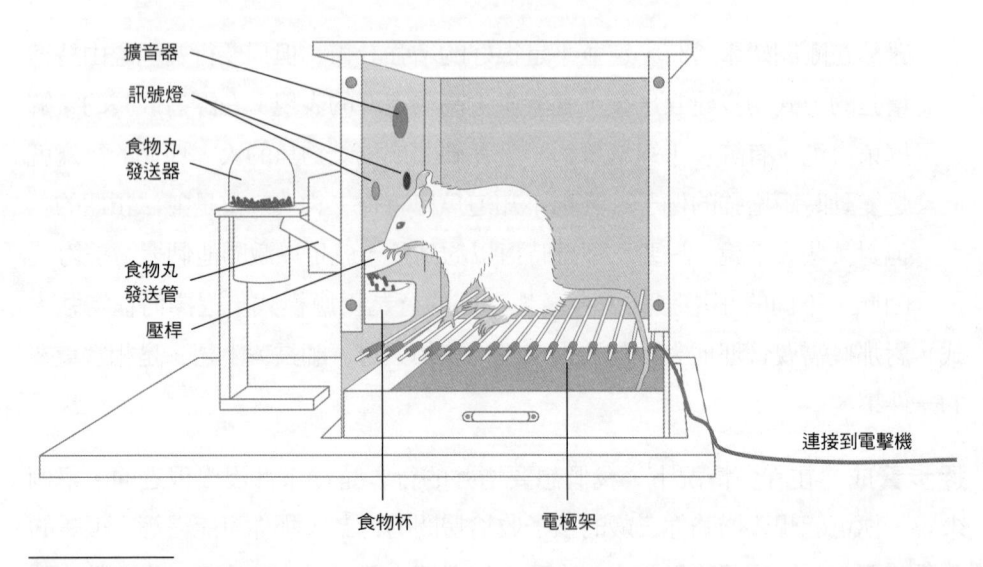

圖 7.9 這是個設計給老鼠用的史金納箱。此實驗中的反應是壓下壓桿，作為增強物的食物丸會被送到箱子左側的食物杯裡。擴音器和訊號燈可作為聽覺與視覺刺激的操弄，而電極架讓實驗者可以控制在箱子內的負面結果（輕微的電擊）。

壓桿並有往下的動作後，牠應該就有很高的可能會去按壓壓桿到能夠啟動自動餵食機的地步，而自動餵食機的食物將能增強其壓桿的反應。

在日常生活中，逐步養成的原則也極為重要。例如，大多數的溜冰初學者沒有辦法在做出完美旋轉姿勢的時候獲得增強，因為他們根本還無法做到那個程度。但他們可藉由增強逐漸接近良好旋轉動作的反應，來達到好的溜冰技巧。在訓練發展遲緩的兒童時，也能透過逐步養成的方式來教導他們一些基本技能，如刷牙、做一些有用的工作和會搭乘大眾運輸工具等。那麼，又該如何運用逐步養成的方式讓一個三歲小孩學會整理房間呢？首先，你必須先增強他們收好一件玩具的行為──即使房間的其他部分還是亂七八糟。進行這樣的增強一兩次以後，再增強他們收好幾件玩具的行為，就這樣漸漸地接近整理好一個房間，然後持續地進行，直到目標行為發生且可以再被增強為止。

7.3.2 負增強

如前所述，正增強是指正向事物會在我們的行為之後出現，並增加該行為的發生率。但增強物並非總是正向的事物。有時，增強是因為要「移除或避開不好的負面事物」。假設住家隔壁有個鄰居把音響開得很大聲，使你這一個星期晚上都睡不著覺。若你很憤怒地要他把音量關小，而吵人的音樂也真的停止了，你以後就可能常常採取憤怒的姿態。負增強對我們的行為影響雖然常被忽

略，卻是操作制約學習中很重要的角色。

學生們對於負增強的概念經常混淆，有兩個原因：第一，太多人因為「負增強」一詞的表面意義，而認為是一種不好或不想要的行為（如壞習慣）被增強了。事情不是這樣，因為被負增強的行為可能是想要的行為，也可能是不想要的行為。第二，有更多學生以為負增強與處罰類似，但實際上它並非如此。我們在本章稍後就會談到懲罰的概念，你就會知道這是兩個相當不同的情形。

負增強（negative reinforcement）真正的意思是：因為一個行為移除（remove）了某些負向的（或不愉快、討厭的）事物，或者避免了這些負面事物的發生，而增強了該行為的頻率。從前述的例子來說，吵雜的音樂即是負向的事物，而你的憤怒行為就是為了要擺脫它。你要求他把音量關小的這種行為因為結果（吵雜的音樂停止）而被負增強了，這使你未來更可能以這種方式去反應。

> **負增強**
> 行為增強的目的在於移除或避免負向事件。

負增強有兩種制約情形：

1. **逃脫制約**：逃脫制約（escape conditioning）是指做出行為而使負向事件停止的情形。例如，一個小男孩被關進房間一小時，這對他來說應該是個非常不喜歡的情況。如果他開始輕聲啜泣，並且很可憐地喃喃說著沒有人愛他等話語，假若這使他父母心軟且讓他從房間出來，那麼負增強就發生了。是什麼行為被強化了呢？很可能在下次小男孩又被關進房間時，他會表演出更可憐的樣子，因為這樣能使負向的事件——關禁閉——停止。因此，逃脫制約是一種移除負面事物的負增強形式。因為個體從某些負面的事物中逃脫（escapes）出來（或說使其停止），因此稱之為逃脫制約。

> **逃脫制約**
> 一種操作制約（為負增強的形式之一），行為的增強是由於行為能使一個負向事件停止。

2. **迴避制約**：另一種稱為**迴避制約**（avoidance conditioning）的負增強形式，是指做出行為而使負向事件「不要發生」的情形。假設你很害怕鬥牛犬，但在你要去學校的路上，正好有隻超凶猛的鬥牛犬在等著。假如你發現了一條去學校的新路徑，而且不用經過這隻鬥牛犬，那麼，你將來就可能會再繼續走這條路，因為這可以使穿過鬥牛犬的這件負向事件不再發生。即使這可能會讓你覺得有點懦弱，但發現新路徑仍是很高的增強結果。這就是所謂的迴避制約，因為避免某些負向事件（鬥牛犬）增強了採取新途徑的行為。

> **迴避制約**
> 一種操作制約（為負增強的形式之一），行為的增強是由於行為能防止一個負向事件的發生。

負增強是個相當有效的增強方法，因此，我們能夠很容易且快速地經由這種方式來學到行為模式。但不幸地，我們透過負增強所學到的，經常是處理不

愉快情境的不成熟方式，而非成熟地直接面對問題的方式。在第一個例子裡提到的小男孩，若願意接受他應得的處罰並學著下次不再犯錯，會是更理想的結果；而你若能克服對鬥牛犬的恐懼，也會對你更好。但經由負增強，我們總是較容易學到快速又容易，卻不一定適當的解決方式。

另外，當父母親讓裝可憐的小男孩從房間裡出來時，他們可能也被增強了。小男孩的父母是藉由何種制約原則被增強的呢？由於讓小男孩從房間裡出來，使得他的悲哀啜泣停止，所以男孩的父母是受到逃脫制約的增強。負增強不當行為的情形很常見，我們必須盡量注意並加以避免。

7.3.3　懲罰

有時候，行為所產生的後果是負面的，而行為的頻率也會因此減少；換句話說，這個行為得到了懲罰。例如，假如你買了一組鐵製鍋柄的新鍋具，結果某天你沒有用隔熱手套就直接去拿熱燙的鍋子，那鐵定會產生負面的結果。此後，你應該就不會再徒手去拿這個新鍋具了。**懲罰（punishment）**是一個負向的結果，會降低產生此一結果的行為頻率（Church, 1969; Tarpy & Mayer, 1978）。若能適當地使用懲罰，則可作為一項阻止不當行為的有效工具。然而，在我們的社會裡，父母、教師或其他權威人士還是會對兒童施以體罰（physical punishment）。除了有顯而易見的道德問題之外，採用任何形式的體罰本身就會帶來嚴重的危害，值得我們在體罰的潛在效益和體罰帶來的危險兩者之間去做權衡。譯者在一次搭火車的途中遇到一件與體罰有關的事。有個孩子在火車上大哭，於是他媽媽就打他一巴掌（體罰）叫他不要哭，但孩子還是繼續哭，這時他媽媽又打了他一巴掌，就這樣連續打了幾巴掌後，孩子還是不停地哭。後來他媽媽停手問道：「到底要怎樣你才不哭？」孩子哭著說：「妳不打我，我就不哭了。」這是在日常生活中經常發生的狀況，你想透過體罰來改善行為，結果卻會適得其反。

懲罰的危險　懲罰本身就存在五種危險：

1. 懲罰的使用經常會增強施罰者（reinforcing to the punisher）。例如，父母親打了正在發牢騷的小孩一巴掌，這一巴掌讓小孩停止了發牢騷，則父母親打小孩巴掌的行為就會被負增強。但很不幸地，這可能也意味著掌摑孩子這個行為的頻率，甚至是強度都會增加，而這不僅讓孩子得忍受更多更大的疼痛，甚至可能有虐待兒童的危機。

懲罰
行為的負面結果，會使產生此結果的行為發生率降低。

2. 懲罰經常對個體造成廣泛的抑制效果（generalized inhibiting effect）。一再地對孩子的「頂嘴」賞耳光，可能使孩子根本就不再與你說話；同樣地，一直批評牌友的失誤，可能會使他不再跟你一起玩牌。
3. 對於施加體罰的那個人，我們通常學會不喜歡（learning to dislike）他（那個人反映加諸於身上的疼痛），有時還會對那個人抱持著攻擊傾向的反應（reacting aggressively）。因此，懲罰或許解決了一個問題，但卻會導致更嚴重的問題——攻擊行為。
4. 懲罰對於所要懲罰的行為來說，並非總是如我們所以為的那般有效果；尤其大多數的家長和老師（以及許多管理者或室友等）會覺得責備（criticism）能夠懲罰其所針對的行為。然而在很多情況下，特別是在有很多小朋友的家裡或教室裡，都一再證實責備通常成了一個正增強物，反而會增加其所要責備行為的頻率。這被稱為**責備圈套（criticism trap）**（Madsen, Becker, & Thomas, 1968）。例如，有些老師和父母在看到他們不喜歡的行為時，會責備孩子以制止該行為，但有時候，孩子會因為被責罵時能受到大人的注意，反而被增強。別忘了孩子最需要的就是他人的關注，你責備孩子的同時，也給予了關注。如此一來，責備（潛藏的關注）反倒成了行為的增強物而非懲罰，因此，受到責備的行為頻率就會增加。大人想用更多的責罵來消除這個錯誤的行為，結果反而更增強了該行為，使行為的頻率遽增。

> **責備圈套**
> 在責罵之後，原本欲懲罰的負向行為的發生率反而增加。

5. 即使採用懲罰可以達到抑制不良行為的效果，但懲罰並未教導個體如何做出較適當的行為。使用懲罰反而可能弄巧成拙：懲罰或許能抑制一個不當的行為，卻會引出另一個替代的不當行為。要一直到教導個體用適當的行為來替代不當行為，才能有真正的改進。

使用懲罰的準則 上面所列舉的幾點，是對使用懲罰作為行為改變方法的控訴；然而，我們也不應將懲罰視為罪大惡極。在某些情況下，懲罰是一種改變行為的必要手段。例如，在教導小孩不要跑進人車繁忙的街道時，懲罰可能是最有用的方式。下面舉出一些使用懲罰的準則，盡可能將懲罰可能產生的副作用降至最低：

1. 不要使用體罰。對十歲大的兒童，採用縮短其看電視的時間；或對四歲的兒童，把他放在角落的椅子上三分鐘——這些方法可能都比痛打一頓來得有效且更加人道。體罰實際上經常導致事與願違的結果，讓孩子的表現變得更糟，而不是變得更好（O'Leary, 1995）。

操作制約的比較：正增強、負增強，以及懲罰。正增強與負增強被稱為「增強」，是由於它們能增加行為的強度。

注意：正增強、負增強與懲罰這些詞彙，與行為反應的本質無關，它們只是表示強化或弱化此一行為。這裡用了一個相當「負向」的行為來舉例，不過，圖中的每個案例也都能用「正向」的行為來說明同樣的效果。

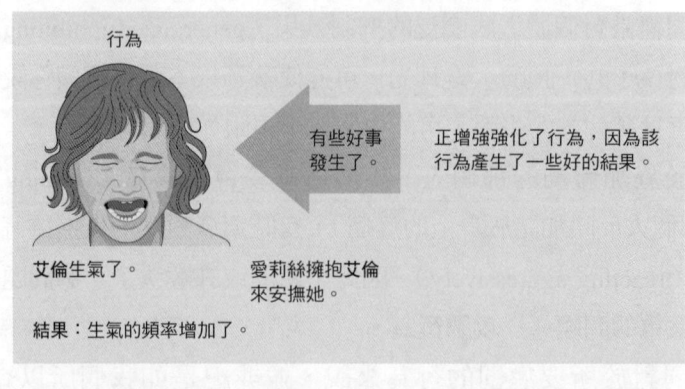

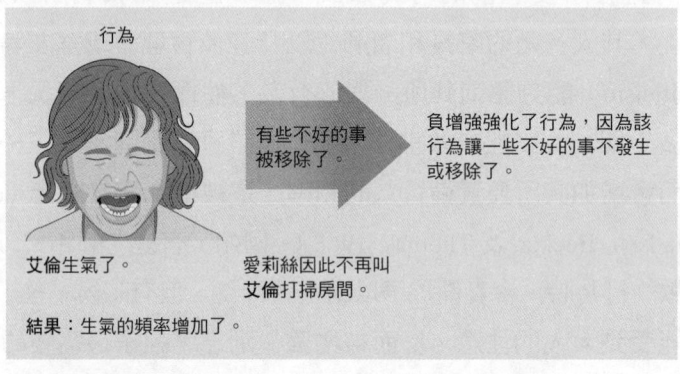

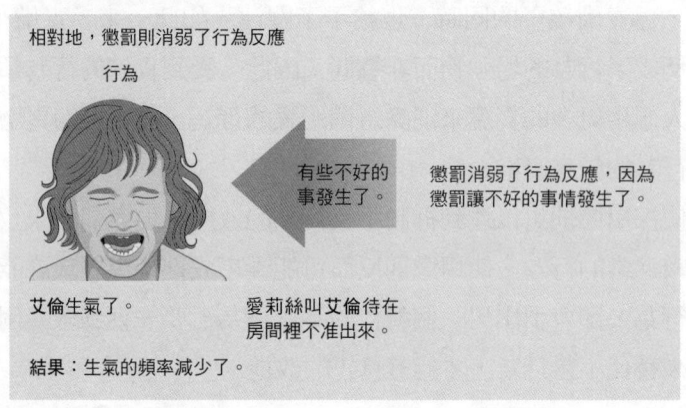

行為

艾倫生氣了。 ← 有些好事發生了。 正增強強化了行為，因為該行為產生了一些好的結果。

愛莉絲擁抱艾倫來安撫她。

結果：生氣的頻率增加了。

行為

艾倫生氣了。 → 有些不好的事被移除了。 負增強強化了行為，因為該行為讓一些不好的事不發生或移除了。

愛莉絲因此不再叫艾倫打掃房間。

結果：生氣的頻率增加了。

相對地，懲罰則消弱了行為反應

行為

艾倫生氣了。 ← 有些不好的事發生了。 懲罰消弱了行為反應，因為懲罰讓不好的事情發生了。

愛莉絲叫艾倫待在房間裡不准出來。

結果：生氣的頻率減少了。

---

2. 要立即懲罰不適切的行為。當兒童想要橫越馬路時，馬上用嚴厲的口吻告訴他這是不對的，就可能對該行為產生懲罰效果。但如果等了五分鐘才告訴他，便會大大降低懲罰的效果。

3. 你必須確保要以正面地增強一個適當的行為來取代你想要消減的不當行為。就長期來看，除非你同時增強了一個適當的行為，否則懲罰最終仍然沒有效果。

4. 要讓個體清楚知道你所要懲罰的行為是什麼，並且當該行為已停止時，要盡快解除懲罰的威脅。亦即懲罰某種行為是可以的，但若變成對做錯事的

人全面性的生氣，那就是弊多於利。不要懲罰人，要懲罰特定的行為；並在不當行為停止時，停止懲罰。
5. 不要針對同一個行為混雜懲罰和獎賞。例如，不要在懲罰了孩子的打架行為後，又歉疚地擁抱或親吻他。這種混雜懲罰和獎賞的方式會令孩子產生混淆，而無法建立有效的學習。
6. 一旦開始進行懲罰，就不要半途而廢。換句話說，不要讓孩子逃過懲罰，而增強了哀求、裝可憐等其他不當的行為，這不但使懲罰無效，還會負增強孩子哀求的不良行為。

7.3.4 古典制約與操作制約的比較

我們一連串介紹了好幾種學習（制約）的形式，你可能會覺得有點混淆。不過，只要能掌握古典制約和操作制約之間的區別特徵，就會容易得多。

古典制約和操作制約主要有三個不同之處：

1. 古典制約所牽涉的是兩個刺激之間的關聯，如鈴聲和食物。而操作制約則是行為和行為所產生的結果，如努力用功然後得到高分。
2. 古典制約所涉及的，通常是由脊髓或自主神經系統所控制的反射性、非自主的行為，包含害怕反應、分泌唾液和其他非自主的行為。而操作制約所牽涉的，則是由體神經系統所控制、可完全自主的行為。
3. 然而，兩者最主要的差異在於，使制約情境「出現」的刺激（在古典制約中是非制約刺激物，或稱 UCS；在操作制約中是增強物）是如何呈現的。以古典制約而言，UCS 是伴隨著制約刺激物（CS）而出現，並且獨立於個體的行為；即個體不需做什麼來讓 CS 和 UCS 出現。不過，在操作制約裡，增強的後果只出現在反應剛發生不久後；也就是說，增強的後果是緊接著行為反應發生。

7.3.5 刺激區辨與類化

大多數的反應在每個情境中出現的可能性都不盡相同，可能在某些情境下出現的機率多一點，而在另一種情境下則少一點。例如，當老師在教室的時候，學童們的表現會比老師不在的時候好；或者，當你的新男／女友跟你說：「下課後去找妳／你」時，你整理房間的可能性就會比沒有人來的時候高一點。大多數的反應在某種刺激下發生的機率比在其他刺激下來得高，這種現象

刺激區辨
相較於其他情境，行為傾向於在某特定情境下發生。

稱為**刺激區辨**（stimulus discrimination）；也就是說，我們會區辨在什麼場合下，某個反應是適當或不適當的。

我們再回到老鼠實驗室，來看看刺激區辨的學習方式。上回你在老鼠實驗室的時候，你的任務是用逐步養成和正增強的方式，來教導你的老鼠 B. F. 壓箱子裡的壓桿。假設這一次，你希望 B. F. 只在某種特定的情境下（例如，當燈泡點亮的時候）才壓壓桿；那麼，你的任務就是要讓 B. F. 學習刺激區辨。我們可以這麼開始：首先，點亮壓桿上方的燈泡，然後讓 B. F. 去壓壓桿，並得到增強物數次。接著，把燈泡熄滅一陣子，在這段期間，壓壓桿並不會掉出食物；也就是說，當燈泡不亮的時候，就不增強壓壓桿的行為。之後，再重新把燈打開，增強壓壓桿的行為，然後再把燈關掉，不增強壓壓桿的行為；如此反覆進行數次。增強行為的刺激稱為 S^d（區辨刺激的縮寫），而不增強行為的刺激稱為 S^{delta}。按照上述的方式來訓練老鼠，很快地，B. F. 就會幾乎在每次燈亮的時候去壓壓桿，而燈滅的時候則幾乎不去壓壓桿——牠就學會了刺激區辨。

人類也必須學習刺激區辨，而且有很多要學。例如，我們要學會只有在真正的汽車出現時說「汽車」，而非對著玩具推車說「汽車」；我們要學會只有在看到「狗」這個字時唸「狗」，而非對著其他的字唸「狗」，諸如此類。不過，我們所學習的刺激區辨，其實是相當微妙且難以拿捏的。舉例來說，在一個聚會中，我們要學會分辨在他人對我們有興趣時，做適切地自我介紹；我們要在聽到人家訴說一件悲傷的事情時，表達同情。在對的時候做對的事情（在 S^d 出現的時候做出合宜的反應），能夠得到好的結果；但若時機錯誤（S^{delta}），同樣的行為則會造成不愉快的結果。向一個對你感興趣的人自我介紹，會讓你有個愉快的對談；若向一個對你沒興趣的人做同樣的事，則往往會使你們雙方都覺得不自在。

然而，刺激區辨並非只發生在操作制約中。假設你的實驗室老師希望你用古典制約的方法，教導 B. F. 在慢速鈴聲出現時停止移動，而在快速鈴聲出現時則不要停下來。首先你得知道：老鼠在昏暗的光線下會自在地四處探索，但在強烈的光線下就停住不動了。你可能會用一般的方法開始進行古典制約：讓慢速的鈴聲和 UCS（強烈的光線）配對，使老鼠做出停住不動的反應。經過數次配對之後，B. F. 應該就能在慢速鈴聲響起時停住不動了。假設我們現在有時也呈現快速鈴聲的話，B. F. 也一樣會有停住不動的反應。如果接下來，我們持續呈現慢速鈴聲和快速鈴聲，但只有在慢速鈴聲出現時與強烈的光線配對，

則 B. F. 就只會對慢速鈴聲做出停住不動的反應，對快速鈴聲則不會。也就是說，牠會透過古典制約學到了刺激區辨。

相對於刺激區辨的是**刺激類化（stimulus generalization）**，這是指人們（以及其他動物）不一定總是能區分出兩個很類似的刺激。換句話說，兩個刺激的相似度愈高，個體就愈容易把它們當成同一個刺激來反應。一個害怕暹邏貓的人通常也會害怕有類似花紋的虎斑貓。

> **刺激類化**
> 相似的刺激引發相同反應的傾向。

讓我們再回到實驗室做個實驗，用色彩為刺激來驗證刺激類化的現象。不過這一次，我們的實驗對象是鴿子而不是老鼠，因為老鼠是色盲！我們只在呈現波長為 550 奈米（一種用來測量光線波長的單位）的黃綠光時，才給鴿子增強物。過一段時間後，鴿子就只會在此光線（S^d）出現時去壓壓桿。在這個階段，鴿子只對這種光線做出反應是最重要的，因為接下來，才能以此作為刺激類化的研究工具。接著，我們開始改變光線的波長，可以看到當波長變化的愈多，鴿子對它做反應的可能性就愈低。如果我們仔細地一點一點改變光的波長，就能夠描繪出一張表示刺激類化現象的圖，如圖 7.10。從圖中可以看到：刺激愈相近，鴿子對它反應的機率就愈高，彷彿它們是同一個刺激；而刺激的差異愈大，鴿子就愈不可能把它們當成是同一個刺激來反應。

在我們結束這個概念之前，再來看看另一個刺激類化的例子，這是一個與

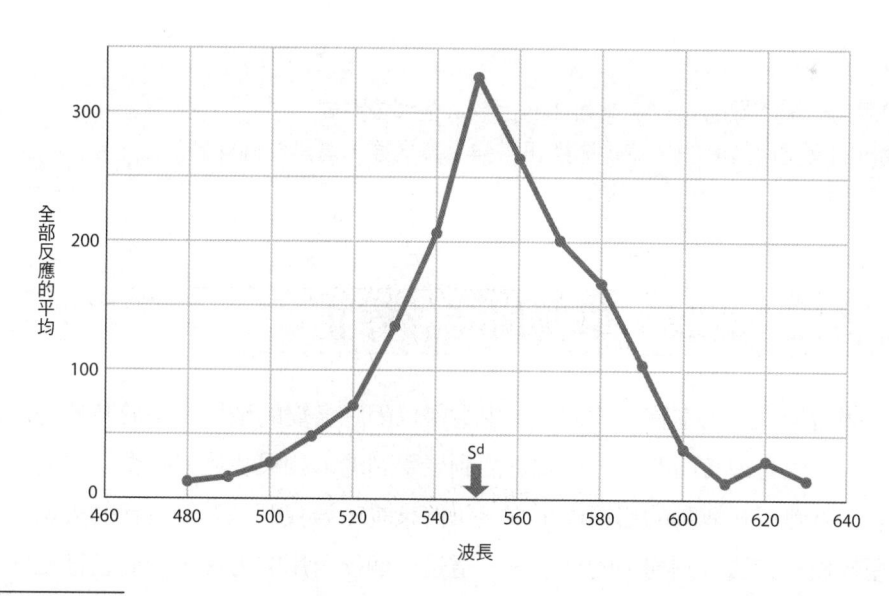

圖 7.10 刺激類化是指刺激愈相近，它們就愈容易被當成是同樣的刺激來反應。此案例中，先增強鴿子在 550 奈米（波長的測量單位）波長的光出現時啄壓桿的行為。當各種不同波長的光線以隨機順序出現時，鴿子在愈接近 S^d（區辨刺激：550 奈米波長的光線）時，啄壓桿的反應率就愈高。

古典制約有關的例子。還記得 Little Albert 那個有名的實驗嗎？在該實驗裡，用超大聲響和老鼠配對的古典制約法，讓 Little Albert 對大白鼠感到害怕。而且不僅是對大白鼠，這個害怕也類化到其他相似的物體。五天後，Little Albert 會對白色的兔子、白色的狗，還有白色的大衣，顯示驚恐害怕的反應；他甚至對棉花球和耶誕老人的面具也出現輕微的害怕反應。

複習

我們從自己的行為結果來學習。如果我們的行為產生一個正向的結果，我們再做這個行為的機率就愈高，並且依不同的增強計畫而有不同的行為模式。正增強物可分為天生的（初級增強物）和習得的（次級增強物）。正增強可以使行為發生的機率提高，使用逐漸接近目標行為的增強法，甚至能增強在一開始沒有出現過的行為（逐步養成）。

不僅正向的後果能增強行為，移除或避免負向的結果也能有增強效果（負增強）。負增強有兩種不同的學習形式：(1) 逃脫制約，行為用以移除負向的事物；(2) 迴避制約，行為用以避免負向事件的發生。不同於負增強，懲罰是行為的負向結果，它會降低未來發生此行為的可能性。

行為只在特定刺激出現時得到增強，則行為會傾向只在該刺激出現時才發生（刺激區辨）；另一方面，對於類似的刺激行為，則會傾向當成同樣的刺激來反應（刺激類化）。刺激的類化與區辨也會發生在古典制約中。

想一想

1. 你的朋友們是否曾用過一些不好的方式來增強你的行為？是哪些方式？
2. 什麼樣的行為是我們的文化所鼓勵的？這是透過正增強、負增強，還是懲罰達到的？

7.4　消弱：學習何時該停止

學習是人生的本質，我們藉由學習得以因應多變的環境。由於時代變遷快速，人們也必須有所改變，也就是活到老學到老。如果我們只學習一次而不再改變，就難以在變動的環境中生存。舉例來說，若我們是石器時代的人類，學會用搖樹的方法得到樹上的橘子——這是一個很有用的方法，因此它被正增強了。但是，當樹上的橘子被搖光之後，這個搖樹的行為就不再有用。此時，我們就要停止搖樹。要是環境中的變化沒能使我們學到的行為產生改變，我們可就麻煩了。

當環境中原本引發行為的因素改變,而使習得的行為停止,**消弱**（extinction）就發生了。消弱的歷程在古典制約和操作制約中都很相近。

7.4.1 移除學習的來源

消弱的發生是由於原來學習的來源已被移除。在古典制約中,學習的發生是因為兩個刺激被反覆地配對在一起。若當節拍器發出聲響的時候,Pavlov的狗不再得到食物,最後,狗就不會再對節拍器的聲音分泌唾液了。或者,假如你在某牙醫的診療椅上受過一些苦,則牙醫的椅子就會引發恐懼的反應（經由原本中性的椅子和疼痛配對）。假設那個笨拙的牙醫把他的工具含診療椅,都賣給了一個技術佳、真正可以做到無痛的牙醫師,而你再也不會在那張椅子上受苦。在這個例子中,造成害怕牙醫診療椅的因素已經被移除了,因此最後（從古典制約習得的恐懼很難減除）,制約刺激（不再和疼痛配對的牙醫診療椅）的單獨出現,就會消弱對診療椅的恐懼反應。實質上,你會學到那個診療椅不再預告著疼痛。從古典制約的角度來看,當 CS 單獨呈現而不再和 UCS 配對,則 CR 就會被消弱。

在操作制約的例子裡,消弱是由於行為後果的改變。假如一個反應不再被增強,最後它的發生頻率就會降低。若 Skinner 的老鼠壓壓桿的行為再也不能得到食物,則此行為最終就會停止。同理,假如樹上沒有半顆橘子了,則搖樹的行為就不再能獲得增強,最後也就不再搖樹了。

消弱在古典制約和操作制約有個重要的差別。在操作制約裡,消弱的初期過程常會發生「挫折」（frustration）的情形。當反應在開始消失之前,可能會有個短暫的爆發——在剛開始發覺沒有半顆橘子從樹上掉下來的時候,你可能會很氣憤地猛搖樹幹一陣子。

操作制約裡的增強計畫方式和增強的種類,對於消弱發生的速度有重大的影響,這個現象稱為**部分增強效果**（partial reinforcement effect）。採用持續增強的反應,會比採用固定比率或固定間距增強的反應容易消弱。這或許是因為持續增強是在每個反應之後都有增強物,所以,當增強物不再出現時,就顯而易見了。因此,父母、雇主、老師或其他人因為太忙而忘記給予增強,不見得是一件壞事;變動的增強能使良好的反應更持久,而不易被消弱。

不過,最難以消弱的行為是經由迴避制約學習而來的反應。當負向事件不再出現的時候,就會產生迴避制約反應的消弱;但是若個體持續做出迴避負向事件的行為,就無法察覺環境已經改變了。舉例來說,如果你一直繞遠路去上

> **消弱**
> 由於原本引起學習的來源被移除,而使已習得的反應逐漸消失的歷程。

> **部分增強效果**
> 經由變動比率或變動時距增強的行為,比持續增強的行為難以消弱的現象。

反應預防
避免迴避行的發生以確保個體能看到負向的結果已經不再出現，有助於迴避行為的消弱。

學，以避免遇到那隻鬥牛犬，你可能永遠都不知道，那隻鬥牛犬跟他的主人已經搬走了。我們對於某件事物的恐懼之所以難消除可能也是這個原因所致。

然而，我們可以用一種稱為**反應預防（response prevention）**的技術，來快速地消弱迴避制約的反應。這個技術如同其名所暗示，用來防止迴避制約反應，使個體能夠看到負向的事件已經不再發生。這項技術在治療強迫症病患時也相當有效。當強迫行為（如：頻繁的洗手）被止住了，強迫症患者才有機會發覺，他們所害怕的事情（如：可怕的疾病）並不會真的發生（Steketee & Cleere, 1990）。

7.4.2 自動恢復與去抑制

消弱的過程並非總是那麼平順容易。一般說來，在達到完全消弱之前，已習得的反應還會出現好幾次。以害怕牙醫診療椅的例子來說，害怕的強度會隨著 CS（診療椅）與 UCS（疼痛）之間不再配對出現而逐漸降低。但是，若在這之前經歷過一段很長的制約期（例如，連續看牙醫長達一年的時間），則下次 CS 出現的時候，仍會有恐懼感（見圖 7.11），這個現象就稱為**自動恢復（spontaneous recovery）**。在消弱的過程中，自動恢復的現象可能會發生好幾次，但只要制約刺激不斷地單獨呈現，此恢復的反應就會不斷地減少，直到不再恢復。

自動恢復
在消弱制約反應一段時間後，反應的強度可能會短暫增加的情形。

在某些案例中，除了自動恢復之外，被消弱的反應強度也會因其他因素

圖 7.11 對牙醫診療椅的古典制約害怕的消弱過程。

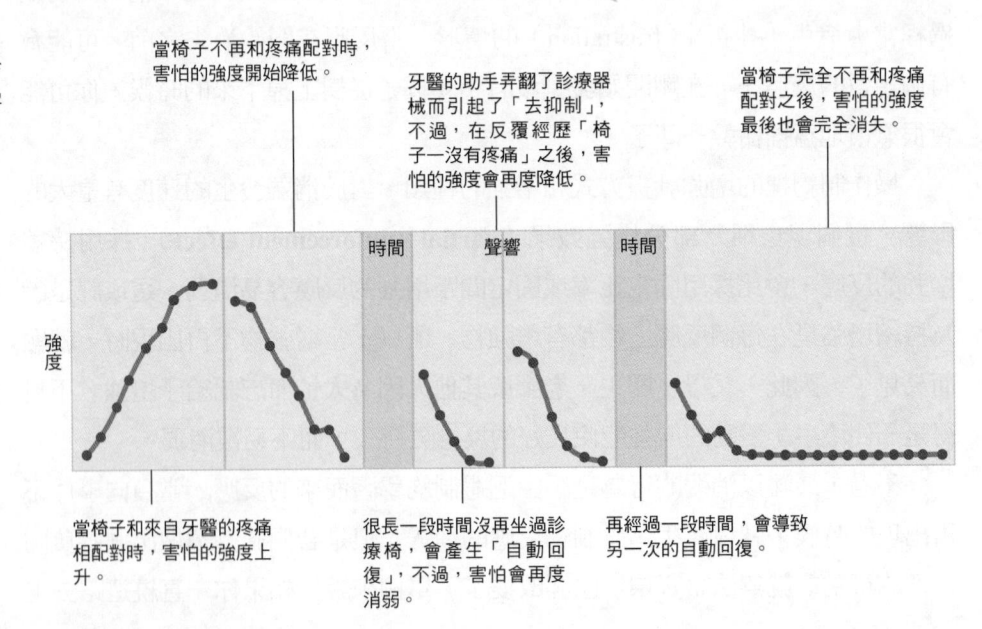

當椅子不再和疼痛配對時，害怕的強度開始降低。

牙醫的助手弄翻了診療器械而引起了「去抑制」，不過，在反覆經歷「椅子—沒有疼痛」之後，害怕的強度會再度降低。

當椅子完全不再和疼痛配對之後，害怕的強度最後也會完全消失。

時間　聲響　時間

強度

當椅子和來自牙醫的疼痛相配對時，害怕的強度上升。

很長一段時間沒再坐過診療椅，會產生「自動回復」，不過，害怕會再度消弱。

再經過一段時間，會導致另一次的自動回復。

而短暫回升。若發生一個強烈但不相關的刺激事件，則可能會使被消弱的反應強度暫時提升。想像當你正坐在牙醫的診療椅上，而牙醫的助手掉落了一盤的牙醫器械，這可能會短暫地讓你的恐懼感又回來了。這個現象叫做**去抑制**（**disinhibition**）。這個詞在表面上似乎和上述的例子不甚相關，要了解它，得從 Pavlov 說起。Pavlov 相信，在理論上，沒有任何一個反應能真的被「反學習」；它們只是被大腦的其他部位所「抑制」。他稱這個現象為「去抑制」，因為他覺得，反應強度暫時上升的情形，是由於外界的雜訊（noise）暫時解除對此反應的抑制效果所致。不論是古典制約或操作制約，都有可能發生自動恢復和去抑制的現象（Redish & others, 2007）。

> **去抑制**
> 由一個不相關的刺激所引起，使被消弱的反應強度短暫增加的情形。

複習

為了能完全適應這個變動的世界，我們必須能學習，也必須能拋棄所學。當最初學習的來源一被移除，消弱的過程便開始了。在古典制約裡，這是指 CS 不再和 UCS 配對之後，就會產生 CR 的消弱；在操作制約裡，這是指當反應不再被增強的時候，反應就會被消弱。消弱的過程經常是不規律的，可能在一段很長的時間之後，會有自動恢復，或者有一個強烈的去抑制刺激出現，都會使反應強度短暫地增加。

想一想

1. 有哪些因素使得某些行為比起其他行為更難以消弱？
2. 你曾經以消弱的方式來消減一些不想要的行為嗎？

7.5 學習理論

何謂習得？當個體的行為經由古典制約或操作制約而產生了變化時，個體究竟發生了什麼事？其中有個神經連結論的觀點，至少可以從 Pavlov 的時代回溯起。神經連結論認為，在大腦中，特定刺激與特定反應的連結，是學習過程中的必要因素。舉例來說，當一隻老鼠被增強，要在燈光出現時去壓壓桿，神經連結論者認為，此刻老鼠的大腦中必定自動建立了燈光與壓壓桿行為的特定肌肉之間的連結。因此，當下次燈光再度亮起時，藉由連結到肌肉的神經，便會產生壓壓桿的動作。連結論的研究強調易於觀察的行為改變，並且忽略其

內在的心理歷程。

其他的心理學家則認為，內在的心理歷程才是學習中的主要角色，因此投入了許多研究。以他們的觀點來說，學習所牽涉的是一種認知的改變，而非神經的連結。認知（cognition）一詞指稱的是，有關思考、預測、知覺及信仰等的智能處理。例如，若先前燈光伴隨著電擊的出現，則當你看到燈光出現的時候，會有畏懼的反應，這是因為你預期（expect）在燈光出現之後將會有個電擊；一隻老鼠在迷宮裡向左轉，是因為牠從過去十次跑迷宮的經驗裡知道（knows），食物將會出現在那個方向。

7.5.1 認知或連結？

過去已有相當多的研究針對連結論與認知論進行探討。雖然大多數研究是以動物為受試者，但在學習的本質上，也和我們人類十分相關。

位置學習 加州大學柏克萊校區的 Edward C. Tolman 設計了一個精巧的實驗，用來探討學習的認知論（Tolman, Ritchie, & Kalish, 1946）。在圖 7.12 中，老鼠在一開始被訓練去走這個路徑。老鼠由 A 點出發，經過幾個轉折（左轉，右轉，再右轉）之後，跑到有食物的 B 點。就連結論的觀點來說，老鼠是藉由這個路徑刺激與跑及轉向的特定肌肉之間的連結，而學會這麼做的。

圖 7.12 Tolman 以認知觀點研究老鼠學習行為最初所使用的器材。一隻老鼠由 A 點出發，到達 B 點時，可以獲得食物。

資料來源：E. C. Tolman, B. F. Ritchie, and D. Kalish, "Studies in Spatial Learing I: Orientation and the Short-Cut" *Journal of Experimental Psychology*, 36:13-25, 1946.

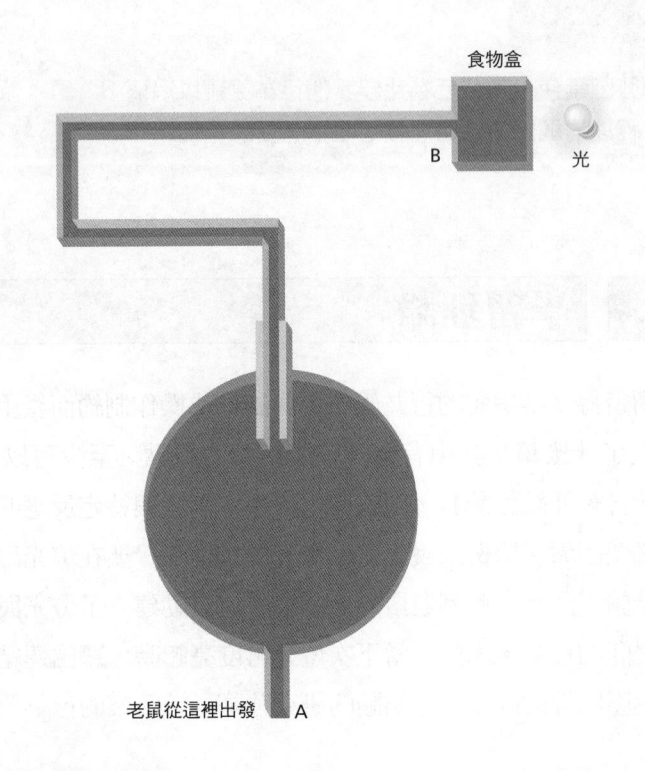

不過，Tolman 抱持認知論的觀點，他認為老鼠是學習到了一個食物和出發點之間相對位置的**認知地圖（cognitive map）**。牠們並非習得固定的肌肉運動模式，而是習得了食物位置的知識。

在連結論與認知論的解釋之間，我們又該如何去區分呢？這就是 Tolman 實驗設計的精妙之處！假如我們讓老鼠有機會選擇一個距離食物較近的捷徑，牠們會這麼做嗎？或者，牠們根本無法辨識何謂好路徑，因為牠們是由迷宮刺激與肌肉運動模式之間的連結而學習？Tolman 及其同事們利用阻斷原本的路徑，並給予數條新路徑的方式（如圖 7.13），回答了這個問題。他們發現，大多數的老鼠都選擇了離食物較近的路徑。Tolman 解釋，這個現象是因為老鼠學到了關於食物位置資訊的新認知。最近的研究發現，海馬迴在學習這種「認知地圖」的過程中扮演了不可或缺的角色。（McGregor & others, 2004）

> **認知地圖**
> 對於某個物理結構的空間與相關配置的了解的一種心智知覺。

潛在學習 Tolman 設計了另一個實驗，以不同的方式來評估認知論對學習所做的詮釋（Devan & others, 2002; Tolman & Honzik, 1930）。假設我們讓老鼠在一個複雜的迷宮裡走動，如圖 7.14 所示。老鼠會有任何的學習嗎？以連結論

圖 7.13 Tolman 以認知觀點研究老鼠學習行為第二部分研究所使用的改良器材。

資料來源：E. C. Tolman, B. F. Ritchie, and D. Kalish, "Studies in Spatial Learing I: Orientation and the Short-Cut" *Journal of Experimental Psychology*, 36:13-25, 1946.

圖 7.14 Tolman 研究老鼠的潛在學習所使用的迷宮。

資料來源：E. C. Tolman and C. H. Honzik, "Introduction and Removal of the Reward, and Maze Performance in Rats," *University of California Publications in Psychology*, 4:257-275, 1930.

的觀點來看是不會的，因為只有當迷宮從起點到食物所在的終點的路徑，與一連串特定的運動建立了連結，並得到增強的時候，才會產生學習。然而，Tolman 則認為，老鼠能學習到迷宮的認知地圖，不過，除非有個好理由（例如食物）能讓老鼠跑去食物盒，否則，我們無法得知老鼠是否已經習得此認知。

在 Tolman 的實驗中，迷宮裡分別放入三組飢餓的老鼠，並測試牠們要花多久時間才能跑到食物盒。第一組老鼠在每次到達食物盒的時候，都給予增強物（食物），因此，牠們就漸漸能學會到盒子那裡去。第二組老鼠則不給予增強物，因此，牠們就在迷宮裡漫無目標地閒晃（而牠們到達食物盒的時間也未曾減少）。第三組老鼠則是最有趣的一組；在前十次牠們跑到食物盒的時候，都不給予增強物，第十次之後才開始給予增強物。我們從圖 7.15 來看發生了什麼事。由圖中可以看到，第三組老鼠到達食物盒的時間驟然下降，幾乎快追

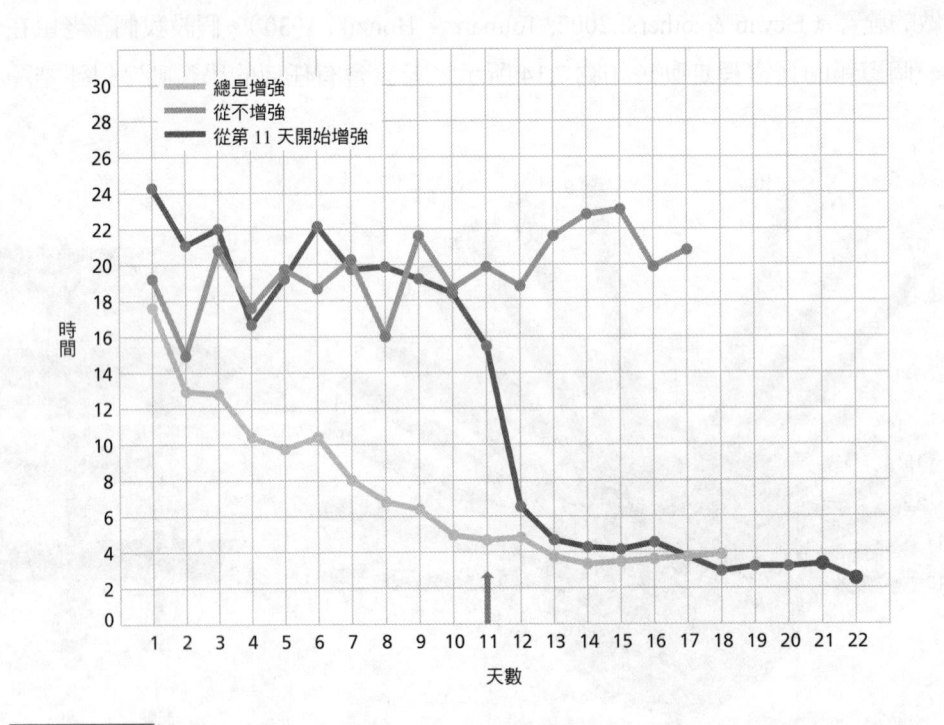

圖 7.15 Tolman 研究老鼠潛在學習的結果。在到達食物盒從未給予增強物的一組老鼠，牠們到達食物盒所花的時間沒有減少過。而到達食物盒時總給予增強物的一組老鼠，牠們到達食物盒所花的時間逐漸地進步。第三組老鼠在前十次到達食物盒時不給予增強物，第十次之後才開始給予增強物。這些老鼠快速的進步表示：在被增強之前，牠們已經習得了此迷宮的路徑了。

資料來源：E. C. Tolman and C. H. Honzik, "Introduction and Removal of the Reward, and Maze Performance in Rats," *University of California Publications in Psychology*, 4:257-275, 1930.

平一直給予增強物的第一組。Tolman 將此一結果詮釋為：未被增強的老鼠對於食物盒位置的學習效果，其實和有被增強的老鼠一樣大，但只有當牠們有機會這麼做的時候（要得到食物），牠們才會展現此一學習結果。如果學習的過程是增強刺激與反應之間的連結，那麼在給予增強之前，是沒有學習可言的。

頓悟學習與學習心向　在第一次世界大戰期間，由德國完形心理學家所做的一連串實驗，為學習認知論提供了最有力的證據。戰爭爆發時，Wolfgang Köhler 正在 Tenerife 島（位在加那利群島）實習。在實習期間，他對當地原生的黑猩猩進行一些學習的實驗。Köhler 給籠子裡的猩猩出了幾道難題，並觀察牠們如何去解決。例如，他把一串香蕉掛在籠子裡的天花板上，是在猩猩構不著的地方。一開始，猩猩們試著用跳的方式去抓香蕉，但卻失敗了。然後，猩猩坐在地上含恨地看著。不過，就在那時，有隻猩猩搬起了地上的木箱，並且把木箱疊起來，然後就爬上箱子拿到香蕉了。從那以後，猩猩們就總是能利用疊箱子的方式拿到掛在天花板上的香蕉。

Köhler 又對其他的黑猩猩做類似的實驗。他把另一隻黑猩猩關在籠子裡，一樣把香蕉掛在天花板上，讓猩猩構不到。不過，這次籠子裡沒有木箱，只有兩根竹竿。把這兩根竹竿組合起來，就能做出一根夠長的竿子可以構到香蕉。起初，猩猩嘗試用跳的還有扔竹竿的方式想要得到香蕉，不過沒多久就放棄了。然後，這隻猩猩突然拾起地上的竹竿，把兩支竹竿拼成一支，然後用這支「新」竿子把香蕉打下來。之後再呈現同樣的問題情境時，猩猩都能很快地將竹竿組合起來解決問題。

根據這兩個例子的結果，Köhler 歸納表示，這並不是因為刺激與反應之間神經連結的逐漸強化而學會解決問題，而是透過**頓悟（insight）**——因為認知的突然改變而學會解決難題。黑猩猩不是漸漸地改善牠們的能力而獲取香蕉，而是從原本完全不會，到突然之間，以新的方法輕鬆地解決問題，因而拿到香蕉。要以連結論來解釋此一頓悟學習的現象是相當困難的。威斯康辛大學的 Harry Harlow（1949）所進行的數個經典實驗，解開了一些頓悟學習之謎。Harlow 表示，解決問題的頓悟能力部分是來自自身的學習。

頓悟
由於體會了過去所未曾發覺的關係而產生的一種認知改變。

Harlow 的實驗器材配置如圖 7.16。他在托盤上擺著兩個物體呈現給猴子看。雖然在每個問題中所呈現的物體都不一樣，但都會將食物放在其中一個物體的下面。每一個問題猴子都有六次解答的機會。Harlow 想透過這個實驗知道，猴子的解題能力是否會隨著經驗而改善，因此，每一隻猴子總共做了 312 個不同的問題。結果如圖 7.17 所示，猴子們的解題能力有驚人的進步。由圖

圖 7.16 Harlow 用以研究猴子的學習心向（學習如何頓悟）的工具。

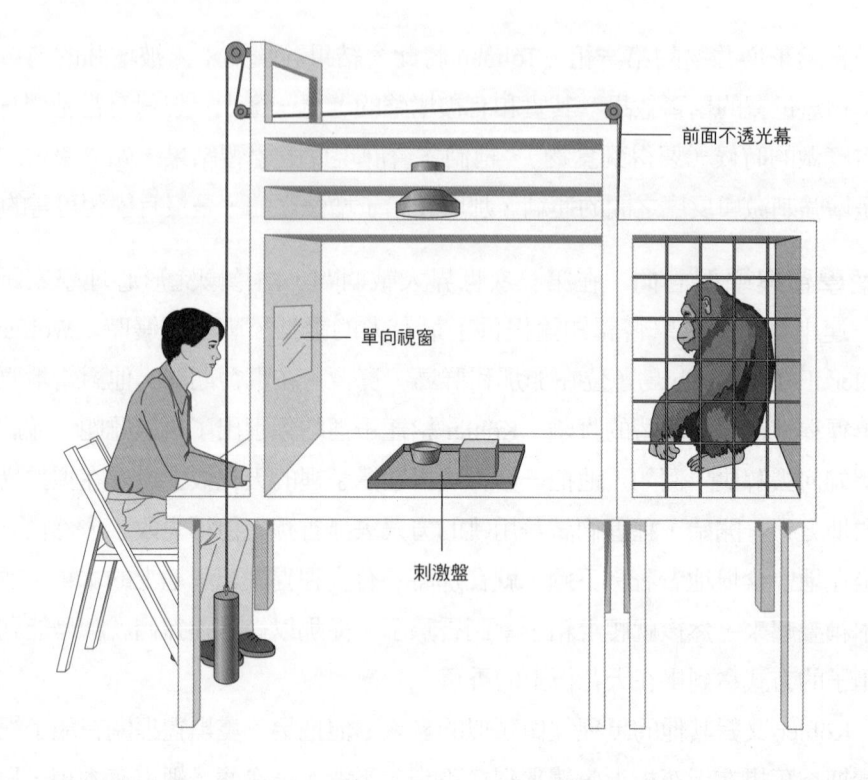

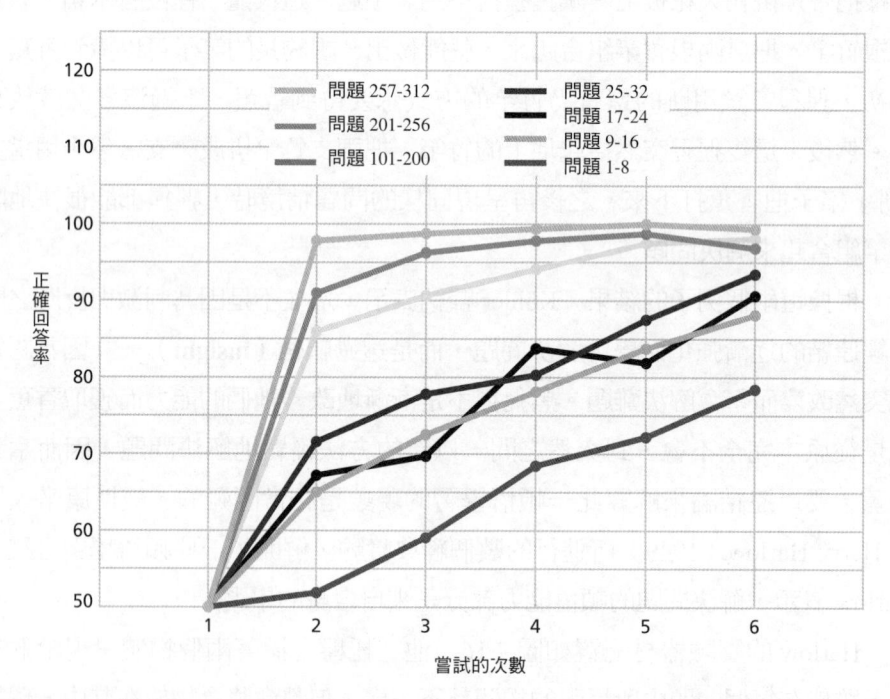

圖 7.17 猴子們學習哪個物體藏有食物，在第一次解這種問題時，剛開始的幾次學習非常緩慢（1~8 題）。但在大量做過這樣的題目後（257~312 題），牠們學習得非常快速（頓悟了）。

資料來源：H. F. Harlow, "The Formation of Learning Sets" *Psychological Review*, 56:51-56, 1949.

中可以看到，第一組（問題 1~8）解題的表現在六次試驗中有逐漸進步，雖然如此，到了第六次的正確率還是只有 75%。相對地，看看牠們在問題 257~312 的表現。在第一次的試驗裡，猴子們得猜測哪一個物體的下面有放食物，當時的正確率僅 50%。但如果牠們第一次答錯了，牠們就能夠「頓悟地知道」食物是放在另一個物體下面，因此，從第二次試驗開始，牠們就都能選出正確的答案了。

Harlow 稱這個情形為，猴子得到了一個**學習心向（learning set）**，意思是牠們學會了頓悟學習。Harlow 認為 Köhler 實驗裡猩猩的頓悟表現，並非是全部學習皆有的特徵；相對地，牠們必須學習（learn）如何頓悟以解決問題。Köhler 後續的香蕉與竹竿實驗，進一步支持了 Harlow 的論點（Birch, 1945）。如果黑猩猩在之前從未接觸過竹子，那些黑猩猩就無法解決此一難題；然而僅需三天，在讓這些黑猩猩自由地用竹竿玩耍之後，牠們就能夠輕易地解決香蕉與竹竿的問題。也就是說，牠們從嬉戲的經驗裡學到某些東西，使牠們能夠頓悟。

學習心向
藉由解決類似的問題，而在解決新問題時，能力與速度的增進。

7.5.2 模仿：藉由觀察他人而學習

史丹佛大學的心理學家 Albert Bandura 是當代認知學習論最具影響力的擁護者之一。他最重要的貢獻之一，即在強調人們不僅從古典制約、操作制約來學習，也由觀察他人的行為來學習。Bandura 將此稱為**模仿（modeling）**。例如，在一個將蚱蜢視為美食的國家裡，人們部分是從觀察別人大啖蚱蜢時透露出的滿足，而學著去吃牠們。同樣地，從說話的樣子、衣著的風格到扶養小孩的方法等，我們有許許多多的行為模式是透過模仿他人而學會。

模仿
基於觀察他人行為的一種學習形式。

Bandura 認為，模仿對於認知在學習中所扮演的角色是個重要的驗證。一個小男孩看了他的姊姊打棒球好幾年之後，也能夠在他首度登場打棒球時，玩得有模有樣（知道怎麼握球棒、如何揮擊、在揮到球的時候該怎麼跑壘）。Bandura 認為，在行為有機會發生及被增強之前，僅僅透過觀察，就已產生了許多的認知學習。而 Bandura 認為，我們不僅由模仿學得技巧，模仿也能使我們在一個情境中做出適當的行為舉止，從觀察別人所投入的行為中，使我們能入境隨俗，或者能預期做出什麼行為可獲得正向結果。

在 Bandura 對模仿的創始研究裡，兒童們僅由觀看錄影帶中的行為，就能變得較具攻擊性或較不害怕。在其中的一個實驗（Bandura, Ross & Ross, 1963），兒童們先從錄影帶中看到大人對充氣玩偶又打又踢，還坐在上面。之

後,這些兒童被安置在一個遊戲室裡(此時,故意把所有玩具拿走,不給他們玩,讓他們感到挫敗,只留下充氣玩偶),結果,這些看過錄影帶的兒童,比之前未看過帶子的兒童,對充氣玩偶有較多的攻擊性——他們由模仿中學到了更具攻擊性的行為。在另一個類似的實驗中,有更令人振奮的結果:原本十分害怕蛇的實驗參與者,在經過一連串的行為模仿(從盯著籠子裡的蛇看,慢慢進行到抓住蛇)之後,就能學會不再那麼害怕蛇(Bandura, Blanchard, & Ritter, 1969)。模仿也是一種極為強大而有效的學習形式。

然而,我們不一定會模仿所有的行為。我們會去模仿那些我們所見到,會被增強的行為〔**替代增強(vicarious reinforcement)**〕,而非被懲罰的行為〔**替代懲罰(vicarious punishment)**〕。當無法直接得知是替代增強或替代懲罰的時候,我們會較傾向去模仿那些地位較高、有吸引力或成功人士的行為,這可能是因為我們預期這些行為較能帶來增強的結果(Bandura, 1977)。

替代增強
藉由觀察他人行為得到正增強的結果,也會使觀察者增加相同的行為反應。

替代懲罰
藉由觀察他人行為得到懲罰的結果,也會使觀察者減少相同的行為反應。

近年來,許多爭議是在探討透過電視傳播使兒童產生模仿行為的現象。不幸地,已有充分的證據指出,兒童在看了電視或玩了電玩之後,有樣學樣的隱憂可能成真。研究指出,電視節目讓兒童變得偏好甜食、專注在刻板的性別角色、增加青春期的性行為(Martino & others, 2005),更糟糕的是——讓兒童變得暴力和反社會(Anderson, Lindsay, & Bushman, 1999; Sheese & Graziano, 2005)。

7.5.3 學習的生物因素

學習是一個強而有力的過程,實實在在地改變了我們的人生;但我們亦不能過度誇大任何心理歷程的重要性,即使是學習也一樣。要謹記在心的是,我們從經驗中學習到的能力並非是無限的,它仍受到許多生物因素的影響。我們都知道,要教導金魚飛翔或教一隻貓頭鷹游泳是不可能的;但生物的本質真的會影響人們的學習嗎?

舉例來說,人們對某些事物的恐懼,似乎在生理上已經「事先準備好了」(Öhman & Mineka, 2001)。相較於一個中性刺激(如便當、鑰匙)和嫌惡刺激(如電擊)的配對所制約出來的恐懼感,人們對某些先天具有危險性的事物(例如毒蛇、高度、血等)的恐懼感,早在發生古典制約之前就已經習得了(Cook, Hodes, & Lang, 1986; Mercklebach & others, 1988; Öhman, Erixon, & Löfberg, 1975)。有趣的是,這些事先習得的恐懼,只包含了會使我們的祖先感到害怕的事物;換句話說,對於像電氣插座這種近代才有的危險刺激,就不

太容易產生制約的恐懼（Hugdahl & Karker, 1981）。

　　John Garcia 與同事討論另一種可以代表學習歷程中的生物因素的另類形式（Garcia, Hankins, & Rusiniak, 1974）。他們其中的一個例子，可以用譯者小時候的親身經驗來說明：在某個要命的傍晚，我一口氣吃了一大包鹽酥雞。結果在兩個鐘頭之後，我的胃開始翻攪、陣陣作嘔。在那之後，我隔了好一段時間才敢再吃。這個厭惡鹽酥雞的經歷，就是**習得的味覺嫌惡（learned taste aversion）**的例子。許多心理學家對習得的味覺嫌惡投入許多心力研究，因為它可作為生物因素在學習上的角色的另一個有力範例。在我對鹽酥雞感到反胃的制約經驗中，有兩件值得特別注意的事：其一是 CS（鹽酥雞）和 UCS（嘔吐）之間的配對就只發生這麼一次，然而這卻使我對鹽酥雞敬而遠之長達好幾個月；其二，制約刺激和非制約刺激之間的時間間隔相差了 2 個小時。一般而言，當兩個刺激之間的時間間隔超過數秒以上，就難以發生古典制約的效果。因此，我們必定在某種程度上已「預備好」此類的學習了。以演化的觀點來看，這確實是很有意義的。那些能夠很快學會去避免食用令牠們覺得難受的東西（也可能表示那個東西有毒）的動物，在生存上相當有利；相對地，那些不能夠很快學會去避免食用有毒食物的動物，就容易面臨絕種（Kehoe & Bass, 1986）。

　　不過，生物上味覺嫌惡制約的預先習得，卻會在人們進行癌症治療時，帶來很大的痛苦。某些放射性治療或化學治療在實施以後，會產生反胃的副作用。因此，接受這些治療方式的病人不僅會感到不舒服，也很容易沒有食慾。這會造成病人體重減輕，使他們的健康情形更加惡化。華盛頓大學的 Ilene Bernstein（1978, 1985）便推測，經常性的反胃所產生的味覺嫌惡制約，可能是導致食慾喪失的原因。為了試驗其假設，她用一種特殊口味（太妃糖）的冰淇淋，以癌症兒童為對象進行了一些實驗。其中一組兒童在進行預定的化學治療之前，先給他們吃冰淇淋；之後，會再度提供冰淇淋給他們吃。另一組兒童也是在治療前先給予冰淇淋，但他們接受的是較不會產生反胃副作用的治療方式。第三組兒童同樣接受會有反胃副作用的治療，但在治療之前，先不讓他們吃冰淇淋。結果，吃了冰淇淋之後會反胃的第一組兒童，再次要求吃冰淇淋的人數遠少於第二組兒童。同理，第三組兒童並沒有對這種冰淇淋產生味覺嫌惡的情形。

　　顯然，化學治療的反胃副作用會讓在治療前所吃的東西產生味覺嫌惡制約，在經過一段期間的癌症治療後，會使得癌症患者對很多東西都不想

習得的味覺嫌惡
對於一個和反胃或其他不舒服連結在一起的味道的負面反應。

吃（Batsell, 2000）。幸好，Bernstein 和同事（Bernstein, Webster, & Bernstein, 1982）發展出一些策略，來避免這種情況。首先，在進行化學治療前要禁食，這可以減少對食物產生嫌惡制約的機會。第二，在治療前吃一些比較新奇或特殊口味的食物（像是太妃糖冰淇淋），讓治療所產生的味覺嫌惡只會針對這幾種特殊的食物。因此，那些較不具營養價值的食物就可以當作替代物，以避免對有重要營養價值的食物產生嫌惡制約。另外，Redd 等人（1987）發現，讓年輕的患者在治療之前打電動所產生的分心效果，可以打斷反胃的制約。

John Garcia 和同事將味覺嫌惡制約的知識，成功且有效地應用到野生動物的保育上（Gustavson, Garcia, Hankins, & Rusiniak, 1974）。在美國西部的某些州，牧羊場經營者的利益和野生動物保育人士之間常有嚴重的衝突。這是因為野生的土狼（coyote）會獵食牧羊場的羊群，所以牧羊場的經營者便捕殺了很多的土狼，導致土狼的生存危機。Garcia 的研究團隊創造了另一種計畫，可以防止土狼獵食羊群，進而避免牠們再被捕殺。這些研究者指出，如果牧羊場的人將羊隻的肉放在牧場上，並且塗上會使土狼噁心反胃的藥劑，那麼土狼就會對羊肉產生味覺嫌惡制約，從此就不會再獵食羊群。藉由這個創新的方法，土狼和羊於是得以和平共處。

複習

有些心理學家認為，學習是建立在刺激與特定肌肉運動模式之間的神經連結上；有些人則認為，學習是基於認知的改變（知道要做什麼、食物的位置在哪裡、接下來可以期待什麼）。位置學習、潛在學習和頓悟學習的研究，提供認知學習論相當強有力的支持，而模仿則可能是基於認知改變最重要的學習現象：我們有許多行為是僅僅藉由觀察他人的行為就學到的。儘管學習是改變我們生活相當強大的力量，我們的生物特質仍使學習有所限制。在生物上，有某些東西是我們已預先學到的。

想一想

1. 位置學習、潛在學習和頓悟學習為什麼可以支持認知學習論？
2. 誰是你模仿的對象？是什麼事件或人格特質使這個人成為你的模範？

▶▶▶ 心理學的應用　迷信行為的學習

在本章裡，我們看到操作制約的一個好處，就是它能幫助我們適應生活。如果我們所做的行為有效地帶來正向的結果，則此行為會得到增強，我們將來就會產生更多這樣的行為；相反地，若行為沒有帶來好結果，或甚至帶來負面的結果，則該行為就會被消弱。我們藉由操作制約的學習過程，來不斷調整自己以適應環境；但有時候，我們也會學到一些錯誤的事物。

你迷信嗎？你是否曾想過你的迷信是怎麼來的？迷信可能經由許多途徑獲得，B. F. Skinner 對此提出一個有趣的看法：我們的迷信可能是從意外的正向結果中學習而來的。

Skinner 以鴿子來研究行為增強的時候，注意到有些鴿子習得了迷信：鴿子在啄壓桿之前，會出現一些無關的舉動，例如轉圈圈。增強物可能同時增強了啄壓桿的行為和不相關的轉圈行為。若鴿子在下一次的增強行為（啄壓桿）出現之前，又轉了圈圈，那牠可能會在每次啄壓桿之前，都會先轉圈圈——即使轉圈與給食物之間根本不相關，不管鴿子有沒有轉圈，食物都會在牠啄壓桿之後才出現。Skinner 稱鴿子習得了一個迷信的行為，一種因為增強物恰巧出現在該反應之後，而被增強的行為。就像所有的迷信一樣，鴿子會繼續投入這種行為舉動，即使它並沒有實際的效果。

注意看鐵餅運動員在丟擲鐵餅之前的動作，你會發現，他們也有迷信的行為。許多鐵餅運動員在踏進投擲區時，都會有一些像是觸摸肩膀之類的奇怪小動作。就像看起來一樣的古怪，這些姿勢或許是另一種迷信行為，而運動員可能是這麼學到迷信行為的：當鐵餅運動員剛開始學習擲鐵餅的時候，在丟擲前出現的行為，經常都是隨機的。但是，當某天運動員丟出一個好成績的時候（對運動員來說，這是一個很大的增強），任何在丟擲前所發生的行為都會被增強。這些行為被稱為迷信，是因為它們和丟出好成績之間並沒有什麼關聯。因此，在丟擲前一連串的無關舉動，就在運動員不經意間變成了迷信行為。棒球選手在投球或是打擊之前，也有類似的迷信行為。許多迷信行為可能都是由這種途徑習得的。你呢？你是否也有這種迷信行為？

本章總結

第 7 章談到了心理學對學習的研究，重點在古典制約、操作制約以及消弱。本章的最後一部分，則是關於詮釋學習的理論。

I. 學習泛指因經驗所引起（非由生物因素所引起），在行為或潛在行為上相當穩固的變化。

II. 古典制約是一種學習的形式，把一個原本中性的刺激物（制約刺激物，CS）和一個可以引發非習得或非制約反應（UCR）的非制約刺激物（UCS）配對。結果，CS 就能夠引發和 UCR 相同或類似的制約反應（CR）。

A. 當中性刺激物和反應在時間上達到關聯的時候，就會發生古典制約，CS 成了可以預測 UCS 出現的信號。

III. 操作制約是一種學習的形式，行為的結果可以改變該行為的發生率。
A. 在正增強中，行為的正向結果會增加該反應的發生率。
1. 初級增強物是天生俱有的。
2. 次級增強物是經由古典制約學習而習得。
3. 導致不同行為模式的四種增強計畫分別是：固定比率、變動比率、固定間距以及變動間距。
4. 逐步增強是以正增強漸漸接近目標的反應，來達到想要的行為。
B. 負增強是以移除或避免負向事件作為增強。
1. 以停止負向事件為負增強的方式，稱為逃脫制約。
2. 以避免負向事件發生為負增強的方式，稱為迴避制約。
C. 懲罰是透過行為產生的負向結果而減低該行為的頻率。

IV. 新刺激透過學習的過程來影響行為。
A. 當特定的刺激出現時，反應發生的機率高於刺激不出現時，就學會了刺激區辨。
B. 當個體對和原本刺激相仿的刺激做出同樣的反應時，就是刺激類化的現象。

V. 由於環境中原本引發學習的因素消失，而造成習得反應去除的過程，稱為消弱。
A. 在消弱的過程中，被消弱的反應強度有時會短暫地增加，稱為自動恢復。
B. 由一個外來的刺激，使被消弱的反應又復發的情形，稱為去抑制。

VI. 心理學家對於學習的機制究竟是一種特定刺激與反應之間的神經連結，或者是基於認知上的改變，仍沒有定論。
A. 支持學習認知論觀點的研究包括：Tolman 的位置學習與潛在學習研究、Köhler 的頓悟學習研究，以及 Bandura 的模仿研究。
B. 人類藉由經驗而學習的能力並非無限的；生物上的因素從許多方面都會影響人類及其他動物的學習。

課程活動

本章讓我們學到了行為學習的歷程，透過這些理論仔細想一想，你目前有哪些想改變的壞習慣，又想養成那些好習慣：

好習慣：

壞習慣：

這些習慣是如何養成的呢？你該如何改善壞習慣，而增加好習慣呢？

第 **8** 章　記　憶

| 我只記得剛剛有看到蚊子在飛 | 我記得上這門課時，可愛的小惠坐我旁邊 | 答案是前涉干擾或者是後涉干擾呢？ |

2009 年 8 月 8 日，當時的你在哪裡？光提到日期，你可能只想到那天是 88 節。若再提醒你那天是八八風災，你腦中可能會浮現像是「下大雨」、「淹大水」的影像。再仔細想一想，你會想起土石流滅村的事件，接著心中就會逐漸浮現與那天有關的種種影像及相關的情緒感受。雖然那天至今已經相隔許久，但是你當時的感受仍會再度浮現。為什麼會這樣？過去發生的事為何還會再度浮現腦海？這一切都是「記憶」所致。

記憶在生活中是一個很重要的機制，讓你知道「曾經」發生過什麼事，也讓你「學會」許多知識與能力。人如果沒有記憶，不知會是怎樣的狀況。想想看，當你在考試的時候，看著題目卻「忘了」該怎麼回答，是一件多麼可怕的事情。另外，你是否有一些想忘又忘不了的「痛苦回憶」呢？特別是這些痛苦的經驗，每次回想起來都好像事情重演般地在腦中浮現。心理學家將這些伴有痛苦感受的記憶稱為「鎂光燈記憶」，就像車禍受害者或天災的災民，在災難的當下，記憶會像照相機一樣照入腦中，變成一個不易更動的影像。

本章主要討論人類的記憶力如何運作，以及為什麼會遺忘。一般認為新學到的訊息在人類的記憶中會經過三個階段。第一階段會將訊息短暫保留——通常不到 1 秒。下一個階段能將訊息保存得稍久，但最多不會超過半分鐘。第三階段則似乎可以無限期地保存。記憶的各階段以不同的規則運作，並提供不同的功能。由於訊息必須逐一通過每個階段才能到達永久儲存，所以它們在記憶過程中以三個相互連接的階段運作。

8.1 記憶三階段論：訊息處理歷程觀

近年來，心理學家以電腦為樣本來模擬人腦的運作。記憶的訊息處理歷程（information-processing）理論，就是基於人類大腦與電腦操作的相似性而發展出來的。這不代表心理學家們認為人腦與電腦一樣，而是在訊息處理的模式上，這兩者有許多的相似性（Rubin, 2006）。

在訊息處理歷程的模型中，訊息可依照以下的方法運作：輸入、儲存和提取。在這個過程的每一階段中，有各種控制機制（control mechanisms）（像是注意力、儲存和提取）在操作著。訊息是透過感覺接受器進入記憶系統，這個過程就像你將你這學期的報告藉由鍵盤輸入電腦一樣。注意力在這個層面負責選擇哪些訊息要優先處理，將這些感官訊息登錄後，以下一個記憶階段可以利用的一種形式（聲音、視覺影像、意義）來**編碼（encode）**。

編碼
將訊息以某種形式呈現於我們的記憶系統之中。

接下來，其他的控制機制也許會將被選擇的訊息轉換至永久儲存的記憶，就像你將這學期的報告儲存至電腦的硬碟裡。需要已儲存的訊息時，該訊息將會從記憶中被提取（retrieved）。當你要列印報告時，一定要先找到檔案在硬碟裡的位置，然後才能提取它。很不幸地，電腦與人腦有時都會流失一些資訊，或是使得訊息變得無法挽回，永遠不見了。

有些訊息只需要短暫地停留在我們的記憶中；相對地，有些訊息可能要永久地儲存於我們的腦袋裡。當我們查找烹飪書，看看九層塔烘蛋要加多少油，我們只需要將這樣的訊息放入腦袋一下子就好了；然而，在有生之年裡，我們都必須一直記得自己的身分證字號，以及兄弟姊妹的名字。一個重要的理論，**記憶階段理論（stage theory of memory）**（Atkinson & Shiffrin, 1968; Baddeley, 1999）假設人類有三個階段的記憶，以符合我們對於儲存不同時間長度的記憶的需求。我們似乎有三個不同的記憶倉庫，一個是讓我們只儲存很短的時間，另一個是讓我們儲存不超過 30 秒，除非訊息有「更新」，還有一個是永久儲存的記憶倉庫。這些記憶階段皆依照不同的原則運作著，而且功能不盡相同。由於訊息必須經過每一個階段才能到達下一個儲存更久的倉庫，因此我們應將這些記憶倉庫想成三個緊密連結的「階段」，而不是三個分開的記憶。這三個階段分別被視為感官登錄、短期記憶，以及長期記憶（見圖 8.1）。

> **記憶階段理論**
> 一種記憶模式，其基本概念是我們會將訊息儲存在三個個別但互相連結的記憶裡。

8.1.1 感官登錄

記憶的第一階段——**感官登錄（sensory register）**，是一個非常短暫的過程，被設計用來保留我們感覺經驗中的確切圖像，直到可以完全被處理。在感官登錄中，我們顯然能夠將知覺到的經驗複製下來，而感官登錄的時間足以讓我們找到並將注意力放在相關的訊息上，並將之轉至下一個記憶階段。以這種「快照」方式保留的視覺訊息會衰退得非常快，通常大概只持續約四分之一秒

> **感官登錄**
> 記憶的第一階段，這個階段中各個知覺的經驗將被短暫地保留，直到訊息能被處理為止。

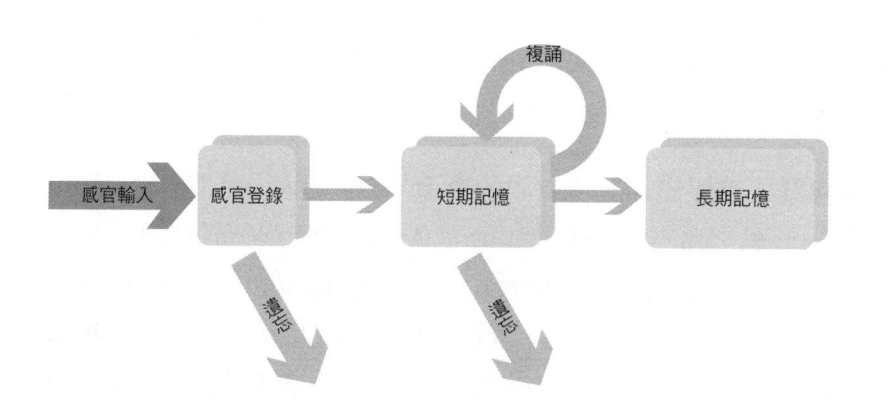

圖 8.1 記憶階段的模式。

感官輸入 → 感官登錄 → 短期記憶 → 長期記憶
（複誦）
（遺忘）（遺忘）

圖 8.2 Sperling（1960）利用如上圖的文字陣列，來進行感官登錄的實驗。

的時間而已。而就聽覺方面的訊息而言，一個讓我們聽得很清楚的聲音大概也只能維持相同長度的時間，也是約四分之一秒（Cowan, 1987），但是較微弱的「回音」卻有可能保留到 4 秒之久（Tarpy & Mayer, 1978）。

在感官登錄儲存的訊息無法持久，但顯然能夠完全複製我們的感官經驗。George Sperling（1960）的一個重要實驗證實了這一點。Sperling 將一個 3×4 的文字陣列呈現於研究參與者面前（見圖 8.2）。他秀圖的時間是二十分之一秒，然後要求研究參與者回憶圖中三列文字的其中一列。他事先並未告訴研究參與者要記憶的是哪一列，而是用不同音調來表示：高音代表第一列、中音代表第二列、低音代表第三列。如果聲音在文字陣列呈現後立即出現，研究參與者大多可以正確地回憶該列所有的字母；但是如果聲音呈現的時間慢超過四分之一秒，則研究參與者平均起來每列只能答對一個左右的字母。這個實驗顯示，感官登錄這個階段的訊息流失是多麼快速。

在感官登錄中，視覺訊息的流失與被新訊息取代的速度快到連我們也很難去察覺有這樣一個記憶儲存的過程存在。但有時候，我們卻可以察覺到持續較久、像是回音尾音的聽覺訊息。你有邊看書、邊聽廣播的經驗嗎？當你專心看書時，你會忽略收音機所播放的節目。若你轉移速度夠快的話，你會發現，你還是可以連結所聽到的廣播節目。

8.1.2 短期記憶

短期記憶
記憶的第二階段，在這個階段中，5 到 9 個小單位的訊息將被短暫地儲存於腦中。

當某訊息被選出要做進一步的處理後，就會從感官登錄的階段移至**短期記憶**（short-term memory，簡稱 STM）。你不需要刻意將訊息轉入短期記憶，通常只要稍微注意該訊息，它就會進入你的短期記憶。你可能不會刻意去試著記住你吃的晚餐是多少錢，但是付錢的時候，你會知道找錯錢了。當訊息已移轉至短期記憶後，有各種控制過程可以使用。複誦和組塊就是兩種主要的控制歷程。

複誦
將訊息在腦中不斷重複呈現，使訊息能夠在短期記憶中停留較久。

短期記憶的複誦：克服短期記憶有限的壽命 顧名思義，短期記憶只能短暫地儲存訊息。一般來說，在短期記憶中所流失的訊息很少停留超過半分鐘，除非短期記憶又被「更新」，否則通常會在幾秒內就消失（Ellis & Hunt, 1993; Unsworth & Engle, 2007）。慶幸的是，我們可以透過在腦中重複或說是**複誦**（rehearsal）的方式，讓訊息維持在短期記憶內。例如，飲料店的工讀生在記

顧客所點的飲料時，就可以藉由規律的複誦，將訊息保存一段相當長的時間；如果沒有不斷地複誦，可能就會忘了哪些飲料是半糖還是全糖。我們將複誦這個方法比喻為兩隻手在做拋接多樣物品的雜耍動作。我們必須不斷地做拋接的動作，才能將所有的物品維持在不落地的狀態；一旦停止，那些東西一定都會掉到地上。

　　Lloyd 和 Margret Peterson（1959）首先設計實驗來探討短期記憶的壽命。研究參與者會看到一組三個子音字母的組合（例如 LRP），同時嘴裡馬上不斷進行由 3 至 1 的重複倒數，好讓他們無法複誦這些字母。在每個人做倒數的動作數次（0~18 秒）後，他們被要求背出剛剛所看到的字母。如圖 8.3 所示，在間隔超過 12 秒後，只有不到 20% 的人能夠正確回答。這個實驗結果讓我們清楚地看到，除非透過複誦，否則短期記憶是無法永久保留訊息的。

　　在短期記憶中的訊息可以是不同形式的記憶：香水的香味、音樂的旋律、水果的味道、鼻子的形狀、手指在吉他弦的位置，或一長串的名字（Rubin, 2006）。但是，人類偏好將訊息轉換成聲音或聲音編碼（acoustic codes），以便進行轉換存於短期記憶裡。如果我要求你去記一連串的字母（BPVRML），你大概會以它們的「音」來記（bee、pee、vee……），而不是依照它們的字形來記憶。我們知道這一點，因為大部分的人都說自己是用這樣的方式來記憶，而

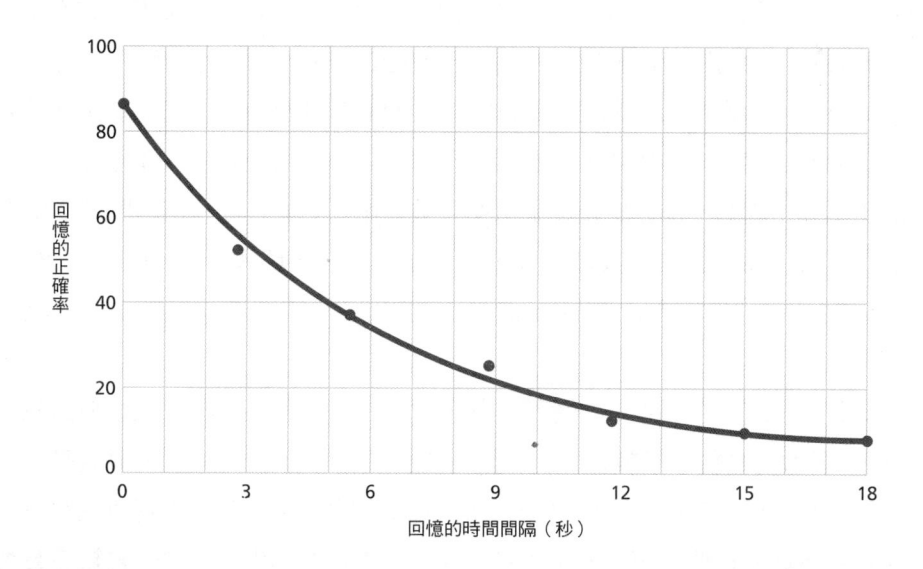

圖 8.3　當研究參與者被要求進行倒數好讓他們無法複誦時，研究參與者記起一組三個子音字母組合的正確率迅速下降。

資料來源：R. L. Peterson and M. J. Peterson, "Short Term Retention of individual Items" in *Journal of Experimental Psychology 58*: 193-198, 1959.

且人們犯的錯誤大多為相似聲音的混淆（將 bee 聽成 zee），而不是相似圖像的誤解（將 Q 看成 O 或將 P 看成 R）（Reynolds & Flagg, 1983）。我們利用聲音編碼儲存於我們的記憶，大概是因為與反覆記憶圖像、香味、動作或味覺比起來，聲音是相當容易複誦的。但最後仍要強調，短期記憶可以儲存任何感官所知覺到的訊息形式（Rubin, 2006）。

短期記憶的組塊：克服短期記憶有限的容量 短期記憶有一個最重要的特點，就是短期記憶的容量相當有限（Fougnie & Marois, 2006）。心理學家 George Miller（1956）認為，短期記憶的容量可以稱為魔術數字 7 ± 2（magic number seven plus or minus two）。短期記憶容量的估算，可透過詢問研究研究參與者任意回憶實驗者提供的簡單、不同長度的列表（隨機排列的數字、字母或文字）來取得。超過半數以上的研究參與者能夠記起來的列表長度，就可代表短期記憶的容量（Miller, 1956）。實驗結果顯示，無論訊息種類為何，研究參與者很少有人能夠在短期記憶中保留超過 5 到 9 個單位的訊息。這樣的容量實在很少，而且最近又有研究顯示，對某些種類的訊息而言，短期記憶的容量可能更少（Alvarez & Cavanaugh, 2004; Cowan, Chen & Rouder, 2004）。

除了暫時儲存訊息之外，短期記憶還提供了重要的功能，會使其原來已經很小的容量更受限——我們稱之為工作記憶（working memory）（Baddeley, 1992; 1999）。這指的是當我們要從長期記憶裡暫時提出舊記憶來使用，或進行更新的時候，會利用短期記憶的空間，來進行這些運作的工作。我們思考這些訊息的時候，也會使用短期記憶裡的空間（Morris, 1986）。這就是為什麼當你開始想起要買東西的事情時，會發現自己完全記不得剛查到正準備撥打的五金行的電話——因為一部分的短期記憶空間被利用了，並且已將電話號碼逐出你的腦袋。這個事實也幫助我們解釋，為什麼我們在處理大於 7±2 個以上的訊息量會很困難；所以當你在思考的時候，利用紙張記錄能幫助你的思考連續不中斷。

短期記憶容量小的一個優點是讓我們容易搜尋。一個由 Saul Sternberg（1969）所做的實驗結果證實，當我們想要回憶某件事情的時候，會徹底地搜尋短期記憶。Sternberg 的實驗甚至告訴我們大約會花多少時間檢視每個記憶單位。研究參與者被要求記住一張列有不同長度數字的列表。然後，實驗者會秀出一個數字，並詢問研究參與者此數字是否曾出現在剛才所記憶的列表中。當研究參與者背的列表較長的時候，回答的時間會比背較短列表的時間來得長。

事實上，當短期記憶多增加一個項目，就會增加 0.04 秒的時間才能回答。顯然，這就是要在短期記憶中檢視每個項目所需要的時間。

好在有些方法可以跳脫短期記憶的限制。方法一是努力將我們所需要的訊息透過複誦，並將之轉入長期記憶。如同我們馬上會在下文看到的，長期記憶沒有確實的空間限制。另一個方法是將更多的訊息放入短期記憶的 7±2 個單位中。

George Miller（1956）稱這種記憶的單元為**組塊（chunks）**。雖然我們的短期記憶只能有 5 到 9 個組塊，但是我們能夠將超過一個單位以上的訊息放入每個組塊之中。如果我們很快地唸一遍下列 12 個詞：

西瓜	白菜
汽車	葡萄
柳丁	蘿蔔
草莓	小船
機車	蘆筍
橘子	火車

組塊
一整組的記憶。

你很可能無法在花了 10 秒以後完整地回想出來，因為 12 個組塊基本上超過了短期記憶的容量。但如果你將上面的字詞組織成 3 個組塊（水果、蔬菜、交通工具），並將之記起來，你便可以很容易地回想起這些字。無論如何，這個策略只有當你能夠將這些字詞以其他有意義的組塊代替後，才能發揮作用。其他利用組塊的策略，一樣可以用來擴展短期記憶的容量。像是信用卡號碼、銀行帳號或是手機號碼，都會被連字號所打斷，例如 0988-555-0151，大部分人都會發現，以組塊的方式來記這些號碼，會比記一整串的數字容易。

總結來說，短期記憶是一個記憶階段，其特徵是容量有限，以及通常以聲音編碼的方式來記憶，而且如果沒有經過複誦的話，訊息將會很快地流失。短期記憶的容量可以藉由組塊的方式，將訊息的總量增加。但無論我們如何將訊息重新組織或複誦，短期記憶仍舊不是一個能將訊息長久存放的好地方。這樣的記憶最終會轉至長期記憶中進行較永久的儲存。

8.1.3 長期記憶

長期記憶（long-term memory，簡稱 LTM）的功用是為了將訊息保存較長的時間。但長期記憶不只是較持久的短期記憶而已。從記憶的階段模型來看，長期記憶其實是另一種不同的記憶。

長期記憶
記憶的第三階段，主要功能是將訊息進行長時間的儲存。

長期記憶與短期記憶最主要有四點不同：(1) 訊息回憶的方式；(2) 記憶儲存的形式；(3) 遺忘發生的原因；(4) 這些功能在大腦上的物理位置。讓我們一一來探討這些不同點：

1. 由於長期記憶的內容相當龐大，我們要找某件記憶時，無法像短期記憶般一眼看穿。就如同圖書館，長期記憶是利用既有的線索作為索引或提示，以利我們去尋找所要的訊息。記憶的提取可以是刻意的動作，例如，心理學緒論這門課坐在我旁邊的女孩叫什麼名字，或是非刻意的，例如，聽到一首老情歌便想到過去的失戀經驗。根據上面兩個例子，我們可以知道，只有與線索有關的訊息才會被提取出來，而不是長期記憶中的所有內容。

2. 長期記憶中，最容易存取的訊息類別也與短期記憶不同。你會發覺，在短期記憶中的訊息通常有具體的組織連結（例如你看到、做的、嚐到、摸到或聽到的）。雖然知覺的經驗可以被儲存於長期記憶之中，但儲存於長期記憶中的，主要還是一些意義或是語義的編碼（semantic codes）（Cowan, 1988）。

3. 長期記憶與短期記憶的不同之處還有遺忘發生的原因。短期記憶中的訊息如果沒有經過複誦或處理，就會被丟出系統外。但儲存於長期記憶中的訊息不只是比較耐久，事實上，這些訊息顯然永遠存在。在一個戲劇性的實驗中，Bahrick（1984）測試了 50 年前曾學過西班牙文的人，並證明即使過了 50 年，他們仍保留了學過的知識。並不是所有的心理學家都認為長期記憶是永遠存在的，不過有很多的證據都支持這個觀點。如果長期記憶確實是永遠存在的話，那麼，在長期記憶中所發生的「遺忘」並不是因為記憶被消除，而是因為某些原因而使得我們無法將之提取出來（Baddeley, 1999）。

4. 每個階段的記憶是靠腦中不同的部位來處理的。短期記憶主要是由額葉的大腦皮質負責（Buckner & Barch, 1999; Fuster, 1995; Williams & Goldman-Rakic, 1995），而欲儲存於長期記憶的訊息，則是先於海馬迴整合後，再轉至負責知覺或語言的大腦皮質進行永久儲存（Martin, 2005; Nadel & Jacobs, 1998; Squire, 2009）。我們會在本章的最後一節詳述這些不同的地方。

長期記憶的類型：程序性記憶、事件記憶，以及語義記憶 Tulving（1972, 2002）認為，長期記憶的儲存庫有三種，各有其明顯的特質，並分別基於不同

的大腦機制運作。接下來譯者將以自身的例子來解釋。我最近看到一張自己騎著越野腳踏車的照片，我自國小以來，都是騎著腳踏車去上學。直到讀大學，我開始改騎機車上學。而到大學教書後，我又重新買了一台腳踏車來騎。以上是我的故事，現在就以此為例來說明三種長期記憶：

1. 當我在店裡挑選新的腳踏車時，即使已多年沒騎，我發現自己還是很快地上手。這就是長期的**程序性記憶（procedural memory）**——技藝或其他程序性的記憶。關於騎腳踏車、煮菜或是彈奏樂器，都可以說是程序性的記憶。

   > **程序性記憶**
   > 那些有關於我們運動和技能的記憶，稱為程序性記憶。

2. 雖然我沒有特別去想，但是我顯然記得腳踏車是用來做什麼的。當我看到腳踏車的時候，我知道腳踏車的用途和功能。換句話說，我並沒有忘記腳踏車在**語義記憶（semantic memory）**中的意義。語義記憶是意義的記憶。當你想起心理學是什麼、布丁是什麼，以及成語「樂天知命」是什麼意思的時候，就是在回憶長期記憶中的語義記憶。

   > **語義記憶**
   > 意義的記憶，與學習時的空間及時間無關。

3. 我在翻看舊照片的時候，過去的回憶也不斷浮現在我的腦海，從我拿到第一台腳踏車到現在，已經很多年了。在長期記憶中，**事件記憶（episodic memory）**就是記錄著一些在特定時間、地點所發生的訊息。

   > **事件記憶**
   > 特定經驗的記憶，通常有明確的時間與空間。

長期記憶顯然能有效儲存程序性和語義性的記憶，而較難處理事件記憶的訊息。在看到腳踏車時，我立即能夠知道腳踏車是用來做什麼的（語義的），也知道怎麼騎（程序性的），但我需要靠照片的提醒，才能勾起我過去擁有第一台腳踏車的相關回憶（事件的）。很多研究顯示，語義記憶的儲存力比事件記憶的儲存力更強。一個由 J. D. S. Sachs（1967）所做的語句記憶研究即明確地描繪出這一點。實驗者要求研究參與者聽一段包含許多不同句子的文章。在不同長度的間隔後，每個研究參與者被要求聽更多的句子，並回答新聽到的句子跟段落裡的句子是否一模一樣。測試用的句子有一些和文章相同，但有一些的結構或意義已經改變。舉例來說，在文章中原本的句子是「小狗追趕珍珍」，也許會被換成「珍珍被小狗追趕」（結構上的變換），或是「珍珍追趕小狗」（意義與結構上的同時變換）。Sachs 發現，研究參與者可以在短期記憶的時間內（30 秒）將兩者做很好的區辨；但在較長的時間間隔後，研究參與者只能夠正確地偵測到意義的改變。顯然，句子的意義（語義記憶）仍保留於長期記憶之中，但句子的物理結構（事件意義）在短期記憶中流失後，就被忘記了。

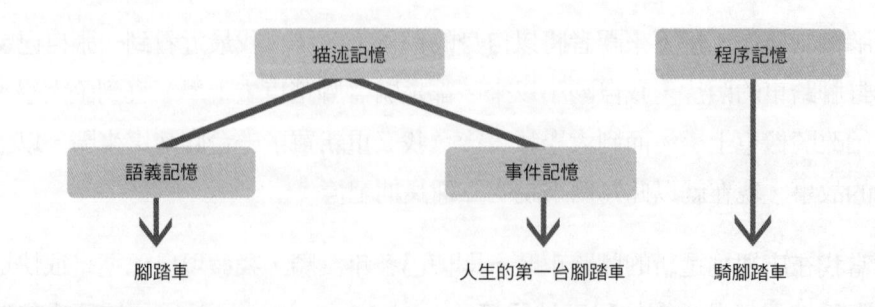

```
         描述記憶                    程序記憶
        /      \
   語義記憶    事件記憶
      ↓          ↓              ↓
    腳踏車    人生的第一台腳踏車   騎腳踏車
```

圖 8.4 有時候，語義記憶和事件記憶會被歸類於描述性記憶之下，因為這兩種記憶通常很容易以口語來表示。相對來說，程序性記憶就不容易以口語表示，因為只有當這項工作被表現出來的時候，才能看得到，例如騎腳踏車。

描述性記憶
語義記憶和事件記憶合稱之。

雖然有這些明顯的差異，但某些心理學家仍將語義記憶和事件記憶都歸入**描述性記憶**（declarative memory）（見圖 8.4）。語義記憶和事件記憶相當不同，但是它們在一個重要的面向上卻很相似：它們都是相當容易就能夠用字或是話語去描述。舉例來說，我可以很容易地告訴你吉他是什麼。但是從程序性的記憶來看，我就必須透過表演，也就是用吉他彈奏一首歌，才能讓你了解（Squire, 1987）。利用口語描述來說明如何彈奏吉他不是不可能，但相當困難。程序性與描述性記憶的差別，在稍後討論失憶時將是非常重要的一點。

長期記憶的組織 前面我們曾經提到，可以利用組織訊息成為組塊的方式，有效地利用短期記憶有限的容量（Miller, 1956）。在長期記憶中，重新組織訊息也同樣重要，但不是為了節省空間，因為長期記憶的空間本質上是無限的；事實上，組織好的訊息有助於長期記憶中的大量訊息提取。長期記憶與短期記憶的提取作業相當不同。短期記憶中的 7±2 個項目可以輕易地搜尋；而長期記憶則是以某種有組織的方式去儲存大量的訊息。舉例來說，當有 60 本書零散地放在我的辦公室，而不是整理好放在書架上的話，在我要找資料時會相當不方便。但只要我找得夠久，我仍然能夠找到要找的資料。但當我要在大學的圖書館裡找一本書，而所有的書就如同我辦公室的書一樣隨意放置在書架上的話，想要找到那本書根本不可能。長期記憶如同圖書館，要以有組織地儲存與提取大量資料的方式來運作。

已經有證據顯示長期記憶是有組織性的。當一個研究的研究參與者回憶一張可以分類的物品清單時，他們傾向將之依相關的類別來回憶。舉例來說，Weston Bousfield（1953）要求每一位研究參與者背誦一張有 60 個項目的列表，而這個列表在概念上可被分類為四組：動物、蔬菜、名字和職業（麝鼠、

鐵匠、美洲豹、麵包師、山貓、霍華、傑生、印刷工等）。即使項目是以隨機的方式呈現，但研究參與者大多還是以分類成群的方式回憶出來。顯然，這些儲存於長期記憶的字是有組織分類的。

研究證明組織過的資料比較容易從長期記憶中提取出來。Gordon Bower 的史丹佛大學研究團隊（Bower & Clark, 1969）要求研究參與者去記憶 12 張列表，每張列表上有 10 個詞，如下所列：

男孩　　抹布
小船　　輪子
小狗　　帽子
拖車　　房子
鬼魂　　牛奶

一半的研究參與者照著一般的指示去記這些詞，而另一半的研究參與者則被要求想一個故事，而且故事內容要包含這 10 個詞，亦即將這些詞組織成一則小故事。舉例來說，前面的這張列表可以被記為：「一個戴著帽子的小男孩，拉著一個輪子歪掉的拖車，載著他的小狗和小船；他看到房子上面垂掛一塊抹布，以為那是鬼魂，嚇得將牛奶打翻。」將 10 個詞組織成故事的這一組，回憶出的詞高達 90%，而另一組只記起了 15% 而已！

一些理論學家將長期記憶中這些有組織性的記憶，描述為一個關聯性的網絡（associative network）（Ellis & Hunt, 1993; Raaijmakers & Shiffrin, 1992）。根據這個觀點，記憶的內容是互相連結，透過串連來組織我們的經驗。在我們的經驗中，「驪歌」總是與畢業典禮連在一起、「茶花綠茶」會跟減肥連在一起。研究者利用詢問研究參與者一些普通知識的方式，來研究這個關聯性網絡的運作方式。舉例來說，假設你被問到這個問題：「金絲雀是鳥嗎？」你是如何利用已經在你腦中的訊息，來正確地回答？一個有影響力的網路模式稱為散布活化模式（spreading activation model）（Collins & Loftus, 1975），試圖去解釋這個回答過程。根據 Collins 和 Loftus 的說法，我們基於經驗將各種概念與其特質形成連結。當我們被問到一個問題，這個概念或是特質的表徵就被啟動了。如圖 8.5 所示，這個問題活化了鳥和金絲雀在記憶中各種分散的表徵。這個模式假設，這個活性化的動作會沿著過去形成的連結散布到其他表徵。在金絲雀和鳥的這個例子中，這兩者的連結在許多人的記憶中都是很接近的，因此活性化的散布將會很快地將之配對，並且迅速地做出決定。如果這兩個表徵的連結不是很近，就會花較長的時間才能夠得到回答。如果你被問到的是企鵝是鳥嗎？

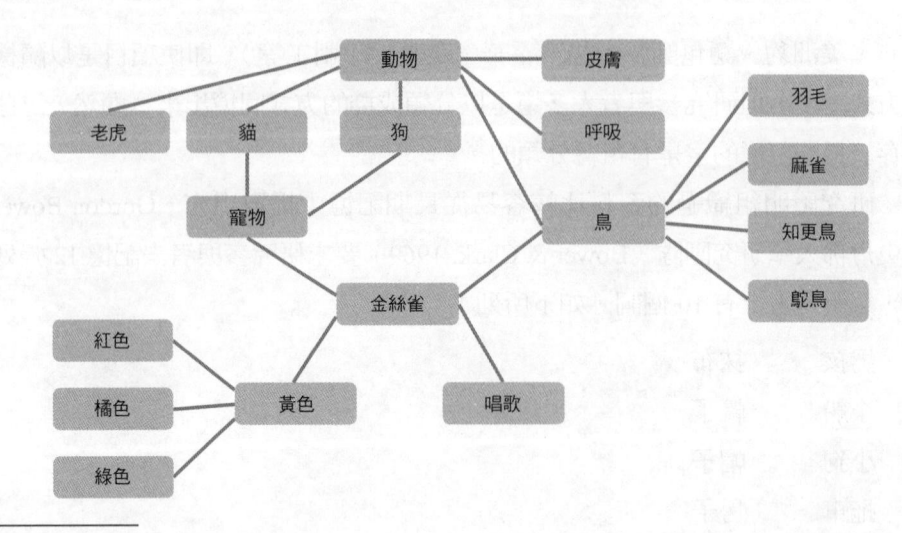

```
                    動物 ── 皮膚
                   ╱  ╲
       老虎 ─ 貓 ─ 狗   呼吸           羽毛
              │    ╲                 麻雀
              寵物    ╲                知更鳥
                      鳥 ──────────
                      │              鴕鳥
       紅色            │
       橘色  黃色 ─ 金絲雀
       綠色    │
              唱歌
```

圖 8.5 散布活化理論的一個例子，圖中假設了訊息單元在長期記憶中存在的連結關係。

這個答案出現的速度大概會比金絲雀的例子來得慢。

　　有一個經典的研究可以支持散布活化模式（Meyer & Schvaneveldt, 1971）。研究參與者看到電腦螢幕上閃過一組字。這些字有些是真的有這樣的字，有些則是像「plime」或「blop」這樣看起來像字的非字。研究參與者必須在螢幕呈現都是真字的時候按「是」，而有非字的時候按「否」。這個研究主要是觀察每當真字呈現的時候，研究參與者花多少時間去按按鍵。結果發現，當接續呈現的是相關的字（麵包－奶油）時，反應的時間會比呈現不相關的字（護士－奶油）快很多。

　　散布活化模式在長期記憶中代表什麼意義呢？根據這個理論，麵包這個字的活化，將會沿著它的網路散布到其他相關的項目，包括奶油這個字。所以，奶油這個字很可能將會被部分地活化，甚至是在螢幕還沒顯示這個字之前就活化，因而產生非常快的反應時間。因此，這個結果支持了散布活化模式。

長期記憶的提取　　你是否有那種明明知道答案，可是卻怎麼樣也想不起來的經驗（走出教室後才想出答案！）。在提取類型、連續性學習和舌尖效應等方面的研究，都讓我們對於提取記憶的過程有重要的了解。

偵測提取的方法：回憶、再認，以及再學習　　心理學家區辨出三種方法來測量記憶的提取，這三種方法各有其重要的差異。在**回憶法（recall method）**中，你必須在沒有或是少量的暗示下回憶，例如：2008 年是誰當選了中華民國總統？這是一種回憶法，讓你去評估你對那個事實的記憶。

> **回憶法**
> 一種測量記憶的方法，基於受測者能夠藉由少量線索來提取長期記憶。

而**再認法（recognition method）**，則是要求你在幾個選項中確認出正確的訊息。

下列何者在 2008 年當選了中華民國總統？
A. 李登輝　　　B. 連戰　　　C. 陳水扁　　　D. 馬英九

一般來說，我們在再認法中的「記性」會比回憶法來得好，因為再認法提供較多的線索訊息，讓我們從長期記憶中提取訊息（Bahrick, Bahrick, & Wittlinger, 1975）。高中畢業兩年之後的大學生，再看到過去的照片時，大都可以記起 60% 同學的名字；而如果看照片加上一個對照的名單，正確率則可達到 90%。

再學習 [或保存（savings）] **法（relearning method）** 是評估記憶的三種方法中，最敏感的一種。甚至當無法採用回憶與再認兩種方法時，再學習這個策略可以測出一些有關訊息的記憶。在這個方法中，你會再學到先前記憶的訊息，如果再次學習所花的時間比第一次來得短，則代表訊息已經是「被記憶過的」。舉例來說，在你一生中的某些時間點，你可能學過如何去算出正三角形的面積，但現在完全想不起來了，而當你再次學習的時候，你會發現，你比第一次學習時快了很多。這種快速再次學會的能力顯示，記憶並不是完全流失。

舌尖效應　我們都有過那種經驗，就是當我們幾乎要想起來的時候，卻怎麼也說不出來——答案就在舌尖上呼之欲出。在生活中，我們經常都會有這種舌尖效應，看到熟識的朋友卻叫不出對方的名字，等到朋友離去才想起來；考試時，看到熟悉的題目卻想不起來答案是什麼，等到離開考場才猛然想起答案。哈佛大學的心理學家 Roger Brown 和 David McNeil（1966）做了一個研究舌尖效應的實驗。他們將不常用的字的定義交給大學生，並要求他們背起來；同樣地，在之後也是需要去回憶這些字。舉例來說，他們會讀到有關「舢板」（sampan）的定義（一種在亞洲水較淺的地方使用的小船，在船後只用單一船樂划船）。大部分時候，學生都可以回憶出這個字，但有時候研究參與者並不能夠完全回憶出來，於是實驗者就可在這些學生身上製造出舌尖效應的感覺。當這個現象發生時，這些學生發現，他們能夠想起一些有關這個字的訊息（這個字的開頭是 s，唸起來可能有點像「Siam」），或是即使他們無法提取這個字時，也會回憶起一些可以將這個字歸類的訊息（這個東西看起來像平底船）。然後，可能再過一會兒，一些學生的腦袋裡又跑出這個字，而這就證明，其實這個字的記憶是存於腦中的，只不過當下無法被提取出來。研究顯示，有

再認法
一種測量記憶的方法，基於受測者能夠從提供的訊息中選擇正確的訊息。

再學習法
一種測量記憶的方法，主要看你再次學習的效能來反應你是否曾經記住哪些素材。

一半我們記不起來卻就在「舌尖」的東西大約能夠在一分鐘之內回想起來（Schachter, 1999），但我們可能為了要想起另外那一半而搞到自己想去撞牆！

序列的學習 在一些提取任務的類型中，列表內項目的順序其實與要記憶的項目同等重要。就像如果你要拆炸彈的話，你必須按步驟進行。當心理學家開始研究記憶序列的列表（必須按照某種順序回想的字的列表、數字的列表等）時，發現它驚人的一致性。當我們回憶序列項目串的時候，通常在開始和結尾的部分表現得比較好，我們稱之為**序列位置效應（serial position effect）**。關於這個效應的存在有很多種解釋（Laming, 2010; Oberauer & Lewandowsky, 2008），但也許最好的解釋為長期記憶與短期記憶的不同。在列表尾端的項目會被記住，是因為短期記憶的效果，而前面的項目會被記得很好，可能是因為它們已經被不斷地複誦，以致可以轉入長期記憶。

> **序列位置效應**
> 這個發現是說，當我們回憶一個序列的訊息時，通常對開始與結尾的訊息記得較清楚，而對於中間的部分記得較不清楚。

有兩個實驗強烈支持上述說法。第一，Simon Fraser 大學的 Vito Modigliani 和 Donald Hedges（1987）的實驗顯示，開始的項目會記憶得不錯是因為它們有很大的機會被複誦。在序列效應的第二個實驗中（Glanzer & Cunitz, 1966），研究參與者要記住一個有 15 個項目的列表。在圖 8.6 中，我們可以很清楚地看到，當研究參與者在背誦後立即回憶，會出現序列效應。這就是為什麼在列表頭尾的項目會被回憶得較好的原因。而當研究參與者被要求在背誦後 30 秒才能回答時（時間超過短期記憶的限制），則序列效應只出現一半。在列表開頭的項目比較好回憶的原因，據推測可能是因為較多複誦使得訊息進入長期記憶。序列效應顯示，我們會同時使用短期記憶與長期記憶，並試著去吸取及留住周遭的訊息。

8.1.4 處理程度模式：階段論外的另一種解釋

階段論模式提出的三個分開的記憶階段（感官登錄、短期記憶和長期記憶）幫助我們對記憶的複雜現象有更多的了解。不過，Fergus Craik 和 Robert Lockhart（1972）另外提出一個**處理程度模式（levels of processing model）**，認為長期記憶與短期記憶的區辨是在程度上的不同，而不是兩個階段。簡言之，Craik 和 Lockhart 認為，除了感官登錄外，另外只有一個儲存訊息的地方。訊息儲存的耐久度，是根據這個訊息在被編碼進入記憶時，被處理的完善程度而定。如果訊息只被簡單地處理過，將只能較淺層（shallow level）地保留短暫的時間；但如果經過較深層（deeper level）的處理，就會保留較長的時間。所

> **處理程度模式**
> 這個模式與記憶三階段理論是相對的，此模式認為區分短期記憶和長期記憶是取決於訊息被處理的深度，而不是將之區辨為不同種類的記憶。

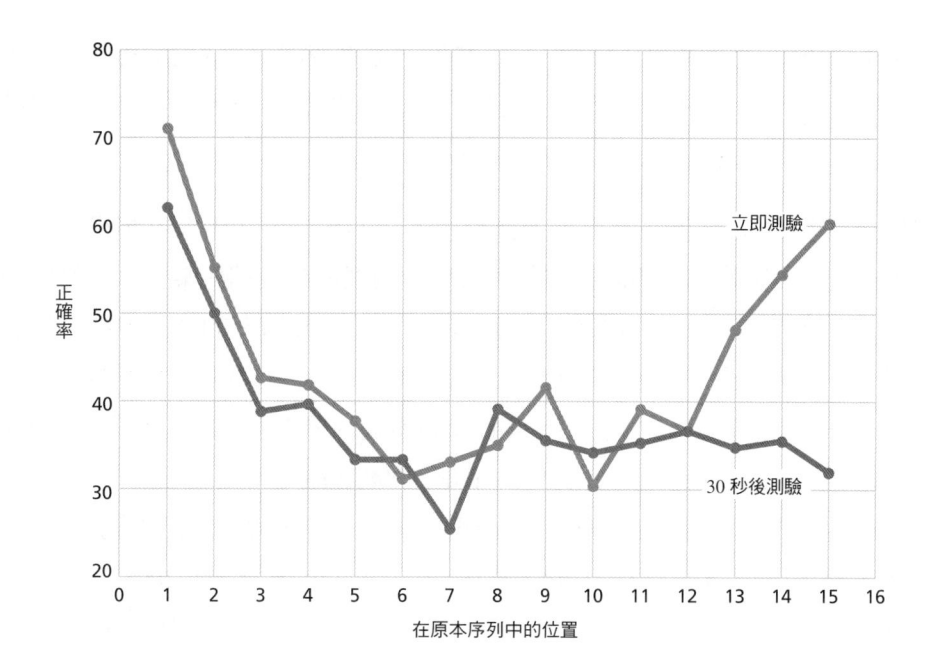

圖 8.6 當連續呈現 15 個測驗項目後，要求研究參與者立即回憶，會發現頭尾項目都有很高的回憶正確率。但要求在 30 秒後回憶的結果會發現，結尾項目回憶的正確率則變得相當低，於是推測結尾部分的項目只有進入短期記憶之中。

資料來源：Data from M. Glanzer and A. R. Cunitz（1966），"Two Storage Mechanisms in Free Recall," *Journal of Verbal Learning and Verbal Behavior*, 5:351-360, 1966 Academic Press; and R. M. Tarpy and R. F. Mayer, © 1978 *Foundations of Learning & Memory*, Scott, Foresman.

以依據這個觀點，先前我們檢視短期記憶與長記憶的差異，不是因為兩個不同的記憶系統依不同的準則運作，而是因為在編碼的過程中，處理程度的不同所造成的。此外，根據 Craik 和 Lockhart 的說法，我們的記憶系統中有一個從淺層到深層的連續性處理程度，而不只是兩種不同的儲存形式（長期和短期）。

深層處理與淺層處理的差別是什麼？一個說法是，淺層的處理只是在表面的知覺訊息，而深層的處理則是將意義編碼（Ellis, 1987）。仔細想想下列的形容詞：

| 開心的 | 愉快的 | 樂觀的 | 好心的 |
| 熱心的 | 小氣的 | 認真的 | 健忘的 |

如果你找 10 個熟識的人以淺層方式處理（「每個字看 5 秒，然後將有『心』的字圈起來」），然後再問你熟識的另外 10 個人，這次是以深層方式處理（「每個字看 5 秒，然後將用來形容你的詞圈起來」）。若無事先提醒，十分鐘後，若你要求他們回憶所看到的詞，你認為哪一組的人會記得較多？Craik 和

Lockhart 的處理程度觀點正確地指出，將訊息處理較深入的人會記得較多，不是因為這些字儲存於不同的階段（長期記憶 vs. 短期記憶），而是因為處理得較深的訊息會保存得比較久，也較容易提取。

深層處理與生存價值 我們每天都累積不同的經驗，卻大多不記得。到底是什麼因素決定我們記不記得住什麼？有一個理論說我們對某些事件的處理較深，因此較容易記住。在過去，我們的老祖宗需要處理的資訊包括哪裡有水、食物、避難所，哪些動物可食，或者必須躲避等，這些資訊攸關族群的生存。一些研究也證實，我們對於生存和繁殖有關的字比不相關的字更容易記住（Nairne & others, 2008; Nairne & Pandeirada, 2008, 2010）。

同樣地，也有研究證明，若我們透過思考字串與我們生存需求間的關聯性來深度處理這些訊息，可以增進記憶（Nairne & others, 2008; Nairne & Pandeirada, 2008）。在一個實驗中，兩組研究參與者在看到字串列表前，分別收到以下不同的指示：

1. 生存指示：「你的任務是要想像你被困在陌生國度的大草原上，身上沒有任何生存所需的基本事物。在接下來的幾個月，你必須找到穩定的食物與飲水來源，也得防範任何有攻擊性的動物。我們將會給你看一張字的列表。我們要你評論每一個字對你目前狀況的重要性。有些字可能高度重要或有高度關聯，有些則可能完全無關。你得自己決定。」

2. 移動指示：「你的任務是要想像你預備搬家到陌生的國度，身上沒有任何生存所需的基本事物。在接下來的幾個月，你必須找到並買好新家，並將你的家當都搬過來。我們將會給你看一張字的列表。我們要你評論每一個字對你完成這個任務的重要性。有些字可能高度重要或有高度關聯，有些則可能完全無關。你得自己決定。」

然後，研究參與者被要求盡量去記憶表上的字（例如石頭、草地、椅子）。正如理論所預測，拿到生存指示的研究參與者比另一組記得更多的字，可能因為他們對這些字處理得更深入（Nairne & Pandeirada, 2008）。

精緻化與深層處理 我們大部分不需要像古人般處理生死攸關的訊息。那麼我們該如何記得像是大學課本裡的知識呢？幸好我們可以透過精緻化來達到深層處理任何訊息的目的。

深層處理比淺層處理包含更**精緻化（elaboration）**的訊息轉換歷程，也就是在新記憶與已存在的記憶之間建立更多連結（Ellis, 1987; Ellis & Hunt, 1993）。舉例來說，如果閱讀教科書內的一篇文章，並且花一些時間將文章內容與過去學過的東西，或甚至生活中的事件做連結（也就是所謂的深度學習），你將會更熟記這些新訊息。我們已經看過關聯性網絡模式的假設；這些連結對於我們使用已儲存的訊息相當重要。因此，用這樣的方法來深層處理新訊息，將會提升你記憶這篇文章與使用這些訊息的能力。相對地，如果只是隨意地將文章重新瀏覽幾遍，而不是真正地思考其意義，就不是一個有效的讀書技巧。深層處理另一個有趣的觀點是，即使是淺層的知覺訊息也能被相當地精緻化，就像將新電話號碼和你打電話的對象的記憶相連起來。很多研究建議，要完善處理新訊息，最好的方法就是將新訊息與自身做連結（Symons & Johnson, 1997）。因為自己的知覺與記憶都已經過良好的處理，並且能夠輕鬆地獲得，將新訊息與自身做連結是最好的深度處理，也是最好的記憶提升方式。下次你讀心理學時，透過體驗活動試著將新的知識和概念與你自己做連結，將會大幅提升你對新訊息的記憶（Symons & Johnson, 1997）。

訊息處理程度的觀點大概不會取代短期記憶／長期記憶的階段模式，但這不是說記憶的處理程度的觀點不重要。這個理論提醒了我們，新訊息如果只是經過淺層的處理，或是利用死記硬背的方法去學習，這個記憶將無法維持長久。如果你想要將訊息長久地保存，並且能夠在未來輕鬆地提取，則你在學習時就需要花時間努力地去了解這些知識，並將這些訊息精緻化。

精緻化
將新的記憶與已存在的記憶做連結的過程。

複習

我們可以把人類的記憶想成由三個不同但彼此相關的記憶階段所組成。感官登錄的階段會將輸入的視覺、聽覺或其他知覺的訊息保留非常短的時間，同時選出必須做進一步處理的相關訊息。短期記憶通常是以聲音編碼的模式保存訊息，如果不藉由複誦等方法加以保存於記憶之中，訊息會在約 30 秒內流失；除非利用組成較大組塊的方式將單位訊息的量增大，否則短期記憶的容量是很有限的。長期記憶主要是以意義的方式或是語義的編碼來儲存訊息，其容量是非常大的，而且儲存記憶的時間似乎是永久性。由於儲存於長期記憶的訊息實在太龐大，如果沒有組織的話，提取相當不易。目前的理論認為，長期記憶是以意義分類或是關聯網絡來組織的。

然而，將記憶分割為長期記憶和短期記憶的觀點，受到某些理論學家的質疑。這些人認為，訊息在腦中能夠保留的時間長短，是奠基於這個訊息被處理的深度，而不是這個訊息是儲存在哪一個階段；而能夠被精緻化處理過的訊息，會比只是經過淺層處理的訊息保存得更久。

> 👁 **想一想**
>
> 1. 在長期記憶中，事件記憶的耐久度比語義記憶短。雖然這有點不方便，但是否就某些方面而言，也會對我們有利呢？
> 2. 在這幾年中，是否有令你難忘的事件記憶？如果有，為什麼這些記憶能夠在你的腦中保留這麼久？請說明之。

8.2 遺忘及其發生的原因

到目前為止，我們以記憶的三個階段來說明記憶與遺忘。我們注意到遺忘在短期記憶中發生的原因與長期記憶不同，但我們還沒談到遺忘為何會產生。為什麼有些記憶會流失或無法回復？目前有四個主要的理論值得進一步探討：衰退理論認為，隨著時間過去，記憶自然會跑掉；干擾理論認為，是由於其他記憶的干擾，所以我們才無法回憶起我們要的東西；再建構理論的說法是，隨著時間過去，我們的記憶會扭曲，並且有時會變得無法辨認；刻意遺忘理論則認為，我們會遺忘是因為回憶的訊息是不愉快的，或是令人感到威脅。

8.2.1 衰退理論

衰退理論
這個理論認為，當我們產生遺忘的時候，是因為記憶會隨著時間慢慢消失。

根據**衰退理論**（decay theory），沒有被使用的記憶會逐漸隨著時間褪去。這個理論已存在相當長的一段時間，並且相當符合一般人對於遺忘的了解。直到最近幾年，心理學家才認為這個理論完全錯誤，而將之摒棄。如同下文將會看到的，遺忘不只是記憶衰退與時間的因素，而是受到更複雜的因素影響。無論如何，大多數心理學家接受記憶的三階段論，使得衰退理論變得不那麼熱門。簡單地來看，在感官登錄和短期記憶中，時光荏苒是遺忘的原因（White, 2002）；但長期記憶則不然。基本上，當訊息進入長期記憶後，記憶的「痕跡」顯然是「永遠的」。因長時間不使用而使得長期記憶中的訊息遺忘似乎不會發生，而是其他因素使得記憶變得無法提取，特別是「干擾」。

8.2.2 干擾理論

干擾理論
這個理論認為，當我們產生遺忘的時候，是因為有相似的記憶影響我們對訊息的儲存與提取。

干擾理論（interference theory）認為，發生在長期記憶中的遺忘，是因為想要提取的訊息被其他相似的訊息干擾，所以無法被回憶起來。假設你對於法國印象派的畫家有興趣，並讀了一本關於竇加、莫內和馬諦斯繪畫技巧的書。記住上述畫家的繪畫技巧並不是什麼了不起的事，但如果你要再記三個法

國畫家呢？然後又再記三個人呢？很快地，你就會覺得回憶是一件相當困難的事，部分是因為許多相似的訊息會干擾你對訊息的提取。同樣的情形也會發生在你背很多電話號碼、購物清單，以及數學公式的時候。

Delos Wickens 和他的同事（Wickens, Born, & Allen, 1963）所做的一個實驗證實，相近的訊息會干擾提取的作業。Wickens 要求一組研究參與者背 6 張表，每張表上面有 3 個數字的混合（例如 632、785、877）。如圖 8.7 所示，當研究參與者記愈多組的數字後，他們回憶的狀況也愈差。先前記憶的數字會干擾提取新的數字。到了第 6 張表時，可以看到回憶的狀況已經相當差了。第二組研究參與者被要求記 5 張表，但每張表上面是 3 個英文字母的組合，然後再去記與第一組一樣的 3 個數字混合作業，同樣可以在圖 8.7 看到干擾的產生，逐漸讓回憶的成功率下降了，但是當他們被要求記憶數字組合列表而非第 6 張表的字母時，他們回憶的成功率直線上升，顯示字母和數字的差異性不足以對回憶產生影響。干擾的產生主要來自相似的記憶。

在 Wickens 和他的同事所做的實驗中，干擾的來源主要是先前學習過的項目。先前所記的、那些含有相似素材的記憶，會干擾新學習項目的回憶；後來才形成的記憶，也會造成干擾。如果研究參與者想要在記了後面 5 個項目後，再回憶第一個項目時，也會感到很多干擾已經產生。心理學將這種由先前所學

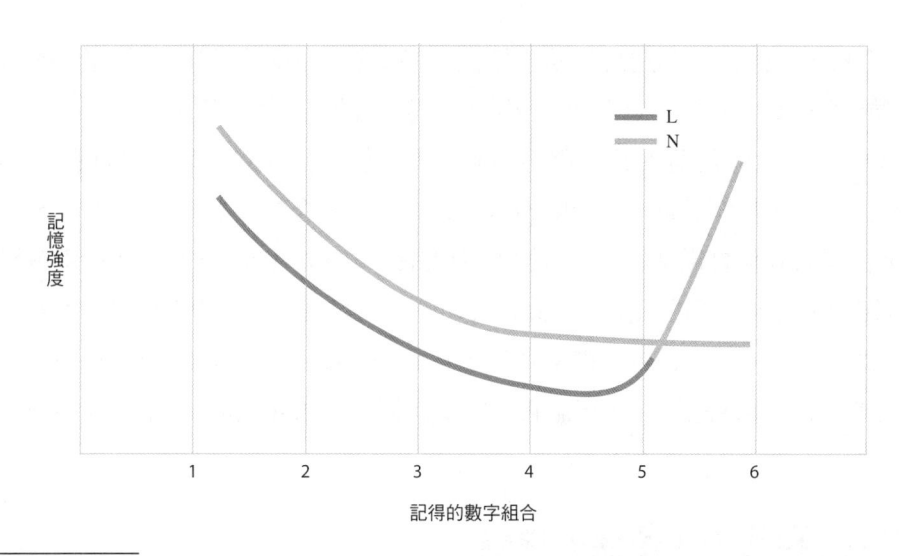

圖 8.7 研究參與者分成兩組來進行測試，一組記憶字母的組合（L），另一組記憶數字的組合（N）。可以看到因為前涉干擾造成記憶力的下降，而當一組人從記憶字母轉換到記憶數字，則可以看到他們的回憶量大幅提升了。干擾只會在相同的記憶素材間產生，前面所記的字母並不會影響後面記的數字。

資料來源：Data from D. D. Wickens, D.G. Born, and C. K. Allen, "Proactive Inhibition Item Similarity in Short Term Memory," in *Journal of Verbal Learning and Verbal Behavior*, 2:440-445, 1963.© 1963 Academic Press.

前涉干擾
干擾的產生是因為先前所學的事物。

後涉干擾
干擾的產生是因為後來所學的事物。

產生的干擾，稱作**前涉干擾**（proactive interference），而由較晚學習的訊息所產生的干擾，稱為**後涉干擾**（retroactive interference）。

假設你有兩位室友——小偉與小安，他們要請你幫忙買午餐；小偉先說他要吃豬排飯，後來小安說想吃鍋燒麵。當你終於出門去買東西時，買完了豬排飯後，卻突然忘了小安要吃什麼；這就是「前涉干擾」的例子。若你先買了鍋燒麵，然後卻忘了小偉想吃什麼，就是「後涉干擾」的例子。

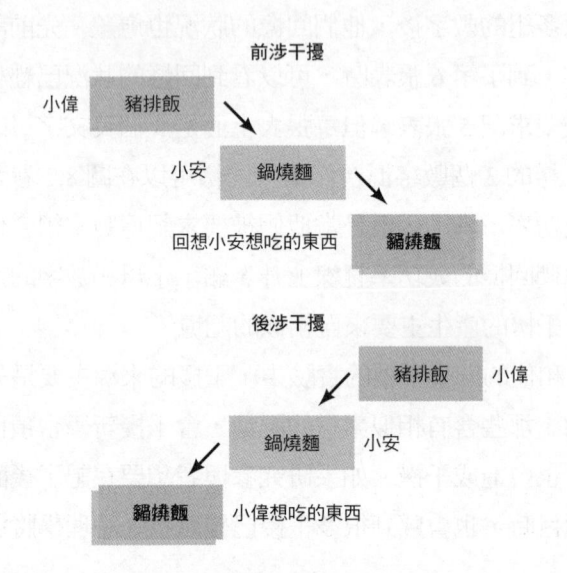

前涉干擾

小偉　豬排飯
小安　鍋燒麵
回想小安想吃的東西　豬排飯

後涉干擾

豬排飯　小偉
鍋燒麵　小安
豬排飯　小偉想吃的東西

今日，干擾被視為遺忘的重要原因，但是對於不同的記憶，其運作的方式可能不一樣。「干擾」在長期記憶中的影響，是混淆提取的過程；在短期記憶中，「干擾」則是藉由記憶體的超載，或是使其他訊息弱化，甚而將之踢出記憶體，來中斷短期記憶（Klatzky, 1980）。當你在找一組電話號碼「2522-3788」，然後在你打電話之前，有個人說也許是「2532-3788」，你很可能就會經驗到短期記憶被干擾的狀況。干擾對長期記憶中的語義記憶的影響似乎比對事件記憶小。Tulving（1972）提醒我們，在記憶實驗中，忘記列表中有列「青蛙」這個字（事件記憶）和忘記青蛙本身為何物（語義記憶），是完全不同的兩回事。

再建構（基模）理論
這個理論認為，在我們長期記憶中的訊息也會隨著時間改變，並且會依據我們的信念、知識和期待變得更一致。

8.2.3　再建構（基模）理論

再建構理論（reconstruction theory）或稱基模理論（schema theory）是在 1932 年由 Fredric Bartlett 爵士所發表。一般來說，儲存於長期記憶的訊息是不會被忘記的，不過有時候，訊息會以經由扭曲或是錯誤的方式被回憶起來

（Schachter, 1999）。「基模」是由信念、知識和期待的關聯性網絡所組成。長期記憶中的訊息經常會隨著時間的變化被扭曲，變得與基模一致。舉例來說，想像你聽別人談到小楊，而你一向認為小楊這個人不是很好。你聽到的大部分都是關於小楊的好事，只有一兩件不好的事。隔天你和朋友在閒聊中提到小楊時，你會傾向比較不提他的優點，反而記得有關小楊不好的地方。由於你對小楊的基模是負面的，你甚至還可能加油添醋來抹殺他的優點，建構出一個新的故事。

一個經典的實驗證實了我們會扭曲記憶去符合基模（Carmichael, Hogan, & Walter, 1932）。研究者將如圖 8.8 中間欄位的涵義不明的圖像呈現給研究參與者看（圖 8.8 標示為刺激圖形的欄位）。研究參與者被口頭告知每個圖的稱號，但分成兩組的研究參與者會被告知不同的稱號（如圖上的字彙列表 I 及字彙列表 II）。舉例來說，一半的研究參與者被告知第二個圖形是瓶子，而另一半則被告知為馬鐙。過了一會兒，研究參與者被要求畫下剛剛記憶的圖形。如基模理論所預測的，研究參與者所繪的圖為了符合基模，都已經被扭曲了。

扭曲記憶去符合我們的基模並不是漸漸發生的，而是發生在提取過程的時候（Reynolds & Flagg, 1983）。如果研究參與者在畫圖前一刻被告知那是何物時（如瓶子、馬鐙），則其扭曲效應會更顯著（Hanawalt & Demarest, 1939; Ranken, 1963）。

過去 25 年來，這個理論已經成為記憶研究者注目的焦點。較新版本的基模理論是基於區辨事件和語義記憶。一個理論是，長期記憶對儲存意義比儲存事件細節更佳。當我們提取長期記憶中的訊息時，我們可能記得這事件的主旨或是要點，亦即大致的想法，但可能會不知不覺地扭曲一些細節，或甚至創造其中的細節，以符合那個大致的想法。（Brainerd & others, 2003; Schachter, 1999）。

Bransford 和他的同事藉由以下的實驗，檢驗了這個版本的再建構理論（Johnson, Bransford, & Solomon, 1973）。研究參與者聽了如下的一段文章：

深夜時分，電話鈴聲響起，電話那一頭傳來淒厲的呼聲。情報人員將祕密文件丟進壁爐，只差 30 秒就來不及了。

過一會兒，研究參與者被問到他們是否有聽到下面的句子：

情報人員將文件燒毀，只差 30 秒就來不及了。

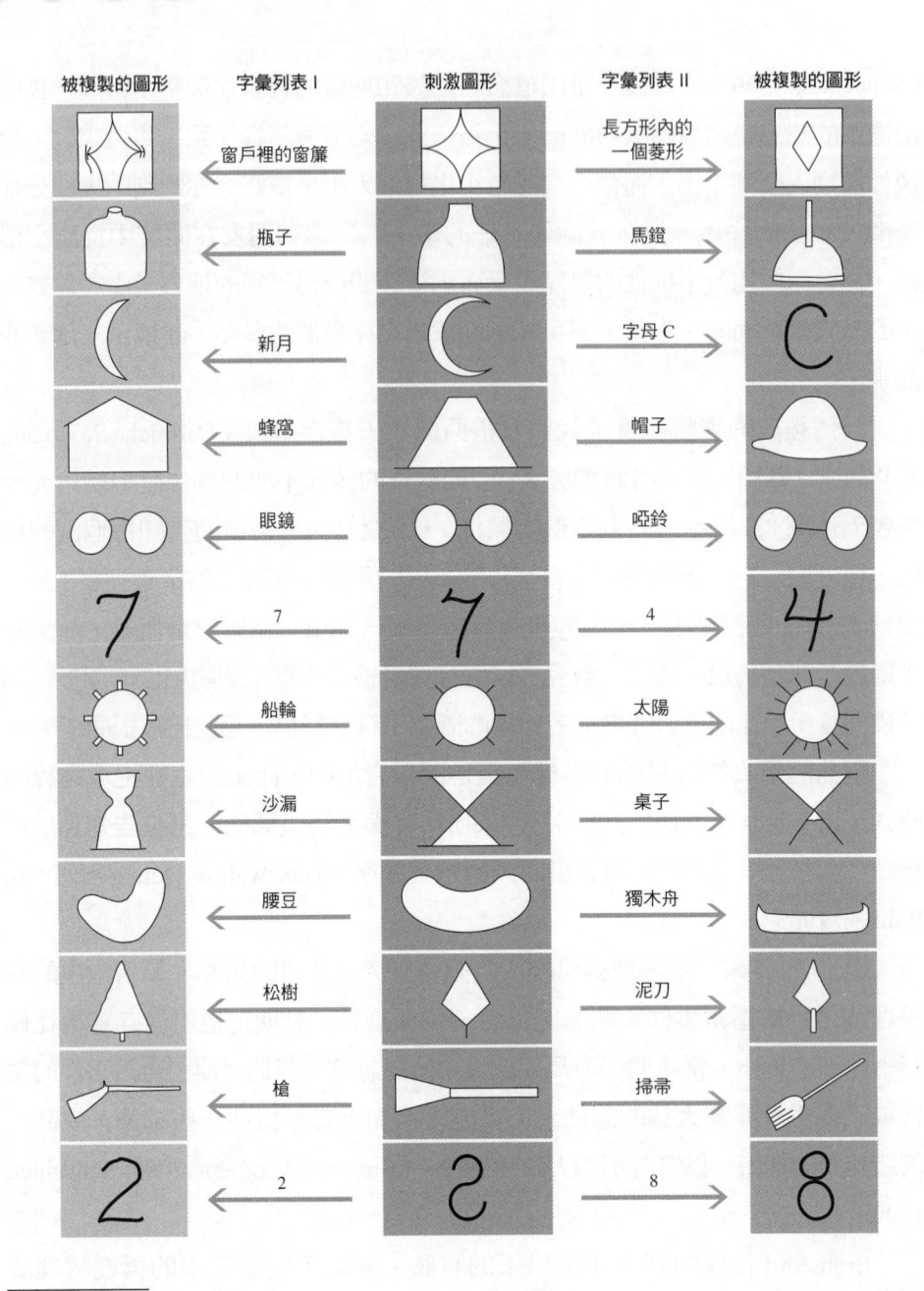

被複製的圖形	字彙列表 I	刺激圖形	字彙列表 II	被複製的圖形
	← 窗戶裡的窗簾		長方形內的一個菱形 →	
	← 瓶子		馬鐙 →	
	← 新月		字母 C →	
	← 蜂窩		帽子 →	
	← 眼鏡		啞鈴 →	
7	← 7	7	4 →	4
	← 船輪		太陽 →	
	← 沙漏		桌子 →	
	← 腰豆		獨木舟 →	
	← 松樹		泥刀 →	
	← 槍		掃帚 →	
2	← 2	2	8 →	8

圖 8.8 將中央的圖形與兩個字彙列表之一呈現給研究參與者觀看，可以看到兩側的圖形皆依照學得的字詞被再建構後繪出。

資料來源：Redrawn from L. Carmichael, H. P. Hogan, and A. A. Walter, "An Experimental Study of the Effect of Language on the Reproduction of Visually Perceived Form" in *Journal of Experimental Psychology*, 15:78-86, 1932.

請注意，這不是研究參與者先前聽到的句子；原始的句子中完全沒有提到文件被真的燒掉（壁爐裡面也許沒有火）。但是，大部分的研究參與者都說他們聽到了第二個句子。依據 Bransford 和他同事的論點，上面文句的意義強烈

暗示文件被燒掉了。這個訊息從長期記憶中提取出來，但句子的細節已經被扭曲去符合研究參與者對於故事的想法。

讓我們從不同的角度來看再建構理論，這是更近期由 Henry Roediger 和 Kathleen McDermott（2000）進行的記憶實驗。這個實驗需要花點腦力，但將會幫助你了解記憶和遺忘的重要面向。

首先，閱讀以下學習列表的字詞，每個詞只讀一次（約 1 到 2 秒），然後，立即蓋住學習列表，並依照測試列表開頭的指示來作業。

學習列表

床鋪	打瞌睡
休息	熟眠
清醒	打鼾
疲憊	小睡
做夢	寧靜
醒來	呵欠
打盹	昏沉
毛毯	

測試列表

不要回頭看，找找以下的測試列表中，哪些字並沒有出現在學習列表上：

小睡	打瞌睡
打鼾	睡覺
跳躍	寧靜
打盹	昏沉
毛毯	呵欠
做夢	足球
疲憊	休息
清醒	

哪些詞沒有出現在學習列表上呢？大部分的大學生都能夠認出「跳躍」和「足球」沒有在第一張表單上。那麼，你是否注意到「睡覺」也沒有在第一張表單上？即使「睡覺」這個字並不在學習列表上，但是仍有 50% 的大學生認為是有的。這個結果很重要，因為回憶學習列表上確實有的詞的正確率是 50%（Roediger & McDermot, 2000）！

錯誤記憶
也就是我們回憶的事件並沒有發生，或是該事件事實上與我們的記憶根本就不一樣。

認為學習列表上有「睡覺」一詞的學生（也許包括你在內）建構了一個**錯誤記憶（false memory）**——他們記得一些根本沒有發生過的事。為什麼會發生這種情況呢？請回憶前面的再建構理論。在長期記憶中，儲存與提取訊息是使用稱為關聯性網絡（associative networks）的基模（如果你很難從長期記憶提取那些訊息，或是甚至那些訊息根本還沒進入長期記憶裡，請回顧圖 8.5）。雖然「睡覺」這個詞並沒有出現在學習列表之中，但是它與其他實際在列表中的字有很強的連結，所以再建構後的記憶裡，可能就包括了「睡覺」這個詞。錯誤記憶是再建構所造成的最終極錯誤——並不是扭曲了已發生的事情，而是這個記憶根本就沒有發生過。

所以，忘記或扭曲事件並非「遺忘」的唯一類型。我們的記憶通常會愚弄我們，無論是發生過卻回想錯誤的事，或者是沒發生過卻記得的事（Geraerts & others, 2008; Roediger & McDermott, 2000）。有趣的是，兒童反而比較沒有錯誤記憶，可能是因為成人已經建構出太複雜的關聯性網路（Brainerd, Holliday & others, 2008）。

我們在第 5 章也看到，大腦會積極且完整地建構我們所知覺到的環境，這個建構常常是以我們的知覺系統提供的有限訊息建構出來的。以視覺系統為例，填補「盲點」就是一個很好的例子。再建構理論認為，我們有時候是藉由最少的訊息來建構完整的記憶，或是扭曲記憶使之更為一致。如 Bartlett（1932）所說的，記憶有部分是被基模所導引的經驗「想像地再建構」。不幸的是，這些創意扭曲的記憶通常會以「事實」的表象呈現。

8.2.4 刻意遺忘

多年以前，佛洛伊德認為我們會遺忘某些事情，是因為那些訊息對我們具有威脅性。在第 12 章人格的部分，會對於**刻意遺忘（motivated forgetting）**多所著墨。佛洛伊德相信，我們的意識層面會藉由一個動作，將令人不愉快或是感到危險的訊息置於潛意識，那就是**壓抑（repression）**。

刻意遺忘
當我們忘記某些事情時，是因為對這些訊息感到不舒服或是受到威脅。

壓抑
根據佛洛伊德的理論，會發生遺忘，是因為意識層面會將令人不悅的訊息放入潛意識中。

不過，基於三個理由，該理論不能藉由這類證據來得到強烈的支持。第一，情緒和記憶間的關係看來比佛洛伊德原來所假設的更複雜。情緒上的興奮不見得一定會使得記憶力變差——有時候，情緒完全不會影響記憶，有時反而會增強記憶。

一系列由心理學家 Michael Bock（1986; Bock & Klinger, 1986）所進行且控制良好的研究，檢視了情緒興奮與記憶的關係。研究參與者在一連串字彙刺

激後發現，研究參與者對於正向情緒的字眼（如親吻、獎金）的回憶狀況，較負向的字眼（如疾病、失落）來得好，而中性的情緒刺激則是回憶得最差的。因此，適度的情緒興奮，不論是正向或負向顯然都會加強記憶。

從本章一開始所舉的例子來看，極度情緒化的記憶（又稱鎂光燈記憶，flashbulb memory）看來似乎更鮮明準確，而一般日常生活上的事件記憶可能就不會這麼清楚（Brainerd, Stein, & others, 2008）。在情緒與記憶的複雜關係中，另一個有趣的部分是，情緒會專注於記憶情境中的某部分，而忽略其他的部分。

▶▶▶ 人類多樣性　文化環境和記憶的熟練性

文化影響的層面之大，甚至會影響基本智力能力（像是記憶力）嗎？一些心理學家相信，文化對於我們一些根本的智力有著強有力的影響。舉例來說，心理學家 Judith Kearins（1986）假設，澳洲原住民的小孩對於物體的視覺記憶技能，會比白種澳洲人的小孩來得好。她會這樣假設的原因是，出色的視覺記憶能力，讓這些大部分生長於沙漠的原住民，能夠克服他們的環境而成長茁壯。

在 Kearins 的實驗中，有許多物件被放在互相垂直的格網上，原住民與白種人的青少年皆被要求在 30 秒內去記憶上面這些物件的位置。然後，實驗者會將這些物品混在一起，再要求他們將這些物品歸回原位。實驗中的兩個任務是以非天然的物體（火柴、戒指、橡皮擦等）來做實驗的工具，另外兩個任務則是用自然的物體（小樹枝、豆莢、羽毛、骨頭等）。原住民青少年在所有的實驗任務中，表現顯然都比白人青少年好。白人青少年在非天然物的任務中，表現會比自然物的任務來得好，但這樣的區辨並不會影響原住民小孩的表現。

Kearins 發現，原住民與白人青少年使用不同的策略來進行任務。原住民青少年在實驗中是非常平穩、安靜的，並顯得非常專注，他們緩慢且有方法地將物件擺上。而另一方面，大部分的白人青少年看起來急躁，並且會喃喃自語，將第一個物件匆忙地擺上。Kearins 推測，白人青少年會喃喃自語地念物件的名稱，是為了努力記住它們；而原住民的小孩較可能以視覺的方式，去記住物件排列的方式。也許是不同的文化強調用不同的方式——透過語言或視覺來記憶，因為這些技能的重要性對於每個文化而言是不同的。

試想你自己的記憶方法，你可能會以何種記憶方法進行 Kearins 的實驗呢？你會使用視覺記憶的方式？還是會使用語言標籤的方式（「羽毛是在左上方，向右轉的方向是短棍，看起來很奇怪的骨頭是在……」）？什麼類型的訊息對你的種族生存是最重要的？你是否注意到，在周遭的環境中，其他不同種族、不同文化人們的智力能力有何不同？最後，你的文化背景會影響你記憶的方法，以及其他的智能技巧嗎？如果有，又是如何影響你的？

複習

遺忘的發生主要有四個原因，每個原因和三個記憶階段各有不同的關係。在感官登錄這個階段中，遺忘發生的原因大多是因為記憶隨著時間而衰退。在短期記憶中，隨著時間的衰退與其他相似訊息的干擾，是遺忘發生的主因。而在長期記憶中，其他記憶的干擾只能解釋部分遺忘發生的原因；另一方面是，從長期記憶中回憶的訊息，可能為了與我們的基模（信念、知識和期待）一致而扭曲，變成不真實。除了忘記過去發生的事，我們有時候也會對於從未發生的事有錯誤記憶，其原因是因為再建構所造成的錯誤，而這個錯誤是基於長期記憶中的關聯網絡所發生的。正向事件的回憶狀況顯然會比負向事件來得好，因此，佛洛伊德的說法在某些部分很可能正確，與負向情緒連結的記憶，確實是較難提取（刻意遺忘）。綜觀來說，無論如何，正負向情緒對於記憶的提取都有促進的作用，有著強烈情緒的事件會特別鮮明，但通常仍會隨著時間扭曲變形。

想一想

1. 假設你開了一間生產攝影器材的工廠，正要開始營運，請你設計一個實驗，看看是否教導同一個員工不同的兩個組裝作業，會導致前涉干擾的產生？
2. 基於你對產生遺忘四大主因的了解，你可以藉由什麼樣的動作改善你的讀書習慣，增加學習效果？

8.3 記憶的生物基礎

近幾年，透過許多大腦的研究，我們對於記憶中訊息的儲存與提取，已有相當的了解（Thompson, 2005）。這方面知識的迅速發展，不只讓我們對於大腦的了解有很大的進步，同時也幫助我們了解許多記憶的本質。

8.3.1 記憶的突觸理論：印痕的搜尋

當我們學習新事物時，神經系統必然會發生一些改變（Kandel, 2009）。如果沒有任何物理結構上的改變，那麼過了一段時間，我們如何從記憶中提取這些新學習的事物呢？學習後所留下的「東西」——**印痕（engram）**，如同較早的記憶研究者 Karl Lashley 所稱，是記憶的生物基礎。雖然神經學家已經尋找印痕多時，但直到最近才開始逐漸有共識。

多年前由加拿大研究者 Donald Hebb（1949）發表的理論至今仍被視為提供了一個正確的模式，來描述學習和記憶的生理過程反應（Jeffrey & Reid,

印痕
在腦中的記憶痕跡，是記憶的生物基礎。

1997; Tsien, 2007）。根據 Hebb 的說法，每種經驗都會在大腦中引發獨特型態的神經活化。這將使得突觸的結構發生改變，而在未來變得更活耀。神經元中這些經常很持久的改變很可能會在未來再度發生。因此，對於 Hebb 來說，突觸運作的改變，也就是所謂的**突觸促進作用（synaptic facilitation）**，是記憶的生物基礎。

> **突觸促進作用**
> 這是一個藉由神經活動導致突觸結構改變的過程，將會使我們更有效的學習與記憶。

Eric Kandel 針對在神經突觸改變於記憶所扮演的角色的研究使他獲得諾貝爾獎。在一系列海蝸牛（Aplysia）的巧妙實驗中，Eric Kandel 和他的同事（Dale & Kandel, 1990; Kandel, 2009; Kandel & Schwartz, 1982）提供了許多強有力的證據來支持 Hebb 的突觸理論。選擇海蝸牛來作為研究的對象是因為牠們擁有簡單的神經系統，而且神經元很大，便於觀察研究（Castelluci & Kandel, 1976），這些海蝸牛已經習慣與人類接觸，所以被碰到時不會反射性地抽回牠們的呼吸器官和噴水孔。在古典制約的過程中，每一隻海蝸牛的噴水孔會被觸摸（CS），然後再受到一個輕微的電擊（UCS），電擊將使得海蝸牛抽回牠的呼吸器和噴水口（UCR）。後來，只要當海蝸牛被觸摸時，牠們的呼吸器和噴水口就會抽回（CR）（如果你不記得什麼是 CS、UCS、UCR 和 CR，請重新複習前面的章節。）

藉由測量呼吸器及噴水口在神經連結所釋放的神經傳導物質總量，研究者觀察到由於古典制約所導致的突觸神經元的改變。在古典制約之後，神經傳導物質的總量有增加。影響蛋白質合成的藥物會阻礙海蝸牛記憶形成也吻合這項發現。因此，Hebb 顯然是對的——對於簡單記憶而言，至少所學習到的教訓會被「記憶」在突觸上。

固化理論 也有證明顯示，構成記憶基礎的突觸神經元的化學變化剛開始時很脆弱。但是，若無其他阻斷記憶過程的原因，這些化學變化會在數分鐘至數小時內強化成較有永久性，這種說法稱為**固化理論（consolidation）**（Dudai, 2004; Kandel, 2009; Wixted, 2004）。回想我們在第 6 章提到睡眠時，學習後若有睡眠的話可幫助固化並保護記憶（Rasch & Born, 2008; Scullin & McDaniel, 2010）。這也是為什麼在考試前熬夜並不是個好點子的原因之一。

> **固化理論**
> 學習經驗會影響到神經突觸間的神經傳導素運作。

DNA 與記憶 近年來的研究已經證明，記憶的生物基礎有一部分牽涉到會影響大腦中神經元的這些基因表現的快速變化。當新記憶形成時，有些基因會被「開啟」，有些被「關閉」（Levenson & Sweatt, 2005; Miller & Sweatt, 2007）。經驗不會改變我們的 DNA，但如第 4 章曾提及，經驗會改變 DNA 的表現方

式。而這些表現方式的改變現在被認為是在記憶形成時，大腦中會產生的變化（Kandel, 2009; Tronson & Taylor, 2007）。

8.3.2 記憶的階段和大腦

有關大腦在記憶中扮演的角色的相關研究結果顯示短期和長期記憶有兩大差異：(1) 許多證據顯示長期記憶中有許多神經突觸的實際改變，短期記憶則無（Ezell, 1994; Kwon & others, 2001; Milner, Squire, & Kandel, 1998）；(2) 證據顯示，在記憶的三階段中，會以不同方式牽涉不同的大腦結構。

想想以下的例子：在1998年，譯者與朋友攀登玉山。當爬上玉山山頂看到那道曙光時，那驚人的影像透過我的眼睛到達下視丘，那是到達枕葉視覺區的既定路徑。這個神經的活動能保持其痕跡，我們稱之為感官登錄（第一階段：記憶，見圖8.9）（Harrison & Tong, 2009）。如果當時我閉起眼睛，我可以從感官登錄中回憶剛剛的視覺影像，並可以在短期記憶中將這個記憶的活動

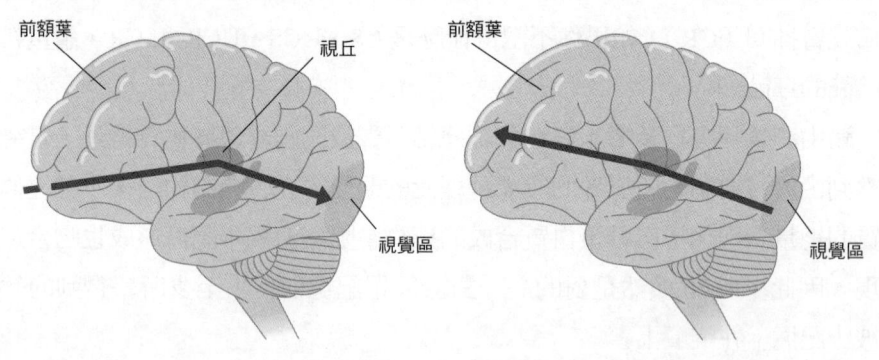

1. 日出的影像，透過眼睛，經過視丘傳到視覺區。
2. 視覺區的訊息傳到前額葉進行短期記憶的處理。
3. 短期記憶的訊息進入海馬迴，進行長期記憶的儲存。
4. 當回憶產生時，透過長期記憶的讀取，進入了前額葉的工作記憶運作。

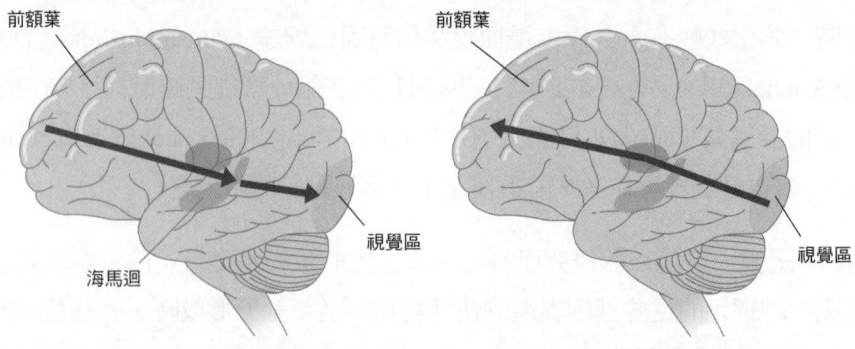

圖 8.9 大腦中的記憶階段。

保留一會兒，而這活動的區域是在前額葉和頂葉的大腦皮質上（第二階段記憶：工作記憶，見圖8.9）（D'Esposito, 2000; Goldman-Rakic, 1992; Ranganath, 2010）。在短期記憶的這個階段，前額葉對於保持專注力很重要（Nee & others, 2008）。

由於時至今日我還能夠回憶這個景像，所以，它應該被暫時且完整地儲存於海馬迴中（Nadel & Jacobs, 1998; Dudai, 2004; Squire, 2009），然後轉移至大腦皮質的枕葉，在此首次被處理（第三階段記憶：長期記憶，見圖8.9）。當我回憶這些過去的事情時，我的前額葉扮演其中關鍵的角色（第四階段記憶：提取記憶，見圖8.9）（Hempel, Giesel, & Caraballo, 2004; Schachter, 1999; Smith, 2000）。

由此可見，記憶的三階段其實牽涉了大腦不同的結構。即便如此，有些學者認為，不同記憶之間的神經差異可能被誇大，甚至誤解（Nee & others, 2008）。

8.3.3　失憶症：記憶的障礙

嚴重的記憶障礙值得我們去注意，除了它們本身為重要的症狀之外，它們也告訴我們記憶的生物學根據。

回溯性（逆向性）失憶　1997年，英國的黛安娜王妃和兩位友人在巴黎因車速過快釀成車禍而不幸去世。這起意外到目前為止仍然是個謎，因為唯一的生還者有腦震盪，無法記起車禍發生前與車禍當時的情況。這個狀況稱為**回溯性失憶（retrograde amnesia）**。這種患者的短期記憶一般都很正常，也能在失憶後重新塑造出有關失憶期間的長期記憶。一般來說，記憶損失的時間並不占據個案生命的全部，而是從疾病一開始時往回延伸的一段時間，記憶可能會流失數分鐘、數天，甚至到數年（Kapur, 1999）。

> **回溯性失憶**
> 一種記憶障礙，其特徵是不能夠從長期記憶提取過去的訊息。

回溯性失憶可能是因癲癇、各種腦傷、腦部遭受重擊，或是高壓力事件所引發。大部分學者認為回溯性失憶會發生是因為肇因阻撓了記憶的固化過程（McGaugh, 1983），但也有人認為肇因會創造出一個強烈的回溯性影響，進而阻礙記憶存取（Riccio, Millin, & Gisquet-Verrier, 2003）。

順向性失憶　順向性失憶（anterograde amnesia）是一種記憶的疾病，其特徵為無法有意識地從長期記憶中提取新的訊息，H. M. 這個病人就是一個典型的案例（Milner, Corkin, & Teuber, 1968）。H. M. 從10歲開始就為癲癇所苦。

> **順向性失憶**
> 一種記憶障礙，其特徵是儲存新的訊息。

儘管已經使用抗癲癇藥物，但到了 27 歲，他癲癇發作的頻率已經增加到每週一次，使得其神經外科醫師決定動手術來控制癲癇的發作。雖然手術明顯地減少了癲癇的發作率，但也破壞了大腦中關於記憶的幾個重要結構，讓 H.M. 罹患嚴重的順向性失憶。他仍舊保有原來的智力，以及手術之前已儲存於長期記憶的所有事物，但對於手術後發生的事物之記憶力，卻有很大的障礙。

H. M. 在術後的短期記憶仍舊正常。就像大多數的人，在沒有複誦的情況下，可以保留口語的訊息約 15 秒之久，而在允許複誦的情況下，可以保留更久。然而，H. M. 最嚴重的問題是不能將新的訊息存入長期記憶中，之後也無法提取它們。他對於社會現狀完全不了解，因為只要新的訊息從他的短期記憶中溜走後，他就什麼也不記得了。他可以不斷地閱讀同一本雜誌，因為對他而言，那永遠是新的。他對於一天中時間的概念也沒了，除非他剛好看到牆上的鐘，才知道現在是幾點。他也無法記得他父親在他手術後過世這件事情。

最嚴重的影響層面是 H. M. 的社交生活。雖然他可以認得他的朋友，告訴你他朋友的名字，還有與他朋友相關的故事，但那都是在手術之前就認識的朋友。對他而言，而在手術之後才認識的朋友永遠都是陌生人。每次有人到他家，他都得再去記一次對方的名字，但是除非他不斷地複誦，否則他只能記住不超過 15 秒的時間，之後就又忘了。這代表了什麼？這代表 H. M. 永遠無法建立新的社交關係——這慘痛且戲劇化的一課告訴我們，我們的認知功能，像是記憶，對於我們的生活是多麼重要。

不過，H. M. 長期記憶的功能並未完全喪失。他仍能夠學習與保留知覺上或是運動上的技能（程序性記憶），並且表現得不錯，這使得他在有人監督的情況下仍然能夠進行一些工作。但是，他每天還是需要別人的提醒，告知他工作上學習哪些新的技巧；如果他離開工作崗位一陣子，就會忘記之前做過的事。類似的情況也發生在其他有順向性失憶的人身上。如果一個有順向性失憶的人學會用鋼琴彈奏一段簡單的旋律，那麼他次日彈奏這段旋律時會相當驚訝，因為他已經忘記自己曾經學過這首曲子的事了（Hirst, 1982）。這些案例分別凸顯出程序性記憶和事件性記憶之間的不同。順向性失憶通常不會影響程序性記憶的習得，但是會阻斷形成新的事件性記憶。因此，順向性失憶的病人的長期記憶有高度選擇性——有些類型的長期記憶會受影響，有些則不受影響。

海馬迴
海馬迴是一個位於前腦的結構，我們相信其在長期記憶中扮演關鍵的角色。

是什麼原因導致 H. M. 罹患如此特別，並且使人難過無力的記憶障礙？他在手術期間到底發生了什麼事，使得他無法形成新的長期記憶？H. M. 在手術中受損的生理結構稱作**海馬迴（hippocampus）**（Kandel & Hawkins, 1992;

Scoville & Milner, 1957; Squire, 2009)。如同在本章前面所提到的，此部分被認為是管理短期記憶至長期記憶的轉換。H. M. 這個案例也告訴我們，雖然海馬迴在程序性記憶中不是那麼重要，但在事件性記憶中卻舉足輕重（Squire, 1987; Squire, Knowlton, & Musen, 1993）。海馬迴的受損並不會影響新的和舊的程序性記憶，但會妨礙新的描述性記憶形成。

罹患**哥薩柯夫症候群（Korsakoff's syndrome）**的個案，通常會同時經歷順向性失憶與回溯性失憶。這種疾病會出現在食物長期缺乏維生素 B1（硫胺素）的慢性酒精中毒病人身上。因為記憶大量流失，所以這些病患常常會漫無目的地閒談，原因是當這些病患記不起某些事，而這些事又需要做出完整的表達，因此他們會開始編造故事。一般來說，他們不是不誠實，而是記憶已是經過再建構的扭曲。

哥薩柯夫症候群
該症候群是因為過量使用酒精，導致同時有順向性失憶及回溯性失憶的一種疾病。

複習

在學習過後，記憶的軌跡或稱印痕，一定會以某種形式儲存於大腦之中，否則我們是無法在之後回憶訊息的。關於印痕明確的本質，有理論指出它比較是在神經突觸階段的一個改變。構成記憶基礎的突觸神經元的化學變化剛開始時很脆弱。但是，若無其他阻斷記憶過程的原因，這些化學變化會在數分鐘至數小時內強化成較有永久性。這種說法稱為固化理論。記憶的三個階段在生理層面上似乎有所不同。突觸的變化在長期記憶顯得重要，在短期記憶則不然。此外，感官登錄、短期記憶和長期記憶似乎與大腦的不同區域有關。

失憶症是有關記憶喪失的一種障礙，是非常值得研究的議題。回溯性失憶的特徵是過去長期記憶中的訊息流失了，通常流失的時間是從發病後往回推一段特定的時間；壓力事件、腦傷、癲癇發作都可能會引發這樣的症狀。順向性失憶的特徵是有正常的短期記憶，而且發病前的長期記憶都是正常的，但是個案創造新的長期記憶的能力受到損害。這種狀況通常是因為大腦受損，一般都與海馬迴有關。慢性酒精中毒的病患有時會因為營養不良而造成腦部受損，這將會發展成哥薩柯夫症候群，其特徵是同時有順向性失憶和回溯性失憶。

想一想

1. 如果沒有長期記憶，你的生活將變得如何？記憶在你的生活中扮演什麼角色？
2. 為什麼研究記憶的生物學基礎很重要？

▶▶▶ 心理學的應用　目擊證人的證詞和記憶

　　我們來看看一則目擊證人所犯的錯誤（Thomson, 1988）。一位女士在自家遭到性侵。之後，她將關於性侵犯的詳細描述交給警方。她的描述使得 Donald Thompson 遭到逮捕，原因是 Thompson 極度符合她的描述。但對於 Thompson 的指控很快就被撤銷，因為他有很好的不在場證明。當事件發生時，他正在上電視，所以根本無法犯罪。事實上，受害者在遭受侵犯之前，也在電視上看到他。如同本章先前所討論的，一件能夠引發強烈負向情緒的事件——很少有什麼事能夠比遭到性侵引發更強烈的負向情緒——往往使得鮮明的記憶很容易被扭曲。在受到創傷的狀況下，這位女士回憶起 Thompson 在電視螢幕上的鮮明影像，但她的記憶受到如此的扭曲，以致於她錯將電視上的這名男子認為是性侵犯。Donald Thompson 是一位受人敬重的心理學家，而他對於記憶的研究也最為人知。諷刺的是，當時他正在電視上討論記憶扭曲。

　　一想到目擊證人竟然會犯下這種錯誤的指認就會令人害怕，但至少這些被誤控的人並沒有人被定罪。現在在調查犯罪案件時都會採用 DNA 的檢測證據。相當多的囚犯——許多都在死刑名單之上——根據 DNA 的證據顯示他們是無罪的。在某個研究中有 40 個像這樣的個案，其中 90% 都是因為目擊者的證詞有誤而被錯誤定罪（Wells & others, 1998, 2006）。

　　我們當然不能就這樣認為目擊者的證詞通常都是錯的——它們的正確度還是頗高。不過，考慮到證詞有時會不正確同樣很重要且具啟發性。心理學家可以藉此幫助執法人員，在將存在漏洞的可能降至最低的情形下，獲得且利用目擊者的證詞（Kassin, Tubb, Hosch, & Memon, 2001; Schachter, 1999; Wells & others, 1998, 2006）。

誘導性發問產生的錯誤回憶

　　過去幾個研究著眼於誘使目擊證人做出錯誤回憶的因素（Zaragoza & Mitchell, 1996）。許多研究提到，隱含於詢問目擊證人問題中的訊息可以成為記憶扭曲強而有力的來源。當一個律師或是調查員在詢問有關犯罪相關的問題時，問題中包含的線索，對於記憶的提取影響很大。Elizabeth Loftus（2004）所進行的幾個重要研究就是在探討問題對於目擊證人所產生的影響。在她的某個研究中（Loftus & Palmer, 1974），研究參與者會看到一段車禍的影片。過了一會兒，有一半的研究參與者會被問到下面的第一個問題，另一半則會被問到第二題：

1.「當兩輛車對撞（smash）時，它們的速度大概多少？」
2.「當兩輛車撞到（hit）時，它們的速度大概有多少？」

　　在速度的估計上，被問到第一個問題的研究參與者，都會比被問到第二個問題的研究參與者來得高。一週後，所有的研究參與者都被問到：

「你們有看到任何玻璃破掉嗎？」

　　雖然影片裡沒有出現任何破碎的玻璃，但在被問到第一個問題的研究參與者中，有

32% 的人都認為他們有看到，而在被問到第二題的研究參與者中，則有 14% 的人認為他們看到了。以再建構理論的觀點來說明，即記憶為了與「對撞」這個字一致，所以會再建構出玻璃破碎的畫面。

一個高中美式足球隊員突然在球場上心臟驟停瀕死，幸運的是，他後來又被救活。於是，研究者訪問了許多看到這場真實事件的球場觀眾，並且在問問題時，巧妙地暗示受訪者該名足球員的球衣上有血。結果，有超過 25% 觀眾「記得」他們有看到血（Abhold, 1992）。

史丹佛大學的 Vicki Smith 和 Phoebe Ellsworth（1987）設計了一個類似的實驗。在實驗中，大學生將會看一部銀行搶劫的影片，影片中的搶匪沒有穿戴手套，也沒有帶槍。之後，一些學生會被問到中性的問題，像是：

「他們有戴手套嗎？」
「另一名搶匪有帶槍嗎？」

而另一些學生則被問到誤導性的問題，像是：

「他們手上戴著怎樣的手套？」
「另一名搶匪拿的是哪種槍？」

如同 Loftus 的原始研究，誤導性的問題線索引發錯誤的回憶。學生們會錯誤地回憶根本不存在的手套和槍。有趣的是，這個現象只發生在發問者被認為是對該起犯罪案件有相當了解的時候。顯然，只有在問題是暗示影片中有出現槍和手套的時候，記憶才會發生再建構來納入槍和手套。因此，問問題的方式對於目擊證人的證詞之正確性有很大的影響。也就是說，在法律程序中，我們要利用中性的問題格外小心地詢問，尤其在法庭上，目擊者很可能會因為相信律師的專業，而接受了誤導。

你對於目擊者的證詞是否失去信心了呢？那麼，請再看看下面的實驗發現。1970 年，位於 Hayward 的加州州立大學有一場模擬的犯罪現場，在這個模擬的現場中，學生「攻擊」教職員工（Buckhout, 1974）。這場犯罪的過程被錄影起來，用作以後與 141 位目擊者的證詞來做比較。整體來說，目擊者對於事件回憶的證詞正確率平均只有 25%，現在，你可以知道目擊者證詞的錯誤率是很高的。但在這個實驗中更有趣的部分是，會交由這些目擊者 6 個長相相似的大學生的照片，並由他們來找出誰是那個攻擊者。一半的目擊者將會看到沒有偏見的照片：所有的照片皆是正面大頭照，並要求目擊者指認；另一半的目擊者看見的照片是以有偏見的方式呈現：真正的攻擊者在照片中，頭部的角度有不同，並有些微的傾斜。另外，研究參與者還被告知這些相片中有一張是攻擊者的，並請他們挑出來。在這些有偏見的情況下，超過一半的目擊者指認了攻擊者。在這個範例中，指認的過程中含有對真正攻擊者的偏見，但是，如果調查員誤認某嫌犯有罪，在詢問的時候，可能會在不知不覺中以同樣的偏見影響目擊者。很不幸地，研究的結果顯示，問題中一些微妙的因素都有可能會影響目擊者的證詞（Bruck & Ceci, 2004; Kassin, & others, 1989; Loftus, 2004）。

愈來愈多的研究指出，如果學前的兒童被大人晤談，特別容易受到暗示影響。雖然他們

的記憶經常是相當正確的，他們經常會具說服力地描述一件從沒發生的事件。這讓家長或是育兒中心員工對兒童性侵害案件的調查過程更加複雜（Bruck & Ceci, 2004）。

刻板印象與目擊者證詞

我們的刻板印象和偏見會影響目擊者證詞的正確性嗎？很不幸地，的確如此。

哈佛大學的 Gordon Allport 幾年前做了一個實驗，證明我們的偏見會如何影響記憶。Allport 讓研究參與者短暫地看了圖 8.10。仔細看是誰拿著刀片。你會驚訝地發現，有 50% 的研究參與者稍後回憶時指出，是那位黑人拿著刀片。更近期的研究也顯示，研究參與者看了一大串知名罪犯的名字後，被問到是否記得其中有任何名字曾在媒體上出現。這些名字有一半像是黑人的名字，另一半像是歐美人士。雖然其實沒有任何名字是真正的罪犯，研究參與者「記得」曾在媒體上看過的罪犯名字有大多都是黑人名字（Banaji & Bhaskar, 1999）。

我們的偏見會如何影響記憶？這可能是基模扭曲記憶的範例。認為黑人較可能是罪犯的人會「記得」符合這種期待的記憶。在法庭上，這就是錯誤的證詞。

「受壓抑記憶」的回憶──性與身體上的虐待

最有說服力的證詞通常是來自受害者自己。過去有些案件都是因有些人年輕時遭受虐待，但有好長一段時間無法記得受虐的事。有些心理學家相信被虐經驗容易因為刻意遺忘而被壓抑，但也有些人認為很難判定這些所謂的「受壓抑記憶」的真實性。這是心理學家們正

圖 8.10 心理學家 Gordon Allport 在很短的時間內將上圖秀給他人觀看，以測試人們目擊證詞的正確率，發現人們對於種族的偏見可能會影響人們的知覺。

資料來源：Allport, G.W. & Postman, L. (1947). *The Psychology of Rumor*. Copyright ©1947 Henry Holt & Company. Illustration© Graphic Presentation Services.

面臨的難題（Frankel, 1995）。另一方面，沒有一個心理學家會希望阻止任何人想要說出他們過去被性虐待的經驗。兒童性虐待是普遍存在的殘酷事實；任何有勇氣說出詳情的人都應該得到大眾的支持。不過，我們也有理由相信，並不是每個成人對童年時遭到性侵害的回憶都是真有其事（Gleaves & others, 2004; Loftus & Davis, 2006; Spanos, 1996）。

什麼樣的證據可以證明我們過去不舒服的記憶會被壓抑，像是被性侵害？一個研究找了590位在一年前發生車禍的人，其中有14%的人不記得他們在一年前發生過車禍（Loftus, 1993, 2006）。類似的情形發生在另一個研究中，有一群在幼年曾經遭受性侵害的成年女性，其中18%的人經歷過那段性侵害的記憶喪失，但之後又復原了（Loftus, Polonsky, & Fullilove, 1993）。這些資料顯示，一些在幼年遭受性侵害的人，到了成年後，可能有一段時間是記不得的。

但是，成年人對兒童時期的回憶也往往不正確，最有名的例子就是皮亞傑（Jean Piaget）的兒童時期遭綁架的錯誤記憶。如同你會在第10章看到的，皮亞傑是一位有名的兒童心理學家。在他成年後的大部分生活中，他記得小時候曾經有人意圖綁架他。不過，他的保母成功地趕走綁匪，救了小皮亞傑。多年後，這個保母坦承這個事件是她編造的，為的是吸引注意。皮亞傑對此做出了結論；他認為小時候他應該聽過意圖綁架他這件事情的描述。雖然這件事情並沒有發生，但他的記憶中形成了有關這件事情的記憶，而這很可能是因為他的想像所造成的，而這些想像變成了真實發生的事件，存在他的記憶之中。

皮亞傑的經驗只是一個偶然？或是任何人都有像皮亞傑這樣的經驗？Ira Hyman 和他的同事做了一系列的實驗，找到了一些線索（Hyman & Billings, 1998; Hyman & Pentland, 1996）。研究的研究參與者是大學生。所有研究參與者的家長都同意完成一份有關研究參與者在兒童時期經歷的問卷。研究者會告訴研究參與者已經看過有關他們兒童時期的問卷，而答案是由他們的父母所提供的。研究者請大學生回憶和描述其中一些事件。某些事件的確是由大學生的家長提供，但研究者會誤導研究參與者，要求大學生描述一件虛構的事情，這個虛構事件也與父母確認過並未發生。舉例來說，研究者問大學生是否記得5歲時，曾經跟一群小孩子在婚禮上亂跑，除了將宴客的飲料打翻，還灑得新娘父母親滿身都是。在第一次的晤談中，大學生幾乎記得90%那些確實發生過的事件，但大部分的人都不記得那些從沒有發生過的事情——這才是一開始。稍後再次測試的時候，大約有四分之一的人「記得」那些完全虛構的事件。如果他們被指示試著去想像這個虛構事件，則特別有可能去「記起」這個事件，並且，他們會相信，在兩次測驗中的這段時間，他們只是忘了而已。

現在很多心理學家相信，在心理治療中回想起的一些幼年創傷記憶，很多都是因為暗示性的問題，以及對於真實事件的扭曲組合而成的（Loftus & Davis, 2006; Porter & others, 2000）。當我們努力地去了解我們情緒的問題時，這些影響讓我們回憶起小時候模模糊糊的影像（像是保母幫我們洗澡，或是意外地看到親戚在換衣服），而讓我們以為是性虐待事件。一個好意的心理師或許會這樣說：「很多證據顯示，有很多人可能有像你一樣的問題，在童年的時候遭受性侵害，而這些記憶被壓抑了。但你有任何小時候的記憶可以指出你曾經遭受性虐待嗎？」（Loftus, 1997）。能否藉由這樣的問題，就引導一個人不知不覺地對一件

模糊的事情建構了一個扭曲的記憶——或甚至回想起一件根本沒發生過的事情呢？

在總結了很多相似的研究後，記憶研究者 Elizabeth Loftus 表示：

> 有數以百計的研究可以支持記憶常是高度扭曲的。人們回憶起不存在的破碎玻璃和錄音機、無鬍渣的人有鬍鬚、直髮變捲髮，甚至像在田園鄉村中的一棟穀倉，如此大而明顯的目標竟也會被說成不存在。所以，很明顯地，不正確的年少悲慘記憶也有可能存在。也許，當心理學家對記憶有更多的了解以後，我們將能夠在幫助別人區辨真實和想像記憶中，扮演更有效的角色（Loftus, 1993, p.530）。

提升目擊者證詞的正確性

自 1970 年代以來，心理學家已經設計了上千個實驗來了解，為什麼目擊到犯罪的人，對於犯罪者的描述會有錯誤（Loftus, 2004; Well & others, 2000）。這些心理學研究提高了大家對這件事情的關注，但並未改善法庭對於目擊者證詞的使用，直到最近。當 DNA 開始被用作證據時，許多冤獄得以平反。這些無辜的人（有些還在死刑名單上等著行刑）大都是因為目擊者的證詞而被判刑。這些過失引起大家對於目擊者錯誤證詞的關切，而提出一些解決方式。在 1990 年代晚期，美國司法部門召集了一個團隊的心理師、警官、起訴者以及抗辯代理人（律師），來討論目擊者證詞。在 1999 年，這個團隊對於獲得與使用目擊者證詞的建議釋出（可在 http://www.ojp.usdoj.gov/nij/pubs-sum/178240.htm 看到）。這個文獻因為對於這個議題的正向建議而顯得重要。與大多其他關於目擊者證詞不足採信的文章相較，這些方針能幫助警察以最正確的方式取得與使用目擊者證詞。以下是其中的一些摘要：

1. 建立良好的關係——一個友善和舒服的關係。在詢問問題之前，先與目擊者建立良好的關係，讓目擊者較可能舒服地放鬆與花時間和警察做記錄；特別是當他們會害怕或不信任警察的時候。
2. 利用開放式問句，不要引導目擊者，並讓他自由地說出。警方的調查很可能限制住目擊者的答案——二擇一的問句、是非問句等。調查人員很可能會在聽到他正在尋找的答案而打斷目擊者正在說的話。因此，目擊者便很少有機會來主動提供訊息，這些訊息可能是很重要的，因為調查人員可能對於案發內容還不了解，而無法問及。另一個重點是，調查人員不能詢問引導性的問題——暗示調查人員想要的答案。一些問題會使得想要做「好市民」的目擊者，給予調查人員想要的答案（無論正確與否），那將會使得目擊者有所保留。
3. 避免目擊者彼此交談。若目擊者能彼此交談，他們很有可能會改變自己的說詞以符合別人的記憶。
4. 「假性罪犯」在罪犯指證的列隊中，應該符合目擊者對於犯罪者的描述。警察經常會將幾個嫌疑犯帶入警察局，並讓目擊者在單向鏡後指認。隊伍中往往會有一些無罪的人，稱為「假性罪犯」。「假性罪犯」與嫌疑犯長的相當不同的話——身高、髮色或種族都大

不同，將會增加目擊者指認嫌犯的可能性（無論嫌疑犯有罪與否）。同樣的道理也可用在看照片指認嫌犯的過程。被告律師常常會對沒有適合的「假設罪犯」而提出反擊。

5. 當使用指證列隊的方法時，如果警察有多個嫌疑犯，一次只能放一個嫌疑犯在隊伍之中。這是很簡單的數學問題，如果一個隊伍中有很多嫌疑犯的話，那麼，目擊證人指認錯誤的機會就會變大了。

6. 在指示目擊證人觀看照片或是列隊前，不應該影響他們的選擇。調查人員應該告訴目擊證人罪犯可能在、也可能不在隊伍或是照片之中。另外，調查員也應該告知證人，排除及指證犯人是同等重要。明確地告知指證人沒有指出犯人也無妨，這樣可以減少指證錯誤。

7. 在目擊證人指認犯人時，避免給予回饋。回饋可能會增加或是減少目擊證人對於罪犯指認的信心。這是相當重要的一點，因為證人在法庭上一般都會被問到，他們對於指認犯人所下的決定有多少信心。

本章總結

在第 8 章中，我們檢視了訊息處理的過程，以及我們是如何記憶與遺忘訊息的。

I. 人類的記憶是由三個記憶階段所組成。
   A. 感官登錄為第一階段，直到輸入的訊息可以完全被處理前，這個階段能夠將知覺經驗保留成一個確切的影像，但其時間相當的短暫。
   B. 短期記憶保存訊息的時間大概可以維持半分鐘之久。
      1. 除非藉由不斷地複誦來更新訊息，否則在短期記憶中的訊息是會消退的。
      2. 短期記憶的容量是 7±2 個項目。
      3. 要增大短期記憶的容量，可以藉由組織訊息進入一個較大的組塊。
   C. 長期記憶主要是以意義來儲存訊息。長期記憶中的訊息是組織過的，其分類的方式是藉由訊息的關聯性，以及在我們的經驗中，這些訊息被串聯的次數有多頻繁。
      1. 程序性記憶是技能和其他程序性行為的記憶。
      2. 事件記憶是特殊經驗的記憶，而這個事件可以時間和空間來定義。
      3. 語義記憶是意義的記憶。
      4. 描述性記憶包含了事件和語義記憶，是一種可以用文字描述的記憶。
   D. 處理程度模式認為，由於訊息處理程度的差別，所以產生了長期記憶與短期記憶，而不將長期記憶與短期記憶視為兩個階段。

II. 遺忘的四大主因，每個原因和三階段各有不同的關係。
   A. 衰退理論認為，遺忘是會隨著時間的流逝而發生的；但這個現象不會出現在長期記憶之中。
   B. 干擾理論認為，遺忘的發生是因為其他記憶干擾提取。干擾有可能是因為之前學習的東西（前涉干擾），也可能是因為後來學習的

事物所干擾（後涉干擾）。
C. 再建構（基模）理論認為，我們在回憶的時候，訊息可能已經被扭曲，而其原因是為了使之與我們的信念、知識和期望一致。
D. 佛洛伊德相信，我們可能無法回憶一些令人不愉快的記憶，因為這些記憶被壓抑了。研究發現，正向記憶比負向記憶更容易被我們回憶，以及有正負向情緒興奮的記憶，會比中性記憶來得容易回憶，對佛洛伊德的理論產生疑問。另外，有強烈負向情緒的記憶會顯得鮮明，但很可能會以其他方式扭曲。

III. 最近已經發現記憶與大腦間的關係。
A. 突觸理論認為印痕是神經元間的突觸連接模式的改變。
 1. 與記憶有關的突觸變化一開始很脆弱，但透過固化，在數分鐘至數小時後就會變成永久性。
 2. 大腦中 DNA 表現的快速變化是記憶的生物學基礎的一部份。
B. 額葉在短期記憶、長期記憶儲存的編碼，以及從長期記憶提取訊息進入工作記憶的這個過程中，扮演了重要的角色。
C. 海馬迴負責組織訊息，以及將訊息由短期記憶轉入長期記憶中。
D. 失憶是一種主要的記憶障礙。
 1. 無法有意識地從長期記憶中儲存新的訊息，是為順向性失憶。順向性失憶是因為海馬迴以及其他的大腦結構受損所導致。
 2. 無法提取舊的長期記憶，則是回溯性失憶。

課程活動

活動主題：記憶的新近效果與起始效果
進行方式：

在課堂中，依序念出以下的字詞：

快樂　紅色　汽車　地瓜　飛標　電燈　慶典　工作　桌子　衣服　樹木　氣候
書本　電腦　考試　道路　朋友

請同學快速地寫下自己記得的詞彙，最後進行統計，看看每一個詞彙有多少人記住。跟據新近效果，後面幾個詞彙記住的人數應該比較多；根據起始效果，前面幾個詞彙記住的人數應該會更多。

第 9 章 認知、語言與智力

- 期末是要考試？
- 還是交報告？
- 哪種方式一定會過？
- 老師希望哪種方式？
- 兩種我都不喜歡 但要考試？還是交報告呢？

想一想以下的問題，你會做哪種選擇呢？

我們即將面對超級細菌的戰役，這場疾病預期會造成 600 人死亡。有兩個不同的方案可以去對抗這場疾病。經過精確的科學評估，這兩個方案的結果如下：如果採用方案 A，可以有 200 人得救；如果採用方案 B，則將有三分之一的機會可以救起每一個人，然而會有三分之二的機會會全部死亡。你會比較贊成哪一個方案呢？（Kahneman & Tversky, 1982, p. 163）

你會做什麼選擇呢？若換個方式來問，你又會做哪種選擇呢？

如果採用方案 A，將會有 400 人死亡。如果採用方案 B，則會有三分之一的機會讓所有人獲救。（pp. 163-164）

有趣的是，Kahneman 和 Tversky 的研究發現，當問題是用第一種方式呈現時，大部分的醫師選擇方案 A。相較於救出所有人的「渺茫機率」而言，確定能救出 200 人是較好的選擇。當問題是以後來的這種方式呈現時，大多數人選擇方案 B。當以此種方式呈現問題時，確定會有 400 人死亡令人難以接受。這兩種問題呈現的方式，其實在邏輯上沒有任何的不同。不論用哪一種方式陳述，如果選擇方案 A，都會有 200 人能活，400 人會死。但是醫師們的決定卻深受問題呈現的方式所影響。

在這一章，我們將會使用「認知」一詞代表智力運作的過程——透過從外界獲得訊息，將訊息轉換成我們熟悉的形式，然後將這些訊息儲存下來，最後使用這些訊息來解決生活中的問題。這是一個很廣泛的概念，在日常生活中，我們熟悉的電腦運作過程就很類似人腦的認知歷程。認知是目前心理學的顯學之一，本書很多章節都會涉及認知的議題。上一章討論了記憶，本章則要討論認知的基本層面——思考、語言和智力。

9.1 認知的定義

認知（cognition）可以被定義為智力運作的過程（包含：知覺、記憶、思考、語言）——透過這個過程，訊息可以獲得、轉換、儲存、提取和使用。讓我們來說明其中的要點：

1. **認知是訊息運作的過程**：訊息是認知的原料——在運作中會獲得、轉換、保存和使用這些原料（資訊）。我們處理這些訊息是依據其特性與概念來

認知
智力運作的過程，透過這個過程，訊息便可以獲得、轉換、儲存、提取和使用。

處理，如同進行料理一般，我們會根據食材的特性與類別來規劃菜單以便煮出一桌好菜。這個過程也就像電腦在處理訊息一般，因此有些認知心理學家就用電腦的運作來比擬認知過程。

2. **認知是主動的**：我們從外界所接收到的訊息，會在我們認知的過程中主動地改變、保存和使用。在認知之中，訊息是：

(1) 透過感覺獲得訊息。

(2) 透過知覺與思考的解釋過程來轉換訊息。

(3) 透過記憶的過程來儲存與提取訊息。

(4) 將訊息使用於問題解決和語言上。

3. **認知是有用的**：認知是一種生活上的運用。因為遇到不懂的事物，我們會去思考；因為需要跟他人溝通，我們會使用語言；為了更好的生活，我們會創造新的產品。透過認知思考，讓我們的生活品質提升。

9.2 概念：思考的基本單位

概念（concepts）是思考的基本單位。概念是多種特徵的整合連結，可以是一種具體的事物，也可能是一種抽象的念頭。幾個小時以前，我去騎了我的新腳踏車。我的腳踏車是個特定的物體，但是「腳踏車」本身是一個概念。當我騎著腳踏車時，也看到其他人在騎腳踏車。雖然每一輛腳踏車都有不同的地方，但我知道那些都叫腳踏車，因為它們具有一系列腳踏車共同的特徵（兩個輪子、踏板、把手等）。我也看到了很多不是腳踏車的物體（汽車、卡車、烤肉架等），但是像我這麼聰明的人，立刻就知道它們不是腳踏車，因為它們沒有腳踏車共同的特徵。概念不只是生活中一些具體的事物，也包括抽象的概念──如：宅男、慷慨、假期等。

> **概念**
> 各種事件、物品、特質的共同特徵組成。

概念是我們思考的基礎。在生活中，常用如下的三段式論證：

所有人類都會死亡。

我是人類，

因此，我會死亡。

當我以這個方式推論時，我正在使用人類（human beings）和死亡（mortality）這兩個一般概念。少了概念，我們只能思考特定的事物或行為。概念讓我們以更普遍、更有效率的方式去處理訊息。概念是邏輯思考的基本單位。

9.2.1 簡單的概念和複雜的概念

人類一開始會用很簡單的方式來進行分類，但必要時也會採用複雜的分類方法（Feldman, 2003, Love, Medin, & Gureckis, 2004）。某些概念是基於單一的共同特徵，如「紅色」這個概念。如果一個物體是紅色的，不管它其他的特徵是什麼，它都屬於「紅色」這個概念。紅蘋果、紅色的球、紅色的 T 恤，都是「紅色」這個概念的例子，即使它們有別的不同處。其他概念較複雜。**聯集概念（conjunctive concepts）** 代表同時存在兩個或更多共同的特徵。「阿姨」這個概念就是一個聯集概念的例子，因為它同時包含了兩個明確的特徵（女性及你母親的姊妹）；要被視為一個阿姨，這個人必須要具有這兩個特徵。**非聯集概念（disjunctive concepts）** 代表存在一個共同的特徵或另一個共同的特徵，或兩者都有。舉例來說，思覺失調症〔（schizophrenia）過去稱為「精神分裂症」，已於 2014 年正式更名為「思覺失調症」〕的患者可能有長期扭曲的知覺經驗（如聽到不存在的怪聲音），或是長期擁有扭曲的信念（如認為自己是神明或是外星人），或是同時具備這兩項。不論是何者，或者是兩者兼具，都可以算是思覺失調的症狀，所以「思覺思調症患者」（schizophrenic person）這個概念是一個非聯集概念。

圖 9.1 有 6 張卡片，裡面包含了幾個概念——大小、數目、形狀與顏色。若編號 1、3、5 的卡片是屬於同一個概念，請問這個概念是屬於簡單概念、聯集概念，或者是非聯集概念？[1]

聯集概念
代表同時出現兩個或更多共同特徵的概念。

非聯集概念
代表出現兩個共同特徵之一，或兩個特徵都有的概念。

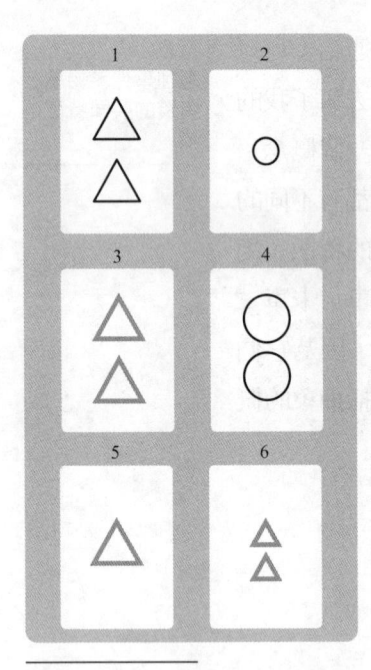

圖 9.1 這是實驗室常用來測量概念的圖卡。

9.2.2 自然概念

有些概念對人類而言比較容易習得，因為感覺較「自然」（Ashby & Maddox, 2005; Rosch, 1973）。第 7 章曾討論過這個想法，說明我們在生理上更容易去學習某些事物。Rosch（1973）認為，身為人類的我們預備好去學習某些概念，而這些概念比其他概念更容易習得。根據 Rosch，自然概念有兩個主要的特徵：它們是「基本」而「典型」的。讓我們來定義這兩者。

自然概念是最基本的 基本概念（basic concept）是指有中等程度的集合（inclusiveness）。所謂的集合就是將數個單位組織成一

---

[1] 仔細看看，這些卡片都是屬於「大」、「三角形」，故算是一種聯集概念。

個概念。Rosch 根據集合程度，將概念分成三個層次：

1. **上層概念（superordinate concepts）包含很廣的集合**：它們含有很多的成員，舉例來說，「交通工具」是一個上層概念，包含了所有的汽車、船、飛機、貨車等可以載運人與物品的工具（見圖 9.2）。這個概念涵蓋的範圍相當大，在日常生活中會是一種籠統的使用方法。
2. **基本概念是中等程度的集合**：「汽車」與「船」都是基本概念的例子，因為它們包含的比上層概念的「交通工具」少，但是種類還是非常多。這也是我們日常生活中最常使用的概念。
3. **下層概念（subordinate concepts）是包含程度最少的概念**：例如，下層概念中的「跑車」所包含的成員就遠比基本概念的「汽車」，或是上層概念的「交通工具」要少很多。我們只有在特殊狀況下會使用這樣的概念。

Rosch 認為，基本概念是最自然的一種概念狀態，因此更容易學習與使用。她提供了一個觀察兒童學習概念的方式當作證明。兒童通常會先習得基本概念（如汽車），之後才會習得上層概念或下層概念（如交通工具或跑車）。為什麼會這樣呢？為什麼基本概念會比上層概念或下層概念更容易學習呢？Rosch 認為，自然概念所使用的特徵數目，最容易在認知歷程中運作，故在生活中是最常使用的概念（Matlin, 1983; Rosch, Mervis, Gray, Johnson, & Boyes-Braem, 1976）。這種狀況就是，使用上層概念太過籠統，使用下層概念又太過精細，而基本概念則是剛剛好。

1. **基本概念共享許多屬性**：例如，「螺絲起子」這個基本概念中的所有成員都是用來轉螺絲的、都有金屬的突起處、都有把手，而且通常為 4 到 10

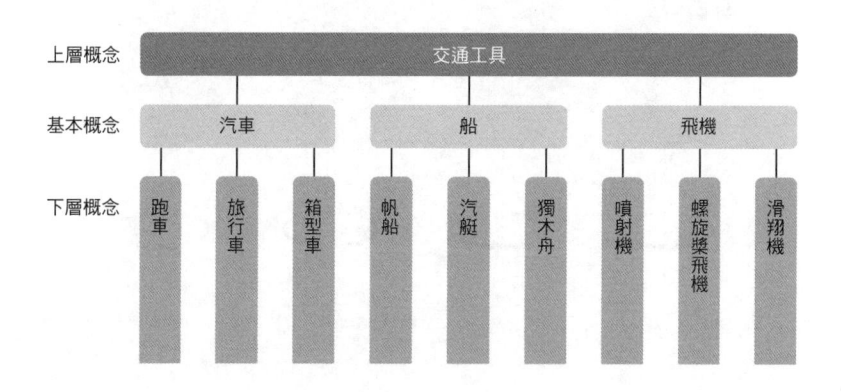

圖 9.2 基本概念所包含的概念既不是最多，也不是最少，比起上層概念和下層概念都更容易學習。

英寸長等。「工具」這個上層概念中的成員就少了許多共有的特徵。而「鍍鉻螺絲起子」這個下層概念中的成員雖然有很多共同的特徵,但是這些特徵只有少部分是螺絲起子這個基本概念所共有的(Jones, 1983)。

2. **基本概念的成員共享相似的形狀**:所有的螺絲起子(基本概念)形狀大致都相同,而這個相同點不能用在工具(上層概念)上。鍍鉻螺絲起子(下層概念)的形狀也都相似,但是它們與其他種類的螺絲起子唯一的不同是──鍍鉻,而那與形狀沒有關係。

3. **基本概念的成員有共通的運作方式**:基本概念中,相關成員的運動模式都相似(轉動螺絲),而上層概念中的成員則不然(不同工具的運動模式會非常不同)。下層概念中的成員(像是鍍鉻螺絲起子)也共享相同的運動模式,但是它們的運動模式通常也和所屬的那個基本概念相同或類似(見圖 9.3)。

4. **基本概念容易命名**:如果要你說出教室內幾樣物品的名稱,你會用的字可能大部分都是指這些物品所屬的基本概念。當指鍍鉻的螺絲起子時,我們會說「螺絲起子」,而不是「工具」或「鍍鉻的螺絲起子」。

Rosch 相信,基本概念的這四個特徵使它們更「自然」──亦即在人類的訊息處理系統中更容易習得,也更容易使用。

自然概念是好的典型　第二個自然概念的特徵為,它們是良好的範例或典型(prototypes)(Ashby & Maddox, 2005; Rosch, 1975)。如果你要舉「玩具」這

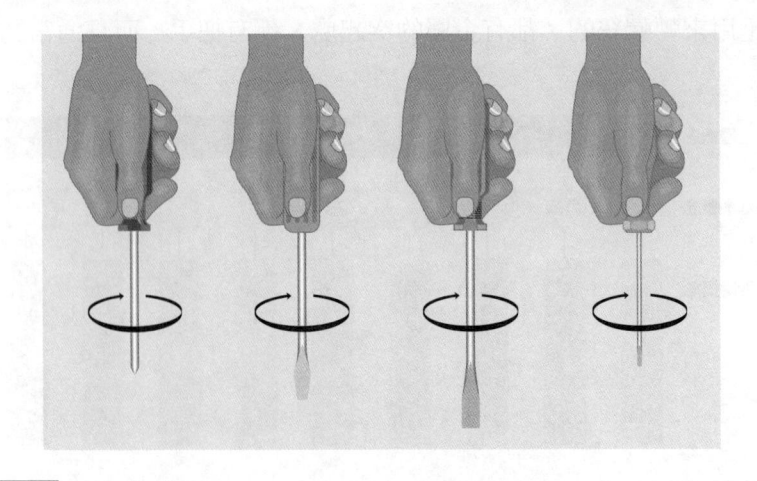

圖 9.3　像螺絲起子這種基本概念的成員通常都有相同的運動模式,儘管還是有其他的不同之處。

個上層概念中最好的範例或典型，你可能會說「娃娃」或「玩具消防車」，而不太可能會說「沙箱」。同樣地，要舉出「家具」這個上層概念中的最佳範例時，你會想到的典型例子為「椅子」或「沙發」，而不會想到「地毯」。

在研究新幾內亞的 Dani 族時，Rosch（1973）提供了研究證據，支持她認為自然概念是好的典型的觀念。在 1970 年代，這個部族還是處於傳統的原始生活，在他們的語彙中只有兩個顏色的概念：*mola* 代表亮的顏色，*mili* 代表暗的顏色。因此，他們是研究學習新顏色概念的理想個體。

在 Rosch 的 Dani 族研究中，研究參與者被教導對屬於「純原色」（例如居於紅色波長或藍色波長範圍中心的波長）和「混色」（如青綠色）的顏色給予標籤。這兩類顏色的命名都屬於基本概念（上層概念為「顏色」），但是參與研究的 Dani 人更容易習得紅、綠、藍等原色的名稱。

複習

概念是思考的基本單位。它讓我們能理解，讓我們用最簡便的方式進行思考。概念本身是基於一種以上的共同特徵所形成的類別，儘管同一個概念裡的成員還是有相異之處。所有紅色的東西都屬於「紅色」這個概念，即使紅蘋果、消防車、紅色的球還是有其他不一樣的地方。有些概念只有單一特徵，而有些概念則是多種特徵的複雜組合。不是所有的概念都同樣容易學習，顯然有些概念比其他的概念更「自然」。這些自然概念較易學習，因為它們有中等程度的特徵集合，而且是良好的典型。

想一想

1. 何謂「宅男」？有哪些特徵？你是如何學到這個概念的？
2. 我們在第 5 章學過視覺錐細胞如何處理色彩，這跟顏色的自然概念有關嗎？

9.3 思考和問題解決：利用訊息達成目標

如果少了概念，我們就無法進行複雜的思考。我們可以採用腦中已理解的概念，進行深入的思考與推理。我們舉一個例子來看看思考的過程——我們如何利用概念去解決特定的問題。

假設你在課堂上和老師激烈爭辯。你覺得自己冒犯到老師了，你該怎麼辦？你要跟老師說你只是在開玩笑嗎？隔天上課見面會不會尷尬？這學期的成

續會不會受到影響？還是你先靜觀其變，觀察老師對你的態度來看看是否真的有冒犯到他，之後再來應變，反正你只是「覺得」自己有冒犯到他？你該怎麼做？

這一節並不是要教你如何和老師溝通，而是要探討這個思考背後的認知歷程。亦即我們如何獲取訊息、組織訊息，最後形成問題解決方案。

問題解決（problem solving）是運用訊息以達成被某些障礙阻撓的目標的認知歷程。這樣的認知歷程包含三個階段：第一，我們必須要理解並有系統地陳述問題，以便決定我們所面對的是什麼種類的問題；第二，我們需要評估這個問題的要素，以便決定我們將需要哪些資訊及工具；最後，我們時常需要產生一個解答清單，並且評估它們。

問題解決
運用訊息以達成被某些障礙阻撓的目標的認知歷程。

9.3.1 形成問題

在解決問題之前，我們必須先清楚地知道要解決的問題為何。有時候，我們面對的問題是具體清楚的，例如，我想去墾丁玩，但存的錢不夠。然而有時候問題卻非常模糊，例如，你知道自己沒有被選上班代，但你不知道為什麼。是得罪了誰嗎？還是哪裡表現得不夠出眾？為了解決問題，你必須知道問題是什麼。

Michael Posner（1973）指出，有效解決問題的關鍵，在於我們一開始如何呈現問題。以圖 9.4 的問題來說，假設你知道此圓的半徑，那麼 l 是多長？看看你能否解答出來。解答此題的訣竅並不在於將此當作一個涉及三角形 l、d、x 的問題，因為這樣會妨礙我們了解真正需要的答案是什麼。當我們看到圖 9.5，這個問題可以藉由思考 l 是以 d 及 x 為邊之矩形的對角線輕易地解出答案。這個圓的半徑也是這個矩形的另一條對角線（見圖 9.5），由於我們知道矩形的兩條對角線相等，所以可以確定線段 l 跟半徑一樣長，也就是說 l 的長度就是半徑。

圖 9.4 如果你知道這個圓形的半徑（圓心到圓周任何一點的距離），那麼 l 有多長？這個問題顯示出正確形成問題的重要性。

資料來源：After W. Kohler, *The Task of Gestalt Psychology*. Copyright © 1969 by Princeton University Press.

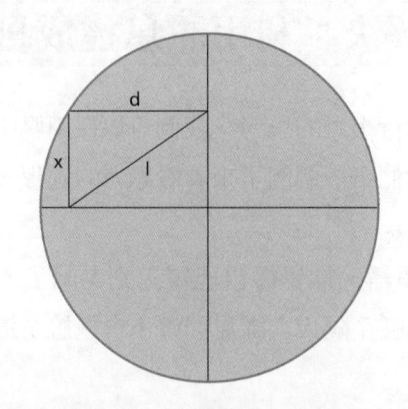

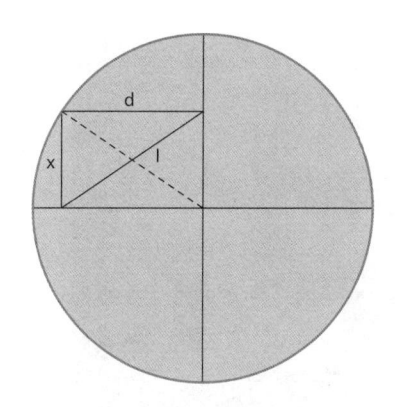

圖 9.5 在圖 9.4 中所提出的問題，如果以正確的方式來看待，就可以輕易地得到答案。它的解答需要你將 *l* 線當成矩形的兩條對角線之一，而不是三角形的一部分。*l* 線與另一條對角線（圖中的虛線）等長，而另一條對角線正好是此圓的半徑。

資料來源：After W. Kohler, *The Task of Gestalt Psychology*. Copyright © 1969 by Princeton University Press.

9.3.2 了解及組織解題所需的元素

在形成問題之後，我們必須整理解題所需的元素——我們可以取得的訊息和其他資源。我們需要用開放的態度用各種彈性的方式找出解決方案。Karl Duncker（1945）提出一個有趣的問題讓你解答。圖 9.6 中有三根蠟燭、一些圖釘和一個裝有火柴的火柴盒。你的問題是，要將其中一支蠟燭立在牆上，並且當它燃燒時，蠟油不會滴到地板或是桌子上。想想看，你該怎麼辦呢？想到後，請參考圖 9.7 的答案。

我們在解決問題時，經常會受到過去的經驗所影響，而缺乏了使用這些解題元素的彈性。例如，當你想種花時，你會怎麼辦？是去買個花盆，還是找找周遭的器皿呢？若你手邊有一個保特瓶，它也可以用來種花——保特瓶原先是用來裝水的，但換個角度，它經過切割後，也可以當花盆來種花。這樣的轉換，就是一種打破習慣思考的做法。**心向（mental set）**是指以一種習慣的方式去處理或理解一個問題。有時解決問題需要跳出既有框架，如果用既有的框架來看問題，往往無法有效地解答。如果你對於 Duncker 的蠟燭問題感到有困難，或許是因為你跟大多數的人一樣，用一般對火柴盒的看法只把它當作是放火柴用的盒子，而沒有將火柴盒想成可能解決方案的一部分。

圖 9.6 Duncker 的蠟燭問題。你該怎麼將燃燒中的蠟燭架在牆上，卻不會讓蠟油滴在桌上或地板上？見圖 9.7 的解答。

心向
以習慣的方式去處理或理解問題。

9.3.3 想出與評估不同的解決方案

很多時候，一個問題的答案不只一個。我們要做的是去想出各種可能的解決方案，然後仔細評估哪一種方案會最有效益，之後要去思考如何有效執行。

我們常用兩種認知策略來解決問題：演算法與捷思法。**演算法**

演算法
系統性的推理模式，確保可以找到一個問題的正確答案。

圖 9.7 Duncker 的蠟燭問題解答之一。這個蠟燭問題需要我們重新理解火柴盒的功能。把它釘在牆上，就可以變成燭台了。

（**algorithms**）是有系統的推理方式，（如果繼續下去）幾乎可保證得到一個正確的答案。電腦通常使用演算法，因為電腦可以經由複雜的演算法快速地判斷出選擇。**捷思法（heuristic reasoning）**是一個快速找到解決方案的策略，但不一定會是最正確的解答。例如，家中的馬桶側邊漏水，演算法就會仔細的分析漏水的原因，並且試圖找到解決方法，而捷思法則是很快地把漏水的地方再補水泥或者補膠。

捷思法
有效率的問題解決策略，但不保證會出現正確答案。

認知理論學家認為人類習慣採用捷思法，因為這可以減少工作記憶的容量耗損（Chun & Kruglanski, 2006; Hogarth & Karelaia, 2007）。在生活中的判斷經常都採用捷思法來思考。例如，許多人比較害怕搭飛機，而不是自行開車，因為許多人都主觀覺得飛機失事很可怕。但事實上，每年死於車禍事故的人數遠高於飛機失事。這就是一種捷思的推理。

捷思推理很有效率，但是有可能出錯。我們必須了解捷思推理本身的缺點，因為我們使用捷思法的頻率遠高於演算法（Evans & Thompson, 2004）。許多企管研究所的課程就花許多時間來協助那些未來的經理人避免用捷思法做決策。例如，對於不熟悉的狀況，我們經常從過去的類似經驗來類推（Tversky & Kahneman, 1974），這種策略稱為**代表性捷思（representativeness heuristic）**。例如，如果我描述「偉德」是一個健壯、喜歡運動、熱心的人，你猜他從事什麼工作？你腦海中會浮現像健身教練或救生員或是其他與這些特質有關的職業嗎？我們通常會根據這個人和大多數有這類特質的人的相似性（或刻板印象）來做判斷（Chun & Kruglanski, 2006）。我們會從一些共通特徵進行推論——每種職業的人都會有一些「共通特徵」，但是可能會引導出一個錯的結論。並不是每個像偉德的人都是擔任健身教練，而且在其他工作場域中，也有像偉德這種特性的人。換句話說，我們會跟據一般的事實來做決定

代表性捷思
對於未知事物的判斷策略，假設它與我們已知的事物類似。

（Hahn & Oaksford, 2007）。這在某種程度上雖然可以被接受，但的確有可能導致錯誤結論，所以千萬要小心。

9.3.4 決策的情緒因素

我們以為解決問題完全只是一種認知上的過程，但它往往不是僅靠冰冷的事實，情緒也相當重要（Blanchard-Fields, 2007; Blanchette & Richard, 2004）。假設你是股票經紀人。有一天你的老闆對你精神講話，提及他如何幫客戶賺了大錢的故事。隔天，他又很誠懇的告訴你有責任幫客戶守住他們的辛苦錢，並舉了幾個退休老本血本無歸的例子。你的投資決定在這兩天會有任何不同嗎？研究指出，改變我們心情的簡短談話會影響冒風險的行為（Vikas & Ross, 1998）。看看以下實驗：一群大學生先被要求觀賞影片，一組人看的是有關小男孩導師之死的悲劇片，另一組人看的是一部有關熱帶魚的中性電影。看完後，大學生被問及自己的情緒。結果並不令人意外，看悲劇片的大學生比看熱帶魚中性影片的學生要悲傷很多。接著，研究人員給予同樣的這群大學生一整套高品質的螢光筆，並要求他們為螢光筆定價，價格範圍從 0.5 美元至 14 美元，以便賣回給研究人員。看熱帶魚片子的學生平均定價為 4.50 美元，而看悲劇片的學生平均定價只有 3.20 美元。這也許是因為在短暫的憂傷情緒下，螢光筆套組的價值感覺較低（Lerner, Small, & Lowenstein, 2004）。在此實驗中，情緒戰勝了邏輯，影響了對實際價格的認定。

有些時候，認知與情感兩個因素會共同影響我們對風險的認定（Naqvi & others, 2006）。出遠門時，你覺得搭飛機還是坐客運比較安全呢？如果你跟大部分的人一樣，會覺得搭飛機比坐車還要冒險，但就統計上來看，客運的肇事率比飛機高很多。從我們的生活經驗來看，台灣飛機失事十年來的次數相當少，但是客運發生車禍的事件則層出不窮。在這種狀況下，我們為何還會覺得搭飛機比坐客運更危險呢？

為什麼很多人會誤解飛機運輸的安全性呢？原因之一是，與汽車事故相較，飛機失事會有較多的媒體報導，因為一次飛機失事造成死亡的人數比較多。另一個可能的原因是，飛機從空中墜落地面機身燃燒的影像對我們造成很大的情緒衝擊。理智上，我們知道搭飛機比較安全，但情感上，我們還是會傾向搭客運。因此，當我們做決定時，不只是理智層面的分析，還包含了情緒成分。

本章一開始，我們發現醫生較傾向選擇確定在 600 人中拯救 200 條生命的策略，而較不會選擇在 600 人中會導致 400 人死亡的醫療處置（Kahneman &

Tversky, 1982）。雖然兩者邏輯相同，但前者的情緒元素是拯救生命，遠遠強過後者的死亡關聯。即使對再聰明的人來說，情緒也會對其決策過程產生極大的影響。

9.3.5 創意解題：收斂思考和分散思考

我們的社會高度推崇創意，但很難將其定義，尤其是在科學方面與藝術方面，對創意的看法更是南轅北轍。不過，我們可以用一般的想法來定義**創造力**（**creativity**），是指能夠產生新奇且有社會價值的（好用的、有美學概念的、有教育性的等）「產物」（如戲劇、社會問題的解決方法、詩、能量的來源、交響曲）的能力。

> **創造力**
> 能夠產生對別人來說新奇和有價值的產品和想法（像是交響曲或社會問題的解決方法）的能力。

我們通常視創造力為一個人的能力或是特質，類似智力。然而，要如何確認某個人是有創造力的呢？Guilford（1950, 1967）使用收斂思考與分散思考的概念來評估創造的能力。**收斂思考**（**convergent thinking**）是邏輯的、實際的、傳統的，以及著重在一個問題上直到找到解答為止。當你被要求解答一個代數的問題，你會使用收斂思考的技巧來提供答案。如果這種類型的思考方式聽起來很熟悉，那是理所當然的，因為大部分的正式教育都強調收斂思考的教學和評估，都會鼓勵學生去找出「對」的答案。相對地，**分散思考**（**divergent thinking**）是鬆散地組織著，只有部分地受引導，以及不按慣例的。與收斂思考不同的是，分散思考所得到的答案必定是主觀地評估。如果我們被要求列出磚塊可能有的種種用途，很可能有些答案會很獨特，而這些答案的「正確性」並不明確。在這個例子中，能對常見物體列出最新奇用法的個人，無論這些用法是否「合理」，都被認為是大部分分散思考的人。換句話說，分散思考的人較容易打破限制我們思考的心向。在我們的文化中，善於分散思考的人通常被認為是有創造力的（Butcher, 1968）。

> **收斂思考**
> 邏輯的、傳統的，而且只集中在一個問題上的思考。

> **分散思考**
> 鬆散組織的思考方式，只有部分引導，而且是不按慣例的。

個人的創造力可能也是因為智力的關係。大部分我們認為有高創造力的人，也都是高智力（Kuncel, Hezlett, & Ones, 2004）。然而，在創造力這個領域的研究者大都認為，創造性思考在某些程度上是與整體性智力分開的。Raaheim 和 Kaufmann（1972）便提供證據證明，能成功解答新奇問題的人和無法成功解答者相較，他們的不同之處在於他們努力的程度，而不是基本智力。能成功解決問題的人會先嘗試更多的解決方法才會放棄。Anne Roe（1946, 1953）發現，一群有創造力的科學家和藝術家的共同特徵只有一個——願意努力工作。

不論個人的能力如何,創造的過程是如何發生的呢?許多年前,Wallas(1926)提出創造性的問題解決通常有四個步驟。步驟一——準備(preparation),包含一開始嘗試有系統地陳述問題、回想相關的事實,以及思考可能的答案。步驟二——育成「孵化」(incubation),是一個休息的時期。Wallas 使用「孵化」這個詞去比擬創造性的解答就像蛋一樣,需要一段時間去「孵化」。人們試著去解決需要創造性解答的困難題目,在一開始的準備期之後,通常覺得需要把問題擺在一邊一陣子。許多研究發現準備與孵化可以促進創造性的解決問題(Helie & Sun, 2010; Sio & Omerod, 2009)。Wallas 相信,創造性的答案需要時間去「孵化」。步驟三——靈光乍現(illumination),指突然有解答問題的靈感。最後一個步驟是證明(verification),證實解答的正確性。

有創造性的解決方法不見得都是如此得來,但從古至今,人類生活中很多的困境都是經過長久的準備與育成後突見曙光(Siegler, 2000)。舉例來說,古希臘科學家阿基米德(Archimedes)的創意問題解決能力也曾遭到國王的挑戰。國王懷疑他美麗的新皇冠不是用純金打造的,而是用金箔包住木頭或其他不值錢的東西做成的。國王命令阿基米德去確認這頂皇冠是不是純金打造的。這通常不會是個困難的問題,阿基米德可以直接切開皇冠,或是把它熔化來檢驗其內容。但是國王很愛這頂皇冠,他命令阿基米德不能破壞它。經過許多初期的思考後(準備),阿基米德暫時不去想這個問題(孵化),跑去洗個澡。浸泡在浴缸中時,他突然靈光乍現。他領悟到可以藉由把皇冠放在水中,然後測量排水的總量(容器中的水增高多少)來解決他的問題。當他知道同等重量黃金的排水量時,就可以用來比對皇冠的排水量,藉此來驗證皇冠的黃金純度了。阿基米德在洞察到這一點的那一刻非常震撼,據說他還跑到大街上大叫 *Eureka* ——希臘語的「我找到了!」

▶▶▶ 人類多樣性　文化對推理的影響

為什麼會有一隻魚游在一群魚的最前頭呢?我現在正讓你體會推理(inferential reasoning)的認知過程——利用你已知的資訊和你對魚及其他生物的了解來達到一個結論。這隻魚是在領導其他的魚嗎?或者其他的魚是在追趕前面的那隻魚呢?你認為哪個最有可能?

你所處的文化在你思考這個問題時,是否扮演了什麼角色?雖然不同文化的人的相同之處遠多於不同之處,然而心理學研究已經顯示,在不同文化中成長的人,其思考方式會有差

異。Morris 和 Peng（1994）使用像這種一隻魚游在一群魚最前頭的圖片，結果發現中國的參與者比北美的參與者更可能會推論那隻魚之所以在前頭是因為被其他的魚追趕。Morris 和 Peng 認為，這種傾向可能反映出在像中國這種集體主義文化中，個人行為更容易受到群體的影響。相對地，個人主義的北美人較傾向認為是個體獨自在前頭帶領——即便是單獨的一隻魚；也就是說，美國人傾向將這隻獨行魚看成是整群魚的領導者。

這類研究被用來研究雙重文化的人。有些人是同時在兩種文化下成長。舉例來說，由於香港曾為英國殖民地達一百年，許多居民是在一個包含許多西方和東亞元素的文化下成長。同樣地，許多從中國移民到美國的年輕人，他們受中國文化教養，但同時也受到美國文化的影響。心理學家像是香港科技大學的 Ying-yi Hong（Hong, Morris, Chiu, & Benet-Maretinez, 2000）認為，雙重文化的人在他們雙重文化的心向來回轉換，如同他們在中國與西方文化之間移動。例如，一個移民到美國的人，可能在工作上的思考和行為符合美國文化，但在家中與丈夫或父母相處時，則轉變成較中國式的思考。Hong 和同事為了檢驗這種可能性，以隨機的方式將雙重文化的研究參與者劃分成三組，然後「觸發」他們朝向中國或西方文化。第一組被展示象徵美國的圖片（如美國國會大廈）；第二組被展示能喚起中國文化的圖片（如萬里長城）；第三組則被展示不象徵任何文化的抽象幾何圖。之後，在實驗中的一部分（研究參與者以為與實驗無關），他們被展示那張魚的圖片。雙重文化者如果事先提供他消息要以中國文化的方式思考，會比其他事先被告知以美國文化思考的人（他們較可能將孤單的魚視為領導者），更可能將孤單的魚視為被其他的魚追趕；沒有事先被提供任何文化消息的人（看抽象幾何圖的人），則介於兩種推論中間。

再看一個例子，圖 9.8 中有三個物品——鳥、蛇與樹，請問你會將哪兩個放在同一組？北美的研究參與者會將鳥跟蛇放在一起，因為牠們都是動物。而其他文化的人包括非洲的 Kpelle 族和中國人則是把鳥跟樹放在一起，因為鳥在樹上生活（Ji, Zhang & Nisbett, 2004; Sternberg, 2004）。在這些文化中，物品之間的關係比根據物品的特質做分類更為重要。

關於文化對認知的影響，還有許多有待研究的課題，但目前的這些研究已經指出，文化對思考產生很大的影響。這些研究對於我們該如何改善跟世界上不同文化的關係有何建議？我們要如何和與我們思考模式有些不同的人溝通？他們又該如何與我們溝通？

圖 9.8 你會把哪兩個放在一起？不同文化的人通常會有不同的答案。

複習

問題解決是運用訊息去達成受到阻礙的目標的過程,我們使用認知操作去解決問題。這個過程的關鍵步驟包括初期有系統地陳述與形成問題、了解問題的要素(可用於解決問題的資訊及資源),以及想出和評估不同的策略。問題解決可能在任何一個步驟失敗。我們無法成功,可能是因為問題定義不正確、用捷思法推理、在了解問題的要素時受限於心向,或是沒有全面評估其他可能解決方案的效益。在某些案例中,情緒因素會影響邏輯地解決問題。創造性的問題解決方式需要彈性和特殊的思考方式(分散思考),但是最有用的創造性解答也可以透過邏輯思考(收斂思考)找到。幸運的是,一些智能高的人在分散思考和收斂思考兩方面都很卓越。雖然我們通常認為推理是一般性的,但其實文化會影響我們的推理。

想一想

1. 電腦可以被設計成像人一樣去解決複雜的問題嗎?會需要什麼樣的程式?
2. 在解決問題時,你認為你比較是屬於收斂思考還是分散思考?這會如何影響你形成問題及解決問題?

9.4 語言:符號的溝通

語言是人類最重要的認知成就之一。沒有語言,人類及文明會黯淡無光(Corballis, 2004)。**語言(language)**是用於溝通的一種符號編碼。若沒有一個有效的溝通方法,就無法協調工作、無法透過法律規範行為、無法透過教育累積先人的智慧並將之傳承下去。沒有語言,就沒有辦法撰寫心理學課本,學生也沒辦法讀了。

語言
用於溝通的一種符號編碼。

9.4.1 語義:話語的意義

語言的功能是對某個人說某件事。而「某件事」就是透過語言所要溝通的意義〔**語義內容(semantic content)**〕。假設你要對孩子說:「書包放在桌子上」,這個想法必定是被轉換成語言編碼後再傳送給你的小孩。而這些訊息必須被你的孩子接收和了解,將之轉換成原先的意思。因此,有意義的想法是透過符號系統由一個人傳送給另一個人,這就是我們所謂的語言。

語義內容
符號的意義,例如語言。

事實上,「語義內容」和「語言編碼」的不同,可以從幾個方面簡單看出來。舉例來說,相同的意思可以用一種以上的方式來表達:「書包放在桌子上」和「在桌子上有書包在那裡」,這兩個句子聽起來非常不同,但傳達的意義相

表面結構
一段敘述的表面口述或書寫結構。

深層結構
一段敘述傳達意義的內在結構。

同。此外，相同的陳述也可以用中文、拉丁文、法文或手語來傳達。知名語言學家 Noam Chomsky（1957）做出了這些區別；他將一般語句的口述或書寫結構稱為**表面結構**（surface structure），而代表語句意義的內涵結構則稱為**深層結構**（deep structure）。

9.4.2 語言的產生性：元素和規則

人類語言是一個高效率的系統。我們不需要花太多記憶體，就能夠處理語言訊息。想想看你一生中說過多少話，那會是個令人吃驚的數字。現在讓我們想像人類的語言不是一個有效的系統，想像對於我們想說的任何事物，都必須重新學習和記憶不同的表達方式。雖然理論上，要將那麼多的用語儲存在長期記憶中是可能辦得到的，但我們得用一生的時間，只要清醒時就無時無刻去記憶這些用語，其他事都不做。顯然，我們並不會真的花這麼多時間不斷學習說話。更重要的是，人類不會一直說一樣的話。你每天所說的話都不同。

如果我們並不會記得所說過的話語，那麼這些話語到底是如何創造出來的？其實我們是一邊想一邊一句句說出來的。更精確地來說，我們是從一組元素和一組將這些元素組合成話語的規則中產生語言。語言有「**產生性**」（generative），就是因為它能從有限的元素與規則中創出無限的話語（Chomsky, 1957）。這些元素與規則到底是甚麼？

產生性
運用有限的一組元素和規則來創造無數用語的能力。

音素
語言聲音的最小單位。

音素 語言靠聲音傳遞。要了解語言，必須先了解產生語言的聲音。**音素**（phonemes）是語言發音最小的單位。注音符號代表中文所有的音素。英文則是由 44 個音素組成（在英文中，音素比字母表上的字母還多，因為有些字母組合字如 ch 和 th 代表分開的音素）。

詞素
語言意義的最小單位。

詞素 我們思考語言時，都會有一個語言的意義單位，那就是詞素。**詞素**（morphemes）是語言意義的最小單位。詞素和字密切相關，但又和字不同。有些詞素本身就是一個字，例如：快、慢，本身就是一個意義；有些則需要和其他詞素組合才行，例如在英文中，過去式的詞素是 -ed，複數的詞素是 -s，而在 antibiotic 這個字中，anti- 是表示「反」的字首詞素。我們一般知道數千個詞素，但是透過有限的詞素和組合詞素的原則，我們可以說出無限的話語。

句法
語言的文法規則。

句法 可以產生無限可理解話語的語言規則就是**句法**（syntax）。我們在表達一個句子時，都能透過基本的句法幫助我們創造出很多有意義的語句。舉例來說，在英文中，我們學到字尾 -ed 表示過去式，而字尾 -s 表示複數。我們學到

文字順序的重要，例如，我們會說：「這是桌子」，而不會說：「桌子是這」。句法的規則就是語言有產生性的關鍵。如果沒有句法，只有有限的東西能以有限的詞素說出。一個語言的句法規則讓我們得以產生新的句子，而且可以讓說同一種語言的人立即且毫不費力地了解所說的話。

有趣的是，所謂「標準的」文法通常是由代表權威的個體（如家長、老師）所傳授，而句法則不然。幾乎每個人都可以說別人聽得懂的話，但不見得用了「標準」文法。另外還有一個有趣的觀察是，西歐文化是全世界最重視「標準」文法句法的地方。其他文化通常認為只要聽得懂就行了。

9.4.3 語言和思考：Whorfian 假說

語言和思考是緊密相關的。雖然我們常常透過視覺影像、聲音和動作影像來思考——有些思考甚至與意識影像並不相關，但是我們許多的思考是以對自己無聲的交談來進行。如果這是真的，語言會影響我們的思考嗎？如果是，使用不同語言的人可能會有不同的思考（Maass & others, 2006）。

這個假說是由 Benjamin Whorf（1956）所提出，稱為「Whorfian 假說」，或是**語言相對假說（linguistic relativity hypothesis）**。Whorf 對於不同文化中說不同語言的人對思考所產生的衝擊最關切，語言不同，對於外在世界的知覺也有所不同。例如，美國人對於米的詞彙只有一個 rice，而我們就有很多種：蓬萊米、糯米、糙米等。由於我們對於米的詞彙比西方人多，自然在米的使用與感受上，就有相當豐富的經驗。

語言相對假說
認為語言架構會影響個體思考方式的觀點。

以下為一個 Whorfian 假說（或稱語言相對假說）的測驗。他們實驗的根據是，每一種語言都包含對其文化而言是重要「人格類型」的詞彙。舉例來說，大部分我們所謂「藝術型」的人通常對藝術有高度興趣，富想像力、熱情、喜怒無常，且不按牌理出牌。每種語言都包含這樣的詞，但並不是每種語言都有描述相同人格類型的詞。例如，中文沒有藝術類型這個詞，但中文有其他人格類型的稱呼是英文所沒有的。例如，「深藏不露」對說中文的人而言，是指非常有知識，但卻害羞，而且除非有必要，否則不願意顯露其知識和技能的人。

Whorfian 假說認為，這些對人格類型的稱呼會影響我們如何思考這個人。真的會這樣嗎？我們可以發現，我們對於自己善用語言的描繪，遠比不善用語言的描繪來得好。例如，英語系國家就對藝術型這個詞彙有精準地描繪與判斷，而我們就對深藏不露有精確的解讀。

我們所習慣的語言影響著我們的思考方式。例如，英語的清楚直接，反映出西方國家簡約清晰的思考方式；而中文的模糊多義性，則反映我們思維中的曖昧性與多重可能性。

9.4.4　動物語言：我們能對動物說話嗎？

雖然人類擁有最彈性且具象徵性的語言來做溝通，但我們並不是唯一能溝通的物種。舉例來說，蜜蜂使用一種簡單卻優雅的系統來溝通訊息，例如「在距離 200 公尺、太陽以南 20 度的地方有花蜜」。發現花蜜的蜜蜂會告訴其他的蜜蜂地點在哪裡，但不是經由說話或寫字，而是透過象徵性的跳舞。

如果花蜜是在離蜂巢 100 公尺以內的地方，蜜蜂會跳「圓圈舞」（見圖 9.9），一開始會照一個方向轉一個緊密的圓圈，然後再逆轉一圈。這個跳舞沒辦法指示花蜜所在的方向，所以它傳達給一大群蜜蜂，讓牠們往離蜂巢 100 公尺以內的所有方向尋找花蜜。如果花蜜是離蜂巢 200 到 300 公尺遠，這隻「發言」的蜜蜂會給專注的聽眾較好的指引。這隻蜜蜂會跳一支「搖尾舞」，這支舞是由緊密的數字 8 的形狀構成，花蜜的方向會透過舞蹈中間的位置與太陽構成的角度來表示，距離則是由旋轉的速度、搖尾的速度和震動翅膀的聲音來

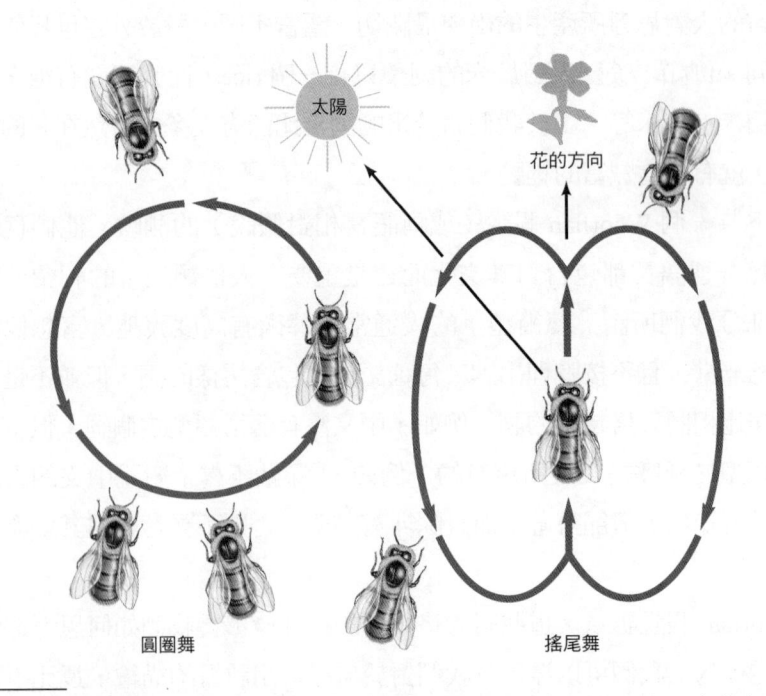

圖 9.9　蜜蜂的舞蹈語言。圓圈舞表示花蜜在距蜂巢 100 公尺以內之處。當花蜜距蜂巢超過 200 公尺時，搖尾舞可以指出花蜜的方向。而當花蜜與蜂巢的距離介於 100 到 200 公尺之間時，則透過第三種舞蹈來表示。

表示。距離若介於 100 到 200 公尺之間，則以較鬆散的 8 字型搖尾舞來傳達（von Frisch, 1953）。

利用這些跳舞，就算是非常複雜的訊息，蜜蜂也能有效地溝通。然而，蜜蜂不像人類，牠們可使用的表達方式非常有限，而且只能用一種經由遺傳繁衍而固定不變的方式溝通。相對地，人類必須透過和流暢的語言使用者互動來學習語言。此外，人類的語言更有彈性。動物的溝通方式變化非常少，然而人類卻可以產生無限獨特、新奇的說法。

人類語言與動物語言的差異，引導一些心理學家假定只有人類可以習得人類語言，因為只有我們擁有產生語言所需的心智能力（Lenneberg, 1967）。這個假設一直被認為難以挑戰，直到最近為止。使用操作制約的原理，鸚鵡已被教會使用英語，而且還學得不錯（Pepperberg, 2002）。一隻名叫 Alex 的鸚鵡可以說出顏色、分類的物品（如「蘋果」），而且能數出一堆東西有幾個。而在黑猩猩和人猿身上，還出現更令人印象深刻的成就，然而與鸚鵡相比，牠們較缺少學習發出聲音的能力，所以這些研究是使用另一種溝通模式。

Beatrix 和 Allen Gardner（1971）養了一隻名叫 Washoe 的年輕猩猩。他們教牠美國手語（ASL）──一種以手勢組成的語言，為聽障人士使用的語言。Washoe 已經學會一套有限但很有用的美國手語版英語。牠會超過 250 種的手勢，並會自行合併成 GIMME SWEET DRINK 等組合語言。

Washoe 並不是唯一一隻學習人類語言的人猿。Penny Patterson（1977）教了大猩猩 Koko 超過 600 種手勢；Koko 表現的自發性和創造性語言甚至比 Washoe 還多。當 Koko 面對鏡子看到自己時，牠以手勢表示 THAT KOKO。牠曾經用 FINGER BRACELET 來指稱戒指，那時牠還沒學到戒指怎麼比。還有一次，牠被問到「你感覺怎麼樣？」，牠以手勢表示：「今天早上我很難過，而且哭了。」

然而，即使是最高等的成年猩猩和人猿，在語言上的成就最多只能到相當於人類三歲的程度。猩猩只會在要東西（食物、抓癢的遊戲等）時才會使用語言。牠們很少談論牠們的世界，或是問問題來取得資訊（Rumbaugh & Gill, 1976; Slobin, 1979）。對科學家而言更重要的是，牠們使用的手勢不能表現出句法。舉例來說，Washoe 可能是想玩抓癢遊戲，但是牠把 ROGER TICKLE 打成 TICKLE ROGER。對人類來說，這些手勢的順序代表不同的意思，但對 Washoe 來說，卻是可以互換的（Reynolds & Flagg, 1983）。有些研究者因此做出結論表示，猩猩並沒有精通人類真正的語言（Terrace, 1987）。

雖然做出 Washoe 和其他靈長類動物並沒有精通人類句法的結論，就技術上來說是正確的，但是這個批評漏掉了一個重點。Washoe 顯然學會用一種人類的語言和人類與其他猩猩溝通。即便牠的文法錯誤，但是牠的一些表達卻充分說明了我們靈長類近親的認知與情緒生活（Fouts, 1997）。

複習

語言是有效的符號編碼，用於人類溝通。它利用一組有限的聲音、意義單位和用來組合聲音和意義單位的規則，來傳達無限的意義。我們的語言是否會影響我們的認知，尚未獲得令人滿意的解答，但是目前的證據顯示，它的確會以某種方式產生影響。雖然沒有動物能像人類以同樣的方式學會人類的語言，但令人驚訝的是，人和學會手語的猿類之間可以進行複雜的溝通——我們能跟某些動物說話。

想一想

1. 動物真的可以學會人類的語言嗎？反之，人類真的了解動物的語言嗎？
2. 希臘語中有三個不同的字可以形容不同的愛，這會不會影響希臘人對愛的看法和理解？

9.5 智力：認知的總和

智力
個體從經驗中學習、適當推理，以及因應日常生活需求的認知能力。

智力（intelligence）是個體能夠了解複雜概念、從經驗中學習、適當推理以及有效因應日常生活需求的認知能力（Gray & Thompson, 2004）。智力一直是心理學研究的重心之一，有各種學派分別有不同的看法。

9.5.1 各種智力的觀點

心理學家們對於到底有多少種智力能力仍無定論。有些學者認為，研究智力應該要先能夠弄清楚構成智力基礎的認知歷程。

智力：一般能力或特殊能力？ 有一種說法認為智力是單一的整體性因素，提供我們其他特定能力的基礎。因此，如果整體性智力高，那麼我們在機械、音樂、藝術等其他方面的能力可能也會比較強。這個觀點是由 Charles Spearman 所提出（Spearman & Wynn-Jones, 1950），他使用「g」來指稱整體性智力因素（general factor of intelligence）。

另外一種說法認為智力並非一個單一整體性因素，而是有許多其他個別的特定能力組合而成（van der Maas & others, 2006）。這些心理學家指出，大部分的人都是某些認知能力的表現會比其他的好，而不是每一項都表現得一樣好。例如，Louis Thurstone（1938）發展了基礎智力量表（Primary Mental Abilities Test），可以測量 7 種智力的能力。

Howard Gardner（2000）也提出了智力有許多型態的說法。Gardner 有部分是因為研究了只有大腦皮質的某些部位受損的腦傷病患，而認為智力分成許多不同的種類。他發現這些病患失去了某幾種智力，然而其他種智力卻依然完好，這說明了不同的智力是由大腦的不同部位協調運作。Gardner 根據他的研究結果，指出我們有 8 種個別的智力：

1. 語言（口語）
2. 數理—邏輯
3. 音樂
4. 空間（藝術）
5. 運動（體育）
6. 人際關係（社交能力）
7. 內省（自我調整）
8. 知天能力（了解大自然）

Gardner 對於智力的定義比以往更廣，因為他認為音樂能力及良好的情緒調適都可以代表智力程度，就跟數學能力一樣。大部分的智力測驗都只強調語文和數理邏輯方面的智力。

目前大部分的心理學家認為這兩種觀點都對。也就是說，的確可能有一個作為各種智力基礎的整體性智力，但是我們可能在某個領域的智力特別強，而在另一個領域的智力則比較弱（Gray & Thompson, 2004; Kuncel, Hezlett, & Ones, 2004）。

整體性智力的生物基礎　近年來，有許多關於「g」（整體性智力）的研究與報導。顯然相同的基因會對所有不同領域的認知智力造成相當大的影響（Plomin & Spinath, 2004）。這表示，這些基因可以影響神經系統的生物特性。

整體性智力的生理機制又是如何？第一種理論是從神經解剖的角度來看，認為整體性智力與額葉有關（Gray & Thompson, 2004）。第二種理論發現整體性智力與腦神經連結的程度有關（Anderson, 2001; Garlick, 2002）。也就是說，

整體性智力高的個體的腦神經連結程度比一般人高。科學家推論，有兩個原因會讓這些較好的連結造成更好的學習能力：

1. 神經連結的能力正好反應了學習的能力，所以整體性智力高的個體學習能力也較佳。
2. 良好的神經連結表示大腦處理訊息的速度更快，所以整體性智力高的個體反應也比較快，而反應快的人在解決簡單問題時會更有效率。一般認為處理速度快正是整體性智力高的基礎。不過，如同我們接下來會討論的，智力高的人處理訊息的速度快並不表示他們做所有的事都會更快。有時候，花時間思考反而能想出更好的問題解決辦法。

智力的認知成分 心理學家 Robert Sternberg（Sternberg, 1979, 1981; Sternberg & Gardner, 1982）等人開創了智力研究的新紀元，他們從認知的角度出發來談智力。

Sternberg 提出一個智力的理論，認為智力是人類在推理或解決某些問題時的認知步驟——或者說是智力的認知成分。例如，看看以下的類比問題（Sternberg, 1979）：

「律師」之於「客戶」如同「醫生」之於什麼？
(1) 藥物
(2) 病人

Sternberg 認為，我們為了要解決這個問題，一定要經過一些認知步驟，我們必須：

1. **轉錄**（encode，心理層面的轉錄記憶系統）所有與這個問題相關的訊息。在本例中，我們也許會把有關「律師」的訊息轉錄，包含律師懂法律、可以代表某人出庭，會收取服務費等。「客戶」這個詞則是指出錢獲得專業服務的個人，這個訊息也需要被轉錄。就像這樣，這個問題中所有詞彙的所有屬性都要進行這樣的轉錄。
2. **推論**（infer）問題中詞彙與詞彙之間的關係。在本例中，看出「律師」和「客戶」這兩個詞彼此相關是很重要的，因為「律師」是藉由提供服務而收取費用，而「客戶」是透過付費而得到服務。
3. **確認**（map）配對事物之共同特徵。在本例中，我們必須看出律師和醫生都是藉由提供服務而收費，而客戶和病人都是透過付費以得到服務。
4. **應用**（apply）律師和客戶之間的關聯性到醫生和病人之間。

5. 比較（compare）其他答案選項。
6. 回答（respond）問題——在本例中，答案就是「病人」。

　　Sternberg 認為，用這樣的方式來看智力，不只可以讓我們了解推理的步驟，還給了我們一個架構，可以找出是哪些元素決定誰比較聰明。例如，剛開始有一些研究的發現至少在乍看之下的確讓人很驚訝（Sternberg, 1979）。研究顯示，推理能力較好的人會比推理能力較差的人花較多的時間在轉錄，但是在其餘的階段則比其他人都要來得快。Sternberg 舉了圖書館的例子來比擬。當圖書館花比較多的時間為書籍編目時（這就像是轉錄），會讓書籍更容易被找到。當我們可以找出高智力的主要認知元素時，就有可能在未來透過訓練的方式來提升智力。

流體智力與結晶智力　除了智力的認知成分以外，智力還有另一種區分方式——流體智力和結晶智力（Hunt, 1995）。**流體智力**（**fluid intelligence**）就是能快速處理訊息並創造新策略來解決新問題的能力；**結晶智力**（**crystallized intelligence**）則是能用先前學到的資訊和技巧來解決常見問題的能力。

　　很重要的一點是，流體智力和結晶智力的不同不僅是邏輯而已。研究也證明，智力會隨著年齡改變。結晶智力（使用事實與熟悉技巧的能力）會隨著人的工作經驗成長（Garlick, 2002）；這就是為什麼大部分的領導者都超過 40 歲（Hunt, 1995）。相對地，流體智力（針對新問題學習新技巧的能力）會從中年開始衰退。就某些程度來說，要教「老狗玩出新把戲」真的會比較難，但是，老狗不斷成長的結晶智力的確也不容忽視。

流體智力
學習或創造新策略來處理新問題的能力。

結晶智力
運用過去學到的資訊和技巧來解決常見問題的能力。

9.5.2　智力測量：智力（IQ）測驗

　　要是沒有發展出可以準確且有意義測量智力的測驗，那麼智力對心理學家來說只不過是個模糊的概念，也就沒有什麼意義了。智力測驗可以幫助我們將智力數值化，如此便可用於研究和臨床治療上。第 1 章介紹過 Alfred Binet 是第一個發展出有用的智力測量方式的人。在 1903 年，他著手發展一套測驗，以幫忙區分巴黎學童的智能狀況。在美國，Binet 的測驗被史丹佛大學的 Lewis Terman 修改，成為至今仍被廣為使用的 Stanford-Binet 智力量表。David Wechsler 也發展出類似的測驗，也就是魏氏智力測驗兒童版（*Wechsler Intelligence Scale for Children*，第四版），簡稱 *WISC-IV*，以及魏氏智力測驗第三版（*Wechsler Adult Intelligence Scale*, III），簡稱 *WAIS-III*。*WISC-IV* 有些項目

是口說問題，類似的題目如下：

項目	範例
常識	「一隻鳥有幾支翅膀？」
類同	「獅子和老虎有何相似之處？」
算數	「如果兩顆鈕扣要賣15元，一打鈕扣要賣多少元？」
理解	「將錢存在銀行有什麼好處？」

資料來源：*Wechsler Intelligence Scale for Children – Fourth Edition*. Copyright ©1990 by Harcourt Assessment, Inc. Reproduced with permission. All rights reserved. Other *WISC-IV* items ask the child to assemble puzzle parts, to match symbols, and to arrange pictures in an order that tells a logical story。

在心理學家都還沒有共識何謂智力的情況下，怎麼可能有任何測驗來評量智力呢？說穿了，智力測驗只是一種對於某些構成智力的認知能力的採樣。這類測驗的用途不在於它們的評量是否正確，而是能大概預測不同人在需要智力的情況下可能會有的表現，例如在學校或是在工作上。我們無法確知智力測驗是否真的能測量出「智力」，但是在標準化的測驗中，我們可以透過公平的評量，來看到個體的智力差異。對於智能高的個體，可以提供多樣化的學習空間以發揮潛能；對於智能較差的個體，則可以提供補救性的訓練，協助其達到良好的適應狀態。

智力測驗的建構 我們也許可以從智力測驗是如何建立，來了解智力測驗的本質及 IQ 這個詞的意義。Binet 藉由尋找許多可以區分不同年紀兒童認知能力的相關題目來建立他的測驗。也就是說，他所尋找的題目是他認為某特定年齡的兒童中有 50% 可回答得出來，但幾乎所有年紀較大的兒童都可以回答得出來，而年紀較小的兒童只有非常少數才答得出來。他這樣做的原因是假設兒童期的智力能力會隨著年齡增加。

Binet 整理了一堆題目清單，讓一大群不同年齡的兒童回答，看看每道題目每個年齡層的兒童有多少人會回答；然後，他再把題目從最簡單到最難來排序。

簡單地說，在 Binet 測驗中得到的智力分數就等於答對的題數，不過，這是用能夠達到這個平均題數的兒童年齡來表達。例如，假如一個兒童答對 18 題，而 8 歲 6 個月大的兒童答對的平均題數就是 18 題，那麼這個測驗分數就代表「8 歲 6 個月大」，Binet 稱之為「心智年齡」（mental age）。如果你的心智年齡比實際年齡（chronological age）高，那你就被認為是個比較聰明的人，因為你答對的題數跟較年長的人相同；如果你的心智年齡比實際年齡低，則代表智力低於一般值，因為你答對的題數比同年齡的人來得少。

一個實際年齡是 7 歲 2 個月而心智年齡是 9 歲 4 個月的兒童，會比實際年齡是 8 歲 5 個月而心智年齡是 10 歲 3 個月的兒童來得聰明嗎？由於要針對不同實際年齡的兒童來比較心智年齡有其困難，於是便發展出**智商**（intelligence quotient，簡稱 IQ）這樣的概念。智商或 IQ 是將心智年齡除以實際年齡而來的，如此一來，不同實際年齡的兒童就可以直接做比較。為了移去小數，除出來的結果要再乘以 100。因此，IQ＝心智年齡／實際年齡 × 100。例如，如果心智年齡是 6 歲 6 個月，實際年齡也是 6 歲 6 個月，那麼智商就是 100。

如果 IQ 分數超過 100，就代表比一般人更聰明（心智年齡高於實際年齡）。例如，假如有個兒童的心智年齡是 10 歲，但是他的實際年齡是 8 歲，那麼他的 IQ 就是 10／8 × 100＝125。相反地，IQ 低於 100 表示智力比一般人低，一個實際年齡為 10 歲的兒童，但是心智年齡只有 7 歲，則 IQ 分數為 7／10 × 100＝70。

事實上，Binet 以心智年齡和實際年齡的比率來計算智商分數——稱為**比率智商**（ratio IQ），已經不再被當作現行的智力測驗。雖然 IQ 比率因為某些技術因素而不再被使用，但最重要的原因是，心智年齡這個概念有一些嚴重的限制。舉例來說，一個非常聰明、IQ 為 150 的 4 歲兒童，他的心智年齡相當於 6 歲，但是他在掌控許多需要智力能力的情況時，可能不會和 6 歲的兒童一樣好。相對地，一個智力低的兒童，其能力似乎比有同樣心智年齡的較年幼兒童更差。

有鑒於此，便發展出一個測量智力能力的新趨勢，稱為**離差智商**（deviation IQ）。離差智商是以許多現象測量的數學特性作為基礎，包含智力能力。如圖 9.10 所示，一大群人智力測驗的分數形成一個**常態分布**（normal distribution）。這表示在測驗中，大多數人會獲得平均（average）分數，或是接近平均的分數。隨著分數朝某個方向漸趨偏離平均分數（不管是高於或低於平均分數），得到該分數的人就愈來愈少。透過這樣的比較，我們可以清楚個體在與他人相較之下的差異程度。分數比平均高一點或低一點的都算普遍，但是分數比平均高很多或低很多的則是非常少見。對於這些差很多的個體，我們就需要提供更多的資源給予協助或拓展潛能。

這時，平均 IQ 不是定義為心智年齡與實際年齡相同（IQ 為 100），而是智力測驗的平均分數（常態分布的中點）選定為 IQ 分數 100，而且根據曲線的形狀，分數高於平均的設為 IQ 高於 100，分數低於平均的 IQ 則是低於 100。確實的 IQ 分數是根據此分數與平均 IQ 間的離差有多少得出。詳讀圖 9.10 可

智商
從智力測驗中獲得的智力分數。

比率智商
從一個人的心智年齡和實際年齡的比率所獲得的 IQ。

離差智商
基於一個人的智力測驗分數偏離平均值的程度所獲得的 IQ。

常態分布
一項分數測量的對稱模式，大多數的分數都集中在接近中間，而少數分布在兩端。

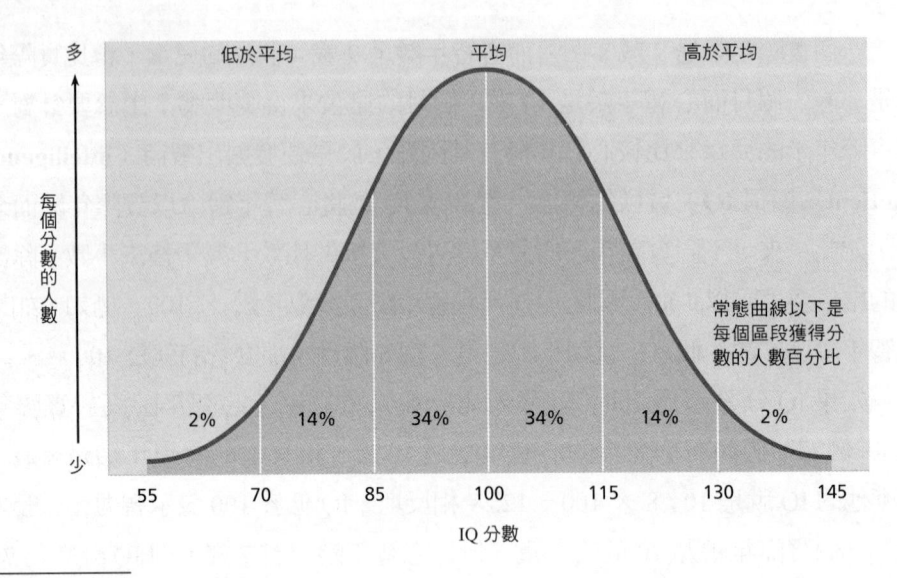

```
                多 ↑
                          低於平均          平均          高於平均


         每
         個
         分
         數
         的
         人
         數
                                                      常態曲線以下是
                                                      每個區段獲得分
                                                      數的人數百分比

                      2%    14%    34%    34%    14%    2%
                少
                   55    70    85    100   115   130   145
                                   IQ 分數
```

圖 9.10 一項智力測驗分數的常態分布。

了解分數是怎麼得出來的。

離差智商分數非常適用於成人，同時也適用於兒童，但兒童的分數必須跟不同年齡的常態分布做比較，因為隨著兒童的年齡增長，他們的分數也會跟著增加。常態分布距離中點的離差概念，也用於許多人類特徵的測驗。包括你在學校的學術測驗分數、一些你用來應徵工作的特殊工作技能測驗，以及一些人格測驗，都是根據同樣的離差智商概念。

良好智力測驗的特徵　就像量體重一樣，你需要一個好的體重計來正確反映出你的體重。對於像智力這樣抽象的概念，該如何找到好的工具來測量呢？一個適當的智力測驗必須符合以下五個標準。在第 12 章討論人格測驗的部分，你將會看到這些標準如何應用在所有的心理測驗。

標準化
以同樣的方式對所有個體施行測驗。

1. **標準化（standardization）**：智力測驗是設計來比較個人和其他人的表現，因此必須用相同的方式對每一個人施測。否則，測出不同的表現可能是因施測方式不同所導致，而不是真實能力上的差異所造成。因此，一個設計良好的心理測驗會包含詳細的指示，告訴施測者如何對每個人以標準化的方式施行測驗。

常模
在一項測驗中，用來作為分數比較基礎的標準（由一大群個體的分數所建立）。

2. **常模（norms）**：測驗的發展者必須透過測驗足以代表一般母體的大量人數樣本，才能拿個人的分數跟其他人比較。舉例來說，如果你要設計成人智力測驗，你就不能只針對大學生施測，因為他們比一般人還要聰明。用

來評估個體表現的樣本稱為標準樣本（normative sample），它必須夠大，才能有效代表一般母體；而且一般母體中所包含的各個子群體的比例都必須大致相同，才能以有效的標準來與其他做測驗的人比較。舉例來說，如果用大學生的常模來作為老人族群的比較依據時，就會產生誤用常模的問題。

3. **客觀性（objectivity）**：智力測驗的設計必須清楚明白，使得每一個題目都有一個正確答案。如果模糊不清，而且評分是主觀而非客觀的話，那麼個人表現以外的因素可能會影響評分，例如，施測者的心情或是偏見。

4. **信度（reliability）**：一個智力測驗必須有信度才有用。這是指如果在兩個不同的時間施測，或是由兩個不同的施測者施測時，獲得的分數必須幾乎一樣。如果兩次測驗的得分差距很大的話，這個分數就沒有信賴度可言了。信度的重點就是得分的穩定性與可靠性。

5. **效度（validity）**：一個測驗最重要的是必須有效度，也就是說，它所測量的必須是它要測量的東西。效度可以透過很多不同的方式來評估，但對智力測驗來說，最重要的就是針對多數人同意是需要智力的工作，測驗能夠預測該工作表現的程度，這就是預測效度（predictive validity）。舉例來說，魏氏和 Stanford-Binet 智力測驗都被認為是有效度的測驗，有部分是因為在預測學校表現上，它們是很好的預測指標。在一群高中生中，大約有 25% 的學校表現差異可以經由 IQ 分數預測出來。這樣的預測能力並不高。誠如你所知道，智力以外的許多因素，如動機和性格，也會影響學校表現；但是對於學校的表現，智力測驗的預測力還是比心理師或教育者目前擁有的其他測量工具更好。所以從這個角度來看，智力測驗是有效的。

> **客觀性**
> 測驗問題不具主觀性，如此不論由誰來評分，都可以得到同樣的分數。
>
> **信度**
> 一項測驗即使在不同的時間或由不同的施測者來施測，都可以獲得相似的分數。
>
> **效度**
> 一項測驗能夠測出它想要測量項目的程度。

9.5.3 默會之智

智力測驗是有用的預測工具，但是，智力測驗的結果並不代表全部。智力分數高的人就代表能力好嗎？在生活中，我們並不會將智力和能力表現劃上等號。當然，高智商會有比較多的可能有優越表現，但並不代表一定會有優越的成就。

雖然像 Stanford-Binet 這樣的智力測驗可以預測學業表現，但要預測那些學校通常沒教的特殊領域的能力時，整體性智力測驗卻不見得有用。想想看，有些同學智商高，但生活能力卻不佳。整體性智力測驗無法預測個體的生活技能。舉例來說，如果針對住在你城市的所有成人做整體性智力測

默會之智
處理日常生活問題所需的知識和技能，學校通常都沒有教授。

驗，那麼所得分數就無法預測釣魚、種菜、保養車子、照相、畫水彩畫或殺價等方面的能力。有些研究者稱這些能力是「生活智慧」，或**默會之智（tacit intelligence）**，而且也開發出相關的測量工具（Galotti, 1990; Schmidt & Hunter, 1993; Sternberg & Wagner, 1993）。

根據 Carleton 大學的 Kathleen Galotti（1990）的說法，一個有用的默會之智測驗必須評估完成事務的實際知識和技能。Sternberg 和 Wagner（1993）發展出一套測量默會之智的工具，包含在特殊職業領域中，工作相關狀況的情境描述。受測者被要求針對這些問題所提供的各式答案進行評分。由於不同領域的職業，從修水管到賣保險，都許多不同類型的問題，因此默會之智測驗是預測在某個領域是否有良好表現最有用的工具（Sternberg & Wagner, 1993）。

雖然默會之智與藉由整體性智力測驗來測量的認知能力明顯不同，但是默會之智和整體性智力有三個部分是彼此相關的。第一，整體性智力很低的個體很少會有良好的默會之智。第二，整體性智力有所限制的人，不太可能在複雜默會之智的領域上有成功的表現，例如：非專業的天文學。第三，雖然整體性智力較高的人不一定在日常生活的任何領域都發展出相關的知識和技能，但整體性智力較高的人在跨多個領域中，比較可能有較好的實際知識。在一個可代表美國高中生樣本的研究中，學生做了一個測驗，內容包含 25 個領域的實際知識，而且大多是學校沒有教過的（健康、釣魚、藝術、機械系統、法律等）。在這些高中生中，整體性智力測驗分數最高者更可能擁有高程度的跨領域實際知識（Lubinski & Humphreys, 1997）。一些整體性智力較低的學生，在一個領域中有高程度的實際知識（如釣魚或機械系統），但很少能在多個領域都有高程度的實際知識。也就是說，整體性智力在預測知識的廣度上，會比預測任一個領域的知識深度來得好。有很強的動機想要去學習某個實際項目的人，並不會受到其整體性智力程度太多的限制，除非這個項目非常複雜，或他們的整體性智力太低。然而，有高智力分數的人比較可能精通多個不同領域的實際知識。

9.5.4 智力的個別差異：主要影響因素

為什麼一個人的智力會比其他人高呢？經過多年的研究之後，我們現在很清楚地知道，是我們的遺傳和經驗一起決定了我們的智力程度（Bouchard, 2004; Petrill & others, 2004）。在第 4 章中，我們提到了雙胞胎和領養兒童的研究如何確認了基因會影響智力。即使這些雙胞胎都在相同的智力環境下成

長，但是同卵雙胞胎的 IQ 分數明顯比異卵雙胞胎的分數更相似。而異卵雙胞胎的基因相似度和不同時間出生的手足是一樣的，因此他們的 IQ 分數也跟其他手足相近。再者，不論同卵雙胞胎是住在一起，或是被不同的家庭收養，他們的 IQ 都非常相似（Erlenmeyer-Kimling & Jarvik, 1963; Hunt, 1995; Lewontin, 1982）。

領養兒童的研究也同樣指出，遺傳是決定 IQ 最重要的因素之一。有大量的研究顯示，被領養兒童的 IQ 會和他們從未一起生活過的親生父母較相似，而不是撫養他們長大的養父母。雙胞胎和領養兒童的研究皆強力指出，遺傳是決定 IQ 的因素之一。

然而，一個兒童成長的智力環境，也是影響智力的一個重要因素（Petrill & others, 2004）。兒童要能接觸成人智力的世界，透過與他們的照顧者互動，才能有正常的智力發展。被父母嚴重忽略的兒童等於被剝奪了這些刺激，智力發展會很緩慢，但是一旦被安置在好的寄養家庭時，通常就會快速地發展（Clarke & Clarke, 1976）。Schiff 和 Lewontin（1986）研究一群母親教育程度低的兒童。這些母親在一個孩子出生不久後，就將其交給教育程度較好的家庭收養，而其他的孩子則是由自己帶大。幾年以後，被收養的孩子平均 IQ 為 109，然而其他沒有被收養的手足平均 IQ 為 95。

最近有證據顯示，智力分數是可以藉由刻意豐富幼兒生長的智力環境而增加的。在一個設計良好的實驗中，低收入家庭的嬰兒被隨機分派至「環境增強組」，或是沒有特別介入的「控制組」中（Burchinal, Campbell, Bryant, Wasik, & Ramey, 1997）。環境增強計畫包括就讀免費的幼稚園、可以向圖書館租借教育性玩具，還有幼兒發展專家透過家庭訪問教導父母如何在家提供回應以及給予兒童刺激。環境增強組的兒童從 2 歲到 12 歲都持續展現較高的智力分數。在 12 歲時，控制組有 42% 的魏氏智力分數為 85 以下，相較之下，早期環境增強組只有 13% 的分數為 85 以下（Campbell & Ramey, 1994）。在 15 歲時，接受早期智力增強的青少年在閱讀、數學成績的測量都有較高的分數，不及格的成績比較少，被分到資源班的可能性也更低（Campbell & Ramey, 1995）。

然而，有益的環境對智力測驗分數的影響並不限於童年早期。設計良好的研究均顯示，教育量的增加促進了結晶智力和流體智力的測驗得分。接受更多年的學校教育和參與擴展整年的教育計畫，都增加了智力能力和學術成就評量的分數（Frazier & Morrison, 1998; Williams, 1998）。因此，值得注意的事實就

是，遺傳和經驗都會影響智力。而以一個實際的觀點來看，為了彌補先天的不足，後天的補救教育是需要的；對於起跑較慢的兒童，我們就需要透過後天的教育協助他們加快腳步。

9.5.5 智力分數在現代社會的重要性

智力測驗的分數之所以重要，是因為這些分數就某種程度來說的確能夠預測我們在生活中的表現。智商較高的人，通常能夠在學校學習較多的事物，能有較好的成績，完成較高等級的教育（Brody, 1997; Hunt, 1995）。此外，智商較高的人解決實際生活問題的能力也較強，而且通常較能做較複雜且高薪的工作（Brody, 1997; de Bruin & others, 2007; Galotti, 2007; Hunt, 1995）。例如，卡車司機的平均智商大概比 100 稍低一點，而醫生和律師的平均智商大概在 125 左右，或者更高（Hunt, 1995）。相對地，在智商較低的範圍，例如低於 85（約有 15% 的人口），較可能在高中輟學、生活於貧困之中、長期失業、易離婚、接受補助來扶養小孩、有健康問題，而且較可能有犯罪記錄。事實上，智商和學業與事業的成功之間，就如同人們的體重和身高一樣，有一定程度的相關（Hunt, 1995）。

為什麼智力能夠預測我們在工作上的表現？主要有以下三個原因：

1. 許多職業的錄取標準都以大學以上的學歷為依歸，而智商較高的人較有可能合乎接受更高等教育的資格（部分是因為入學測驗大多是測量智力），而且一旦入學，也較有可能完成更高等的學位（Brody, 1997）。
2. 針對需要相當程度知識和技能的工作，訓練智商較高的人所需的時間，相對比訓練智商較低的人來得少（Gottfredson, 1997; Hunt, 1995）。不過，如果所需的工作技能很明確且不複雜，那麼一旦學會這些技能後，智商高低對於工作的完成度就沒有太大的影響（Hunt, 1995）。
3. 高智商的人在處理複雜的工作時通常能有較好的表現，尤其是那些需要在常常改變的環境中做出決斷，以及需要持續提升工作技能的工作（醫生、律師、科學家、工程師、電腦程式設計師等；Gottfredson, 1997）。即使在非專業性的工作中，高智商的人通常比智商較低的人更容易被拔擢去做較複雜的工作（Wilk, Desmarais, & Sackett, 1995）。

9.5.6 人會愈來愈聰明嗎？

紐西蘭 Otago 大學的 James Flynn（1998, 2003, 2007）指出人類的智力測驗平均分數已經連續數個世代不斷提升，此即「Flynn 效應」（Flynn effect）。在世界上的許多國家都有明確的證據顯示，從過去的幾個世代以來，智力分數已經大幅提升了。對相同年紀的人施行相同的測驗，較早期出生的人答題的正確率比較晚近出生的人低。因此，當出生於不同年代的人的原始智力分數經過誤差調整後，我們發現愈晚近出生的人的平均智商高於相對較早出生的人（Flynn, 1998, 2003; Kanaya, Scullin, & Ceci, 2003）。

Stanford-Binet 測驗和魏氏智力測驗這類一般成人智力測驗（同時測量了流體智力和結晶智力），其分數增加的速度可見於圖 9.11（Neisser, 1998）。這些增加出乎意料的大，而單獨看流體智力的測驗分數，甚至是每一個世代都增加約 20 分（每 30 年為一個世代；Neisser, 1998; Williams, 1998）。流體智力增加的最有力證據來自瑞文氏圖形智力測驗（Raven Progressive Matrices Test）（Carpenter, Just, & Shell, 1990）。在此測驗中，受測者需要解答一連串愈來愈困難的非口語式問題，如圖 9.12 所示。

多年來，一些國家每年都會讓有代表性的青年樣本接受瑞文氏圖形智力測驗，最好的資料來自荷蘭。James Flynn（1999）要我們假想一名 25 歲的荷蘭女性在瑞文氏測驗中得到 110 分，然後她從 25 歲開始在學校教青少年直到 55

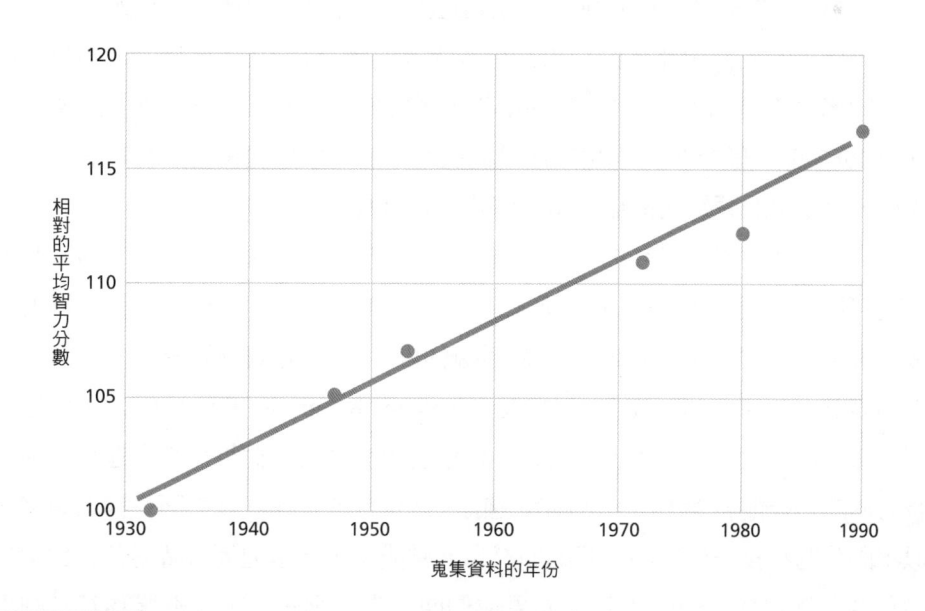

圖 9.11 於不同年份出生的個體的智力分數（他們是在達到相同年紀時的年份做智力測驗），他們的分數是根據 1932 年的常模轉換成智力分數。

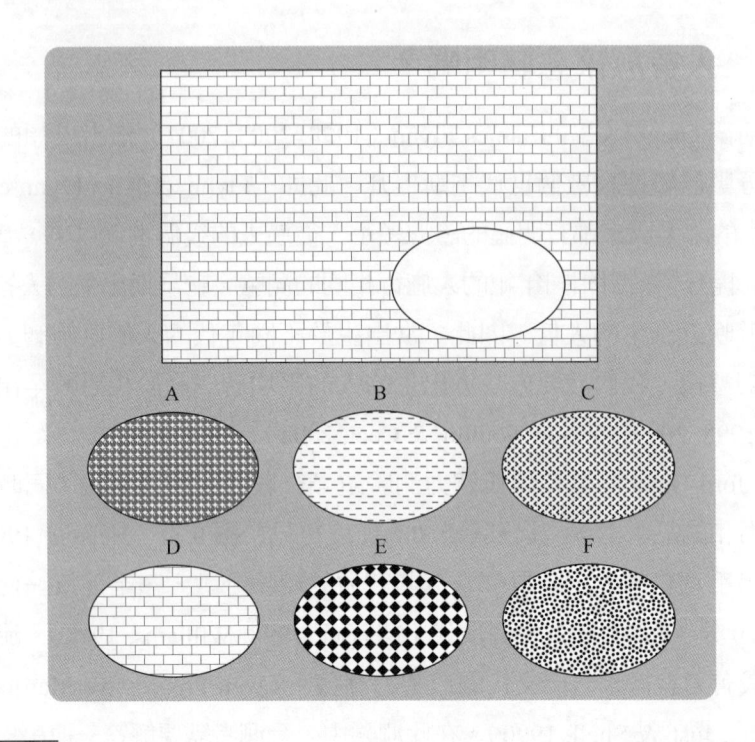

圖 9.12 瑞文氏圖形智力測驗問題實例。下方的圖形哪一個可以完成上方的圖？正確答案是 D。

資料來源：From Simulated Raven's Progressive Matrices Item. Copyright © 2005 by Harcourt Assessment, Inc. Reproduced with permission. All rights reserved.

歲。她的原始成績（答題正確數）在她這段人生中並沒有改變，但她的分數和她每年學生的成績做比較的結果卻出現大幅改變。在 1952 年時，她的分數比 75% 的學生都還高；然而到了 1967 年，她的成績卻和學生的平均成績相等；到了 1982 年，有 75% 的學生的成績高於她！她的原始成績並沒有隨著時間而改變，但學生的原始成績卻明顯地隨著時間而增加。

真的只要經過 30 年的時間，我們想像中的這位荷蘭老師的學生的流體智力就可能超越她這麼多嗎？平均來說，我們真的有比自己的父母聰明那麼多嗎？很少有心理學家去質疑，從 20 世紀初期以來智力測驗的分數已經有了很大的變動（Hunt, 1995; Neisser, 1998; Nijenhuis & van der Flier, 2007），但是我們全都被這些數據嚇到了。它們代表什麼意思呢？每一個世代都會在我們稱為智力的認知技能與能力上，大幅超越前一個世代嗎？在許多方面，我的祖父母似乎跟我的小孩一樣聰明。我的祖父母非常成功，但是他們當時的社會比現在的社會單純很多；很難去想像如果他們面對當今電腦化、以數據為基礎的世界，是否還會如此成功。

是什麼原因造成智力測驗的分數上升？至少有四個合理的解釋，可以說明為什麼智力真的是一代比一代高：

1. 隨著時代的進步，我們的健康與營養已有顯著的改善。在顯示出智力上升的國家中，人民平均身高、體重、預期壽命增加的速度和圖 9.11 顯示的智力增加速度幾乎一樣（Martorell, 1998）。營養和身型大小與智力有正相關（Alaimo, Olson, & Frongillo, 2001; Sigman & Whaley, 1998），因此智力的增加很可能是因為營養及健康增進的關係。的確，幾個研究曾把困苦環境家庭的兒童隨機分配至給予營養補充的實驗組，以及沒有補充的控制組。結果發現，有接受營養補充兒童的智力分數較高（Sigman & Whaley, 1998）。同樣地，腸內有寄生蟲的兒童，營養都被寄生蟲掠奪了。在經濟不佳的地區中，治療腸內寄生蟲（一個兒童新台幣 5 元）使得兒童的學校表現及測驗成績有了相當顯著的進步（Williams, 1998）。然而，營養素的補充若超出美國的每日營養素建議攝取量，似乎並不會改善智力和學業表現（Martorell, 1998）。對於營養素已經相當充足的個體來說，維他命並不是「聰明藥丸」。不過，從另一方面來看，喝母乳的嬰兒的智力會有些許的提升（IQ 分數 2 至 5 分）（Bartels & others, 2009）。

2. 增加教育程度也可能增加智力測驗的分數。有兩種方法可以影響——透過每一個世代的父母親產生的間接影響，以及對每一個世代的兒童產生的直接影響。自從 20 世紀開始，每一個世代父母的教育程度一代比一代好。的確，在美國，20 世紀末父母親的教育程度比過去高出十倍（Greenfield, 1998）。這很重要，因為父母的教育程度與孩子的智力分數相關（Flynn, 1998）。有可能教育程度較好的父母提供一個更具智力刺激的家庭環境，因此使孩子的智力分數增加（Greenfield, 1998）。同時，每一個接續世代的兒童又比上一代接受了更多的教育。在 1930 年代，在美國平均受教育的時間是 9 年；到了 1990 年代，平均已經增加至 14 年以上（Williams, 1998）。這幾年教育時間的增加有可能與智力分數的提升有關。尤其是在祖父母的那個年代，多半是以強記死背為教學的重點，但現在的學校更強調與流體智力有關的教學技巧（Williams, 1998）。因此，流體智力測驗的分數會隨著時間比結晶智力增加更多，這是合理的說法。

3. 20 世紀後期出生的兒童，因環境複雜程度所受的刺激與挑戰，是 1930 年代時所難以想像的（Neisser, 1998）。教育性的電視節目、電腦、學習玩具、幼稚園和其他創新事物，可能已經藉由增加兒童智力刺激的程度而使

智力增加（Williams, 1998）。

4. 在智力測驗分數開始提升的同一時間，人們擇偶的範圍也較以往擴大許多。當人們更頻繁地在國內或國外活動，和擁有不同種族基因的人通婚的機會也大為增加。有些學者認為這種現象導致所謂的「混和式活力」（hybrid vigor），其中包含更高的智力測驗分數，這是因為有害的隱性基因影響變少之故。（Mingroni, 2007）。

但是我們務必要小心，不可直接斷言人類智力真的有增加。例如，比起上一世紀的兒童，現在的孩子們更常接觸到智力測驗上某些種類的問題（Neisser, 1998），因此答對的可能性當然會提高。像圖 9.12 的問題是否就讓你覺得似曾相識，也許你曾經在某個餅乾盒上看過這樣的問題？因此，近年來分數提高的原因很可能是受測者對題目相對熟悉。

9.6　種族在智力及成就的差異：正在縮小的差距

從 1930 年代起所蒐集到的數據，持續顯示非裔美國人的平均智力及學業成就分數大約比美國白人低了 15 分，而西語裔／拉丁美洲裔的分數則落在這兩者之間。另一方面，亞裔美國人的平均智力則大約比美國白人多了 5 分（Williams & Ceci, 1997）。如果一般而言，人在經過幾個世代後會變得較聰明，為什麼不同種族與族裔的群體之間會有所差異？

在 1970 年到 2002 年間，某些在非裔美國人及美國白人之間的智力測驗分數和閱讀及數學成就分數的差異已經不存在了（Dickens & Flynn, 2006; Flynn, 1999; Mandara & others, 2009）。這個趨勢的意義很重要：比起白人青年，非裔美國青年在智力與學業成就分數上的進步更大。

非裔美國人在智力及學業測驗上的平均分數，為什麼會有這麼明顯的增加呢？沒有人清楚知道，但是環境明顯的改變似乎是最合理的答案。自從美國官方結束種族隔離政策後，非裔美國人受教育的經驗有了戲劇化的轉變。在美國的不同地區，種族隔離政策結束後學校教育改變的時間點和這些地區非裔美國人的學業成就密切相關（Grissmer & others, 1998）。從 1973 到 1990 年，白人成年人的平均教育程度增加了 70%，但是非裔美國成年人的平均教育程度則增加了 350%（Williams, 1998）。由於受學校教育的量與智力及學業成就的測量分數有關，因此在能力及成就上差異的縮小有部分可能是因為在受教育機會上的差距已經日益縮小了。

在美國，種族族裔間的智力差異逐漸減少還有其他可能的重要因素。舉例來說，在白人家庭中，平均小孩人數從 4.7 降到 2.4（1970 年代早期到 1990 年代中期），而非裔美國人家庭的平均小孩人數則從 6.0 降到 4.2（Huang & Hauser, 1998）。非裔美國人家庭小孩人數的減少也可能是使智力測驗分數增加的原因。雖然白人家庭的小孩人數更少，但由於原本小孩數就少，因此更加減少的影響較不明顯。同樣的道理也可用來解釋健康與營養的改變（Flynn, 2007）。遺憾的是，針對拉丁美洲裔兒童及其他族群的類似資訊相對少了許多。

9.6.1 鐘型曲線：智力差異在政策上的應用

1994 年，心理學家 Richard Herrnstein 和社會學家 Charles Murray 出版了一本引起爭論的書——《鐘型曲線》（*The Bell Curve*）。雖然他們提出有關種族族裔間基因差異的論點根本沒有什麼科學證據支持，不過他們的確提出智力在社會上扮演的角色的相關重要問題，值得認真討論。這兩人回顧許多智力與職業成就的研究，並討論它們與公眾政策的關聯。他們認為北美社會已經逐漸朝向「功績主義」（meritocracy），可獲得高等教育和較好工作的機會完全取決於個人的能力。雖然在今日，個人的能力明顯不是決定成功的唯一因素，但它比起過去來說，的確更為重要許多。在過去，某些職業只開放給來自富裕家庭的人。雖然這樣的特權持續到今日，但教育與職業公平機會的相關法律已經減少了它們的影響。

雖然生活在功績主義之下，有些部分比其他的社會系統更公平，但 Herrnstein 和 Murray 主張，它也會造成新的倫理議題。如果我們創造一個社會，它貢獻於智力能力的環境是完全相等的話（每個人有適當的營養、良好的智力環境、平等的教育機會等），他們相信基因對於智力的影響將會增加。也就是說，如果每個人的環境實質上是相同的，那麼遺傳就會是造成不同人智力差異的唯一原因。因為不同形式（流體、結晶、默會）的智力在決定事業成功上扮演了重要角色，Herrnstein 和 Murray 相信，影響智力的基因也將會逐漸扮演一個重要的角色，決定每個人工作的成功程度。因此，Herrnstein 和 Murray 認為相信，如果我們的社會排除所有阻礙公平獲得成功機會的障礙，那麼事業成功與智力之間的關聯將會在受孕的當下就決定。這和堅持只有皇親貴族可以受教育或擁有財富同樣不公平。

較聰明的人可以有更多事業成功的可能性公平嗎？在美國，智力最高的 10% 的人的平均收入較一般智力的人高出 50%（Ceci & Willaims, 1997），這公

平嗎？許多人相信，讓最有能力的人獲得財富是驅動蓬勃經濟系統的動力，讓所有人都可受惠。你的看法如何？

如果社會決定有必要降低不同智力程度對事業成功的影響，我們真的可以這麼做嗎？智力要在處理複雜工作時最能發揮，而複雜的管理與專業工作又是收入最高的，我們可能無法消除智力對事業成功的影響。不過，影響的多寡是取決於我們的社會要如何針對不同智力做出回應。如果我們能花更多功夫確實因才用人，讓每個人都能依據自己的特色發揮所長，並給予適當的訓練，我們就能降低智力對事業成功的影響（Brody, 1997）。社會甚至可以針對智力較低的兒童塑造出一個更溫暖豐富的環境，更加拉近智力的差距（Brody, 1997）。

在美國，智力差異只是造成職業成就與收入不公的原因之一。今日社會上造成貧富龐大差距的原因非常多。如果你關心的是公平正義，你必須要思考除了智力以外的多種因素。

9.6.2 智力的極端值：智能障礙與資優

智力測驗提供了診斷智能障礙的一項主要標準。只有當個體的低智商導致其日常生活上所需的技能不足時，才會被診斷成智能障礙。一般是以智商 70 或以下作為界線，根據此標準，大約有 2% 的美國民眾被診斷為智能障礙。除了智商之外，個體的自我照顧能力，以及與他人互動的能力，都會被列入診斷的參考。智能障礙的程度從輕度到極重度分別為：智商 50 到 70 為輕度智能障礙、35 到 49 是中度、20 到 34 是重度，而 20 以下則為極重度。

造成智能障礙的原因有很多。基因病變、出生時的創傷、母體感染、母親使用酒精或興奮劑，或是早期環境刺激不足等都是可能造成智能障礙的原因。從 1960 年代以來，對於智能障礙者的教育已有極大的進展。由於大約 90% 的智能障礙者屬於輕度，因此大部分智能障礙者都能夠過著滿足且有生產力的生活（Tyler, 1965）。像在喜憨兒工作坊的憨兒們都很認真地工作，能夠製作出好吃的糕點、麵包。

而在量尺的另一端是所謂「資優」的人。「資優」一般被定義為具備高智商且很有創造力。美國的公立學校系統會為資優兒童提供特殊教育的項目（Winner, 2000）。設立這些教育項目有兩個原因：(1) 國家需要增進對最聰明的未來領導者之教育；(2) 由於這些孩童太聰明，所以有時必須接受幫助，以避免產生心理問題。不過後面這個論點——較同儕聰明者較易產生問題，並沒有讓每個人都接受。極端聰明是障礙還是優勢？

Lewis Terman（1925）的研究提供了這個問題最好的答案。Lewis Terman 是 Stanford-Binet 智力量表的創造者，也是一位研究高智力的專家。在 1920 年代早期，Terman 在加州鑑定出 1,500 名以上的天才兒童，當時他們大部分的年齡是介於 8 到 12 歲之間，平均智商為 150。Terman 在這些天才為兒童時和將來成年後都進行研究，並暱稱他們為「白蟻」（Termites）。後來也有些人進行對這些「白蟻」的後續研究（Crosnoe & Elder, 2004; Holahan, Sears, & Cronbach, 1995; Holahan & others, 1999）。這些聰明的「白蟻」組在孩童時期，他們生活中的每個評估部分都表現得很好，平均來說，他們在學校都有較好的成績、被視為較誠實且值得信賴，也較擁有平均智商的同儕來得高大及強壯。在 40 多歲的中年時期，「白蟻」仍是極為成功的一群，大約 70% 已經從大學畢業（與同一世代的 8% 相比）；40% 的男性畢業生取得了法律學位、醫學學位或博士學位，85% 則成了專家或企業界的管理人。他們家庭的總收入是同族群及同等社經地位的家庭收入的兩倍以上。不過，女性在學業及事業上的成就遠不及男性，也許正反映出她們成長那個年代的情形。而在生理上，聰明的「白蟻」也比同儕來得優越，他們都很健康，而且他們的死亡率較其國人的平均少了三分之一。但「白蟻」的情緒問題並不比一般智商的人來得少，不過他們的酗酒和犯罪率也比較低。這些極聰明的「白蟻」在之後的人生中，許多方面的表現仍遠比一般人來得好。這些結果清楚顯示出，高智力基本上是個值得擁有的好特性。後續針對其他高智商兒童所做的研究也有類似的發現，這些結果顯示這些兒童通常比較能夠接納各種意見、有革新性，而且在人生的許多領域都能相當成功（Deary & others, 2008; Lubinski & others, 2006; Subotnik & others, 1993）。雖然卓越的智能讓資優兒童有較少的發展問題，不過研究指出，在許多人生的議題上，例如人際焦慮、分離、離婚、死亡、人際衝突或物質濫用等，他們還是需要學習以及接受幫助（Colangelo & Wood, 2015），這可能是未來（校園）諮商需要更多加注意的地方。

複習

　　「智力」一詞是指我們使用認知歷程去應付日常生活需求的能力。這個概念在當代的心理學中占有一席之地，因為已經發展出一些測驗，可以能被接受的準確度來預測進行需要智力的工作之表現，尤其是學業的表現。這些智力測驗的分數（智商），代表個體是否能正確回答出與其同年齡的人相同的題數。智商較高的，代表他的得分與較年長個體的平均得分相同；而智商較低的則相反。真正有用的智力測驗必須標準化、與適當的常模比較，而且是客觀、可靠及有效的。

大部分的心理學家認為，智力包含了整體性智力與特殊智力。因此，最被廣為使用的智力測驗提供了一般分數以及幾個較為特定的分數。但是智力的一些面向，尤其是默會之智，並無法由整體性智力測驗來做良好的測量。另外，遺傳和環境因素都可能會決定個人各方面的智力程度。而有個令人鼓舞的證據顯示，人們的智力逐漸提升，而且在北美，不同種族、不同族裔間的智力差異也逐漸變小了。

想一想

1. 若心理學家對於智力的本質尚未達成共識，怎麼有可能會認同智力測驗？
2. 你認為「Flynn 效應」是真的嗎？你所屬的世代真的比你父母所屬的那個世代聰明嗎？你認為你的父母會如何回答這個問題？為什麼？

▶▶▶ 心理學的應用　增進批判思考的能力

　　一個成功的人並不是毫無問題，因為所有的人都一定會遇到問題，只不過這些成功的人可以解決自己大部分的問題。然而，如同本章稍早提到的，人類並不特別擅長運用認知技巧來解決問題。我們的推理能力並不一定總是能處理我們所面臨的問題。然而有許多證據顯示，我們可以藉由訓練批判思考的能力來因應生活中的需求（Halpern, 1998）。這個部分提供一個簡單的總覽，介紹可以如何增進批判思考。然而，這並非一蹴可幾，如果想增進批判思考的能力，先從閱讀這個專欄開始吧！

投入更多的心力

　　第一步是要激起動機。批判思考必須是心甘情願地參與認知作業（Halpern, 1998），要仔細且批判性地思考問題，本來就比馬上做決定需要花更多時間和心力；然而從另一個角度來看，要收拾做錯誤的決定所造成的爛攤子也要花很多心力。所以，我們若不是辛苦一點做出好的決定，就是得辛苦一點去收拾愚蠢決定所帶來的混亂──該怎麼做是你自己的選擇。

改進問題的定義方式

　　生活中大多數的問題並不是簡單的數學問題，而都是些複雜的情境，必須一一用特定的方式去定義問題。批判思考的專家建議，對於所有的問題，我們都應該試著用至少兩種不同的方式去做定義（Halpern, 1998），這樣將會迫使我們領悟到，看待一個問題的方式不只一種，有些方式比其他方式更能引導我們想出更好的解決辦法。當你努力用最好的方式去定義問題時，想想每個問題是如何架構出來的，用不同的方式架構問題，可以導引出不同的決策。定義與架構問題有時跟問題本身一樣重要。

打破常規

一如本章所提，心向是影響問題解決最大的阻礙之一。有時我們必須打破慣常看待問題元素的方式，以找出新的解決方法，在這些心向中，最麻煩的一個就是「功能固著」（functional fixedness）。在我們定義這個名詞之前，先看看這裡遇到的問題。思考一下 Maier（1931）的繩子問題：如圖 9.13 所示，你在一間房間裡，有兩條繩子從天花板垂吊下來，你的任務就是將這兩條繩子綁在一起。問題是，當你握住其中一條繩子時，就無法抓到另一條，房間裡唯一還有的一樣東西是老虎鉗，但是就算你用老虎鉗抓住其中一條繩子，卻依然抓不到另外一條，你該怎麼辦？圖 9.14 是解答。許多人在解決問題時所遇到的困難，與 Duncker 的蠟燭問題是一樣的，我們並不慣常將老虎鉗當作鐘擺來晃動繩子，就像我們很少會用一個火柴盒當作燭台一樣。Karl Duncker（1945）將我們這種很難看見工具新用途的現象稱之為功能固著，這是一種心向，而這個心向在問題解決上會造成阻礙，因為我們只想到這些元素的慣常用法；通常有效解決問題的關鍵，在於能夠在適當的時機打破我們的功能固著或是干擾我們的心向。

讓我們再來看另一個有名的問題，這是發展來證明心向干擾的問題。心理學家 Karl Luchins（1942）要求一群大學生去想像一下他們有三個不同容量的容器，這些學生被問到該如何利用這些不同容量的容器來量出所要求的水量。例如，利用這 3 個容器來量出 5 公升的水量。

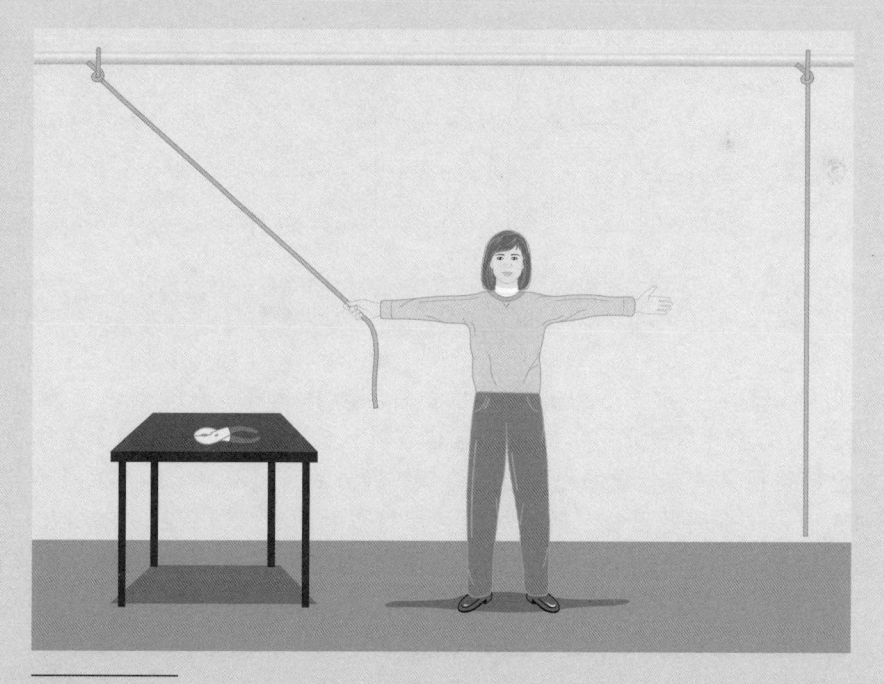

圖 9.13 Maier 的繩子問題。如果你無法同時抓到兩條繩子，你要如何將它們綁在一起？

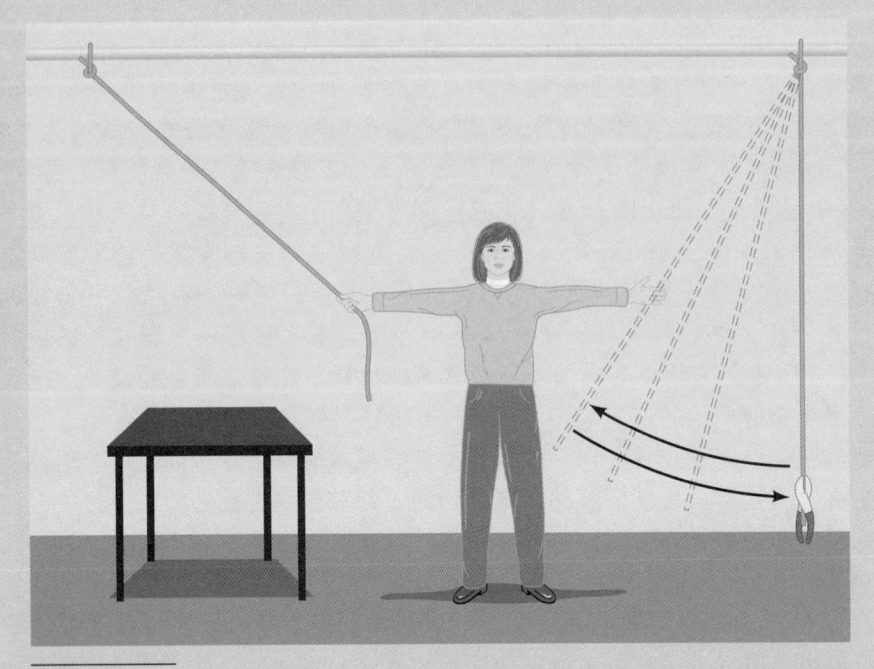

圖 9.14 Maier 繩子問題的解答，是把老虎鉗當作鐘擺，讓第二條繩子可以盪過來。

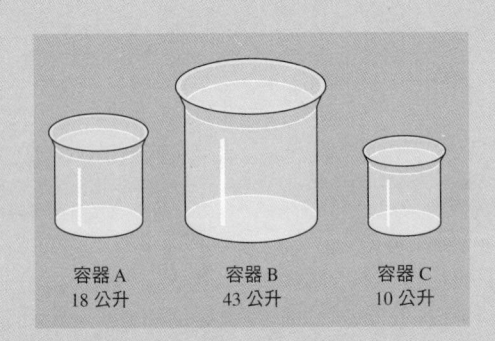

你會如何解決這個問題？5 公升可以藉著將容器 B 裝滿，然後將水從容器 B 倒入容器 A 直到容器 A 滿了，然後分兩次倒入容器 C，剩下 5 公升在容器 B 裡。當你找到這個方法，事情就會變得簡單，在代數的術語上，這個解題方式可以記為「B-A-2C」。

在解決 5 個或更多的題目後，所有的題目都可以利用這個方程式「B-A-2C」來解決。主試者再給一個題目：請量出 20 公升的水。而在這裡，容器 A = 24 公升，容器 B = 52 公升，容器 C = 4 公升，這個問題依然可以利用「B-A-2C」解決，你真是這樣做的嗎？或是你發現更簡單的方法：直接用「A-C」！在 Luchins 的研究中，超過四分之三的學生利用較長的解題方式。

為什麼呢？難道是人們傾向於用比較困難的方式解決問題嗎？多數學生都用 B-A-2C，

而有少數同學使用簡單的 A-C 方法。選擇較長解題方式的學生，已經陷入先前解題造成的心向。

當我們尋求改善解決日常生活問題的方法時，必須小心檢查我們理解這些問題元素的方法，避免陷入功能固著、偏見或其他可能影響最適解決方法的心向。如果使用正確的方法看問題，很多問題都可以被解決。

監控你的思考

實際運用批判性思考的人，會察覺到他們正經歷這個過程（Halpern, 1998），也就是說，他們會意識到自己正經歷這個過程，並且會監控自己正做得多好。當他們發現自己用最先浮現在腦海的方式定義問題或是困在心向中時，他們會將自己拉回批判思考的情境中。

批判思考的策略

這個部分整合一些我之前提到的建議，一些對於想出及評估問題可能的解決方法之建議，這些建議以批判思考和問題解決的一般策略形式呈現（Goldfried & Davison, 1976; Halpern, 1998; Turkat & Calhoun, 1980）。即使遵循這個策略，也不一定能解決生活中的所有難題，但可以提供你一個挑戰的機會。

你也許可以試著利用這種策略來思考一個假設性問題，看看是否有效。假設你花光了生活費，對你來說，什麼方式是解決這個問題的最佳之道呢？貸款？打工？試著將本節所學的概念應用在你的生活問題中。

以下是一般策略：
1. 問題是什麼？
   a. 用清楚、明確的詞彙定義問題。
   b. 至少以一種不同的方式來定義問題，以找出最好的問題陳述方式。
   c. 小心潛在的慣性影響。
   d. 對於這些問題的元素做彈性的思考，並且避免心向。
   e. 描繪出一個問題的圖表，看看這些元素間的關聯性為何。
   f. 針對解決問題所需要的額外資訊做一個列表，然後去取得那些資訊。
2. 想出所有可能的解決方法。
   a. 首先，不要評斷任何答案，只要持續思考可行的替代答案。
   b. 可以天馬行空去想。
   c. 看看是否有些答案可以結合出一個更好的答案。
3. 淘汰任何顯然是很糟糕的選擇。
   a. 沒有機會成功的替代答案都該被淘汰。
   b. 當邏輯推理（演算法）的答案可行時，建基於捷思法的直覺答案應該被淘汰。
   c. 選出最有可能成功或是可以帶來更多正面結果而非負面結果的解決方案。
4. 一一檢視剩下的解決方法可能會造成哪些結果。
   a. 列出此選項所有可能的負面結果。

b. 列出此選項所有可能的正面結果。
c. 如果一個選項可能產生的負面結果多於正面結果，淘汰之。
d. 繼續檢視下一個選項（並且重複 a 到 c 的步驟）。
e. 根據可能的結果來比較所有剩下的選擇。
f. 選出最有可能成功或是可以帶來更多正面結果而非負面結果的解決方案。
5. 針對你所選擇的方法想出所有可能將之付諸實行的方式。你如何做到最好？運用 2 到 4 的步驟來選擇最好的實踐方法。
6. 執行這個方法。

本章總結

第 9 章討論認知、語言、智力的意義，以及智力的測量。

I. 在認知的過程中，資訊是經由感覺獲得，由知覺及思考的解釋過程被轉換，透過記憶程序被儲存及提取，並且在問題解決及語言的過程中被運用。

II. 思考的基本元素是「概念」，是基於一些共同的特徵，將事物、事件或特質連結在一起。
   A. 有些概念是建基於單一的共同特徵，有些則比較複雜。
      1. 被定義為聯集概念的成員，都有兩個或更多的共同特徵。
      2. 非聯集概念中的成員，則有一個共同特徵，或有另一個共同特徵，或是兩者都有。
   B. 並非所有的概念都是一樣容易學習的，有些比其他的概念更自然且易學習。

III. 在解決問題時，訊息是用來達到被障礙阻隔的目標。
   A. 認知操作被用來解決問題。在我們確定了所面臨的是什麼問題後，我們要評估問題的元素，並確認我們手邊有哪些資訊和工具可以來處理；接著，我們要想出一些可能的解決方法，並且一一評估這些方法。
   B. 演算法及捷思法是解決問題時所使用的兩種認知策略。
      1. 演算思考是有系統、有邏輯的。
      2. 捷思思考是有效的，但是無法保證會產生一個正確的答案，而且常常會導致一些邏輯性及相關的資訊被忽略。
   C. 情緒因素以及問題被架構的方式，會以與問題的事實或邏輯無關的方式來影響我們的決策。
   D. 創意性解決問題的方式需要能夠以彈性和不按慣例的方式思考（分散思考）；最有用的創意解決方式也是以邏輯和實際的方式思考出來的（收斂思考）。

IV. 語言是人類溝通所使用的符號編碼。
   A. 語義內容是一種意義，而這種意義是透過語言來溝通。
   B. 我們是從一組元素和一組將這些元素組合成語言的規則來產生語言。
      1. 音素是語言發音最小的單位，英語只有 44 個音素。
      2. 詞素是語言最小的意義單位。

3. 句法是語言的規則，透過句法可以產生無數可以了解的話。
C. 我們的思考大多是以語言的形式進行：Whorfian 假說（或稱語言相對假說）主張語言的結構會影響人們的思考。

V. 智力是指一個個體能了解複雜的概念、能從經驗中學習、能做好的推理，以及有效處理日常生活需求的認知能力。
A. 有些心理學家將智力視為一個單一的整體因素，有些則將之視為許多種個別的智力能力。
B. 智力測驗測量各種認知能力的小樣本，而這些認知能力構成整體性智力。
1. 有用的 IQ 測驗必須是標準化、客觀、有信度與效度，而且是根據適當的常模來評估。
2. 在某些情況下，默會之智（特定任務所需的知識及技能，通常不會在學校教育中學到）比整體性智力更能預測特定日常任務的表現。
C. 智力測驗分數在預測職業成就也很重要，因為有較高分數的人似乎較能符合就讀高等教育的資格，花較少時間訓練及能學得所需工作技能，並且較能將複雜的工作處理好。
D. 智力受到基因及環境因素的相互影響。
E. 智力測驗及學業成就測驗的分數在許多國家都有明顯升高（可能是因為健康及教育的改善），而且種族族裔團體間的差異近年來也明顯減少。
F. 與一般誤解相反的是，智力程度非常高的人比智力一般的人還更高、更強壯、更健康，也更成功。

第 10 章　發展心理學

瑞士心理學家皮亞傑（Jean Piaget）對兒童的認知發展有很大的貢獻。皮亞傑終其一生都在研究兒童的認知發展，直到過世。他最大的貢獻在利用實證說明，兒童看待世界的方式和成人非常不同。的確，年幼兒童對世界的看法和成人截然不同，完全像是另一個星球的人！

皮亞傑和研究夥伴 Barbel Inhelder（1963）的一個經典實驗成功地說明了上述觀點。他們將 3 個錐狀物放在桌子上，在桌子的另一邊坐著一個洋娃娃。參與實驗的兒童在桌子的另一邊，也同樣看著這些物體，主試者將這 3 個錐體解釋成是山。隨後主試者拿出兩張圖片，請兒童指出哪一張圖片是洋娃娃看到的「山」。6 歲大的兒童完全無法作答，7 到 8 歲的兒童有些已經可以答對，9 到 11 歲的兒童則可以和成人一樣輕鬆地回答。

這個洋娃娃會看到什麼呢？

生命並非一成不變，我們的一生會不斷經歷變化。當我們自問我是誰時，我們以某種形式／方式回答了這樣的問題。在生命的階段，我們經歷了許多不同的角色：從嬰兒到兒童到青少年到成人到老年。這條成長發展的線持續不斷地延伸。然而，在真實活著的過程中，我們卻很難意識到這些改變，或者說我們的改變其實比想像中多。為了能更了解自己，我們必須了解生命中的變化與連續過程，也就是心理學家所說的**發展（development）**。

為什麼我們會隨著年紀漸長而不斷改變呢？在早期，心理學家對於我們的發展有多少是由生理決定，有多少是由學習環境所模塑的問題意見分歧。不過，現在的心理學家大都同意發展是「天生」（生理）與「後天」（環境）兩股力量交互作用下的產物。**發展心理學（developmental psychology）**這個領域聚焦在生命全期的發展。本章討論的發展心理學談的是關於昨天的你、今天的你，以及未來的你。就像我們要了解蝴蝶是怎麼來的，就一定要了解毛毛蟲如何經過完全變態的過程一樣；為了了解人類，我們必須了解人在一生當中究竟經歷了哪些變化。

發展
在個體的一生中，隨著年齡增長而發生的轉變與持續的過程。

發展心理學
心理學的一個領域，專注於生命週期的發展。

10.1 基本發展歷程

究竟是什麼樣的驅力促使我們生命中的改變？是什麼樣的因素決定我們長大後會成為棒球員、音樂家、律師，或是心理師？本節將探討究竟是哪些因素扮演了決定性的角色，造成這些決定和改變。

10.1.1 先天或後天？

第4章深入討論了先天與後天是如何一起影響著我們的行為、想法，以及感覺。語言就是一個很好的例子，可以說明天性與環境的交互作用。兒童的語言學習取決於他所處的環境。如果一個中國小孩是由法國人領養，這個孩子學會的語言是法文而不是中文。然而，即使給予金魚或猴子相同的環境，牠們還是不會說話，這是因為學習語言必須要有像人類一樣的大腦與聲帶。要先有足夠的生理機制，環境因素才能發揮影響的作用。

還有許多例子可以說明生理和環境交互作用對兒童發展的影響。許多熱衷棒球的家長也想教自己的小孩打棒球。但是，如果你的孩子還不到4歲，也就是還沒有能力用手套握球（先天能力），或從未看過別人打棒球（環境因素），他還是無法打球。

10.1.2 成熟

在發展過程的研究中，先天（生理）因素中最重要的部分就是**成熟**（**maturation**）。這是指生理上的成熟，包括了神經系統和身體其他部位構造的成熟。發展心理學專家最主要的問題是：「有多少隨著年齡增長而發生的改變是生理成熟的結果？」

雖然大部分發展上的變化，經驗和成熟都很重要，但在許多特定的情境中，成熟占了決定性的因素。舉例來說，在兒童的如廁訓練中，經驗顯然扮演了重要的角色──一定要有人教才會，但是生理上的成熟也有很重大的影響。對未滿24個月大的幼兒而言，要成功地訓練如廁是很困難的，因為他們根本就還沒成熟到足夠學習如廁。不過，大部分24到36個月大的兒童學習如廁就很快了。

一個針對一對同卵雙胞胎進行如廁訓練的實驗，完美地說明了生理上成熟準備的重要性。先對雙胞胎的其中一人──出生僅50天的修（Hugh）──進行如廁訓練，另一人希爾頓（Hilton）則在出生700天後（幾乎2歲大）才開始

> **成熟**
> 生理上的成長程度，包括神經系統。

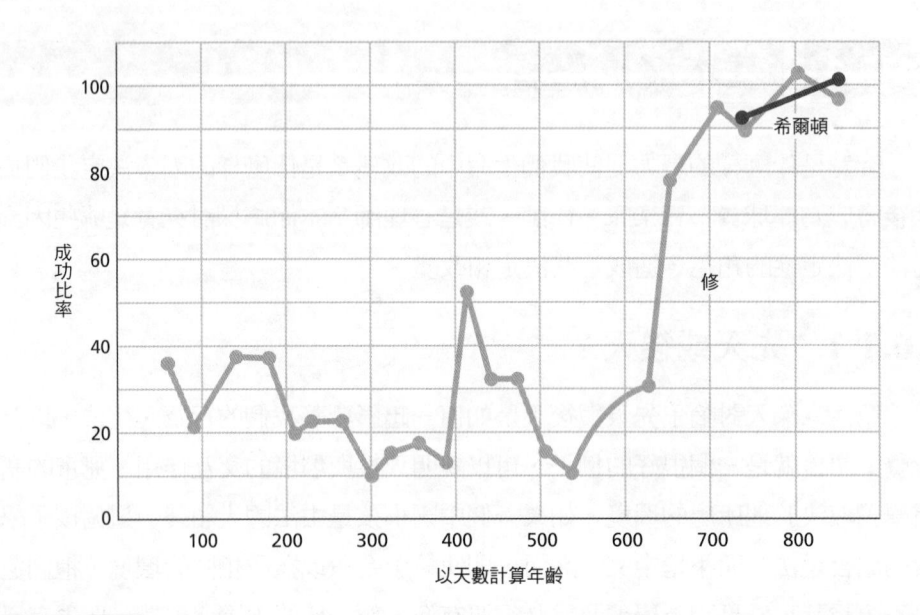

圖 10.1 McGraw（1940）針對同卵雙胞胎進行如廁訓練的研究，說明了生理階段成熟的重要性。這對雙胞胎男孩一個叫修（Hugh），一個叫希爾頓（Hilton）。儘管修在出生 50 天後就開始了如廁的訓練，卻一直沒有進步，直到出生 650 天後才有明顯的進步。相對地，希爾頓的進步就非常快速，因為訓練是在他生理上已經成熟準備好後才開始的。

資料來源：Data from M. B. McGraw, "Neural Maturation as Exemplified in Achievement of Bladder Control," *Journal of Pediatrics*, 16, 580-590, 1940.

進行如廁的訓練。如圖 10.1 所示，修在 20 個月大以前並沒有任何的進步，一直要到 20 個月大以後，才有明顯的進步；而希爾頓則是打從訓練的一開始就進步迅速。兩名兒童都學會了如廁，但是只有當他們到達一定程度的成熟，才有可能學會（McGraw, 1940）。簡單來說，有些能力是需要「長大」才能學會。

10.1.3 早年經驗和關鍵期

17 世紀清教徒到了美國時，也帶來了他們對於兒童的想法，而且一直流傳至今——兒時經驗造就了你現在的人格。兒童早年的經驗強烈且長遠地影響日後成人的行為。這不只是門外漢的想法，大多數的心理學家也這樣認為。但是，早年經驗形成的性格真的無法改變嗎？

銘印 在非人類的動物上之研究，支持了以上對早年經驗影響的看法。例如，德國生理學家 Konrad Lorenz（1937）專門研究雛鵝的行為和發展。有一段時期，他對雛鵝會主動排成一線跟在母鵝後面的行為非常感興趣。這些雛鵝跟隨母鵝的行為是天生的本能（先天），或是經由學習而來？Lorenz 發現，雛鵝的

確有一種天生的本能會跟隨母鵝，但實際上也不一定是母鵝，而可以是任何在牠們剛孵化後出現在牠們眼前會動或有聲音的任何事物。當牠們選定了跟隨的目標，在一段時間內都不會改變。如果雛鵝孵化當時母鵝不在身邊，而剛好有一隻公雞趾高氣昂地走過，那雛鵝在長大為成鵝之前都會跟著那隻公雞，並模仿牠走路的樣子。

Lorenz 將這種早年的學習經驗稱為**銘印（imprinting）**。他認為，這種學習受到成熟強烈的限制。這種個體在某個發展階段內，會對某種刺激特別敏感，而建立與該刺激連結的行為，這段時期稱為**關鍵期（critical period）**。如果銘印在關鍵期沒有發生的話，大概就遠永不會出現。然而，銘印也是一種自然產生的學習經驗。雖然人類並沒有銘印的情形，不過我們的確會透過長期和照顧者相處的經驗與照顧者形成依附關係。

早年的社會剝奪　從演化論的角度來看，猴子比鵝更像人類。在有關猴子的研究中也發現，早年經驗有深遠的影響。Harry Harlow 和 Margaret Harlow（Harlow & Harlow, 1965; Harlow & Novak, 1973）針對早年的社會經驗做了一系列的研究。早年的社會經驗對童年和成年的社交發展是否特別重要？佛洛伊德認為，**早年經驗（early experiences）**對一個人的影響最深遠，然而這個想法一直少人研究，直到 Harlow 夫婦對此產生興趣，才開始深入探討。

Harlow 夫婦養了一群幼猴，在最初的幾個月，將牠們隔離分開飼養。一段時間之後，才將這些從未受到母猴照顧的猴子放入與其他猴群共同生活的飼養籠中。當這些幼猴成年後（約 3 歲），牠們被放入有一隻異性猴的交配籠中。Harlow 夫婦注意到，這些猴子在情緒、社交互動和性方面的行為都與其他正常長大的猴子有很明顯的不同。早年沒有媽媽照顧的母猴在長大後，當公猴要與之交配時，會變得格外恐懼，而且會凶狠地攻擊公猴；而另一方面，沒有媽媽照顧的公猴在交配時，會顯得笨拙、過度懼怕或過度熱情。

儘管這些猴子已接觸了正常的社會方式達兩年半之久，然而，牠們最早年 6 個月的不正常經驗仍然影響著牠們的社交行為。早年社會剝奪經驗的影響，在母猴身上尤其明顯。當這些早年被剝奪母親的母猴在自己當了媽媽之後，對自己的孩子會冷默不理睬，或是攻擊自己的小孩，有些甚至會親手殺了自己的孩子！這些研究提供了有關人類在早年受到暴力或忽視可能會有的後遺症。

對於人類不正常早年經驗影響的研究至今仍不多，因此心理學家在這方面有許多分歧的意見。有些心理學家認為，不正常的早年經驗會造成無法修復

銘印
某些動物發生在關鍵期的早年學習形式。

關鍵期
某些動物生命中的生理決定期，在這段期間，特定的學習形式會較容易發生。

早年經驗
在發展早期的生活經驗，這些經驗對後續發展都有影響。

的傷害（例如，Bruner, 1974）；然而，也有心理學家認為，只要一切順利，早年的不正常的經驗有可能被修復（Kagan, 1984; Parker, Barrett, & Hickie, 1992; Thompson & Nelson, 2001）。最近有一個突破性的研究為此爭論提供了一線曙光（Rutter & others, 2010）。從 1980 年代末起，科學家開始研究住在羅馬尼亞孤兒院而長期受到忽略的孩子們；這些孩子成長於極為惡劣的環境，後來被領養至英國的良好家庭。研究發現，兒童被領養時若不到六個月大，後來的發展相當正常——在良好的環境中成長幫助他們克服早年剝奪。相對地，被領養時年齡較大的兒童，雖然在環境改善後有相當大的進步，但是在建立親密的人際關係、注意力集中、良好認知能力與生理成長方面仍有困難。

這些研究都支持早期經驗的重要，尤其是「依附」所扮演的角色（本章稍後會討論）。研究顯示，雖然兒童們的韌性很強，但是早期所受到的嚴重與長期的傷害，對於他們日後的心理及生理成長都有非常大的影響。

複習

　　一個人從出生到成年階段的改變是很劇烈的，因此，過去有些理論學家堅信，外顯行為的變化是因為隨著年齡的增加而產生的生理改變。另外，有些理論家則認為，行為的改變是為了適應環境而學習的。現今則認為，這些改變是生理和環境的交互作用。成熟就為生理和環境的交互作用提供了一個很好的例子：某些技能需經由外在學習，然而，學習的必要條件是生理達到一定程度的成熟。

　　早年關鍵期的發展經驗，會對動物產生長遠的影響。Harlow 夫婦對幼猴進行社會剝奪的實驗，說明了早年不正常的經驗會對後來發展產生長遠的影響。針對幼年時期不正常發展的兒童所做的研究發現，如果這些兒童在童年即受到良好的環境收養，那麼早年的那些經驗比較不會產生長遠的影響，這份研究說明人類的發展受到環境很大的影響。

想一想

1. 現在家庭裡的許多母親都需要上班，與孩子互動的時間也就減少許多。你覺得這種情況會影響孩子的成長嗎？
2. 你認為人類發展有所謂的關鍵期嗎？

10.2 發展的階段理論

雖然所有的心理學家都同意人會隨著時間而改變，然而有些心理學家認為，這些改變是隨著年齡增加連續性地慢慢變化；另一派則認為，發展的改變是一個階段往下一個階段前進。本節將延續前面的觀念，來討論這兩個不同的看法。相信改變是循序漸進的看法認為，行為的改變是經由「模仿」而來；**階段（stage）**的主要看法則是，行為的發展取決於生理機制的成熟。

> **階段**
> 發展的一個時期，在性質上可以明顯地與前面和後面的時期做區分。

階段理論者認為，兒童在不同成長階段會進行質化的改變，而非量化的改變。例如，一個兒童從不會說話到會說話，就是一種階段上本質的改變。這種質化的改變，提供了個體新的經驗和可能性。雖然不同階段間的改變為本質性的，但在每一個階段也會發生量化的改變。例如，兒童開始會說簡單的一、兩個字後，會慢慢地學會更多的字，一直到下一個質化改變出現（能夠將字用合乎語法的方式組合在一起）。

階段理論者也認為，所有人的發展必定都經過相同發展階段的順序，認為生理是階段發展的必要條件。而且，除非一個階段的任務發展完全了，否則不會進入下一個階段。但是，發展階段的變化界線有時並不是那麼明確。也就是說，兒童可能在發展新階段時，仍同時在努力學習獲得前一階段的某些任務。

接下來，我們將會以幾個主要的階段理論討論認知、道德和人格發展。

10.2.1 皮亞傑的認知發展理論

在心理學的階段理論中，最著名的應該就是皮亞傑（Jean Piaget）的理論了。皮亞傑是瑞士的心理學家，傾畢生之力研究兒童的認知發展。皮亞傑將認知發展分為四個主要階段，每個階段的發展任務摘要在圖10.2中。認知發展在青春期達到高峰，其後的改變就逐漸慢了下來。

在本章稍後，將會對這四個階段做詳細的說明和討論。

10.2.2 道德發展階段理論

有兩位學者提出的道德發展階段理論與皮亞傑的認知發展理論相關。

Kohlberg的道德發展論　Lawrence Kohlberg（1969）的道德發展階段理論是藉由道德兩難的題目，請研究參與者判斷題目中的行為是對還是錯。以下是Kohlberg設計的道德兩難題目的例子：

11 歲以後：形式運思期
兒童期的最後一個階段結束後，大部分的個體持續地發展成成人的思考邏輯模式，已能抽象思考，運用形式的邏輯推理去思考問題。

7 歲到 11 歲：具體運思期
兒童發展中期已具有相當於成人的推理能力，但無法進行一些抽象概念的推理，像是生命的意義、公平正義，以及無窮等議題。

2 歲到 7 歲：前運思期
開始學習運用符號去代表具體的事物。早期兒童的思考方式仍然相當地迥異於成人的思考模式。前運思期兒童的認知模式常常是不合邏輯的。

出生到 2 歲：感覺運動期
兒童可以知道自己和外界物體是分開的，並用自己的身體去探索認識周遭的世界。

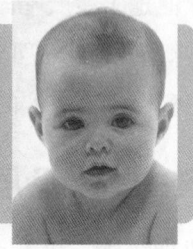

圖 10.2　皮亞傑的認知發展階段。

　　小王的太太生了重病，醫生診斷後表示，只有一種特殊的藥可以救活他太太。剛好在他居住的小鎮，某位藥劑師有這樣的藥。藥的成本只有 200 元，但是藥劑師卻漫天開價到 2 萬元。雖然小王向所有他認識的人借錢，仍籌不到 2 萬元。小王向藥劑師說明他的狀況，拜託藥劑師稍微把價錢壓低，或是讓他慢慢把這筆錢付清，但是藥劑師怎麼也不肯通融答應。最後，小王在半夜破窗而入，偷走了那個藥。

　　請問小王這麼做是對的嗎？Kohlberg 想藉由這樣的題目知道，人類在思考道德兩難議題時的邏輯歷程究竟為何。經過研究分析，Kohlberg 發現，人類

表 10.1 Kohlberg 的道德發展階段論

道德成規前期	道德循規期	道德自律期
年幼的兒童對道德並沒有什麼特殊的感覺，他們還沒有能力思考何謂道德。道德相關的行為反應來自於好的行為被鼓勵，而壞的行為被處罰。	在這個階段，兒童對於道德的看法是取決於別人將如何看待他們，特別是父母和老師。此階段的道德發展來自社會規範。	在此階段，我們的行為是受到社會公益所影響，而非像前面兩個階段是受到行為後果的影響。Kohlberg認為，這個階段最高階的道德推理是被自己的道德標準所規範，即使自己的標準和社會的標準不同。

的道德發展主要分成三個時期，詳見表 10.1。幾乎所有的兒童在 7 歲的道德發展都不會超過道德成規前期，在 11 歲以後的道德思考邏輯以道德循規期為主。Kohlberg 發現，這兩個道德發展階段和皮亞傑認知發展中的前運思期和具體運思期同時發生。根據 Kohlberg 的看法，在 13 歲以前，我們幾乎不會用道德自律的方式去思考，而且，只有少數人能成功達到以道德原則來思考大部分事情的階段。他舉出少數這些人的範例，包括甘地、馬丁路德金，和老羅斯福總統夫人（Kohlberg, 1964）。

仔細看表 10.1 的不同階段描述，然後決定你對小王的看法。道德成規前期的人會認為小王的做法錯了，因為他這麼做會使自己陷入麻煩之中；道德循規期的人會認為小王錯了，因為他觸犯了法律。但是，從道德自律期的觀點來看，似乎又可以說小王的做法並沒有錯，畢竟他不是一開始就打算偷藥，而且他也努力地想要解決這件事。在破窗而入後，小王得面對法律，可能會招致牢獄之災，然而他認為救他太太是更高階的道德層面，因此義無反顧。

以上的觀點是否讓你困擾？並不是所有人都會同意使用這種道德原則的推理方式，因為這好像是在縱容人可以不受到法律約束。的確，也有人可以從道德自律期的觀點來解釋為什麼小王做錯了。重點不是在道德發展的不同時期會做的不同決定，而是所採用的道德依據。

Gilligan 的道德發展理論 由於 Kohlberg 和其他人的相關系列研究大部分都以男孩為主，Carol Gilligan（1982）認為，Kohlberg 的理論不能解釋女孩的道德發展階段。Gilligan 認為，女孩子的道德發展階段和男孩子的道德發展階段有些不同，男孩子的道德發展是由個人朝向公共正義的方向發展，而女孩子則是由個人朝向自我與他人的幸福之間的平衡發展。換句話說，女性的道德思考是以人的需求為主，而非抽象概念。

Gilligan（1982）明確提出女性道德發展的三個階段，如表 10.2 所示。現

表 10.2　Gilligan 的道德發展階段理論

為了個人生存的道德	自我犧牲的道德	追求平等的道德
年幼的兒童第一次知道什麼是「對的」，是來自於他們知覺什麼對自己是好的。他們的道德判斷是為了得到獎賞和避免懲罰。	此階段的發展是從意識到他人的需求開始。在此階段的人相信，為了要成為好的、被他人接受認可的人，就必須犧牲自己的需求以滿足他人的需求。	這個階段的人認為，自己的需求和他人是平等的，花在別人身上的時間、金錢，也應該等量花在自己身上，接受總會有人的需求無法獲得滿足的事實。

在讓我們根據 Gilligan 的理論，回頭來看看小王所做的事。與 Kohlberg 理論的道德成規前期相似，Gilligan 理論的初期階段也關注個人的生存需求，因此會判斷小王做錯了，因為小王的做法會使自己受到懲罰。在自我犧牲階段的道德層面，則可能認為小王是對的，因為小王為了救太太而犧牲了自己。在追求平等階段的道德層面，則會需要將所有人的利益平衡同等納入考量。

Kohlberg 與其他學者都認可 Gilligan 對於了解人類道德發展所做的貢獻（Levine, Kohlberg, & Hewer, 1985）。不過，許多實證顯示 Gilligan 過分強調性別差異。後續的研究（Jaffee & Shibley-Hyde, 2000; Walker, 1986）發現，男性和女性在道德發展階段的差異並不大。

10.2.3　Erikson 的人格發展理論

Erik Erikson 為發展的階段理論提供了另外一個截然不同的範例。Erikson 將發展解釋為人生的轉換點或危機，之後的結果會部分決定了一個人未來的人格發展。他選擇用「危機」（crises）這個字，是希望凸顯此轉換點可能帶給人的深遠影響。

Erikson 提出人格發展的八個階段，如表 10.3 所示，每個階段都包含兩個相反的結果。尤其是在嬰兒期和兒童期，人格發展會深受父母和其他重要的人影響。例如，如果父母在兒童發展基本信任或不信任的階段（出生的第一年內）給與溫暖、一致、適當的照顧，會使兒童發展出這個世界是溫暖可信的信念；然而，若父母在此階段不但沒有以上的照顧特質，甚至還施予身體或情緒上的虐待，則會使兒童不信任這個世界，認為沒有一個地方是安全的。Erikson 認為，對這個世界的信任感將會影響一個人一生的發展。

表 10.3 Erik Erikson 的人格發展理論

年齡	階段	任務成功	任務失敗
0～1 歲	信任 vs. 不信任	學習感覺舒服並信任父母的照顧	對世界失去信任感和感覺舒服
1～3 歲	自我掌控感 vs. 害羞和懷疑	對自我的掌控感，會自己吃東西、上廁所、自己一個人玩	對自我能力感到害羞和懷疑
3～5 歲	主動的 vs. 罪惡感	能夠自己計劃並完成事情	如果沒有照著父母的話去做，會有強烈的罪惡感
5～11 歲	遵守規範 vs. 自卑	遵從學校和家庭要求的責任	認為自己比別人差
11～18 歲	自我認同 vs. 角色懷疑	對自我認同	對自己在生活中所擁有的角色感到懷疑
18～40 歲	親密 vs. 孤獨	與他人建立親密關係及獲得父母的認同	變得孤立，無法與他人建立關係
40～65 歲	生產力 vs. 停滯	開始思考可以如何以自己的力量回饋社會，在此階段，孩子離開身邊展開自己的生活，以另一種形式貢獻社會	變得自我中心或停滯不前
65～死亡	圓滿 vs. 絕望	了解過去生命經驗的意義並有新的獲得	對生命感到絕望，沒有自我價值感，懷疑自己存在的意義

複習

階段理論學家，例如皮亞傑（認知）、Kohlberg 和 Gilligan（道德發展），以及 Erikson（人格）等人，認為發展上的改變是以清楚明確的不同階段發生，而且所有兒童都經歷相同的階段順序。其他心理學家則傾向將這些改變視為漸進式的變化，並非分野清楚的階段。許多心理學家都將發展視為以類似階段的形式發生，但是階段和階段之間並沒有清楚的分界。

想一想

1. Kohlberg 和 Gilligan 的道德發展階段理論的最高階段有何相似之處？
2. 以 Erikson 的觀點來看人類的發展有何優、缺點？

10.3 正常發展——終生觀

現在，讓我們開始談談你一生會怎麼走。我們著重在從生理和心理層面來看一個人從出生到死亡整個發展的時序歷程。一個人不會永遠和現在一樣；現

在的你和十年前的你不同,也會和十年後的你不同。

你有小時候的照片嗎?當你剛出生、剛進入國中和高中的時候,那時候的你看起來怎麼樣?如果有機會,你可以將這些從小到大的照片按照年齡大小排列出來看看,你會發現:天啊!這些都是我耶!

在讀本節時,你可以打開你的相簿,看看小時候的你到長大的你有何改變。你出生時的「裸照」、幼稚園的畢業照、國小的畢旅照、國中的初戀、高中的多連拍,這些生活的照片在在顯示出你成長的軌跡。接下來,我們將分階段討論你的成長歷程。

10.4 嬰兒期和兒童期的發展

回想一下你的成長經驗,我們可以將成長階段分成毫無回憶的嬰兒時期以及充滿樂趣的兒童時期,以下就坐著時光機回顧一下你的成長。

10.4.1 出生前期

出生前期
受精到嬰兒出生的期間稱為出生前期。

受精卵期
受精後的兩週內,包含著床及細胞分裂。

胚胎期
出生前期的第二階段,此階段器官會開始形成。

胎兒期
出生前期的最後階段,胎兒的器官會慢慢達到成熟。

胎盤
出生前期連接胎兒與母體的器官。

發展起源假說
認為出生前期的許多因素會影響胎兒日後的生理及心理健康。

從受精到我們出生的這段期間是**出生前期**(**prenatal period**)。生命型態的變化在這個階段相當劇烈。這個時期一般可以分為三個階段。首先是**受精卵期**(**germinal stage**)。這個階段的歷程含蓋受精、著床及細胞分裂,通常為期兩週。接下來,細胞分裂到足夠的程度會進入**胚胎期**(**embryonic stage**);受精卵會開始進行分化並形成主要的器官,我們的心臟也會開始工作。受精後第八週開始進入**胎兒期**(**fetal stage**)。我們的器官與生理結構會在胎兒期這個最後階段臻於成熟,胎兒的重量也會快速增加。

出生前期的發展相當快速,也有一定的順序。不過,不同的器官和生理系統會在不同時間發展出來,例如心臟的發展早於眼睛。然而,這些發展都不是自己發生的。**胎盤**(**placenta**)是連結母體和胎兒的器官,是調節與控制胎兒所需營養(血液、氧氣代謝與營養物質等)與環境的重要器官。它也會攔截部分有害物質以免進入胎兒,不過並不是全部。因此,胎盤在出生前期的發展中扮演重要的角色(Coe & Lubach, 2008)。

心理學為什麼要談出生前期的發展呢?**發展起源假說**(**developmental origins hypothesis**)(Barker, 1992)指出,胎兒生長環境的各項因素會影響胎兒未來的生理與心理發展。近二十年來有研究大力支持該假說——認為出生前期因素會對個體日後的生理和心理發展有深遠的影響(Barker, 1992; Coe & Lubach,

2008)。例如母體在懷孕期喝酒、承受高度壓力以及罹患傳染病等，都會對孩子未來一生的情緒、行為或生理造成影響（D'Onofrio & others, 2007; Seckl, 2008; Brown & Derkits, 2010）。目前影響胎兒發展的因素只有少部分被確認出來，而且這些因子影響嬰幼兒發展的過程也依然不清楚（Thapar & Rutter, 2009）。

10.4.2 新生兒期

胎兒離開母親的子宮，到了這個世界成為一個獨立生命體的頭 2 週，稱為**新生兒期**（**neonatal period**）。

> **新生兒期**
> 從出生到 2 週大。

在生理上，新生兒很脆弱，一切都得依賴大人。他們無法抬頭或自己翻身，但是有許多的循源反射。如果你拿個東西（像是奶嘴）輕輕碰觸新生兒嘴巴的一邊，他會將頭轉向那個方向，去尋找並吸吮刺激嘴巴的東西，我們稱為**循源反射**（**rooting reflex**）。循源反射讓新生兒可以找到媽媽的乳頭，並吸吮好讓自己吃飽。

> **循源反射**
> 嬰兒將頭轉向刺激臉頰來源的反射動作。

新生兒的感覺系統相當敏感。他們可以分辨不同的聲音、氣味和不同的味道（Santrock, 1998）。他們的視覺能力是模糊的，但是能夠看清將近 1 尺以內的東西。他們喜歡盯著上方結構複雜的物品看（Cassia, Turati, & Simion, 2004），這意味著新生兒會盯著抱他的大人看。新生兒對於觸覺也很敏感（Santrock, 1998）。在新生兒階段不會發展太多的認知功能，但是他們對於臉孔的反應明顯表示他們了解臉孔與其他物件的不同（Santrock, 1998）。不過，就很多方面來說，新生兒的認知發展才正要開始，而在此時期，透過父母擁抱和哺育的親密接觸，新生兒的社會互動也才剛要開始。

10.4.3 嬰兒期：2 週到 2 歲之間

生理發展 生理發展在出生後的頭一年是最快的。嬰兒到 2 個月大時，就已經可以抬起自己的頭和胸部了，也可以用手抓住直接拿在他們面前的東西；6 個月大時，嬰兒已經可以自己翻身、會坐，並且很快地開始會爬了。嬰兒在 1 歲大時大多已經可以走路，並且牢牢地握住放在手中的東西。2 歲大時，所有的發展都愈來愈成熟，走路也愈來愈穩。

認知發展（感覺運動期） 皮亞傑提出嬰兒期是**感覺運動期**（**sensorimotor stage**）；這是認知發展階段的第一階段，在這個階段的初期，嬰兒的任何動作都是很反射性的，像是循源反射。大約在 2 個月大時，嬰兒會開始主動地與環

> **感覺運動期**
> 在皮亞傑的認知發展階段理論中，此指從出生到 2 歲的嬰兒階段。

境互動，不再是被動地看著身邊所有的事物。嬰兒可以藉由自己主動地去推、去拉、去扯東西（玩具），甚至是把東西拿到嘴巴咬來獲得滿足。這個階段的嬰兒主要藉由手、腳和身體其他部位的感覺，來探索並建構這個世界。大多數的研究認為，這個階段對爬等動作發展和認知發展有絕對的重要性（Adolph & Berger, 2006; Held & Hein, 1963）。4個半月大的嬰兒會對自己的名字有所反應（Mandel, Jusczyk, & Pisoni, 1995）。

2個月大的嬰兒就已經開始有記憶了（Ornstein & Haden, 2001; Pelphrey & others, 2004）。心理學家 Carolyn Rovee-Collier（1999）發展出一個測試嬰兒記憶的方法。Carolyn 將嬰兒放到一個搖籃裡，搖籃的正上方有一個會轉動的玩具。Carolyn 在嬰兒一邊的腳踝綁上一條緞帶。在實驗的第一階段，嬰兒腳上的緞帶並未與玩具連結，這麼做是為了要記錄嬰兒自發性踢動腳的次數。在實驗的第二階段，嬰兒經歷一段「訓練期」，此時將嬰兒腳上的緞帶和玩具連結，如此只要嬰兒一動他／她的腳，玩具就會開始轉動；幾次之後，嬰兒發現只要踢踢腳，玩具就會轉動，這個發現會使嬰兒很開心地一直踢腳。第三階段的實驗會間隔一段時間再將嬰兒放在搖籃中。這一次，嬰兒腳上的緞帶並未與玩具連結，實驗者觀察並記錄嬰兒踢腳的次數。如果踢腳的次數比第一階段來得多的話，就表示嬰兒記得只要踢踢腳，玩具就會開始動了起來。這個實驗證明嬰兒是有記憶的。平均而言，6個月大嬰兒的記憶大概是2週的時間，也就是說，第二和第三階段的實驗間隔2週，嬰兒仍能記得。

在嬰兒期，嬰兒開始對外在的世界形成認知的解釋。例如，6到9個月大的嬰兒開始知道，即使東西從他們的眼前不見，並不代表那樣東西就此消失不見了，我們稱為**物體恆常性（object permanence）**。在這段時期以前的嬰兒並沒有物體恆常性的概念。若將一樣玩具放在嬰兒眼前，並在嬰兒眼前用一張卡片把玩具藏起來，嬰兒並不會推開卡片去找玩具。對他們而言，東西從眼前消失，就表示這樣東西不見了；但是，6到9個月大的嬰兒就會推開卡片找玩具。這個發展對父母來說有好有壞，因為嬰兒知道東西從眼前消失，並不代表那樣東西真的消失了，所以他們在吃飯的時候，就特別愛把湯匙扔到地上；當別人幫他／她把湯匙撿起來後，他／她就再次將湯匙扔到地上，因為他們覺得這樣很好玩（McCall, 1979）。然而，雖然嬰兒已經開始可以對外在的世界產生心像（mental images），但仍無法運用這項能力進行推理。

9個月大的嬰兒也開始可以理解一些名詞的意義，像是球、餅乾等，也會對別人說再見，以及對其他的姿勢做出反應。這些改變說明了認知歷程更複

物體恆常性
了解物體並不會因為不在眼前就消失不存在。

雜的改變。12 個月大的嬰兒大多可以說一些簡單的字，18 個月大的嬰兒平均會說的字彙約有 20 個字。18 個月大的嬰兒已經會對禁止的話語做出反應，像是：「不行……不要碰……」，也可以對「你的鼻子（耳朵、嘴巴）在哪裡？」這類的話做出正確的反應。2 歲大的寶寶平均字彙大概有 300 個字。這個時候的寶寶說起話來都像**電報語（telegraphic speech）**，也就是把同樣的字省略，只說需要說的關鍵字。

> **電報語**
> 2 歲大的兒童簡短如電報般的語彙。

情緒和社交發展 隨著嬰兒愈來愈大，他們的情緒發展也愈來愈複雜。新生兒只有三種情緒：高興、驚訝、沮喪（National Advisory Mental Health Council, 1995a）。大約 2 個月大時，嬰兒開始會出現社交行為，像是對照顧者微笑。4 個月大時，會增加第四種情緒──生氣。隨後，嬰兒的情緒種類會愈來愈多，像是被陌生人環繞時會感到害羞，或是和照顧者分開時會感到害怕。6 到 9 個月之前的嬰兒對任何人都不會感到害怕，只要這個大人可以提供他們照顧；然而，在這段時間以後的小孩，只對父母或照顧者才感到安心不會害怕（National Advisory Mental Health Council, 1995a）。2 個月大的嬰兒已經會對照顧者微笑──社交微笑，4 到 9 個月大的嬰兒也開始發展出生氣和害怕的情緒，前者令照顧者感到欣慰，後者也許不那麼討人喜歡，不過這些都是嬰兒情緒正常發展的徵兆。

美國康乃爾大學的心理學家 Eleanor Gibson 發展了一個有趣的實驗，測試嬰兒怕高的情緒（Gibson & Walk, 1960）。她將 6 到 9 個月大的嬰兒放到一張桌子上，並透過透明的樹脂玻璃營造出「視覺懸崖」的效果。樹脂玻璃比桌子長，鋪放在桌子上，不過，在桌子的這一邊，把方格圖形的桌巾直接墊在透明的樹脂玻璃下面，而在另一邊，也就是透明玻璃的這一邊，則將桌巾垂下至地面，製造出視覺深度，看起來好像會摔下去一樣，但其實有透明玻璃在，可支撐嬰兒不會掉下去。此時，讓嬰兒的照顧者在透明玻璃的這一端呼喚嬰兒。4 個月大的嬰兒看起來顯得疑惑，但沒有任何害怕的情緒；如果嬰兒曾經有過絆倒或摔倒的經驗，在要爬過 2 張桌子之間的交界時，就會顯得遲疑害怕（Lewis & Rosenblum, 1978; Scarr & Salapatek, 1970）。

2 歲大的時候，嬰兒情緒的發展也更豐富且複雜。這時，小孩對照顧者有強烈的**依附（attachments）**情緒（Cassidy & Shaver, 2008; Lewis & Rosenblum, 1978），他們大部分會緊緊地黏在父母或照顧者的身旁，就好像他們本來就是父母的一部分。在離開父母或照顧者時引起的**分離焦慮（separation anxiety）**，會使他們大哭，並且哭個不停；對照顧者以外的人會感到害怕。

> **依附**
> 嬰幼兒對照顧者心理上的連結。

> **分離焦慮**
> 當嬰幼兒與照顧者分離時，在心理上會感到沮喪不安。

10.4.4 兒童期早期：2 到 7 歲

根據皮亞傑，兒童到了 2 歲左右會進入前運思期，開始了質化改變。兒童早期的發展非常快速，但比不上嬰兒期的爆炸性成長，而且之後會逐年遞減。這個階段的兒童對於身體的肌肉，較前一個階段有較好的控制和展現，會開始跳、跑、丟等動作。

認知發展（前運思期） 前運思期（preoperational stage）從兒童 2 歲時開始發展，此時兒童的認知發展有戲劇性的改變。兒童在此時開始能夠產生心像，但是他們思考的邏輯推理能力仍與成人有很大的不同。

以成人的標準來說，此時期兒童的想法十分不合邏輯。雖然這個階段兒童的邏輯推理能力不是很好，但是在其他方面的發展很明顯，像是**自我中心**（egocentric）的發展。所謂自我中心，皮亞傑的意思並不是說這個階段的兒童是自私的，而是他們無法從別人的觀點看這個世界。這種自我中心的觀點也使得此時期的兒童覺得所有沒有生命的東西（像是娃娃）都和他們一樣，是活生生的──**泛靈論**（animism）。在這個階段的兒童會認為月亮是有生命的，每到夜晚總是跟著他們走。

另外，這個階段兒童的想像力非常豐富，而且感覺非常真實，這也是為什麼這個階段的兒童常常會有想像中的玩伴。無法理解關係的前後推理也很常見，像是兒童會對祖父說：「阿公，他不是你的小孩，他是我爸爸！」

轉換推理（transductive reasoning）的謬誤，也是前運思期的兒童常常發生的，此時的他們無法理解前後的因果關係（Schlottman, 2001）。例如，前運思期的兒童會認為，地下室的潮濕是蜘蛛造成的。地下室的確潮濕，而蜘蛛也的確住在地下室，但兩者間並無關聯。但是這種事實上的因果，卻常常會讓兒童感到困惑不解。所以說，前運思期的兒童對因果關係的推論常常是不符合事實的。在前運思期末期的兒童（大約 5 歲），已開始能邏輯地思考和推理，且因果關係的推論謬誤也比較少發生。但是此時他們仍無法同時處理兩種概念，例如從一桶大小與顏色不同的彈珠中取出藍色（概念一）的大彈珠（概念二）。

在前運思期，最重大的發展可能要屬語言。以口語來看，2 歲兒童的平均字彙大概是 300 個字；6 歲大的兒童，平均字彙已有 14,000 個；到了 18 歲，平均字彙會高達 60,000 個。這表示兒童在 2 歲到 18 歲間，每天平均要學習說 10 個新字（Bornstein & others, 2004; Ganger & Brent, 2004）。比起 2 歲時平均一句話的組成不超過 3 個字，前運思期的兒童因為發展上的成熟，而漸漸地能運用成人的文法。

前運思期
在皮亞傑的認知發展階段理論中，從 2 到 7 歲的時期。

自我中心
指在前運思期的兒童以自己的角度去思考、看待這個世界。

泛靈論
前運思期的兒童以自我中心的信念相信，所有的物體都和他們一樣是有生命的。

轉換推理
前運思期兒童對因果之間的推論常犯的錯誤。

情緒和社交發展 2歲的兒童已發展出相當完整的正面與負面情緒，並會隨著時間逐漸豐富且複雜化。大部分的情緒發展與認知成長有關。例如，兒童在還沒有真正進入前運思期前，不會對未經歷過的事感覺恐懼，像是火災、溺水、車禍等。要等年齡稍長後，他們才有能力了解恐懼背後的概念。

前運思期最明顯的社交發展，應該就是兒童與同儕之間的互動關係。2歲大的兒童，即使有同年齡的同伴在場，也不會去找他一起玩，而是繼續一個人玩自己的——**獨自遊戲（solitary play）**。在2到5歲時，兒童會開始靠近與自己玩類似遊戲的人，在同一個空間玩，但不是一起玩——**平行遊戲（parallel play）**。在前運思期的最後期，兒童會和別人一起玩——**合作遊戲（cooperative play）**，這會成為主要的遊戲模式（Barnes, 1971）。

> **獨自遊戲**
> 自己一個人玩。
>
> **平行遊戲**
> 靠近別的孩童，但不會一起玩。
>
> **合作遊戲**
> 以合作的態度和兩個或更多的孩童一起玩。

以上遊戲模式的轉變似乎和認知的發展相當類似。我們可以發現，在前運思期早期的兒童不願和他人一起玩，是因為早期發展極度自我中心，兒童無法理解有其他玩伴的遊戲模式。不過，隨著年紀增長到前運思期的晚期，自我中心的想法開始減弱，合作的遊戲情形自然也會變多。

約有三分之二的兒童在2到7歲的某個時間點會有想像出來的玩伴（Taylor & others, 2004）。這些想像出來的玩伴不但沒有傷害性，而且有這種想像玩伴的兒童通常比較能夠了解他人的情緒。顯然，他們是藉由想像玩伴的方式來了解他人的。

相同的轉變模式也可以在情緒的爆發上看到。2到3歲兒童的情緒爆發可以是沒有任何對象的，但是4到7歲兒童的攻擊行為則會有對象（Sheppard & Willoughby, 1975）。雖然這種行為並非我們希望看到的社會化，但它其實也是一種正常的社會化過程，因為自我中心的削弱，導致兒童的情緒爆發不是隨時隨地，而是看時機有對象的。

2歲大兒童的行為已經可以看出社會所期待的性別模式，像是男孩子會玩車子、積木、飛機等，女孩子則大多會玩洋娃娃、玩偶、裝扮遊戲（Fagot, 1974）。在這麼早的年紀，他們似乎已能意識到自己的性別（McConaghy, 1979），並理解社會文化所期待不同性別的穿著、職業和娛樂（Ruble & Ruble, 1980）。

10.4.5 兒童期中期：7到11歲

這個階段的兒童已經進入小學。由於先前智能和社交發展的成熟，已經使得他們準備好接受學校的教育，可以符合學校的要求。生理成長在這個階段速

度緩慢，但這是一段健康的時期，大部分的孩子都沒有什麼疾病問題。體力與協調力的持續發展是唯一顯而易見的進展。

認知發展（具體運思期） 具體運思期（concrete operational stage）在認知發展中是一個重大改變的階段，他們可以用大人大部分的概念來做思考，除了抽象概念以外。這個階段的兒童可以將物體按照大小、重量等特點依序排列。他們開始了解邏輯運作的**可逆性（reversibility）**。例如，具體運思期的兒童完成 7+2=9 後，幾乎可以輕易地逆向操作得知 9−2=7。

具體運思期的兒童還有一項重要的認知發展：**守恆（conservation）**。在兒童面前放 2 個一模一樣大小的燒杯，裡頭裝等量的水，之後在兒童面前將其中一個燒杯的水倒入另外一個瘦長的燒杯中。不到 7 歲的兒童通常會覺得長燒杯內的水比較多，因為水位變高了。而正在具體運思期的 7 歲以上兒童則知道，即使水位變高了，原本的水並沒有因此減少或增加。根據皮亞傑，具體運思期的兒童之所以有能力處理守恆問題，是因為他們的思考已經更為**多方性（decenter）**，也就是說他們已經可以同時思考不只一件事情。因此，此時期的兒童可以完成前面提到的要從大桶中撿出藍色大彈珠的考驗，他們已經可以同時處理兩種概念了。兒童期中期的孩童在認知能力上的迅速發展，和處理資訊的速度迅速增加以及短期記憶容量的擴張有很大的關係（Fry & Hale, 1996）。

情緒和社交發展 在具體運思期，情緒的展現改變不大，不過社交關係則與先前的階段有顯著的不同。在這個階段，與父母的關係雖然很重要，但是與同儕關係的重要性會逐漸增加。7 歲以前兒童雖然也有朋友，但是那樣的友誼通常不會太長久，而且也不會很親密；但是 7 歲以後，與朋友的關係顯得愈來愈重要，而且友誼通常也會比較長久。同儕的展現在這個階段十分明顯，也會有小團體出現，而且大部分的朋友都是相同性別的人。

具體運思期
在皮亞傑的認知發展階段理論中，從 7 到 11 歲的時期。

可逆性
具體運思期的兒童可以理解邏輯命題是可以逆推的（若 2+3=5，則 5−3=2）。

守恆
具體運思期的兒童可以明白，量（數、體積等）並不會因為形狀或其他表面上的改變，而改變了量的多寡。

多方性
具體運思期的兒童可以同時思考一件事物中一種以上的特徵。

複習

我們回頭看從新生兒階段的爆炸性成長進入到兒童的階段，可以發現用階段的觀點來解釋發展有其用處。數種行為系統改變的幅度似乎的確大到足以用「不同的質化階段」來描述，亦即不同階段「質」的完全發展後，才可能導致下一階段的發生。然而，進入一個新階段並非突然發生改變，這些變化是漸進式的，而且是同時在一個階段內和兩個階段之間發生的。用階段的方式來思考人類的發展有其價值，但是也有其限制。從以上對於嬰兒期和兒童期發展的討論可以發現，人類的成長是一系列數個里程碑的階段，同時也是一個連續性且不斷變動的過程；沒有任何捷徑可以解釋人類複雜的發展歷程，也不可能跳過或遺漏任何一個階段。

想一想

1. 如果你是幼稚園老師，本節所學到有關前運思期階段的內容會如何影響你的教學？
2. 你認為兒童期的發展是階段性或連續性的？有什麼證據可以支持你的論點？

10.5 青少年期的發展

青少年期（adolescence）是生理上極大轉變的開始。**青春期**（puberty）的開始，讓昨天還只是個孩子的人，變成具有性能力、在生理上有成為父母孕育下一代的能力。青春期時的生理成長與變化快速，對性或是異性的興趣提高，受到同儕的影響也更明顯。青少年也開始能夠進行抽象思考。在我們的社會中，青少年期何時結束並沒有明確的年齡界線。當個體建立了成人的社交關係及成人的工作模式時，他們就從青少年進入成人的時期，而不是以某個特定年齡來界定。

青少年期
從青春期開始直到成年為止的時期。

青春期
個體在生理上性成熟的發展關鍵點。

10.5.1 生理發展

許多影響心理的重要生理變化都發生在青少年時期，尤其是在青春期，也就是青少年時期的開始。這些生理變化造成外貌大幅的改變，好像一夜之間變了樣似的，女孩變得像女人，而男孩則變得像男人。身高和體重會急遽增加，將青少年迅速推向同成人一般的身材。

青春期是由女性的卵巢及男性的睪丸製造性荷爾蒙而開始。這些荷爾蒙會激發生理一系列的變化，讓女性排卵及產生月經週期，讓男性製造精細胞。這就是所謂的**第一性徵**（primary sex characteristics），代表青少年開始具有生殖能力。這些生理的變化伴隨著性慾的激發，因而提升了約會、接吻、擁抱、自慰，以及其他性方面的活動。

初潮（menarche）指的是第一次月經來的時候。美國女性平均年齡約在 12 歲 6 個月時發生，而男性精子的製造大約再晚 2 年發生（Matchock & others, 2004; Tanner, 1970）。現在初潮的年紀比以往來得年輕。在 1900 年，美國女性初潮的平均年齡約在 14 歲（Tanner, 1970）。研究學者認為，這些不同是因為美國這些年來營養與健康照顧的提升所致，但也有可能是因為美國的牛奶中有荷爾蒙之故（Leenstra & others, 2005; Mandel & others, 2004）。

第一性徵
個體在性器官成熟後顯示的特徵。女性性器官的成熟包括卵巢開始排卵，並開始有月經；男性方面則是睪丸開始製造精子。

初潮
女性第一次的月經來潮。

第二性徵
女性的胸部和臀部開始發育；男性則是睪丸增大、陰莖膨大、肩膀變寬、聲音變低沉，和臉上開始長鬍渣。女性和男性在陰部附近和身體的其他部位（像是腋下）開始長毛髮。

青少年生長衝刺
在青春期一開始的時候，青少年在身高和體重上的迅速增長。

青春期比較明顯的改變是**第二性徵（secondary sex characteristics）**的發展。在女性身上，第一個改變是乳房脂肪的增加。臀部也有脂肪的累積成長，漸漸變成成年女性的身形。最後，大約在初潮來時，陰毛會開始生長。

在男性身上，首先看到的第二性徵是睪丸的成長，接著有肩膀變寬、聲音變低沈，以及陰莖的成長。很快地，陰毛和臉上的鬍鬚會開始生長，就變得像成年男子一般。

另一個在外表上很明顯的青春期徵兆是身高和體重的急遽增加，我們稱之為**青少年生長衝刺（adolescent growth spurt）**。青春期快開始前，體重常常快速增加，大部分都是以脂肪形式出現。青少年本身或是父母可能會為此煩惱或緊張，但是，大部分的體重會很快地重新分布或消失。在青春期開始時，青少年的身高會突然增加。如圖 10.3 所示，身高成長的速度在嬰兒期之後穩定下降，但是在青少年期的初期會有一年多的時間身高急遽增加。在生長最快速的那一年中，許多男孩最多會長高達 10 公分、體重增加達 12 公斤，許多女孩則增高約 8 公分、體重增加 9 公斤。

然而，在青少年時期發生最主要的改變是腦部的變化（Casey, Jones, & Hare, 2008; Spear, 2000）。從兒童期到青少年時期，邊緣系統及額葉的結構和

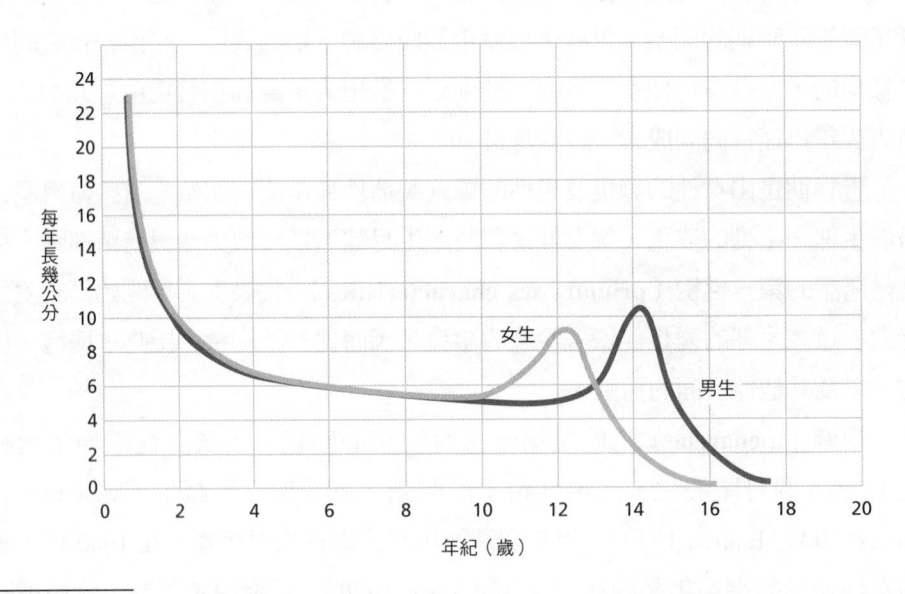

圖 10.3 青少年生長衝刺可由圖中看出，男生和女生在青春期的一開始，身高和體重即迅速增加。

資料來源：Data from J. M. Tanner, R. H. Whitehouse, & M. Takaishi, "Standards from Birth to Maturity for Height, Weight, Height Velocity and Weight Velocity" in *Archives of Diseases in Childhood*, 41: 555-571, 1966.

組織發生迅速的改變，促進追求冒險、找尋新穎事物，以及面對壓力的情緒反應。在青少年期晚期，當大腦開始發展為成人組織時，這些改變會反轉過來（Casey, Jones, & Hare, 2008; Lewis, 1997）。Spear（2000）推想這些出現在許多哺乳類動物的典型改變，會提升青少年離開原生家庭與其他家庭的人生育的機會，以避免近親繁殖。

10.5.2 認知發展（形式運思期）

大約在 11 歲，有些青少年會由具體運思期進入形式運思期，有些人要到成年初期才會開始這種改變，或是達到這麼高階的運思程度，而有些人則根本不會發展到形式運思期（Piaget, 1972; Santrock, 1998）。**形式運思期（formal operational stage）**的特徵為有使用抽象概念的能力。形式運思期的思考邏輯超越每件事情的具體細節，到了事情蘊含的抽象原則的層次。

> **形式運思期**
> 具備使用抽象概念能力的時期。

瑞士發展心理學家 Barbel Inhelder 與皮亞傑（1958）進行一個經典的實驗，他們給予不同年齡的兒童和青少年 2 個砝碼，可以掛在天平兩邊手臂不同的地方，而參與者的任務是要讓天平的兩邊保持平衡。剛開始進入具體運思期的 7 歲兒童大都無法讓天平保持平衡。他們知道砝碼應該要放在不同的兩邊，但是卻不了解砝碼應該要掛在天平手臂的哪個位置。而具體運思期末期的 10 歲兒童，大都能經由試誤學習完成平衡天平的工作，但是他們無法用言語解釋出平衡的原理。

到了 14 歲，許多參與者都已經達到形式運思期，而且都能夠解釋砝碼擺放的位置距離支點愈遠，就會產生愈大的向下力量。這些孩子能不經由試誤學習，就知道 5 公斤砝碼到支點的距離，為另一邊放置 10 公斤砝碼距離的兩倍。他們可以藉由這個原則，推斷 3 和 6 公斤或是 2 和 4 公斤的砝碼，也跟 5 和 10 公斤砝碼擺放的位置相同。也就是說，他們了解了這個抽象的原則，知道是因重量和距離比率的關係，而不只是特定的重量才存有這樣的關係。他們可以思考抽象的邏輯。

達到形式運思期的個體，可將其運用在生活中許多的領域。例如，皮亞傑認為，青少年似乎常常會去思考真理、正義和生命的意義等概念，部分是因為能用抽象方式做思考的能力對他們而言是一種新的能力。

雖然大部分的青少年都已經達到形式運思期的階段，但是他們的認知常常還是維持在一個不成熟的狀態，這並不令人驚訝，因為他們才剛發展出抽象推

理的能力，卻很少有依據抽象思考的經驗。David Elkind（1967, 1981; Elkind & Bowen, 1979）指出，青少年通常具有自我中心的形式，雖然和年紀較小的小孩的自我中心不同，但也同樣會扭曲他們真實的知覺。Elkind 指出**青少年的自我中心（adolescent egocentrism）**有四種基本的特徵：

> **青少年的自我中心**
> 青少年相信他們是被關注的焦點，認為自己所遭遇到的問題是獨一無二的，而且會很假、很偽善，而且會有「假性愚笨」的情形。

1. **想像的觀眾（imaginary audience）**：青少年常表現出好像他們的一舉一動都有人在看似的。如果他們跌倒了、講話結巴，或是穿了不對的衣服，大家都會注意到，而且會談論這件事情。

2. **個人故事（personal fable）**：青少年經常認為沒有人會和自己有相同的問題，或是能夠了解他們的遭遇。

3. **過度偽善（hypocrisy）**：對青少年而言，自己抄別人的作業是可以被接受的，但是如果是老師離開教室去接一通簡短的私人電話，就會認為老師很不負責任。

4. **假性愚笨（pseudostupidity）**：Elkind 認為青少年通常使用過度簡化的邏輯。例如，當青少年說：「如果酗酒的人知道他們會死於肝硬化，為什麼他們不直接戒酒呢？」他們沒有考慮到造成酒精成癮其實還有許多其他因素。因此，他們的思想有時會受到自我中心的扭曲，有時會造成和其他人或成人間關係的摩擦。

我們其實都了解，即便是成人也難免會有青少年的自我中心。但是這四種特徵在青少年期格外顯著。

10.5.3　情緒和社交發展

從兒童到青少年，以及從青少年到成人的轉變，可以透過情緒和我們生活中社交範圍的改變看出端倪。

青少年的社交發展　青少年的社交關係也會有顯著的改變。青少年期是一段與家人漸行漸遠、經常與家人產生衝突的時期。青春期一開始，特別會造成青少年和父母親的距離拉遠（Arentt, 1999; Galambos, 1992）。青少年期的同儕，包括男女朋友，往往會成為青少年生活中最重要的人（Diamond, Fagundes, & Butterworth, 2010）。青春期初期（約 11 到 13 歲），會從聽從父母轉而聽從同儕團體的意見或評論，但從 15 歲之後會漸漸轉淡。此外，青少年初期會花更多的時間和同儕相處，而不是父母，即便是週末也是如此（Santrock, 1998）。

青少年的情緒　自從 1904 年，G. Stanley Hall 出版了第一本有關美國青少年心理學的教科書後，關於青少年情緒的爭論就沒有停止過。這是一段快樂、無憂無慮的時期，或是像 Hall 所提出的，是一段充滿情緒風暴與壓力的「狂飆期」？就像許多哲學上的爭論，最後都是靠科學證據來平息，青少年情緒的真相是介於這兩個極端的看法之間。

和一般對青少年的看法相反的是，目前的研究顯示，大約 80% 的青少年都相當快樂，而且很能適應（Arnett, 1999; Shaffer & others, 1996）。就大部分的層面來說，青少年就和兒童及成人一樣適應良好，但是青少年在以下三方面的問題比年紀較小或較大的個體問題來得多：

1. **親子衝突**：在青少年初期，親子之間的衝突漸漸增加，而且會一直持續到青少年晚期才下降（Arnett, 1999）。而衝突的焦點大多是有關約會：青少年可以離開家裡多久、去哪裡，或是和誰一起出去（常常反映出父母和青少年對於性、酒精、藥物、青少年犯罪，以及安全等看法的差異）。

2. **情緒改變**：許多研究指出，和兒童期及成人期相較之下，青少年時期經歷了更多情緒的轉變以及更多極度正向和負向的情緒（Arnett, 1999; Roberts, Caspi, & Moffitt, 2001）。和兒童以及成人相比，青少年也較容易感到自我覺察、難為情、不自在、寂寞、緊張，以及受到忽視。

3. **冒險行為**：在青少年期間，會使青少年暴露於危險之中的行為也會急遽增加。像是喝酒喝到醉、使用藥物（如 k 他命）、未做預防措施的性行為、青少年犯罪行為等，一直要到成人初期才會有下降的趨勢（Arnett, 1999; Steinberg, 2009）。青少年時期的自殺率也會大幅地增加（但仍比成人期低得多）。

為什麼這些不幸的改變會發生在青少年時期呢？沒有人知道確切的原因，但是這段時期對許多青少年而言是段不好過的時期，似乎是受到多種原因綜合在一起的影響。在這段轉變期間，大腦內的變化、性荷爾蒙的激增、社會壓力的增加，以及因自主權而起的衝突等，似乎都有關係（Arnett, 1999; Casey, jones, & Hare, 2008; Spear, 2000）。

複習

在大約 10 年的時間內,每個人都會從小孩變成大人。青少年這個轉變期,從青少年生長衝刺及第一和第二性徵的出現開始(青春期),一直到出現象徵成人的工作模式、生活和人際關係時才結束。這是一段身體出現急遽改變的時期。身高、體重和力氣都會有相當程度的增加;身體內的脂肪會重新分布,男孩和女孩會變得像男人和女人一樣。這些身體上的改變通常會讓自我意識變得很強的青少年很在意,特別是生理發展的性徵變得更明顯時。在認知上,大多數的青少年會發展成形式運思期的思考,使他們有能力去推理抽象的事物,但是他們大多會經歷青少年形式的自我中心。在社交上,他們的關注焦點會從家人轉移到同儕身上。大部分的青少年都適應良好,但是和人生中的其他時期相較之下,青少年更情緒化、更常陷入親子之間的衝突,而且有更多的冒險行為。

想一想

1. 雖然在青春期,同儕的影響往往比父母來得大,但是大部分的青少年持續持著和父母相似的價值觀和態度,有哪些原因可以解釋這個情形?
2. 所謂的青春期有哪些心理上的變化?這些變化是否重要到足以獨立為一個階段做單獨處理?

10.6 成年期:成年早期到成年晚期

現在的你正好從青春期走向成年期,也就是你開始要負起成人在工作與社會上之責任的時期。成年期並非一成不變,在這段期間,人會面臨工作、愛情、生涯等議題的挑戰。例如,婚前和婚後的生活是很不一樣的,而當新生兒的父母和當青少年的父母也很不一樣;還有,二、三十歲的新婚夫妻和走到六、七十歲的老夫老妻也是很不同。也就是說,並非到了成年期,發展過程就此結束;其實,整個成年期會持續發生發展歷程的變化。

10.6.1 生理發展

我們的生命是身體持續不斷發生變化的過程。我們逐漸成長發育,至成年早期時完全成熟,然而過了成年早期,身體又會以一個相當緩慢的速度開始逐漸退化。生理的速度與持久力都會從成年早期之後逐漸退化。隨著年齡增長,愈來愈多人看近的東西時需要戴老花眼鏡,而且到了中年之後,又會因為視網膜的桿細胞數量減少導致無法在微弱的燈源下看清楚東西,周邊視覺也很吃力。過了 20 歲之後,我們對於高頻聲音的知覺能力開始下降;60 歲之後,聽

低頻聲音的知覺能力也開始下降（Fisk & Rogers, 2002）。雖然我們的味覺能力並沒有退化，但是由於味蕾減少及嗅覺退化的關係，許多年長的人會覺得食物嚐起來愈來愈平淡無味。

10.6.2 認知發展

在整個成年期間，認知發展是持續不斷地在進行，有些認知能力會進步，有些則會退化。如圖 10.4 所示，流體智力（解決邏輯問題）會在 20 歲左右達到最高峰，之後逐漸衰退（Li & others, 2004; Salthouse, 2004）。平均來說，流體智力一般會在 80 幾歲晚期減少三分之一，但是這會因人而異。患有阿茲海默症或其他腦部疾病的患者的流體智力退化速度很快，而健康的人的退化速度則會慢許多（Shimamura & others, 1995）。

結晶智力（知識和技能）到將近 40 歲前會一直增加，之後逐漸下降（Li & others, 2004; Steinberg, 1995）。某些結晶智力的發展路程稍微不同。字彙能力增加可以到 65 歲，之後會保持不變（Salthouse, 2004），另外在成年期間，解決生活上小問題的能力會一直增加，通常會被視為「智慧」的表現（Baltes & Staudinger, 1993）。同樣地，這種進步仍因人而異，會受到個體生活習慣與健康狀況的影響（Lovden & others, 2010）。

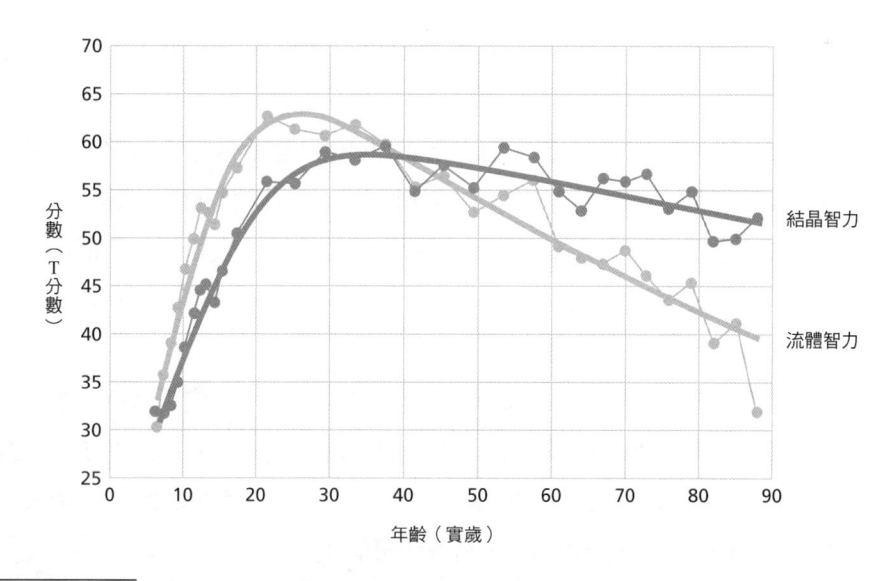

圖 10.4 隨著年齡增長，流體智力和結晶智力會跟著增加，進入成年期後，則會開始退化。流體智力雖然較早達到高峰，但是之後的退化速度也比結晶智力快許多。

資料來源：經 S.-C. Li, Lindenberger, Hommel, Aschersleben, Prinz, & Baltes, 2004. 同意改編。

10.6.3 情緒與社交發展

我們在情緒、社交關係和人格方面的改變又是如何？這些方面的發展也會隨著時間而改變嗎？答案非常有趣：會，也不會。想像有 1,000 名 18 歲的男性和女性做了一個測驗，測量他們情緒與社交的典型反應（也就是他們的人格），然後每隔 10 年再做一次相同的測驗，一直到他們 90 歲為止。他們的人格在成年期會有多一致呢？就某種觀點來說，隨著年紀增長，他們的人格還是會相當一致。例如，那些 20 歲時在情緒測驗上屬於高分群的人，到了 30、40 歲，甚至 40 歲之後，也一樣屬於高分群。從這個觀點來看，成年人主要的人格向度是相當穩定的（McCrae & Costa, 1994; Moscowitz, Brown, & Cote, 1997; Roberts, Caspi, & Moffitt, 2001）。

然而，從另一個觀點來看，有些可預測的人格改變會在成年期出現（McCrae & others, 1999）。雖然在跟其他人相比時，成年人大部分的人格向度會維持在相同的排序（如果他們 18 歲時屬於高分群，那他們 40 歲時也還是屬於高分群），然而，其平均分數卻會隨著年齡而改變。平均來說，隨著年紀的增長，成年人會變得比較不那麼焦慮與情緒化、較少交際、較少創造力，但會變得更可靠、更能接受生命中的苦痛（Helson & others, 2002; Kennedy, Mather, & Carstensen, 2004; Ross & Wilson, 2003; Vaidya & others, 2002）。此外，隨著年齡的增長，人格的性別差異也會減少：女性變得更加果斷、有自信、獨立，而男性則變得更能感受美的事物、更能察覺自己在情感上的需求（Stewart & Ostrove, 1998）。

我們成年的人格為何能保持穩定但仍面臨變化？雖然成年人在諸如情緒性上的平均分數整體下降，然而那些原本情緒性分數比別人高的人，等到年紀較大時，其分數依然還是比別人高。所以，隨著年紀增長，人格的主要面向也會改變，但通常都是變得更加能夠享受人生，但是若與其他同齡的人相較，其情緒與社交發展的相對位置是不會變的。

不過嚴格說來，大多數人的生命都不是「穩定」的。我們多數的人都交替著經歷快樂和穩定的時期，以及不滿和改變的時期。例如，心理師在工作上覺得不順利，決定再去讀博士班充實自己；或者，一位男性在經歷了一段長達 15 年的痛苦婚姻之後終於離婚，因此過著快樂的生活。

然而，這種「改變」的觀點並不是被完全接受的。有些心理學家認為，成人期其實包含了一系列的「發展階段」，類似於皮亞傑和其他學者所提出的兒

童「發展階段」的概念。Erik Erikson（1963）和 Daniel Levinson（1978, 1986）分別提出了成年期的各個階段。這些階段在以下三方面與嬰兒期和兒童期的發展不同：

1. 並非每個成年人都會完全經歷過這些階段。
2. 階段與階段間的發生順序會因人而異。
3. 每個階段的出現時間並不受生理上的成熟所控制。

雖然 Erikson 提出了三個成人階段，而 Levinson 提出了九個，但 Levinson 的理論可以被視為 Erikson 理論的延伸或細分。因此，我們會把這兩個理論拿來一起討論。要注意的是，兩個理論皆視成人期為一系列的時期，這一系列時期包含穩定時期和變遷時期，並會在成人期因著不同的個體、遭遇不同的事物而互相替換，形成一系列的成人期。

10.6.4　成年生活的階段

成年早期：親密 vs. 孤立（17 到 45 歲）　Erikson（1963）以在每個階段中會面臨的挑戰，以及成功和不成功的挑戰結果，來討論及命名他所提出的成人期階段。這些階段是接在 Erikson 提出的兒童期和青少年期發展之後的持續發展階段。他認為成年早期是一個「親密 vs. 孤立」的階段。這個階段所面臨的挑戰，是進入承諾、與他人建立起愛的關係，而這個關係可以部分代替與父母情感上的牽絆。根據 Erikson 的說法，如果我們在這個挑戰中成功了，就會擁有在生命中繼續前進所需的親密關係；如果失敗了，我們就會變得疏離、孤立，並且較難有完整的情感發展。

Levinson（1986）認為大多數的個體都是在 17 到 22 歲之間開始轉變到成年早期（見圖 10.5）。成年早期可分成三個較短的階段。「進入成年早期」這個階段一直持續到大概 28 歲。這個階段是在創造一個成人的工作模式、獨立生活，並且通常會在這個階段結婚並生育小孩。「過渡到 30 歲」（28 到 33 歲）是一個重新評估成人生活的階段。這個工作適合我嗎？這是我想要居住的城市嗎？這是我想要一起過一輩子的配偶嗎？通常這些決定都會伴隨著壓力，因為他們必須在「來不及」之前做好這些決定和選擇。有的人會在此階段做生命中重大的改變，也有的人選擇保持不變，但無論是哪一種重新評估或選擇的過程，都會令人感到不舒服。

「成年早期的頂點」是一個人努力達成其目標的階段。這個階段大概是從

老年時期：退休後

老年的轉變：60–65 歲
中年期的頂點：55–60
過渡到 50：50–55
進入中年期：45–50

中年的轉變：40–45 歲
成年早期的頂點：33–40
過渡到 30：28–33
進入成年早期：22–28

成年早期的轉變：17–22 歲
成年期之前的時代：0–22

圖 10.5 Daniel Levinson 的成人發展時期。

30 出頭到 40 歲。在這個階段，成人們可能會參加學校的家長委員會，以提升孩子們在學校的學習品質、在庭院種花種樹，以及為了晉升到較高的職位而長時間的工作等。人們在這個階段，多半會察覺到自己已經是一個完全的成人了。

一般來說，成年早期是個很吃力的階段。年輕的成人通常要同時經歷工作、婚姻與初為人父母的挑戰；而且往往在還沒有賺得夠多的薪水時，就必須為了買房子、買車而貸款。Levinson（1986）指出，有關家庭與工作的重大決定，通常必須在一個人有足夠的成熟度和擁有充分的生活經驗可以輕鬆做決定之前就得抉擇。而同時，這也是個有健康的身體、完好的性生活、豐富的家庭

體驗，以及有工作升遷潛力的時期。對大多數人來說，在這個時期的收穫是比所付出的代價來得多。

成年中期：生產力 vs. 停滯（40 到 65 歲） 在過渡到這段期間時，我們通常會檢視自己是變成了什麼樣的人。在 20 到 30 歲時，我們的焦點是自己正在「成為」什麼樣的人；而到了這個中年的階段，則變成了我們「是」什麼樣的人（Carstensen, Isaacowitz, & Charles, 1999）。對某些人來說，這是個正向的經驗——在轉變至成年中期時，他們對於這個成人的自己感到滿意；但對多數人來說，這是一個至少會有些失望的時期，因為太多的晉升機會都錯過了、太多的投資都收不回來、太多的落選挫敗粉碎了他們相信自己仍可以無限成功的美夢。由於這個評價我們自己是誰的結果，許多人會重新定義他們的目標（去符合他們更適當的成就），或是在轉變至中年的這段期間轉換跑道。例如，有人研究嬰兒潮世代的婦女，發現有三分之二大學主修文科的人，在 40 歲左右做了求學或工作上的重大改變（Stewart & Vandewater, 1999）。通常會有這樣的轉變，是因為早先時候女性往往受到傳統觀念對於角色定位的影響，導致所做出的生涯選擇可能不是自己真正想要的。不論男人或女人，在這個時期通常都會產生一些變遷，包括轉換工作跑道、遷徙、適應新環境、離婚等；在許多面向來說，這類的轉變會帶來自我認同感的增加、確立自我的定位與能力（Stewart & Ostrove, 1998）。

Erikson 提出成年中期是「生產力 vs. 停滯」的階段。這個時期的挑戰在於尋找「有生產力的活動」之意義（例如，工作、家庭生活、社區活動、宗教）。就某種程度而言，我們需要將焦點從自己轉向他人，而能夠成功地通過成年中期階段的人，會將心力致力於自己人生以外的事情上，例如，建立家族企業、引領教導自己的孩子甚至孫子、關照年輕一輩的同事形成良師的關係等（Sheldon & Kasser, 2001）。這裡所謂的生產力，是對外界「伸出」援手、力量，而非以自己為中心。Erikson 認為在成年中期，自私的人將會是沈滯、失去活力的，並且會覺得生活失去大部分的意義。

Levinson 描述了成年中期會有的四個階段。首先是「中年過渡期」，會在 40 歲初的時候達到高峰。對一些人來說，這個過渡期很好適應，但對有些人而言，過渡期的出現會為他們帶來些許混亂和困擾。Levinson 針對 40 位男性樣本做研究：10 名高級主管、10 名生物學家、10 名工廠工人、10 名小說家，他發現他們大部分在 40 歲初的時候都多少經歷過一些混亂的情況。Erikson 描

述這個階段是生產力和停滯之間彼此在進行抗衡的一個高峰點——「我最後能找到生命的意義嗎？」。另外，這個階段也是要去面對生理老化的事實。

從 45 到 50 歲是「進入成年中期」的階段。對於大多數擺脫過渡期的人而言，這是一段平靜而穩定的時期。走過過渡期而對自己感到滿意的人，通常會認為這個時候是他們人生中最具生產力和創造力的時期之一。而在過渡期的那些可能不切實際的野心，在這時會被較可行性的目標所取代，並且也比較有體力和精力來達成。

「50 歲過渡期」是和 30 歲過渡期十分相似的一個階段。對大部分的成人來說，這是一個對在中年期、進入成年中期時所選擇的目標和生活型態做再次評價的階段。而在接下來是大約 50 到 65 歲的時期，這是另一個穩定的階段，Levinson 稱之為「成年中期的頂點」。

更年期 雖然成年期發展的許多變化發生的時間是受到「社會時鐘」的影響，更年期則是對許多人產生衝擊的生理變化。**更年期（climacteric）** 大約在 45 歲時開始，這個時期男性和女性在生殖能力方面普遍都出現下滑的情形。

就女性而言，這個時期由於性荷爾蒙的衰退，最後將導致月經週期的停止，或稱**停經（menopause）**。平均來說，這個現象大概是在 46 到 48 歲之間發生（不過就整個範圍來說，是在 36 到 60 歲之間發生）。更年期對女性來說，也會有一些不舒服的症狀出現，例如潮紅、焦慮、心情低落；不過大多數的女性在經歷所謂的更年期時，倒不會像自己預先所想像的那樣難熬（Stewart & Ostrove, 1998）。

相較於女性，男性在更年期所面臨的轉變較不明顯。男性在此時期的精子細胞生產數量會減少。雖然性荷爾蒙的分泌降低，但似乎沒有太多心理或性慾方面的影響。

成年晚期：整合 vs. 絕望（65 歲之後） Erikson 將 60 多歲之後的發展階段稱為「整合 vs. 絕望」，Levinson 對此階段則沒有太多著墨。老年人會審視自己的生命，若認為自己的生命具有意義時，會將其視為一個整體，並持續過著滿足的生活，而不會僅是為了活著而活。如果當一個人在審視自己的生命時，覺得自己的人生總是沒有達成目標、有許多未解的習題時，可能就會覺得自己的人生沒有意義，並因此感到絕望，且開始產生退縮。

不過，其實有相當多的美國老年人能夠在他們的生命中找到意義，而不是感到絕望。也許這會令你感到驚訝，因為很多時候，我們都會先入為主，就像

更年期
大約在 45 到 60 歲之間的一段時期，女性逐漸停經造成生育能力下降；男性在這個階段的生殖能力也會下降。

停經
女性完全停止月經週期，並失去生殖的能力。

很多人以為發展過程在兒童期就結束一樣，許多人也會以為 65 歲以後的老年生活會是那種黯淡無光、失去樂趣、熱情不再的情景；然而事實上，很多人很驚訝地發現，一直到死去之前，活著本身其實是一個連續不斷的歷程（Baltes & Staudinger, 1993）。事實上，近期研究發現，美國的老年人是最快樂的一個年齡層（Stone & others, 2010）！

在 20 世紀期間，北美國家的人平均預期壽命有大幅增長。在 1900 年出生的人預期壽命通常不會超過 50 歲；然而在 1955 年出生的人，通常可以活到將近 70 歲；而在 1999 年出生的人，我們會預期他大概能活到 80 歲。隨著預期壽命的增加，我們對於老年的想法也開始有了相當大的改變。今日，在 65 歲的傳統退休年齡之後，大部分的人仍能維持著相當健康的狀態，也因此有人會在他們 60、70，乃至 80 多歲的時候，規劃二度就業、投入政治活動、寫作，或從事其他活動。當然，即便如此，老年人還是會感到生命中的時間正在一點一點地流逝。對一些老年人來說，這是必須面對的殘酷事實。在這樣的情況下，他們反而會更希望在生命中，能夠優先專注、投入在認為有意義的事情上（Carstensen, Isaacowitz, & Charles, 1999）。在國內，平均壽命明顯增加，退休的老年人口也增加許多，但與北美相比，對於這些老年人的心理健康投注的相對較少。未來要如何協助老年人享受退休生活，找到生命的「智慧」，需要心理學家們共同努力。

成年期階段性理論的評價　雖然成年發展的階段性理論在某些方面很值得深思，也有其優點，但是也有一些受到批評的地方：

1. **性別差異**：Erikson 和 Levinson 所提出的成年發展理論中，研究對象幾乎都是男性居多，較少著墨於女性的發展。不過有許多研究顯示，男性和女性在成年發展的模式上，各方面大致是很類似的（Roberts & Newton, 1987; Stewart & Ostrove, 1998）。

2. **文化差異與歷史變遷**：早期提出的成年發展理論似乎暗示不論在什麼時機，這些理論對於全人類都是一體適用的。不過，很少有研究去探討在不同的文化中是否真的仍會有同樣型態的發展歷程。事實上，過去的研究資料大多是來自英語系國家、受過大學教育的白人族群，因此，有關其他不同種族的情況尚待研究。即便在同一個文化族群裡，歷史的變遷似乎也會改變成年發展的過程（Stewart & Ostrove, 1998）。想想在第二次世界大戰結束後，北美有許多嬰兒是在 1940 年代末到 1950 年代初之間出生的

嬰兒潮世代。這些新生兒出生在一個具有傳統性別角色的世界裡，但當長大到了年輕的成年時期，反而處在女性主義、性別角色正迅速變動的世代中；當他們在兒童與青少年的階段，他們歷經美國民權運動、金恩博士與甘迺迪總統遇刺事件；之後，他們又經歷是否要支持還是反對越戰等議題。等他們到了成年中期，又處在一個國際恐怖主義、與北美經濟起落的大環境中。對他們來說，所經歷過的種種事件，會如何影響其成年發展？而這樣的發展，跟出生在 1980 年或 2000 年的人又會有何差異？在這些問題尚未有明確的解答之前，我們事實上對於成年的發展仍難有充分的了解（Stewart & Ostrove, 1998）。

3. **不一致的結果：** 研究結果並不總是支持成人發展階段論的特定預測。例如，近期的研究顯示，20 多歲時在工作和戀愛關係不成功的成人，他們往後人生在這些領域反而通常會成功（Roisman & others, 2004）。這對目前還是大學生的你而言是個福音，因為現在的情況不見得會影響到你未來的發展。

4. **對階段理論的疑問：** 最後要注意的是，並非所有的發展心理學家都認為，成年時期可以視為是一連串的危機或階段。Laura Carstensen 相信，成年時期的發展過程是變動的，而非局限在特定的年齡。許多心理學家（Stewart & Ostrove, 1998; Rossi, 1980）認為，中年危機長期被誇大。有些研究也顯示，階段理論學者在成年發展上所預測的改變並不會發生。舉例來說，有兩個研究顯示，並沒有證據支持 40 出頭歲的人普遍都會發生「中年危機」（Farrell & Rosenberg, 1981）。

老化的原因與長壽的預測 老化是生命過程的一部分。隨著時間流逝，身體會逐漸退化：皮膚開始失去彈性與光澤、血管的動脈壁也較沒有彈性、肌耐力會喪失；心肺功能效率會衰退等。大腦也會發生變化（Johnson & others, 2004; Mather & others, 2004）。平均而言，人類大腦的總重量在 80 歲時會比中年時期要少 8%；然而，患有老人痴呆症的人，這樣的比率會高達 20%（Emery & Oxmans, 1992）。

老化同時是心理與生理的生物變化過程。老年人和年輕人的差異在於所經歷的體驗較多。他們所歷經的世代是年輕一輩所經歷不到的、通常已經從工作崗位上退休、其父母也通常不在世上、孩子都已長大為成年人等。如同生理上的老化速度會因人而異，每個人就心理層次的體驗也會不一樣。

在老化的過程中，會影響快樂並減緩智力退化的關鍵心理變項包括：(1) 是否保持著積極活力並從事智能與社交活動；(2) 是否相信關於老年的迷思；(3) 是否有避免抽菸和酗酒（Vaillant & Mukamal, 2001）。有相當多的研究指出，會積極地從事有意義活動的老年人往往會是最快樂的一族群（Kim & Moen, 2001; Neugarten & Hagestad, 1976; Wilson & Bennett, 2003）。這樣的活動與家庭、嗜好、運動、政治、職業工作等因素有關。重點是這些活動對個體而言是有意義的。

　　另一個能讓老年人感到滿足的關鍵，就是能夠忽略那些社會上關於老年人的無稽觀點或刻板印象。有許多上了年紀的成年人，仍活躍於運動、藝術與科學的領域裡，而不是像刻板印象中的那種消極、易怒的「老頭子」。著名人物如哲學家羅素（Bertrand Russell）、藝術大師夏卡爾（Marc Chagall）、畢卡索（Pablo Picasso）、心理學家皮亞傑、史金納（B. F. Skinner）等人到了 80 多歲時，仍然很有創造力與活力。

　　心理學家不只找出了可以適應老年生活的因素，近年來也開始了解能預測人們壽命的心理因素。1921 年，Lewis Terman 針對 1,528 名智力很高的學齡兒童做了一項研究，並在這些研究參與者的有生之年持續追蹤。到了 1990 年代初，有一半的研究參與者已經過世，另一半則還活著。到了 1995 年，心理學家 Howard Friedman 和他的同事回顧了 Terman 的研究記錄，企圖找出任何可以預測研究參與者壽命的心理因素。在此要先強調的是，由於 Terman 的這些研究參與者的智力比一般人要高出許多，因此，研究的論斷不見得完全適用於大多數的美國人口。然而，另一方面，也因為大學生與教授通常也具有較高的智力，這樣的研究結果，或許對於你我而言仍具一定的指標意義。

　　Friedman 發現，在 Terman 的研究裡，通常會活得較久的研究參與者，有較高的比率是那些小時候具備了「認真謹慎、值得信賴、誠實坦率……」等性格特質的人；這些人每年會死亡的機率會較其他人少 30%。另一方面，如果小時候大都表現出「興高采烈的、愉快的……」等特質的研究參與者，則會趨於短命。對於這項驚人的發現，有些看法認為：具愉快特質的小孩往往勇於冒險、嘗試新的事物，於是到了成年，便容易學會抽菸、酗酒等惡習，也因為這些惡習而造成壽命不長；相對地，那些屬於謹慎型的小孩，成年之後比較不會涉及這些具危險性的事故，因而很可能及早就有了穩定婚姻，要不就是維持單身。再者，離婚也會導致壽命較短，特別是父母離異的小孩，短命的風險會大幅提高（平均是 4 年）。另外，Terman 的研究參與者在他們 30 來歲的時候接

受了關於本身情緒與行為方面的訪談。結果發現，情緒較多困擾的人壽命往往也不長（Peterson & others, 1998）。

所以，如果你是屬於開心、且父母離異的小孩，是否該多保些壽險呢？其實不是的。然而，倘若你吸菸、酗酒、愛冒險，並且正考慮離開一段美好婚姻只是為了尋求改變，那麼你可能應該要開始考慮是否要改變現有的行為。我們將會在第 13 章進一步討論心理因素與健康之間的關係，然後檢視該如何改變行為，以便增進健康與延長壽命。

10.6.5 死亡與臨終：最後的「舞台」

每件事情都有結束的時候，包括我們的生命。我們的生命週期從一個單細胞開始，在死亡的時候結束。最近幾年，死亡與垂死的議題一直在科學上受到關注與探討，也有一些有趣的研究發現。

在許多人生命的最後階段裡，對於死亡的想法是其中很重要的部分。就年齡來說，上了年紀的人比起那些年輕族群，會花更多的時間在想這類的事（Kalish & Reynolds, 1976），而且相較之下，對於死亡比較不會那麼恐懼，也比較能坦然面對。的確，這些思考反而能幫助他們把握現在（Carstensen & Charles, 1998）。

然而，除了年齡之外，一個人對於死亡的恐懼還與其他的變項有關；其中一個很重要的因素就是對於宗教的信仰。有虔誠宗教信仰的人對於死亡往往比較不會那麼擔心、焦慮，其次是那些沒有宗教信仰的人；而雖有宗教信仰、但卻沒有貫徹實踐其信念的這群人，對於死亡反而會產生較大的恐懼（Nelson & Nelson, 1973）。

精神醫師 Elisabeth Kübler-Ross（1969, 1974）從她在醫院中與數百名末期病患的訪談中，對於死亡的歷程提出了一些重要的見解。她從這些訪談中發展出一套理論，認為當人們在得知即將死亡（或者當心愛的人瀕臨死亡）時，通常會經歷五個分明的階段：

1. **否認**：一開始，個體會強烈地經由否認關於末期病情的相關訊息來抗拒死亡。在這個階段，常見到末期病患會去怪罪醫師無能，或是希望能有「奇蹟療法」出現。有時這種抗拒較內斂，病患可能會選擇裝作不知道這個消息。
2. **憤怒**：在經過一開始的否認之後，末期病患接著會以憤怒來面對將要死亡的事實：「為什麼是我？發生這樣的事，對我來說是不公平的！」在這段

期間，開始會有敵意、嫉妒別人、憤恨不平等情緒出現。結果，末期病患經常會對護士、醫生，甚至心愛的人發脾氣或吵架。

3. **討價還價**：在這個階段，大部分的否認和憤怒都會消失，而末期病患也終究完全意識到死亡即將來臨，但還是不能接受死亡是無可避免的事實。病患會試著去協議、討價還價來延長自己的生命，例如願意承受痛苦的治療，不過大多會是對上帝暗自許諾，像是：「只要可以再多活6個月以上的時間，我會把大部分的財產都給教會。」

4. **沮喪**：最後，瀕臨死亡的現實感會導致失去希望，似乎不再可能去討價還價，無論如何死亡終究還是會來臨。病患開始會對於將要留下心愛的人而感到內疚，並且覺得無法有尊嚴地面對死亡，而且會非常沮喪。

5. **接受**：到了最後，病患的沮喪低落感會漸漸消褪，也逐漸開始接受死亡。這種接受通常不會是愉快的感覺，而是一種情緒耗盡，讓病患可以平靜地鬆開負向情緒的心理狀態。

Kübler-Ross（1974）與其他學者指出，並不是每一個末期病患都會經歷這些階段，對於瀕臨死亡的情緒反應是非常個人的（Feifel, 1990）。如果我們和心愛的人一起經歷面對死亡的歷程，務必小心不要將這些觀點強加在他們身上。

複習

在多數健康的成年人中，成年期的智力和性格大都是維持穩定的，然而，的確還是會發生一些變化。大部分的智力能力在進入成年早期時會有所增進，之後便會衰退，其中流體智力衰退的速度比結晶智力來得快。大多數健康的成年人在進入老年後，在智能方面只會有小幅度的衰退，而且還可能增長「智慧」。雖然在測量性格時，與他人相較之下的排名通常不會改變，成人期的人格特質還是會有一些正面的改變。成人通常會變得較不情緒化。Erikson 和 Levinson 提出成人生活的一系列階段，但我們還有許多待學習的空間，而且並非所有的心理學家都認同成人期的變化可用階段來解釋。

雖然一些上了年紀的成年人，可能對於不曾做過一件對生命有意義的事感到失望，但仍有許多其他的人，一直到死亡之前，仍在追求讓生命更富有意義與喜悅。雖然老化是身體自然退化的一部分，然而在心理歷程方面，卻能夠藉由從事有意義的活動而延緩下來；同時，也用不著去相信社會中普遍對老化的偏頗認知。而不管個體如何度過成年晚期，生命的最後階段一樣都是死亡。老年人通常比較能夠接受瀕臨死亡的事實，尤其是有宗教信仰時；然而必須提前知道自己即將死亡的個體則通常會經過幾個痛苦的階段，才能達到接受死亡的狀態。

想一想

1. 你成年發展的歷程為什麼會和你祖父母的成年發展相異？你的文化會對你的成年發展產生影響嗎？
2. 你認為你的性格在過去 10 年來有改變嗎？你認為未來你的性格會改變嗎？

▶▶▶ 心理學的應用　養育方式

在重要的早期發展階段——嬰兒期、兒童期和大部分的青春期，我們一般都和父母同住。他們給予我們食物和遮風避雨的處所，保護我們遠離危險，還提供我們許多早期的學習經驗。父母在給予孩子一個健康人生的開始這方面扮演關鍵的角色。儘管對小孩的養育方式是如此重要，社會卻沒有提供父母這方面的教育訓練。我們的學校教導我們讀、寫和算術，但就是沒有教我們如何養育子女。所以，我們會謹慎地看待「養育方式」這個議題，我們會將重點放在對孩子來說是最好的養育方式。

養育方式與嬰兒的依附情結

我們先從父母如何幫助他們與嬰兒發展安全的關係——或稱依附——開始。新生兒在醫院的育嬰室中，似乎在不同人搖晃的臂彎中都能夠享受到同等的快樂，不過，在生命中頭一年的某段時間（通常是 6 到 9 個月大時），嬰兒通常會緊密地依附於某一個或幾個照顧他的人。在這個發展關鍵，大多數的嬰兒會發展出一種正常的「陌生焦慮」；當陌生人出現時，嬰兒會表現出害怕和淚眼汪汪的樣子，然後緊抱著他們的安全堡壘，也就是他們所依附的人（Ainsworth, 1979）。到了 18 到 24 個月左右，大部分的學步兒都比較能夠處理陌生焦慮了。當陌生人剛出現時，他們會靠近主要照顧者，不過，如果他們知道安全照顧者就在身旁，就能夠離開照顧者到處探索和玩樂。能夠這樣處理陌生焦慮的嬰兒，稱作「安全依附」。

然而，有些嬰兒和學步兒對他們父母的安全依附較少。當與他們的照顧者分開時，有些「不安全依附」的學步兒會極度用力地抱著他們的照顧者，而且當父母離開時，他們會變得非常沮喪。看起來，依附不夠安全，會讓學步兒無法承受父母的暫時離開。另一些不安全依附的學步兒則幾乎不會把父母當成安全的避風港，反而好像會忽略，甚至會躲開父母，就好像此時對父母的依附太弱，以至於無法幫助孩子。

是什麼因素造成安全的依附呢？部分答案是孩子天生的個性。有些孩子從出生時就是比較冷靜，而且比較能夠接受父母。不過，父母也同樣扮演重要的角色。父母可以透過持續照顧嬰兒的需求，以及溫暖、鍾愛和接納的態度，來幫助孩子形成安全依附。在這種情況下，當一個接納的父母意味著當寶寶「表現得像個嬰兒」時，都要保持冷靜和慈愛（至少大部分時間要如此）——在午夜時哭泣、剛換完尿布馬上又尿濕、把每一口麥片都吐回你的手上（Goldsmith & Alansky, 1987）！

幫助嬰兒形成安全依附的堅固基礎，對於父母是十分重要的。不過，對於不安全依附的嬰兒，父母又該多擔心呢？最好的答案是，父母應該要注意自己的養育方式，看看是否可以做些什麼健康的改變，不過，父母無需過度擔心，因為在 2 歲時極度黏父母的小孩，只要持續受到父母的照顧與關愛，通常到 5 歲時，都能發展成一個快樂、有安全感的小孩。

養育和管教風格

管教風格是父母養育孩子裡面很重要的一環。當嬰兒可以自主活動時，父母必須試著去規範孩子的行為，以保護孩子並指引健康的方向。換句話說，父母必須提供指引和管教。心理學家 Diana Baumrind（1983）經過長期廣泛的研究後指出，父母的管教型態大致可分為三類：權威型、放縱型、以及民主型。

權威型（authoritarian）的父母說一是一，不容挑戰，給予限制時往往不說明理由，只會跟孩子說：「我就是那樣規定的，沒有為什麼」。這類父母通常會指示孩子該如何表現，而且不容孩子犯錯，孩子只要一犯錯或不遵守規定，就會受到嚴厲的懲罰，以便增強他們聽話的行為。

相對地，放縱型（permissive）的父母對兒童或青少年的管教十分鬆散，無論孩子要做什麼，都讓他們自己決定，對於不當的行為也很少會懲罰。放縱型的父母給予孩子相當的尊重和非常大的自主空間，然而有時候，這樣的方式顯得太獨立，對孩子而言太早了一點。

民主型（authoritative）的父母與權威型的父母同樣都會限制孩子的行為，但是在合理的限度範圍內，不會什麼都管；而且給予這些紀律的時候，都會給一個明確的理由，讓孩子明白為什麼不准他們這麼做。民主型的父母強調正向地增強適當的行為和溫暖的情感，因此不會任意處罰孩子，若處罰也會說明原因，而且通常不會採取體罰。這類型父母所立下的規定都是可以討論的，如果孩子覺得不合理，經過與父母邏輯的討論後是可以做調整的。這類管教風格教出來的孩子獨立、自尊且自重，但是行為又不致隨便。

究竟這三種類型的管教風格，哪一種對孩子最好呢？研究發現，民主型的父母教出來的孩子通常行為舉止比較合宜，也比較正向、樂觀，而且他們的家庭氣氛也會比較和諧（Baumrind, 1983, 1991; Querido, Warner, & Eyeberg, 2002）。

養育的效果──勿下定論

維吉尼亞大學的心理學教授 Richard Bell（1968）指出，當我們在詮釋有關教養風格的研究結果時，必須十分謹慎。以上剛提出的結論，並不是說民主型家庭的小孩就一定樂觀、正向，而是和其他教養方式的小孩相比之下，較為正向和樂觀。但是父母的教養態度是造成孩子行為的必要條件嗎？大多數發展心理學家認為是的，但是似乎還有其他的因素在運作，影響到孩子的行為。有沒有可能一個樂觀、個性好的孩子讓父母比較容易採取民主型的教養方式？如果一個孩子易怒、目中無人又具攻擊性，父母還會採取民主型的教養方式嗎？有一些研究指出，孩子對父母的影響其實跟父母對孩子的影響是一樣多的。

Calgary 大學的 Hugh Lytton（Anderson, Lytton, & Romney, 1986）比較正常的、情緒穩定的、行為良好的孩子的父母，與拒絕順從、具攻擊性且找過心理師求助的孩子的父母。他

先觀察這兩組人在他實驗室裡的遊戲室如何互動。他發現拒絕順從孩子的父母比較沒有愛心的表現、對於正向行為比較少給予獎勵、比較會批評，也比較會指示孩子該怎麼做。

大部分的心理學家認為，就是這種權威型的父母教養方式導致孩子的不當行為（例如，Baumrind, 1983）。但是，Lytton 將以上兩組的小孩和父母的配對交換，發現原本是第一組行為良好小孩的父母在面對拒絕順從且具攻擊性的小孩時，態度也會改變成第二組權威者的態度。

所以在一個家庭裡，到底是誰影響了誰呢？是父母的管教影響了孩子的行為？還是孩子的行為影響了父母的管教？很明顯地，是互相影響（Schermerhorn & others, 2007, 2008）！即使父母知道教養風格會影響孩子的行為，但是碰上易怒且拒絕順從的小孩時，還是會不由自主地採用權威者的方式。若孩子行為不當父母就以憤怒的方式回應，一旦形成這樣的惡性循環之後，孩子便很有可能產生行為問題（Granic & Patterson, 2006）。因此，面對難以教養的孩子時，父母對於孩子的挑釁行為盡量不要以權威的方式來回應，才有機會幫助孩子。

常見的管教錯誤

心理學家 Susan O'Leary（1995）針對管教無效的父母常犯的管教錯誤做了廣泛的研究，發現孩子行為不當的父母通常在管教上會犯以下常見的錯誤：

1. **管教鬆散**：沒有效能的父母通常未能貫徹對小孩立下的規矩，常常屈服於小孩的要求而更改規矩，使得孩子得以鑽漏洞以避免懲罰。有效能的父母對於規矩會貫徹執行。
2. **增強不當的行為**：行為不當孩子的父母往往會正增強孩子的不當行為。有時是在無意間——例如只有在孩子行為不當時去注意他們；但有時是有意的——例如當孩子讓其他小孩出醜時給予稱讚。有效能的父母是對孩子的良好行為給予正增強，而不是不當的行為。
3. **嘮叨**：沒有效能的父母對於孩子的不當行為採取不斷嘮叨的方式跟孩子爭辯，而非直接執行規矩。有效能的父母知道簡短地解釋為什麼要執行某條規則，會比跟孩子無止盡的爭辯來得有效。例如，「很抱歉，你今晚不能看電視，因為你的作業還沒寫完。」這類簡短說明規範的原因收到的效果最大。
4. **過度反應**：沒有效能的父母對於孩子的犯錯行為會生氣、嚴厲的指責與數落。有效能的父母在面對孩子的不當行為時，能夠保持冷靜並平靜地執行規矩。

社會文化的因素影響教養風格

各種文化背景的父母都希望自己的孩子是好的，但是，每個文化對「良好行為」的定義並不相同，這些不同的定義決定了父母對孩子的教養方式。因此，我們必須去了解教養的文化差異（Rubin, 1998）。例如，集體主義的國家，像是中國、日本和印度，社會文化強調的是家庭和社會的福祉，而非個人的福祉。然而，個人主義的社會，像是美國的主流文化，注重的是個人的利益，而非群體的最大效益。

這些不同造成父母教養孩子的方式不同。像是美國人在教養孩子的時候，會增強他們的

自尊，站在人群中要顯得顯眼，鼓勵孩子發言不畏縮，對自己要有自信，因為這才是一個成功的人應該有的態度。東方世界的父母在教育孩子的時候都要他們謙遜，這樣的方式使得大部分的孩子看起來比較害羞。在東方文化裡，認為謙虛是一種美德，但是，這種美德放到美國文化中，就顯得過分害羞和自閉了，美國父母甚至還會因此而求助於專業的機構（Rubin, 1998）。

另外，美國和中國在學業上的成就要求也有所不同。在美國，華人在教導孩子數學的時候，強調迅速的解題方式；美國人在數學的教導上，強調的卻是邏輯的建構（Huntsinger, Jose, & Larson, 1998）。這些華裔美人教育孩子要善用他們的時間；美國人則教育孩子要會安排自己的時間。雖然數學的教育方式不同，但兩種文化都有一個共同的目標，就是希望他們的孩子在數學上能有好的表現。

完美父母的迷思

充滿愛和教養有方的父母，是為人父母者能給孩子最大的禮物。但是我必須指出，完美的父母並不如我們想像的重要，因為這類型的父母時時刻刻都顯得小心翼翼，把孩子當作瓷娃娃一樣易碎，生怕他們只要一做錯了什麼，就會對孩子產生無可挽救的影響。

事實上，孩子的適應力是很強的，在寬廣原則下的孩子可以生存得很好。孩子並不會因為父母的情緒突然失控，就產生不可抹滅的影響，他們的生命也不會因而變得慘澹，他們會自己主動尋求外援，尋求同儕的支持，不會以父母的話為自己世界的所有重心。

這並不是說父母對孩子不會造成傷害。不幸的是，每天活在父母的疏忽或暴力陰影下的孩子，會產生影響深遠的後果。不過大部分孩子的父母多少都會有點小瑕疵，不過對於這些瑕疵的部分，孩子會有自己的適應能力去調適。

托育、離婚，及養育

在過去的觀念裡，我們都認為對於孩子教養照顧的工作是母親的責任。一般深植的觀念認為家庭裡父母的角色分配，一直都是爸爸出外賺錢，媽媽負責在家帶小孩以及處理家務。這種觀念根深蒂固，因此我們會很驚訝發現，早在1991年，只有不到10%的美國小孩的童年期是完全由已婚的雙親扶養長大，而且母親是全職媽媽（Silverstein, 1991）。

美國現在有許多雙薪家庭。事實上，女性在孩子就讀高中的時候出外工作的比例，從1970年代至今已增加一半（Marshall, 2004）。另外，還有一部分是因為離婚的關係，導致女性離開家庭出外工作，以便養活自己和養育孩子。全美現在的離婚率高達40～50%（Amato, 2010），這些離婚的婦女中會選擇出外工作的比例，比起沒有離婚的婦女選擇出外工作的機率高很多（Scarr, Phillips, & McCartney, 1990）。

社會結構的改變導致媽媽花在照顧小孩的時間上愈來愈少。那麼，是誰來照顧孩子呢？近年來，爸爸花在直接照顧孩子的時間逐漸上升（Casper & Bianchi, 2002），而有些照顧小孩的工作會落到其他的家庭成員身上，像是爺爺、奶奶（Kreider & Elliott, 2009）。不過，現在有許多孩子大多時間都待在托育中心。如同心理學家Sandra Scarr所說：「現在，托兒照顧就像汽車和冰箱一樣，都是家庭生活必需品。」（Scarr & others, 1990, p. 26）

這些改變會對孩子造成傷害嗎？這是個極富爭議性的研究議題。研究發現，小孩由誰帶並不重要，重要的是環境是否合宜。受托育中心照顧的孩子和被父母帶大的孩子相較，在健康、情緒、智力和依附各方面成長的差異不大。雖然太早長期留在托育中心被認為可能導致日後某些行為問題，但確實也可提供更多的認知技巧與學習刺激（Vandell & others, 2010）。不過這些影響看來都不大，也很難判定是否不是由其他原因導致。孩子要在托育中心正常成長的關鍵是中心的環境品質，以及回家後能和父母相處的時間與品質。

離婚也是造成養育孩子時間變少的肇因。離婚會對孩子造成傷害嗎？離婚無疑會對大人及小孩都造成壓力。多數孩子在這段時間內會面臨情緒不穩，造成某些行為偏差（Hetherington, 1979）。研究也發現，父母離婚和青少年問題有關，問題甚至可以延續至孩子成年期。但是，多數父母分開來的孩子都很有韌性（Amato, 2010）。對孩子影響最大的是父母在離婚後仍不斷發生衝突，或是父母有心理情緒的問題（Amato, 2010; Kelly & Emery, 2003; Lahey & others, 1988）。只要父母能夠開誠布公地討論彼此的情緒，並將離婚後的照顧責任分配好，對孩子的影響就比較不會那麼大（Amato, 2010; Kelly & Emery, 2003）。

本章總結

第 10 章總結了關於發展心理學的重要概念，以及解釋發展歷程的幾個重要理論。本章說明了個體從出生到嬰兒期、兒童期、青春期、成年期、成年晚期，一直到死亡的發展歷程。

I. 部分心理學家認為，隨著發展而發生的行為改變是與生理的成熟有關；另外一部分的心理學家則認為，個體的行為改變是來自與外在環境互動的經驗而「模塑」出來的。
   A. 生理的觀點認為，神經系統和其他身體部位的發展成熟，是行為改變的先決條件；「模塑」理論學家則認為學習是關鍵。
   B. 時至今日，大部分的心理學家都認同是生理和環境這兩大因素的交互作用，影響了一個人的思考、行為和情緒。
   C. 有些理論學家認為，兒童期早期的人格發展對於一個人性格的形成有長遠的影響。
      1. 研究發現，動物在關鍵期的銘印經驗會對動物產生長遠的影響；但是，在人類的發展上，並沒如此清楚明確的關鍵期。
      2. Margaret Harlow 和 Harry Harlow 的社會剝奪實驗發現，幼猴早年階段經歷不正常的剝奪經驗會對猴子造成長遠的影響；但是，這種情形在人類身上似乎是可以修復的，如果後來的環境夠溫暖夠正向且及早介入的話。
   D. 父母在孩子的發展上扮演了重要的角色，但是孩子的行為和情緒也會影響父母決定教養的方式。

II. 持階段理論的心理學家認為，所有的兒童必定都會以同樣的順序經過相同的發展階段，而且每一個階段都有質上的不同。
   A. 皮亞傑將人類從嬰兒到成年分成四個認知發展階段：
      1. 感覺運動期（出生到 2 歲）：嬰兒藉由身體的知覺來建構外在世界。
      2. 前運思期（2 到 7 歲）：兒童已經具有心

像的能力，但是他們的思考方式以大人的標準來看常常不合乎邏輯。
3. 具體運思期（7 到 11 歲）：邏輯思考的能力增加，除了抽象推理的能力以外。
4. 形式運思期（11 歲以後）：個體可以如成人般地邏輯思考，而且能了解抽象概念。

B. Kohlberg 經由道德兩難問題發展出道德發展階段理論。
1. 道德成規前期：兒童對於道德並沒有特殊的感覺，他們的定義在於如何避免懲罰。
2. 道德循規期：兒童的道德判斷在於別人如何看待他／她的行為，判斷標準來自於法律和社會規範。
3. 道德自律期：為最後一個階段，道德判斷的依據是道德原則，而非硬性的規範，或是為了獲得獎賞或避免懲罰。

C. Carol Gilligan 提出她認為比 Kohlberg 更能解釋女性道德發展階段的理論。
1. 個人生存的道德層次：在最初的階段，小女孩會遵守規範以獲得獎賞或避免懲罰。
2. 自我犧牲的道德層次：在此階段，女孩認為有時候必須犧牲自己的需求以滿足他人的需求。
3. 追求平等的道德層次：是最後也是最成熟的階段，女性認為只要做得到，每個人的需求都應該被滿足，平等是重要的，即使必須有所犧牲，也必須是平均分配。

D. Erik Erickson 的人格發展理論是根據個人與社會互動的關係發展而來。

III. 在不同年齡的發展階段都有不同的改變。
A. 新生兒階段（出生到兩週）是從子宮過渡到獨立生命體的階段。
B. 嬰兒期（出生 2 週到 2 歲）在生理、知覺、認知、語言、社交和情緒上均發展迅速。
C. 兒童期早期（2 到 7 歲），這個階段仍是發展的蓬勃期，但成長的速度不若嬰兒期迅速。
D. 兒童期中期（7 到 11 歲），生理發展的速度趨緩，但是重要的認知發展開始出現，例如守恆的認知。

IV. 青春期是從青春期開始一直到成人期開始的發展階段，為另一個爆發期，為進入成年期做準備。
A. 青春期荷爾蒙的成熟，使男孩和女孩開始出現第一性徵。
1. 初潮在北美女性身上的平均發生年齡為 12 歲又 6 個月。
2. 男性平均在 14 歲以後開始產生精子。
3. 男女兩性在青春期都會開始有第二性徵的展現。
4. 青春期早期的青少年生長衝刺約持續一年。
5. 不論男性或女性，身體的不同部位有不同的成長速度，體重與體型也會有不規則的改變。
6. 個體進入青春期的時間各有不同。女性一般比男性早兩年進入青春期。

B. 有些個體在 11 歲時進入皮亞傑所謂的形式運思期——具有抽象思考的能力。
C. 同儕對青少年的影響力取代了家庭的影響。大部分的青少年都能適應得很好，但是與其他人生階段相比，青少年較情緒化、較容易有親子衝突，也有較多的冒險行為。

V. 成年期階段的改變包括愛、工作和休閒娛樂。
A. 在健康的成人身上，整個成年期的智力相對穩定，在 50 到 60 歲之間，智力才開始有小幅的衰退，尤其在思考歷程的速度上。70 歲以後，某些智力層面開始有較大幅度的衰退，特別是發生在動脈硬化和其他腦部損傷的患者身上。

B. 有些可預測的人格改變發生在成年期，像是變得富有洞察力、可依賴、自制和知足。然而，其他的人格特質大部分是穩定不變的。
C. 有些心理學家認為，我們在成年期仍是經歷所謂「階段」的發展。
   1. 成年期的發展階段不同於兒童期：階段發展的順序因人而異，並不是固定的；而且，不是所有的成人都會經歷到每一個階段；此外，每個階段出現的時間並非由生理的成熟控制。
   2. Erikson 將成年期早期稱為「親密 vs. 孤獨」階段，這個階段的成人大多能進入愛和承諾的關係中。
   3. Erikson 將成年期中期稱為「生產力 vs. 停滯」階段，這個階段的成人從工作和家庭生活中尋找生命的意義。
   4. Erikson 稱 60 多歲以後的時期為「圓滿 vs. 絕望」階段。成人藉由整合過去的生命經驗獲得成就感，並進而了解自己存在的意義。
D. 雖然成人發展階段理論發人深省，但是仍有許多發展心理學家並不認同這樣的發展階段觀點，反對意見認為，這樣的階段論點並未將可能的性別、文化和歷史等差異納入考量。
E. 與快樂老年有關的心理變項因素包括參與活動，以及破除傳統對老年的迷思。老年人比年輕的成人不那麼畏懼死亡。Kübler-Ross 提出年輕的成人在得知自己即將死亡時，會經歷五個階段：否認、憤怒、討價還價、沮喪，以及接受。

課程活動

活動目的：道德發展階段探索
進行方式：以下是你在日常生活中經常會遇到的狀況，你會如何思考呢？根據你的答案，想想看你的道德發展在那個階段。

1. 闖紅燈——你有闖紅燈的經驗嗎？你如何判斷是否可以闖紅燈？
2. 劈腿——已經有穩定交往對象的人可以劈腿嗎？原因為何？

活動目的：生命的意義
進行方式：想像一下你即將死亡，你會如何撰寫你的「墓誌銘」來說明你的一生？

第 11 章　動機與情緒

在生活中遇到的謎題，可以透過研究的過程中找到解答，但要進行像科學家 Walter Cannon 及其同事 A. L. Washburn 所做的實驗，還真要有些膽量才行。Cannon 和 Washburn（1912）想要了解人為何會肚子餓。他們相信飢餓的感覺是因為胃壁的收縮所導致。為了確定這個想法是否正確，Cannon 說服 Washburn 吞下一顆氣球，這顆氣球連接到他體外的一根長管子，長管子又接上一個空氣幫浦（空氣壓縮機）。然後，他們將這顆氣球充滿氣，直到整顆球體充滿 Washburn 的胃，以便偵測胃的收縮（見圖 11.1）。在胃的漸歇性收縮被偵測到時，由於 Washburn 被管子哽住不能說話，所以，他會按一個連接到記錄裝置上的按鈕來表達感到飢餓的感覺。如同 Cannon 的預測，Washburn 的胃收縮時，也是他感覺到飢餓的時候，而這個結果引導他們下了這個結論：飢餓不過是由空的胃收縮所引起。這是一個非常有創意的研究，而且 Washburn 還做了相當大的犧牲。不過，雖然胃的收縮的確與飢餓感有關，但這只是其中一個因素，而且還是最不重要的因素。

本章要介紹的是我們的動機與情緒。動機是種引領我們產生行動的內在狀態。包含生理層面的動機，如吃、喝、睡等，與生存有關。另外還有心理層面的動機，像是尋求新奇經驗、成就、人際親和等。這類動機受到學習經驗的影響很大，所以會因人或文化不同而異。性動機則具有許多獨特的性質，是比較特別的情形。

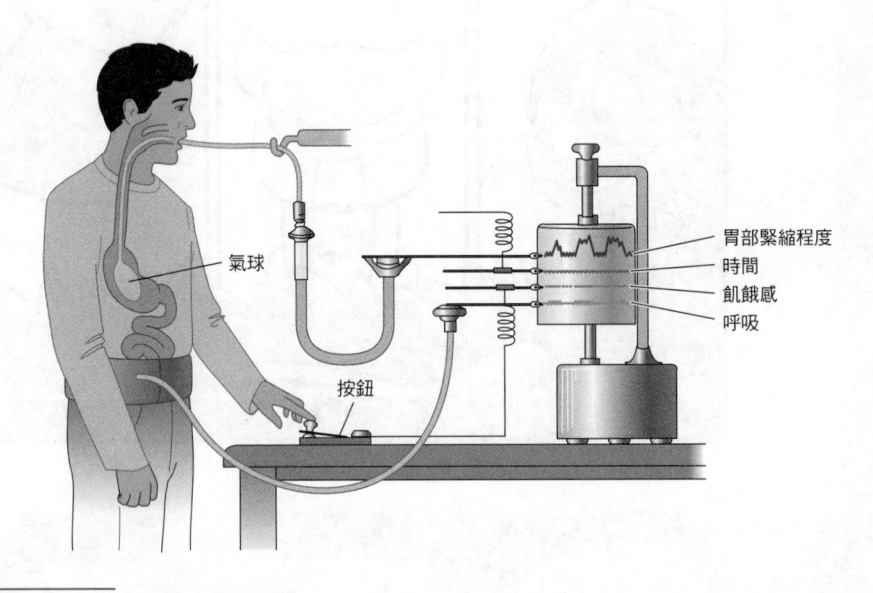

圖 11.1 此圖所描繪的是 Cannon 與 Washburn（1912）用來偵測胃的收縮會產生飢餓感的裝置。我們可以看到 Washburn 吞下了一顆氣球以測量胃的收縮。

情緒是常能誘發我們行動的特別內在狀態。情緒混合了三種不同但緊密相關的心理歷程。第一，情緒與我們所意識到的正負向經驗有緊密的關聯。第二，情緒會伴隨著生理上的激發與興奮，這些是來自於自主神經系統、一些內分泌腺體，或是其他生理系統。最後，情緒會伴隨著面部表情、姿勢改變，甚至是採取行動。舉例來說，當你在過馬路時看到一輛車子朝你開來，你會感到負向的意識經驗，你的自主神經系統會警告你，讓你臉上顯示驚恐，並會跑開或閃躲。我們接下來會看到有些情緒是天生的，而有些則是藉由我們的經驗所塑造出來的。

11.1 動機和情緒的定義

對於人們行為感興趣的人，最想問的問題是：為什麼人類會有這樣的行為？小美想要知道，即使明知自己早已不再愛小余，為何還是繼續跟小余同居；包裝工廠的管理者想要知道，為什麼有兩名員工似乎不能專心上班；父親想要知道，為什麼他的兒子在學校只玩社團不上課。這些問題的答案通常都與動機有關。

動機（motivation）指的是觸動並引導著我們思考與行動的內在狀態。動機基本上可分成兩大類，第一類是是奠基於生理上的動機，如飢餓，而一些像是血糖濃度的內在因素，就是調節飢餓的重要因子。另一大類是心理上的動機，例如成就動機。然而，環境中的外在線索（external cues）是引發我們所有動機的重要因素。看到電視上的漢堡廣告是外在線索，會引發飢餓動機；聽到室友說下週要交心理學的練習作業，也會是一個外在線索，會引發我們的成就動機。

> **動機**
> 那些啟動以及給我們的感覺、想法和行動有方向性的內在狀態與條件。

動機與情緒息息相關。**情緒（emotion）**是指由刺激引起的正向或負向感覺，伴隨著生理反應和特定行為。例如，我們感到害怕時會經歷極為不舒服的感覺：自律神經系統中的交感神經系統會被激起，恐懼也會透過我們的行為表現出來。

> **情緒**
> 由刺激引起的正向或負向感覺，通常伴隨著生理上的激起和相關的行為反應。

動機和情緒是兩個緊密連結的概念，原因有二。首先，動機通常會伴隨情緒（例如，想要考出好成績的動機可能伴隨緊張的情緒；有性衝動的動機往往會夾雜激情與愛的情緒）。再來，情緒通常有自己的動機特質——熱戀中的人會有動機想要彼此長相廝守；暴怒的人會有打人的衝動。

11.2 基本動機：生物上的需求

許多人類動機都是來自於對維持有機體生存的「基本需求」，如食物、水、溫暖、睡眠、避開痛苦等。這些需求必須被滿足，否則只有死亡一途，因此我們認為這些是人類的**基本動機**（primary motives）。本節只討論飢餓與口渴這兩種生物上的動機，因為它們是最容易理解的基本動機。

> **基本動機**
> 對於食物、水和保暖等生存需求的人類動機。

11.2.1 體內恆定：生物的恆溫裝置

大部分的基本動機是基於身體的需要，目的是維持生命的必需元素：足夠使細胞能夠生存的血糖、足夠的水分等。這些重要的標準（血糖濃度、體內水含量）是藉由**恆定機制**（homeostatic mechanisms）來調節的。這些機制能夠偵測體內的不平衡，做出反應以便回復到適當的平衡狀態。恆定機制類似房間的空調系統。當偵測器感應到房間的溫度上升或下降到某種程度，會產生訊號到空調系統，使空調系統運作來使房間達到適當的溫度。我們的身體會對體內的不平衡做出反應，包括內部的生理反應以及外顯的行為。例如，當體內細胞的水分減少到安全標準以下，身體會傳送訊號到腎臟進行再吸收作用，從尿液中再抽去水分；同時，也會有訊號傳送到大腦，讓我們去找水來喝。類似的機制也表現在飢餓以及維持體溫的行為反應中。

> **恆定機制**
> 偵測體內的不平衡並刺激反應以回復到適當平衡的體內機制。

11.2.2 飢餓：進食的調節機制

飢餓感的控制中心不是來自飢腸轆轆的胃，**下視丘**（hypothalamus）才是控制飢餓動機的主要角色（Berthoud & Morrison, 2008; Seeley & Schwartz, 1997）。這個小而重要的前腦結構在第 3 章有介紹過，它是調節我們許多情緒與動機的地方（見圖 11.2）。

> **下視丘**
> 位於前腦的一個構造，主管動機、情緒和自主神經功能。

下視丘有三個地方是調節飢餓感的中心。其中有兩個控制中心是以相反的方式運作：進食系統（feeding system）位於**側下視丘**（lateral hypothalamus），當需要食物的時候，它會讓我們開始進食；飽食系統（satiety system）位於**中腹側下視丘**（ventromedial hypothalamus），當我們已經吃飽的時候，它會讓我們停止進食。

> **側下視丘**
> 下視丘的部分構造，與飢餓感和進食行為有關（進食中樞）。

> **中腹側下視丘**
> 下視丘的部分構造，與吃飽時抑制進食行為有關（飽食中樞）。

實驗顯示，已經飽到吃不下的老鼠在側下視丘（進食系統）被電刺激後，牠們又會開始繼續進食；而另一方面，如果下視丘的這個部分被破壞，老鼠會完全停止進食，此時如果沒有透過人工餵食，就會餓死。相反地，當中腹

11 動機與情緒 353

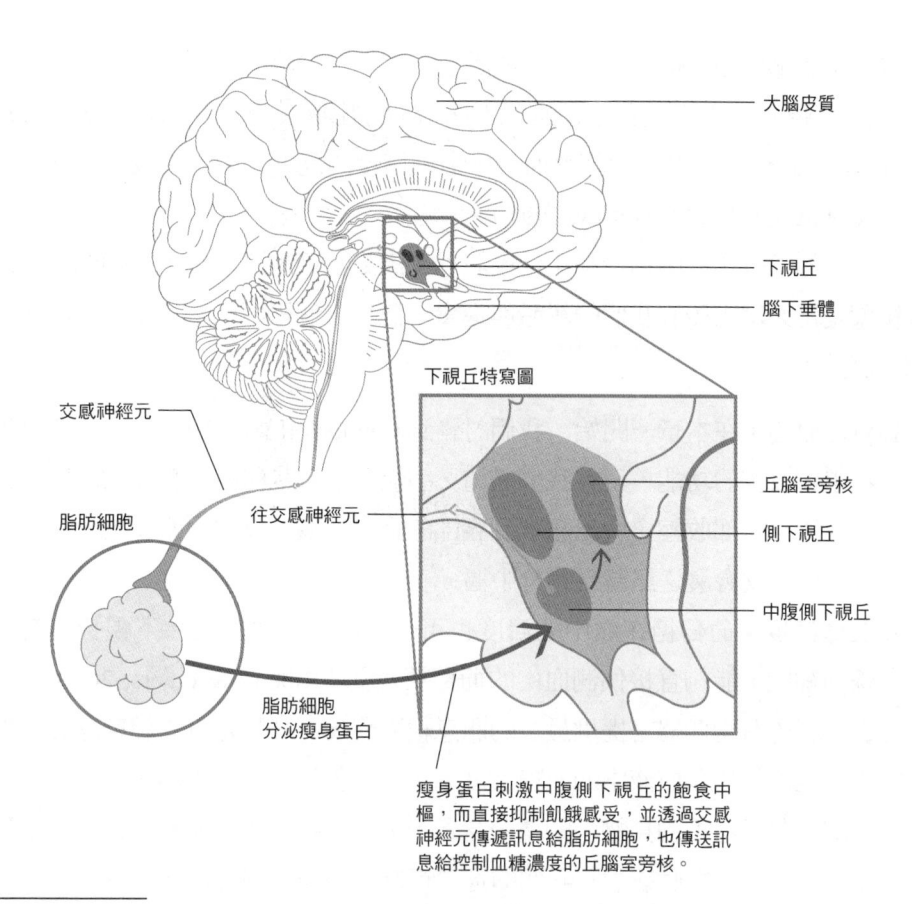

圖中標示：
- 大腦皮質
- 下視丘
- 腦下垂體
- 下視丘特寫圖
- 交感神經元
- 往交感神經元
- 脂肪細胞
- 脂肪細胞分泌瘦身蛋白
- 丘腦室旁核
- 側下視丘
- 中腹側下視丘

瘦身蛋白刺激中腹側下視丘的飽食中樞，而直接抑制飢餓感受，並透過交感神經元傳遞訊息給脂肪細胞，也傳送訊息給控制血糖濃度的丘腦室旁核。

圖 11.2 下視丘有三個部分在控制飢餓中扮演重要的角色：在側邊的進食中樞、在腹側中央的飽食中樞，以及丘腦室旁核。進食中樞讓我們感覺飢餓並開始進食；丘腦室旁核透過控制血糖讓我們感到飢餓；而腹側中央的飽食中樞則是透過脂肪細胞的回饋來運作。瘦身蛋白（leptin）的分泌導致飽食中樞直接抑制我們的進食，刺激丘腦室旁核，並透過交感神經的興奮來提高脂肪細胞的新陳代謝（Ezell, 1995; Seeley & Schwartz, 1997）。

側下視丘（飽食系統）經由手術破壞後，老鼠會過度進食，吃得肥胖到令人驚訝的程度。透過實驗，我們會發現經手術破壞飽食中樞的老鼠會**攝食過度**（**hyperphagia**），結果體重變成正常老鼠的三倍以上。這種老鼠一天並不會比正常老鼠吃更多餐，但是牠們每次進食的時間都會比正常老鼠還要久。顯然飽食中樞的破壞，讓老鼠身體的恆定機制也被破壞了：當老鼠已經吃飽時，飽食中樞卻不會發出訊號以停止老鼠的進食行為。

攝食過度
因為下視丘飽食中樞損壞所引起的過度進食行為。

Alexander Reeves 和 Fred Plumb（1969）的研究報告描述一名下視丘飽食中心受損的女性臨床病例，她的行為也如同實驗室中過度進食的老鼠，每次都吃很多卻沒有飽足感。透過 X 光發現她的下視丘有一個腫瘤，但是無法藉由外科手術移除。她在三年後死亡，在她死亡前的那段期間，她每天都要吃掉上

萬卡熱量想滿足她永遠無法滿足的飢餓感。

在下視丘，第三個調節飢餓的構造是**丘腦室旁核（paraventricular nucleus）**。這個中樞是藉由調整血液中血糖濃度的高低，來增加或減少我們的食慾（Martin, White, & Hulsey, 1991）。

這三個下視丘的中樞是利用什麼訊息來調節我們的飢餓感呢？顯然，有兩個線索是每天用來控制我們的飢餓與進食，而另一個線索則是長期用來調節我們的體重：

丘腦室旁核
下視丘中的部分構造，藉由血糖調節我們的飢餓感。

1. **胃部收縮**：在本章一開始，我們討論到 Cannon 和 Washburn 的研究正確地指出胃收縮的功能。現在我們知道，引發我們感到飢餓最直接的線索是胃部收縮。胃部收縮會發出訊號到腦部的進食中樞；反之，當胃被食物充滿的時候，就會發送訊號到飽食中樞。

2. **血糖濃度**：葡萄糖在血中的濃度也可短期調節進食行為。下視丘具有特殊的細胞，能夠直接偵測血中的葡萄糖含量（Ribeiro & others, 2009），不過，另外有兩個器官提供最多的訊息給下視丘。肝臟是身體儲存糖分的地方，也能夠偵測血液中的血糖濃度；十二指腸也有偵測細胞，能夠偵測那些剛被我們吃下的食物中的糖分含量。上述兩種器官都能夠送化學訊息到下視丘，可以啟動或中止我們的進食行為（Ezell, 1995; Petri, 1986）。

   血糖濃度是短期控制飢餓感的主要機制。當你進食時，食物需要幾分鐘的時間消化才能以葡萄糖的形式進入血液。如果你慢慢吃，大腦就有足夠的時間來發現血糖濃度增加，而讓你有飽食感，不會吃超過需要的量。也就是說，細嚼慢嚥可以讓我們避免攝取過多的熱量。吃得愈快，就會吃得更多，因為愈慢感到飽食。

3. **體脂肪的多寡**：體重的長期控制是由體脂肪的多寡來決定，而體脂肪的偵測也是依靠下視丘（Farooqi & others, 2007; Friedman, 2004; Levin, 2010）。囤積在腰部、臀部及其他部位的脂肪細胞會分泌**瘦身蛋白（leptin）**到血液中。動物脂肪細胞中的脂肪含量愈多，它們就會分泌愈多的瘦身蛋白。當瘦身蛋白藉由血液循環到達下視丘，中腹側下視丘內部和周遭的結構就會偵測到它，導致下視丘藉由三種方式來控制體重。第一，中腹側的飽食中樞會送出訊號來抑制進食行為。第二，丘腦室旁核會藉由血糖濃度的調節來控制飢餓感。第三個反應也是發生在下視丘腹側中的飽食中樞。瘦身蛋白的濃度高時，下視丘腹側中核將會啟動交感神經。交感神經的

瘦身蛋白
與調節飢餓和新陳代謝有關的一種荷爾蒙。

分支有些會到達動物脂肪細胞，將會刺激動物脂肪細胞增加**新陳代謝率**（**metabolism**），加速脂肪燃燒（Ezell, 1995）。

> **新陳代謝率**
> 細胞使用能量的速率。

飢餓的心理因素 雖然飢餓是基於生理需求的基本動機，但在我們的飲食行為中，心理因素也很重要。想一想，你是否有嘴饞的時候呢？明明肚子不餓，可是看到櫥窗裡的蛋糕或是經過街頭的雞排店，又會分泌唾液想吃東西。我們的飲食文化是相當豐富且多樣性的。台灣以美食聞名。高雄蚵仔煎、台南擔仔麵、嘉義火雞肉飯、淡水鐵蛋，這些都是有區域特性的特色美食。想想看，你旅行到了一個新地方，是否會想嘗試一下當地的特產呢？吃不只是在餵飽自己，還是另一種心理層面的滿足。經驗會讓我們知道什麼是可以吃的、何時吃、要吃多少（Ball & others, 2009）。

情緒與我們的進食也有關係。焦慮的人通常吃得比較多，而憂鬱的人長期下來的食慾通常都不好。即使憂鬱的個體開始健康進食及運動，他們也很容易就放棄。如果你覺得人生失去希望，沒有人關心你死活的話，吃的健康與否根本已不重要了，不是嗎？

對於想要控制飲食的人而言，最麻煩的心理因素可能是**誘因**（**incentives**）。你有沒有一種經驗，明明已經吃飽了，結果看到精緻的蛋糕或是聞到剛出爐麵包的香味，又突然想吃飯後甜點呢？誘因就是引起動機的外在線索。有些食物的氣味線索會激發個體的飲食慾望。看到這些食物（尤其是你愛吃的食物）會激起下視丘的神經衝動，而聞到食物的味道會刺激胰島素釋出，透過讓個體血糖遽降的方式產生食慾（Rolls, Burton, & Mora, 1976）。

> **誘因**
> 引起動機的外在因素或線索。

動物實驗證實，在某些情況下，誘因足以讓體重增加到超過天生的基準點。如果實驗鼠能輕易取得大量好吃的高熱量食物，每隻都會攝取過量到肥胖的程度（National Advisory Mental Health Council, 1995b）。因此，除非你打算增重，否則在家裡隨處放置很多好吃的零食實在不是明智之舉。

11.2.3 口渴：水分攝取的調節

如同我們必須控制對食物的攝取以生存，我們同樣也需要控制對水分的攝取。那麼，口渴的恆定機制是什麼？就和飢餓一樣，我們的身體也有幾個機制在控制水分攝取，而且主要的控制中心也在下視丘。

口渴的生物調節機制 控制我們「去喝水」和「停止喝水」的中心是在下視丘中兩個不同的位置。如果手術破壞控制動物去喝水的結構，會使動物不喝

水；而破壞停止喝水的結構，就會導致喝水過量。雖然口渴和飢餓的控制中心在下視丘中幾乎位於相同的位置，但這兩個機制是藉由不同的神經傳導物質各自運作（Grossman, 1960; Schulkin, 1999）。

下視丘藉由三個主要線索來調節喝水的行為：口乾程度、細胞流失水分程度，以及血液總容積的減少。

1. **口乾程度**：口乾是我們最能察覺到的口渴訊息。在 1920 年代，生物學家 Walter Cannon 研究口乾的程度在口渴中所扮演的角色，這次他以自己為實驗對象。為了確保自己不是口渴，他先喝了大量的水，然後自行注射一種會停止唾液分泌的藥物。果然，他很快就感覺到口渴。接下來，他注射了一種麻醉藥來阻斷所有嘴巴的感覺傳遞。這很快就消除他口渴的感覺。Cannon 提出結論，表示口乾是導致我們口渴的因素，但是就如同他針對飢餓機制所做的研究，他又只是部分正確地解釋了口渴的機制。現在我們知道，還有其他因素扮演著更重要的角色。

2. **細胞內液濃度**：當身體內的水分減少，體內的鹽分濃度就會相對增加。身體中調節口渴的重要因子之一是鈉鹽（sodium salts），存在於細胞外液（因為鹽分不能通過細胞的半透膜）。體內減少 1% 到 2% 的水分就足以使鹽分濃度升高到使細胞內的水分脫出，致使細胞脫水（dehydrate）（Hole, 1990; Petri, 1986）。這會影響全身的細胞，但當下視丘喝水中樞的某些特殊細胞脫水萎縮時，它們將會送出許多訊號來調整這個狀況。尤其是，化學訊號會被送至下視丘下方的**腦下垂體**（pituitary gland），促使其分泌**抗利尿激素**（antidiuretic hormone, ADH）進入血液中。當抗利尿激素到達腎臟，會使腎臟藉由再吸收作用保留尿液中的水分。另外，還有訊息會送到大腦皮質區，促使我們找水與喝水（Pevtsova & others, 2009; Schulkin, 1999）。

3. **血液總容積**：第三個引發下視丘產生口渴的因素，就是血液的總容積。當身體中水分的容積減少，含水最多的血液容積也會相對地減少。此時，負責偵測血液總容積減少的腎臟會做出兩種反應。第一，使血管收縮，以補償血液總容積的減少；第二，經由連續的幾個化學步驟以產生**血管收縮素**（angiotensin）進入血液。當血管收縮素到達下視丘的飲水中樞，會使其送出口渴訊息到大腦皮質，最後促成我們找水喝的行為（Schulkin, 1999）。

口渴的心理因素 心理因素同樣也在口渴中占有一席之地，但是整體來說，

腦下垂體
位於大腦的底部附近，是身體內主管其他腺體的構造，在內分泌系統中，能夠藉由分泌荷爾蒙來調控其他腺體。

抗利尿激素
由腦下腺所分泌的荷爾蒙，能使腎臟藉由再吸收作用保留尿液中的水分。

血管收縮素
血液中的一種物質，會告訴下視丘身體需要水分。

並不像對飢餓的影響那麼明顯。學習會影響我們選擇什麼飲料（例如，尼泊爾人一般習慣喝犛牛的奶），以及我們飲用的時機（例如，廣告建議我們早上要喝柳橙汁）。外在誘因，像是瞄到有一杯冰涼的烏龍綠茶，可能會讓一個原本不口渴的人感到口渴。壓力和情緒對喝的影響似乎比吃要小得多，除了酒類飲料或其他有刺激性的飲料（咖啡、茶、可樂等）之外，因為這類飲料會影響我們的心情。

複習

「基本動機」是指基於我們生物上的需求所引發的行為，例如飢餓、口渴、保暖和避免痛苦。如果有機體或生物想要存活下來，這些動機就必須被滿足。基本動機的產生是基於許多複雜的生物因素。舉例來說，位於下視丘控制飢餓和口渴的中樞，是藉由生物體直接或間接的訊號來知道身體需要水分或食物；在控制飢餓中，胃的收縮、血糖濃度和體脂肪的多寡，都是調節進食行為的因素。口渴如同飢餓，也是藉由幾個因素調節：口乾程度、細胞內液濃度，以及血液總容積。

雖然基本動機是基於生物生存的需求來控制，但是心理因素在這方面也占了一席之地。當有外在刺激這種誘惑物存在時，例如看到很喜歡的食物或飲料，即使這個人不餓也不渴，他一樣會大吃大喝一番。最後，經驗也是一個影響我們吃喝什麼、如何吃喝，以及什麼時候去吃喝的因素。

想一想

1. 如果你想要試著幫助別人控制進食量，讀完本節後，你會給他什麼建議？
2. 你的學習經驗如何影響你表達飢餓與口渴動機？

11.3 心理動機

心理動機（psychological motives）並不直接與生存有關，而主要是能促使我們創造快樂和幸福的人生。與生理動機不同的是，心理動機基本上是受到生活經驗的影響。我們可以發現，有些心理動機似乎是天生的，幾乎每一個人都會有，但也有些心理動機似乎完全是經由後天學習而來的。在這個部分，我們要來討論三種心理上的動機：新刺激的需求、與旁人建立關係的需求，以及成就需求。

> **心理動機**
> 影響個人快樂和幸福的動機，但不是生存的要素。

11.3.1 追求刺激的動機：尋求新刺激

你曾經一回到空無一人的家就馬上把收音機或電視打開，只因為想打破周遭的寂靜嗎？你曾經花星期六一整天的時間寫報告，然後覺得你得起身出去走走或是找個人說說話好轉移一下注意力嗎？大多數的人在單調、一成不變的環境中都會感到無聊。我們，還有其他動物，顯然都有一種天生的動機：尋求新刺激（novel stimulation）。

新刺激
新的或有所改變的經驗。

如果將一隻老鼠放入一個 T 型迷宮（見圖 11.3），牠必須選擇右轉進入塗滿單調灰色的走道，或是左轉進入塗滿複雜條紋的走道，牠會先選擇較複雜「有趣」的條紋走道，但是下一次，牠比較可能會轉向還沒探索過的灰色走道，顯然是因為老鼠對未探索過的一邊感到「好奇」（Dember, 1965）。

被關在單調籠子內的猴子也會努力按操縱桿，以便有機會可以看到別的猴子，或只是看著玩具火車跑（Butler, 1953）。即便在沒有任何獎勵的情況下，猴子也會花數小時努力將手工製作的玩具拆解開來（Harlow, Harlow, & Meyer, 1950）。小嬰兒也會將玩具轉來轉去，觀察它、咬它或搖它，努力探索所在環境裡所有的東西。我們若久坐一陣子不動，一定也會感覺需要活動一下。

最適程度的激發
人類顯然需要適當程度的被刺激，為了達到這個狀態，人們會採取行動去增加或減少刺激。

最適激發理論　雖然我們無法精確地計算出環境中要有多少刺激才能讓人感到舒適，但我們可以體會到刺激的多寡的確與我們的舒適感有關。環境太單調會讓人感到無聊，我們便會增加環境的刺激使自己感到舒適自在（例如等人時哼歌、開車時聽音樂）；反之，太多刺激也會令人不舒服，會讓我們試著去減少刺激（例如，把音量過大的收音機聲音調小）。人聲嘈雜或顏色太刺眼、構圖太複雜的房間往往會讓人想要暫時離開，尋找一個平靜安寧的地方。這都是為了減少刺激。顯然有一個最適合的刺激量存在，過多或過少都會讓我們感到不舒服（Korman, 1974）。

我們顯然需要某種適當程度的刺激。有鑑於此，心理學家提出，每個人的神經系統都需要維持一個**最適程度的激發**（optimal level of arousal）。這裡的「激發」是一個模糊的字眼，代表的是個人警醒與活力的狀態。一個睡著的人的激發程度相當低；一個放鬆的人會比睡著的人有高一點的激發狀態；一個清醒警覺的人就有著一般程度的激發狀態；焦慮的人則會經驗到高程度的激發狀態；而當一個人處於驚恐之中，就會有

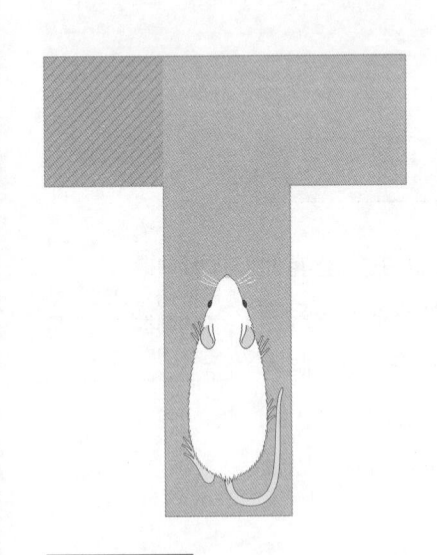

圖 11.3　圖中的 T 型迷宮用於觀察老鼠尋求新刺激的研究。

極高程度的激發狀態。大腦中的**網狀結構（reticular formation）**與自律神經系統中交感神經的活動狀態都與激發有相當的關係。然而，最適激發理論並不是說適當的激發狀態有生物上的絕對必要性。不論是過高或過低的激發程度，個體依然可以生存，只是為了達到舒服平和的激發狀態，個體會採取降低或增加環境刺激的行動。

激發狀態和表現的優劣　激發不只是重要的動機概念，也與我們的表現效率有關。當激發的程度太低，我們的表現就會不夠充分；但激發太高，則會干擾我們的表現（Calabrese, 2008）——這就是所謂的 **Yerkes-Dodson 法則（Yerkes-Dodson law）**。不同活動表現的理想激發程度各有不同。運動員生理上的「暖身」和情緒上的「精神喊話」都是為了在比賽中，能達到生理和情緒上相當高的激發狀態。要超越高激烈度的肢體接觸運動所需要的理想激發程度很難。而另一方面，技藝高超的陶瓷工匠在手工製作精細陶器時，要達到最高效率所需的激發狀態就低了許多（見圖 11.4）。過度的激發會干擾製作陶器時所需要的細膩與技藝表現。

11.3.2　友伴動機：尋求人際關係

你喜歡和朋友在一起嗎？你一個人的時候會感到孤單嗎？人類是一種社會性的生物。只要有機會，我們一般都喜歡經常和他人接觸互動。從這個角度來看，我們可以說人類都有尋求**友伴的動機（motive for affiliation）**（Houston, 1985; Kuhl & Kazen, 2008）。

正常人都會需要有伴，但大部分相關研究都在探討不同人不同程度的需求。例如，有高度友伴需求的人較會選擇和別人在一起，而不是去做別的事。

網狀結構
一種位於延髓與橋腦的網狀神經結構。這些神經會向下延伸到脊髓，能夠維持肌肉的張力與心臟的反射；向上延伸到大腦皮質，影響我們的清醒程度、激發狀態和注意力。

Yerkes-Dodson 法則
一種說明表現效率與最適當激發狀態關係的法則。

友伴動機
需要與他人建立關係的需求。

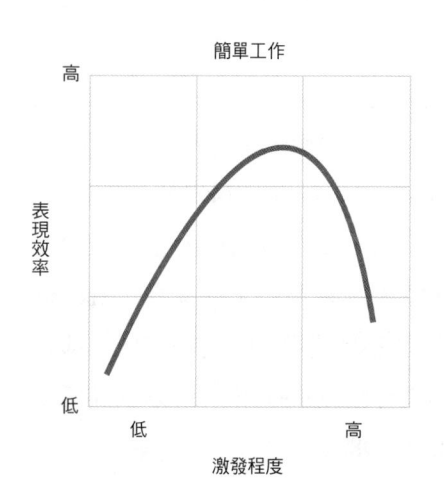

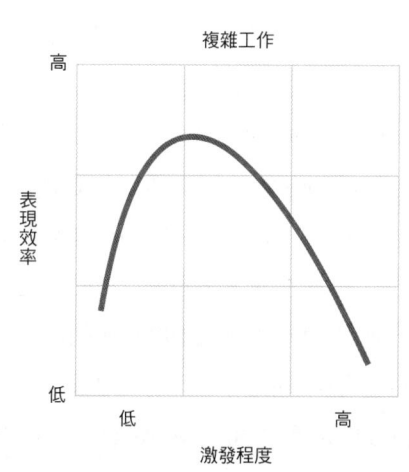

圖 11.4　Yerkes-Dodson 法則描述激發程度和表現效率之間的關係。一般來說，過高或過低的激發程度都會導致表現不佳，但是簡單、體能性的活動所需要的最適激發程度會比複雜、技能性的活動來得高。

當要和夥伴共同完成一項任務時，友伴動機高但成就動機低的人會選擇和朋友一起工作，不論朋友的能力如何；相對地，友伴動機低而成就動機高的人，會選擇最有能力當夥伴（French, 1956）。

有兩個理論可以解釋為什麼我們需要友伴（Houston, 1985）。有些人認為，友伴動機源自於物競天擇與生俱來的需求：一個石器時代的人類如果選擇單獨打獵，那麼他不會有太大的機會獵捕到大型動物當食物，反而會被其他動物獵捕，生存下來的機率也相對較小。因此在自然淘汰下，當然只有會去尋求友伴的人可以生存下來。有些心理學家則認為，人們會透過學習經驗尋找友伴。因為在嬰兒時期的經驗，不論是餵食、清理、保持溫暖等正向養育的經驗，皆是由他人所提供，他人可能經由古典制約變成「正向的刺激」。同樣地，在人與人的互動中，微笑、擁抱經常會有令人愉快的結果，所以友伴的行為是可能被正增強（Houston, 1985）。

友伴動機可能與群聚在一起的人生存機會較大有關的想法獲得一些支持，因為當我們感覺生命受到威脅時，友伴動機會顯得更強烈。Stanley Schachter（1959）做了許多實驗探討焦慮和友伴需求的關係。在一個典型的實驗中，女大學生被分成小組帶到實驗室裡，實驗室裡有一名身穿白袍的男子，自稱是神經學暨精神醫學的教授。他告訴一半的研究參與者，稍後的實驗將會使她們遭受很痛的電擊，並將令人心生恐懼的電擊儀器給研究參與者看。針對另外一半的研究參與者，他則告訴她們將會受到輕微的電擊，這樣的電擊只會讓她們覺得像被人哈癢一樣。實驗者刻意讓第一組學生比第二組學生感到焦慮，由學生們自行評估的焦慮程度也同樣顯示第一組遠比第二組來得焦慮許多。兩組的研究參與者皆可選擇到獨自等待的房間，或是團體等待的房間。結果一如Schachter的預期，較焦慮的研究參與者（第一組）中有將近三分之二的人選擇在團體中等待，顯示出高度的友伴需求；而第二組只有三分之一的人選擇在團體中等待。想一想，當你遇到壓力時，是否會想要朋友的陪伴呢？

之後的研究也顯示出類似的結果，每天的痛苦經驗，例如學校考試不及格，會增加我們的友伴動機需求（Van Duuren & DiGiacomo, 1997）。如同俗話說：「同病相憐」。然而，有些人在大多數的情況下通常會比別人有更多的友伴需求，像是正與癌症搏鬥的人，更可能從家人尋求情緒上的支持（Manne, Alfieri, Taylor, & Dougherty, 1999）。有相當多的證據顯示，較高的友伴動機會帶來較好的心理調適能力，也許是因為當個體處於困頓的時候，尋求友伴能為他們提供較多的社會支持（McAdams & Vaillant, 1982）。

11.3.3 成就動機

如果票選班上誰在未來最有成就，誰會中選呢？是成績好的人，還是常翹課的人？**成就動機（achievement motivation）**是指在學業、工作或生活的其他部分獲得成功的心理需求（Brunstein & Maier, 2005; Caldwell, 2010）。雖然成就動機的概念長期以來一直都受到研究，但在最近幾年的研究中發現，成就動機比以往所想的更為複雜。早期文獻認為，成就動機是一個正向的心理趨力，這個動機讓許多人達成他們在職業或經濟上的目標，完成他們的夢想。現在的普遍看法是，不同的人對「成功」的定義也不同，也會有不同動機來達到他們自我眼中的成功。

> **成就動機**
> 人們想要達成某種目標或是在某方面獲得成功的心理需求。

在此，我們專注於討論大家比較熟悉的議題，在大學這個階段大家共同的議題——在大學的成就需求，不過這個想法同樣也可以應用在生命中的其他階段。你會說自己有很強的動機希望在大學獲得成功嗎？如果是，你對於在大學成功的定義為何？是在學業上有很好的成績，還是社團表現優異呢？或者兩者皆是？羅徹斯特大學（University of Rochester）的 Andrew Elliot 和 Marcy Church（1997）做了關於大學生成就動機的重要研究。還記得我們提過動機會導引我們的行為嗎？Elliot 和 Church 對於大學生會起床、去上課、專心聽講、寫筆記、發問，並排開外務以準備考試的動機區分出三種主要元素：

1. **追求專業**：有著這樣目標的人，通常喜歡學習有趣及重要的資訊。如果課程能幫助他們掌握新資訊，他們會喜歡具挑戰性的課程，但如果課程太簡單學不到什麼東西，即便能拿到高分，他們也會覺得失望。
2. **追求成功**：有這樣目標的人比較有動機去努力讀書，以得到好成績來贏得他人的尊敬。
3. **避免失敗**：有這樣目標的人會努力讀書，以免成績差，被別人以為自己不聰明。

上述三種成就動機，哪一種對你最重要？這三種成就動機都會引導你邁向成功之路，但是 Elliot 和 Church（1997）認為它們會引導出很不一樣的結果。在某堂人格心理學課程的一開始，學生們被要求為自己在這三種不同類型的成就動機評分，之後在課程結束時，為這堂課做出評價，並替自己對這堂課的喜好度評分。研究者接著用這些學生的課堂成績來看他們的考試表現。

不同的成就動機顯示了不同的結果。不出所料，以追求專業為目標的學生，對課程的喜好程度較高，尤其是當這些人在追求成功方面的動機較低時，

因為為了獲得好成績來取悅他人會影響他們自身享受課程的樂趣。偏好追求成功的學生在課堂的成績是最好的，尤其是那些追求專業的動機偏低的人。想要讓人印象深刻的欲望的確能帶來好成績，但令人難過的是，獲得好成績往往會和真正的學習互相牴觸。成績最低的學生要不就是在追求成功與追求專業兩方面的動機都低，要不就是有很高的避免失敗的動機。那些避免失敗的同學，在課堂開始時就表示出他們比其他學生不喜歡這門課，對他們而言，不要被當就好了，因此也比較難有正向或有所收穫的學習經驗。

想想看，你是抱持那種動機來學習這門課呢？你想要的是什麼？又為什麼想要呢？是想要學到新知識、想要得到好成積，還是只想避免被當呢？我們達到目標的動機會影響我們在大學的成就以及是否能享受讀大學的過程。類似的態度也同樣會影響我們在其他人生領域的成就。

11.3.4　Solomon 的獲得動機相對歷程理論

Richard Solomon（1980）提出一個人類學習獲得新動機的重要理論，尤其針對那些難以用其他方式來理解的動機。為什麼有些人喜歡空手道或是高空跳傘？為什麼有些人好像對另一半或是男女朋友上癮一般離不開對方，即使在一起已經沒有什麼樂趣了？

動機相對歷程理論
Solomon 對於學習新動機的理論，認為相對的情緒會隨著時間而改變。

Solomon 用**動機相對歷程理論**（opponent-process theory of motivation）為這些問題提出了一個很好的答案（不要和知覺的相對歷程理論混淆）。他認為，人們會那麼渴望上述這些行為，是基於兩個基本的概念：(1) 任何有正向感覺與經驗的狀態，相對跟隨著的是負向的感覺與經驗；反之亦然；(2) 任何感覺或經驗（無論是正向或負向）在連續經驗過許多次之後，強度都會有某種程度的降低。

最經典的例子是高空跳傘。第一次跳傘的人剛著地時通常都會受到一點驚嚇，但過了一會兒，這些人便會開始微笑，很興奮地跟別人說他的跳傘經驗。也就是說，一開始負向的情緒經驗（害怕畏懼）會被相對的正向情緒經驗所取代。這個從負向感覺轉換成強化跳傘行為的正向感覺的過程可以從圖 11.5 的左半部看到。而在右半部則可以看到，經過許多次之後，跳傘之初的害怕感覺會漸漸降低。害怕的感覺從最初到最後會遞減。這張圖顯示，當害怕減少了，愉快的量也就更多更強了。這是 Solomon 用來解釋為什麼我們剛學一些刺激性活動（例如：滑板、直排輪），一開始會緊張害怕，到後來反而是喜歡。不只是因為不斷重複使這些活動剛開始的負向經驗消失，更因為相對的正向經

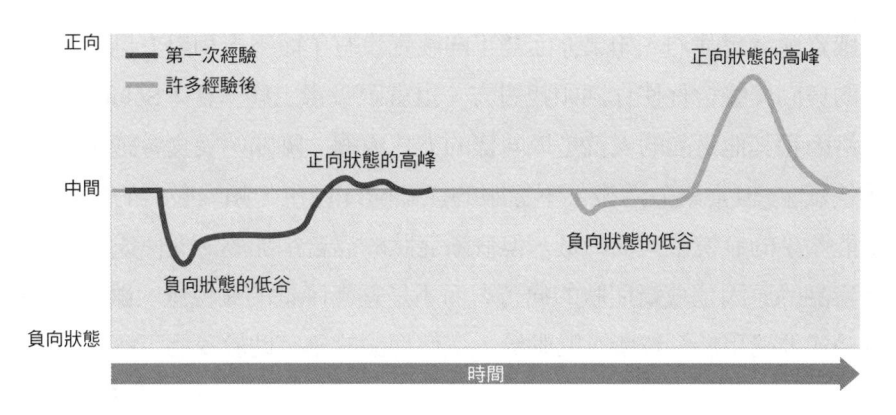

圖 11.5 此圖描繪的是 Solomon 的動機相對歷程理論中，在學習初始為讓我們產生負向經驗的動機行為，例如跳傘。

資料來源：Data from Richard L. Solomon, "The Opponent-Process Theory of Acquired Motivation," in *American Psychologist, 35,* 691-712. Copyright 1980 by the American Psychological Association.

驗不斷增加與變強；有些人甚至會著迷於這種強烈情緒的轉變。Graziano 和 Habashi（2010）用這個理論來解釋為什麼我們有時會對原本不喜歡的人產生正面的依附感。

接著要說明的是相反的歷程：當某些行為一開始為正向經驗，但後來為負向經驗。例如，剛開始跟你仰慕已久的人交往時會有很美好的感覺，但是當對方不在身邊時會產生對比的負向經驗——思念對方。不只因為跟對方在一起有正向經驗，更因為和對方再見面時會強化正向經驗，因為思念對方的負向經驗停止了。此外，如圖 11.6 所示，隨著正向感覺逐漸消失，思念甚至是需要對

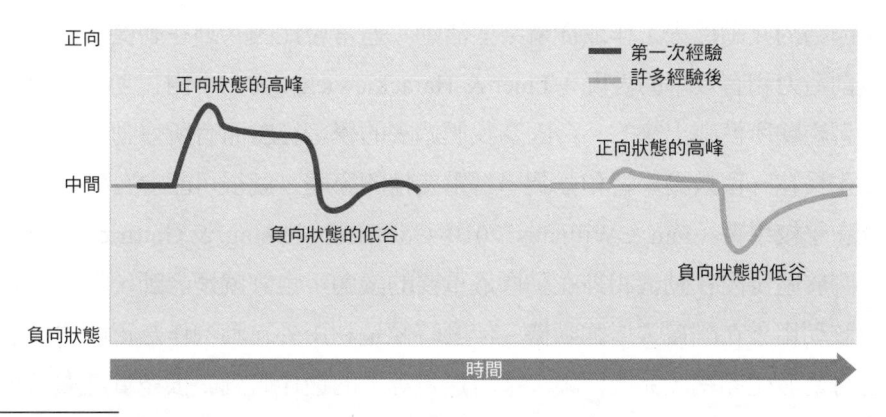

圖 11.6 此圖描繪的是 Solomon 的動機相對歷程理論中，在學習初始為讓我們產生正向經驗的動機行為，例如吸食毒品。

資料來源：Data from Richard L. Solomon, "The Opponent-Process Theory of Acquired Motivation," in *American Psychologist, 35,* 691-712. Copyright 1980 by the American Psychological Association.

方的感覺會益發強烈。如果你因為正向感覺沒有了而不再和對方見面，則思念對方的負向經驗會促使你回頭找對方。這就跟吸毒上癮一樣。Solomon 認為吸食海洛因和其他毒品的人就是以同樣的方式成癮。剛開始吸食會讓人產生愉悅的「快感」，但當藥效過後，不舒服的症狀隨即產生，頻繁吸食的結果，相同劑量能產生的愉悅感大幅降低，但戒斷症狀的痛苦卻加劇。促使成癮者去吸食更多毒品的原因是戒斷症狀的痛苦，而不是逐漸降低的愉悅感。雖然 Solomon 的理論並非適用於解釋所有的動機，這個理論的確有助於我們了解令人費解的動機。

11.3.5　內在動機與外在動機

內在動機
由活動本身的特質以及活動自然產生的結果所引發的動機。

外在動機
由外在回饋所引發的動機。

　　區辨內在動機和外在動機很重要。**內在動機（intrinsic motivation）**是指人們是因為活動本身的特質、學得新事物的欣喜，以及活動自然產生的結果而去從事該活動的動機。舉例來說，我們先前提到實驗中的猴子在沒有獎賞的情況下去拆解機械，就是一種內在動機。人們純粹為了興趣而去閱讀與工作無關的文學作品，也是一種內在動機。還有，人們純粹為了想助人而匿名捐款給慈善機構，也是一種內在動機。相對來說，**外在動機（extrinsic motivation）**就是藉由外在誘因，而非活動本身的因素所引發的行為反應。舉例來說，如果一個小孩討厭做數學作業，但是如果他答對一題即可得到獎賞，他會因為這個外在誘因的鼓勵而去做數學作業，此即外在動機，亦即他是因為獎賞而去寫數學作業，不是因為對數學感興趣。同樣地，如果一名員工努力工作的目的是為了獲得別人的讚賞，而不是因為對工作感興趣，也是一種外在動機的展現。當人們是因為內在動機去工作或從事某些活動，通常會比因為外在動機而行事能有更具創造力和有效率的表現（Tauer & Harackiewicz, 2004）。內在動機是由我們的學習經驗所模塑出來的。會因為我們過去的學習經驗而有所變動，例如，當小孩生長在一個鼓勵學習和強調學習重要性的家庭，就很可能會有較強的內在動機在學校學習（Fan & Williams, 2010; Gottfried, Fleming, & Gottfried, 1998）。

　　關於區辨內在動機和外在動機最重要的議題，也許就是老師、家長和老闆何時該利用外在酬賞去增強動機。什麼時候是利用外在動機作為正增強以增加某些行為發生頻率（完成作業、準時送貨等）的最佳時刻？很多實證顯示，如果有些行為很少出現，且我們可以假定個體的內在動機本身就是相當低，那麼利用外在動機可以成功地使該行為更頻繁地出現。討厭寫數學作業的小孩通常會為了獲得更多的零用錢而勤做數學作業。但是，當一個小孩本身即對某些活

動有相當的內在動機，如果再給予外在動機，則很可能會降低其原有的內在動機。舉例來說，喜歡畫畫的小孩若在學校會因此得到獎狀，他們的繪圖量會比從未得到獎狀的孩子來得少（Lepper, Greene, & Nisbett, 1973）。這個研究和其他的諸多研究（Ryan & Deci, 2000; Tang & Hall, 1995）都在告訴我們應小心地避免提供不必要的外在酬賞，以免擊潰原本的內在動機。

那麼稱讚呢？當我們輕拍小孩的背稱讚他有把事情做好——無論是功課還是讀課外讀物，我們的稱讚會增強孩子的內在動機嗎？心理學家Jennifer Henderlong和Mark Lepper（2002）認為，這得看我們說了什麼，以及是如何說的。

可以增加內在動機的稱讚或讚賞是：

1. 讓小孩知道他的成功是因為自身的努力，而不是因為他的天分。
2. 稱讚是誠懇的，且沒有影射大人可以掌控小孩的意思。
3. 不要跟其他的小孩做比較。
4. 隱含大人對孩子的行為有一定的標準，而且讓小孩知道這個標示是能夠藉由努力來達到的。

根據Henderlong和Lepper（2002）的看法，若用相對的方式，亦即將稱讚重點放在小孩的能力而非努力，看似掌控而非真誠，跟其他的孩子做比較，或暗示小孩未來必須達成無論如何也不可能達到的標準（或太低的標準），都會破壞小孩原有的內在動機。

舉例來說，如果一個小孩寫了一首詩給她的老師，Henderlong和Lepper（2002）建議下面的稱讚也許是最有效的方法，可以增強小孩寫詩的內在動機：

「我真的很喜歡這首詩！我特別喜歡妳找到那麼多的方法去描述秋天，這一定花了很多的腦力！」

然而，下面的讚賞方式可能會降低小孩的內在動機：

「多麼出色呀！我早就跟妳說過，妳是這班上唯一的天才，如果妳乖乖聽妳媽媽的話，每天晚上都不斷地寫，妳將會是最棒的！很快地，台大會搶著要妳。」

多年以來，我們都認為另一種增加內在動機的方法是給人們選擇；當人們有了選擇，他們將會選擇他們原本就有動機去表現的，而且去從事這些活動會

進一步提升他們的內在動機。研究顯示雖然這樣的想法沒錯，但是只適用在西方的個人主義社會（Iyengar & Lepper, 1999）。歐裔的美國小孩對於自己選擇的事務活動表現出較多的內在動機；相對地，來自集體主義文化的亞裔美國小孩則對信任的權威人士或朋友替他們選擇的活動，表現出較多的內在動機，因為集體主義是一個強調團體重於個人的文化模式（Iyengar & Lepper, 1999）。如同心理生活的其他部分，社會文化因素在動機中也扮演相當重要的角色。

11.3.6 Maslow 的動機階層理論

雖然我們只談到少數幾種人類的動機，但很顯然地，我們是一種有許多各種需求的生物。Abraham Maslow（1970）提出一個說明人類諸多動機的理論。根據 Maslow 的理論，我們的動機是有層級的，從最基本的需求，到個人的最高層次目標。

Maslow 的動機（需求）階層理論（Maslow's hierarchy of motives）（needs） 如圖 11.7 所示。當最底層、最基本的需求大多沒能獲得滿足時，我們就無法繼續往較高層次的需求前進。也就是說，當我們最迫切的需求像是口渴、飢餓、保暖等最基本的需求沒有被滿足時，就沒有其他的餘力去滿足更高層次的需求像是人際需求、自尊，也就無法達到最高層次的**自我實現（self-actualization）**。

Maslow 的動機階層理論
此理論認為，當基本的低層需求獲得滿足後，才能往更高層的需求前進。

自我實現
根據 Maslow 的說法，這是指由人們內在驅力所引導，驅使人們成長、進步和充分發揮潛能的少見完美結局。

圖 11.7 Maslow 的動機階層理論。

資料來源：Diagram based on data from Hierarchy of Needs from *Motivation and Personality*（3rd ed.）, by Abraham H. Maslow. Revised by Robert Frager, et al., Harper & Row, Publishers, Inc., 1954, 1987.

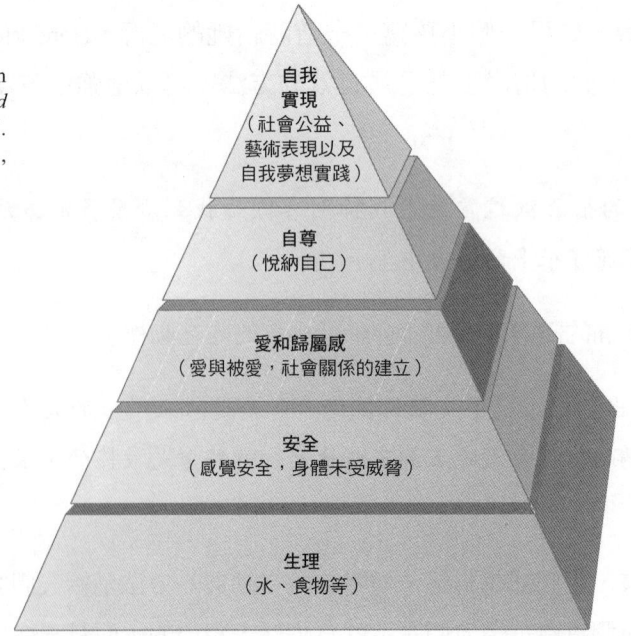

自我實現
（社會公益、藝術表現以及自我夢想實踐）

自尊
（悅納自己）

愛和歸屬感
（愛與被愛，社會關係的建立）

安全
（感覺安全，身體未受威脅）

生理
（水、食物等）

Maslow 的階層理論有助於解釋，為什麼一個貧窮挨餓的鄉下農夫沒有興趣去了解對手政府的政治哲學；還有為什麼從整個歷史來看，哲學、藝術、科學等方面的發展，大多是在一個國家已經穩定，不必人人都得辛勤工作但求溫飽時發展出來的。階層理論的概念也幫助我們了解，為什麼一個人會放棄有名望但需要投入太多時間的工作，以挽救與自己心愛配偶的婚姻。只要低層次的需求尚未被滿足，高階層的需求就會變得一點也不重要。

雖然 Maslow 的理論有助於我們解釋很多現象，但是也有例外的狀況。例如，Maslow 的理論並未解釋為什麼一個人會冒著自己生命的危險，衝進火場去救受困的朋友；這個理論也無法解釋為什麼有些人會有「不自由，毋寧死」的行為，為了高遠的理想而犧牲生命在所不惜。同樣地，階層理論也無法解釋一個常見的現象：有些人會拋家棄子，只為了追求自己的事業功成名就。顯然，人們為了追求更高層次的需求，有時可以忍受較低層次的需求沒有被滿足。雖然如此，Maslow 的階層理論還是為我們找出有關內在動機的一些基本原則。

複習

心理動機幫助我們定義及形塑我們的生活，但不同於生物上的動機，心理動機與個體或該物種的生存並不直接相關。有些心理動機在我們周遭的人身上都看得到，似乎是與生俱來的，然而有些動機則主要是透過學習而來的。尋求新刺激的動機——一種讓個體維持在適當程度的新刺激和活動的需求，顯然是與生俱來的心理動機。這個動機讓心理學家推測，個體會透過調節刺激進入與活動程度的方式，維持神經系統在最適激發的狀態。其他的心理動機似乎有相當程度是受到社會學習所影響。

多數人都需要與他人互動交流（友伴動機），只不過每個人對於這種需求的程度高低不同。友伴動機通常在人們艱困時顯得最強烈，所謂同病相憐。這大概是因為人在艱困時尋求友伴，可以藉由社會支持獲益。

成就動機是一種想要成功的驅力。但這是一個很複雜的現象，因為這個動機包含想要學習並成功、害怕失敗，以及害怕與成功有關的問題。此外，每個人對於成功的定義通常不同，追求成功的理由也不同。

有些人透過學習獲得強大的新動機。Richard Solomon 提供一個理論試圖解釋人們為何會有各式各樣的動機，從玩降落傘到毒品成癮都包含在內。以玩降落傘為例，第一次跳傘時通常會很害怕，但跳傘成功後取而代之的是興奮愉悅，因此增強了跳傘這項活動。這個理論主要是強調這個相對的情緒歷程變化，讓我們習得一些新的動機。

有些動機是內在的，亦即與活動原本的特質有關；有些動機則是藉由外在誘因所引發的。我們的生活是由內在和外在動機交織而成，內在動機可以維持活動，而外在動機可以誘發活動。然而，

在不需要的時候使用外在動機，反而有可能會降低個體原本就有的內在動機。在個人主義的社會中，讓個體自行選擇活動可以增加內在動機；而在集體主義的文化中，由可信任的人幫忙選擇可以增加內在動機。

Maslow 提出了動機（需求）階層理論，說明動機和需求的滿足是有次序層級的，只有當較低層次的生理和安全需求被滿足，較高層次的心理動機才有可能被驅動。

想一想

1. 你認為我們的友伴動機是一種天生的需求，還是透過學習得到的動機？為什麼？
2. 你上大學的原因和內在動機（想要學習）比較相關，或是外在動機（來自家人的壓力或高薪的渴望）呢？

11.4 性動機

食色性也。性是所有動物的本能。沒有性，人類和動物會很快絕跡。飢餓、口渴等基本動機會直接影響個體的生存，而性動機則是會影響整個物種生存的基本動機。

11.4.1 性反應週期

要了解性動機，首先要對性反應週期有基本的認識。雖然男性和女性的性反應週期有許多相似之處，但仍有些重要的不同。如圖 11.8 所示，William Masters 和 Virginia Johnson（1966）描述了性反應週期的四個階段：

興奮期
性反應週期的第一個階段，此時期陰莖開始勃起、陰道變得濕潤。

1. **興奮期**：女性和男性一開始都會增加生理衝動，稱為**興奮期**（excitement phase）。也許從視覺刺激、身體接觸、氣味、幻想等開始。血液流到陰莖和陰道，產生勃起和潤滑，乳頭開始豎立，心跳變快，血壓上升，身體變得容易衝動。

高原期
性反應週期的第二個階段，高度的性衝動、愉悅，會持續一段不同的時間。

2. **高原期（激情維持期）**：如果性刺激的強度夠強，性衝動就會快速到達**高原期**（plateau phase），性衝動可維持約數秒到數分鐘。此時性愉悅的程度非常高，但尚未到達最高峰。

3. **高潮期**：隨著足夠的性刺激，在適當的心理情況下，個體通常會達到一個

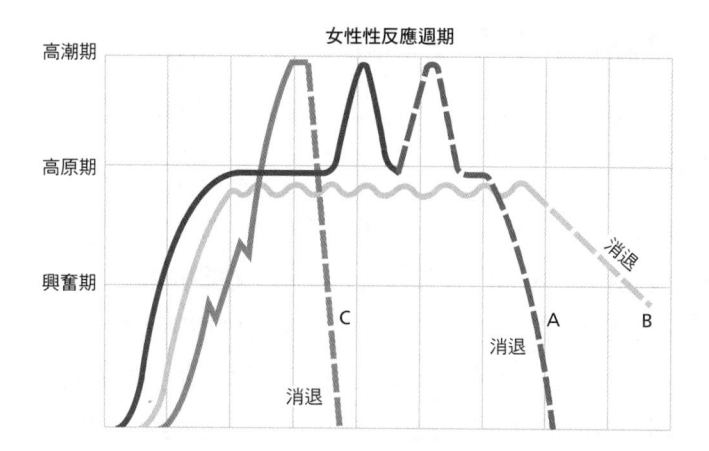

圖 11.8 人類性反應週期。

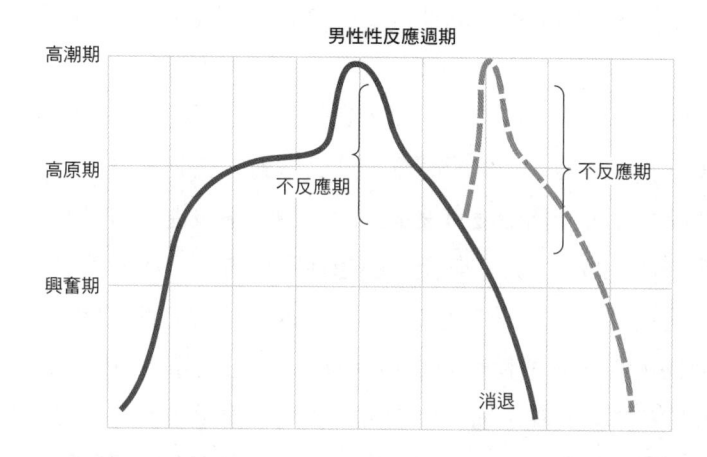

不能自主的**性高潮（orgasm）**，也是身體衝動和愉悅的頂峰。呼吸變得急促，血壓和心跳達到最高，皮膚通紅，且個體會短暫經歷不由自主地不同肌肉群的抽搐。男人的高潮期差異不大，但女性的高潮期就有比較多的變化。Masters 和 Johnson（&1996）區辨出三種常見的女性高潮反應型態。有些女性會達到一個個別簡短且強烈的高潮，如同男性；有些女性則視不同情況經驗到多樣劇烈的高潮；還有些女性會經驗到大量的小高潮。

4. **消退期**：高潮之後，身體的生理衝動迅速消退至**消退期（resolution phase）**。在幾分鐘之內，身體回復到在此反應週期開始之前的狀態，雖然感覺特別放鬆和疲倦是很常見的。在男性身上，消退期會持續一段時間，而且在這段時期，男性對進一步的性刺激呈現無反應狀態，稱為**不反應期（refractory period）**。雖然女性在消退期時也許會短暫的因為太敏感而無法再享受進一步的性刺激（隨著個別的偏好，決定對進一步刺激的興趣），但女性沒有身體上不能回復到產生性衝動的不反應期。

性高潮
性反應週期中一個不能自主的階段，伴隨著高峰性衝動、愉悅，男性通常在此時期射精。

消退期
在高潮之後的性反應週期階段，此時性衝動和愉悅消失了。

不反應期
高潮之後的一段時間裡，男性無法產生性衝動。

11.4.2　性動機與其他基本動機之相似處

性動機跟飢餓、口渴，以及其他的基本動機有同樣的一些特性，同樣會受到許多因素的影響。

1. **下視丘控制**：就像飢餓和口渴一樣，性動機也是由下視丘所控制。位於下視丘的一個中樞與相關的大腦構造，活化了性動機和行為。這個系統相當於下視丘的進食和喝水系統。如果經由手術破壞下視丘，就算有挑逗的性刺激出現，性行為也不會開始。下視丘的另一個系統會抑制性行為。如果破壞實驗室動物的抑制系統，該動物的性慾會變得極強，也就是牠們將埋頭致力於不尋常且過度的性行為。這兩個中樞扮演調節性動機平衡的角色。

2. **外部刺激的角色**：就像飢餓可以受到外在誘因所刺激，例如鹹酥雞的香味可以使一個吃飽的人產生飢餓感，性動機對外在刺激也是相當敏感的。無論男性或女性，一開始沒有性衝動時，通常是被性感的伴侶或浪漫的幻想喚起性衝動。的確，外在刺激在喚起性動機方面扮演非常重要的角色，其中有一種被稱為柯立茲作用（Coolidge effect）：在消退期結束之後，許多雄性動物會和同一位性交對象再次進行性交。例如，Bermant（1976）發現，公羊在失去興趣之前，平均可以和同一隻母羊性交五次。然而，如果在每次性交之後帶進一隻不同的母羊，公羊在失去性興趣前，交配次數將比平常多出三倍以上；而且，公羊與不同的母羊交配會比較快達到高潮。可見，多變性是許多哺乳類動物性動機的一個有力外在因素。

3. **學習的角色**：我們已經理解到，學習在形塑基本動機上，可以扮演有力的角色，例如，吃什麼、何時吃和吃多少，都會深受學習經驗的影響。性動機也受到學習的影響。從歷史上任何社會中成員的性行為有巨大的差異都明顯看得出學習對於性的影響。例如今天的北美，很多人都認為口交是一種自然的性技巧，不過其他很多人則認為，這是違背自然道德的行為。

不同文化對性的態度，顯示出學習經驗對性動機的影響。我們來比較一下我們與住在玻里尼希亞庫克群島中曼加依亞（Mangaia）島上的人。曼加依亞人很在意性愉悅，年輕人和老年人都一樣。性遊戲對當地的兒童來說是很平常的。他們通常平均 12 到 14 歲就開始有性行為。大多數的年輕男性會與比他們年長且有經驗的女性開始第一次性交；她們會教年輕男性各式性技巧。很快地，手淫頻率會下降，而和年長伴侶性交會成為每天晚上

的必備功課。這種強烈的性程度繼續延伸到已婚的成年人，平均 20 歲的男性每週有六天晚上、每晚有 2 到 3 次的性高潮。然而，除了次數之外，性行為的品質也沒有被忽略。曼加依亞文化對性交雙方的劇烈愉悅非常重視。對於當地的男性而言，最大的汙辱就是被認為自己太快達到性高潮，沒有去關心自己的女性伴侶是否也感到愉悅。

4. **情緒的角色**：就跟其他的基本動機一樣，尤其是吃，性動機受情緒的影響很大。由於壓力、焦慮、沮喪伴隨著增強的交感神經自主激發，而且因為性衝動被與交感神經活動相反的副交感神經所調節，因此這些情緒通常會導致性衝動的減少。然而，因為交感神經和副交感神經系統的平衡很複雜，焦慮和沮喪有時也會導致性動機的增加。然而，指出強烈的負面情緒會影響我們的性行為，並未真實反映出情緒和性行為之間的複雜交互作用。與其他動機相較，就算只有一點點細微的浪漫愛戀和其他微妙的情緒，都會強烈的影響性激情。

11.4.3 性動機與其他基本動機之不同處

雖然之前提到性動機在很多方面與其他基本動機很相似，它們之間也有一些重要的差異：

1. **生存價值**：個體必須滿足飢餓、口渴、保暖等基本需求才能生存。雖然滿足性動機對物種的生存不可或缺，但並不是個體生存所必需的。簡單來說，無性生活的個體也是可以生存下來。

2. **生理激發的增加和減少**：我們會想辦法減少飢餓和其他基本動機所激發的渴望。然而，我們卻會主動增加和減少性渴望。我們要開始性反應週期的興奮期而進行的親密行為顯然會增加性慾。然而，我們生活周遭有相當多的性刺激來源：A 片、制服店、色情頻道、色情網站等。在生活中，我們會追求性刺激來激發自己的性慾，然後透過性行為來降低性慾。

3. **剝奪的角色**：根據上次最後被滿足的時間，飢餓和口渴動機的提高或降低可以很容易預測。一個剛吃完豐盛一餐的人並不會餓，但是一個已經有 8 小時沒吃東西的人就會餓極了。就某種程度來說，性也是一樣。如果你習慣有規律的性生活，而你的伴侶因為去探訪親友有 2 週沒回家，如此可能會導致你的性興趣有顯著的增加。但是性動機跟其他基本動機比起來，與剝奪比較沒有關聯。除了消退期之外，人類幾乎在任何時間都很容易對性衝動的刺激和情境感到敏感。然而在另一方面，沒有性發洩途徑的個體表

示他們可以長時間沒有性渴望的衝動。相對地，我們愈常被性激發和被性滿足，似乎就有愈多的性動機。

4. **精力的減少**：其他的基本動機會導引我們去增加身體精力的貯存和其他的身體所需；相對地，性行為導致所儲存精力的耗費。

11.4.4 荷爾蒙與性行為的其他生物因素

非人類的動物從內分泌系統所分泌的荷爾蒙在調節性動機方面扮演重要的角色（Blaustein, 2008）。雌性的狗、貓和老鼠只有在排卵期時接受性交，這時期被稱為「（雌性動物的）發情期」（in heat）；與雌性動物相比，這些物種的雄性動物較不會受到荷爾蒙的影響，而且在大部分的時間都可以接受性刺激。然而，某些物種例如老鼠、鹿和山羊，雄性只有在每年一個或兩個季節裡產生精子時（雄性動物的發情期）才會致力於性交。這表示非人類動物的性行為只會在很少數的時期發生，也就是有受精和繁殖的高度可能時。

相較之下，人類的性動機受荷爾蒙因素的影響較少（Geer, Heiman, & Leitenberg, 1984），不過，還是比我們想像中要多。女性通常在排卵期時會有較高的性慾（Gangestad & others, 2005; Spiteri & others, 2010）。在排卵期時，女性通常會覺得外觀較陽剛、較霸道，且氣味健康的男性比較有魅力（Gangestad & others, 2005, 2007），不過在不排卵的月經週期時觀念會改變。有趣的是，女性選擇結婚對象時並不會選擇看似生殖力強的男性，只會視其為可能的性伴侶。

此外，如果男性伴侶有不同的免疫系統基因，女性對自己的男性伴侶會更有性回應，也較不易受到其他男性的吸引（Garver-Apgar & others, 2006）。這可能是因為如此所繁衍出來的後代會更健康。雖然我們並不自覺，但是我們的確能嗅出對方分泌的費洛蒙，費洛蒙反映出這些基因，進而影響性吸引（Martins & others, 2005）。

11.4.5 性傾向

性動機的一個重要面向是性傾向（sexual orientation）。在性和愛情關係上，會被不同性別所吸引的人，稱為**異性戀者（heterosexual）**；反之，會被同性別所吸引的人，稱為**同性戀者（homosexual）**。大多數有同性戀傾向的男性被稱為 gay（專指男性的同性戀者），而有同性戀傾向的女性則稱為 lesbian（專指女性的同性戀者），其他有些人會同時被同性和異性的人所吸引，則稱為

異性戀
會被不同性別所吸引的人。

同性戀
會被同性別所吸引的人。

雙性戀（bisexuality）。

芝加哥大學針對超過 3,000 名成人所做的全國性調查（Michael & others, 1994），為美國人的性傾向和同性別性行為提供了第一個可靠的數據。如圖 11.9 所示，9% 的男性成人承認從青春期至今，他們曾經和同性別的人發生過性行為。這些早年有過同性性經驗的男性有大約一半的人到 18 歲後仍持續有同性戀的經驗（4% 的所有男性成人），但是只有 2.8% 的男性認為自己是同性戀或雙性戀。

在女性中，4% 的女性從青春期至今曾經和同性別的人有過性經驗，而且這些經驗大多都在 18 歲之後才發生。在美國，大約有 1.4% 的女性成人認為自己是同性戀或雙性戀。因此，與同性發生過性經驗的女性比男性少（而且女性傾向在年紀較大時才會發生這類經驗），而且認為自己是同性戀或雙性戀的女性比男性要少。相對地，承認會同時被兩種性別的人所吸引的女性則比男性多（Chivers & others, 2004; Laumann & others, 1994; Savin-Williams, 2006）。另外，女性比男性更可能在度過一段同性戀時期後，又回復為異性戀的身分（Diamond, 2007）。性慾高的女性比性慾低的女性更容易被雙性所吸引；性慾高的男性則容易只被同一種性別所吸引（Lippa, 2006）。

若你住在大城市，芝加哥大學所做關於同性戀和雙性戀取向的調查結果可

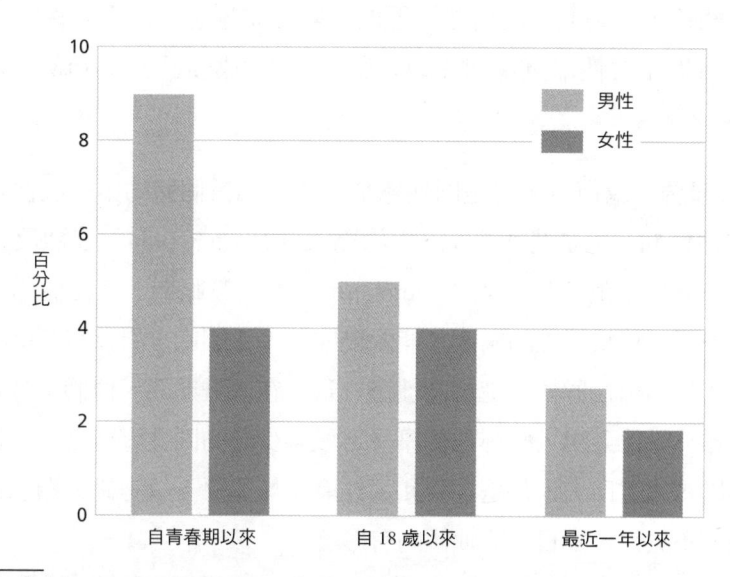

圖 11.9 美國的男性與女性有和同性發生性關係的百分比，時間自青春期、18 歲，以及最近一年的資料。自認為同性戀或雙性戀的人數百分比和表示在過去一年來有和同性發生性關係的百分比相當。

資料來源：Based on figure 13, page 175, Michael, Gagnon, Laumann, & Kolata, 1994.

能看來偏低,那是因為男同性戀和女同性戀會比較傾向住在大城市。在美國最大的 12 個城市中,超過 9% 的男性認為自己是男同性戀或雙性戀,是以美國總人口來看的 3 倍。而在大城市居住的女性,有將近 3% 的人認為自己是女同性戀或雙性戀,大約是以一般女性為總數的兩倍之多。在美國的鄉下地區,只有 1.3% 的男性和基本上沒有任何女性認為自己是男同性戀、女同性戀或雙性戀(Michael & others, 1994)。有趣的是,在大學畢業生中的男同志的百分比是非大學畢業生的兩倍以上,而大學畢業生中女同志的百分比是非大學畢業生的 9 倍以上(Peplau, 2003)。

汙名、壓力與性傾向　雖然社會對同性戀的態度日漸開放,全球仍有許多地方還是無法接受。身為同性戀的青少年仍然不好過,因為得經常面對來自同儕的可能歧視與嘲笑,也可能得面對來自父母的批評(Herek, 2000)。同性戀者與伴侶住在一起時經常會受到歧視,而且在美國多數的州中,他們所受到的法律與經濟權保障也比異性戀夫妻或情侶少(Peplau & Fingerhut, 2007)。男同性戀者也比異性戀者更容易感染愛滋病。因此,不意外地,許多研究顯示雙性戀者或同性戀者較容易罹患憂鬱症、焦慮症、尋求自殺,或藥物或酒精成癮(Balsam & others, 2005; Fergusson & others, 2005; Mills & others, 2004; Sandfort & others, 2001)。當然,事實比這些研究結果更為複雜。女同性戀者若只和女性發生性關係,則她們面對這些問題的風險並未增加,而男同性戀者,尤其是那些和男性和女性都有性關係的人所面臨的風險最高(Bostwick & others, 2010)。

性傾向的起源　為何有人會是同性戀?許多人相信個體的第一次性經驗會影響日後的性傾向。芝加哥大學的人類學家 Gil Herdt(1984)強烈反對這種說法,並以新幾內亞的桑比亞人(Sambian people)為範例。桑比亞男人相信,男孩一定得吞下年長男性的精液才能蛻變成男人。因此,男孩在七歲時就會離家,與較年長的男性同住,進行同性戀行為。在成長期間,他們不會和女性有性接觸。雖然桑比亞男人聲稱他們享受這段年少時的同性戀時光,一旦他們到達適婚年齡,幾乎所有人都選擇只和異性發生性關係。以上研究顯示初期的同性戀經驗並不見得會對日後的性傾向有影響。

今日,多數心理學家相信社會學習經驗對同性戀發展很重要,但是一定同時要有重要的生物因素。數種研究已有實證支持這種論述:

1. 雙胞胎研究顯示，基因有可能影響同性戀傾向（Kendler & others, 2000; Santtila & others, 2008）。如果同卵雙胞胎之一是同性戀，另一人很可能也是；異卵雙胞胎則不然。
2. 有證據顯示，懷孕初期時某些性荷爾蒙的異常濃度會增加胎兒同性戀的傾向（Lippa, 2003; Meyer-Bahlburg & others, 1995）。
3. 許多研究顯示，男同性戀者很可能有一位以上的哥哥（如 Blanchard & others, 1996a, 1996b; Bogaert, 2003）。由於後生的男性在母體中接觸的懷孕初期雄激素較少（Blanchard & others, 1996），因此可能會影響其同性戀傾向，也反映了荷爾蒙對男同性戀的影響。但有趣的是，出生順序和男、女性手足的多寡與女同性戀的傾向並不相關（Bogaert, 1998）。
4. 研究顯示，同性戀者與異性戀者在下視丘及其他腦部區域的相異處和男女性差別的地方一樣（Allen & Gorski, 1992; LeVay, 1991; Swaab & Hofman, 1990, 1995）。因此，在某些有限程度上，和異性戀者的大腦相比，同性戀者的大腦和異性的異性戀者的大腦更相似。

因此，有可能是基因和母體懷孕期間的荷爾蒙使某些人的大腦組成增加其日後成為同性戀的可能性。不過，由於腦部結構的差異要到青春期早期才會明顯（Hofman, 1995），腦部結構的差異也有可能是不同經驗造成的結果。

複習

男性和女性的性反應週期類似，主要的不同是男性在反應週期之間有較長的消退期。性動機和其他基本動機很像，下視丘的中樞都扮演重要的角色，外在的性刺激也可以激發性動機，且性動機可被學習的經驗和情緒所影響。然而，性動機與其他基本動機也有不同，它不是個體生存所必需，它的激發不見得會被壓抑、被剝奪時的影響也不同，且會使體力減少而不是增加。性傾向指的是對於同性、異性，或兩性所獲得的性激發。科學家尚未確認造成不同性傾向的原因，但可確定的是，生物和學習是兩個重要因素。

想一想

1. 我們會在後面的章節讀到愛的心理學。本節所討論到的性生理學與性反應週期有哪些和愛情有關？
2. 你認為為什麼針對男同性戀有那麼多歧視與暴力？該如何改善這個問題？

11.5 情緒

　　1899 年，Charles Darwin 發現生物間有一些共通的情緒，如恐懼、憤怒。動物與人類為何需要表達情緒？情緒對我們的生存有何功能？多數的學者都認為，情緒是一種自然天擇的結果（Cacioppo, Gardner, & Berntson, 1999）。根據這個觀點，情緒本身是具有生物適應的功能，透過天擇，有些情緒是有利生存的功能。我們面對危險情境時會產生負面的情緒，因而會懂得逃避（例如看到毒蛇會感到恐懼，進而逃離）；面對有利的情境時會產生正面的情緒，因而會懂得趨近（例如看到食物會感到喜悅，進而趨近）（Damasio, 2001）。趨吉避凶是基本的生存法則，而情緒在其中扮演著重要的角色。

　　情緒的類別相當多，心理學家 David Watson、Auke Tellegen 與 Lee Anna Clark（1985; Tellegen, Watson, & Clark, 1999）將情緒進行整理與分類，並表示所有的情緒都可以在如圖 11.10 所示的情緒地圖中找到位置。情緒地圖將情緒分成正、負兩大面向，每個面向又分為高、低兩極（就像南北極一樣）。他們提出，各種情緒反應是正負基本情緒的多種組合。他們將所有的情緒拉出基本的向度：第一軸是高負向情緒與低負向情緒，第二軸是高正向情緒與低正向情緒。

　　透過不同的情緒組合，我們可以組成不同的情緒反應。例如，驚訝是高正向情緒與高負向情緒的組合；悲傷是高負向情緒與中度低正向情緒的組合。你

圖 11.10　Watson, Tellegen 和 Clark 所描繪不同情緒間的關係與結構地圖。

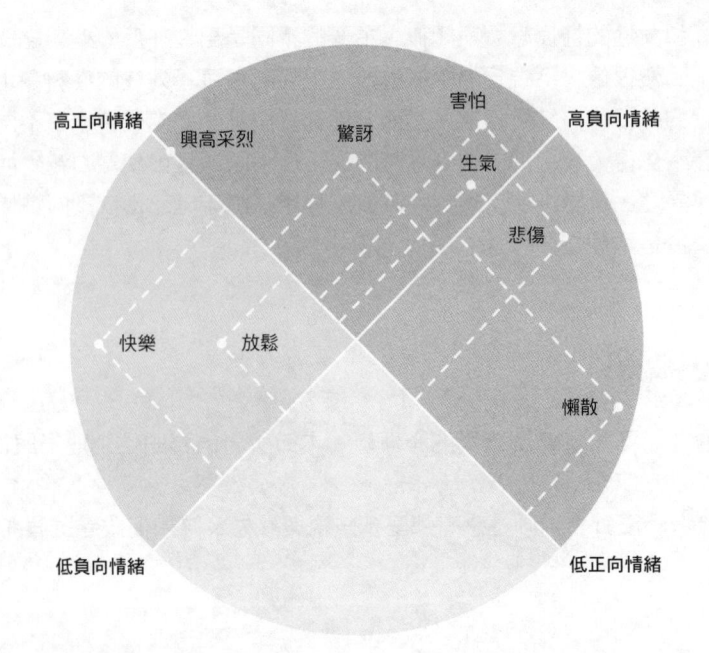

也可以試圖在情緒地圖上，標示出你現在的情緒。你會如何形容？

在這張情緒地圖中，我們發現幾個有趣的地方。第一，雖然正向情緒與負向情緒在地圖上分屬兩個不同的面向並分別位處兩個區域（而非同一個面向的兩個極端），我們一般認為是對立的情緒，像是快樂與憂傷，或畏懼與輕鬆，其實都在地圖上位居相對的位置。

第二，生氣與恐懼這兩種情緒的位置點相當接近，因為這兩種情緒在生存上有非常接近的功能——面對危險情境時，你要攻打（生氣）或逃跑（恐懼）。打或跑（fight or flight）是我們面對危險時的基本反應，有許多因素會決定我們所經驗的情緒是生氣或恐懼（我面前這個可怕的人有多高大？對方手上拿的是槍嗎？）然而從情緒地圖中，我們可以發現這種基本反應的相近性。第三，愛並沒有在出現這張地圖中。許多專家認為愛和圖 11.10 所示的其他情緒都不同（National Advisory Mental Health Council, 1995a）。的確，愛情通常會關係到圖上散布於各處的許多不同情緒！

11.5.1 情緒三理論

何謂情緒？情緒包含四個成分：(1) 刺激情境——誘發情緒反應的情境；(2) 意識經驗——個體主觀知覺的情緒狀態；(3) 生理反應——大腦、自律神經系統與內分泌系統發生變化所引發；(4) 行為反應——伴隨情緒所產生的行為（例如恐懼的動物會蜷縮、發抖，然後逃跑）（Barrett & others, 2007; Lang, 1995）。

自心理學創立以來，心理學家對這四個成分的順序與關聯性就一直無法達到共識。接下來，我們將探討三種主要的情緒理論（見圖 11.11）。

James-Lange 理論　一般對於情緒四大成分發生順序的看法如下：看到搶匪的這個刺激讓我們有意識地感到害怕，而有意識的恐懼導致我們發抖並逃跑。然而，William James（1890）認為情緒是以相反的順序發生，情緒刺激直接傳到邊緣系統，並透過下視丘和交感神經運作，啟動身體的相關部位來處理所面臨的緊急狀況，生理反應再傳回大腦皮質產生有意識的情緒感受。簡言之，亦即情緒經驗來自於內在生理系統，身體反應的訊息傳回大腦皮質區，讓我們覺察到自己的情緒。根據 James 的看法：「我感覺到難過是因為我哭了，生氣是因為我打人，害怕是因為我發抖。」多年後，丹麥生理學家 Carl Lange（1922）也獨立提出相同的理論，所以這個理論稱為 **James-Lange 情緒理論**（**James-Lange theory of emotion**）。

> **James-Lange 情緒理論**
> 此理論主張，人們的情緒經驗是藉由生理上的反應和行為，經過大腦皮質詮釋的結果。

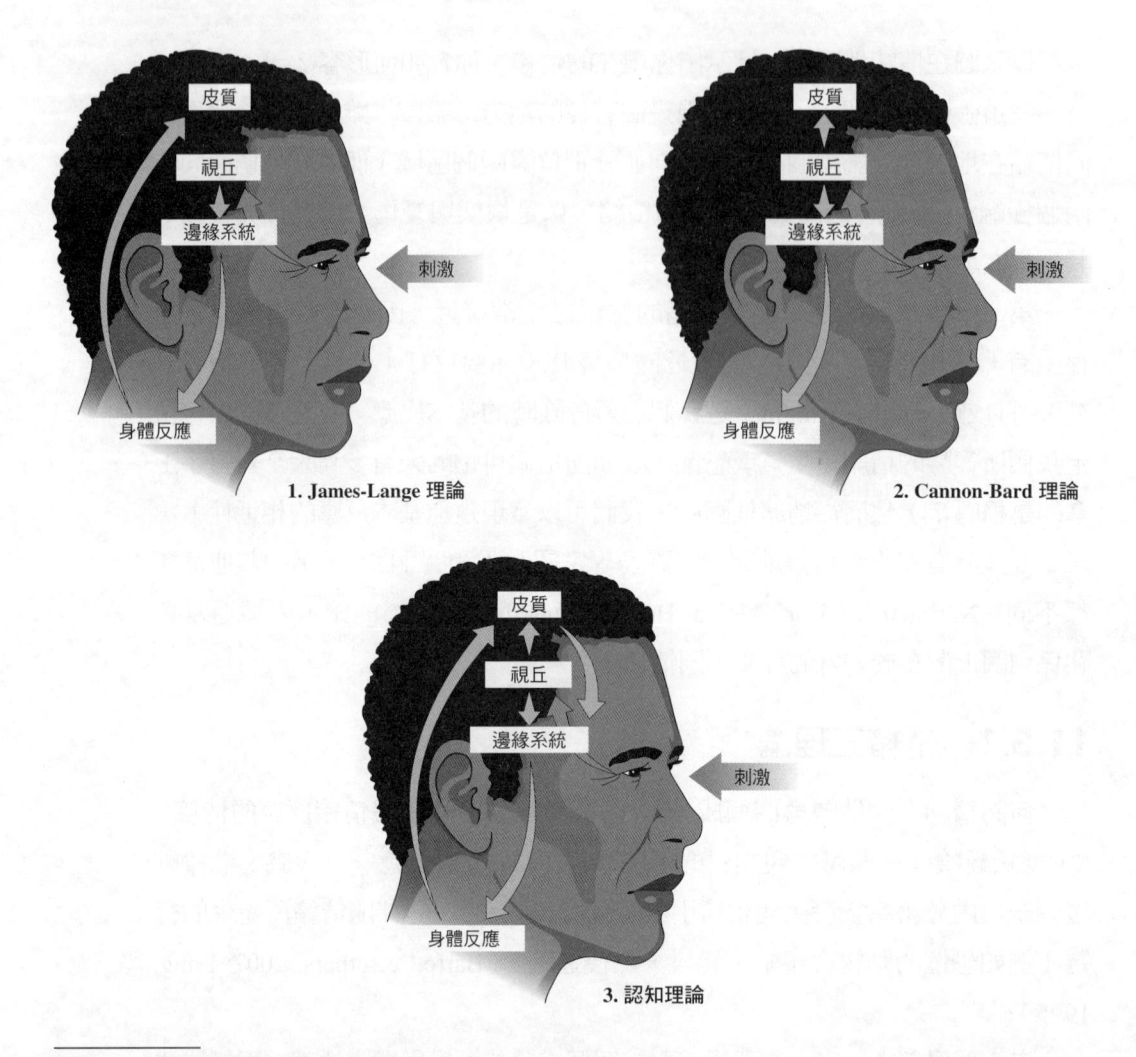

圖 11.11 本圖描繪三種主要的情緒理論：(1) James-Lange 理論；(2) Cannon-Bard 理論；(3) 情緒的認知理論。

　　現在我們已經知道，我們可以透過許多身體上的情緒回饋系統來發現我們的情緒，如由自主神經系統引發的身體姿態、肌肉運動和內臟反應等（Niedenthal, 2007）。有趣的是，此類情緒回饋有很重要的一部分是來自臉部肌肉（Izard, 1972, 1991, 1997）。試試看微笑幾秒鐘。你是否感覺比較開心？根據 Izard 對 James-Lange 理論的詮釋，多數人會。人類臉部的 44 條肌肉中，有 40 條專門負責情緒表現，另外 4 條負責的是張嘴、說話，與咀嚼（National Advisory Mental Health Council, 1995a）。一項經典研究發現，接受電擊的研究參與者，臉部無表情的比臉部有表情的人較不會感覺疼痛，或許是因為臉部表情會強調所經歷的痛苦（Colby, Lanzetta, & Kleck, 1977）。或許下次你去看牙醫時，可以試試看。

Cannon-Bard 理論　哈佛大學生物學家 Walter Cannon（1927）提出一個完全不同的情緒理論，並在 1934 年經由 Philip Bard 修訂，成為 **Cannon-Bard 情緒理論**（**Cannon-Bard theory of emotion**）。他們認為，情緒刺激的訊息首先傳到視丘，再同時往上傳到大腦皮質形成情緒感受，及往下傳到下視丘與自主神經系統產生情緒的生理反應。從他們的觀點來看，情緒感受（心理層次）與生理反應（生理層次）是兩個同時卻各自獨立的反應系統。

> **Cannon-Bard 情緒理論**
> 此理論主張，情緒經驗和生理反應與行為是同時卻各自獨立的反應系統。

認知理論　另外一個較新的情緒理論是**情緒的認知理論**（**cognitive theory of emotion**）──著重在個體對於內在與外在情緒刺激與經驗的認知詮釋（cognitive interpretation）。雖然我們現在可以說情緒認知理論是單一理論（Lazarus, 1991; Leventhal & Tomarken, 1986; Scherer, 1997），它其實是歷經多年來許多不同學者陸續貢獻所統合出來的理論（Arnold, 1960; Denson & others, 2009; Ellis, 1962; Schachter & Singer, 1962）。此理論認為，情緒經驗的認知歷程包含兩個階段：(1) 對於環境刺激的詮釋；(2) 對於身體反應的詮釋。接下來將分別討論。

> **情緒的認知理論**
> 此理論主張，我們的情緒經驗會藉由認知的解釋與生理的反應共同組成。

階段一：對於環境刺激的詮釋　古希臘哲學家 Epictetus 說：「事件本身不會影響我們，而是我們對事件的詮釋影響著我們！」在情緒的認知理論中，學者認為外在刺激的訊息會先傳到大腦皮質，刺激訊息在大腦皮質被詮釋與經驗，之後會傳送訊息到邊緣系統和自主神經統引起生理反應。

看看以下的例子：在炎熱的天氣中，口渴得半死時，你看到桌上有半杯水，你會有什麼樣的感覺？愉快、難過……？譯者在詢問大學生時發現，有些人會覺得愉快，而有些人會覺得難過。再進一步詢問後發現，當你想到「還有半杯水！」時，你會有正向的情緒產生；當你想到「只剩半杯水。」時，你會有負向的情緒。

在這個例子中，半杯水是一個事件，但隨著你對這個事件的詮釋不同──「還有半杯水！」或「只剩半杯水！」──你的情緒也有所不同。針對同樣的事件，所做的詮釋不同，你的感受也有所不同。

有一個很古老的故事：某個老先生有兩個小孩，一個是賣雨傘的，另一個是曬稻穀的。當遇到下雨天時，他就想到曬稻穀的孩子該怎麼辦；而當遇到大晴天時，他則擔心賣雨傘的孩子沒生意。就這樣，不論是雨天或晴天，這個老先生都在為他的孩子擔心。有一天，他將他的煩惱跟朋友說，這個朋友就說：「你為何不在下雨天時想想賣雨傘的兒子，在晴天時想想曬稻穀的兒子！」他

就這樣換個方式思考後，心情也就開朗了。在下雨天時，他想到孩子的雨傘熱賣；晴天時，想到兒子可以好好地曬稻穀。晴天、雨天依舊，只是想的方式不同，感受卻相當不同。

「境由心轉」，試著轉換你的想法，你的心情也就不同了。

階段二：對於身體反應的詮釋　情緒的認知理論和 James-Lange 理論的相似處在於，兩者都認為身體訊息在情緒中扮演著重要的角色；不過，認知理論進一步強調個體對於身體反應的「詮釋」是情緒的核心，比刺激本身來得重要。

Stanley Schachter 與 Jerome Singer（1962）首先探討對身體反應所做的認知詮釋。他們認為個體在經歷情緒時所產生的生理反應並無特定性，也就是說，無論經驗到什麼樣的情緒，我們的身體，尤其是內臟的反應方式都一樣。身體反應只有在經過認知詮釋後才有情緒方面的重要性。我們在恐懼時，會心跳加快；在高興時，也會心跳加快。單純的身體反應並無法確切地傳達個體的情緒訊息，那麼，我們的情緒從何而來呢？就是個體對於這些生理反應的認知詮釋。你在聽到槍聲後心跳加快，你會把心跳加快的感覺詮釋為恐懼；你在接吻時心跳加快，你會把心跳加快的感覺詮釋為戀愛。

Schachter 和 Singer 為認知理論新增的內容有助於解釋，為什麼性吸引力常會被誤以為是愛情，以及恐懼萬分的人質只要挾持者能對他們有一丁點的尊重，就常會對挾持者產生友善的感覺。因為在情緒狀況下所產生的自主感沒有分辨的能力，因此很容易對身體反應做出錯誤的情緒解讀。

Stanley Schachter 與 Jerome Singer 在 1962 年進行一個經典的研究來說明這個理論。首先，他們邀請研究參與者參與一個有關維他命對於視覺影響的研究。研究參與者會先被注射「維他命」（一種會促使心跳加快的藥物——在研究中偽稱為維他命），然後要等待另一位研究參與者到達後才能開始時測試。這些研究參與者都會感受到自己的心跳加快，而第二位研究參與者其實是由演員假扮。他面對真正的研究參與者時，對一半的人表現出快樂的反應；而對另一半的人則是表現出生氣的反應，並在最後生氣地奪門而出。如同兩位科學家所預測的一樣，研究參與者的認知感受會受到演員的影響。面對快樂演員的人會感到快樂，而面對生氣演員的人會認為自己感到憤怒。重要的是，這種結果只會在研究參與者對實際的注射藥物完全不知情下才會發生。當他們被告知該藥物並非維他命時，演員的行為即不再會影響研究參與者的情緒——他們會認為所受到的激發是因為藥物所致。

另一個測試 Schachter 和 Singer 論點的重要研究是有名的吊橋研究。

Donald Dutton 與 Arthur Aron（1974）的研究參與者是當時正在加拿大卑詩省的 Capilano 峽谷旅遊的男性遊客，這些研究參與者年齡介於 18 歲至 35 歲，而且沒有女伴隨行。有兩組研究參與者，一組走一段在峽谷上方的驚險吊橋，橋身會劇烈晃動；另一組則走相對穩固的木造橋。在吊橋中段，一位美女訪員會訪談研究參與者。結果發現，大多數走在劇烈晃動吊橋上的研究參與者都會把這種心跳加快的感覺詮釋成興奮。原先，走在吊橋上會將這種心跳加快的經驗詮釋成恐懼，但若遇到美女時，這些男生反而會感到興奮。

從這個研究來看，我們可以發現，每個研究參與者都是一樣的生理反應，但隨著對這個反應的詮釋不同，所產生的情緒感受也有所不同。這些結果強烈支持 Schachter 和 Singer（1962）的理論，也就是我們對於刺激的認知感受才是最重要的。

11.5.2 學習與文化在情緒中的角色

多數專門研究情緒的心理學家相信，至少最基本的情緒為天生的，不須透過後天的學習（Izard & others, 1997）。即便天生暨聾又盲的兒童缺乏許多正常的學習經驗，也會表現出正常的情緒反應（Eibl-Eibesfeldt, 1973）。

但是比較各種文化後，我們發現學習的確會透過兩種方式影響情緒。首先，文化學習會比我們實際經驗到的情況更容易影響我們的情緒表現。例如，東方文化會強調內斂的表達，西方文化會強調直接的情緒表達。在生活中，我們會被要求盡量不要在公眾面前表達負面的情緒，特別是生氣；而西方國家則強調負向情緒的表達。加州大學舊金山校區的 Paul Ekman（1992）是情緒表達研究的專家，他曾做過研究來探討文化學習對情緒表達的影響。他的研究結果發現，日本人傾向用微笑來掩蓋負面的情緒，而美國人則是會直接把負面的情緒寫在臉上。

第二，有愈來愈多的證據顯示，不同文化的人會對情緒情境做出不同的詮釋（Scherer, 1997）。日內瓦大學的 Klaus Scherer（1997）針對這個議題做了一個國際性的研究，蒐集了來自 37 個國家的資料。在每個國家中，都有 100 名大學生要回憶曾經歷過七種不同情緒（喜悅、憤怒、恐懼、悲傷、厭惡、罪惡、羞恥）的情境。接著他們要回答觸發這些情緒的事件的相關問題。Scherer（1997）發現不同文化的相似處要比相異處來的多，但的確有些差異存在。例如，非洲國家的大學生比較會認為自己的負面情緒是他人不道德與不公正的行為所造成。相對地，來自拉丁美洲國家的大學生則比較不會認為自己的負面情

緒是因為他人不道德的行為所致。

情緒的文化異同是新的研究議題，但可讓我們更加了解人類的情緒。如果我們對於生活中的事件在情緒方面的詮釋的確有文化差異，我們就必須去了解這些差異，世界各地的人才能彼此溝通與合作。然而，這個領域有待更多的研究。或許有一天，我們能真實的打破各種迷思或成見，真正了解實際文化差異的意涵。

11.5.3　追求快樂

快樂通常是讓我們感覺自己活得有意義的一個重要元素（King & others, 2006）。此外，快樂會帶領我們邁向成功，甚至是長壽（Lyubomirsky & others, 2005; Pressman & Cohen, 2005）。如何才能成功追求快樂？什麼因素會讓你快樂？中樂透？考上研究所？或者談戀愛？類似的研究直到 20 世紀的最後 20 年才積極展開，但是我們已經對此議題有許多了解。

金錢可以買到快樂嗎？　大多數的大學生都認為金錢有其重要性（Myers, 2000），但金錢可以買到快樂嗎？答案是，也不是。放眼世界各國，較富裕國家的人民比相對較貧窮國家的人民較有可能表示自己比較快樂（Diener, Oishi, & Lucas, 2003; Plaut, Markus, & Lachman, 2002）。但是，這中間的關聯性並不清楚，原因有二。第一，較富裕國家通常都有較穩定與民主的政府，人民能享有較多的人權與自由。因此很難確定人民快樂的原因是來自財富或是人權，或是兩者皆有。第二，在較富裕的國家中，個人的收入與快樂程度並沒有什麼相關。這是因為除去基本生活所需的食衣住行外，賺大錢並不見得能為個體帶來太多快樂（Diener, Oishi, & Lucas, 2003），除了在老年生活不便或發生重大挫敗時，財富能讓個體免於受到生活壓力以外（Johnson & Krueger, 2006; Lucas, 2007; Simth & others, 2005）。想想以下的問題：

1. **比別人賺更多錢會讓你快樂嗎？**　比實際賺多少錢更重要的是，我們所賺的錢和別人相比是否比較多（Boyce & others, 2010）。很悲哀的是，多數人會因為自己賺的錢比別人多而開心。
2. **戀愛或有好朋友會讓你快樂嗎？**　一般來說，有很多朋友的人比較會認為自己比朋友很少的人更快樂。有配偶或有男女朋友的人也比較會認為自己比從未有過戀情的人快樂（Myers, 2000）。快樂的人的確可能比較容易吸引別人，不過親密關係的確對快樂有所助益。當然，不是所有的親密關係

都會讓人快樂。只有當婚姻是基於平等條件而且沒有太大的衝突時，才可能培養出快樂的感覺。

3. **工作會讓你快樂嗎？** 工作似乎是讓人感到快樂的一大重要因素。失業一定會讓人不開心，而且要回復很慢（Lucas & others, 2004）。但是，我們從工作上獲得的快樂也和我們工作的原因有關。如果只是為了賺錢或滿足物質慾望而努力工作，通常會傷害到社交與家庭關係，進而帶來不快樂（Nickerson & others, 2003）。

4. **宗教信仰讓你快樂嗎？** 有關這點，目前沒有足夠的證據能下定論。有些研究顯示有宗教信仰的人比較快樂（Myers, 2000），但是也有研究顯示並非如此（Diener & Seligman, 2002; Lykken & Tellegen, 1996）。

5. **有人天生就很快樂嗎？** 有人天生就是樂觀。他們真的不論在任何情況下都可以比較快樂嗎？目前看來確實如此。這意味著人格和我們是否能夠開心有很大的關聯（Diener, Oishi, & Lucas, 2003; Diener & Seligman, 2004; Heller, Ilies, & Watson, 2004）。我們將在下一章詳加討論。一項針對 2,310 對中年雙胞胎的研究（Lykken & Tellegen, 1996）發現，快樂有一半與遺傳有關。也就是說，我們是否容易快樂會受到基因的影響，這可能與基因對我們的人格特質大有影響有關。不過話說回來了，還是有另一半是掌握在我們自己的手中，不是嗎？[1]

▶▶▶ 人 類 多 樣 性　快樂的文化差異

快樂也會有文化差異嗎？針對不同國家的人進行快樂測量時，發現有些國家的人民比其他國家的人民快樂（Diener, Oishi, & Lucas, 2003）。然而，這樣的結果有時會有詮釋上的困難，因為各國在基本收入與人權等方面的情況有很大的不同。不過，即便同樣有穩定政府與高國民所得的國家，快樂的程度也有明顯的差異。例如，丹麥人比日本人快樂許多（Diener, Oishi, & Lucas, 2003）。有些心理學家便假設，像日本這種集體主義文化因為較強調群體的福祉，個人的快樂程度可能不會太高（Diener, Oishi, & Lucas, 2003）。但從另一個角度來看，又有證據顯示日本人比較不會像西方人那樣誇大自己的快樂程度（Oishi, 2001）。其實

---

[1] 國內學者于文正與宋曜廷（2012）針對國人進行快樂活動分析，發現國人產生快樂的活動可以分成心靈寧靜、成就感、社會支持、專注投入、親情互動、自我控制、宗教活動、財務穩定、興奮有趣、休閒旅遊，以及求神問卜等 11 種快樂元素。本節的課堂活動，將邀請你與同學一起分享快樂的活動，並在週末時相約一起去參與。

許多研究都證實，人格特質和快樂程度之間的關聯性在許多國家都非常相似（Diener, Oishi, & Lucas, 2003; Schimmack & others, 2002）。不過，不同文化的人會讓他們快樂的事物的確有所不同（Diener, Oishi, & Lucas, 2003）。Asakawa 與 Csikszentmihalyi（1998）透過手提電腦一天隨機發問的方式，請美國大學生回答關於當時心情的問題。結果發現亞裔美籍的學生在完成與自己未來目標有關的事（如讀書）後會比較快樂，而歐裔美籍的學生反而是做功課時最不快樂，做不重要但有趣的事時會比較快樂，顯現不同文化快樂的來源不同。

陸洛教授是國內研究幸福與快樂的專家，她邀請美國大學生與中國大學生寫一篇「何謂幸福」的短文，透過主題分析發現美國大學生的幸福包含：(1) 幸福是一種滿足與滿意的心理狀態；(2) 正向的感覺和情緒；(3) 成就和控制感；(4) 獨立與自主；(5) 免於不幸；(6) 滿足的社會關係；(7) 幸福是生活的終極目標等七大面向。華人大學生認為的幸福為：(1) 滿足的心理狀態；(2) 正向的感受與情緒；(3) 均衡與和諧；(4) 成就與希望；(5) 免於不幸等五大面向。對華人而言，幸福是一種個人內在、人際間及人與環境間的和諧相處。對美國人而言，幸福大多是一種正向經驗與正向情緒狀態。由此可以看出幸福的文化差異。身處東方文化的我們該如何追求幸福呢？在陸洛老師的研究中發現，累積幸福要培養出以下能力：(1) 覺知的智慧；(2) 知足感恩的智慧；(3) 付出的智慧；(4) 自我修養的智慧等四大能力。[2]

複習

情緒是相當複雜的心理狀態，難以明確定義。不過，大部分對情緒的定義都包含四個層面：(1) 誘發情緒的刺激；(2) 情緒是正向或負向的意識經驗；(3) 情緒的生理反應；(4) 情緒的行為反應。目前主要的情緒理論有三種：James-Lange 理論、Cannon-Bard 理論，以及認知理論。這些理論從不同觀點來解釋刺激、經驗、激發與行為間的關係。許多情緒因子似乎是天生的，但是學習會影響情緒的表達方式、程度，以及我們如何詮釋引發情緒反應的刺激。當我們的基本需求被滿足後，即便結婚生子、生活富足、有穩定工作都很重要，但還是無法保證快樂。我們的快樂有部分是受到人格的影響，有另一部分是受到人際關係的狀況與工作原因的影響。每人的文化對個體是否能快樂以及快樂的程度也都有影響。

想一想

1. 回想你最近曾經有過的強烈情緒，然後使用本節討論的三種理論，解釋情緒發生的經過。
2. 對你而言要過得快樂，最重要的是什麼？

---

[2] 參考文獻：
陸洛（2007）華人的幸福觀與幸福感。心理學應用探索，9（1），19-30。
陸洛（1998）。中國人幸福感之內涵，測量及相關因素探討。國家科學委員會研究彙刊：人文及社會科學，8（1），115-137。

11.6 攻擊性：情緒與動機層面

我們自豪自己身為人類，認為我們已經脫離過去在野蠻叢林裡的生活，並建立一個文明的社會。但可悲的事實是，從未有任何其他動物對自己的同種動物採取過像人類般的殘酷暴力行為。雖然一些較低等的哺乳類動物，會為了爭奪交配權或領域權而發生打鬥致死的狀況，或是黑猩猩偶爾也會發生「有意圖謀殺」其他黑猩猩的情況，但是很少會產生像人類這樣頻繁的攻擊行為或滅亡戰爭。

在美國，暴力事件已經是 15 到 24 歲的人口死亡排名第二的原因，僅次於意外事件，而且也是非裔美國男性的最主要死因（National Center for Health Statistics, 2009）。也許更讓人難以理解的是，為什麼對於自己家庭成員的攻擊事件也是如此頻繁。在美國，每年有 400 萬對夫妻會暴力相向，其中有 25 萬宗案件會造成重大傷害；同樣地，每年有 200 萬名兒童遭受父母的毆打。在台灣，家暴問題也是一樣層出不窮。

為什麼人類是這麼具有攻擊性的生物？我們能用什麼方法來控制暴力行為的發生嗎？攻擊行為是一個包含了動機與情緒層面的複雜現象，需要小心檢視。已有許多研究專門探討攻擊行為，也產生了許多理論。一個觀點將攻擊視為一種天生的本能；另一種觀點將攻擊視為一種面對不利於已的事情時的自然反應，例如挫折、疼痛；第三種觀點認為攻擊是一種學習而來的行為；而還有一種觀點認為信仰是暴力的起源。接下來將討論各個理論觀點。

11.6.1 佛洛伊德的本能理論：攻擊能量的釋放

佛洛伊德認為所有的動物，包括人類在內，生來便具有攻擊本能，而這個本能必須被滿足。換句話說，這個本能會產生一種令人不舒服的壓力，而我們必須將這個壓力紓解釋放。佛洛伊德關於攻擊是本能的論點受到幾位現代生物學家的支持（Lorenz, 1967）。Robert Ardrey（1966）也回應道：

> 人類天生就是會拿著武器殺戮的掠食者。在已經被武裝了的掠食性動物身上突然加了擴增的大腦不只創造出人類，也封印了人類的命運。（p. 332）

佛洛伊德的本能理論（Freud's instinct theory） 中最有爭議的部分是，攻擊的能量必須以某種方式釋放，而要能不造成暴力的話，最好的方法是

佛洛伊德的本能理論
此理論主張，攻擊行為是導因於與生俱來的攻擊本能。

宣洩
一種釋放內在能量的過程。

透過商業或體育類的競爭性行為，或是觀看具攻擊性的體育活動，或是閱讀有關暴力犯罪的事件或書籍來完成。他稱這種釋放本能能量的過程為**宣洩**（**catharsis**）。佛洛伊德的論點目前頗受爭議。尤其一些心理學家認為，如果依照佛洛伊德及其學生的看法去宣洩，反而會讓攻擊性行為增加。

11.6.2　挫折攻擊理論

挫折攻擊理論
此理論主張，攻擊是一種面對重要動機的挫折時自然會產生的行為反應。

許多心理學家認為，如同佛洛伊德所說，攻擊行為是人類天生的本能，但他們不同意這個行為是源於本能上的需要而去攻擊。**挫折攻擊理論**（**frustration-aggression theory**）（Berkowitz, 1993; Dollard, Doob, Miller, Mowrer, & Sears, 1939）認為，攻擊行為的產生，來自於個人動機滿足的歷程受到阻礙——產生挫折。當一個小孩拿走另一個小孩的玩具，他可能會遭到另一個小孩的報復；當一個國家因為覬覦其他國家的石油或海港而利用各種手段去與該國作對，就可能會引起一場戰爭。人們或是國家在面對挫折時的反應，通常是憤怒和攻擊。

近年來，挫折攻擊理論已經被延伸到包括任何令人厭惡的感覺，而不單只是挫折事件而已。任何令人厭惡的感覺——從疼痛到酷熱，都代表攻擊性有增加的可能（Berkowitz, 1989）。例如，研究發現，在酷熱季節裡暴力犯罪事件的發生率最為頻繁（Anderson & others, 1997; Cohn & Rotton, 1997; Hipp & others, 2004）。Craig Anderson（2001）因此針對全球暖化現象提出相關警告。若地球持續暖化，當北美平均溫度上升華氏 8 度，則嚴重暴力及死亡攻擊將會上升 20%。

11.6.3　社會學習理論

根據佛洛伊德，人天生具有需要被釋放的攻擊性。而根據挫折攻擊理論，人會攻擊是因為遇到挫折與令人厭惡的情境所產生的反應。相對地，Albert Bandura（1973）和其他社會學習理論學家認為，只有當人們「學到」攻擊可以讓他們獲得利益，才會具有攻擊性。社會學習理論學家並不否認挫折可能會讓我們生氣和具攻擊性，但他們主張，只有當我們習得以攻擊去因應挫折，我們才會攻擊。我們要成為一個具有攻擊性的人之前，必須先看到他人藉由攻擊的手段而成功，或是為了侵占他人利益而攻擊。

這樣的說法直接與佛洛伊德的宣洩論點產生衝突。佛洛伊德派的心理學家認為，我們必須尋找其他方式宣洩我們的攻擊本能，好讓我們不會將實際的攻

擊表現出來。他們的建議是，當你生氣時可以找個沒有人的地方大聲吼叫，或是找個拳擊袋拳打腳踢一番，也可以利用替代性的方法來經驗攻擊，例如玩暴力電玩。社會學習理論學家則認為，這樣非但不會減少暴力，反而還會教導人們以暴力因應事情因而增加攻擊性的行為（Bandura, 1973）。

11.6.4 攻擊認知理論

近幾年，學者開始採用認知理論來解讀攻擊行為。認知理論認為以下六個信念會導致暴力與戰爭（Bushman & others, 2007; Eidelson & Eidelson, 2003）：

1. **優越感**：覺得自己比他人優越，所以會採取脅迫的手段來傷害「低下」的群體。校園中的霸凌經常就是這樣產生的。
2. **不公正的受害者**：許多人認為自己是不公不義的受害者，因此會將報復合理化而採取攻擊行為，甚至可擴大至發動戰爭。而受到攻擊的對方也同樣會認為自己是受害者，因此也採取新的攻擊行為。
3. **脆弱性**：弱小會被欺負，所以先下手為強，自己才不會被欺負。
4. **不信任**：有些人相信別人對自己敵視，或是會對自己不利，所以往往會將對方視為邪惡勢力，並合理化自己所採取的暴力行為。
5. **無助感**：有些人不相信透過努力和和平協商能夠解決問題。有時候甚至連強國都認為只有戰爭才能平息與他國的爭議。青少年缺乏解決問題的能力，當遇到無法解決的問題時，常認為拳頭是最快的方法。
6. **宗教信念**：當信徒堅信他們是受到神的旨意而殺人，並可因此獲得神的獎勵，他們便更容易輕易採取暴力行為。

在台灣，校園的霸凌問題也是日趨嚴重，也需要大家一起來思考該如何改善這樣的問題。

複習

對每個人來說，攻擊是一個令人害怕又不得不關注的主題。有四個主要理論可以解釋人類的攻擊性。佛洛伊德認為，攻擊是人天生滿足攻擊動機需求的結果，需要途徑來宣洩。挫折攻擊理論主張，攻擊是人在遇到挫折與痛苦時自然產生的行為反應。社會學習理論則認為，攻擊不是一種天生的行為，只有當人們學到了攻擊行為，他們才會這樣做。認知理論學者則認為，我們的信念會決定我們是否會涉入暴力行為。在這些理論中，佛洛伊德的理論與社會學習理論有所衝突。佛洛伊德學派的心理學家主張，攻擊行為應該尋找適當途徑去宣洩，例如玩暴力電玩或看暴力影片。然而許多研究都支持社會學習理論，亦即這樣的方式不但不會使攻擊減少，反而是教導人們變得更具攻擊性與暴力傾向。

想一想

1. 你認為，哪一個理論較適用於減少幫派暴力事件？
2. 想想看兩個正在打仗的國家或正處於敵對位置的兩組人馬。本節所討論過的攻擊認知理論中，有哪幾個信念和這場爭端有關？

本章總結

第 11 章定義了何謂動機與情緒，也闡述了我們的基本動機與心理動機，並且說明了三個情緒理論。而攻擊這個主題之所以會包含在這一章，是因為攻擊行為與情緒和動機密切相關。

I. 動機是一種內在驅力，它指引我們方向去做出某些行為。情緒包含了正向與負向的感覺，通常伴隨著因為刺激而引發的生理反應和行為反應。

II. 基本動機是支持我們基本生理需求滿足以求生存的內在驅力。
   A. 身體的恆定機制能夠偵測體內基本生存物質的不平衡，並做出回到平衡的反應。
   B. 飢餓是藉由生物上的機制來調節，其控制中樞為下視丘中的三個構造。
      1. 老鼠在下視丘側邊的進食中樞被破壞時，將不會進食。
      2. 老鼠在下視丘腹側中間的構造被破壞（飽食中樞）時，老鼠會攝食過度至肥胖的地步。
      3. 下視丘的丘腦室旁核負責調節血液中的血糖濃度。
   C. 每天影響飢餓產生的因素有胃部的收縮和血糖濃度，體脂肪則是影響我們長期體重調節的因素。
   D. 過去的學習經驗會影響我們吃的習慣：何時吃、吃什麼，以及吃多少。飢餓也像其他動機一樣，會受到外在的刺激所引發。
   E. 口渴的控制中樞也是在下視丘，當我們口渴時，身體會藉由口乾、細胞的水分散失，以及血液容積的減少，來讓我們去找水喝。
   F. 過去的學習經驗也可以影響我們喝東西的行為，同樣地，外界的刺激物也會勾起我們的欲望，讓我們去喝東西。

III. 心理動機對我們的生存沒有直接的影響，但是它與我們活得是不是快樂和幸福有很大的關係。
   A. 人類和其他動物天生就有讓自己處在一個適當激發狀態的動機，Yerkes-Dodson 法則說明激發太低時會表現不佳；但是激發太高時，表現很可能會受到干擾而出現無法組織的情況。
   B. 有高友伴動機的人通常較喜歡與別人互動。
   C. 成就動機是心理上想要成功的需求。人們的成就動機有不同的成分：
      1. 渴望學習並精熟新主題和技能。
      2. 希望自己優於別人。
      3. 害怕失敗。
   D. 內在動機是指由活動本身的特質所引起的動機行為，外在動機是指因為外在酬賞的刺激所造成的行為。
   E. 根據 Maslow 的動機階層理論，動機是有階層性的排序，從最基本的生理需求到最高階的自我實現。

IV. 性動機
   A. 性動機和其他基本動機有些重要的相似處。
      1. 和飢餓與口渴一樣，性動機是受下視丘相對中心的控制。
      2. 性動機和飢餓一樣，都可以受到外部刺激（誘因）而激發。
      3. 性動機會受到學習的影響，程度至少和其他基本動機一樣。
      4. 如同其他基本動機，尤其是吃，性動機有很大部分會受到我們的情緒影響。
   B. 性傾向是指我們對於親密或性伴侶是同性或異性的選擇。
      1. 依據個體對同性、異性，或雙性的性吸引而定，個體會被認定為同性戀、異性戀，或雙性戀者。
      2. 性傾向的發展似乎同時與生物和社會因素有關。

V. 情緒是給我們生活色彩、意義和力量的經驗。
   A. 試圖解釋情緒的理論包括：James-Lange 理論、Cannon-Bard 理論，和認知理論。
   B. 大部分的心理學認為我們的基本情緒大多是天生的，但後天的學習經驗也會影響情緒。

VI. 攻擊性是一個還沒有被完全了解的複雜現象。
   A. 佛洛伊德認為，人天生就具有攻擊的傾向，而攻擊的能量需要藉由宣洩來釋放。
   B. 有些心理學家認為，攻擊是對重要動機受挫（阻礙）或其他令人厭惡事件而產生的反應（挫折攻擊假說）。
   C. 社會學習理論學家則將攻擊行為解釋成一種學習而來的行為。
   D. 認知理論認為信念是影響攻擊行為的主因。

課程活動

快樂活動

活動主題：討論可以讓自己快樂的活動
進行方式：
1. 全班以 5~8 人分成小組。
2. 各小組成員討論會讓自己快樂的活動。
3. 各小組推派一名成員上台報告組員公認的快樂活動。
4. 全班票選本週要進行的快樂活動。
5. 找個好朋友一起進行本週的快樂活動。填寫以下快樂契約交給你想要邀請的人。

快樂契約

親愛的 ＿＿＿＿＿＿＿＿＿＿＿＿

我誠摯地邀請你一同參與本週的快樂活動。

於　　月　　日　　（時間）

在（地點）＿＿＿＿＿＿＿碰面

我們一起（本週票選之快樂活動）＿＿＿＿＿＿＿＿＿＿＿＿＿＿＿＿＿

想與你一起創造快樂的人

第12章 人格理論

填寫人格問卷

……… | 汪!汪! | …我該怎麼回答呢

在心理學中,「人格」一詞指的是個人獨特的行動、思考及感覺方式。你會如何描述自己的人格?你是哪種個性的人?

許多心理學家只用五個基本概念來描述我們的人格。在以下的五個人格向度中,你評估自己屬於哪一種呢?在第一個向度中,如果你傾向於非常放鬆和安心,就給自己 1 分;若你傾向於非常緊張且不安,則給自己 3 分;若你既不是非常緊張,也不是非常放鬆,在這個向度就給自己 2 分;若你覺得自己介於 1 分和 2 分之間,也可以給自己 1.5 分。現在,請以同樣的方式評估你在其他四個向度上的分數。

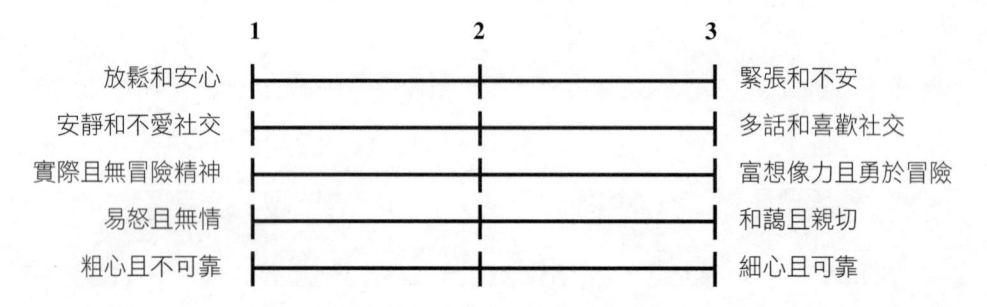

	1	2	3	
放鬆和安心	├───	───	───┤	緊張和不安
安靜和不愛社交	├───	───	───┤	多話和喜歡社交
實際且無冒險精神	├───	───	───┤	富想像力且勇於冒險
易怒且無情	├───	───	───┤	和藹且親切
粗心且不可靠	├───	───	───┤	細心且可靠

有些心理學家認為,人類的各種人格特質只要用這五種基本人格向度的高低分數之不同組合就能加以描述。這些向度是否精準描述出你的人格?

本章將討論四種對於人格描繪的理論,分別是特質論、心理分析論、人本理論,以及社會學習論。最後,則概述幾種測量人格的方法。特質論聚焦在描述人格潛在的共通特性,其他三個理論則著重在我們為什麼會表現這樣的行為。心理分析論最初由佛洛伊德(Sigmund Freud)提出,佛洛伊德認為,人格是從心中相對力量的衝突掙扎而來。我們天生就有自私的本能,但透過社會互動讓我們有能力去考慮現實狀態,而且會給予我們價值觀和理想去控制自私的衝動;而每個人平衡這些力量的特定方式,造就了我們獨特的人格。

人本心理學家對於人格發展的觀點,與心理分析論幾乎是完全相反的。人本學家認為,我們天生具有的並非自私的本能,而是健康、積極的驅力,讓我們能夠充分發揮自己的潛能,但是社會卻常常干擾那個驅力。對人本學家而言,正確的自我概念對於健全的人格功能是必需的,但是社會往往對於什麼是「好的」設定不符現實的高標準,使我們難以正確了解自己,以至於干擾了人格的功能。

社會學習論對於人格發展採取較簡單的看法,認為人格純粹是經由與社會中的其他成員互動學習而來。人並非生來就具有某些會與社會衝突的正向或負向強大趨力,我們是單純地從與他人的互動中而學得人格。

12.1 人格的定義

「人格」一詞究竟是什麼意思呢？「人」這個字在「人格」中出現並不令人意外。你的人格定義了你是一個人，而不只是一個由各種器官組合而成的生物體。一個人的**人格（personality）**是指這個人所有典型的（typical）行動、思考及感覺方式的總和，因此使得每一個人都與眾不同（different）。

注意定義中所強調的「典型」及「不同」這兩個關鍵字。一個人的人格是由這個人所有相對不變的心理特質所組成，而且都是這個人「典型」的特質。有些人總是很慷慨，有些人總是很衝動，有些人總是很害羞。如果人沒有這些相對不變的特性，我們就無法預期他人的行徑；那麼每當我們遇到朋友，就可能像跟陌生人互動一樣。我們之所以能夠知道朋友可能會有什麼表現，就是因為有這些相對不變的心理特質，而就是這些特質組成了每個人的人格。

定義中所強調的另一個詞是「不同」。每個人典型的行動、思考及感覺方式形成一種獨特的模式，讓他與其他人有所不同。每個人都是獨一無二的，因為沒有任何人的典型心理特質組合會跟他人的完全相同。即使每個人的生理特徵——眼睛顏色、身高、體重、聲調——完全相同，我們仍然可以從他們的人格——他們典型的行動、思考及感覺方式——區辨出他們的差異。想想看，當你回想你最要好的朋友時，是否可以想到他那些與眾不同的特性呢？

> **人格**
> 一個人所有典型的行動、思考及感覺方式的總和，因此使得每一個人都與眾不同。

12.2 特質論：描述人格的一致性

什麼是描述（describe）一個人人格最好的方式？你的整個人格如何能歸納成短短的幾個字？我們用許多不同的字詞來形容人格，例如「友善的」、「好勝的」、「輕浮的」、「膽小的」。事實上，在英語中有超過 17,000 個字被用來描述一個人（Allport & Odbert, 1936）。以心理學的術語來說，這些字詞指的是**特質（traits）**。特質的定義是：在不同的情境中，相對持久且一致的行為模式。舉例來說，當我們說一個人具有友善的特質，意思是這個人對大多數人都很友善，而且這樣的友善不會隨著時間有多大的改變。

> **特質**
> 個人相對持久的行為模式（思考、行動和感覺），在不同的情境中也相對一致。

心理學家已發展出一些人格理論，不過，特質論重視「描述」特質更甚於「解釋」特質的成因。雖然有許多重要的人格特質理論，最有名的是 Gordon Allport 的經典理論和當代的五因素特質論。

12.2.1 Allport 的特質論

Gordon Allport（1937, 1961）認為，最重要的特質是與我們的價值觀（values）有關的動機性特質。Allport 表示，要了解人們及預測他們未來的行為，最好的方法就是找出他們重視的事物——他們會努力去得到的事物。舉例來說，一個重視金錢甚於家庭生活的人，我們可以預期他會接受晉升的機會，亦即能得到更高的薪水，但會有更多的時間不在家；而一個重視家庭生活甚於金錢的人，我們可以預期他會做出相反的決定。

對於所有特質論者而言，不同特質彼此之間的相關與內涵是一個重要的議題。Allport（1961）提出，特質可依其重要性，分為首要（cardinal）、中心（central）或次要（secondary）特質。首要特質是支配個人生活的特質，例如，探索知識可說是支配愛因斯坦生活的一項首要特質，而對社會正義的渴望則支配了甘地的行為。Allport 認為，擁有這類首要特質的人相當少，而最普遍的是中心特質。中心特質是影響和組織我們大部分行為的重要特質。例如，某一個人的行為之主要目的可能是得到親密感和性滿足；而另一人可能對於親密感和性關係較不感興趣，但強烈渴望權力和名望。次要特質則更為明確（例如，無禮地對待電話推銷員），且在個人人格的整體描述上也較不重要。

12.2.2 五因素特質論

這些年來，已有許多像 Allport 的特質模型被提出，每個模型都提供其所認為能夠描述人格特質的最佳方法，然而這些模型沒有一個能被廣為接受。一直到近幾年，特質理論學家才有了共識，一致認為五大特質能對我們的人格提供完整的描述（Ashton, Lee, & Goldberg, 2004; McCrae & Costa, 1987, 1999; McCrae & Terracciano, 2005）。

所謂的五大人格特質之描述請見表 12.1，這些描述進一步闡述在本章開頭中所提到的人格五面向。描述每種特質最重要的形容詞皆列在每種特質的下方。人格測驗也已發展來測量這五項特質，其目標是使用從測驗中得到的資訊來判斷此人是怎樣的一個人，例如，較為「平靜或憂慮」，或是較為「放鬆或高度緊繃」。如此一來，我們就能從這些題目中得到一個總分數，而產生對於此人在這項特質的描述，其他特質的描述方法亦同。舉例來說，一個憂慮、緊張、高度緊繃、不安和不自在的人，便是一個高度神經質者；而一個平靜、閒適、放鬆、安心和自在的人，則為低度神經質者，而大多數的人是界於兩者之

表 12.1　簡述五大人格特質

1. 神經質			4. 友善性		
平靜	對	憂慮	易怒	對	和藹
閒適	對	緊張	無情	對	心地善良
放鬆	對	高度緊繃	自私	對	無私
安心	對	不安	冷漠	對	有同情心
自在	對	忸怩	有仇必報	對	寬恕
2. 外向性			**5. 嚴謹性**		
靦腆	對	社會性	粗心	對	謹慎
嚴肅	對	愛好玩樂	草率	對	仔細
保守	對	熱情	不可靠	對	可靠
安靜	對	多話	懶散	對	努力
喜愛孤獨	對	愛參加活動	混亂	對	有組織
3. 開放性					
傳統	對	獨創			
實際	對	想像			
缺乏創造力	對	有創造力			
興趣狹隘	對	興趣廣泛			

間。這五個基本的人格特質會受遺傳和生活經驗所影響（Bouchard, 2004）。

此外，人是唯一有人格的動物嗎？狗或貓會不會有「狗格」或「貓格」，使其有別於其他動物呢？從 Pavlov 那個時期開始，就有明顯的證據顯示，哺乳動物也像人類一樣擁有人格特質；而且最近也有證據指出，五因素模型也能清楚地描述非人類哺乳動物的人格特質（Gosling, Kwan, & John, 2003）。

12.2.3　人格特質的重要性

測量人格特質不只是幫助你了解你的個性，還讓你更了解你自己的生活狀況。許多研究發現，人格特質與身心健康及幸福感息息相關。以大五理論來看，高度神經質的人尤其可能生活過得較不快樂、較可能出現精神方面的問題、較可能有糖尿病或心臟病等嚴重健康問題，甚至也可能較早死（Kotov & others, 2010; Lahey, 2009; Phillips & others, 2010; Roberts & others, 2009）；相反地，嚴謹度高的人較不會有健康方面的問題（Hampson, 2008; Lahey, 2009; Roberts & others, 2009）。

嚴謹度高的人會注意自己的飲食狀況、運動習慣與健康照護，因而身體較

為健康（Lahey, 2009）。反之，高度神經質的人之所以比較會有身心健康的問題主要有兩大因素：

1. 高度神經質的人對於壓力的敏感度較高，遇到壓力時，交感神經系統和內分泌腺也會有較強的反應，因此可能對健康造成負面的影響。而且高度神經質的人的行為方式往往會為自己製造更多的壓力，並減少抗壓所需要的社會支持。
2. 神經質和一些身心問題似乎是受到某些同樣的遺傳因素所影響。

然而，人格特質不只是會影響到身體與心理的健康而已。例如，高嚴謹度、親切友善，以及對經驗採開放態度的學生，在學校也會有較佳的表現。的確，將高中成績做統計控制後，嚴謹度對於成績預測的準確度就像智力的預測一樣（Poropat, 2009）。因此，人格特質的種種變化和我們生活中的許多重要層面都息息相關。

▶▶▶ 人類多樣性　人格與文化

目前關於心理學的介紹正處於此領域一段令人振奮的時期。心理學家逐漸開始接受社會文化也是了解人格特質的重要因素，例如，人種、族裔、性別、性取向，以及身體上的障礙（Cross & Markus, 1999; Triandis & Suh, 2002）。文化心理學的一個重點，便在於將北美人的人格特質概念應用在其他文化上的效度。舉例來說，許多研究都證實人格的五因素模型在許多西方與非西方文化間的差異甚小（McCrae & Costa, 1997; McCrae & Terracciano, 2005）。意思是，當檢視了人格測驗項目間的相關性時，我們發現本質上相同的特質在許多文化中都有出現。這是否表示在所有的文化中，這五項人格特質是一種人類的普遍性？雖然在所有的文化中，像五因素模型中的人格特質是重要的，但是在我們文化中的經驗也以重要的方式模塑我們的人格。

個人主義文化像是美國或是其他西方國家，強調個人的權力和特性。相對地，集體主義文化像是日本、中國、印度及其他亞洲文化，對於個人的了解大多是以身為一個團體（家庭、階級、國家）中一份子的期待、權力與義務來看（Cross & Markus, 1999; Triandis & Suh, 2002）。在個人主義文化或集體主義文化中長大，是否會影響我們的人格？心理學家 Harry Triandis 和 Eunkook Suh（2002）將針對這個問題的研究作了摘述。他們發現，集體主義文化的人會表現出較多像是友善的、有親密感的、尊重的特徵──這些用來指與他人間關係的特徵。集體主義文化的人對於受敬重的權威人物所訂下的目標，會比自己的目標更有動機去努力達成。當他們放學或是下班後，會傾向把時間花在家人或是朋友身上。與其他人發生衝

突時，他們較少會攻擊，並且較有可能說一些能讓他人保留面子和避免困窘的話（Triandis & Suh, 2002）。

相較之下，個人主義文化的人們比較可能會感到驕傲和優越感——使得他們與團體劃分開來。他們傾向於努力工作去達到個人的目標更甚於他人的目標。他們更樂意去證明自己是對的，即便那麼做會使他人難堪，而且在發生爭論時，也較可能會訴諸身體上的攻擊。在空閒時，個人主義的人較多是獨處而非與團體一起（Triandis & Suh, 2002）。因此，文化對於人格會有很大的影響力。

愛荷華州立大學的 Susan Cross 和史丹佛大學的 Hazel Markus（1999）提出具體的例子，指出個人主義文化和集體主義文化對人的看法有很大的差異。以下是同一天刊登在加州兩家報紙上的四則「徵婚廣告」（一家報紙以一般大眾為讀者群，另一家則是以印度移民家庭為主要讀者群）：

《舊金山紀事》：

單身白人男性，28 歲，身高 182 公分，體重 72 公斤，英俊、有藝術氣質、有抱負，尋找有魅力的 24~29 歲白人女性，以交朋友、談戀愛，並建立永久伴侶關係為目的。

極具魅力、獨立自主的單身白人女性，29 歲，身高 165 公分，體重 50 公斤，喜好美食、戲劇、園藝且晚上喜歡安靜地待在家裡，尋找有相同興趣的 28~34 歲英俊單身白人男性。

《印度論壇》：

來自 Gujarati Vaishnav 的雙親邀請家世良好、未曾有過婚姻且已在美定居、最好持有綠卡的 Gujarati，和持有綠卡的 29 歲女兒通信，她面貌姣好，目前為會計師。

來自 Gujarati Brahmin 的家庭邀請漂亮且教養良好的 Gujarati 女孩和 29 歲、身高 180 公分、體重 70 公斤、外型英俊且已在美定居的男孩通信。

請注意這些廣告有些相似之處（皆指出外表及年齡），但是在其他地方則相當不同。刊登在以一般大眾為讀者群的報紙的廣告反映出個人主義的美國文化，只描述個人的特徵和喜好；相對地，《印度論壇》的廣告則聚焦在個人於團體中的成員身分，反映了集體主義的印度文化。這兩則廣告是以家族而非個人的名義刊登，而且都指出家族是來自於印度的哪個省分（Gujarati）和所屬階級（Vaishnav 和 Brahmin）。這種特別強調個人是隸屬於團體的觀念正是集體主義文化的核心價值。

因此，任何人格理論在應用時都必須考慮到文化因素。來自不同文化背景的人通常在某些重要部分都會表現出差異性，然而，有一點很重要，就是即便在同一個文化中也會有很大的不同。有些來自個人主義文化的人會有集體主義文化的典型特質，反之亦然。假如我們無視於這個事實，那麼這些文化心理學的重要發現將會適得其反。例如，倘若我們認為每個具有亞洲文化背景的人都有著一樣的集體主義人格特質，就會對他們產生刻板印象，而不是使用文化的知識來了解每個人。

> **複習**
>
> 心理學家常藉由特質來說明人格的一致性。特質是在不同的情境中，相對穩定且一致的思考、行為和感覺模式。現在有許多心理學家認為，我們能用人格的五個基本向度來解釋大部分人類，甚至是非人類的哺乳動物的差異——亦即人格。五因素模型所定義的人格特質能夠描述在各種不同文化中的人格，但是文化顯然會影響我們人格的重要部分。

> **想一想**
>
> 1. 五因素人格模型是否有遺漏任何讓你與眾不同的重要面向？
> 2. 一名支持特質論的警探會如何去抓一名連續殺人犯？

12.3 佛洛伊德的精神分析論

19 世紀晚期，佛洛伊德是一位在維也納執業的年輕醫生，他對於治療有情緒問題的病患特別感興趣，但因當時的知識不足而感到挫折。雖然佛洛伊德已投入多年致力於大腦和神經疾病的研究，但他發現自己的所學並不足以幫助他的病人，因此，極自信又聰明的佛洛伊德便開始發展個人的治療方法。在他發展治療方法的過程中，也發展了人格理論，用以解釋為何人們會發展出他們獨特的行為模式，現在他的觀點被稱為**精神分析理論（psychoanalytic theory）**。

> **精神分析理論**
> 佛洛伊德的理論，認為人格源自本我、自我及超我的平衡。

佛洛伊德人格理論的發展，起因於他想了解當時的一種疾病，現今稱為轉化症（conversion disorder）。這種疾病的患者會出現麻痺或耳聾等嚴重問題，但卻找不出生理上的病因。要了解佛洛伊德的理論，我們得先從他對第一個個案的研究著手，也許有些人會對他的理論感到震驚，不過從這個個案的描述，你會知道為什麼佛洛伊德對於我們人格的塑造有其獨特的想法。這位年輕的女性並非由佛洛伊德治療，但佛洛伊德幫助她的醫師出版了一本描述她的書，而此書對佛洛伊德的理論有長遠的影響。

Bertha Pappenheim 從 21 歲開始出現了一些不尋常的問題。在連續照顧她瀕死的父親六個月後，這位原本健康的年輕女性突然出現手、腳和頸部麻痺的症狀，而且失去說話的能力，只能說些無意義的混亂話語，但是她的醫師卻找不出任何生理上的病因。隨著時間過去，她的語言和肌肉協調能力回復正常

了，但是又跟著出現其他奇怪的症狀。她覺得身邊有蠕動的蛇和咧嘴笑的骷髏頭，而這樣的幻覺困擾著她；她一度失聰、視覺模糊，還有有 6 週的時間難以吞水。但是，在其醫師 Joseph Breuer 長達 18 個月的頻繁治療後，她的這些罕見症狀都消失了。

Breuer 醫師結束他與 Pappenheim 小姐的治療關係，有部分是因為她的症狀有所改善，還有部分則是因為他對她產生了強烈的情緒感受，而且他擔心她也有相似的感覺。在他最後一次治療結束後的晚上，Breuer 正與家人共進晚餐，此時 Bertha 的女傭打電話請他到 Bertha 的家中處理緊急事件。Breuer 抵達後，發現 Bertha 在床上痛苦地扭動著，主訴她的下腹部強烈絞痛。忽然間，Bertha 大喊：「Breuer 醫師的孩子要出生了！快生了！」這些話令 Breuer 十分震驚，她正在生一個完全虛構中的嬰兒。由於 Breuer 醫師對 Pappenheim 小姐有複雜的情緒感受，因此他決定將她轉介給另一位醫師。

1895 年，Breuer 和佛洛伊德共同出版了記述 Bertha Pappenheim 問題的書，針對她的症狀提出不同的解釋方式。為了保護她的身分，書中稱她為「Anna O.」。佛洛伊德的理論令人震驚，他認為當 Bertha 的父親臥病在床的這六個月，他們的獨處增強了她潛意識中對父親的性慾，而且這個慾望已經強烈到就快變成意識層次的了。根據佛洛伊德的看法，麻痺和其他的症狀是為了使她無法表達她的性慾，並抑制她那些幾乎無法控制與完全不被接受的慾望。之後，這些慾望轉移到 Breuer 醫師的身上，她在潛意識中想懷他的孩子。

Pappenheim 小姐結束 Breuer 醫師的治療後，她的新醫師試著以嗎啡治療她，結果使她成癮，而且必須被安置到精神機構中。不過，到了 28 歲時，她已經康復並與母親移居至法蘭克福。雖然富有，然而 Bertha 開始透過各種方式工作來幫助未婚媽媽和她們的孩子。當時的奴隸交易會將貧困的猶太女孩輸出至南美強迫她們賣淫，而 Bertha 便在終止這樣的奴隸交易上扮演了重要的角色。關於她晚年的生活有許多穿鑿附會的說法，不過歷史記載顯示，儘管她早年遭逢困難，她後來的人生仍過得十分充實（Lorentz, 2007）。

12.3.1 佛洛伊德的心智理論：意識的三個層次

佛洛伊德試圖了解像 Bertha Pappenheim 這樣複雜且非典型的人格特質，他區分出意識的三個層次：意識心智、前意識心智和潛意識心智。

對佛洛伊德而言，心智就像一座冰山，而**意識心智（conscious mind）**只不過是水面上可見的冰山頂端，但心智的主要運作部分是隱藏在水面之

> **意識心智**
> 個人當下所知覺到的心智。

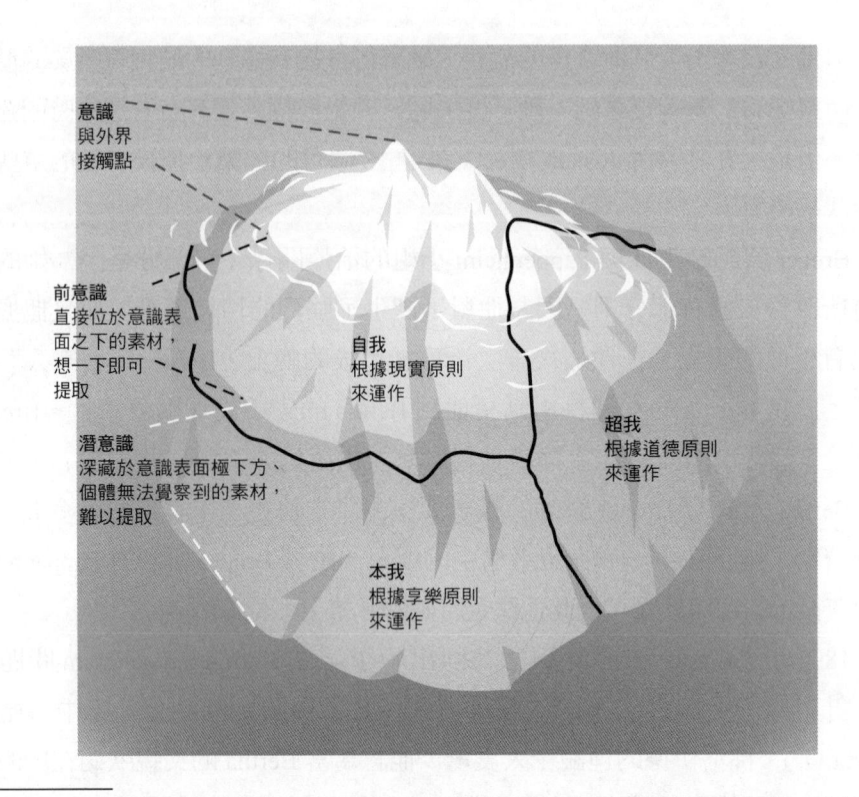

圖 12.1 佛洛伊德的人格結構模型。此理論認為我們有三個層次的覺察：意識、前意識，以及潛意識。他將巨大的潛意識部分比喻成在水面下那部分的冰山。佛洛伊德亦將人格結構分成三個部分：本我、自我，以及超我，每個部分依據不同的原則運作，且各自展現不同的思考模式。在佛洛伊德的模型中，本我是完全屬於潛意識的，但是自我及超我則在三個層次的覺察中運作。

前意識心智
此心智包含現在沒有察覺到，但容易提取至意識中的訊息。

潛意識心智
我們無法直接察覺到的心智，此心智是原始的本能動機和被壓抑的記憶與情緒的儲藏室。

壓抑
佛洛伊德的理論，認為不愉快的訊息通常會被壓抑至潛意識中，而且我們不會察覺到。

下的大片冰層（見圖 12.1）。就在水面之下的，是佛洛伊德稱為**前意識心智**（preconscious mind）的部分，其中包含現在不在意識層次，但可容易提取至意識中的記憶。你現在並沒有在想前一餐吃了什麼、心理學教授的名字，或是你最愛飲料的滋味，但是如果你回想一下，很快就能將這些內容提取至意識層次。前意識心智是偌大的儲藏室，儲存容易取得的記憶。前意識的內容是曾經在意識中，且當需要時能回到意識中的部分。

再往下則是**潛意識心智**（unconscious mind），儲存了附帶記憶和情緒的原始本能動機，這些部分使意識心智受到威脅，於是經過**壓抑**（repression）的歷程，被推入潛意識心智之中。與前意識不同的是，潛意識心智的內容一般是無法提取到意識層次的，除非克服極大困難，否則我們幾乎完全無法意識到。

12.3.2 佛洛伊德的心智理論：本我、自我，以及超我

佛洛伊德又以不同的方式將心智分成三部分。他的人格理論認為心智是由三個部分所組成：本我、自我，以及超我，而且每一個部分都有不同的功能（見圖 12.1）。

本我：自私的野獸 嬰兒出生時，心智只有**本我**（id）這一部分，而本我主要是由生的本能（life instincts）和死的本能（death instincts）所組成。佛洛伊德對於死的本能描述得相當少，但他認為攻擊和自殺的衝動是從死的本能而來。佛洛伊德將生的本能稱為**原慾**（libido），會引發維持和改善生活的動機，例如飢餓、自我防衛和性慾。佛洛伊德認為，性和攻擊的衝動是這些動機中最為重要的。雖然看似不可思議，但佛洛伊德使用性與攻擊解釋了從和藹到殘酷等範圍廣大的人格特質。佛洛伊德認為每個人自出生後，生活就由兩種動機支配著，即體驗性快感的慾望和傷害他人的慾望。然而，由於本我完全在潛意識的層次中運作，因此我們一般都不會察覺到這些動機，只有在我們真正的性和攻擊的衝動是安全且較不強烈時，這些動機才有可能提升到意識的層次中。

大多數的人都不易接受佛洛伊德對人性黑暗面的觀點。他認為，每個人心中都住著一頭自私、殘忍的野獸，而這頭野獸就是本我，依循著**享樂原則**（pleasure principle）行事。本我只想得到立即的愉悅並避開痛苦，不管是否會傷害到他人。但本我的自私還不是我們最無法接受的特質。佛洛伊德認為，本我以完全不顧現實的方式來尋求自己慾望的滿足，而且實際上，本我對於現實是完全沒有概念的。本我使用佛洛伊德所說的**原始的思維歷程**（primary process thinking）——對渴望的事物產生願望實現的心像（mental image），試圖以此滿足自己的需求。當我們做春夢、幻想自己正在吃巧克力蛋糕，或生氣地計劃該如何去報復讓我們難堪的人時，都是利用原始歷程運作，而做夢亦是一種滿足動機的原始歷程。原始歷程是經由想像的方式來滿足自己的動機，而非在現實中滿足。

人無法長期以享樂原則生存下去（若你只顧滿足每個自私的慾望而不顧他人的感受，終究會受到傷害），也無法只使用原始歷程來滿足自己的想望（形成食物的心像並無法滿足生理上的營養需求）。在我們只有本我的嬰兒時期，幸好身邊通常都有大人照顧，使我們的需求能合乎現實且安全地被滿足。當我們逐漸長大，我們與父母和現實世界的互動，將部分的本我轉換成心智的另外

本我
佛洛伊德認為，本我是潛意識中天生就有的部分，運用原始歷程來滿足其需求，並根據享樂原則來運作。

原慾
生的本能的能量，包括性、飢餓，以及口渴。

享樂原則
根據佛洛伊德的觀點，本我會尋求立即的滿足並避免痛苦，不管是否會傷害到他人。

原始的思維歷程
根據佛洛伊德的觀點，本我藉由對渴望的事物產生願望實現的心像，來滿足其需求。

兩個部分——自我和超我，幫助我們更能適應這個世界。借用某位老師的話：自我和超我幫助我們「控制本我」（keep a lid on the id）。

自我：人格的仲裁者 由於本我必須以符合現實的方式來滿足其需求，且避免因自私或攻擊的行為造成麻煩，所以形成了**自我**（ego）。自我根據**現實原則**（reality principle）運作，控制著本我，直到找到一個能安全且合乎現實的方法來滿足其動機為止。自我的目標就是幫助本我滿足其需求，自我對抗本我的渴望，直到有實際的方法能滿足這些渴望。自我可被視為人格的仲裁者（the executive of the personality），因為自我使用其認知能力來管理及控制本我，並在現實及超我的限制之下平衡本我的慾望。

超我：良知及理想我 本我及自我是沒有道德感的，它們追求滿足本我自私的動機，不管他人的福祉。自我試著以實際的角度來思考如何滿足這些動機，但只要這些動機能被安全有效地滿足，它並不在意是否有違反規定、說謊，或是讓他人受到傷害。

當**超我**（superego）發展出來，本我及自我的行動就會受到限制。這部分的心智重視道德規範，且會努力去達到「理想中」完美的目標，因此反對本我的慾望。在超我的發展中，父母是社會的主要代理人，他們藉由懲罰犯錯及獎勵適當行為的方式將道德準則傳授給孩子。這些經驗會整併到孩子的心智之中，成為超我的兩個部分，即良知和理想我。根據佛洛伊德的想法，父母的懲罰創造了一套道德規則，即**良知**（conscience）；而他們的獎勵則設立了超我中完美行為的標準，即**理想我**（ego ideal）。這兩部分的超我共同運作，當違反道德法規時，就藉由內疚來懲罰自己，並藉由榮譽感來獎勵自己良好的行為。當超我的力量增強，兒童便能控制自己，並表現出讓社會能穩定運作的行為。依據佛洛伊德的觀點，大部分的人不會偷竊、謀殺、強暴他人，並不是因為我們不想，也不是因為我們的自我找不到較安全的方式來做這些事，而是因為我們的超我會抑制住這些慾望。

12.3.3 取代和認同：成為社會的一員

自我常常很難同時滿足本我的基本需求和超我的道德需求，所以自我經常需要為本我找一個替代的方式或對象。一個原本想要踢他父親的小孩，可能必須以攻擊他的弟弟作為替代的方式；但如果他的超我禁止他傷害弟弟，他可能就要轉而去踢他的泰迪熊。如此，以一個較可被接受的目標或方式來替代原先

自我
根據佛洛伊德的觀點，此部分心智根據現實原則來滿足本我。

現實原則
根據佛洛伊德的觀點，自我試著找出安全、合乎現實的方法，去滿足本我的需求。

超我
根據佛洛伊德的觀點，此部分心智藉由道德規範及努力達到完美的方式，來與本我抗衡。

良知
根據佛洛伊德的觀點，這是超我的道德限制。

理想我
根據佛洛伊德的觀點，這是超我所建構的完美標準。

的過程就稱為**取代**（displacement）。

從社會利益的角度來看，最好的取代方式稱為**昇華**（sublimation）。在此形式的取代中，一個社會讚許的目標取代了原先對社會有害的目標。例如，體育競賽是攻擊動機的昇華，畫裸體畫像是性動機的昇華等。佛洛伊德認為，社會中所有的文化及經濟成就都是昇華的結果。因此，將本我動機昇華的人不但能符合社會的要求，也促進了社會的進步。

認同（identification）是另一個讓個體學習在社會中行動而不會與他人產生衝突的心理過程。這個詞所指的是，我們會從社會上成功或是生活富足人士那裡學習如何感覺、思考與行動，並作為生活的依據。佛洛伊德認為，這並非只是表面上的模仿，而是我們會將他人的目標、行動及價值觀併入我們的人格之中。因此，孩子的行為方式會逐漸與他們所認同的成人相似。佛洛伊德認為，認同是超我發展過程中的關鍵，直到我們認同了父母，並將他們的價值觀和理想加以內化以後，才算是完全融合了社會中的道德和目標。

12.3.4　成長：性心理發展階段

佛洛伊德認為我們的人格是我們從嬰兒到成年，經過一系列的發展階段而形成的。這些階段中所發生的事件，在人格的形成上是很具決定性的。父母過度的懲罰或獎勵，或是發展階段中的創傷壓力事件，都可能會導致一個人的人格「卡住」或「固著」在該階段。佛洛伊德認為，人格發展的固著將會對一個人的人格造成一輩子的影響。

佛洛伊德認為，這些發展階段是由於本我的原始性慾能量之主要出口從身體的某個部位轉移到另一個部位所致，而這些身體部位就稱為**慾念區**（erogenous zones）。這些發展階段是依據性能量釋放處的變化而來的，因此佛洛伊德稱其為**性心理發展階段**（psychosexual stages），佛洛伊德的性心理發展階段共有五個階段，描述如下。

口腔期（出生到 1 歲）　嬰兒最早的本我滿足來自於嘴巴。在**口腔期**（oral stage），嬰兒從吸吮及吞嚥得到快感；而當他有了牙齒之後，則會享受從咬和咀嚼得到攻擊的快感。然而，若是這名嬰兒太喜愛吞嚥，可能會固著在這個階段，而變成**口腔依賴人格**（oral dependent personality），因此會持續透過口腔找尋快感，例如飲食過度和抽菸，或是因為太容易「吞嚥」想法而成為一個易受騙的人。

取代
一種防衛機制，是指個人將對原始對象的攻擊或性感受轉至另一個對象或是安全的事物上。

昇華
根據佛洛伊德的觀點，這是另一種形式的取代，即以社會讚許的目標來取代對社會有害的目標。對社會整體來說，這是取代最好的形式。

認同
我們傾向以那些能成功自生活中得到滿足的人為基礎，作為我們思考、行動及感覺方式的依據。

慾念區
我們身體的某個部分，被刺激時會釋放性能量。

性心理發展階段
在佛洛伊德的人格理論中，在這些發展階段中，本我的性能量會有不同的滿足來源。

口腔期
根據佛洛伊德的觀點，這是第一個性心理發展階段（從出生到1歲），此時本我主要是從口腔獲得滿足。

口腔依賴人格
人格的一種，指個體透過過度飲食、抽菸或其他口腔可用的方法來尋求快感。

口腔攻擊人格
人格的一種，指個體藉由口語攻擊他人來尋求快感。

肛門期
根據佛洛伊德的觀點，這是第二個性心理發展階段（從1到3歲），此時主要是從肛門獲得滿足。

肛門保留
因固著於肛門期而產生的一種人格，這樣的人是吝嗇、固執、頑固及有強迫傾向的。

肛門排出
因固著於肛門期而產生的一種人格，這樣的人是殘忍、莽撞、粗心及無秩序的。

性蕾期
根據佛洛伊德的觀點，這是第三個性心理發展階段（從3到6歲），此時主要是從生殖器獲得滿足。

伊底帕斯情結
根據佛洛伊德的想法，所有男童在潛意識中都想殺死自己的父親，且想在性慾上擁有自己的母親。

閹割焦慮
根據佛洛伊德的觀點，這是小男孩的恐懼，害怕父親會因他對母親的性慾來懲罰他，而除去他的生殖器。

而從另一方面來看，若這名嬰兒的口腔快感受到阻撓，例如因為母親嚴格堅守餵食時間表而不管嬰兒對吃的渴望，則這名嬰兒未來可能會發展出**口腔攻擊人格（oral aggressive personality）**，會透過嘴巴尋求攻擊快感，例如以言語攻擊他人。每一個發展階段都可能出現類似的固著情形。

肛門期（1到3歲） 在**肛門期（anal stage）**，當父母決定訓練小孩上廁所時，孩子就會學到自己透過肛門括約肌能掌控他人多少。孩子可以在還沒坐上馬桶前就便溺以獲得立即的快感，但可能會因此受到父母處罰。若他們能忍住便意，直到坐上馬桶後再上，那他們就能得到父母的讚許。佛洛伊德認為，在訓練如廁的過程中，對失敗的過度懲罰會造成固著性人格，可能形成吝嗇、固執、頑固及強迫性型〔**肛門保留（anal retentive）**〕，或是殘忍、莽撞、粗心及無秩序型〔**肛門排出（anal expulsive）**〕的人格。

性蕾期（3到6歲） 在**性蕾期（phallic stage）**，生殖器成了快感的主要來源。佛洛伊德認為，此時兒童開始喜歡碰觸自己的生殖器，並受到異性的父母在性方面的吸引。他認為，快感轉移到性器的過程是在潛意識中進行的，因此我們並不會意識到碰觸或是亂倫的衝動；孩子只是會對異性的父母感到強烈的愛戀：女兒變成「爸爸的女孩」，而兒子變成「媽媽的男孩」。這樣的性吸引力會導致強烈的潛意識衝突，即佛洛伊德所謂男孩的伊底帕斯情結（Oedipus complex，戀母情結）及女孩的伊萊克翠拉情結（Electra complex，戀父情結）。

佛洛伊德是自 Sophocles 的古希臘悲劇《伊底帕斯王》（*Oedipus Rex*）中，借用**伊底帕斯情結（Oedipus complex，戀母情結）**這個詞。這則神話故事訴說一個被 Thebes 國王及皇后拋棄的嬰兒，後來在敵方的城市中成長。當這名嬰兒伊底帕斯長大成人之後，仍不知自己的親身父母是誰，但他返回了 Thebes，殺死自己的父親，並娶了自己的母親。佛洛伊德認為，這齣劇即揭露了我們在性蕾期的渴望。

根據佛洛伊德的想法，所有的男性在潛意識中都想殺死自己的父親，且想在性慾上擁有自己的母親。注意我說的是「潛意識」的渴望，也就是男孩並不會覺察到這樣的渴望，因為這樣的慾望不被接受，因此會被阻擋在意識之外。但這亂倫的慾望仍存在潛意識的本我之中，因此會讓人感到很不舒服。孩子在潛意識中感覺到，若自己這樣的衝動一旦被釋放，就會激怒他的父親；而在男孩未成熟的心智中就會升起一股恐懼，害怕父親會因為自己對母親的性慾來懲罰他，而除去他的生殖器──這種恐懼即稱為**閹割焦慮（castration anxiety）**。

這樣的恐懼最終會使男孩壓抑他對母親的慾望，且藉由認同父親來避免激怒他。如同先前提到的，佛洛伊德認為認同父親這一步對超我的發展是非常重要的，因為當男孩認同了父親，他就能融合父親的價值觀及理念，並解除了伊底帕斯情結（戀母情結）。

佛洛伊德認為女孩也會經歷一段類似男孩戀母情結的過程，後來榮格（Carl Jung）將女孩所經歷的過程稱為**伊萊克翠拉情結（Electra complex，戀父情結）**。榮格是根據伊萊克翠拉的希臘神話而選用這個詞，故事中當伊萊克翠拉得知她的母親謀殺了她的父親之後，便策劃殺死了自己的母親。戀父情結是佛洛伊德和榮格最受爭議的論點之一，因為就當代的眼光來看，這是以非常負面的觀點來描寫女性。

佛洛伊德的理論認為，戀父情結起因於女孩發現自己沒有陰莖，而只有一個空無一物的空間，因而感到煩擾。佛洛伊德認為，女孩在潛意識中斷定她被割去了睪丸，並怪罪母親竟然讓這樣的事情發生；因此，她將愛戀與性的慾望從母親轉移到父親身上，她希望能藉此與父親共享寶貴的陰莖，因為她已失去了自己的。佛洛伊德將這種想擁有陰莖的渴望稱為**陰莖妒羨（penis envy）**。

然而，女孩對父親的性慾及情感上的依附太過危險，因為社會禁止她有這樣的感覺。佛洛依德認為，為了解決戀父情結，女孩對父親的感覺必須轉換成較安全的情感，因此她必須接受自己與母親是同樣「次等的」，並認同母親。如此一來，她就能接受她在社會中的角色，並藉由融合母親的價值觀來發展自己的超我。

佛洛伊德認為，若沒有解決性蕾期的問題，便會造成**性蕾期人格（phallic personality）**，其特徵為自私、衝動，且缺乏對他人的真誠。

潛伏期（6 到 11 歲） 潛伏期（latency stage）是指從 6 到 11 歲間的這段時期，此時對性較不感興趣，因性慾已透過處理戀母或戀父情結而被壓抑，所以在此時並不是問題的來源；性能量會被昇華並轉換成對學校課業、騎腳踏車、扮家家酒以及參與體育活動的興趣。要成功地度過這段發展時期，兒童必須在這些領域發展出一些能力。

兩性期（11 歲之後） 隨著青春期及**兩性期（genital stage）**的到來，我們再度對從生殖器得到的性快感產生興趣。自慰的次數變得頻繁，並得到了第一次的性高潮。對他人在性和戀愛方面的興趣成了主要動機，但因為父母已經由戀母或戀父情結的處理而成功地被排除在性對象之外，因此新的性對象變成年齡

伊萊克翠拉情結
根據佛洛伊德的觀點，當女孩發現自己沒有陰莖之後，會將其性慾由母親身上轉移至父親身上。

陰莖妒羨
根據佛洛伊德的觀點，這是女孩想擁有陰莖的渴望。

性蕾期人格
因固著在性蕾期而發展出的人格，這樣的人是自私、衝動的，且缺乏對他人的真誠。

潛伏期
根據佛洛伊德的觀點，這是第四個性心理發展階段（大約從 6 歲到 11 歲），此時性能量被昇華並轉換，使人轉而從事社會重視的活動。

兩性期
根據佛洛伊德的理論，在這個性心理發展階段（11 歲到整個成年期），會對同儕產生性及戀愛方面的興趣。

相近的同儕。

雖然在此時期，有些新增的人際關係只是為了得到自己的性快感，但已發展到兩性期的個體也已能夠去關心所愛的人的福祉。而這成了較持久關係的基礎，是兩性期的特徵，而且會延伸到整個成年期。在此時期昇華仍然很重要，能將性和攻擊的本我動機轉換成結婚、工作及養育小孩的能量。

12.3.5 衍生自心理分析的其他理論

心理分析的論點在心理學界仍有其重要性，但大部分是藉由對佛洛伊德之人格理論所做的修訂版來延續其重要性。有些近代的心理學家堅持傳統的心理分析想法，但有更多學者支持較新的版本，這些版本衍生自佛洛伊德學派的思想，但在幾個主要的觀點上有所差異。儘管每個修訂版間都有某些部分的看法不同，但他們都認為，佛洛伊德過度強調潛意識的性動機及攻擊動機，過度忽略人格的正面性，也不夠強調適當社會關係之重要性，而且對女性有嚴重的偏見（Luborsky & Barrett, 2006; Westen & Gabbard, 1999）。

榮格（Carl Jung） 當榮格（Carl Jung）讀到佛洛伊德的著作《夢的解析》(*The Interpretation of Dreams*)時，他還只是個剛開始在瑞士某精神病院工作的年輕醫生。榮格很快地進入了佛洛伊德追隨者的核心，且成為一名具有影響力的成員。榮格出版了許多著作，都是以佛洛伊德的觀點來解釋各種嚴重的心理疾病，但之後榮格逐漸對佛洛伊德所強調的性動機產生質疑。榮格認為佛洛伊德對人性只抱持單方面的負面看法。雖然榮格認同潛意識心智的確包括自私的力量，但他相信一定也包含正向、甚至是崇高的動機。事實上，榮格認為人類心智的所有特徵都是以相對的形式出現。我們同時擁有成為善良與邪惡、陰柔與陽剛、充滿母性與父性的潛能，而唯一問題是在我們的人格中，每個部分各表現出多少。

外向性
根據榮格的觀點，這是指某些個體傾向對這個世界採取友善與開放的態度。

內向性
根據榮格的觀點，這是指某些個體傾向害羞，並將焦點放在自己身上。

在幫助我們了解人格方面，榮格最具獨創性且最長久的貢獻就是「外向性」與「內向性」這兩個概念。每一個人都希望能友善待人、能以開放的態度面對世間所發生的事情，以及關心他人〔**外向性（extraversion）**〕；但也想只關心自己、當個害羞的人，以及滿足自己的需求〔**內向性（introversion）**〕。榮格認為在這樣對立的兩種傾向之間取得平衡是很重要的，亦即我們不應該太內向或太外向。

榮格也修正了佛洛伊德對於潛意識的看法。他認為，我們同時具有「個

人潛意識」和「集體潛意識」。**個人潛意識（personal unconscious）**包括那些已經被我們壓抑至潛意識的動機、衝突，以及資訊，因為它們會對我們構成威脅；而**集體潛意識（collective unconscious）**指的是所有人類與生俱來的潛意識心智。榮格之所以使用「集體」一詞，是要強調所有人類的集體潛意識內容都是相同的。榮格在之後的生涯中，努力將他對心理學的興趣與幼年時對不同文化的興趣做結合；他蒐集的許多證據指出，每個文化以極為相似的象徵方式來表達相同的潛意識動機。例如，榮格認為陰莖是性的象徵，而這樣的象徵在歷史上也以圖騰柱的形式，或是象徵權威的國王權杖，以及像華盛頓紀念碑的建築物等形式出現在許多文化中。

個人潛意識
根據榮格的觀點，這是指那些因為會對我們構成威脅，因而被我們壓抑到潛意識的動機、衝突，以及訊息。

集體潛意識
根據榮格的觀點，這是指所有人類都與生俱來的潛意識心智。

Alfred Adler Alfred Adler 贊同佛洛伊德的部分想法，認為個人努力去控制自己的性衝動和攻擊衝動對於其人格發展是重要的，但並非最重要的因素。Adler 早年認為，人格發展的主要部分是要克服社會關係中的**自卑感（feelings of inferiority）**，並培養優越感。一開始，他這樣的想法僅限於跟他自己一樣天生有生理缺陷的個人身上，但是後來，他也將這樣的觀點延伸到身體正常的個人上。因為我們在兒童時期都還很小，都需要仰賴大人的保護，因此我們一開始都是自卑的。根據 Adler 的想法，人格發展的課題就是長大成熟，不再有兒童時期的自卑，並將自己視為是個有能力的成人。Adler 認為，在這個關鍵的歷程中，父母或是其他照顧者的角色是非常重要的，他還因此花了許多時間去發展學前課程，以培養適當的人格發展。即使到了現在，「Adler 學派」的幼稚園（Adlerian preschools）在歐洲及北美的許多地區依然很盛行。

自卑感
根據 Adler 提出的觀點，這個感受是因為兒童覺得自己不如成人有能力，而在健全人格的發展過程中，一定要克服這種感受。

Adler 到了晚年較不強調擺脫幼年自卑感的重要性。事實上，他認為過度追求優越感反而是個不健康的表徵。他將焦點轉移到他認為最重要的其他兩個因素上。第一，他認為每個人天生就有正向動機——社會興趣（social interest），會想要與他人建立友善、有益的關係。一個健全人格的完整發展，必須要個體能在與他人的關係之中，學會完整地表達這樣的動機。這個觀點和佛洛伊德認為人天生只有自私的動機的看法相左。二，Adler 認為每個人都有屬於自己的生活目標，雖然這些目標通常都不切實際，但在我們努力去達成目標的過程中，我們的行動就會被這些目標規範。Adler 對於目標的強調也與佛洛伊德的理論形成鮮明的對比。

Karen Horney 出生於德國的 Karen Horney 是一名醫師，在榮格和 Adler 做出修正佛洛依德理論貢獻的 20 年後，她成為修正心理分析學派的領導者。由

於她在 1950 年代仍持續發表著作，因此她成為三人當中最具影響力者。現今的讀者大多可以發現，她的想法比起佛洛伊德、榮格或 Adler 更接近當代的想法。Horney 自認是「佛洛伊德學派的人」，因為她認同潛意識的衝突是人類大部分痛苦及失調的來源。但就如同榮格和 Adler，Horney 也認為佛洛伊德過度強調性衝突；她還認為衝突並不是天生的本我動機所造成一種無可避免的結果，而是只有在兒童缺乏適當的成長經驗時才會導致衝突。若兒童感受到被父母所愛且感覺到安全感，就不會有衝突產生，人格的正向部分也會處於優勢；但如果父母很冷漠、很嚴厲、過度保護孩子，或是因為其他的原因而使孩子對父母的愛失去信心，孩子就會變得焦慮不安，而這些焦慮不安即是日後所有衝突的來源。舉例來說，一個沒有安全感的人可能會產生「成為完美的人」的需求，但卻因為體認到自己不完美的事實而感到痛苦；而另一種沒有安全感的人可能因為害怕別人不會一直愛自己，而拒絕別人對他的情感，然而拒絕他人又與心靈深處想被愛的需求相牴觸。

針對佛洛伊德對女性的看法，Horney 亦是一位重要的評論者。她反對陰莖妒羨是女性心理結構主要特徵的想法，她認為問題並不是對陰莖或是男子氣概的妒羨，而是對在社會中男性角色的權力和特權感到羨慕。

大部分的當代心理分析學家都持續朝相同的方向修正佛洛伊德的理論，例如 Erich Fromm、Harry Stack Sullivan，以及 Erik Erikson 等人都持續發展出新佛洛伊德學派的人格觀點。他們修改佛洛伊德對女性的看法，不再強調性和攻擊動機的重要性，著重人格正向的部分，並主張適切社交關係的重要性（Luborsky & Barrett, 2006）。

複習

佛洛伊德的人格理論發展，起始於他早期對一些病人不尋常症狀的成因感到興趣。他認為，既然從意識層面找不到引發這些症狀的原因，那麼病因一定是潛意識的，更明確地說，就是受到壓抑的性慾或攻擊慾。經過多年治療過有各種心理問題的病患後，佛洛伊德愈來愈相信潛意識動機，尤其是性和攻擊的動機，是我們大部分人格的來源。佛洛伊德將心智分成三個意識層次（意識、前意識和潛意識），及三個功能不同的部分（本我、自我和超我）。本我是潛意識中性和攻擊本能的儲藏室，也是我們心智中天生就有的自私部分，根據享樂原則行事。本我尋求立即的需求滿足，不在乎他人的福祉。自我是人格的仲裁者，依據現實原則來控制本我，以符合現實和安全的方式滿足本我的需求。而超我代表了社會的是非規則，常以是否合乎道德來控制本我，而非根據是否合乎現實。

佛洛伊德認為，取代和認同這兩種心理歷程可幫助個體成為一個能被社會接受的成員。當直接

滿足本我的動機很危險時，就會以一個比較安全的目標來取代這樣的動機。而最符合社會期待的取代形式是昇華，亦即將危險的動機轉變成社會讚許的動機。而認同社會楷模的過程可以更進一步幫助個體透過超我的完全發展，而為社會所接納。

在一生中，性能量則會以另一種形式轉變。隨著個體從嬰兒逐漸成熟為成人，得到性快感的主要區域會從身體的某個部位轉移至另一個部位。而在發展過程中，若有任何一個階段出現異常的經驗，都可能導致固著而妨礙了人格的完整發展。

榮格、Adler 和 Horney 在佛洛伊德仍在世時，脫離了傳統的精神分析學派，而當代的心理分析學者跟隨著他們的腳步，一般都較不強調性和攻擊動機的重要性。他們修正了佛洛伊德認為女性較次等的看法，強調正向動機和社交關係對人格形成的重要性，並表示佛洛伊德忽視了我們人格中重要的正向部分。

想一想

1. 佛洛伊德的人格理論是否只適用於描述他那個時代的歐洲人及美國人的行為，還是他的理論也適用於任何時代或文化的人？
2. 你認為為什麼 Karen Horney 和佛洛伊德對於女性會有如此不同的看法？

12.4　社會學習論：Albert Bandura

社會學習論與心理分析論的人格觀點有很大的差異。社會學習論幾乎完全不注重本能、潛意識心智，或發展階段等在心理分析論中極為重要的主題；社會學習論者注重的是被心理分析學家嚴重忽視的心理過程——學習。對社會學習論者而言，人格是學習而來，也就是我們所學得的所有行動、思考及感覺方式的總和。因為人格是自社會中的他人身上學得的，所以稱為「社會學習」。

社會學習論（**social learning theory**）有部分觀點源自於 Ivan Pavlov、John B. Watson 及 B. F. Skinner 的行為學派論點，上述學者都主張人格只不過是行為的學習，而只要了解學習的歷程就能了解人格。對社會學習論者來說，研究人格的主要概念並非本我、自我和超我，而是古典制約、操作制約和模仿學習。本章不再重複討論這些概念，複習第 7 章關於學習的主題有助於你對本節內容的了解。

社會學習論
此觀點認為我們大部分的行為都是向社會中的他人——家人、朋友，以及文化——學習而來的。

12.4.1　學習在人格中的角色

根據社會學習論的觀點，如果一個人接觸好的模範，且適當的行為能獲得

增強，就可以發展出適當的人格；反之，不良的學習環境則會導致人格發展不健全。想一想自己的成長過程中是否曾遇到一些好的典範，讓你覺得長大後一定要像他一樣呢？當然，你也可能交到一些壞朋友，因而學會了一些壞習慣。

史丹佛大學的心理學家 Albert Bandura 是現今社會學習論的領導人物（1977, 1989, 1999）。在某種程度上，Bandura 的觀點和 Watson 和 Skinner 等行為主義學家的看法非常類似。他也認同人格是所有習得行為的總和，但他與傳統的行為主義有兩個很大的不同：（1）他認為人是主動決定自己的行為，而非被動地由學習環境所決定；（2）他強調認知在人格中的重要性。

Bandura（1977）主張我們在自己的生活中扮演主動的角色，他表示社會學習是**相互決定論（reciprocal determination）**的範例：不但個人的行為是從社會中學習而來，而且社會學習環境也會被個人的行為改變（見圖 12.2）。畢竟我們的學習環境是由人組成的。當我們以膽怯、友善，或具有敵意的方式與他人互動，他人也會以不同的方式做出回應，我們也因此能學得與社交關係有關的不同事物。一個好鬥、自負的人會學到這個世界是冷漠、排拒他人的；而一個友善的人則會學到這世界是溫暖、充滿愛的。人格是學得的行為，而這些行為也會影響未來的學習經驗。

相互決定論
Bandura 認為，個人的行為與社會學習環境之間會不斷地彼此影響。

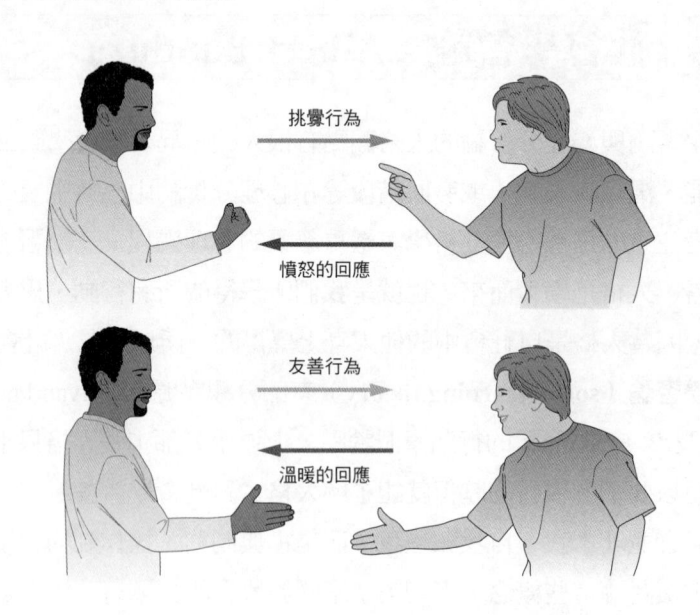

圖 12.2 社會學習論者支持相互決定論，即我們是從與他人的互動中學得我們的行為，但我們的行為也影響了他人如何與我們互動。

12.4.2 認知在人格中的角色

根據社會學習論，我們習得的認知是行為的主要決定因素（Bandura, 1982, 1999; Cervone, 2004）。若一個人相信幫助他人會使他人較沒有能力獨立自主，則此人會吝於助人；而若一個人認為他人覺得自己很無趣，就會表現得安靜且害羞。Bandura 特別重視我們對於處理自己生活需求之能力的認知。在 Bandura 的人格理論中，**自我效能（self-efficacy）**是個人對於自己是否有足夠的能力去達成自我目標的知覺——包括知道要做什麼，以及覺得自己有能力做得到。認為自己具有自我效能的人，能接受較大的挑戰、付出更多的努力，因此較可能達成自己的目標；而自我效能感較低的人，可能因為晉升後需要常常對大眾演說並與重要人士進行協商，而不接受升職的機會。雖然我們的自我效能感是從他人對我們的評價、自己的成功或失敗經驗，以及其他來源得知，但這些認知會「由內而外」持續地影響我們的行為。

Bandura（1977, 1989）亦強調價值觀和個人標準在人格中的重要性。我們藉由觀察他人展現出來的個人標準來學習自己的行為標準。我們亦從他人獎賞或懲罰我們時所使用的標準來學得個人的標準。當我們採取這些標準來評估自己的行為時，我們即發展出 Bandura 所提出的**自我規範（self-regulation）**。當我們的行為符合自己的標準時，我們在認知上會稱讚自己——增強自己的行為。當我們達到自己的標準時，我們通常並不會真的對自己說：「你做得不錯！」而是會感到一種自我增強的驕傲和快樂（類似佛洛伊德的理想我）；相對地，若我們無法達到個人標準時，就會懲罰（有罪惡感、失望）自己（類似佛洛伊德的良心）。在這些方面，自我規範的過程與佛洛伊德提出的超我目的是非常類似的。

自我效能
根據 Bandura 所提出的觀點，這是指個人對於自己是否能達到自我目標的知覺。

自我規範
根據 Bandura 所提出的觀點，這是指在認知上增強或懲罰我們行為的過程，所依據的是這個行為是否合乎個人的標準。

12.4.3 情境論與互動論

你通常是高興還是憂鬱？這可能與你平常所處的情境很有關係。有些情境讓我們高興，有些則會讓我們憂鬱。行為學家 B. F. Skinner（1953）主張行為是由人們認為自己處於何種情境所決定，而不是由一個人的人格特質所決定。這樣的觀點即為**情境論（situationism）**，認為只有在情境維持一貫不變時，我們的行為才會保持一致。一名女子在和家人相處時，可能大部分的時間都是友善的；但在和她喜歡八卦的同事相處時，則是冷漠而疏遠的；與上司互動時，則顯得拘謹又正式。Skinner 認為，人們會表現出適合情境的行為，因為情境

情境論
這種觀點認為行為不是一直保持一致，而是會受到不同情境的強烈影響。

容易改變,所以行為不會一直保持一致,因此無法用人格特質來描述。

社會學習論者提出了融合特質與情境論立論的概念(Bandura, 1977, 1999; Mischel & Shoda, 1999),亦即**人×情境互動論(person × situation interactionism)**,此理論主張我們的行為同時受到個人特質及情境的影響。例如,一個人在沒有受挫或碰到威脅的情況下,可能相對平靜與放鬆,然而當他處在有壓力的情境下,例如在遭到資遣後要面試新工作時,可能就會表現出強烈的焦慮和暴躁反應。相對地,另一個人可能在有壓力和沒有壓力的情境下都很平靜也很放鬆。人×情境互動論的概念顯示,不同的人在面對相同的情境時會有不同的反應,也表示同樣的人處在不同的情境時通常也會有不同的行為表現。

> **人×情境互動論**
> 此觀點認為,行為是受到個人及情境特色的共同影響。

互動論的重點在於:完整描述一個人人格的唯一方式,就是用「如果……則……」的陳述(Mischel & Shoda, 1999)。「如果他感覺到別人喜歡自己,則他就會是愉悅且親切的;如果他覺得別人不喜歡自己,則他就會是憂鬱且愛挖苦人的。」以這種「如果……則……」的陳述來描述我們的人格,讓我們得以預測在各種不同情境下的行為。然而,要了解為何人們在不同的情境下會表現出不同的行為,還需要做更進一步的分析。對社會學習論者而言,在人×情境互動論中,「人」這個變項是我們從社會中學得的認知(信念等)、動機(目標等)及情緒傾向,並會決定我們對不同的情境如何做反應(Mischel & Shoda, 1999)。

人×情境互動論其實比我們想像中還要複雜,因為人可以主動選擇,甚至是創造他們經驗的情境。例如,一個很害羞的人很有可能會避免社交情境;而一個好鬥的人則可能會尋求具挑戰性的情境,甚至會挑釁他人。因此,這些與我們人格特質互動的情境並不是隨機發生的,我們自己也扮演了重要的角色去選擇並創造生活中的許多情境。

複習

Albert Bandura 是社會學習論的主要倡導者。雖然這個人格理論取向是源自於 Pavlov、Watson,以及 Skinner 等人的行為理論,但 Bandura 延伸行為主義的想法,強調認知在人格中的重要性,並重視個人在社會學習歷程中所扮演的主動角色(相互決定論)。對社會學習論者而言,學習歷程在人格發展中相當重要,他們認為,人會受到所處情境強烈的影響,因此只用特質來描述人是不夠的。他們重視人與情境的互動,並強調情境會以不同的方式影響不同的人。因此,人格最好是以許多「如果……則……」的陳述來描述,才能正確描述個人特色(認知、動機及情感的模式),以及情境對人的影響。

> **想一想**
> 1. 你如何利用 Bandura 的人格理論來幫助你更了解自己的人格？
> 2. 如果一名警探了解人 × 情境互動論的概念，他會如何去抓連續殺人犯？

12.5 人本理論：Maslow 和 Rogers

人本理論（humanistic theory）通常被稱為是心理學的「第三勢力」，雖然擁有深厚的哲學背景，但直到 1950 年代才開始逐漸影響心理學。其他兩大學派都是從某一個個人的想法開始發展，雖然後來都經過支持者的修訂，但 Pavlov 和佛洛伊德的原始著作還是給予後繼的理論某種統一性；相對地，人本主義的理論源自許多不同人物的著作，他們只在一些基本概念上有共識而已，各自仍有其不同的論點。

人本心理學的創立者包括 Carl Rogers、Abraham Maslow、Viktor Frankl、Virginia Satir、Fritz Perls，以及 Rollo May 等人，因此，無法用一句話完整摘要出人本主義的人格觀點。有鑑於此，我們將重點放在 Carl Rogers 的觀點，然後再加上一些 Abraham Maslow 的看法，著重於他們論點中與一般人本主義觀點一致的部分。

> **人本理論**
> 此心理學觀點認為，人天生擁有一種想要進步，以及想透過自己來決定自己人生的內在引導。

12.5.1 內在引導及主觀性

人本學家認為，人擁有一種內在力量——**內在引導**（inner-directedness），會促使一個人成長、進步，並且成為他們所能成為的最好個體。人有做選擇的自由，而且一般都能做出讓自己成長的明智抉擇。而這個內在引導就是在背後促使人格發展的主要力量。

人本學家顯然對人類抱持正向的看法，不過他們也注意到，每個人的人生都有痛苦掙扎的時候，有許多人的生活一直過得一團糟。當我們生活在一個充滿批評、拒絕的世界中，或當社會壓力逼迫我們不能當自己時，我們就會失去成長及做出好抉擇的能力。如同 Maslow 所言，當基本動機無法滿足時，我們就無法進展到較高層次動機的滿足。

人格是經由內在引導的積極推動發展而成，因此，我們只能「從內而外」來了解人格，也就是從個人的觀點進入。對人本學家而言，所謂現實就是**主觀的現實**（subjective reality）。每個人以相當個人的方式來看待人生，你認為的

> **內在引導**
> 人本學家認為，所有人都擁有一股內在力量，引領著人們成長及進步。

> **主觀的現實**
> 根據人本學家的觀點，每個人對於現實的獨特知覺，在我們人格的形成上扮演關鍵的角色。

現實對我而言可能就不是現實；你可能覺得翹課沒關係，而我會覺得上課是學生的本分。每個人的人格都是此人對於現實之主觀看法的直接反射，而我們一貫的行動、思考及感覺的方式，就反映出我們對人生的獨特看法。而且，如同接下來會提到的，對人本學家來說，沒有任何現實的主觀看法比我們對自己的主觀看法更重要。

12.5.2 自我概念

> **自我概念**
> 我們對於「我們是誰」和「我們像什麼」的主觀知覺。

自我（self）是 Carl Rogers 和其他人本學家的人格理論核心。我們的**自我概念（self-concept）**是我們對於「我們是誰」和「我們像什麼」的主觀知覺。在我們所有的主觀想法中，我們對自己的看法對我們的人格而言是最重要的。而對自我的概念，是從與他人互動中習得的：看到自己跑得比大多數的人快，或是父母或朋友告訴你你很擅長運動時，你會學到「我是一個好運動員」。

> **自我**
> 根據人本學家的觀點，這是個體認為的自己。

Rogers 區分出兩種自我概念：**自我（self）**——我認為我是怎樣的人，及**理想的自我（ideal self）**——我希望我是怎樣的人。例如，我的球技很差（自我），但我想要畢業後進入職籃（理想的自我）。在較高層次中，我認為我是一個相當好的人，但我希望我有時能較不自私。Rogers 理想的自我的概念與佛洛伊德所說的理想我（ego ideal）非常相似。

> **理想的自我**
> 根據人本學家的觀點，這是個體希望自己成為的樣子。

心理問題是因為自我和理想的自我間的三種困境所導致。第一，自我和理想的自我間的落差太大會使人不舒服。理想的自我若些微超出我們的能力是沒有問題的，這樣反而能刺激我們進步；但若理想的自我要達到一個不切實際的完美狀態，就會使我們感到挫敗。

Timothy Strauman（1992）在威斯康新大學進行一項研究來驗證這個觀點。他們訪談並測試選修心理學概論的學生，要檢視在他們對自己的看法（他們的自我概念），和他們覺得自己想成為或應該成為什麼樣子（理想的自我的兩個面向）之間是否有落差。覺得自己與自己「希望」成為的樣子有落差的人，比較可能隨著時間過去而感到悲傷；而覺得自己與自己「應該」成為的樣子有落差的人，則比較可能感到焦慮。

第二，不正確的自我概念也會導致問題產生。若我們對「自己」的看法不一致（即不同於我們真正的行動、思考及感覺方式），那麼我們看自己時就會有盲點。例如，若我自認為不會歧視女性，但當某位女同事超越我而得到晉升機會，我心裡卻有一股憤恨感油然而生，則我的這種憤恨感就不「符合」我的自我概念。根據 Rogers 的想法，我會藉由不讓這些感覺被察覺到的方式，來

否認這些與我的自我概念不一致的感覺。以 Rogers 的說法，我們只能察覺到那些在心理上已經**象徵化（symbolized）**的感覺和訊息。若無法將我們的經驗象徵化就會感到痛苦，不只因為這樣會導致不正確的自我概念，而且因為這些感覺會持續地影響我們，即使我們沒察覺到，還是常會以衝突或是引發焦慮的方式呈現。

> **象徵化**
> 在 Rogers 的理論中，以我們察覺得到的心理符號來表徵我們的經驗、想法及感覺的歷程。

第三，我們也會因父母或社會對我們行為的反應，而否認我們察覺到的某些感覺和經驗。父母對我們的某些行為（跟妹妹共享玩偶）給予溫暖和讚許的回應，但對其他行為（用玩具打妹妹）則以冷漠及懲罰回應，藉由這樣的過程，父母創造了**價值條件（conditions of worth）**。他們讓我們知道在某些情況下，他們覺得我們是「有價值」的，而在其他情況下則是「沒有價值」的。我們會內化這些情況，且當我們能根據這樣的情況來行動或感覺時，我們才會覺得自己是有價值的。此外，我們也常會否認與內化的價值條件不一致的感覺。例如，孩子可能不會以符號表徵自己對姊姊的敵意，因此失去了部分重要的自我覺察。有些心理學家認為，社會對理想女性及理想男性的觀點常會導致問題發生（Wood & others, 1997）。當女孩和男孩根據社會期待，將所謂理想女性和理想男性行為的刻板印象內化成對自己的期望，那麼那些實際行為與其性別刻板印象不同的人，就會產生心理衝突。例如，強勢的女性和害羞的男性在將這些特性象徵化時會出現困難，因為這與他們自我概念中的性別刻板印象不一致。

> **價值條件**
> 他人或是我們自己用來判斷我們價值的標準。

Rogers 所謂未被象徵化或符號化的感覺，與佛洛伊德所謂被壓抑的感覺有部分是相似的。兩者都會持續影響個人，而且通常都是有害的。但佛洛伊德認為有些壓抑是人生必要的；而 Rogers 則認為無法自我覺察都是有害的。Rogers 認為，如果我們要允許內在引導驅力的全然表達以便能健康成長，我們一定要能夠完全覺察到（象徵化）自己所有的感覺，只有如此，我們才能正確地了解及接受真實的自己。

12.5.3 自我實現

人本心理學的主要宗旨是：人類擁有一股內在趨力，促使我們成長、進步，並完全發揮自己的潛能。Abraham Maslow 稱完整成長的極致為**自我實現（self-actualization）**。根據 Maslow 的觀點，一個自我實現的人已達到個人發展的最高層次，而且已經全然發揮他身為一個人的潛能。怎樣才是一個自我實現的人呢？Maslow（1967, 1970）提出以下的解釋：

> **自我實現**
> 根據 Maslow 的觀點，人有一股內在引導的驅力促使自己成長、進步，並完全發揮自己的潛能，但很少有人能完全達成。

1. 自我實現的人已達到高層次的道德發展，關心朋友、所愛之人及人類的福

社更甚於自己。他們通常會投入一些理想或任務之中，而不是為了名聲或金錢而工作。

2. 自我實現的人非常照顧其他人，但並不仰賴他們的認同；自我實現的人是開放且真誠的，即使自己的信念會使自己不受歡迎，他們仍會勇敢地堅持下去。自我實現的人並不會對時尚、流行、社會風俗特別感興趣，且常成為異端分子。他們喜愛並關懷朋友，但是也享受自己的隱私和獨立自主。

3. 他們能以實際的角度來看待其他人和生活，但他們對生活能持有正向的態度。

4. 對自我實現的人而言，生活總是具有挑戰性且新鮮的。他們的行動和感覺是自發且自然的。生活就是以熱情、活潑、吸引人的方式來體驗這世界，通常伴隨著與自然合而為一的感覺。

若你還沒完全達成 Maslow 所列的這些項目，不必感到失望。根據 Maslow 的觀點，自我實現是生命發展過程的最後階段，你只是還沒走到那裡而已！也別忘記我們在第 11 章「動機與情緒」中所提的，一個人必須先滿足所有低階動機後，才能朝向自我實現邁進。如果你與大多數人相同，那麼你還有一兩個動機尚未被滿足，因而阻礙了你的完全發展。Maslow 認為，這世上沒有幾個人是能夠達到完全自我實現，他指出一些可能有達到這個目標的人，包括：Albert Einstein、Eleanor Roosevelt，以及 Ludwig van Beethoven。

12.5.4 人本主義與古典心理分析理論及社會學習論的比較

針對人和社會的本質方面，人本主義、心理分析和社會學習理論的看法彼此不同。在古典心理分析理論中，人被視為天生就是自私且具有敵意的，人就只有本我。社會則被視為一股良性的力量，將自我及超我灌輸給孩童，使他們具有足夠的現實感及道德感，而能在社會中生存。

對人本學家而言，心理分析的觀點完全是錯誤的。他們認為，人天生就擁有一股促使我們成長及進步的正向驅力，且人性基本上是善的，而非本惡。而在另一方面，他們認為社會通常是一股有害的力量，使得人們否認自己真實的感覺（忌妒、不安和憤怒），且會創造出難以達成的理想自我概念（例如美國社會告訴我們，人應該是有吸引力、有運動細胞、性感、有名且富有的）。

在評估人和社會的本質上，社會學習論者與心理分析和人本論者有所差異。社會學習論者認為人出生時是中立的，擁有去學習為善或為惡的潛力。同樣地，社會可以是有害或有益的。一部分的社會教導孩子不恰當的行為，這就

表 12.2 古典心理分析、社會學習及人本主義的人格理論之比較

	古典心理分析	社會學習	人本主義
「潛意識」或「未象徵化」的心智對我們有強烈的影響	是	否	是
我們從家庭和文化中學得何為「好」、何為「壞」	是	是	是
我們內化對於何為「好」、何為「壞」的了解，是我們人格中一個重要的部分	是（超我和理想我）	是（自我規範）	是（理想的自我）
人性本……	自私且邪惡	不善不惡	善
社會……	通常教導我們將自私的天性轉化成正向的行為	可以正向或負向的方式影響我們	通常會傷害或破壞我們天生想變健康、變好的傾向

是有害的；而另一部分的社會則教導孩子適當的行為，這就是有益的。

不過，這三種理論都認為我們會內化社會的標準，即什麼樣的行為是可取且合乎道德的，並依照這個標準引導我們的行為。佛洛伊德提到所謂超我中的良知及理想我，Bandura 使用自我規範的概念，Rogers 則提出理想的自我的說法。雖然他們在許多重要部分並不相同，但對於我們通常都會遵守社會規範和標準的原因，看法大致相同。有關這三個理論的比較請見表 12.2。

複習

人本主義是三個學派中最不統一的，但有幾個關於人格的基本概念是幾乎所有的人本學家都接受的。在人格發展中最重要的因素是正向的內在驅力，會促使我們成長與進步。除非是我們的社會經驗干擾這個驅力，否則這個驅力都能引導個人朝向積極正面的方向發展。想了解藉由這個過程發展而來的人格，我們只能從這個人的觀點來看事物。人格可視為反映了每個人對於現實的主觀想法，我們依據自己對現實的看法來行動、思考，以及感覺。而在個人對現實的看法中，最重要的就是我們對自我概念的主觀看法。我們看待自己的方式包括「我覺得我是……」的自我及「我希望我是……」的自我，兩者皆是人格重要的決定因素。若我的理想的自我是不可能達到的完美境界，我就會陷入永遠達不到標準的痛苦；而如果我的自我概念不正確，我就無法處理那些與自我概念不一致的訊息。不一致的訊息不被允許進入意識中，人本學家認為這種狀況對人格發展是很不健康的。

人本學家、心理分析學家，以及社會學習論者，對人及社會的本質有非常不同的看法。心理分析學家認為，人出生時只是個全然自私、有敵意的本我，而社會則被視為一股正向力量，提供經驗以發展出自我和超我，讓人能有效地在社會中發揮功能。人本學家認為人性本善，而社會是一股負向力量，常會妨礙讓個人成長的內在引導。社會學習論者則相信人有朝向正向或負向發展的潛力，端視個人是從社會的正向或負向部分學習而定。

想一想

1. 若如同人本學派的觀點所主張現實是主觀的，我們如何能有意見相同的時候？
2. 根據這三個人格理論的摘要，你認為這些新想法中哪個是最好的？哪個又是對你最沒有幫助的？

12.6 人格衡鑑：測量一個人

在企業界、校園、監獄，以及醫療中心工作的心理學家，常需要做出與人相關的重要決定。哪個員工應被晉升為銷售經理？這個人是否可以獲得假釋？該如何幫助一個人走出憂鬱？只有當心理學家知道此人是怎樣的一個人，亦即此人有別於他人的典型行為模式，才能夠回答這樣的問題。換言之，心理學家必須知道許多有關此人人格的資訊。

你也許可以相當完整地描述你最好的朋友、你的兄弟姊妹或是你父母的人格，因為你在許多情境下看過他們，知道他們的典型行為模式。但心理學家沒有這麼長的時間能夠用來了解個案，他們必須在短時間之內提供對個案人格的描述，因此心理學家已發展出許多可以快速評估人格的方法，包括訪談、結構化的行為觀察、心理分析的投射測驗，以及人格測驗。

12.6.1 訪談及觀察法

訪談
一種主觀的人格衡鑑法，透過有技巧的詢問方式使個案展現其人格。

在人格衡鑑中，使用最廣泛的方法是**訪談**（interview）。雖然幾乎沒有心理學家單獨使用這個方法，但幾乎每個心理學家都會訪談個案，透過會談來試圖了解個案的人格。

訪談是了解個案的必要部分，但卻有嚴重的限制。首先，訪談本來就是主觀的，因此，針對同一個個案在訪談中的相同行為，不同的心理學家可能會以不同的方式做評估。第二，訪談是人為的情境，因此得到的資訊可能會有效度上的問題。訪談是一種壓力事件，可能會出現反常的行為。一個人也許在接受工作面試時十分焦慮，但平常工作時是很沉著的。由此可知，訪談結果可能會造成誤解。因此，我們會藉由其他方法來補足資訊，以確保能對個案的人格得到較完整且正確的看法。

觀察法
人格衡鑑的方法之一，須觀察個體在自然或模擬情境中的真實行為。

與訪談不同的另一種方法是**觀察法**（observational methods），亦即「觀察」個人在自然或模擬情境中的真實行為，這種方法在企業界尤其盛行。例

如，在企業界負責員工升遷諮詢的心理學家，通常會觀察那些晉升人選在模擬管理情境中所表現的行為。可能給這幾個員工一個模擬的問題，例如，要他們將有限的預算編列到員工健康計畫的項目中，再觀察他們解決這個模擬問題時的表現。

為了要讓觀察法更為客觀，因此發展出許多觀察的評分量表。在這些量表中，觀察者要回答特定的項目，以便描述所觀察到的行為。例如，評分量表中可能包括「友善」這個項目，然後要求觀察者從以下選項中圈選一個：「非常同意」、「同意」、「不同意」或是「非常不同意」。大部分的評分量表都會使用許多像這樣的項目，以提供對個人的綜合性評估。一種常用來評估兒童的評分量表就是利用老師藉由平常上課時的觀察，以得知許多班上兒童的狀態。有些評估兒童人格的心理學家，就常會請老師填寫有關其學生的評分量表。

12.6.2 投射人格測驗

另一種人格衡鑑的方法是**投射測驗（projective test）**。這種測驗是依據心理分析的概念，即潛意識是人格的基礎。不過，因為自我努力要將潛意識心智的內容排除在意識之外，所以必須找出一個能悄悄通過自我審查的方法才能知道潛意識為何。心理分析學家相信，潛意識的動機和衝突能藉由投射測驗展現出來。這種測驗的依據是，人們會傾向將自己的內在感受投射到他人身上（Kawada & others, 2004）。

> **投射測驗**
> 這是一種使用模稜兩可的刺激，以揭示個案潛意識心智的測驗。

投射測驗要求個人解釋模稜兩可的刺激，如此潛意識心智會被投射到解釋的內容中，就如同幻燈機會將影像投射至空白螢幕上一樣。例如，主題統覺測驗（Thematic Apperception Test，簡稱TAT）（Murray, 1938, 1951），要求個人看一張模稜兩可的圖，然後編出故事來。每個人編出來的故事都有所不同，正好也反映他的內在人格特性。羅夏克墨漬測驗（Rorschach inkblot test）（Rorschach, 1953）使用了更為模稜兩可的刺激。這個測驗包括十張對稱的墨漬圖片。受測的人要說出墨漬看起來像什麼，以及他們的焦點放在墨漬的哪個部分。而此測驗也常配合複雜的計分系統來使用（Exner, 1986），但許多使用者會主觀地解釋這些答案。不過跟過去相比，現在較少使用投射測驗，有很大的原因是研究顯示這類測驗的效度不佳（Lilienfeld, Wood, & Garb, 2000）。

12.6.3 客觀人格測驗

人格衡鑑最新的發展是客觀人格測驗。這類測驗自第二次世界大戰便被廣

泛使用，主要是為了排除訪談和投射測驗的主觀性。客觀人格測驗包括許多關於個人的書面題目，例如，有些人格測驗是依據五因素模型來測量人格特質（McCrae & Costa, 1987, 1999）。

12.6.4 評估人格測驗

對心理學家而言，能評估個案的人格是非常有幫助的，但並不是所有的心理學家都同意人格測驗在這方面有足夠的正確性。目前已進行了許多研究來檢視人格測驗是否真能正確地測得他們本來想要測得的部分。

針對羅夏克、TAT 和其他投射測驗所做的研究，發現這些測驗基本上並無法正確地預測行為（Garb, Florio, & Grove, 1998; Mischel, 1968）。以五因素人格理論為依據的客觀測驗絕非完美，但在某些重要方面卻是明顯有效的。許多研究都發現，以五因素人格理論為依據的測驗在預測個體未來的行為和結果方面是有效的。例如，認真負責的人格特質就如同智力測驗的分數一樣，能夠有效預測未來在學校和職場的成就，也許是因為大部分認真負責的人在做事時更嚴謹有紀律的關係。（O'Connor & Paunonen, 2007; Roberts & others, 2007）。認真負責的特質甚至可以預測我們的壽命，也許是因為認真負責的人很少會粗心，而且會更加注意照顧自己的健康（Roberts & others, 2007）。又如，合併高度神經質和低度妥協性則可預測這樣的人會罹患憂鬱症，而且婚姻會以離婚收場（Chien & others, 2007; Roberts & others, 2007）。要注意的是，這些人格測驗對於預測一群得高分或低分的人平均會怎麼做有不錯的預測能力，但這些人格測驗在預測特定個人的未來行為方面還不夠準確，並不具高度的準確性。

複習

心理學家發展出快速得知一個人人格的方法。在人格衡鑑中，最被廣為使用的方法就是訪談，透過問問題的方式來探索一個人的人格本質。人格也常藉由直接觀察個體在真實或模擬情境中的行為來評估，或是由觀察個體行為一段時間的老師或雇主填寫描述所觀察到行為模式的表格。心理分析導向的心理學家，則通常以投射測驗來找出人格的潛意識本質。這些測驗要求受測者對模稜兩可的刺激做出回應，因其認為個體會將其潛意識心智的重要特徵投射至對刺激的詮釋中。而較不喜歡主觀人格衡鑑方式的心理學家則常使用客觀人格測驗。這類測驗是藉由將團體中擁有和未擁某人格特質之個體的答案進行比較，為測驗客觀挑選出適合的項目。一般來說，以五因素特質模型為依據的客觀人格測驗，在預測方面算是正確的，它可以預測團體中有相似得分的人在未來的能力，但是要用客觀人格測驗來預測特定個人未來在能力上的發揮卻是有困難的。

想一想

1. 由心理學家發展出來的人格測驗和在流行雜誌或網站上看到的「人格測驗」有何不同？
2. 真的有人可以根據你對一連串問題的答案就了解你的人格嗎？可以的原因是什麼，或者不可以的原因是什麼？

▶▶▶ 心理學的應用　健全的人格發展

　　心理學家 Sidney J. Blatt 致力於探討健全與不健全的人格發展，他認為一個人的核心特質為人際關係與自我定位。我們終其一生都在探索我是誰與建立並維持良好的人際關係而努力。在 Erikson 的發展階段論中，青春期的個體正好處於自我認同以及維持良好同儕關係的發展階段，而目前步入成年期的你，也正好進入展現自我特色以及建立親密關係的階段。

　　在探索我是誰以及確認自我認同的過程中，我們會有許多困惑與迷惘；而在建立穩定人際關係的過程中，我們也可能會陷入誤交損友、誤傷益友的困境中。面對成長的過程，我們該如何才能讓自己的人格發展健全呢？精神科診斷守則 *DSM-5* 特別提出健康人格發展的特性，整理如下：

自我層面

1. 認同整合：人我界限清楚、生活經驗的整合，以及有反思能力。
2. 自我概念：獨立自主與穩定的自我概念，以及合乎現實的自我評價。
3. 自我導向：擁自己的生活原則、了解生命的意義，以及追求生命價值。

人際關係層面

1. 同理心：能夠了解他人的想法與感受。
2. 親密感：能夠維持穩定與深入的人際關係。
3. 合作性：能夠與他人合作，並透過他人更加了解自己。

　　本書的許多課堂練習都是為了幫助你更加了解自己以及建立良好人際關係所設計，若是因為課程時間有限無法在課堂中練習，也可以自己參閱第 17 章「心理學的應用」，將引導你如何將心理學應用於生活中，讓你的人格發展更趨成熟。

參考文獻

Luyten, P. & Blatt, SJ.（2013）. Interpersonal relationship and self-definition in normal and disrupted personality development: retrospect and prospect. *American Psychologist*, 68,172-183.

本章總結

第 12 章定義了人格,並探討了四個主要的人格觀點:特質論、心理分析論、社會學習理論,以及人本理論,也討論了幾種人格衡鑑的方法。

I. 人格是一個人所有行動、思考以及感覺方式的總和,是這個人典型的方式,使其與眾不同。

II. 有些心理學家認為,一個人的人格可以用特質來描述。
   A. 特質是相對持久的行為模式,而且在不同的情境下都相對一致。
   B. 關於基本人格特質的描述,五因素模型是被廣為接受的方式。

III. 心理分析論是 20 世紀初由佛洛伊德所發展出來的。
   A. 佛洛伊德將意識區分成三個層次:意識心智、前意識心智,以及潛意識心智。根據他的觀點,心智是由三個部分組成,分別是本我、自我,以及超我。
      1. 本我依據享樂原則運作,尋求立即的愉悅,並躲避痛苦。
      2. 自我依據現實原則運作,尋求安全且合乎現實的方式來滿足本我。
      3. 超我透過施加道德規範並努力追求完美的方式,與本我抗衡。
   B. 當自我無法找到滿足本我的方法,就會尋找替代方案。
      1. 以一個較能被接受的目標來替代原先的目標稱為取代,而以符合社會期許的目標來取代則為昇華。
      2. 認同是想要昇華的傾向,透過仿效成功者的行為,來塑造我們自己的行為。
   C. 佛洛伊德的理論是發展理論,將人格發展分為五個階段:口腔期、肛門期、性蕾期、潛伏期,以及兩性期。在性蕾期階段,男孩會經歷戀母情結,而女孩則經驗到戀父情結。
   D. Alfred Adler、榮格和 Karen Horney 與佛洛伊德分道揚鑣,主要是因為以下議題的看法歧異:性動機、人格的正向部分,以及適當社會關係的重要性。

IV. 對社會學習論者而言,人格研究中的主要概念是學習以及認知。
   A. 我們的人格是學習而來的,但是 Albert Bandura 主張相互決定論,亦即環境會影響我們的行為,而我們的行為也會影響環境。
   B. 行為的自我規範是根據已內化到我們認知中針對自我酬賞的一套標準為基準,以及受限於我們對自我效能的知覺。
   C. 行為學家 B. F. Skinner 認為人受到所處情境的影響極大,因此特質論不足以做出正確的描述。這樣的觀點即為情境論。
   D. 社會學習論者採納人×情境互動論的觀點,認為不同人的行為會受到不同情境的影響,因為我們的行為反映出情境的影響以及我們的人格特質。

V. 人本理論主張人擁有促使自己成長的內在引導,而對人本學家來說,現實是主觀的。
   A. 自我概念是我們對於「我們是誰」以及「我們像什麼」的主觀知覺。Carl Rogers 將自我區分成自我(我認為我是什麼樣的人)及理想的自我(我希望我成為什麼樣的人)。
   B. 當理想的自我不切實際,或當感覺和訊息與個體的自我概念不一致因而意識否認覺察時,個體就會產生問題。

VI. 人格衡鑑是使用心理學的方法來了解一個人的人格。
   A. 最被廣為使用的方法是訪談。
   B. 人格也能藉由觀察個人在自然或模擬情境中的行為來評估,而評分量表有助於讓觀察法更為客觀。

C. 另一個被廣為使用的人格衡鑑法是投射測驗，心理分析學家相信這種測驗能將潛意識心智中的動機及衝突顯露出來。

D. 客觀人格測驗是由測量不同人格面向的問題所組成。

課程活動

活動目的：探索自我
進行方式：

　　人本取向最重視自我的覺察與發展。以下這個活動透過語句的完成來幫助你更加了解自己。請快速地完成以下的句子：

1. 我是
2. 我是
3. 我是
4. 我是
5. 我是
6. 我是
7. 我是
8. 我是
9. 我是
10. 我是
11. 我是
12. 我是
13. 我是
14. 我是
15. 我是
16. 我是
17. 我是
18. 我是
19. 我是
20. 我是

　　完成這些句子之後，將句子進行分類，看看可以分成哪幾類，而這些類別就是你目前建構自我的方式。之後還可以做進一步的分類，看看哪些句子與自我層面有關，哪些句子又與人際關係有關。

　　與自我層面有關的重要語句：

　　與人際層面有關的重要語句：

第 13 章　壓力與健康

你注意到你的健康了嗎？

醫院

我保持健康的方法，就是爬到樹上

我喜歡跑來跑去

我缺乏運動⋯

現代生活的壓力無所不在。無論你多麼聰明、多麼有能力，有時候你還是會遭遇挫折、經歷失落、面對改變或衝突。壓力多來自負向事件，例如修課被當，但有時候，即使是正向事件也會帶來壓力，例如結婚或者迎接新生命等。沒有人能避免壓力。

某種程度的壓力可能是健康的——它會激勵我們成長。但壓力通常被認為是一種不舒服的、不健康的力量，沒有它的日子會比較快樂。壓力會同時影響人的心理與生理層面（McEwen, 1998）。我們來看看以下一些重要的研究。

哈佛大學的 Bengt Arnetz（Arnetz & others, 1987）致力於研究心理壓力如何影響身體對抗疾病的能力。Arnetz 研究一群長期失業的瑞典女性。與有穩定工作的女性相比，這些失業女性的白血球對於感染的反應比較低。俄亥俄州立大學的 Janice Kiecolt-Glaser 及其同事（1987）也進行類似的研究，他們比較已婚婦女和剛離婚婦女的免疫系統功能，結果發現剛離婚婦女的免疫系統功能較差，但在離婚後的第一年間，免疫系統功能會逐漸增強。另外，在已婚婦女那一組中，婚姻不幸福的婦女免疫系統功能最差。

許多其他研究也證實壓力會影響免疫及心血管系統的功能（Chida & others, 2010; Cohen & others, 2007Robles, Glaser, & Kiecolt-Glaser, 2005）。這些研究提供了強而有力的證據，證明心理生活和身體健康之間的關係緊密。

假如壓力是不可避免的，而且如果壓力太大會威脅我們的心理及身體健康，那麼要如何有效地因應壓力就變得相當重要。一個健康又快樂的人不但能夠享受人生中的美好，也能因應生命中的壓力與挫敗。有時候，我們可以藉由移除壓力的方式來處理壓力，例如換工作。但事實上，我們無法移除生活中所有的壓力，總有些壓力是我們必須要去克服的（Davydov & others, 2010; Taylor & Stanton, 2007）。一般來說，我們對於曾經面對過或是可以控制的壓力有較好的因應能力。良好的社會支持也可以增加我們的因應能力。很多時候，單純地向朋友傾吐心事（或者接受心理諮商）也能增強免疫系統的功能，並且減少醫療照護的需求（Lyubomirsky & others, 2006; Richards & others, 2000）。

13.1 壓力：對因應的挑戰

壓力
超過個體心理負荷，並讓個體產生不適感受的事件或環境。

生活壓力衝擊到我們的身心健康與幸福感。所謂**壓力（stress）**是指任何使個人耗盡心力或是超出個人因應能力的事件（Ellis & Boyce, 2008; Lazarus, 1999）。在此我們將深入分析壓力以及壓力對我們的影響。壓力與我們的健康

息息相關，而且也是直到近代，研究才讓我們猛然正視它對我們健康的重要性。許多重大疾病（例如心臟病、中風、過勞死等）絕大多數都與壓力有關（Aboa-Éboulé & others, 2007），還有如前所述，我們的免疫功能也深受壓力的影響（Cohen & others, 2007; Robles & others, 2005）。也因此心理學與醫學的交互影響已經成為今日醫學的重要領域之一，壓力已經是 21 世紀的重要議題。

13.1.1　壓力源

我們要從導致壓力的原因開始著手。大部分的壓力源我們都可以察覺——它們攪亂我們的生活，但有些潛藏的壓力源則是默默地影響著我們。主要的壓力源分述如下。

生活事件　重大**生活事件（life events）**是生活中的重大變遷，因為需要調適及因應這種變化，所以常會造成壓力（Dohrenwend, 2006; Monroe & others, 2007）。雖然我們在本節中主要討論的是負向的生活事件，但是請記住，即使是正向的生活改變，例如結婚或考上研究所，也可能會造成壓力。

> **生活事件**
> 發生在個人生活中會產生心理影響的重大事件，像是離婚、生小孩、或轉換工作。

造成壓力的負向生活事件包括失業或車禍等。心理學家已做了許多相關研究，最具壓力的負向生活事件包括：

1. **重大傷害（如暴力、戰爭，以及性侵害）**：許多研究顯示，身處戰爭中（Bayer & others, 2007; Neuner & others, 2008; Ramchand & others, 2008; Vinck & others, 2007），或是遭受性侵等或其他暴力犯罪的受害者，都處於極度的壓力之中（Dohrenwend, 2006; Hedtke & others, 2008）。舉例來說，Edna Foa 及 David Riggs（1995）的一項研究訪問了一群受暴婦女，詢問她們是否經驗高度易怒與焦慮、出現有關受暴的不舒服回憶或夢境，並且出現再次受暴的幻覺的痛苦影像。如圖 13.1 所示，大多數的婦女在受暴的一個月後都曾經驗到高度的壓力症狀，並且在第一年會逐漸下降。整體來說，相較於其他形式的身體暴力，遭受性侵害的受害者會產生較嚴重的壓力反應。在此研究中，有逾 40% 遭受性侵害的婦女在事件發生的一年後，仍然會經驗到嚴重的創傷後壓力症狀。

2. **失落經驗（如失去家庭成員）**：配偶及孩子的死亡會帶來極大的壓力（Dohrenwend, 2006）。Sidney Zisook 及 Stephen Schuchter（1991）檢視喪偶者的壓力反應。如圖 13.2 所示，喪偶者在配偶死亡後的第一年，比沒有失去配偶的已婚者更容易出現嚴重憂鬱。

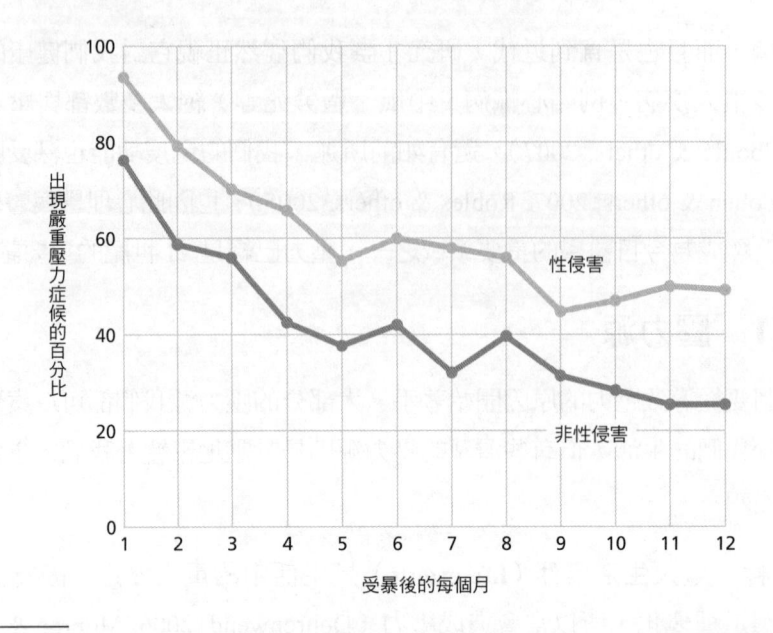

圖 13.1 婦女在遭受暴力創傷後的一個月內，仍有相當高比例的人會出現嚴重的壓力症狀，但在第一年期間，比例會逐漸降低。然而，有些婦女在受暴一年後，仍然有很嚴重的壓力症候出現，特別是遭受到性侵害的婦女（Foa & Riggs, 1995）。

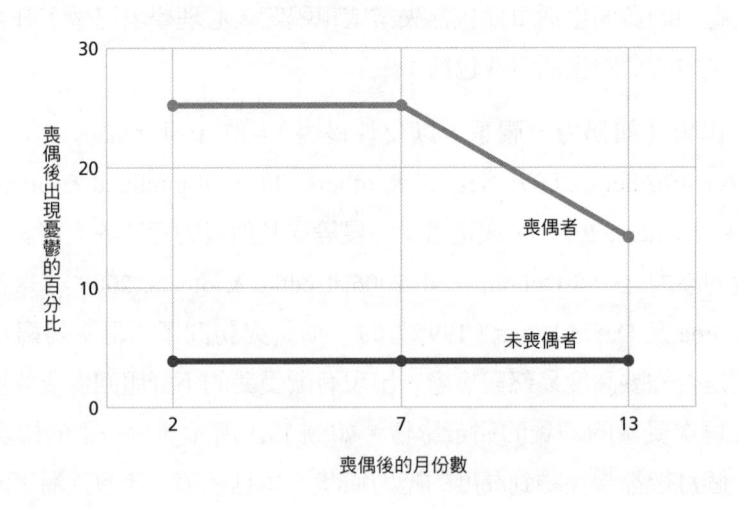

圖 13.2 配偶死亡是一個很嚴重的壓力源，某些喪偶的男性及女性會出現嚴重憂鬱（Zisook & Schuchter, 1991）。

3. **天災（如水災、地震）**：天然災害也是強大的負向壓力事件（McFarlane & van Hooff, 2009）。例如 1980 年聖海倫火山爆發，就對鄰近的華盛頓州奧賽羅鎮居民造成極大的壓力。與前一年相較，奧賽羅居民罹患壓力相關的生理與心理疾病驟升 200%，而當地的警察也表示居民的家暴問題增加了 45%。事實上，奧賽羅的死亡人數在火山爆發後的隔年增加了

19%（Adams & Adams, 1984）。相似的結果也出現在曾遭受颶風、地震、海嘯，以及其他危及生命的天然災害的人身上（Asarnow & others, 1999; La Greca, Silverman, & Wasserstein, 1998; Roussos & others, 2005）。例如，2009 年的八八風災造成了山區村莊的毀滅，災民也因此產生許多心理方面的問題。

4. **恐怖攻擊**：多年來，世界各地有些地區的人民長期面臨恐怖攻擊帶來的壓力，不幸的是，自 20 世紀末開始，恐怖主義也成為美國人常見的強烈壓力源。1995 年奧克拉荷馬市的聯邦大樓爆炸案造成 148 名成人及 19 名兒童死亡。2001 年 9 月 11 日針對世貿中心及五角大廈的攻擊事件造成數千人死亡，更是震驚全球。2015 年 8 月在泰國曼谷四面佛發生的爆炸案是最新的案例。毫無意外地，歷經攻擊事件之後的人，尤其是那些曾經接近攻擊事件、失去所愛的人，以及失去財產的人，都很容易出現憂鬱、焦慮、睡眠障礙，以及侵入性的經驗重現（Druss & Marcus, 2004; Holman & others, 2008; Ramchand & others, 2008）。

5. **生活中的瑣事（daily hassles）**：無庸置疑地，重大負向事件會帶來相當大的壓力，但是生活中的瑣事也是重要的壓力源。例如工作壓力、收到超速罰單、遺失眼鏡、晚餐約會朋友遲到 1 小時，還有其他生活中無數的小刺激，都會耗損你的心靈及身體（Ben-Ari & Lavee, 2004; Monroe & others, 2007）。

6. **正向生活事件**：在某些情況下，即使是正向的生活事件也會帶來壓力（Dohrenwend, 2006; Shimizu & Pelham, 2004）。大學畢業、孩子出生、工作升遷或是買房子等都是大多數人視為正向的事件，但是這些事件可能需要我們做生活模式的調適而對我們造成壓力。因此，正向的生活事件往往是我們未意識到的另一個壓力源。

生活壓力事件與身體疾病的關聯性，已經是過去 40 年來廣被研究的主題。這些研究始於美國海軍醫師 Thomas Holmes 及 Richard Rahe（1967）發展的量表，用於測量海軍的壓力數量，稱為生活改變單位（life change units）。表 13.1 顯示壓力事件以及 Holmes 和 Rahe 認為這些事件會對我們生活造成壓力的影響多寡。個體填寫表格指出過去一年間發生在自己身上的事件，並且將這些影響單位加總。Holmes 和 Rahe（1967）比較海軍人員過去一年的生活壓力，發現高生活壓力者比低生活壓力者在海上值勤時更容易有健康方面的問題。

表 13.1　社交再調適量表

生活事件	平均價值	生活事件	平均價值
配偶死亡	100	孩子離家	29
離婚	73	與媳婦或女婿不和	29
分居	65	傑出的個人成就	28
入獄	63	配偶開始或停止工作	26
親密的家庭成員死亡	63	開始或停止上學	26
個人受傷或生病	53	生活狀況的改變	25
結婚	50	個人習慣的改變	24
失業	47	與上司不和	23
婚姻調解	45	工作時間或狀況改變	20
退休	45	搬家	20
家庭成員的健康狀況改變	44	轉學	20
懷孕	40	休閒娛樂的改變	19
性障礙	39	教會活動的改變	19
加入新的家庭成員	39	社交活動的改變	18
工作再調適	39	小額抵押或貸款（汽車、電視等）	17
財務狀況的改變	38	睡眠習慣的改變	16
好友死亡	37	家人相聚次數的改變	15
更換工作跑道	36	飲食習慣的改變	15
與配偶爭吵的次數增加	35	渡假	13
大額抵押或貸款（如房屋等）	31	聖誕節	12
抵押或貸款被取消	30	輕度違法	11
工作調整	29		

資料來源：Reprinted from *Journal of Psychosomatic Research*, Vol. 11 by Thomas H. Holmes and R. H. Rahe, "The Social Readjustment Scale," 1967, with permission from Elsevier Science.

挫折
個人需求無法被滿足而造成的負面感受。

挫折　當我們的需求無法被滿足，就會感到**挫折**（frustration）。小孩子如果無法撿到掉在地上的玩具，臉上就會露出受挫的表情；或者一名即將畢業的大四生發現居然有一門必修科目被當而不能畢業，那種挫折會帶來極度的憤怒。當挫折相當嚴重時，例如薪水太低卻無法加薪，或因種族歧視造成某些限制，都可能是一個重大的壓力源（Gallo & Matthews, 2003; Mays & others, 2007）。

衝突
當兩個或兩個以上的需求因為相互干擾以致無法被滿足，因而產生的一種狀態。

衝突　衝突與挫折的概念息息相關。當兩個或兩個以上的需求因為互相干擾以致無法被滿足，就會產生**衝突**（conflict）。假設你想升級自行車參加環台賽，同時又想陪家人出國旅遊。然而你發現你的假期與經費只允許你在參加環台賽和陪家人出國中二選一，此時就產生了衝突。心理學家使用「趨避」（approach and avoidance）來討論衝突這個議題。簡單來說，我們會「趨近」想要的事物，同時「逃避」不想要的事物。這種趨避主要有四種衝突形式（Lewin, 1931; Miller, 1944）：

1. **雙趨衝突**：在**雙趨衝突（approach-approach conflict）**中，個體必須在兩個正向價值相當的目標中選擇一個。假設你從學校畢業後，幸運地獲得兩個很吸引你的工作，這兩個工作都提供了很好的工作條件、好的工作地位，並且給你合理的薪資。假設這兩個工作都那麼好，為何你仍會感到焦慮？為何你會胃痛和失眠？即使這兩個目標都是正向的——兩個工作不論哪一個都會令你感到滿意，但是要在這兩個目標之間做出選擇仍會令人倍感壓力。正因為一切看起來都很正向，因此很難看出其實你正處於嚴重的衝突之中。在生活中遇到二選一的狀態時（如考取兩間研究所、出現兩個心怡的對象等）都會讓我們感到壓力。

    > **雙趨衝突**
    > 個體必須在兩個正向價值相當的目標中選擇一個所產生的衝突。

2. **雙避衝突**：此種形式的衝突包含更明顯的壓力源。在**雙避衝突（avoidance-avoidance conflict）**中，個體必須在兩個或兩個以上的負向結果中選擇一個。面對期末是要選擇交期末報告還是參加考試，儘管這兩項你都不想要，還是必須做抉擇。

    > **雙避衝突**
    > 個體必須在兩個負向價值相當的結果中選擇一個所產生的衝突。

3. **趨避衝突**：**趨避衝突（approach-avoidance conflict）**發生在當你得到一個正向目標的同時，也必然會帶來一個負向的結果。例如，一名高中生申請到想要就讀的大學，但同時也處於一個壓力狀態，因為學校和家鄉相隔兩地，因此這代表她將跟留在家鄉的男友分開。此時，申請到大學就會同時帶來正向及負向的結果，這名學生也就經驗到所謂的趨避衝突，特別是愈接近開學時，這樣的壓力會愈大（Eyal & others, 2004）。

    > **趨避衝突**
    > 當你達到一個正向目標的同時也必然會帶來一個負向的結果所產生的衝突。

    請注意，我提到該名高中生在「愈接近」大學開學時，壓力會愈大。這句話背後隱含一個有關趨避衝突的有趣事實。當正向及負向結果愈接近時（分別是上大學和離開男友），無論是距離或時間上的，趨避這兩個動機的相對強度都會有所改變。這樣的改變可以透過斜率圖來表示。趨近正向目標（入學）的動機強度增加得相當緩慢（漸進的斜率）。

    距離目標較遠時，有較強的趨近動機，所以淨動機是趨近；距離目標較近時，逃避動機會大於趨近動機，因此淨動機是逃避。以上述例子來說，該學生接到入學通知時會開始經驗到一個高度壓力，此時趨近與逃避的動機強度大約相同。如果趨近及逃避動機的強度真的約莫相同，如圖13.3 所示，她可能在接近入學時改變主意而放棄入學，此時淨動機強烈轉

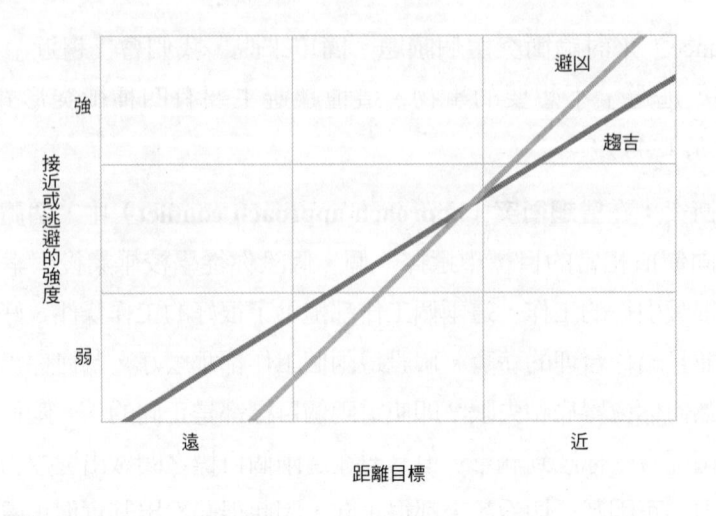

圖 13.3 在趨避衝突中趨近及逃避的斜率。

向逃避。可是一旦放棄入學後，她又再度與大學有一段較大的「距離」，便可能會再度想要趨近，然後希望自己從未做過放棄大學的決定。

你是否曾經歷過這樣的衝突？發現自己在做某個決定時猶豫不決？若是如此，你經驗到的是許多人都會有的情形。而這種衝突的確實結果會受到許多因素的影響，特別是趨避這兩種動機的相對強度。

研究學者 Seymour Epstein 曾在他經典的跳傘員研究中，生動地描繪趨避衝突如何產生壓力（Epstein, 1982）。Epstein 認為跳傘員會面臨趨避衝突，因為跳傘本身很危險，但同時也令人感到興奮又刺激。他在研究中讓每個新手跳傘員都配戴一個儀器，這個儀器是透過偵測皮膚汗水的改變來測量交感神經的活動。如圖 13.4 所示，跳傘員的自主神經反應在跳傘的瞬間驟增到高峰，然後在降落後立即回到正常水準。雖然我們大多很少面臨如此明顯的趨避衝突，但是其他相較之下沒那麼明顯的衝突也是以類似的方式影響著我們的生活。

多重趨避衝突
個體必須在各自同時具有正向及負向後果的兩個選擇中選擇一個所產生的衝突。

4. **多重趨避衝突：** 有時候，我們面臨的衝突結合了複雜的趨避衝突。**多重趨避衝突（multiple approach-avoidance conflict）** 需要個體在各自同時具有正向及負向後果的兩個選擇中選擇一個。假設同時有兩個男孩子在追求妳，小王外型好但個性不好，而小華外型不佳但個性很好，請問妳會選擇誰？我們在日常生活中經常會遇到這樣的狀況，任何選擇都有其利弊得失。選擇外型好的，就要忍受他的古怪個性；選擇個性好的，就必須接納他的其貌不揚。

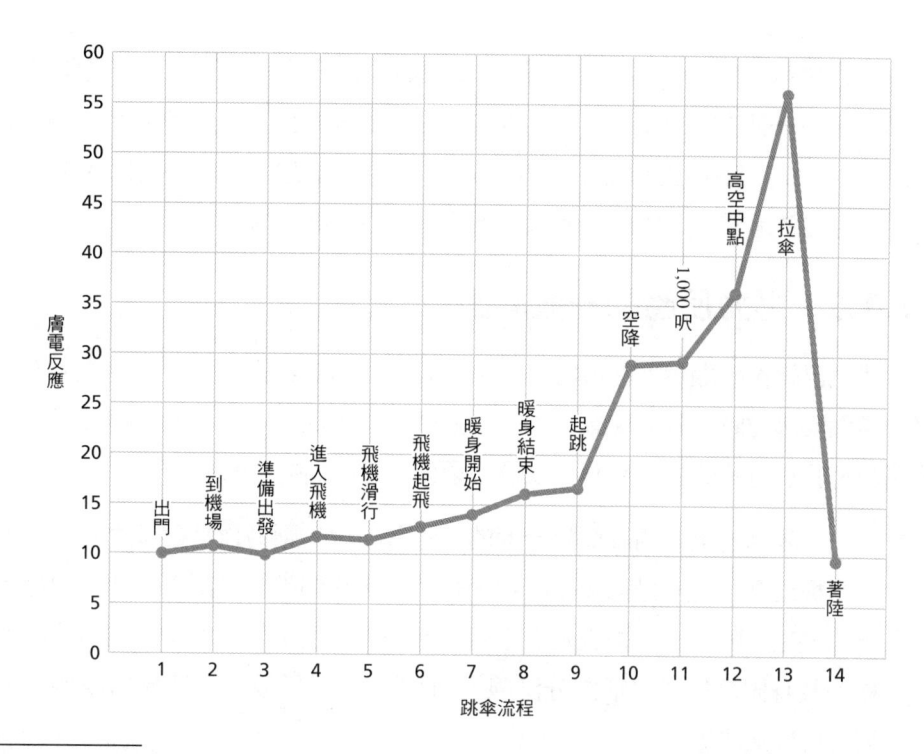

圖 13.4 在距跳傘這個趨避目標不同「距離」時，所測得沒有跳傘經驗的跳傘員的交感神經活化程度（測量因皮膚汗水的改變所造成的膚電阻改變）。

資料來源：Data from S. Epstein and W. D. Fenz, "Steepness of Approach of Experience: Theory and Experiment," *Journal of Experimental Psychology*, 70:1-12, 1965. Copyright 1965 by the American Psychological Association.

壓迫感 你曾經為了努力獲得好成績而產生壓力嗎？你的工作是高壓力的工作嗎？你有錢繳納帳單嗎？**壓迫感（pressure）**一詞被用來形容因負向事件的威脅而產生的壓力。在學校中，總有考不好甚至是被當掉的可能。有些工作也充滿著種種讓人搞砸事情並遭到解僱的可能性（Melamed & others, 2006）。有些不愉快的婚姻也會令人感到壓迫，因為無論怎麼努力，一方似乎總是會觸怒另一方。另外，在工作與家庭蠟燭兩頭燒的狀況下，也會讓有些人感覺到壓迫（Vitaliano, Young, & Zhang, 2004）。

> **壓迫感**
> 因負向事件的威脅而產生的壓力。

環境的狀況 有愈來愈多的證據顯示，在我們的生活環境之中，也有許多可能的壓力源（氣溫、空氣汙染、噪音、濕氣等）（Staples, 1996）。例如，城市暴動在天氣熱（攝氏 30 多度）時，會比天冷時更容易發生，雖然在酷熱的天氣中也較少發生，可能是因為天氣太熱讓人變得懶洋洋的，什麼都不想做（Baron & Ramsberger, 1978）。類似情況也發生在精神科的急診室。加州沙加緬度醫學中心發現，精神科急診的數量與環境因素有關（Briere, Downes, &

Spensley, 1983)。而在加拿大，空氣汙染較嚴重時，因為憂鬱症——通常是有自殺危險——而去急診就診的數量也較多。自殺危險在天氣熱時比天氣冷時來得高，在老年人身上也比較高（Szyszkowicz & others, 2009）。在此研究中的汙染物型態主要是來自汽機車與發電廠燃燒的石油與煤產物。

13.1.2　壓力反應的一般層面

我們已經檢視過壓力的成因，接下來要介紹的是我們面對壓力所產生的反應。當面臨壓力時，我們會感受到——並對其做出反應。要深入了解近年來研究所教導我們有關的壓力反應，我們必須先知道兩個壓力的要點：

1. 首先，我們對壓力的反應是全面的。也就是說，壓力通常會產生心理及生理兩種反應，而不是只產生其中一種反應。我們曾經在第 3 章介紹神經系統的幾項要點——下視丘及自主神經系統——控制了心理功能（情緒與動機）及身體功能（包括內分泌腺）。而壓力就是透過這些系統對我們的身體及心理造成影響。
2. 第二，不管壓力來源本身是生理的或心理的，我們對於壓力的心理及身體反應相當類似。雖然我們對於每一個壓力來源會有個別的因應反應，但所有形式的壓力都會產生一般的反應，大體上是基於下視丘、自主神經系統的交感分支，以及腎上腺之間的連接反應。

對壓力的心理反應　壓力會導致我們的心理狀態及心理歷程在各個層面的改變——包括情緒、動機，以及認知。在壓力下，我們會有焦慮、憂鬱、憤怒，以及易怒等種種情緒交雜的感覺（Cano & O'Leary, 2000）。我們的活力、食慾及性慾會改變，也會發生認知上的改變，例如，我們會變得較難集中注意力、失去清晰的思考能力，並且發現與壓力有關的想法會一再出現。在大多數人身上，這些改變是暫時的，但對於某些人來說，壓力卻會造成情緒、動機，以及認知上的長期改變。我們將會在下一章「心理疾患」中深入討論這個主題。

13.1.3　壓力的生理反應及健康

雖然幾乎所有的人都知道壓力事件會影響我們的情緒，但可能仍會驚訝於壓力對身體功能的影響。為了更加了解壓力對健康的作用，我們首先檢視身體對壓力的一般反應，先看壓力是如何影響健康，接著再看心理及社會因素如何影響我們對壓力的反應。

一般適應症候群　70 多年前,加拿大的醫學研究者 Hans Selye 讓我們知道身體面對心理壓力時的反應與我們遭受感染或受傷時的反應大致相同。不管面臨何種威脅,我們的身體都會以某種形式動員起來,目的是為了對抗威脅所造成的影響,Selye 稱之為**一般適應症候群（general adaptation syndrome**,簡稱 **GAS）**。一般適應症候群可以區分為三個階段（見圖 13.5）。

> **一般適應症候群**
> 簡稱 GAS,據 Selye 的說法,此指身體動員起來對抗威脅,可分為警報反應、阻抗階段以及耗竭階段之三階段模式。

1. **警報反應（alarm reaction）**：如圖 13.6 所示,身體對於任何威脅,包括心理壓力在內的最初反應是動員身體所儲存的資源。自主神經系統的交感神經分支會使心跳加快與血壓升高、將血液由消化系統送至骨骼肌、汗水也會增加,同時也會以其他方式動員身體來面對身體上的壓力。內分泌腺會將腎上腺素和其他荷爾蒙送到血液中,以協助自主神經系統的活動,並使血糖增加。體內對抗感染的免疫細胞也會被這些荷爾蒙啟動。當壓力太大或持續太久,這些身體上的變化會讓我們感覺到肌肉緊繃、胃痛、頭痛,或其他「生病」的症狀（Maier & Watkins, 2000）。在一般適應症候群的早期階段,通常會讓人難以分辨究竟是感冒還是壓力太大。在警報反應期,快速地動員資源會使得我們對壓力的抵抗力暫時比原先低。這個時期的狀態在進入下一個階段後會很快地改變。

2. **阻抗階段（resistance stage）**：在 GAS 的第二階段,身體的資源已經被全面動員,而且對壓力的阻抗也很高（Segerstrom & Miller, 2004）。然而,這個阻抗階段會耗掉身體的大部分資源,因此若此時再出現新的壓力,身體就會比較沒有能力去因應。如果壓力一直持續下去,最後個體的資源將會耗盡,於是進入 GAS 的第三階段（Segerstrom & Miller, 2004）。

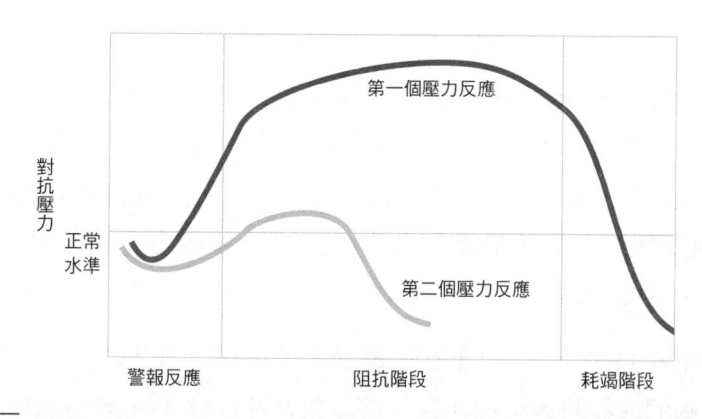

圖 13.5　一般適應症後群的三個階段期間壓力抵抗力的變化。注意第二個壓力會使抵抗力流失得更快。

資料來源：Data from H. Selye, *The Stress of Life*. Copyright 1976 McGraw-Hill Book Company.

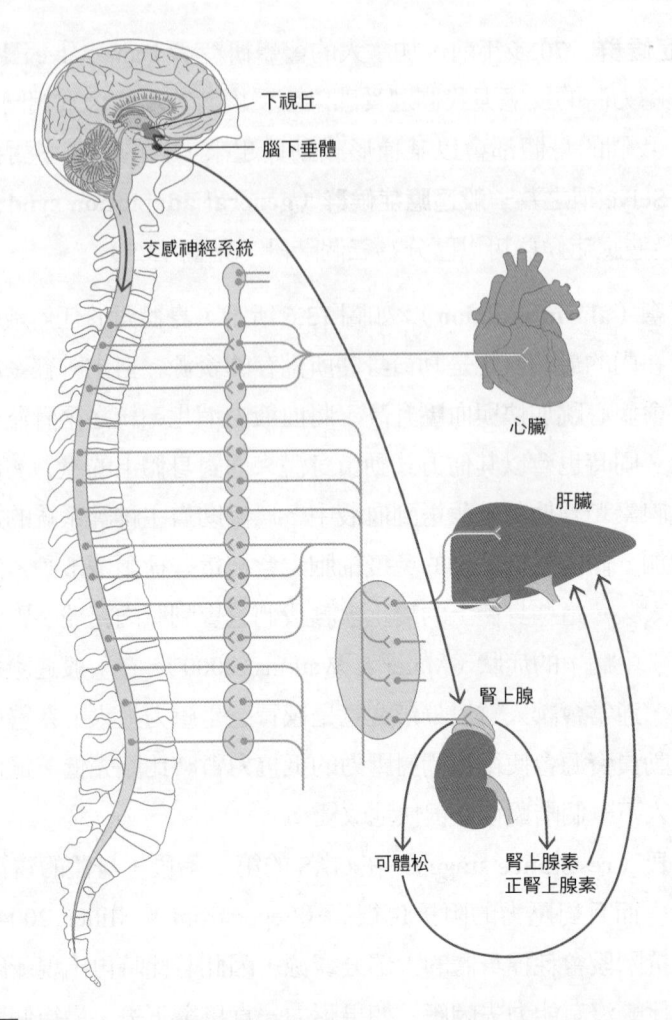

圖 13.6 在對壓力做出反應的一般適應症候群中，身體會動員其資源以因應「戰鬥或逃跑」的反應。

3. **耗竭階段（exhaustion stage）**：假如壓力一直持續下去，個體的資源會被耗盡，對壓力及感染的抵抗力也會降低（Ray, 2004）。長期暴露在嚴重的生理壓力下（如長期暴露在極低的溫度之下），就可能會在耗竭期發生死亡。心理壓力通常不至於會加速死亡，但是卻能夠嚴重地破壞身體的功能（Selye, 1976）。

注意如圖 13.5 所示，當個體已經進入了 GAS，若此時出現了第二個壓力源，則耗竭的進程將會更加快速。當你在思考 GAS 時，請再記住兩個要點：第一，並不是所有的壓力源都會全面性地壓倒或耗盡我們的身體資源；很明顯地，我們的身體足以應付大部分的壓力。第二，對壓力的情緒或其他心理反應

大體上與 GAS 的反應型態相同，當因應失敗時，通常會導致「情緒耗竭」。

健康及不健康的 GAS 層面： 如同 Selye（1976）提到的，一般適應症候群是當身體覺察到危險時所啟動的保護機制。如果沒有 GAS，人類其實是相當脆弱的生物。從這點來看，身體對於壓力有如此複雜的反應（GAS）應該算是老天爺的恩賜吧？這的確是一種恩賜，不過摻雜著幸與不幸。GAS 有時是我們的最佳防禦，但有時反而是我們自己最大的敵人（Ganzel & others, 2010）。

GAS 在緊急狀況下能發揮最大的作用。不論是突然暴露在致命的病毒下，或是在雪地中迷路，我們的身體都需要對這些緊急狀況做出警報反應。我們的身體能承受這種威脅的能力也會被 GAS 提升一陣子。

有時候，甚至連我們行為的因應能力也受到 GAS 的幫助。我有一次差一點踩到一條毒蛇，我的 GAS 系統馬上發出警報反應。此時自主神經系統馬上喚起交感神經，並且讓我的身體開始產生許多變化，好讓我準備在行為上對蛇做出反應。為了簡單起見，在此只說明接下來我的心血管系統如何變化。交感神經的活化使我的腎上腺釋放腎上腺素、正腎上腺素和其他壓力荷爾蒙進入血液。因此我的血壓升高，而且凝血速度變得更快。我的心跳加速，可以將氧氣迅速送到肌肉；同時血液也從肝臟及消化器官送到大腿和手臂的肌肉。這些在 GAS 警報期所發生的生理變化來得正是時候，讓我能跳開並且掉頭就跑遠離那條蛇。我的雙腿已被供應足夠的氧氣，足以讓我跑到下一個城鎮。我並不介意剛吃完的午餐會消化不良，因為在 GAS 期間，送到肝臟的血液會減少，使得肝臟無法正常過濾，我的膽固醇也可能會升高，但是這些我一點也不介意。而且，如果我不小心跌倒割破膝蓋，我也要慶幸荷爾蒙能讓血液很快凝結。

然而，現代人所面臨的壓力源大多不是蛇、熊，或是雪崩。我們面臨的壓力源大多是社會性的。我們天天面對來自學校、工作以及家庭的壓力，但無論是何種壓力，我們的身體對這些壓力的反應都相當雷同。因此，對某些壓力源來說，不但不需要 GAS，而且如果 GAS 一直持續下去，反而可能會有危險。

例如，你正準備申報所得稅，這是一個惱人的壓力源，不過並不需要你跑得飛快、高血壓，或是具有快速凝血的能力。然而，研究針對一群會計師驗血數次達數個月，結果發現他們的膽固醇及凝血因子都正常，一直到 4 月 15 號的截止日期逼近時，他們的膽固醇和凝血因子便驟升（Friedman & Rosenman, 1974）。不幸的是，當血壓、膽固醇，以及凝血因子一起升高時，可能會造成致命的危險，因為它們會在動脈壁上形成膽固醇的「結塊」，稱為粥狀斑（plaque），會使血管變厚、變硬。當供應心肌血液的血管受到影響時，就有可

能導致心臟病發作。在這個最初的研究之後，也有許多其他研究得到一致的結果，亦即許多形式的生活壓力事件都會影響到凝血、血壓，以及其他會增加心臟病發作風險的心血管功能（Ganzel & others, 2010; Kubzansky & others, 2007; Matthews, 2005; Slavich & others, 2010; Taylor, 2010）。因此，雖然 GAS 在面臨緊急狀況時可以救命，但也可能以相當致命的方式影響我們的心臟系統。

壓力、GAS，以及免疫系統：誠如本章前言所言，壓力的另一個負向層面就是它會降低我們身體自然對抗疾病的系統——**免疫系統（immune system）**。許多研究都指出，壓力會降低免疫系統的效能（Cohen & others, 2007; Robles, Glaser, & Kiecolt-Glaser, 2005; Segerstrom & Miller, 2004）。舉例來說，Sheldon Cohen（1996）進行一個實驗要探討壓力如何影響免疫系統對於一般感冒病毒的反應。研究參與者先填寫測量其生活壓力事件的問卷，接著研究者與其訪談以了解其健康習慣。之後研究參與者被暴露在感冒病毒的環境中；研究人員則觀察哪些人會得到感冒。即使將不良健康習慣（吸菸、喝酒、不良飲食習慣、少運動，以及不良睡眠習慣）的影響都納入考量之後，生活事件仍然與較差的感冒病毒免疫力有關。如圖 13.7 所示，生活事件的數量在平均值之上的研究參與者和生活事件的數量在平均值之下的研究參與者相較，前者出現上呼吸道感染的機率較大。而對大學生來說，即使是準備期中考試，也會對免疫系統造成暫時性的壓抑（Segerstrom & Miller, 2004）。不幸的是，當年紀愈大，壓力對免疫系統造成的負面影響也愈大（Segerstrom & Miller, 2004）。

憂鬱、焦慮與健康　壓力容易造成某些人的憂鬱及焦慮（Beck, 2008; Monroe & others, 2007），而且高度憂鬱及焦慮者也有較差的免疫系統功能、較差的健康狀況，以及較高的心臟病死亡率（Barnes & others, 2006; Irwin & Miller, 2007; Mykletun & others, 2009; Robles, Glaser, & Kiecolt-Glaser, 2005）。事實上，因憂鬱而早逝的機率和吸菸者一樣高（Mykletun & others, 2009）。憂鬱症是透過對發炎、心臟功能，以及免疫系統的作用而影響健康（Cohen & others, 2007; Padmos & others, 2008）。相反地，快樂的人通常也會比較健康（Cohen & Pressman, 2006; Roysamb & others, 2003）。

免疫系統
對抗疾病的複雜身體系統，例如白血球或血液中的自然殺手細胞。

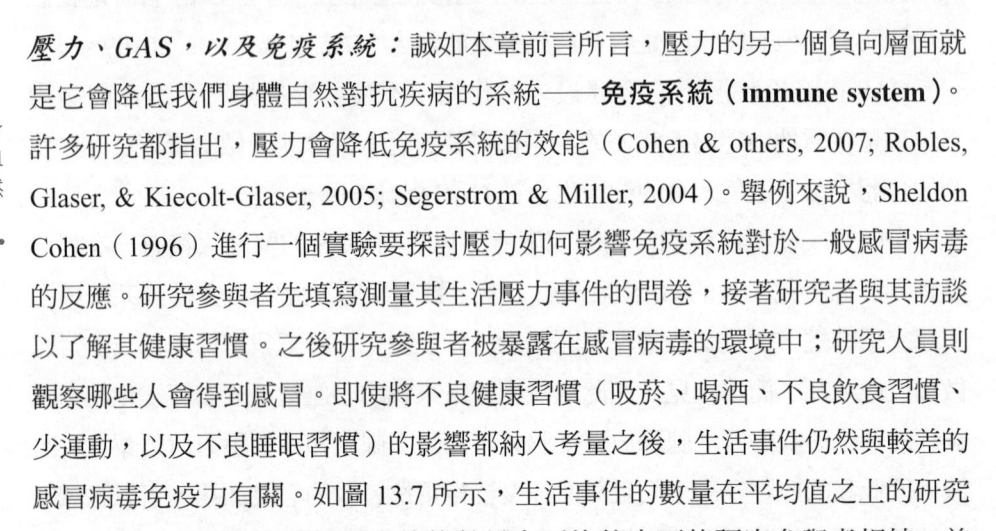

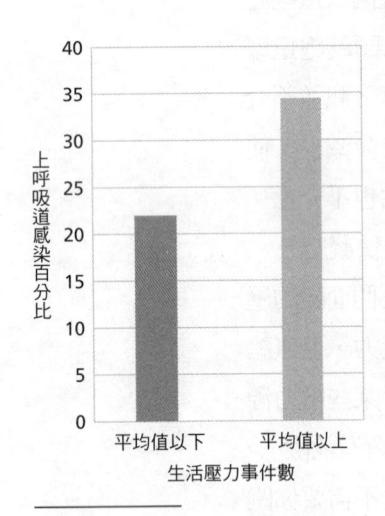

圖 13.7　暴露在實驗室的感冒病毒之下，生活壓力事件的數量在平均值之上的研究參與者與生活壓力事件數量在平均值之下的參與者相較，前者更容易得到上呼吸道感染。

複習

　　完全沒有壓力的生活會相當無趣，但是過多的壓力也會對我們造成傷害。壓力來自我們生活中的各個層面：動機無法被滿足而帶來的挫折、動機彼此之間不相容而造成的衝突、壓迫感，以及令人不適的環境因素都是壓力源。同樣地，負向的生活事件如失業，以及正向的生活事件如結婚，也都是可能的壓力源。這些壓力源會導致壓力反應，而人會對壓力產生生理和心理上的反應。壓力不只帶來焦慮、生氣，以及憂鬱，同時也會帶來身體的變化，如食慾增加、頭痛和睡眠障礙。在某些情況下，壓力甚至會引起高血壓、使血膽固醇濃度升高，並且降低身體免疫系統的效能。我們的身體在面對各種壓力源時——無論是生理或心理的壓力，通常都採取相同的方式反應，這種非特定的壓力反應稱為一般適應症候群。

想一想

1. 運用你學到有關一般適應症候群三階段的知識，你會給正經驗離婚創傷或是剛結束一段長久關係的人什麼樣的建議？
2. 你的生活中有哪些重大的壓力源？這些壓力是由你有權掌控的事所造成的嗎？

13.2 影響壓力反應的因素

　　我們在一生中大多會經歷一些負向生活事件，不過大部分的人都能夠很快地復原並繼續過日子（Bonanno & others, 2006）。為什麼壓力有時會讓我們倒下，有時又只是短暫地改變我們心理及生理的安適？原因在於每個人面對壓力的反應比壓力本身更重要。雖然我們尚未掌握所有會影響我們對壓力做出反應的因素，不過目前我們已經有足夠的知識來說明為什麼每個人對壓力的反應會有所不同。

13.2.1　先前的壓力經驗

　　一般來說，當個體面臨以前曾經歷過的壓力時，反應就會比較小。例如，已經上台報告多次的同學通常會比第一次上台同學的壓力反應較小。針對人類及動物所做的研究皆指出，先前的壓力經驗就像替你打了「預防針」，讓你在下次面臨相同的壓力時，能夠有較小的反應（Parker & others, 2004; Wilson & Gilbert, 2008）。

13.2.2 發展因素

壓力對不同年齡層所造成的衝擊程度通常也不同（Thompson & others, 2010）。例如，在喪偶 13 個月之後，較年輕的喪偶者（65 歲以下）仍感到憂鬱的比例是年長喪偶者的兩倍以上；也許是因為過了 65 歲以後，喪偶的情況也比較常見，因此喪偶的壓力也相對較小。情況類似的是性侵受害者，年紀愈小，焦慮的情況就愈嚴重（61% 的學齡前兒童及 8% 的青少年）；但是自殺意念則較多是出現在較年長的兒童（41% 的青少年受害者，而學齡前的受害者則無）（Kendall-Tackett & others, 1993）。因此，壓力的影響有部分要視個人的發展階段而定。

13.2.3 可預測性及可控制性

如果壓力事件是可以被預測的，則個體感受到的壓力通常會較小。此外，若個體認為自己對這個壓力有某種程度的掌控力，則壓力感也會小一些（Folkman & Moskowitz, 2000）。讓我們來看看一些探討「可預測性」及「可控制性」的實驗結果。

輕微的電擊常用在壓力的實驗室研究中。在某項研究中，三組研究參與者要聽數數的聲音。當數到 10 的時候，第一組研究參與者會有 95% 的機會受到輕微電擊，第二組研究參與者會有 50% 的機會受到輕微電擊，第三組則只有 5% 的機會受到輕微電擊；在數數的同時，也會測量研究參與者的交感神經激發程度（汗水量）。你認為哪一組的反應最強烈？答案是只有 5% 的機會會接受電擊的那一組。雖然這一組遭受到電擊的機會最少（只有 5% 的機會），但是因為此組的電擊是最無法預測的，這樣高度的不確定性便導致這一組出現比其他兩組都要強烈的交感神經反應（Epstein & Roupenian, 1970）。然而如果壓力持續的時間愈長，則可預測的壓力反而會比不可預測者造成更大的壓力（Abbott, Schoen, & Badia, 1984）。

第二類的研究將重點放在個體對壓力的控制力。在其中一個研究中，兩組研究參與者都參與一個困難的認知作業。研究參與者如果犯錯，就會受到電擊處罰。其中一組研究參與者可以控制自己的休息時間，但是另外一組研究參與者則必須等候告知才可以休息。結果顯示，無法控制壓力那一組的血壓明顯高於另外一組（Hokanson, DeGood, Forrest, & Brittain, 1963）。

而且研究也顯示，無法控制壓力會對健康造成種種嚴重的後果。無法控制

電擊的老鼠，其白血球的增生會受到抑制，而白血球在身體免疫系統中扮演了重要的角色（Laudenslager, Ryan, Drugan, Hyson, & Maier, 1983），而且對於癌細胞的免疫力也會下降（Visitainer, Volpicelli, & Seligman, 1982）。更重要的是，只有那些被暴露在無法控制壓力情況下的動物才會出現上述症狀；而從那些可控制壓力的動物身上，則沒有偵測到對身體造成明顯的損害。

這些實驗所獲得的結果都相當重要，皆提供了個人壓力管理的相關知識。在我們的生活中，無法預測及無法控制的事件是最有壓力的。因此，我們需要找出可以控制我們壓力源的方法。舉例來說，如果碰到一個常會出其不意並無法控制地對你大肆抨擊的上司，你也許可以跟你的上司討論這個問題，或是向更高階的主管求援，要不然就是另尋高就。

13.2.4 社會支持

一般而言，有朋友和家人組成的良好**社會支持（social support）**網絡的人，對於壓力的反應程度會比那些社會支持有限的人來得小（Bolger & Amarel, 2007; Cohen, 2004; Lahey, 2009）。舉例來說，得知自己感染會導致愛滋病的愛滋病毒的人，如果有良好的社會支持，則其焦慮、絕望及憂鬱的反應會比較小（Dew, Ragni, & Nimorwicz, 1990）。同樣地，遭受性侵的兒童如果能夠從母親身上得到良好的社會支持，則比較不會有焦慮和憂鬱等症狀（Kendall-Tackett & others, 1993）。

社會支持
由親友所扮演的角色，他們提供我們建議與協助，同時也是可以傾吐心事的人。

目前對於社會支持如何緩衝壓力的衝擊尚不清楚，不過社會支持似乎具有兩個層面：

1. **有人可以傾訴：**研究證實，社會支持可以讓你有機會「一吐為快」（Coman & others, 2009; Harris, 2006; Sloan & others, 2005）。某個巧妙的實驗說明的確如此（Pennebaker & Beall, 1986）。參與研究的大學生必須連續四天每天花 15 分鐘寫下他們曾經歷過的創傷事件，而且不只是寫下事件本身，還要寫下他們的感受。作為對照組的另外一組學生，則是寫下由實驗者出題的不重要主題。在寫這些創傷事件時，如家人死亡，這些學生會感覺悲傷，並且在發洩完他們的感覺之後，血壓也會有短暫的上升。然而，經過六個月之後，那些曾將感覺寫下來的學生比較少生病，也比較少去學生輔導中心求助。顯然，與他人分享你的負向感受是有助於健康的。因此，有一個可以傾訴的人似乎是社會支持的一個重要好處。

不過，向他人傾訴感覺也可能會有風險。有時候，說出個人隱私可能會使別人覺得我們自己或是別人不好。所以在傾訴之前，還是要先考慮到你要訴說的內容為何，以及要傾訴的對象是誰（Kelly, 1999）。此外，證據顯示和經常傾吐問題的人發展親密關係的年輕女性，更容易增加焦慮及憂鬱（Rose & others, 2007）。

2. **得到建議或安慰**：有趣的是，有實證顯示最明顯的社會支持反而有可能會對個體帶來傷害。接受他人明確的建議或支持有時候會讓我們覺得自己沒有能力處理壓力，結果反而讓我們更焦慮及憂鬱（Bolger & Amarel, 2007）。其實只要陪在身邊當個好聽眾，或只是單純地關心過得好不好，都會比做出各種評論有更實質的幫助。尤其在亞洲的文化中可能更是如此（Taylor & others, 2007）。

在某些情況下，最好的「社會支持」可能是來自心理治療師。我們將在第 15 章的「治療」做深入討論，不過在這裡必須有一個很重要的認知，亦即接受心理治療和身體與情緒健康的改善有很大的關係（Mumford, Schlesinger, & Glass, 1981）。

13.2.5　壓力反應的個人變項：認知及人格

我們已經討論過許多會影響壓力反應的因素：我們先前的壓力經驗、我們可以預測及控制壓力的程度，以及社會支持的可用性。但是我們個人的特質——**個人變項（person variables）**，也是決定壓力反應的重要因素（Asarnow & others, 1999; Smith, 2006）。

個人變項
個人所有較為持久的特質，像是思考方式、信念，或是對壓力的生理反應。

如同在第 12 章所討論的，許多人格理論學家都認為要了解一個人行為的最佳方式，就是必須知道我們會受到所處情境及個體主要特質的影響。此觀點就是我們之前提到的人×情境互動論。以壓力而言，這意味著我們對壓力的反應有部分是取決於情境（壓力源、社會支持等），有部分是取決於個人的某些特徵（我們的人格、我們如何思考壓力源，以及我們的身體對壓力的反應程度有多高等）。

壓力反應的認知因素　影響我們對壓力反應程度的認知因素主要有兩個：

1. **智力與壓力**：智能較高的人不但較少暴露在某種壓力之下（如暴力），而且即使他們面臨壓力，也較少出現嚴重的壓力反應（Breslau & others, 2006）。

2. 評價壓力：每個人面對相同壓力源的反應可能不同的另一個重要原因是，每個人思考壓力事件的方式不同（Beck, 1976; Bryant & Guthrie, 2005; Lazarus, 1999）。某些人比其他人更容易把事件解釋成是有壓力的。舉例來說，假設你是一位臨床心理學研究所的學生，你的督導提供一個更好的方法來幫助你的個案。她說：「你已經做得非常好了，但是如果你能……來幫助他處理對汽車的恐懼，可能會是更好的方法。」之後她進一步詳細說明她的提議。這時候，有些人可能會把督導所說的話解釋成是一種讚美，而且還給了一個有益的建議；但是有些人則會把這樣的建議當作是一種批評，並且覺得自己可能會被踢出計畫。這個例子說明我們對於事件的解釋可以決定這個事件是不是有壓力的（Bryant & Guthrie, 2005）。

人格特徵與壓力反應　除了認知因素之外，每個人的人格特質會影響他們對壓力的反應（Folkman & Moskowitz, 2000）。例如，性格比較神經質的人對壓力事件的反應最大（Lahey, 2009; Smith, 2006）。同樣地，比較沒有安全感，而且在接受基本訓練之前常常尋求他人支援的新兵，在之後訓練期的壓力之下也比較可能會出現憂鬱的情形（Joiner & Schmidt, 1998）。因此，壓力的影響只可以透過人×情境互動論的觀點來理解。壓力（情境變項）會以不同的方式影響不同認知及情緒特徵的人（個人變項）。

另一種會影響壓力所導致的健康後果的人格特質被稱為 **A 型人格（Type A personality）**。有些人就是比別人更能適應這個高度壓力競爭的世界。對某些人來說，玩電動遊戲本身是一件愉快的事，但某些人則將其視為一種生與死的競爭。一群健康心理學家觀察研究參與者如何玩電動遊戲，同時測量這些研究參與者的心血管系統。結果發現，某些研究參與者對遊戲產生比較高的心跳、血壓，以及膽固醇的反應（Jorgensen & others, 1988）。到底發生了什麼事？是什麼樣的人格會對無關緊要的小小競爭壓力產生足以威脅到健康的交感激發反應呢？

心臟科醫師 Meyer Friedman 及 Ray Rosenman（1974）以研究 A 型人格著稱。他們觀察了心臟病的病人，特別是 30 到 60 歲的青壯年男子，發現這些病人多半非常努力工作並且具有敵意，很少停下腳步享受生活。此種模式的行為型態被稱為 A 型人格。下列特徵對 A 型人格有更明確的描述（Diamond, 1982; Friedman & Rosenman, 1974; Matthews, 1982）：

1. 在工作、運動，以及遊戲方面都熱愛競爭、努力不懈，而且很有野心。

> **A 型人格**
> 大多指具有強烈競爭性、有敵意、過度努力，以及感到時間急迫等行為模式的特質。

2. 做事很急,有「時間急迫」感,常常在同一時間做兩件事。
3. 工作狂,很少花時間在放鬆或度假上。
4. 說話很大聲,或很激烈。
5. 富完美主義,而且要求很高。
6. 具敵意與攻擊性,而且常常對他人生氣。

這樣的形容像不像你呢?其實,大部分的人都有一些 A 型行為,因此除非你有過度的情形,否則無須擔心。在 A 型行為模式的各個特徵中,最重要的是「敵意」。高敵意的人對挫折的反應常常是言語的攻擊(大吼大叫、批評、侮辱),或者甚至是身體的攻擊,這樣的人罹患冠狀動脈心臟病的風險也比較高(Ben-Zur, 2002; Smith, 2006)。

為什麼 A 型行為與冠狀動脈心臟病有關呢? A 型行為似乎會透過兩大危險因子間接與心臟病相關:高血壓與高膽固醇(Matthews, 2005)。杜克大學醫學中心的研究者(Williams & others, 1982)將男大學生分為 A 型行為組及正常組。兩組研究參與者都被要求做 7,683 減 13 的系列減法(7,683 減 13,所得答案再減 13,以此類推),最快完成的人就可以得到獎金。在這個競爭的情境下,A 型行為的個體,其血中的腎上腺素、正腎上腺素的濃度皆有大幅的增加。因為這些改變與脂肪斑塊的形成有關,所以 A 型行為的個體對競爭性壓力表現出愈大的生理反應,可能會間接導致心臟動脈的硬化。同樣地,A 型行為的個體對於壓力的反應也會讓血壓升得較高──血壓也是冠狀動脈心臟病的另一個重要危險因子(Matthews, 2005)。幸運的是,已有證據顯示某些形式的心理治療對於減少敵意能有所幫助(Suinn, 2001)。

13.2.6 壓力反應的個人變項:性別及族裔

有愈來愈多的證據顯示,在壓力及壓力的因應上,的確存在性別及族裔的差異。如前所述,我們必須對重要的個人變項有所了解,才能對壓力及壓力的因應有全盤的了解。不過,在探討性別或族裔的差異時有一點很重要,即並非團體內的所有成員都有同樣的行為方式。本節所討論的只是不同團體間一般會有的差異。

壓力反應的性別差異 對於創傷事件的反應,女性通常比男性持久。意思是女性在創傷之後,比較容易出現焦慮、憂鬱,以及睡眠障礙(Fullerton & others, 2001; Tolin & Foa, 2006)。這有部分顯示女性較容易面臨家暴、性侵,以及其他高壓力事件,但它也代表因為性別不同,對於壓力事件的反應也不同

（Tolin & Foa, 2006）。舉例來說，根據一項針對自車禍中存活的男性及女性所作的研究，發現創傷後男性和女性都會受到影響，但是女性比男性出現更多的情緒困擾及睡眠問題（Fullerton & others, 2001）。不過要再次強調的是，我們在此所說的差異是指平均的差異；仍然有許多女性能夠從創傷壓力中走出來，也有許多男性會被創傷嚴重影響。

在婚姻中受益的性別差異　本章之前曾經談到，社會支持對壓力的影響具有緩衝的作用。對兩性來說，婚姻或其他形式的承諾關係都是社會支持的重要來源。不論男女，有結婚的人多半比沒有結婚的人更健康。但是，從婚姻中得到的好處仍有性別上的差異（Kiecolt-Glaser & Newton, 2001）。未婚女性的死亡率比已婚女性高出50%，但是未婚男性的死亡率居然比已婚男性高出250%。同樣地，與女性相較，離婚或喪偶對男性的健康有更不利的影響（Kiecolt-Glaser & Newton, 2001）。為什麼婚姻對男性比較有利？Janice Kiecolt-Glaser 及 Tamara Newton（2001）認為有兩個可能的原因：第一，女性較能從閨密處得到較多的社會支持，因此無論有沒有結婚，女性都比男性有更多的社會支持。相較之下，男性通常只仰賴來自太太的社會支持。第二，通常女性較會關心另一半的醫療照護及身體健康。所以婚姻可以讓男性吃得較好、較會去運動，也較會去尋求醫療上的建議。此外，現代還是有許多婚姻關係並不平等，女性通常負有較多的責任，但擁有的權力又比男性少。因此，雖然婚姻本身對男女兩性都有好處，但是男性所得到的好處比女性來得多。然而要記住的是，婚姻與良好健康之間的關係可能不完全是因為婚姻所帶來的好處，也可能是因為較健康的人比較不健康的人更容易結婚。

戰鬥或逃跑及照料與友好　William James（1897）的著作提到「戰鬥或逃跑」（打或跑）症候群，並且將之視為情緒的核心層面。當我們面臨一個有壓力的刺激，例如，在路上遇到一隻兇猛的狗對你齜牙咧嘴地吠叫，此時我們的交感神經系統和腎上腺就開始激發，好讓我們做好要逃跑（跑）或是與對方戰鬥（打）的準備。James 談到情緒的部分幾乎都是以此觀點來解釋，而當代的心理學家也大多遵循他的這個觀點。

　　心理學家 Shelley Taylor 及其同事（2000）同意戰鬥或逃跑對男女兩性都很重要。但是她認為，戰鬥或逃跑忽略了女性反應壓力的一個重要層面。Taylor 認為女性在因應壓力時，比男性有更多她所謂的「照料與友好」（tend-and-befriend）反應。當面臨到壓力時，如火災或天然災害，女性常見的反應是

照料她們的小孩。她們會迅速地找到孩子的位置,並用可以降低孩子對壓力生理反應的方式與孩子互動,如擁抱或安撫他們。針對有工作的女性和男性所做的研究顯示,女性在度過特別有壓力的一天後,晚上通常會對孩子格外關愛。女性只有在工作上遇到難以負荷的壓力時,才會在下班後避免與孩子接觸。而男性儘管只是在工作上遭遇一般的壓力,通常都會比較壞脾氣或是不太與家人互動。

Taylor 也假設,如果威脅一再發生,女性會傾向對他人友善以形成聯盟。這個與其他女性連結的反應有兩個主要的目的:女性以形成聯盟的方式來對抗威脅,無論這個威脅是村莊附近的掠食性動物還是蠻不講理的雇主。此外,與其他女性形成聯盟的方式可以提供社會支持,如此通常可以降低她們對威脅的情緒或相關的生理反應(Taylor, 2002; Taylor & others, 2000)。因此,Taylor 認為,要對壓力事件的情緒反應有全盤的了解,就必須了解男女在壓力因應上存在重要的差異。雖然有很多研究男性戰鬥或逃跑的反應,他們主要傾向以個人的方式去處理威脅,但女性對壓力的情緒反應背後的社會本質需要針對其照料與友好的社會層面加以研究。

壓力的族裔差異　許多研究顯示,在主流文化外的少數族群有比較多的壓力(Contrada & others, 2000)。理由如下:第一,少數族群有許多成員通常較不具優勢(較高的教育程度、較高的收入、較好的健康保險等)。第二,少數族群成員與主流文化的互動會比較有壓力,因為容易受到刻板印象、偏見,以及種族歧視的影響(Mays & others, 2007)。第三,移民家庭通常因為孩子較能快速地適應新的文化而產生壓力。父母常因為孩子行為上的改變而有壓力,而孩子則會因為被父母要求保留原來文化的的語言及價值觀而感受到壓力。類似的重要研究提供心理學家在未來需要深入探討的方向。

複習

壓力對我們的情緒、認知,以及身體所造成的影響,會因個體的差異而不同,而且即使對同一個體而言,也會隨時間的轉變而有所不同。與壓力反應強度有關的因素包括:先前的壓力經驗、年齡、性別、壓力的可預測性及可控制性,以及社會支持。

我們對壓力的反應程度,也會因我們的人格特質而有不同。不同的人對壓力有不同的反應,有部分是受到認知因素的影響。此外,不同人格特質的人對壓力的反應也不同。A 型行為通常會有的敵意似乎也會對我們的身體造成負面的影響,特別是會影響到我們的心血管系統。另外,不同性別和不同族裔的人也會對壓力有不同的反應。

想一想

1. 在你的大學生活中，是否有哪個層面的壓力是可以透過較佳的社會支持而舒緩？
2. 我們生活在一個重視金錢及權力的社會，這樣的社會對於 A 型人格的人會有什麼影響？

13.3 壓力的因應

我們不能總是逃避生活中的壓力。當我們經驗壓力時，最好的因應方式是什麼呢？

13.3.1 有效的因應

有效的**因應**（**coping**）包括移除壓力源以及控制我們的壓力反應（Kramer, 2010）：

因應
個人試圖處理壓力源和／或控制我們對壓力的反應。

1. **移除或減少壓力源**：將壓力從生活中移除或減少壓力，是處理壓力的一個有效方法。假如工作壓力太大，就需要跟老闆討論如何減少工作量，或者直接找新工作。如果壓力是來自於不快樂的婚姻，則可以尋求婚姻諮商，或者結束這段婚姻。減輕壓力是有效因應壓力的方式。舉例來說，Taylor 及其同事（1998）在學期開始時便將大學生隨機分成兩組。其中一組需要想像在課堂上獲得高分的光榮；另外一組則被要求思考可以避免失敗並且得到好成績的實際步驟（去找到指定的書籍、閱讀指定的內容、做課前預習等）。結果顯示這些學生真的比較用功，成績也比較好，因此減輕了被當的壓力威脅，也比較不那麼焦慮（Taylor & others, 1998）。

2. **認知因應**：我們對壓力事件的認知與我們對壓力事件的反應息息相關。與認知策略相關的有效因應方法不少，其中三種有效的認知因應策略包括：改變我們對壓力事件的思考方式、將注意力從無法改變的壓力事件轉移至其他事物上，以及寄託宗教信仰。

    再評估（**reappraisal**）是一個有效的因應方式。這是指改變我們對壓力事件的思考或詮釋方式。舉例來說，我認識一位音樂人，他的第一張專輯很成功，但是第二張專輯的成績卻很不理想，既不叫好又不叫座。一開始，他把這樣的結果解釋為第一張專輯之所以會成功只是因為運氣好，自己根本就沒有音樂才華。因此第二張專輯的失敗帶給他相當大的壓力。但是，另一位資深音樂人告訴他，第二張專輯的失敗是很多剛入行的音樂人

    再評估
    透過改變個人對於壓力事件的解讀來減緩壓力。

會有的現象，許多人在日後也都交出了好成績。這番話改變他對於專輯不成功的解釋，讓他把這個結果視為下一次要做得更好的挑戰。找出一個合乎現實且有建設性的詮釋方式可以減輕負向事件帶來的壓力（Folkman & Moskowitz, 2000; Richards, 2004; Taylor & Stanton, 2007）。

在某些情況下，壓力事件很難改變，即使再評估其意義的幫助也有限。例如，配偶死亡就必須用其他方式因應。將注意力轉移，繼續過日子，會降低憂鬱並使身體更健康（Coifman & others, 2007）。

很多人會透過宗教信仰的角度來詮釋壓力，以做出有效的因應（Folkman & Moskowitz, 2000）。例如，某個針對拉丁美洲關節炎患者的研究發現，那些把疼痛視為是上天的考驗者，會比那些無宗教信仰者有較高的幸福感。

3. **處理壓力反應**：如果現實生活中的壓力源無法被移除或改變，則另一個有效的選擇就是管理我們對壓力的心理及生理反應。舉例來說，某人想要開始做新生意，並清楚了解未來一兩年內會相當忙碌。此人不願意移除這個壓力源（新生意），但是選擇學會控制自己對壓力的反應。一個策略是盡可能安排一些放鬆的活動，如有氧運動、不同嗜好或是與朋友一起消磨時間。另一種策略是尋求專業心理學家的協助，學習深度放鬆大肌肉的方法等特殊訓練（放鬆訓練將在本章稍後討論）。

心理諮商鼓勵個案使用上述三種方法，即使是 A 型行為模式也可以成功改變。有接受治療的 A 型人格個案與沒有接受治療的個案相較，結果顯示心臟病發作及死亡率減少了 50%（Nunes, Frank, & Kornfeld, 1987）。

13.3.2 無效的因應

不幸的是，我們因應壓力的方式有許多是無效的。這些方法可能可以短暫地紓解壓力造成的不舒服，但是卻無法提供長期的解決之道，甚至會使情況變得更糟。以下是常見的無效因應策略：

1. **退縮**：有時候，我們在面對壓力時會採取退縮的方式。許多大學生在修課時會碰到一些比高中困難許多的課程。試著學習困難的課程內容一定會帶來壓力，而這樣的壓力也可能使學生從學習中退縮，而改以打電動、打電話聊天、開派對等方式來逃避。同樣地，一個丈夫可能會每天下班後都流連在酒吧而不願回家，藉此作為從婚姻中退縮的一種無效因應方式。

因應策略的有效與否不在於我們做了「什麼」，而在於我們「為什麼這麼做」以及「如何去做」。如果你只是在合理的時間範圍內打電動來幫助自己放鬆，則打電動也許就是一個有效的因應策略；但是如果你過度使用，把打電動當作逃避另一個你必須去做、更有效的因應方法（讀書），則打電動就會變成退縮。

在這種情況下，我們就有必要去去別實際移除壓力源和從壓力中退縮這兩種因應方式的差異。如果你發現自己選了一門極度困難的課程，而且你還未做好準備，則在你還沒做好準備之前先退選這門課，會是移除這個壓力的有效方式。但是如果你根本不為這門課的考試用功讀書，而選擇將時間花在與朋友聊天的話，這顯然會是一種無效的解決方法。

2. **攻擊**：面對挫折及其他壓力情境的常見反應是攻擊。一個女人再怎麼努力也無法對一個男人產生感情，就可能突然用有敵意的方式對待對方；一個男人也可能因為找不到一個合適的螺絲來鎖東西而大發雷霆，然後用力地把東西摔到地上。

3. **自我給藥**：許多人會無效地使用酒精或其他藥物來舒緩壓力造成的情緒問題。舉例來說，某個研究發現，白天若處於高焦慮狀態的人，夜晚飲酒的機率會增加（Swendsen & others, 2000）。雖然對某些人來說酒精能夠暫時減輕焦慮，但酒精無法移除壓力源，而且長期使用常會帶來額外的問題，包括人際關係、課業或工作表現，以及健康問題。使用酒精或毒品來自我給藥其實是非常糟糕的因應方法。台灣許多青少年使用K他命就是一種自我給藥的行為，試圖透過K他命的效果讓自己忘掉壓力。不過，有些人在專業人員的指示下用藥，能夠達到很好的抗焦慮及憂鬱效果，相較於酒精及毒品，不但有效而且安全得多。但是很多人因為不願被視為有心理健康上的「問題」，還是寧願選擇自我給藥，而不尋求專業醫師及心理學家的協助。

4. **防衛機轉**：根據佛洛伊德的說法，自我的一個重要功能是建立一道「防衛」，使個體不會累積不舒服的緊張狀態。佛洛伊德認為自我有一座小型的軍械庫──**防衛機轉（defense mechanisms）**，並且會下意識地使用這些防衛來因應緊張狀態。有證據顯示，我們使用的認知因應策略和佛洛伊德在100多年前提出的防衛機轉很類似（Simmon & others, 2004），只要不過度使用，這類防衛機轉可以有效減少壓力（Coifman & others, 2007; Kramer, 2010），但若過度使用，則會導致種種問題。佛洛伊德提出的主要

防衛機轉
根據佛洛伊德的說法，這是自我用來釋放壓力的非現實策略。

防衛機轉如下：

(1) **取代**：當對造成壓力的人（如對你施壓的老闆）表達攻擊或性的感覺是不安全且不恰當時，這種感覺會轉向某個安全的人（像是對你的朋友大聲吼叫，但實際上是對老闆感到生氣）。

(2) **昇華**：這個防衛機轉是將危險的動機轉化成社會認可的活動，例如，課業、文學作品，以及運動。

(3) **投射**：把自己危險或不被社會接受的欲望或情緒投射在別人身上，認為這些欲望是他人的，不是自己的。一個對性有衝突壓力的人，可能會覺得自己的性慾很低，但卻覺得別人滿腦子都是性。

(4) **反向形成**：下意識地把危險或不被接受的動機或感覺轉化成完全相反的表現。一個非常想要有婚外性行為的已婚男子，可能反而會大力推動城市改造計畫，掃除妓女戶與流鶯。一個非常痛恨她母親並希望母親死掉的女性，可能反而會極力保護母親的健康。

(5) **退化**：退回到早年的行為模式，藉此減少壓力。例如，公司的高級主管面臨公司遭受重大損失時，會像小孩子一樣用跺腳、大吼大叫的方式發脾氣。

(6) **合理化**：用聽起來合乎邏輯的方式「解釋並消除」壓力源。例如，一個被心上人拒絕的人說服自己應該感到慶幸，理由是對方其實也沒那麼好，或者自己其實並不想結束單身生活。

(7) **潛抑**：將會造成壓力、不被社會接受的欲望排除在意識之外，而且個人並不會意識到潛抑正在作用。

(8) **否認**：有意識地否認不舒服的感覺與想法。例如在發生爭吵時，對著你的另一半大聲地說：「我『沒有』生你的氣！」同樣地，給抽菸的人看許多證實吸菸有害健康的研究時，對方可能會用直接質疑這些研究效度的方式來否認吸菸的危險性。

(9) **理智化**：使用理性思考的方式來處理情緒的問題。例如，某人在一高風險的投資中慘賠一大筆錢，可能會解釋為自己只是暫時把錢「借給」一個會成功的長期投資計畫，而不是承認自己犯了嚴重的理財錯誤，並提醒自己在未來投資時應該小心規劃以免重蹈覆轍。

當防衛機轉使用過當，尤其是當它們扭曲現實時，反而會抑制我們長期因應壓力的能力（Kramer, 2010）。舉例來說，一位女大學生對自己某一科被當做了自認為好的因應：她認為老師評分不公，因為她在課堂上問了太多問題。

如果實際上她的老師是公平且稱職的,那麼她就是使用合理化的防衛機轉來扭曲現實。其實只要單純地改變讀書習慣或考試策略,就可能讓她得到更高的分數,但如果她總是用合理化的方式扭曲現實,她就永遠看不到改變的需要。其他的防衛機轉也是如此,如果扭曲現實就會有害。

複習

雖然某些人會暴露在比其他人還要多的壓力下,我們全都有因應壓力的需要。最主要的壓力源來自於挫折、各種形式的衝突、壓力或正負向事件。有時候,我們能夠利用移除壓力源或管理我們的壓力反應等方式來有效因應壓力。然而有時候,我們可能會用退縮、攻擊、自我給藥,以及過度使用防衛機轉等方式無效地因應壓力。

想一想

1. 你能說出有效因應及無效因應兩者之間的主要差別嗎?
2. 當他人試圖給你社會支持時,你經驗到好或不好的感覺?為什麼會有這樣的差別?
3. 以下為幸福王子因應壓力的方法,你覺得他的因應有效嗎?

1. 幸福王子遇到美滿公主

2. 兩人過著快樂的生活

3. 他們遇到了生活壓力

4. 王子呢?你覺得他的因應有效嗎?

13.4 改變與健康相關的行為模式

第 1 章曾經提過，心理學的目標之一是以對我們有益的方式來影響我們。**健康心理學**（health psychology）的一個重要目標就是協助個體修正可能會對健康造成危害的行為，藉由學習放鬆、不抽菸、不濫用物質、適度的運動及飲食等策略來預防健康問題（Winett, 1995; Schneiderman, 2004）。

> **健康心理學**
> 利用心理學的原理來減緩壓力與增進個人健康的學科。

13.4.1 學習放鬆

放鬆對你來說容易嗎——要真的放鬆到能夠降低交感神經激發的程度？放鬆對很多人來說是很困難的事。**漸進式放鬆訓練**（progressive relaxation training）可以教導個案深度地放鬆身體的大肌肉（Lazarus, 2000）。

> **漸進式放鬆訓練**
> 藉由學習區辨肌肉緊繃與放鬆的程度來達到深度放鬆的方法。

在漸進式放鬆訓練中，首先教導個案感覺肌肉緊繃與肌肉放鬆的不同。現在請放下課本停止閱讀幾秒鐘，試著收縮你右手臂的肌肉，愈緊愈好。將注意力放在緊繃的肌肉上，仔細注意緊繃的感覺。然後，請你放鬆右手臂，仔細注意放鬆的感覺。現在，試著收縮你脖子的肌肉，但保持肩膀的肌肉放鬆。接著放鬆你的脖子。你做得到嗎？許多人一開始無法做到，但漸進式放鬆訓練可以教導大家如何做。

治療師慢慢地讓個案練習完所有的肌肉群，好讓個案能夠漸漸地察覺到緊繃及放鬆是什麼樣的感覺。經過幾次的訓練與練習之後，應該就能夠達到深度放鬆的狀態。已有研究顯示漸進式放鬆訓練可以有效用來治療睡眠問題、緊張性頭痛、偏頭痛、潰瘍、廣泛性焦慮、氣喘，以及高血壓（Lazarus, 2000; Smyth & others, 1999; Spiegler & Guevremont, 1998）。此外，教導病患放鬆以及用更有效的方式來因應壓力，可以使免疫系統的功能提升（Schneiderman, 2004）。

13.4.2 適當的飲食、運動，並遵從醫囑

健康心理學家常常會鼓勵大家執行促進健康的行為模式，包括適當的飲食與運動以控制體重，並避免嚴重的健康問題（Kaplan, 2000; Schneiderman, 2004; Taylor, 1999）。

改善飲食習慣 我們都很清楚飲食對健康相當重要，但是為什麼我們的飲食習慣還是很糟？為什麼我們不覺得早餐吃下蛋、培根、薯餅，以及奶油就像吃

下石棉一樣的危險？很多不健康的飲食行為有部分是因為我們缺乏知識——大部分的人並未意識到良好飲食習慣的重要。即使當人們都知道良好營養的重要性，也只有大約20%的人會吃得更健康（Evers & others, 1987; Foreyt & others, 1979; Forster, Jeffrey, & Snell, 1988）。

你的體重過重到危害健康的程度嗎？這個答案取決於你體重和身高的比例以及腹部的脂肪多寡。體重及身體的比率稱為身體質量指數（body mass index）。你的體重比身高的比重愈高，身體質量指數就愈高。你可以參考美國國家衛生研究院（National Institutes of Health）的網站（http://www.nhlbisupport.com/bmi/）算出你的身體質量指數，告訴你是否過重。另一個體重過重的關鍵指標是腹圍，因為可以測量腹部脂肪，而且腹部脂肪比其身體其他部位的脂肪對健康的危害更大。當男性腹圍超過90公分，女性腹圍超過80公分，則罹患嚴重健康問題的風險就會升高。

如果這些測量都指出你有體重過重的問題，你該怎麼辦？對許多人而言，最有效的解決方法就是長期且持續性地改變飲食與運動習慣。可以考慮以下健康生活型態的建議：

1. **建立合理的目標：** 你用不著變得很瘦才能健康。即使只是減掉一些體重都能大幅改善你的健康，重點是這樣的體重要能夠維持下去（Fabricatore & Wadden, 2006）。

2. **不要「節食」：** 不要藉由在短時間內減少熱量攝取的方式來控制體重，換句話說就是不要節食。快速減重會造成健康問題，而且透過節食而快速減掉的體重也會在你恢復較自然的飲食型態後復胖（Mann & others, 2007; Tomiyama & others, 2010）。

3. **改變飲食：** 首先要改變飲食，並且堅持讓你可以一直持續下去的飲食型態（Powell & others, 2007）。不要讓自己挨餓！而是應該明智地調整熱量的攝取。例如，以魚肉、瘦肉、低脂乳製品，以及豆類代替紅肉及起司。減少來自紅肉與起司的飽合性脂肪很重要，因為可以減少熱量的攝取並降低罹患心血管疾病及癌症的機會。

第二，減少單醣（馬鈴薯、白飯，以及糖製品）的攝取量也有很大的幫助。單醣帶來高熱量但營養極低，而且單醣實際上會增加飢餓感。當你攝取單醣時，很快就有飽足感，但是它們會急速提升胰島素的量，清除比你吃的糖還高的量，讓你在一兩個小時後又覺得餓了。

另一個減少熱量攝取但仍能有飽足感的方法是每餐只吃幾種不同種類的食物。我們需要吃各式各樣的食物以攝取均衡的營養，但是你每餐吃得種類愈多，一餐的食量也就愈多（Raynor & Epstein, 2001）。將你選擇的食物平均分配在數天中，每一餐試兩種不同的食物，不要三種或四種。吃兩種食物會比吃四種食物更快有飽足感。你也可以稍微減少每種食物的份量，這樣可以減少熱量的攝取（Geier & others, 2006）。

4. **不要因為有時無法維持健康生活型態而放棄**：維持良好的健康習慣並不容易，生活中有太多事會打亂你的健康計畫，但不要因此而輕言放棄。家族聚會、度假、考試以及其他的事，都可能會打破你原有的運動及飲食計畫。這些都是不可避免的，但並不表示吃得更健康和規律的運動是遙不可及的夢想。所以當你又因故打破計畫時，再重新開始就是了！

5. **強調運動**：多運動在很多方面都會為我們帶來好處。每一磅的體脂肪相當於 3,500 卡的熱量，因此如果你一天減少 500 卡的熱量，你應該每週都會減掉 1 磅（7 天 × 500 卡 = 3,500 卡 / 週）。這樣對吧？這個算法只有在你的代謝速度不會因為每天少攝取 500 卡的熱量而變慢才能成立。我們的身體不喜歡喪失脂肪，所以你必須藉著增加活動量的方式來增加代謝（Golay & others, 2004; Thompson & others, 1982）。如果你能透過規律而適度的有氧運動來燃燒熱量，會比只是限制熱量攝取有更高的機會可以甩掉體重，原因有二。第一，視你的體能狀況來調整，好好地運動本身就可以燃燒 300 到 500 卡的熱量。更重要的是，當你減少熱量攝取時，規律的適度有氧運動能夠維持你的代謝率（Wadden & others, 1997）。

規律的有氧運動 我們都知道運動對健康有益。大量的證據指出，規律的適度有氧運動有益健康，而且提供放鬆的心理安適感（Atlantis & others, 2004）。所謂適度的有氧運動是指至少持續運動 30 分鐘、心跳每分鐘 130 下，而且每週至少運動 3 次（Taylor, 1986），簡稱 333（30 分鐘、130 下、一週 3 次）健康運動法則。除非個人本身就有某些醫療問題不適合運動，否則規律的有氧運動經證實可以降低高血壓、血膽固醇、心臟疾病的風險，以及達到一般的健康及安適感（Leon, 1983; Roy & Steptoe, 1991; Stiggelbout & others, 2004）。既然如此，為什麼我們很少規律運動呢？

部分原因可能是資訊不足，但是即使很多人都知道運動對健康有益，卻還是沒有規律運動。問題就在於「堅持」（Schwarzer, 2001）。會開始運動的人比

能持續運動的人多很多。在開始運動的六個月後，平均只有一半的人還能保持規律運動的習慣。

那麼我們該如何堅守自己對規律運動的承諾呢？來自運動夥伴的社會支持、設定明確的個人目標、增強自己的信念、找一個你真正喜歡做的運動，並且避免過度費力的運動等，都能幫助你長期堅持下去（Taylor, 1986）。相信規律的運動真的會對你有益的信念，也能夠幫助你堅持下去，因為只有那些相信自己應該為自己的健康負責任的人，以及那些知道自己因為其他原因而有心臟疾病風險的人才比較可能會規律地運動（Dishman, 1982）。我們都必須找到一個持續運動的理由和方法。

不吸菸　另一個可以讓你活得更久、更健康的關鍵就是不吸菸。有些吸菸者要戒菸很容易，但對尼古丁上癮的癮君子則需要協助。國民健康局（http://www.bhp.doh.gov.tw.）為戒菸者提供了協助戒菸的教戰手冊。也可以撥打戒菸專線 0800-636363，會有專人協助你戒菸。

遵從醫囑　心理治療師經常要幫忙處理的一個常見問題是，患有高血壓、糖尿病等慢性病的病人經常不遵守醫師的指示服用藥物。這實在很不幸，因為適當地使用藥物可以大幅降低因高血壓引起的中風及心臟病發作的風險，也可以減少糖尿病病人併發失明及截肢的機率。病人不願遵從治療指示的理由包括：對醫師的指示不了解、擔心費用、不希望產生藥物引起的副作用，或者根本否認自己需要持續治療等。因此，健康心理學家也投入了許多時間，協助病人更有效地遵從醫囑（Brownlee-Dufek & others, 1987; Taylor, 1999）。

支持永續性能源　使用不燃燒碳燃料（大多是石油與煤）的乾淨再生能源能以降低空氣汙染，對人體健康有益。第一，空氣汙染會直接影響我們的生理與心理健康（Ostro & others, 2010）。第二，減少碳燃料燃燒會減緩全球暖化，避免更多的傷害與死亡（Takahashi & others, 2007）。第三，加入支持使用乾淨的永續性能源是面對壓力的主動回應，能幫助你降低自己的壓力。PM2.5 是國人面對空氣汙染的重要課題。在雲林，透過雲科大的師生以及地方人士的共同努力，縣政府推動了空汙自治條例，希望透過這個條例讓我們都可以呼吸到好空氣。

▶▶▶ 人類多樣性　心理學與女性健康

十年前，心理學家 Judith Rodin 與 Jeanette Ickovics（1990）整理了女性健康及健康照顧的相關知識，並呼籲加強這個領域的研究。與女性健康相關的心理因素仍有很多需要研究，不過美國國家健康研究院已於 2000 年展開計畫，投入大量努力來增加女性健康的研究。

對女性健康的關注

許多重大的健康問題是女性特有的（Clifford-Walton, 1998）。乳癌、卵巢癌以及子宮頸癌，還有子宮切除以及月經失調等只會出現在女性身上，其他還有骨質疏鬆、飲食疾患、紅斑性狼瘡，以及風濕性關節炎也較常見於女性。此外，在美國有三分之二的手術對象是女性病患，主要是因為剖腹產及子宮切除的比例很高。與男性相較之下，女性較少有醫療保險，即便有，保單通常也不包括重要的預防性措施，例如早期發現子宮頸癌所必須的子宮頸抹片檢查（Taylor, 1999）。

女性會有特定的健康問題，有部分是因為女性有時需要接受雌激素的荷爾蒙治療。避孕藥以及處理更年期的藥物都含有雌激素。不幸的是，雌激素會增加罹患某些癌症的風險。

儘管女性有這些特別的健康關注焦點，但是在過去有許多研究都將女性排除在外。這表示許多已知的醫學研究結果可能無法應用在女性身上。十年前，美國國家健康研究院做出要求，除非有強烈的理由，否則不得再將女性排除在研究之外。雖然這項新政策花了一些時間才對研究產生影響，不過目前在女性的生理及心理健康方面的研究已有大幅增加。

改變高危險的行為

另一個需要關注女性健康的理由是，近年來女性的健康行為幾乎和男性一樣都有高危險性。在上個世紀就已經發現女性的危險行為如吸菸、藥物濫用以及酒精濫用都大幅增加女性的罹病機會。這也使得女性與男性的死亡率更接近，特別是因為吸菸而增加的肺癌罹患率。過去 40 年以來，男性死於肺癌的比例增加了 85%，而女性則增加了 400%（Taylor, 1999）。

健康行為與疾病的關係不對等

再者，健康相關行為與疾病之間的關係男女大不同。例如，會對男性和女性都造成健康風險的行為，像是吸菸、中度到過度飲酒、肥胖，以及高脂肪飲食對於那些服用避孕藥的女性來說格外危險。女性有必要知道某些不會影響男性的危險因子彼此之間的交互作用。

另一個健康行為不對等的例子與愛滋病有關。男性的確會透過與女性性交感染愛滋病毒，但是女性經由陰道或肛門與男性性交而感染愛滋病的情形則更常見。只有 2% 的男性是透過與異性性交而感染愛滋病，女性因此途徑而感染愛滋病的機率卻是 31%。因此，透過本質上相同的行為而感染愛滋病的風險，男性和女性很不同（Rodin & Ickovics, 1990）。

第三個健康行為不對等的情況是受僱情形。受僱女性一般較無業的女性健康，但是在要求高、薪資低，以及壓力大的情形下工作的受僱女性，健康狀況就差得多。有趣的是，那些已婚有小孩及滿意工作的女性是最健康的，即使處理這些角色的壓力很大（Waldron, 1991）。

女性健康的其他社會文化因素

性別當然不是影響女性健康的唯一社會文化因素。要了解女性的健康行為，就必須了解她們的族裔、性取向，以及其他社會文化的層面（Gruskin, 1999）。舉例來說，非裔美國女性比非西班牙裔的白人女性有較低的乳癌罹患率，但是一旦非裔美國女性罹患乳癌，其存活率較低。心理學家 Beth Meyerowitz 及其同事（1998）認為族裔與乳癌的存活率有關，因為非裔美國女性擁有的經濟資源較少，而且能取得有品質的健康照顧及與乳癌相關的資訊也較少。性取向在女性健康中也扮演一個重要的角色。儘管女同性戀者感染愛滋病的風險大幅降低，但是她們卻比較容易得到乳癌。生小孩可以降低罹患乳癌的風險，而且人工授精的案子也持續增加，但是女同性戀者還是比較不可能懷孕。此外，女同性戀者也比較少做婦科方面的檢查，因此也比較無法在治療效果最好時就能早期發現子宮頸癌。以上因素都必須詳加考慮，以找出促進女性健康行為的方式。

13.4.3 安全管理

當我們思考如何促進健康時，常會理所當然地想到癌症或心臟病等疾病的預防，但卻很少想到意外事故也是造成失能及死亡的主要原因。事實上，意外事故是導致兒童、青少年，以及青年最主要的死亡原因之一。過去二十年來，心理學家已經致力於研究減少傷害及意外死亡的方法，特別是工作傷害及車禍事故（Cox & Geller, 2010; Geller, 1988）。

繫上安全帶能夠大幅降低車禍死傷的風險，但是很多人還是不繫安全帶。如果僅透過簡單的提醒就能增加安全帶的使用嗎？Bruce Thyer 及 E. Scott Geller（1987）的經典研究對此提供了一個強而有力的支持。他們請 24 位研究生在開車時繫上安全帶，並且用兩週的時間記錄下前座乘客也同樣繫上安全帶的比例。然後，同樣是在兩週的時間內，駕駛人在前座乘客的座位前方貼上寫有「乘坐本車必須繫上安全帶」的貼紙。結果發現，前座乘客繫上安全帶的比例變成兩倍之多──從 35% 增加到 70%。之後的 2 週則將警示貼紙撕掉，結果又回復到將近原來的使用率，但當再度貼上貼紙後，使用率則又超過 70%。由此可見，光是一個單純提醒乘客繫上安全帶的警示，都能夠對安全造成強力的影響。

Geller 等人（1989）則研究利用「發誓」的方式是否會增加安全帶的使用率。研究參與者是維吉尼亞理工大學和州立大學的學生和教職員。在秋季和春

季學期期間，研究人員在校園四處發放發誓卡片。研究參與者只要在卡片上簽名發誓會繫安全帶，就可以把卡片的一部分投入一個信箱參加抽獎。卡片的上半部則可掛在車子的後照鏡上，之後會有觀察員在學校停車場的入口處檢查駕駛是否繫上安全帶，並利用停車票卡的圖案連結到車輛駕駛人的姓名。研究發現，在有簽發誓卡的駕駛人中，繫上安全帶的比率從簽名前的50%增加到簽名後的65%；而且這些人繫上安全帶的比率，幾乎是沒有簽名駕駛的兩倍。

酒後開車也是導致重大死傷的原因，不論對駕駛、乘客或其他受到事故牽連的人都一樣。Geller、Russ，以及Delphos（1987）評估一個目標為降低大學生飲酒過量的計畫。他們找了在大學生常光顧的酒吧的服務生，教育他們有關酒精影響及飲酒過量的危險。接著，研究人員還以指示或角色扮演的方式，教導服務生如何避免客人過量飲酒的技巧，像是提供食物、建議喝不含酒精的飲料，或降慢提供服務的速度等。介入計畫的評估方式是分派32位大學年紀的研究助理到大學城的兩間酒吧，並且讓這些助理扮演想要過度飲酒的一般客人。在這兩間酒吧中，各自只有一半的服務生是受過訓練的，但研究助理並不知道哪些人是受過訓練的服務生。結果發現，受過訓練的服務生較能限制客人飲酒，而讓未經訓練的服務生服務的研究助理，他們血液的酒精濃度居然是被受過訓練的服務生服務的研究助理的兩倍。單單只是短期訓練酒吧的服務生，就可以有效降低大學生過度飲酒的情形。

此外，Ryan Smith和Scott Geller（2010）也評估了禁止針對未成年人廣告酒精飲料的法律。在美國，有這種法律的州，其年輕駕駛因酒駕相關單一車輛死亡車禍的比率少了33%。

許多研究也檢視了能簡單有效減少在工作場所中發生意外傷害及死亡的方法（Geller, 1996）。許多危險工作場所的意外常是不小心造成的，尤其是未確實使用必備保護裝置是造成將近40%工作意外傷害的原因（National Safety Council, 1998）。主管有時必須為這種不安全的工作方式負責，因為他們和工人一樣，都輕忽了可能的危機，而且覺得安全工作會降低作業速度而無法達成生產目標。撇開巨大的工作傷害代價不談，安全工作其實比快速工作更符合成本效益；而且同時提升品質和安全並非不可能的事（Geller, 2005）。這方面的心理學研究可以拯救許多生命，值得心理學家投入更多心力。

在未來，安全的生活環境與生活習慣將是心理學家所需要重視的議題，如何吃得安全、住得安全、行得安全以及工作得安全等，都是讓我們生活得更幸福健康的基本要求。

複習

心理學方法已被成功地運用在醫療問題的預防與治療上。我們已經發展許多方法來協助人們少喝酒、規律運動、戒菸、減重，以及做出能降低心臟病發作或其他嚴重病症風險的行為改變。漸進式放鬆訓練和其他治療技術也已成功地用在治療高血壓、頭痛、癲癇以及糖尿病等問題上。如果我們願意將健康心理學領域的新知運用在生活中，則我們就更能預防不必要的疾病並控制醫療照護的成本。

想一想

1. 你的家人有做足夠的運動嗎？如果沒有，你有什麼方法可以說服他們運動？
2. 你覺得自己吃複合性碳水化合物的量合理嗎？如果不合理，如何可以少吃一點？

▶▶▶ 心理學的應用　愛滋病的預防及管理

20 年前，我一位同事的弟弟死於後天免疫不全症候群（acquired immune deficiency syndrome），或稱愛滋病（AIDS）。這起悲劇讓我強烈感受到愛滋病的恐怖。這位才華洋溢的年輕人在 20 多歲時就去世了。

愛滋病由人類免疫不全病毒（human immunodeficiency virus，簡稱 HIV）所致，已造成全球逾 2,500 萬男性、女性，以及兒童的死亡（World Health Organization, 2009）。在 2009 年年底，共有 3,300 萬名兒童及成人感染 HIV。很明顯地，這個疾病的流行需要我們強烈的關注，但為什麼心理學教科書要討論醫學疾病呢？原因是，如同大部分的生理疾病一樣，心理層面在愛滋病的傳播及治療中扮演重要的角色，每個人都必須知道，每個個體的行為會決定自己得到愛滋病的風險。

為了說明心理因素在愛滋病所扮演的角色，我們首先來看這個疾病的本質。愛滋病會破壞身體免疫系統對抗細菌、病毒以及癌症的能力。HIV 對免疫系統有許多的影響，但最重要的是，它會造成免疫細胞即淋巴球的大量損壞，並間接使免疫系統中的 B 細胞喪失功能。HIV 透過侵入另一種免疫系統形式的 T-4 輔助細胞核來破壞 B 細胞的功能。T-4 輔助細胞協助 B 細胞辨識有害的細菌及病毒，並通知 B 細胞進行攻擊。不幸的是，HIV 會破壞或降低 T-4 細胞的活性，使得 B 細胞的功能無法發揮，身體就容易感染疾病。愛滋病患者實際上並非死於愛滋病，而是死於其他因免疫系統變弱而猖獗的疾病，像是肺炎、癌症等。

後天免疫不全症候群是因為個人行為模式使個人接觸到愛滋病毒所造成的直接結果。近年北美感染 HIV 的新個案比率有些微減少，主要是因為人們比較少做高危險的行為。什麼是會增加感染愛滋病風險的高危險行為呢？如果我們知道高危險行為有哪些，就有可能透過

減少高危險行為來預防愛滋病。

　　HIV 是透過體液散播——尤其是血液及精液，但也會透過唾液及其他體液。最常見的傳染途徑是透過各種形式的性行為——性交（陰莖和陰道接觸）、口交（陰莖和口部接觸），以及肛交（陰莖和肛門接觸）。雖然一般認為肛交的傳染風險特別高，但其實陰交是最常見的傳染途徑，因為它最為廣泛。雖然愛滋病最初在美國是在同性戀男性中傳播，目前仍相當常見，但是現在透過性行為傳播 HIV 絕非只限於同性。與感染到 HIV 的人性交，無論對方是同性或異性，都一樣可能會造成 HIV 的傳染。

　　最近的證據指出，割包皮手術可以降低 60% 感染 HIV 的機會（Auvert & others, 2005）。這是極為重要的資訊，但割過包皮的男性可別以為如此就可以不用做保護措施。

　　另一個常見的傳染形式是靜脈注射藥物（Centers for Disease Control and Prevention, 2005）。若與 HIV 帶原者共用針頭注射毒品，就容易感染 HIV，而且毒品本身也會壓抑免疫系統的功能。

　　愛滋病常見於某些社會文化團體。在美國，男性感染愛滋病的可能性比女性高出三倍（Centers for Disease Control and Prevention, 2005）。如圖 13.8 所示，在全世界的每個角落都會發現愛滋病的足跡，但在某些國家就是比較少（World Health Organization, 2009）。愛滋病在阿拉伯國家和澳洲及紐西蘭相對較少，但在撒哈拉沙漠以南的非洲國家卻非常普遍，因為在那裡 HIV 最初是由猴子傳染給人類。在美國，愛滋病可發現於各種族裔團體，但在非裔美國人當中的比例更高。

北美
140 萬
（120~160 萬）

西歐和中歐
85 萬
（71~97 萬）

東歐和中亞
150 萬
（140~170 萬）

東亞
85 萬
（70~100 萬）

加勒比海
24 萬
（22~26 萬）

中東和北非
31 萬
（25~38 萬）

南亞和東南亞
380 萬
（340~430 萬）

拉丁美洲
200 萬
（180~220 萬）

撒哈拉以南非洲
2240 萬
（2080~2410 萬）

紐澳地區
5.9 萬
（5.1~6.8 萬）

總計：**3340 萬**（3110~3580 萬）

圖 13.8　2008 年估計感染 HIV 的兒童與成人。

透過行為改變預防愛滋病

透過改變高危險性行為的計畫，可以避免新感染愛滋病的個案（Carey & others, 2004; Schmiege & others, 2009）。什麼行為需要改變呢？如果做到以下兩點，基本上就不會有機會感染愛滋病：(1) 沒有頻繁的性活動或是與沒有愛滋病的單一伴侶有性行為；(2) 不使用靜脈注射藥物。只要能夠完全避免高危險行為，則愛滋病並不是一個難以避免的疾病。事實上，只擁有少數的性伴侶並透過使用保險套等方式進行安全的性行為、避免使用針頭注射毒品，並且避免與可能已暴露在 HIV 的人有性行為，就能夠大幅降低罹患愛滋病的風險。

這些聽起來很簡單，但是要說服人們改變他們的行為相當困難——尤其是性行為。雖然目前大學生感染 HIV 的比率不高，但是因為他們不會很快採用安全性行為，因而容易處於危險之中。使用針頭者因為不易取得新的針頭，所以常會持續與他人共用針頭，而某些明知自己感染 HIV 的婦女還是讓自己懷孕，不顧自己很有可能會把病毒傳染給胎兒。

處理愛滋病的心理因素

愛滋病目前仍是無法被治癒的疾病，不過新療法可大幅減緩 HIV 感染的進程。目前正著手進行大量的研究以期能發現心理介入的方法來幫助 HIV 感染者做情緒調適，甚至減緩病程。一個控制良好的研究結果顯示，如果 HIV 帶原者經驗到較多的負向生活事件、憂鬱，並且用否認的方式因應，則會加速愛滋病的病程（Leserman & others, 2000, 2007）。然而，也有可能透過發展改變與健康有關的行為和壓力管理的心理介入計畫，來強化免疫系統並且減緩愛滋病的病程（Moskowitz & others, 2009）。這個領域已經有一些很有希望的進展，例如規律的有氧運動加上減壓治療都顯示可以緩衝 HIV 對主要免疫功能的破壞（Antoni & others, 1990, 2002）。不過可惜的是，有氧運動的效益並不大。

表 13.2 國內愛滋病防治相關組織

機構名稱	主要服務內容
陽明大學愛滋病防治中心	愛滋病教育與相關研究
減害協會	減害計畫的推展與毒癮、愛滋病的預防
希望工作坊	愛滋病教育與篩檢
愛之希望工作坊	愛滋病教育與篩檢
耕心家園	感染者的居住與工作安排
紅絲帶基金會	愛滋病防治教育
愛慈基金會	幼兒感染者的照護
恩典之家	成人感染者的照顧
路德之家	成人感染者的照護
愛滋病感染人權促進會	感染者的權益爭取
希望更生農場	感染者的自主工作訓練

本章總結

第 13 章說明了壓力與生理及心理健康之間的關係。

I. 健康心理學試圖藉由協助個體因應壓力並改變與健康有關的行為來預防健康問題。

II. 我們的生活中有許多壓力源，有些是顯而易見的，有些則是隱藏的。
   A. 挫折的產生是因為動機的滿足受到阻礙。
   B. 衝突的產生是由於同時存在兩個或兩個以上不相容的動機。四種主要的衝突形式分別是：
      1. 雙趨衝突
      2. 雙避衝突
      3. 趨避衝突
      4. 多重趨避衝突
   C. 壓迫感是因為負向事件的威脅所產生的壓力。
   D. 正負向生活事件都會帶來改變的壓力以及有重新調適的必要。
   E. 環境的狀況，諸如冷、熱和空氣汙染，都可能造成壓力。

III. 我們的壓力反應通常是以一種可預測的方式表現。
   A. 壓力反應包括心理反應以及生理反應。
   B. 不論壓力源為何，壓力反應的某些重要層面是相同的。
      1. 身體因應壓力的三個階段包括對壓力的警報反應、阻抗階段，以及耗竭期，稱之為一般適應症後群。
      2. 壓力會動員身體的資源，好讓我們對壓力做出戰鬥或逃跑的反應，但這樣的動員可能會壓抑免疫系統的功能，並且增加心臟病的危險因子。
      3. 對壓力常見的心理反應有焦慮、憂鬱，以及思考能力、專注力和決策能力的衰退，而且會改變動機，例如飢餓感增加及性慾減低。

IV. 我們並不只是會被動地對壓力做反應，我們其實也可以主動地因應壓力。
   A. 有效的因應策略包括：移除壓力源或管理壓力反應的程度。
   B. 無效的因應策略長期來說對我們並沒有幫助，因為它們會產生更多的壓力（如攻擊），或者會扭曲現實（防衛機轉）。

V. 在某些情況下，壓力所造成的有害影響會更大。
   A. 當我們面臨的壓力事件是過去從未經驗過時，會讓我們更有壓力。
   B. 當壓力是我們無法預測或無法控制時，會讓我們變得更有壓力。
   C. 當我們缺乏良好的社會支持時，壓力會帶來更嚴重的反應。
   D. 某些壓力源是在我們年紀較輕時比較容易處理的；而某些壓力源則是在我們年紀較長時比較容易處理的。

VI. 個人的特徵也會影響到壓力反應的強度，也就是人 × 情境互動論。
   A. 對壓力事件做不同的認知詮釋，會影響到壓力的反應。
   B. 容易感到焦慮的人對壓力的反應通常也比較大。
   C. A 型行為模式，包括對競爭壓力的敵意反應，是心臟病的一個危險因素。
   D. 平均來說，女性對創傷壓力事件的反應更強烈。

VII. 我們行為的許多層面與我們的健康有關：
   A. 學習深度放鬆可以降低健康風險。
   B. 健康心理學家也試著藉由協助個體適度運

動、控制體重、不吸菸,以及遵從醫囑的方式,來降低健康風險。

C. 簡單的介入處理就能大幅改善交通安全以及工作安全。

D. 由於愛滋病通常是經由高危險行為而得到,也因為心理因素與免疫系統功能息息相關,所以心理學在對抗愛滋病的流行上也扮演重要的角色。

課程活動

大家都知道運動、睡眠以及蔬果的攝取對健康相當重要,但是在生活中要確實做到還真不簡單。本週請觀察一下自己的生活習性,看看自己是否健康過生活:

	週一	週二	週三	週四	週五	週六	週日
運動 (分鐘)							
睡眠 (小時)							
蔬菜 (份/種)							
水果 (份/種)							

第 14 章　心理疾患

諮商室

我有焦慮症　　我有憂鬱症　　我可能有多重人格

你是否在某些情況下會感到緊張？例如上台演講或是親友介紹你跟新朋友見面？如果這些情況會讓你感到緊張，不必擔心，因為這些社會情境通常都會讓人感到焦慮。但是如果你感到焦慮的程度已經強烈到擾亂甚至是破壞你的社會功能，讓你無法接觸甚至一直逃避可能的社交情境，則你可能已經達到心理疾患的程度。那麼何謂心理疾患？

心理疾患是一種會對自己或他人造成痛苦或傷害的行為、思考和感覺模式。有些心理疾患非常不尋常，不過大部分都只是正常行為的誇大表現。心理疾患有很多形式。過度焦慮及過度憂鬱是最常見的心理疾患類型。其他心理疾患有些是因為「脫離現實感」所致，包括錯誤的信念以及幻聽。還有其他心理疾患會出現一些身體症狀，但卻找不出生理上的病因。

到底是什麼原因造成心理疾患？針對這個問題，在整個精神醫學史上已經提出了許多答案。最早的答案認為是惡靈附身造成心理疾患的異常行為，但此觀點已不被現在所接受。時至今日，大多數的心理學家都認為心理疾患是由生理因素以及心理和社會因素共同影響所造成。

14.1 心理疾患的定義

心理疾患
由專業人員所界定的心理困擾，也就是俗稱的異常行為。

異常行為
對個人或他人有害的行動、想法或感覺。

心理疾患（mental illness）或**異常行為**（abnormal behavior）可被定義為對個人或他人有害的行為、想法，以及感覺。所謂的有害可以有許多形式，包括無法正常工作、無法與他人建立友誼或和家人維持良好關係，以及因為心理疾患而導致了身體健康的問題。

大部分人都以為只有非常怪異或不尋常的行為才是心理疾患會有的異常行為。但這並不是心理學家及精神醫學家對「心理疾患」一詞的用法。心理健康專家對「心理疾患」一詞的定義，比大部分人所認為的異常還要廣泛。根據今日心理健康學界對「心理疾患」一詞的定義，有18%到20%的美國人被認為展現出有害行為、想法以及感覺達12個月到被認為患心理疾患的程度（Narrow, Rae, Robins, & Regier, 2002）。實際上有46%的美國人在其一生中都會經歷某些心理疾患（Kessler & others, 2005）；在現今的台灣社會，我們也常見到許多所謂的心理疾患。因此，「心理疾患」並非僅指罕見與怪異的問題，而是許多人在生命歷程中都可能會經歷的常見問題。

心理疾患的診斷並非只反映出單一問題或症狀，而是必須伴隨代表疾患的行為、想法及感覺模式，稱為症候群（syndrome）一起出現。再者，心理疾患

的異常行為定義是指會對個人或他人造成痛苦或傷害的行為。即使某種行為模式在統計上來看很少見，也不一定會被認為是異常。舉例來說，以統計學的觀點來看，雖然極度聰明和極為正直都算罕見，但卻幾乎不會有人認為這是不正常的。然而有些行為雖然很常見，卻顯然不正常，因為是有害的行為，例如，幾乎所有當代的心理學家都認為當今社會中常見的吸菸成癮就是異常行為，因為這樣的行為會造成嚴重的健康問題。

對於心理疾患異常行為的定義通常需要兩種主觀的判斷：

第一，既然我們是用「傷害」而非「常見與否」來定義異常行為，我們就必須思考一個人的問題要嚴重到什麼程度才算「有害」。例如，幾乎每個人都會有害羞的時候，但是要害羞到什麼程度，才會被認為是心理疾患上的害羞？是比 90% 的人還要害羞嗎？還是超過 95% 的人才算？很顯然地，心理學家必須做出決斷來決定什麼程度才算是心理疾患。

第二，我們在定義有害時，也會有主觀上的問題。個人的價值觀會而影響我們對於有害的判斷，而不同的文化也會有不同的價值觀。例如，美國西南部的祖尼族印第安人相信，在未使用藥物的情況下能有幻覺是很好的，這表示有神明的感應；但是幾乎所有當代的心理學家都認為幻覺是有害的。其他議題也存在不同的意見。例如對於某些形式的性行為是否正常的看法也不同。由此看來，我們仍然很難完全解決主觀判斷引發的問題。我們所能做的，就是要意識到這個問題，並且在對他人行為做主觀判斷時，盡可能降低個人價值觀的影響。

心理疾患的定義之所以會如此困難，不只因為它相當主觀，而且就連心理學家對於正常的心理與生病的心理兩者究竟有何不同，也一直無法達成共識。關於心理疾患的定義有兩派主要的假設；其中一個假設稱為**連續性假設（continuity hypothesis）**，此假設認為，心理疾患只是正常心理問題的嚴重版本，也就是在「量」上的不同。此觀點也被許多人本及社會學習理論者支持。另一個假設的觀點是**非連續性假設（discontinuity hypothesis）**，此假設認為，心理疾患與正常的心理問題在本質上完全不同，也就是在「質」上的不同。許多支持連續性假設的學者對此看法並不認同，認為不應該使用像「瘋狂」或「心理疾病」這類的名詞來談論，因為這類名詞隱含個體的心理有病，使其與整個社會脫離。而支持非連續性假設的學者則認為，只有用這麼強烈的名詞定義才能夠精確地描繪出心理疾患的本質。研究顯示，大部分的心理疾患是正常心理問題的嚴重版本，支持連續性假設的論點（Kraemer, 2008）。

連續性假設
此假設認為，心理疾患只是正常心理問題的嚴重形式。

非連續性假設
此假設認為，心理疾患與正常的心理問題本質上完全不同。

14.1.1 心理疾患的歷史觀點

在討論當代心理學對於心理疾患病因的看法之前，我們先回顧心理學史對此疾患成因的各種解釋。歷史觀點讓我們清楚地知道，我們對於心理疾患成因的看法會深受文化期待的影響，而且我們對疾病病因的看法也會決定我們的治療方式。

超自然理論 最早談到行為的著作，包括柏拉圖的作品和聖經，都指出心理疾患的異常行為是因為惡靈所致。你也許會覺得荒謬，但這種將心理問題歸因於惡靈的看法，卻是自漢摩拉比時代一直到近期的美國獨立戰爭這段長達3500年的時間中，最具影響力的觀點。即使是現在的台灣，仍常會聽到諸如碰到髒東西或卡陰等說法。

在超自然理論盛行的時代，有心理問題的人通常下場還不至於太嚴重。治療方式大多是禱告，當時最不舒服的治療也只是利用汙水讓人吐出惡靈的淨化治療。但到了中世紀（500-1500），超自然理論漸漸轉成其他更具傷害性的「治療」方式。

在中世紀的歐洲，人們相信異常行為表示一個人被邪靈所占有。剛開始是透過嚴格的禱告、禁食以及喝下汙水以吐出邪靈的方式來治療。但是，若這樣的治療還不能讓人停止出現異常行徑時，這些病人就會被視為巫婆或巫師，於是便會對他們採用更激烈的治療方式。當時的人相信，要拯救病人的靈魂，唯有摧毀病人的身體才能將撒旦驅離。結果，光是歐洲就有50萬名所謂的巫婆被處死（Lofus, 1993）。甚至到了1692年，美國麻州的撒冷都還有20人被當作巫婆處死（Phillips, 1933）。即使到現在，許多國人在產生心理困擾時也會相信超自然力量的影響，透過去廟宇「收驚」、「祭改」等儀式來處理。

生物理論 西元前5世紀的希臘醫師Hippocrates是最早對超自然理論提出質疑的人。他認為，心理疾患的異常行為是因身體的生理功能失調所致。根據他的看法，人體有四種重要的體液：血液、黏液、黑膽汁，以及黃膽汁，當這些體液失去平衡時，就會造成疾病及異常行為，例如，過多的黑膽汁會導致憂鬱，而過多的黃膽汁則會讓人易怒。

Hippocrates的理論當然不正確，但是他建立了日後對心理疾患的看法，亦即異常行為可能是由「自然的」而非「超自然的」因素所導致。而在Hippocrates之後的兩千年，許多科學家努力想找出造成異常行為的生理原因，

卻都徒勞無功。最後，19世紀的德國醫師 Richard von Krafft-Ebing 有了重大的發現，使得生物理論再度復甦。

Krafft-Ebing 最初致力於研究一種罕見的精神疾病，稱為麻痺性癡呆（paresis），他發現麻痺性癡呆是梅毒一個嚴重的病程。梅毒一開始表現在性器官的發炎或下疳，之後出現皮膚潮紅，若沒有妥善的治療，病程就會進入長期的潛伏期，最終導致身體重要器官的損害。如果細菌侵襲到腦細胞，就會造成麻痺性癡呆。由於從感染梅毒到出現麻痺性癡呆會有一段很長的時間，因此大多數人並未發現這兩者的關聯；直到 Krafft-Ebing 針對麻痺性癡呆的病人進行疫苗測試，才發現罹患此病的人都有梅毒。

發現麻痺性癡呆是生物病因所致震撼了整個醫學界。原本跟治療心理疾患無關的醫師也被安排負責管理精神機構，精神專科也於焉出現。當時的醫學界對於發現其他心理疾患的生理病因抱持相當大的期望。然而，儘管盤尼西林的發現並將之用於治療梅毒幾乎讓麻痺性癡呆銷聲匿跡，但是經過多年，卻幾乎沒能再發現其他心理疾患的生物病因。直至近幾年，有效的藥物治療及腦部的顯影技術都有重大的進展，讓我們更接受心理疾患有其生物因素的觀點。

心理學理論 Hippocrates 並不是唯一一個對心理疾患的異常行為提出自然解釋的古希臘學者。約在西元前500年，給予我們幾何學的 Pythagoras 對於治療心理問題也相當熱衷。他相信心理問題是起因於心理因素，如壓力。他將有心理問題的人安置在「聖堂」(temples) 裡，他們在那裡可以休息、運動、有良好的飲食、有善解人意的人可以傾訴，而且根據建議實際實踐如何整頓自己的生活。Pythagoras 聖堂的紀錄顯示他的方法相當有效。可惜的是，他的心理學觀點被忽視或壓抑長達1500多年。直到佛洛伊德的心理學理論出現，心理學觀點才足以與超自然及生物觀點相抗衡。

14.1.2 心理疾患的當代觀點

現今一般的看法認為心理疾患是生理、心理及社會因素所造成的自然現象（Cicchetti, 2006; Rutter, 2010; Rutter, Moffitt, & Caspi, 2006; Walker & others, 2010）。某些心理疾患的生理因素是因為有遺傳的傾向或是因為大腦神經系統的功能受損所致。與生理因素交互影響的心理因素則包括壓力以及異常的社會學習經驗。社會因素則包括社會支持不足，也會導致異常行為的產生（Mineka & Zinbarg, 2006）。

14.1.3 DSM-5

美國的精神領域專家通常採用由美國精神醫學會（American Psychiatric Association）出版的《精神疾病診斷與統計手冊》（*Diagnostic and Statistical Manual of Mental Disorder*）中對心理疾患的定義與術語。2013 年已經出版了第五版，簡稱 *DSM-5*。*DSM* 第一版於 1952 年出版，針對常見的心理疾患作定義，提供心理健康專家參考。在那之後，心理疾患的數量及診斷準則的複雜性大幅增加。*DSM* 第二版（1968 年出版）只有 119 頁，但 *DSM-IV* 有 943 頁！批評者認為 *DSM-IV* 過度擴張，將許多不應被視為心理疾患的問題都列入其中；其他人則認為 *DSM-IV* 所列出的心理疾患反映出精神科醫師的想像大於良好的研究，也因此限制了我們更精確定義不同形式心理疾患的能力。我個人曾服務於 *DSM-IV* 的兒童疾患工作組，以我參與其中的觀點來看，所有影響診斷判定的案例都是經過仔細考量並注重實證研究的證據。雖然 *DSM-IV* 所定義的心理疾患有太多都是委員基於個人的臨床經驗而來，但是 *DSM-IV* 有一個優點是無可否認的：它使得診斷準則明確且公開，讓心理學家及其他學科的專家有機會可以評估這些對心理疾患的判定依據（Lahey & others, 2004）。*DSM-IV* 採用多軸向（multi-axial）系統，讓心理健康專家能夠提供診斷之外的其他相關訊息（例如個人的心理社會功能等）。但 *DSM-V* 認為五軸概念不夠清楚，而使用世界衛生組織身心障礙評估量表（WHO Disability Assessment Schedule, WHODOS）取代過去第五軸之整體功能評估（GAF），取消了過去的五軸診斷。第五版更加強調疾病的向度，並將分類為同類型的疾病視為連續體，如自閉症類群的疾病和思覺失調症等精神疾病，在認知向度上則如記憶障礙和失智症等疾患。第五版對於許多疾病進行了新的分類以及刪減，詳細的內容還請參照 *DSM-5*，或者參照學者朱春林及邱南英（2014）之文章。

14.1.4 汙名化的問題

心理疾患最大的連帶問題是我們會將其汙名化。我們先來了解何謂汙名化。陳志軒（2011）認為汙名化有下列特點：(1) **個別差異**造成了社會突兀及貼標籤的發生，(2) **錯誤的刻板印象**，如愛滋病會與同性戀連結，而精神疾病會與暴力行為畫上等號等，(3) **族群的切割**，產生「我們」及「他們」之區隔，並讓特殊族群內化負面訊息，(4) **負面情緒**，被汙名化的個體與他人互動時常會有尷尬及羞恥的感覺，(5) **歧視與地位和權力的喪失**，被汙名化的族群

因為遭受貶抑和醜化，相對應喪失了在社會中原本應有的機會與權力，如工作機會的剝奪。

也就是說，汙名化表示我們對有心理疾患的人有非常負面的觀感。有心理健康問題的人會讓我們感到不舒服，甚至會感到害怕。這種汙名化會產生兩個相當不幸且不必要的後果（Corrigan, 2004; Hinshaw & Stier, 2008）：

1. 汙名化可能使得心理健康問題更惡化。如果家人及朋友迴避罹患恐懼或憂鬱症的人，他們可能會有被拒絕的壓力並失去重要的社會支持。這樣很容易使他們的情緒問題惡化。事實上，憂鬱的人會感到丟臉，並且可能會因為這些羞愧感而更憂鬱。
2. 汙名化會使得有心理健康問題的人不敢尋求協助。想像一下，你第一次去看一個醫生，掛號時赫然發現櫃台小姐是你的高中同學，如果你今天去看的是運動醫學科，你會覺得丟臉嗎？如果你去看的是精神科，而且醫師還是治療焦慮的權威，你又會有何感覺？如果讓別人知道我們需要情緒方面的協助往往會讓我們覺得丟臉。不幸的是，汙名化使得上百萬需要心理健康幫助的人不去尋求協助（Corrigan, 2004）。

為什麼我們會汙名化心理疾患？部分是因為我們不想讓別人知道自己有缺陷（Corrigan, 2004）。許多專家認為，我們之所以會羞於因情緒問題向他人求助，就是因為過去我們都認為心理「疾患」在本質上與心理「健康」是不同的（非連續性）。如果我們持續認為有些人是心理「健康的」，而有些人是心理「有病的」，我們就永遠無法有智慧的處理心理疾患。

汙名的發生產生五大威脅：族群衝突、健康、人際互動、公平原則及道德威脅，影響甚鉅（陳志軒，2011）。我們該如何對抗汙名化？心理健康問題的連續性假設提供一個比較有建設性的觀點。如果我們認為情緒只是難以控制，而不是「心理有病」或「發瘋了」，我們就較會去尋求幫助。解決汙名化問題最好的方法就是衛教。當我們知道心理健康問題相當常見，即使是那些我們尊敬的人也會有心理困擾，而且我們對心理健康問題的觀念有很多都是不正確的（Corrigan, 2004），我們就更容易將心理健康問題當作是可經由專業協助而改善的日常生活問題。這需要社會政策的改變、媒體的正確報導，以及心理健康專業人員的實務執行（Hinshaw & Stier, 2008）。

除了了解心理健康問題以外，在黎士鳴（2009）等人的研究發現，透過與精神病患的接觸，可以減少汙名化的問題。當接觸這些個案時，你會對這些病

患有更多的了解與體諒，自然可以減少對這些人的排拒感。在台灣，信安醫院心理科定期都會有社區接觸活動，請社區居民與住院病患一同參與活動，透過活動的參與讓社區居民可以近距離接觸病患，並且可以減少對該疾病的誤解與排斥。

14.1.5 精神失常的概念

> **精神失常**
> 在法律上被認定因心理疾患而無法判斷現實狀況的個體。

我們已經仔細討論了心理疾患一詞，現在讓我們來討論**精神失常**（insanity）這個概念。什麼是精神失常？很重要的一點是，精神失常一詞並非心理學或精神醫學上的名詞，而是法律名詞，用來指稱相當罕見及獨特的情況。精神失常有三個不同的法律意義，端看是否用於刑事辯護，決定是否有能力接受審判或必須強制在精神機構治療的依據。

1. **因精神失常無罪**：根據我國《刑法》第十九條：「行為時因精神障礙或其他心智缺陷，致不能辨識其行為違法或欠缺依其辨識而行為之能力者，不罰。行為時因前項之原因，致其辨識行為違法或依其辨識而行為之能力，顯著減低者，得減輕其刑。」
2. **接受審判的能力**：精神失常也用於判定個人是否有足夠的能力接受審判。在此情形下，關鍵在於個人是否有能力充分理解審判的程序以為自己辯護。通常只有針對患有嚴重精神症狀及智能不足的人才會做出此無能力的考量。
3. **強制就醫**：第三個精神失常的意義是判決個人在精神機構強制接受治療。在台灣，面對需要醫療協助卻拒絕醫療的精神病患，可透過強制就醫來處理其醫療問題。基本上，有自傷與傷人之虞者，都可以採取強制就醫。

複習

對個人或他人有害的行為、想法，以及感受被視為是心理疾患。這個定義因為涉及主觀因素而變得複雜。到底問題要多嚴重才算是有害的？還有，要用何種文化為標準作為心理疾患的定義？更重要的是，心理學家對於心理疾患與正常心理問題的差異尚未取得共識。到底心理疾患只是正常心理問題的嚴重版本，還是根本就完全不同？連續性假設的支持者抱持前者的觀點，而非連續性假設的支持者則抱持後者的觀點。

相較於整個心理學史對心理疾患的不同觀點，當代心理學家在觀點上的歧異似乎小得多。過去最早認為心理疾患是超自然因素造成的，之後則認為生理異常和心理因素也會造成心理疾患。超自然理論已不被當代心理學重視，而生物理論及心理學理論則受到更大的重視。

心理疾患其實並不罕見。雖然現在對心理疾患已多所了解，但我們仍對它有許多偏見並將之汙名化。這些可能會加重心理疾患，讓有需要的人打消尋求專業協助的念頭。

在法律上，缺乏處理生活要求的能力、無法避免對他人或自己的危險、無法了解對錯並做出合宜的行為或保護自己及他人，可被視為是精神失常。關於精神失常的法律判定，是在審判的情況之下當事人是否因為精神失常而無罪？有無接受審判的能力？以及是否必須強制就醫。

想一想

1. 為什麼生物理論及心理學理論對心理疾患的說法都是正確的？
2. 你認為抽菸應該算是一種心理疾患嗎？抱持心理學的連續性假設和不連續性假設的人會如何來看待抽菸問題？

14.2 焦慮疾患

每個人在一生中都會經驗許多正向及負向的情緒，但是有許多人的負向情緒卻是過度的，包括：不安、緊繃、擔心、恐懼，以及緊張，而這些名詞全都指焦慮。18% 的美國人曾經歷一段長達 12 個月的時間都有這種不安的焦慮經驗，亦即患有**焦慮疾患（anxiety disorder）**（Kessler, Chiu & others, 2005）。事實上，29% 的美國人一生中都會經歷過焦慮疾患，女性的罹患率高於男性（Kessler, Berglund, & others, 2005）。焦慮疾患的種類很多，但共同的特色就是會對誘發焦慮的事件做出高度反應，而且對這些事件的警覺性（搜尋及監測）也會增加（Mineka & Zinbarg, 2006）。

焦慮疾患
包括不安、緊繃、擔心、恐懼及緊張等過度負面情緒的心理疾患。

14.2.1 畏懼症

畏懼症（phobia）是一種強烈的、不合現實的害怕。此種焦慮是針對某種物品或情境，個體在面對這些物品或情境時都會感到極度痛苦，並且極力想要逃離它。畏懼症有三種形式：(1) 特定對象畏懼症；(2) 社交畏懼症；及 (3) 懼曠症。大多數的個案都知道自己的畏懼是過度的，但通常無法控制自己的害怕。

畏懼症
一種強烈的、不合現實的害怕。

特定對象畏懼症（specific phobia）是最常見的畏懼症，只有在面對特定對象或情境時才會產生焦慮，例如：懼高、狗、血、打針，以及幽閉空間

特定對象畏懼症
只有在面對特定對象時才會產生的畏懼。

（Ost, 1992）。此類患者通常無合併其他心理問題，而且只有在害怕的特定對象對生活造成直接影響時才會干擾生活。舉例來說，對電梯的恐懼只會對在摩天大樓上班的人有影響，對農夫則不會有影響。

社交畏懼症
指對於社交性的互動感到極度的焦慮，特別是陌生人或那些可能會評價自己的人。

社交畏懼症（social phobia）是指對於社交性的互動感到極度的焦慮，尤其是和陌生人或是可能會評價自己的人互動。對於社交畏懼症的患者而言，工作面試、公開演講或第一次約會等，都是相當不舒服的情境（Stein, Torgrud, & Walker, 2000）。社交畏懼症患者通常對自己的社交技巧有不合現實的負面評價（Hirsch & Clark, 2004）。由於此類畏懼症會對個體的社交互動造成阻礙或限制，因此可能會嚴重干擾到個體的社交及職場生活。

懼曠症
指在家裡或其他熟悉地點之外的地方，會感受到強烈的害怕。

懼曠症（agoraphobia）字面上的意思是「害怕開放的空間」。懼曠症患者對於離開自己的家或是熟悉的地方會感到強烈的恐懼；極度嚴重的患者會完全無法離開家，甚至無法走出家門去拿大門口信箱的報紙。其他的懼曠症患者則可以在住家附近走走，但無法超出這個範圍。以下是一名30歲的德國男子對自己懼曠症的描述：

> 要到商店只是短短的路程而已，不過是500公尺，甚至只是五個路口，我仍然感到相當遙遠且困難。我試著往下走到街上，離家大約是一百多步，我巴不得馬上跑回家，因為離家那麼遠，讓我感到相當害怕……只是離開安全的家裡一百多步的距離而已……。從那天起，我從來沒有像個正常人一樣，自己或是和別人一起走路或是騎車……（Leonard, 1928, pp. 238, 278）

14.2.2 廣泛性焦慮疾患

前述的畏懼症與特定的刺激情境有關，而其他類型的焦慮疾患則與環境中的觸發物無關。患有**廣泛性焦慮疾患**（generalized anxiety disorder，簡稱GAD）的患者，會時常經驗一種模糊的、緊張的，以及憂慮的感受，好像任何小事都足以令他們一直擔心。廣泛性焦慮疾患的焦慮並非是一種強烈的型態，它通常是輕微的，但令人痛苦之處是它是不間斷、幾乎是無止盡地出現，雖然也會有一段感到平靜的時間，但是平靜的時間總是少之又少。

廣泛性焦慮疾患
患者會時常經驗到一種模糊的、緊張的，以及憂慮的感受，感覺上，任何小事都足以讓他們一直擔心。

恐慌症
非常急劇的、強烈的焦慮發作。

相對來看，**恐慌症**（panic disorder）則是非常急劇的、強烈的焦慮發作，而且不特定在何種情境下發生。恐慌症發作時，會有呼吸急促、心悸的情況，就好像心臟要從嘴巴跳出來一樣，患者常會以為自己是心臟病發作，而且

那種感覺就好像即將要死一般。

大約 5% 的人在一生中的某個時期會經驗發作頻率與嚴重程度合乎恐慌症的程度，女性又高於男性（Kessler, Berglund, & others, 2005），不過，成人偶爾經驗恐慌發作的比率卻驚人的高。事實上，大約 28% 的人在一生中曾至少經驗過一次恐慌發作，他們大多都沒有恐慌症（Kessler, Tat Chiu, & others, 2006）。這類發作的情形相當常見，因此無須過度擔心，除非發作的頻率及嚴重程度到了足以破壞個人功能及心理上安適的地步。

恐慌症患者的特徵是對自主神經系統的小變化極為敏感，特別是心跳（Schmidt, Lerew, & Trakowski, 1997），以及血中二氧化碳濃度的輕微改變（Bellodi & others, 1998; Gorman & others, 2001）。更重要的是，他們經常把身體這些正常的小波動用「災難化」的方式解釋。也就是說，他們通常對那些一般人不會在意的正常身體刺激有過度的反應。

恐慌症患者最初是先經驗自發性的恐慌發作。雖然這通常只是對壓力的非特定性反應，有些人卻會經驗重複性的恐慌發作，目前的理論認為這可能是因為古典制約的關係（Bouton, Mineka, & Barlow, 2001; Roy-Byrne, Craske, & Stein, 2006）。恐慌發作時的身體反應成為制約刺激，如心跳加快或呼吸急促。所以根據這個理論，當在其他的情況下又再次經驗到這種內在刺激時，個體就會因為古典制約的結果而容易產生恐慌發作。

恐慌發作包括突然且強烈的交感神經激發，此反應被英國的精神科醫師 Michael Lader（Lader & Mathews, 1970）所發現。他研究一名有恐慌發作傾向的女性，當他在測量其自主神經活動時，這名女性竟在實驗室中自發性恐慌發作。如圖 14.1 所示，在恐慌發作時，有 3 種自主激發會突然發生改變。

Richard Benson 這個個案讓我們更進一步了解恐慌症的經驗：

> Richard Benson，38 歲，因嚴重及強烈的焦慮，常產生恐慌發作，而轉介到精神科治療。在幾次強烈的焦慮經驗中，會讓他感覺就像有心絞痛，同時有胸痛、心悸、麻木、呼吸急促、吸不到空氣的感覺。他描述在發作期間，眼睛會有緊縮感，而且只能看到在他正前方的東西（管狀視覺），甚至開始害怕自己會無法吞嚥。(Leon, 1977, p.113)

14.2.3 分離焦慮症

每個人都有安全感的需求，但是當一個人因害怕與主要照顧者分離或是害

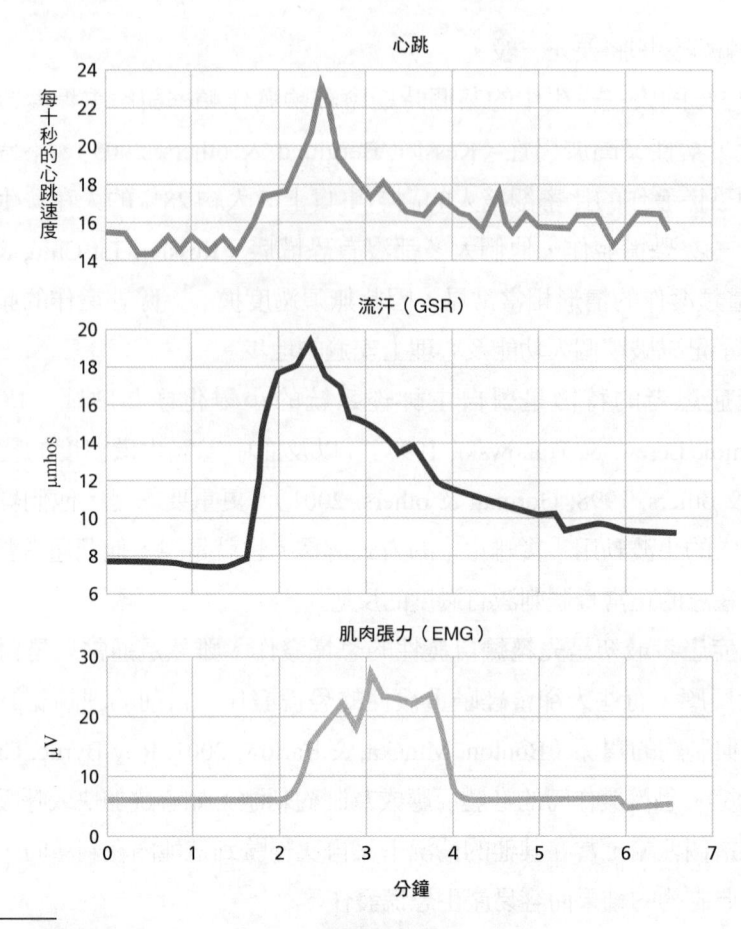

圖 14.1 當個體恐慌發作時，我們可以看到生理指標的改變。

資料來源：Data from M. Lader and A. Mathews, "Changes in Autonomic Arousal in a Woman Undergoing a Spontaneous Panic Attack," *Journal of Psychosomatic Research*, 14:377-382. Copyright 1970, Pergamon Press, Ltd.

怕離開家而有不適切的情緒反應與行為，如憂鬱、擔心被綁架、或是照顧者不在身邊即無法入睡並常常做噩夢，就有可能是罹患了分離焦慮症。分離焦慮症的病理機制包含遺傳因素以及生理因素，例如控制害怕的神經迴路一直處於過度活躍的狀態，和大腦對於血中二氧化碳濃度特別敏感，以及幼兒本身就有這樣的焦慮特質；心理因素則是幼年時期未發展出良好的依附關係（請參見第 10 章）及焦慮的教養方式，像是主要照顧者自覺無法處理小朋友的焦慮、過度保護或是不信任感等都可能增強小朋友的焦慮反應。生活中的失落事件，例如寵物的死亡、親友的死亡、伴侶的分離及搬家都有可能增加症狀出現的機會。

孩童期的分離焦慮出現的比率男女生是差不多的。但是到了成年期間，女

性出現的頻率會較高。依據 DSM-5 美國成人的盛行率約 0.9%~1.9%，小孩是 4%，而青少年為 1.6%。分離焦慮常常會與其他焦慮疾患（廣泛性焦慮、畏懼症、懼曠症、恐慌症及強迫症）同時出現，在成人的情緒疾患（憂鬱症及躁鬱症）與分離焦慮共病的情況也常常發生。

14.3 創傷後壓力疾患

在台灣的我們，對於創傷後壓力疾患的了解大多是始於 921 大地震，人們在短時間內突然遭遇強大的壓力事件所引發的壓力反應。近期發生的高雄氣爆及八仙塵爆等人禍所帶來的意外傷害也容易讓人產生壓力反應。

對於那些上戰場的人來說，戰爭一旦開始，就永遠不會結束。第二次世界大戰結束至今已經過了 60 多年，駐守越南的最後一批士兵也已於 25 年前返回美國，還有許多在阿富汗與伊拉克服役的美國大兵也已回到家鄉。然而，數以千計曾經歷過第二次世界大戰、越戰，以及沙漠風暴等戰爭的士兵，即便回到安全的家鄉之後，仍然持續「對抗」戰爭對他們心理所造成的影響，這就是**創傷後壓力疾患（post-traumatic stress disorder，簡稱 PTSD）**，他們在戰鬥的創傷壓力結束之後，仍然為嚴重的壓力反應所苦。大部分的人都能夠從 PTSD 中復原，但有些個案則會變成慢性化（Axelrod & others, 2005; Benotsch & others, 2000），並產生其他嚴重的問題，例如酒癮（Thomas & others, 2010）和自殺（Wilcox, Storr, & Breslau, 2009）。事實上，有三分之一曾在第二次世界大戰被日軍俘虜的人仍持續經歷 PTSD（Engdahl & others, 1997）；類似的情形也發生在第二次世界大戰納粹集中營的倖存者身上（Kuck & Cox, 1992; Yehuda & others, 1995）。創傷後壓力疾患原被歸於焦慮疾患中的一支，不過，DSM-5 已將其歸入創傷及壓力相關疾患。

創傷後壓力疾患
由於極度的壓力經驗，使人在事後經驗到焦慮和易怒、沮喪的回憶、夢魘和現實的經驗回溯，並且會極力逃避任何會喚起回憶的事物與情境。

經歷極度壓力事件而產生的 PTSD 定義如下：

1. 壓力事件的回憶不斷闖入意識中，而且不停地做惡夢，彷彿壓力事件又再度重演一樣。
2. 對事件的喚起物產生強烈的情緒及自主神經反應。
3. 逃避與創傷事件相關的刺激。
4. 對於日常情緒以及生活中的快樂無感。
5. 睡眠障礙、過度反應、易怒，以及專注困難。

許多創傷壓力的受害者除了 PTSD 之外，還會出現憂鬱的情形（O'Donnell & others, 2004）。

14.3.1 造成 PTSD 的壓力源

我們對於 PTSD 的了解，始於美國退伍軍人管理局協助戰爭退伍軍人因應情緒問題所做的努力。然而，心理學家很快便了解，PTSD 並不只侷限於曾經歷戰爭的人。美國一個大型的全國性研究針對 8,000 名美國成年人做調查，結果發現有 5% 的男性及 10% 的女性在一生中曾經歷至少一個月的 PTSD（Kessler & others, 1995）。在男性當中，與戰爭有關的壓力最常引起 PTSD，但是即使是對男性而言，PTSD 更常由其他種類的創傷壓力造成，例如身體遭受攻擊、出車禍、目睹暴力以及災難（Andrews & others, 2000; Breslau & others, 1998; Kassam-Adams & Winston, 2004; O'Donnell & others, 2004）。在女性當中，造成 PTSD 的主要原因是身體攻擊、強暴及性騷擾（Breslau & others, 1997; Kessler & others, 1995）。壓力的形式與多寡視我們的生活環境而定。大西洋沿岸的居民特別容易遭遇颶風；加州居民特別容易經歷地震，而都市貧民區的居民則更容易遭受攻擊、強暴或者目睹暴力（Breslau & others, 1997）。另外，發生在台灣的 921 地震、88 風災與 919 南部大水等天災也是一種壓力源。

14.3.2 恐怖主義與 PTSD

世界上很多國家的人民長期籠罩在恐怖主義的陰影下而深受其害。恐怖主義出現在美國的例子是 1995 年奧克拉荷馬聯邦大樓的爆炸案及 2001 年的 911 事件。不幸的是，在這些事件的倖存者當中，有些人出現了 PTSD（Verger & others, 2004）；此外，消防員、警察，以及其他目睹災難現場的第一線工作人員也容易出現 PTSD（Fullerton & others, 2004）。

14.3.3 誰容易會有 PTSD？

好消息是，大部分經歷過創傷壓力的人並不會產生 PTSD。事實上，北美成人終其一生會經驗到至少一次的創傷事件，但會出現 PTSD 的人不到 10%。是什麼決定因素造成 PTSD？其中至少有四個因素（Mineka & Zinbarg, 2006）：

1. **壓力的嚴重性**：受創者發展出 PTSD 的機率部分是視壓力的型態及嚴重程度而定。舉例來說，直接遭受暴行及攻擊的軍人比受到較輕微攻擊的軍

人更容易發展出 PTSD（Grieger & others, 2006）。而且如果身體所受的創傷很嚴重，像是遭到嚴刑拷打，則罹患 PTSD 的危險性會提高（Steel & others, 2009）。另外，造成壓力的事件並無大小之分，主要是以個體的主觀感受為主，因此即便壓力事件不強，也有罹患 PTSD 的可能（Copeland & others, 2010）。

2. **創傷事件發生前的性格特徵**：假如將經歷搏鬥的程度做統計上的控制，則智能較低以及之前就有心理健康問題的軍人，較容易發展出 PTSD（Macklin & others, 1998）。同樣地，在壓力事件之前焦慮程度本來就較高（Breslau & others, 1997, 1998; Kessler & others, 1995），或是再度經驗到過去創傷的人，較容易經驗 PTSD（Copeland & others, 2010）。近期也有研究顯示，基因傾向也會讓某些人較容易受到創傷的影響（Kilpatrick & others, 2007）。

3. **社會支持**：在創傷事件後有較多社會支持的人，比較不會發展成 PTSD（Brewin, Andrews, & Valentine, 2000; Kilpatrick & others, 2007）。許多經歷像搏鬥等創傷事件的人並不會立刻出現，因此創傷事件發生後仍有社會支持顯得格外重要（Grieger & others, 2006; Thomas & others, 2010）。

4. **受害者的性別**：雖然大多數的女性及男性都有面對壓力的韌性，但女性比男性更容易發展出 PTSD（Olff & others, 2007）。這可能部分反映出男性與女性經驗的壓力形式有所不同。美國一項全國性的研究發現，被強暴的婦女有 75% 的人至少會經歷六個月的 PTSD（Kessler & others, 1995）。不過，也有一些證據顯示，即使壓力的型態相同，女性也比較容易有 PTSD（Breslau & others, 1997, 1998）。

14.3.4 創傷的正向意義

創傷壓力對情緒造成的負面影響絕對不容忽視。然而，創傷後的成長也是一個值得關注的重要議題。其實，有許多人在走出創傷傷痛的過程中重新找到生命的意義與價值。透過他人的陪伴與自我的復原，許多 PTSD 的個案在回顧其生命歷程時，會發現自己內在的成長動力與核心的生命價值。我們當然必須竭盡所能地預防車禍、強暴、恐怖攻擊，以及其他的創傷來源。但是我們也不應假定所有的創傷受害者的心靈都會被摧毀。《創傷的積極力量》一書可以引導遭受創傷的朋友如何從創傷中找到正向的意義與力量。

14.4 強迫症

強迫症
指的是出現強迫意念（指會引發焦慮的想法，而且這樣的想法無法停止）和／或強迫行為（指重複做某些行為的強烈衝動）的疾患。

另一個也是原本被歸類在焦慮疾患的是**強迫症（obsessive-compulsive disorders）**。強迫意念及強迫行為是兩個各別的問題，但它們常在同一個體身上同時發生（Torres & others, 2006）。強迫意念（obsessions）是指會引發焦慮的想法，而且這樣的想法無法停止。所謂的強迫意念通常是難以控制甚至是怪異的，就好像不屬於你本身會有的想法，例如一再出現會害怕失控殺人或亂倫等的想法，也常會造成個體極度的焦慮。

而強迫行為（compulsions）則指重複做某些行為的強烈衝動（urge），如一直洗手、重複檢查門窗等。假如個體試著停止去做這個行為，就會感到相當焦慮，直到再做相同的行為焦慮感才會消失。強迫意念及強迫行為常同時出現在同一個體身上，例如，個體一直洗手的強迫行為，通常是因為他有被病菌汙染的強迫意念。大多數的強迫症患者都會同時經驗到強迫意念及強迫行為（Fullana & others, 2009）。值得注意的是，大約有21%的成人會在32歲以前有過強迫行為或強迫意念的經驗，但是只有2%的人會被診斷為強迫症（Fullana & others, 2009）。DSM-5也將強迫症從焦慮疾患獨立出來，並與身體畸形症、拔毛症、儲物症及摳皮症等歸於強迫症及其相關疾患。

14.5 身體症狀疾患

身體症狀疾患
個體有一些身體健康的問題，但找不到生理的成因，而單純是心理因素造成。

身體症狀疾患（somatic symptom and related disorders） 的共通特徵是，個體出現一些身體健康的問題，卻缺乏生理上的解釋，而且伴隨著症狀而來的強烈情緒與想法會影響行為層面。「Soma」在拉丁文中是指「身體」，因此，身體症狀疾患是指以身體問題展現出來的心理疾病。雖然這些症狀是心理因素而非生理因素所造成，但這些症狀對患者來說非常真實，而且他們確實感到相當不舒服（Witthoft & Hiller, 2010）。也就是說，這些症狀不是裝出來的。此外，曾遭遇性侵害的人也容易發展出身體症狀疾患（Paras & others, 2009），這意味著這樣的症狀可能是對創傷的一種心理反應。身體症狀疾患有四種類型：身體化疾患、罹病焦慮症、疼痛症，以及轉化症。由於它們都很相似，所以我們一起討論。

14.5.1 身體化疾患、罹病焦慮症及疼痛症

身體化疾患（somatic symptom disorder）是以長期且重複發生的疼痛、疲倦，以及其他身體不適等症狀表現，而且對症狀會伴隨有強烈不適當的想法、情緒，並且投注過多時間於疾病上。

身體化疾患的患者通常也會有其他心理問題，特別是焦慮及憂鬱。身體化疾患最令人擔心的是，病人會採取一些方法試圖解除痛苦和不舒服的感覺，因此許多病人會對酒精或鎮靜劑成癮；他們常同時看不同的醫生以取得藥物（通常不會告知醫師自己已經去看過其他醫師），因此增加了藥物之間相互作用的危險性。

罹病焦慮症（illness anxiety disorder）過去稱為慮病症（hypochondriasis），患者常會經驗一些身體症狀，但症狀不如身體化疾患來得廣泛且強烈，以此特點來看，罹病焦慮症也比身體化疾患來得輕微。與身體化疾患相較，罹病焦慮症患者比較不會經驗嚴重的副作用，如憂鬱、藥物成癮，以及不必要的手術。然而，罹病焦慮症患者過著不斷關注自己健康的生活，他們總是沉溺在可能罹患某種疾病的想法中，而且會對輕微的感冒及疼痛反應過度，或是不合理地避免細菌或可能造成癌症的事物（Barsky, Orav, & Bates, 2005; Witthoft & Hiller, 2010）。

疼痛症（somatoform pain disorders）現在屬於身體症狀疾患下的一個特殊診斷（somatic symptom disorder with predominant pain）。疼痛症與以下介紹的功能性神經症狀障礙症（俗稱轉化症）相當類似，只不過疼痛症的症狀以疼痛為主，而且查不出生理上的病因。某些疼痛症的疼痛是可以和生理造成的疼痛加以區分的，因為前者的疼痛並不依循神經路徑。不過，如果個案的症狀是下背痛、關節痛，以及胸痛的話，由於其他生理疾病也可能會導致這些疼痛症狀，因此必須一一排除所有可能的生理病因後，才可做出疼痛症的診斷。疼痛症特別容易在高度壓力下出現，而且就某種層面來說，有時反而讓個案因為疼痛症狀而得到某些好處，例如，逃避責任或是迫使他人來照顧他們。

14.5.2 功能性神經系統疾患

功能性神經症狀障礙症（functional neurological symptom）過去稱**轉化症**（conversion disorders），是身體症狀疾患中最戲劇化，但卻是最少見的一種。「轉化」一詞來自佛洛伊德的轉化理論，認為患者將焦慮「轉化」成嚴重的身

身體化疾患
強烈且長期的心理不適狀況，常會引發許多找不到生理病因的身體疾病症狀。

罹病焦慮症
過度關注自己健康情況的輕微身體症狀疾患。

疼痛症
身體症狀疾患的一種，患者會經驗到長期的特定疼痛，主要是心理因素而非生理因素所引起。

功能性神經症狀障礙症
患者會經驗諸如功能性目盲、耳聾和麻痺等嚴重身體症狀的身體症狀疾患。

功能性神經症狀障礙症患者失去知覺的區域是「手套型麻痺現象」。

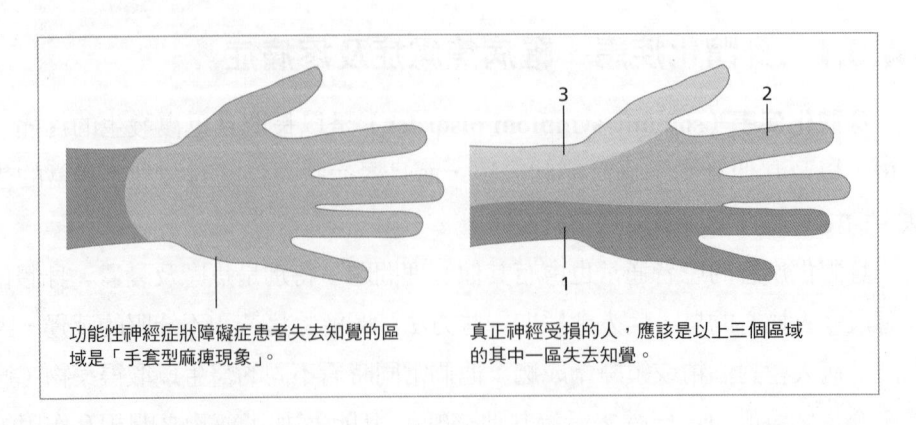

真正神經受損的人，應該是以上三個區域的其中一區失去知覺。

圖 14.2 一般的神經問題是圖右 1、2、3 的其中一區麻痺，而功能性神經症狀障礙症的個案則會是圖左的手套型麻痺現象。

體症狀表現，而不是直接經驗焦慮。轉化症的患者會經驗諸如功能性的目盲、耳聾、麻痺、昏厥、抽搐、無法說話，或是其他沒有生理成因的嚴重功能缺損。此外，這些患者常顯得能力不彰且依賴他人，也因為這些症狀使得患者無法有正常的生活功能，特別是工作的能力。

大多數功能性神經症狀障礙症的症狀在醫學上較不可能出現，所以要區辨是否為一般醫學問題並不困難。例如，功能性神經症狀障礙的患者發生麻痺的部位與一般真實神經損傷者發生麻痺的部位不同，表現方式也不同（見圖14.2）；同樣地，功能性神經症狀障礙患者雖然表現腿部麻痺的症狀，但經觀察，病患在睡覺時其實能夠正常活動雙腳。

功能性神經症狀障礙症最有趣的特徵即對自己的問題「漠不關心」。患者早上起床發現自己身體麻痺可能會有一些情緒反應，但並沒有像因生理上造成身體麻痺者（例如車禍受傷）來得強烈。有心理學家認為，就某種意義來說，患者其實很能接受這些症狀，因為就如同疼痛症，功能性神經症狀障礙的症狀可以讓患者免除個人的責任，並且強迫他人得照顧自己。

14.6 解離性疾患

解離性疾患
基本特徵是突發性的認知改變，像是突然喪失記憶或忘記自己是誰。

你是否覺得一個人失憶，然後在另一個地方有了新的名字並開始新的生活，是電影才會有的情節？事實上，**解離性疾患（dissociative disorders）**涵蓋一大類相關性不高且又罕見的症狀，會有突發性認知改變的情況。各式解離性疾患的基本特徵是在記憶、知覺，或「身分」上的改變。這些經驗在強烈的壓

力之下很常見（Morgan & others, 2001）。解離性疾患共有四種：自我感消失疾患、解離性失憶、解離性漫遊，以及解離性身分疾患。

14.6.1　自我感消失及現實感消失

自我感消失（depersonalization）及**現實感消失**（derealization）是指個體覺得自己變得扭曲或不真實，或者周圍環境變得扭曲的感覺。個體可能會覺得自己的手變大或失去控制；或者覺得自己像個機器人——即使他知道自己是真的人；或者他的父母不是真的人。即使患者知道這樣的狀態是不真實的，還是會出現怪異的自我感。其中一個常見的經驗如靈魂離開了身體一般，那種感覺就好像你在天花板往下看著你自己的身體一樣。單獨自我感消失的經驗其實很常見，尤其是在青少年身上。除非這樣的狀態一再出現或是造成其他困擾或問題，才會被認為是異常的。

> **自我感消失／現實感消失**
> 患者會覺得自己是不真實的，或者覺得外在世界是扭曲的。

14.6.2　解離性失憶及遊走

解離性失憶（dissociative amnesia）是一種心因性的記憶力喪失。它最常在經過一段期間的極度壓力後發生，會喪失對壓力經驗本身部分或全部的記憶，例如忘了車禍肇事的始末，但其實個體應為造成事故中的他人死亡負責。一般來說，因為壓力事件造成失憶的個體通常沒有其他的心理問題，而且這些記憶通常會隨著時間慢慢回復。

> **解離性失憶**
> 一種解離性疾患，是由心理因素所造成的失憶。

解離性遊走（dissociative fugue）與解離性失憶都會喪失記憶，但解離性遊走忘得更徹底，甚至想不起來自己是誰還有自己先前過的生活。遊走發作期間也會包括「亂走」（wandering）。有些人在亂走期間甚至會在另一個空間以一個新的身分生活著，還會改變自己的人格，而且通常會比先前的人格更會社交、更風趣，也沒那麼保守，但這期間通常是短暫的。如同以下案例：

> **解離性遊走**
> 一段「亂走」時期，會使人喪失記憶或改變身分。

> 　　Y太太被她的丈夫帶來醫院，她的樣子看起來茫然、混亂，而且一直哭泣。丈夫說她已離家2週了，先前丈夫及警方不斷在找她，直到入院前24小時，才在鄰近的城市找到她。當Y太太的丈夫找到她並認出她時，Y太太卻認不出自己的丈夫，也不知道自己叫什麼名字、先前發生過什麼事情，更不記得自己的過去；當然，也說不出離家這段期間發生的事情。當丈夫急切地一直和她說話，她才漸漸認出丈夫，那時才開始哭泣，要丈夫帶她回家（Goldstein & Palmer, 1963, pp. 71-72）。*

---

* 資料來源：From *The Experience of Anxiety: A Casebook, Expanded Edition*, by Michael J. Goldstein and James O. Palmer. Copyright 1975 by Michael J. Goldstein and James O. Palmer. Reprinted by permission of Oxford University Press, Inc.

解離性遊走很類似下一段要介紹的解離性認同疾患。因此有許多針對解離性遊走的診斷爭議。

14.6.3 解離性身分障礙（多重人格）

解離性身分障礙
患者會突然且反覆地從一種人格轉變成另一種人格。

一般來說，大多數人的人格都具有相當的穩定性，很少會在一個人身上突然出現另一種完全不同的人格。**解離性身分障礙**（dissociative identity disorder），顧名思義就是在同一個人身上出現一種以上的人格型態，通常這種患者會由一種「人格」突然跳到另外一種——感覺就好像一個身體裡面有好幾個人。一般來說，每一種人格都各不相同。這種患者原本的人格通常是保守、有道德感，而且不快樂，而替代的人格往往與之相反，通常其中至少會有一種人格是相當肉慾、放蕩不羈又叛逆。大多數的個案在處於自己本來的人格時，都會表示自己不知道有其他人格的存在，但替代的人格則互相知道彼此相對的人格，而且通常都會對原有的人格有敵意。

1977 年 Chris Sizemore 出版的自傳，揭露自己的解離性身分障礙正是 1950 年代著名電影《三面夏娃》（*The Three Faces of Eve*）的主角藍本。她一開始先出現兩種完全不同的人格，也就是電影中的白夏娃與黑夏娃。白夏娃是憂鬱、焦慮、傳統且壓抑的，而黑夏娃則是性感又狂放的。Chris Sizemore 在自傳中談到自己總共經歷了 22 種不同的人格，而她覺得自己在近幾年只有一個已經發展健全的人格。類似的模式也出現在女子 Sybil 身上，她自認 42 年來自己共發展出 16 種人格（Schreiber, 1973）。

解離性身分障礙是一個相當受爭議的疾患。雖然對於某些患者會有多重人格的行為表現沒有什麼爭議，但是對於造成這些行為的背後原因卻引發許多爭論。有些心理健康專家認為，許多患者在兒童期曾遭受過身體上的虐待或是性侵害，由於這樣的經驗極為痛苦，使得患者必須發展出另一種不同的人格與原本受害的人格分離，目的是藉此隔離痛苦不堪的回憶（Gleaves, 1996）。有些心理學家則認為，解離性身分障礙是社會學習的結果（Lilienfeld & others, 1999）。有時候，容易受他人影響的人可能會因為電影或書籍的影響，而去模仿當中的多重人格角色。如果他們模仿這些人物，並且開始做先前不被接受的行為，例如無禮、破壞規矩或複雜的性關係，這些行為也會漸漸被增強，並且將自己的新行為歸因成是「另外一個人格」所致，如此就不用為自己的行為負責任。因此，以社會學習的觀點來看，多重人格只不過是在潛意識中演出的不同角色。

然而，社會學習論者認為，大多數所謂多重人格的個案有時候是因為心理治療師的不小心而教導出來的（Lilienfeld & others, 1999）。這種主張乍看之下看似牽強附會，但這其實是指當某些出於善意的治療師發現有時候病患的行為與平常不一致時，便會跟病人提到他們可能有一種以上的「隱藏的人格」。容易受他人影響的病患可能會接受這種想法，而開始表現出愈來愈多種的行為，好像自己真的有多重人格一樣。Lilienfeld 及其同事（1999）引用證據說明大多數罹患解離性身分障礙的人本來並不相信自己有多重人格，直到他們接觸了治療師才開始相信。因此，試圖從病人身上尋找解離性身分障礙的蛛絲馬跡時，可能在無意間教導了病人。

複習

焦慮疾患是常見的問題，主要的特徵是焦慮，其程度可以從廣泛性焦慮疾患的低度且相當持續的焦慮，到非常強烈的焦慮發作，或是對特殊事物的畏懼，或可能有強迫意念及強迫行為。

至於身體症狀疾患，個體經驗到的醫學症狀是心因性的而非生理病因造成。某些形式的身體症狀疾患，其症狀是戲劇化又鮮明的，例如眼盲、麻痺等；其他形式的個案則是經驗到多種疼痛與疾病，或純粹是過度擔心自己的健康。

解離性疾患是相當少見的心理問題，主要包括認知上的突然改變，可能是喪失記憶、身分改變，或不真實感。在極少數的案例中，身分的改變幅度大到讓人以為個人擁有不只一種人格。社會學習論者則主張，解離性疾患可能是立意良善的治療師在無意間教導了易受影響的病人所創造出來的。

想一想

1. 社會學習理論學家及精神分析理論學家會分別如何說明對蛇畏懼的成因？
2. 即使解離性身分障礙的個案極為罕見，媒體似乎會過度渲染這類個案。你認為媒體在社會對異常行為的理解上，扮演了什麼樣的角色？

14.7 情感性疾患

情感性疾患（mood disorders） 主要有兩種形式：重鬱症及雙極型疾患（躁鬱症）。其中，憂鬱症可以單獨發生（重鬱症），而雙極型疾患則通常是憂鬱期與躁期（雙極型疾患）交錯出現。簡單來說，情感性疾患就是個體在處理

情感性疾患
會出現憂鬱和/或異常興奮的心理疾患。

情緒上出了問題，而這樣的問題往往會帶給個體自己或他人許多困擾。DSM-5 已經將情感性疾患分為雙極型情感疾患與重鬱症兩個類別。

14.7.1 重鬱症

> **重鬱症**
> 一種情感性的疾患，會出現極度的不快樂、對生活失去興趣和其他症狀。

重鬱症（major depression）患者的兩個主要特徵是極度的不快樂以及對生活沒有興趣。大多數的重鬱症患者不只有強烈的悲傷心情，還包括認知上的症狀，例如對未來感到灰暗、對自己及他人抱持負向的看法，甚至找不到活下去的理由。這些症狀通常至少會伴隨著睡眠的增加或減少、食慾的增加或減少、對性失去興趣、缺乏能量或過多的能量，以及無法專注或下決定等。憂鬱症患者經常會想到死亡，而且也較一般沒有憂鬱的人容易自殘（Nock, 2010）或自殺（Oquendo & others, 2001, 2007）。

美國約有 7% 的人（約逾 1300 萬人）曾經歷過一段至少 12 個月的重度憂鬱（Scott & Dicky, 2003; Kessler, Chiu, & others, 2005）。總計全美共有 17% 的人會在人生中的某段時期經歷重鬱症（Kessler, Berglund, & others, 2005）。全世界則約有 1 億人罹患重鬱症（Scott & Dickey, 2003）。由於重鬱症如此常見，治療耗費大，並且造成產能極大的喪失，故世界衛生組織（World Health Organization）視其為身體及心理耗費最大的疾患（Scott & Dickey, 2003）。光是 2000 年一年憂鬱症所造成的經濟損失就高達 830 億美金（Greenberg & others, 2003）。不幸的是，證據顯示罹患憂鬱症的數據還不斷在上升（Compton & others, 2006）。

如圖 14.3 所示，個體第一次重鬱症發病的機率在青春期以前相當低，到了 45~55 歲之間達到高峰，老年則又下降。整體來看，女性罹患重鬱症的比例是男性的兩倍之多，尤其是在中年時（Kessler, Merikanges, & Wang, 2007; Scoot & Dickey, 2003）。

幸運的是，重鬱症通常是陣發性（episodic）的疾患。意即約有 80% 的個案在經驗一段時期的症狀後會復原，通常可以回到個體原先的正常狀態（Grilo & others, 2005）。憂鬱症發作的期間長短不一，但有半數的人會在 12 個月內復原（Eaton & others, 1997; Solomon & others, 1997; Spijker & others, 2002）。約三分之一的人只會出現一次陣發期，但如果未妥善治療，可能會一再發作（Scott & Dickey, 2003）。這些患者可能再發性地持續出現數週至數月的陣發期，之後又再回到相對比較正常的情感狀態（Scott & Dickey, 2003）。

一些少見的重鬱病患，會伴隨怪異的信念及知覺等現實扭曲的精神症狀。

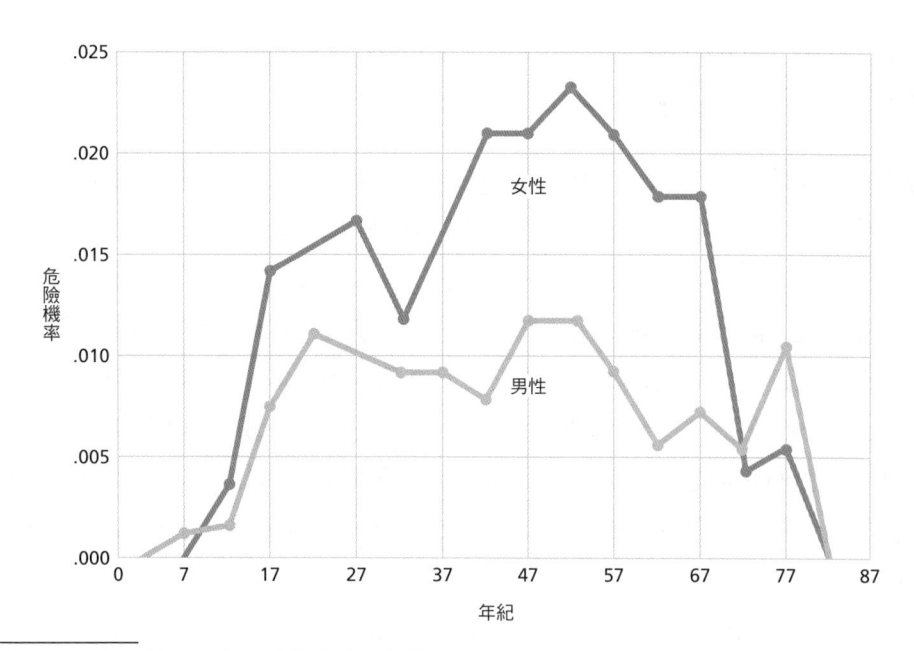

圖 14.3 個體第一次出現重鬱症的可能性會隨著不同時間而變化。在生命週期轉換時,最容易產生憂鬱的症狀。

資料來源:Data from P. M. Lewinsohn, et al., "Age at First Onset for Nonbipolar Depression," *Journal of Abnormal Psychology*, 95:378-383, 1986. Copyright 1986 by the American Psychological Association.

以下是一個需要住院的重度憂鬱病患:

> 病患在 51 歲時罹患重鬱症而被迫辭去原有職務。憂鬱的症狀持續了 9 個月,之後他完全康復,也回復了原來的工作。但約莫 2 年後,憂鬱症再度發作。幾個月之後,他也再次復原,回到類似的工作,直到此次住院前的 2 個月。這一次他開始擔心,唯恐沒有將工作做好,不斷說著自己有多不適任他的工作,最後就辭職了。他與兒子在鄰近的城市度過感恩節,期間他確定家中的水管會在他們不在家時結冰,這樣他與家人最後會落得「露宿街頭」。數天後,他被人發現站在一個池塘邊,顯然準備自殺。很快地,他又開始一直躺在床上,有時候會把頭埋在床罩裡隔絕外在的世界(Kolb, 1977, p.455)*

*資料來源:From L. C. Kolb, *Modern Clinical Psychiatry,* 9th ed. Copyright 1977. Used by permission of the author.

重鬱症的成因 經驗高度壓力的人,罹患重鬱症的風險會大幅提高(Lewinsohn, Hoberman, & Rosenbaum, 1988; Mazure, 1998; Steel & others, 2009),失落(失去工作或伴侶)及個人羞辱有關的事件特別與重鬱症的發作

有關。然而，也有明確的證據顯示，有些人因為基因的關係會比其他人更容易罹患憂鬱症（Kendler & others, 2006）。

憂鬱的認知因素 Aaron T. Beck（1976）等人相信，我們的認知（cognitions）是造成情緒問題的重要因素。舉例來說，Beck認為個體對於自己、對他人、對所生活的世界，以及對未來的負面想法會使某些人對生命有負向的經驗而發展出憂鬱症。許多證據都支持這樣的看法，尤其是Beck的理論中關於對自我的負向想法是憂鬱症關鍵元素的看法。許多研究（Alloy & others, 1999; Alloy & others, 2006）顯示，當人們覺得達不到想要的自己，或者因應壓力的方式無效時，都更有可能經驗到憂鬱。相對地，在經過壓力事件後，能對自己有正看法的人比較不會憂鬱（Dozois & Dobson, 2001; Robinson, Garber, & Hilsman, 1995; Stewart & others, 2004）。

因此，我們對自己的看法以及因應壓力的方式，決定了我們面臨生活中不可避免的壓力時是否容易憂鬱（Lewinsohn, Joiner, & Rohde, 2001; Stewart & others, 2004）。有趣的是，Peter Lewinsohn及其同事（1980）的經典研究顯示，某些憂鬱症患者特有的認知「扭曲」不一定完全是扭曲的。Lewinsohn請重鬱症患者參與一個大約20分鐘的團體討論。在此期間，有一組觀察者針對他們在友善、自信心、溫暖，以及其他社交特質等面向進行評分。在團體討論之後，每一位研究參與者也針對相同的面向為自己評分。另外一組非重鬱症者也經過完全相同的程序。

結果一如Beck的預期，重鬱症患者自評的社交技巧確實比正常組差。這就表示重鬱症患者對自己的看法是扭曲的嗎？事實上，重鬱症患者自評的社交技巧與觀察者所評定的結果相當一致。比較令人驚訝的是，正常組自評的社交技巧反而是扭曲的！他們自評的社交能力明顯高於觀察組的評分。更重要的是，重鬱症患者在經過治療之後，對於自己的自我知覺會愈接近正常組，也開始會對自我的能力做出「不合現實」的正向評價。由此看來，我們對自己的看法有某種程度的扭曲似乎是件好事。如果我們都用別人實際看待我們的現實角度來看自己的話，搞不好我們都會變得憂鬱了！

14.7.2 雙極型疾患

雙極型疾患（bipolar disorder）（俗稱躁鬱症）會有交替的狂躁期及嚴重的憂鬱期。**狂躁期（mania）** 通常會經歷一段短暫的快樂時光，但接著而來的就是長久的痛苦。在狂躁期發作時，患者會感到非常的「high」──那是一種

雙極型疾患
患者會有交替的狂躁期及嚴重的憂鬱期。

狂躁期
患者在這段期間會經驗一種沒有理由的愉悅，充滿不切實際的樂觀感受和高度的感官享樂。

▶▶▶ 人 類 多 樣 性　憂鬱及自殺的種族與文化差異

　　憂鬱症令每個人類族群都苦惱。無論對男性或女性，它都是一個再常見不過的問題；同樣地，每個種族也都可以發現憂鬱症，沒有任何一個族群可以完全免除自殺的威脅。不過，有愈來愈多的證據顯示，不同性別和不同種族的人罹患憂鬱症及自殺的比率有很大的差異。這樣的證據很重要，為找到這些疾患的成因帶來一線希望。

　　Maria Oquendo 及其同事（2001, 2007）用兩組 2 萬名美國成人的流行病學資料檢視性別及種族在憂鬱及自殺上的差異。與先前的許多研究發現一樣，女性罹患憂鬱症的比率是男性的兩倍，但男性自殺的比率卻是女性的 4~5 倍。雖然有憂鬱症的人比沒有憂鬱症的人更容易自殺（Osby & others, 2001），但 Oquendo 發現相較之下，憂鬱的女性自殺的比率遠較憂鬱的男性低。

　　Oquendo 及其同事（2001）也發現美國各種族的憂鬱及自殺比例有相當大的差異。如圖 14.4 所示，各種族團體每年自殺的死亡率有所不同。非裔美國人的自殺死亡率是亞裔美國人、太平洋島民，以及非西語裔白人的一半。而美國印地安人的自殺死亡率最高。

　　Oquendo 及其同事（2001）的研究有一個重要的特點，就是他們區分不同的西語裔團體。美國人的祖先包括來自古巴、墨西哥、波多黎各，以及其他國家的人。在人種上，許多古巴美國人視自己是西班牙白人的後裔，而許多墨西哥人是西班牙及土人的混合。以文化術語來說，這些族群彼此是相當不同的。他們還發現在男性中，墨西哥裔美國人的憂鬱率比非西語裔白人低，但波多黎各裔美國人的憂鬱率比非西語裔白人高；女性中，波多黎各裔美國

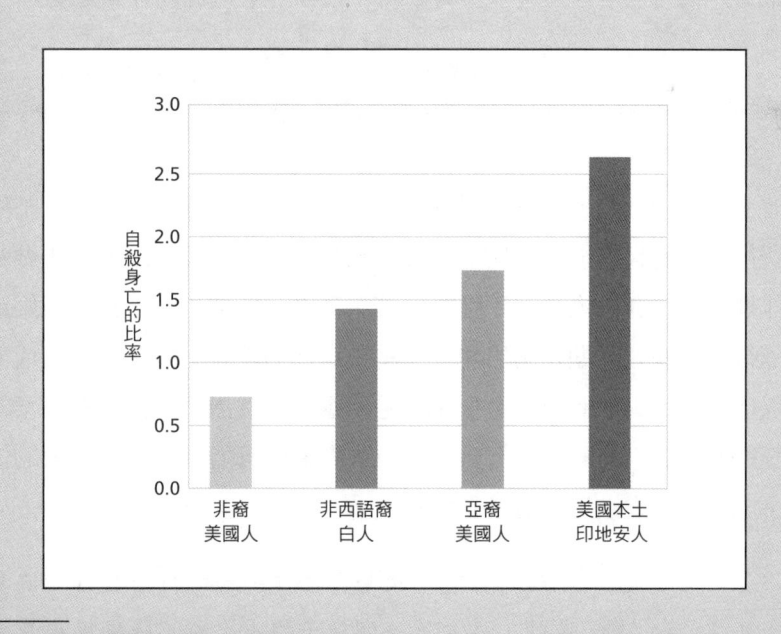

圖 14.4　在美國不同族群因自殺而死亡的比率。

資料來源：National Center for Health Statistics. *National Vital Statistics Report* Vol. 53, Number 7, March 7, 2005.

人的憂鬱率比非西語裔白人高，但其他種族間則沒有其他差異。在男性中，非西語裔白人的自殺率最高，墨西哥裔美國人最低；在女性中，非西語裔白人的自殺率最高，墨西哥及波多黎各裔的美國人最低。

最後，Oquendo 及其同事（2001）比較了憂鬱症患者的自殺率。當憂鬱症發作時，無論男女性，墨西哥及波多黎各裔美國人的自殺率都比非西語裔白人還低。此外，憂鬱的非洲裔美國女性的自殺率比非西語裔白人女性低。

到底是什麼因素造成這些美國不同族裔及性別的憂鬱及自殺如此不同？首先，為什麼波多黎各裔美國人的男女憂鬱比例高於其他族群？一個重要的訊息是，住在波多黎各的波多黎各人，憂鬱比例並未高於全美國人口的憂鬱比例（Oquendo & others, 2001）；憂鬱風險的增加只限於在美國生活的波多黎各人。這可能跟移民到美國的人的特性有關。也許本來生活就比較快樂且比較沒有憂鬱傾向的人比較不會想移民到美國；又或者是，在美國的波多黎各人之所以有較高的憂鬱比例反映出移民所面臨的歧視及艱辛。

在考慮族裔及性別問題時，還有其他問題是我們可能會問的。為什麼憂鬱的白人女性比其他族裔的人更容易自殺？在憂鬱時，是否有什麼文化因素保護非洲裔及西語裔的美國女性不去自殺？不同文化的憂鬱女性使用藥物及酒精的比例有差異嗎？如果有，這是自殺率不同的因素之一嗎？

我們必須先對亞裔美國人及其他住在美國為數眾多卻未被充分研究的族裔的心理健康有所了解，才能真正了解文化、性別，以及心理健康之間的複雜關係。此外，未來的研究應該考量有西歐及非洲血統的人在族裔上並不相同，因此，心理健康問題在比率上的差異可能就和不同的西語裔一樣大。舉例來說，和近期從非洲或加勒比海地區移居美國的人相比，我們對於很早以前因為被奴役而到美國的人所面臨的困境就還知道得太少。

非常愉悅的感覺，覺得自己很了不起、快速如飛躍般的想法、不用睡覺也不會覺得累，而且有很多不切實際的理想和計畫，彷彿什麼事都想做。在狂躁症發作期，常會有自大感、不斷亂花錢，甚至可能把工作辭掉、離婚或性行為氾濫等行為。在狂躁期也常出現一些精神病性的現實扭曲。當朋友或家人試圖控制躁症病人時，他們通常會很生氣地回應。雖然患者好像活在快樂的世界中，但狂躁對於個人的財務、健康，以及人際關係可能會造成相當大的傷害。可以從下文中的馬太太身上清楚看到：

> 馬太太在 17 歲時曾有一次憂鬱發作……約持續數月，但當時並沒有住院。約在 33 歲時，就在第一個孩子快出生前，她變得相當憂鬱。約有 4 天的時間，她幾乎是昏睡的。在孩子出生後約一個月，她開始「變得興奮」，並且因為神經質及輕微的精神症狀住院治療。病情改善後，她被送

到一間海灘旅館做短期度假，她在旅館待了一晚，並在第二天簽下租賃一棟公寓的租約購買家具，結果債臺高築。沒多久，馬太太又轉為憂鬱並被送去住院……幾個月後，她漸漸回復健康，除了仍會有輕微的情緒起伏外，維持約 2 年的穩定期間。

之後，她又開始變得活躍，不斷聯繫朋友，想要開始投資賺錢。她買了許多衣服、家具，典當戒指，然後在沒有資金的情況下開了不少支票。她又被送回醫院。漸漸地，她的狂躁症狀消退，四個月後又出院了。之後又經過一段輕微憂鬱期，然後在不到一年的時間，她又開始出現狂躁症狀……（Kolb, 1977, pp. 455-456）*

* 資料來源：From L. C. Kolb, *Modern Clinical Psychiatry*, 9th ed. Copyright 1977. Used by permission of the author.

狂躁症通常會轉為多發期的（Halgin & Whitbourne, 2000; Judd & others, 2002）。當狂躁症反覆發作時，會不定期的交替出現憂鬱期，有些個案會在狂躁期與憂鬱期之間不斷地轉換，而有些個案交替出現的頻率並不高。少數個案在數年間只發生狂躁期而無憂鬱期（Solomon & others, 2003）。狂躁及憂鬱的交替頻率通常是一年 3~4 次左右（Judd & others, 2002），但少數個案甚至會有更嚴重的「快速循環」，狂躁與憂鬱交替的頻率更高（Schneck & others, 2004）。然而，大多數患者的憂鬱期會多於狂躁期（Judd & Akiskal, 2003）。雙極型疾患是一個相對較少見的問題，大約只發生在 1% 的人口中，而且男女的比例相當（Merikangas & others, 2007）。

目前對於雙極型疾患的成因還不清楚，但它顯然是所有心理疾患中最具遺傳性的一種疾患（Kieseppa & others, 2004）。不過，目前也不清楚是否因為特定的環境事件與基因的交互作用導致雙極型疾患。有趣的是，有相當可信的資料顯示，海鮮吃得最少的國家（德國、匈牙利及瑞士）罹患雙極性極患的比率比起海鮮吃得最多的的國家——台灣、韓國，以及冰島高出 5 倍（Noaghiul & Hibbeln, 2003）。這個證據和其他研究（Hirashima & others, 2004; Stoll & others, 1999）皆顯示魚類富含的 omega-3 脂肪酸可能在神經傳導上和保護個體不受雙極型疾患影響這些方面扮演重要的角色。這些發現也許可以讓我們對雙極性疾患有突破性的了解，但是現在我們應該如此認真看待這些發現嗎？這是一個利用第 2 章曾學到關於科學批判性思考的好機會。你能夠提出其他可以說明雙極型疾患的比例在這些國家不同的解釋嗎？在你接受 omega-3 脂肪酸能夠保護我們對抗雙極型疾患的說法之前，你會想要得到哪些其他的證據？

14.8 思覺失調症

因研究賽局理論而獲得諾貝爾經濟學獎的 John Nash 於 2015 年 5 月 23 日與他的夫人在一場車禍中喪命。Nash 就是一位思覺失調症患者，而他在罹病後仍努力不懈研究數學理論而獲得諾貝爾獎肯定的故事，後來被拍成電影《美麗境界》搬上大銀幕。

思覺失調症的中文舊稱為精神分裂症，已於 2014 年正式更名（Ouyang & Yang, 2014），其原因是 1995 年日本發現病人回診率偏低，主要是因為許多民眾對於精神疾病名稱引發誤解所致，而日本在 2004 年更名後，病人的就醫率及家屬支持度皆有所提升，當時擔任台大醫院精神部主任的胡海國教授，聯合八里療養院鄭若瑟前院長及楊延光教授四處奔走，並連繫民間及政府單位推行更名運動。「思覺失調症」一詞反映患者在「思考」及「知覺」方面的失常，而「失調」二字則代表患者有回復健康的可能性（台灣精神醫學會，2014）。

思覺失調症是一種較少見的疾患，盛行率約 1%。男性約比女性高出 30%（Aleman & others, 2003）。思覺失調症在發病前，通常會先在兒童期或青少年期開始出現社交能力及智力能力長期且漸近式的降低情形。思覺失調症比較戲劇性以及損害性的認知與情緒特徵可能是隨時間漸漸出現，也可能是突然發病的情況，通常在青少年晚期或成年早期（Jobe & Harrow, 2010; Walker & others, 2010）。少數曾有過思覺失調症發病的病患能夠完全康復，最多約有 30% 的人可以回復到相對較正常的生活，時間長短不一（Jobe & Harrow, 2010）。但超過半數的病患會一再發作，或終生為認知及情緒困擾所苦（Harvey, 2010; Jobe & Harrow, 2010; Walker & others, 2004; Walker & Tessner, 2008）。罹患此病還會增加個體提早死亡的風險（Saha, Chant, & McGrath, 2007），而且也會造成相當大的社會成本，在美國每年更造成超過 230 億美金的負擔（Wu & others, 2005）

思覺失調症有以下 3 種主要類型的嚴重問題：

1. **妄想及幻覺**：思覺失調症的主要特徵是認知的扭曲，使得病人幾乎完全脫離現實。他們通常會有一些堅定但卻錯誤不實的信念〔**妄想**（delusions）〕，而且在缺乏外界刺激下會有怪異及扭曲的不實知覺經驗〔**幻覺**（hallucinations）〕。

2. **解組的思考、情緒及行為**：思覺失調症患者的思考方式通常是支離破碎又無組織的；他們的情緒及行為常常也是混亂且不合邏輯的。他們可能在訴說一件悲傷的事時卻還在笑，或是在沒有理由的情況下快速地從快樂變成

思覺失調症
一種關於認知錯亂（妄想和幻覺）、無法組織與計劃，和失去享樂與興趣的精神疾病。

妄想
扭曲現實的錯誤不實信念。

幻覺
扭曲現實的錯誤不實知覺經驗。

難過，然後又再度快樂起來。也因為這樣，旁人常會覺得很難與他們交談。

3. **快樂及興趣減少**：思覺失調症病患表現出變鈍的情感。跟大部分的人相比，他們明顯少有愉悅的感覺，也缺乏一般人會有的興趣及生活目標 [所謂的「情感淡漠」（blunted affect）]。不管是正向或負向的情緒，患者在強度方面都明顯減少很多，包括對交友也不感興趣。

在 DSM-5 的診斷標準中，上述第一項提及的妄想及幻覺是主要的症狀，也能充分反映出思覺失調症的特性。

思覺失調症的病因　思覺失調症很清楚是由於基因與環境因素的交互作用所造成。思覺失調症是相當受到基因影響的疾患，但單是遺傳因素並無法決定任何心理疾患（Pogue-Geile & Yokley, 2010; Walker & Tessner, 2008）。雖然雙親罹患思覺失調症的孩子罹病的風險是 10 倍，但也意味著思覺失調症患者的小孩只有 10% 的機率發展出思覺失調症（對照一般人口 1% 的機率）。事實上，即使是基因完全相同的同卵雙胞胎，也只有 25~50% 的機率會發展出思覺失調症。這意味著環境因素與基因交互作用的影響也是造成思覺失調症的重要因素。其中一個可能造成思覺失調症的環境因素是懷孕時期造成腦部發展異常的併發症（Walker & others, 2010）。很明顯地，早期初發的慢性思覺失調症患者有大腦出現「萎縮」的情形——在青少年期變得更小（Hubl & others, 2004）。此外，兒童期的腦傷及腦部的病毒感染也會明顯增加罹患思覺失調症的風險（Dalman & others, 2008），特別是基因上較脆弱的個體。因異常的大腦發展及腦傷，使得思覺失調症成人患者的神經元數量減少（Davatzikos & others, 2005），尤其是在海馬迴的部分（Grace, 2010）。再者，生長在充滿壓力的都市環境（Veling & others, 2008）及高度不協調的家庭也會增加罹患思覺失調症的機率（Hooley, 2007; Walker & others, 2010）。這些發現都顯示壓力會增加基因已經脆弱的個體發展出思覺失調症的機率。

思覺失調症的亞型　思覺失調症不是單一的心理疾患，而是有一群類別的精神疾患，美國精神學會 2000 年版的《精神疾病診斷與統計手冊》（*DSM-IV-TR*）將其分為三個亞型：妄想型、混亂型，以及緊張型思覺失調症。不符合以上三型者，則列為第四型未分化型。

妄想型思覺失調症　妄想型思覺失調症（**paranoid schizophrenia**）有嚴重扭曲現實的錯誤信念或妄想。通常這些信念都是過度強調自己的重要性，就是所

妄想型思覺失調症
思覺失調症的亞型，患者有嚴重扭曲現實的被害妄想或誇大妄想。

謂的誇大妄想（delusions of grandeur）——例如認為自己是上帝、或是某位歷史名人轉世或相信自己具有神奇偉大的力量，也因為自己太過重要，因此大家都「想要抓我」以破壞個人的重要任務，所以也常伴隨著被害妄想（delusions of persecution）。

假設我是思覺失調症患者，我相信自己是中情局探員，光靠我一個人的力量就可以保護總統不被恐怖分子傷害，我也可能認為我的學生都是恐怖分子，這些人想盡辦法要毒害我。想一想，我在別人眼中看起來會有多怪異。如果我相信這些事情，我可能會一直生活在困惑中。我的情緒應該也會很難預測，而且會從社交活動中退縮。

不幸的是，認知扭曲的情形不會僅止於妄想而已，他們也有錯誤的知覺經驗或幻聽。他們的知覺是怪異的，或者可能會聽到、看到或感覺到不存在的事物。這些怪異的經驗更加深患者的恐懼，讓病患的現實感更加混亂。

混亂型思覺失調症 混亂型思覺失調症（disorganized schizophrenia）與妄想型很像，都會有妄想及幻覺的症狀，但與前者不同的是，此類型的語言和其他認知歷程是混亂的，因此他們的妄想及幻覺內容是支離破碎的，很難被理解。這類型思覺失調症的主要症狀是極度退縮，幾乎完全不與人接觸，情感很平板或不合宜，常見表淺的「傻笑」表情。行為表現顯得很退化，就像小孩一般，對於快樂和悲傷的事常會有不恰當的反應，因此常會讓人覺得很怪異。

> **混亂型思覺失調症**
> 思覺失調症的亞型，患者的主要症狀是表淺的傻笑、極度的退縮，以及支離破碎的妄想及幻覺內容。

緊張型思覺失調症 緊張型思覺失調症（catatonic schizophrenia）與前兩類型很不同，雖然有時也會有妄想和幻覺，但此類型最大的特點是社交互動、姿勢維持，以及身體運動的異常。他們可以如同雕像般長時間維持同一個動作。此症狀特稱為「蠟樣彎曲」（waxy flexibility）——可以被動的一直維持別人擺放的姿勢。通常他們都不開口說話，好像沒有聽到他人對他說話似的，甚至不再吃東西，除非有人餵食（Fink & Taylor, 2009）。不過，有時候他們會從靜止不動突然出現過多的活動，顯得激躁、坐立不安，或攻擊別人。

> **緊張型思覺失調症**
> 思覺失調症的亞型，患者最大的特點是可以長時間維持同一個姿勢不動，如同雕像一樣。

14.9 注意力缺失 / 過動疾患

> **注意力缺失 / 過動疾患**
> 為一種神經發展疾患，其特徵有注意力上的缺失、衝動性高及過動的症狀。這些症狀會干擾一般生活功能及影響個人發展。

本書所提及的心理健康問題大多出現於成年期。雖然有一些其他的心理疾患出現在兒童期，但本書並未提及，因為這些疾患通常會開設獨立的課程來教授。其中一個例外是**注意力缺失 / 過動疾患**（attention-deficit / hyperactivity disorder，簡稱 ADHD）。這種疾患幾乎都自兒童期開始出現，但近十年來，我們則清楚知道 ADHD 並不會總是在兒童期就消失。雖然 ADHD 的兒童長大後會變得較不那麼過動及衝動，但研究者發現他們通常仍會有維持注意力的困難。因此，也有愈來愈多的成人開始接受 ADHD 的治療。因為 ADHD 常是大學生關心的問題，所以本節簡短地加以討論。

在 DSM-IV-TR 中，ADHD 的症狀區分為兩類：注意力缺失及過動－易衝動型。

注意力缺失：

1. 無法維持注意力
2. 常常忽略細節或粗心犯錯
3. 容易分心
4. 無法遵照並完成作業
5. 組織力差
6. 常弄丟紙筆及作業
7. 常沒聽進別人說的話
8. 不喜歡或逃避需要維持注意力的作業
9. 忘東忘西

過動－易衝動型：

1. 坐著時總是扭來扭去，坐立難安
2. 需要坐著時卻常常離開座位
3. 跑個不停，爬上爬下（或青少年或成人覺得靜不下來）
4. 遊戲或從事休閒活動時很難安靜
5. 隨時隨地都在動，好像裝了馬達一樣
6. 多話
7. 常常問題還沒講完就搶答
8. 無法等待到輪到自己時
9. 常打斷別人

根據 DSM-IV-TR，任一類別只要達到 6 項就可診斷為 ADHD。青少年及成人通常會符合的是注意力缺失而非過動－易衝動。在 DSM-5 的新標準中，17 歲以上的人只要 4 項符合標準就可以達到診斷，症狀中多了不思而行、缺乏耐心等待、無法慢慢做，以及難以拒絕誘惑等符合生活層面的症狀。

ADHD 可以是相當嚴重的問題，因為這與學業及工作困難有關，也會造成社交的困難，並且增加意外受傷的機率（Biederman & others, 2010; Lahey & Willcutt, 2002）。事實上，只有在症狀造成生活中至少兩個領域的困境才會下此診斷（例如，學校及同儕問題）。

ADHD 之所以難以下診斷的主要原因有二。第一，這些症狀是正常行為的變異，而且需要專家去檢視細微卻重要的差異。第二，許多形式的心理健康問題，包括憂鬱、焦慮，以及思覺失調都有躁動及維持注意力的問題，因此，心理健康專家需要考量許多其他的可能性。

當思考一位成人是否有 ADHD 時，需要了解的關鍵問題是他在兒童期有無明確的 ADHD 病史。如果沒有，他目前的問題比較可能是其他問題造成的，或可能是其他形式的心理疾患。甚至在兒童期有明確 ADHD 病史的患者，到了成人期卻有其他心理健康問題，需要採取不同的治療方式。以我的觀點來看，兒童心理學家及兒童精神科醫師最能診斷成人的 ADHD，因為 ADHD 常見於兒童及青少年期。

14.10 人格疾患

人格疾患
指人格發展一開始就出了問題所造成的精神疾患。

除了 ADHD 是自兒童期就開始發病之外，我們之前提到的心理問題並非個體一開始就有問題，他們在發病前通常是正常的。這些疾患都放在 *DSM-IV-TR* 的一軸診斷中。簡單地說，我們可以說思覺失調症、重鬱症，以及其他疾患的患者是正常人「崩潰」所致。但是，我們在此要談的**人格疾患**（**personality disorders**），則是打從一開始的發展就出了問題。*DSM-5* 在人格疾患的診斷上有別以往強調兩個標準，首先人格疾患必須造成自體及人際上明顯的受損，自體包含適當的自我整合（清楚的人我界限及認同）和穩定的自尊（追尋有意義及有價值的生活），而人際方面則具有同理心（能了解與欣賞他人）及親密感（深入且持續地與他人連結）這兩種能力。第二，問題人格至少要出現一個或一個以上的病態人格特質，諸如負向情感（negative affectivity）、疏離（detachment）、對立（antagonism）、喪失控制力（disinheriting vs. compulsivity），以及精神病質（psychoticism）。診斷時，臨床人員還需要對各個層面進行程度上的判斷，因此診斷會比以往更為複雜。

雖然每個人格疾患之間都有很大的差異，他們仍然具有一些共同的特性：(1) 所有的人格疾患都開始於生命早期；(2) 他們都對患者本身或他人造成困

擾；(3) 他們都很難治療。人格疾患通常是長期的問題，但不見得總是慢性的（Lenzenweger & others, 2009）。我們將先介紹兩個相當不同的例子，再說明其他的人格疾患。

14.10.1 孤僻型人格疾患

「-oid」這個字尾是指「類似」之意，因此孤僻型人格疾患與思覺失調症很類似，特別是淡漠的情緒及社交退縮。但是與思覺失調症不同的是，此類患者並沒有嚴重的認知障礙。

孤僻型人格疾患（schizoid personality disorder）的個體幾乎沒有與人建立友誼的欲望，事實上，他們對於一般的社會接觸都不感興趣，是典型的「獨行俠」。他們在小時候通常就是很害羞的小孩，但是，在兒童及青少年期的害羞尚未達到異常退縮的程度。漸漸地，他們對朋友、家人及社交活動都失去興趣，並且愈來愈退避，就像一個隱居者一樣的生活。

> **孤僻型人格疾患**
> 人格疾患的一種，特徵是遲鈍的情緒反應、對社交關係不感興趣，以及退縮成獨來獨往的生活型態。

這類患者很少表露情緒，常給人冷漠及疏離的感覺。在生命的後期，他們通常會對個人外表、衛生，以及其他禮貌性的社交規範失去興趣。他們通常不工作，甚至會變成街友。

14.10.2 反社會型人格疾患

反社會型人格疾患（antisocial personality disorder）與孤僻型人格疾患相當不同。他們常會違反社會規範及法律，占取他人的利益，而且沒有一點罪惡感。這些人通常有圓融的社交技巧：他們是巧言令色的詐欺高手，但是在維持親密的個人關係上有困難，他們可能更容易進入婚姻或其他親密關係，但是都維持不久。

> **反社會型人格疾患**
> 人格疾患的一種，特徵是具有圓融的社交技巧，但對於違反社會規範和法律以及占取他人的利益都沒有任何罪惡感。

他們的挫折容忍度很低、做事風格相當衝動、很容易就發脾氣，而且通常說謊的技巧都很高明。他們通常是棘手的罪犯，在兒童期，他們就是一個到處打架、欺騙、偷竊，以及逃學的小惡霸。他們常把自己犯的錯歸咎在他人身上——都是因為別人先挑釁的，而且從未反省自己做錯的事，更不可能會從錯誤經驗中學到教訓。

這些行為常會讓人感到冷血及沒有罪惡感——他們通常是很冷酷的。他們異常地需要刺激、新奇的經驗，以及興奮的感覺，無聊會讓他們感到很不舒服。為了尋求刺激，他們常會轉而使用酒精或藥物來獲取這些感覺，所以也常成癮。但是反社會型人格最危險的地方是在於傷害別人。他們的背後拖著許多

犧牲者——他們的謊言、犯罪、暴力，以及破壞親密關係之下的受害者。

以下描述一個反社會型人格疾患的個案：

Donald 在小時候就出現很多不良行為，包括：說謊、詐欺、小型的偷竊，並且欺負其他較小的孩子。漸漸長大後，他開始對性、賭博，以及酒精產生興趣。14 歲時，他性侵一位年紀比他大的女孩，當這女孩企圖告訴父母，他便將她關在小屋裡。直到 16 小時之後，女孩才被救出。Donald 起初否認此事，之後堅稱是女孩主動誘惑他，並且是女孩將自己關起來的。他一點都不會在意女孩及她父母的痛苦，也不認為自己是有罪的。

Donald 在 17 歲時就離校，偽造父親的名字開立許多支票，並且花了一年的時間環遊世界旅行。他接連幾年都有工作，但每個工作最長都只維持數月。在此期間，他仍然不斷地犯罪。

Donald 的人際關係也很不穩定，他有過許多段婚姻，對方多是再婚女性。他總是在衝動下就結婚，然後幾個月後便離開她們（Lahey & Ciminero, 1980, pp. 326-327）。

14.10.3　其他人格疾患

除了前述兩種人格疾患，*DSM*-5 還列出其他 8 種，需要注意的是，以下診斷都是在極度嚴重及長期持續下，才能被診斷為人格疾患，所以不要輕易拿來診斷自己或朋友：

1. **思覺失調型人格疾患**（schizotypal personality disorder）：朋友很少，對人相當多疑，有古怪的思考方式，例如，相信千里眼、相信自己有讀心術等古怪的幻想。
2. **妄想型人格疾患**（paranoid personality disorder）：對人相當多疑、不信任，相當易怒且敏感，冷酷並且缺乏溫柔的感受。
3. **做作型人格疾患**（histrionic personality disorder）：自我中心的，經常需要成為眾人的焦點，利用強烈的情緒表達來吸引並操縱他人，表淺的吸引或誘惑別人，但卻不是真心關心別人，經常暴怒。
4. **自戀型人格疾患**（narcissistic personality disorder）：過度誇大自己的重要性，不斷沉溺在成功的未來幻想中，需要他人不斷的注意及讚美；對他人的批評有相當負向的反應或者漠不關心。在人際關係上，會利用功勞，或

是要求特權，認為自己應受到特殊對待，對人也缺乏同理心。

5. **邊緣型人格疾患（borderline personality disorder）**：非常容易衝動而且難預測，不穩定的人際關係，極度易怒，而且時常需要他人的陪伴。缺乏對自己的認同，因為缺乏自我，所以時常會覺得空虛。

6. **畏避型人格疾患（avoidant personality disorder）**：非常害羞或社交退縮，但他們其實非常想要與人交往，但因為對拒絕極度的敏感而社交退縮，而且低自尊。

7. **依賴型人格疾患（dependent personality disorder）**：對自己相當沒信心，需要過度依賴別人的支持，或替自己做決定；低自尊，把別人的需要放在自己之前。

8. **強迫型人格疾患（obsessive-compulsive personality disorder）**：完美主義、需要掌控感，表達情感有困難，太過於投入工作，當面臨重大決定時無法下決定。

複 習

　　重鬱症會出現一次或多次的負向情緒狀態及其他相關特徵。憂鬱的發作可以從輕微到嚴重，嚴重的發作可能會伴隨怪異的知覺與現實扭曲的信念。在雙極性疾患中，憂鬱與躁期會交替發作。雖然躁期有強烈的愉悅狀態，但是它會造成經濟、人際關係的重大損害，並且伴隨扭曲現實的知覺及信念。

　　思覺失調症是一個範圍廣泛的精神疾病，特徵是現實感及情緒的扭曲、社交人際退縮。思覺失調症有三個主要的亞型。妄想型思覺失調症的主要特徵是誇大或被害妄想，通常伴隨幻覺；混亂型思覺失調症與妄想型類似，但有破碎的認知、表淺的情緒；緊張型思覺失調症與其他亞型相當不同，主要有僵呆的特徵，長時間的維持一個姿態。生物因素──基因、皮質退化，以及異常的孕期發展──被認為是思覺失調症的重要原因，但壓力也會立即的誘發思覺失調症發作。

　　注意力缺失過動疾患開始於兒童期，主要特徵是高度的無法專注或過動-衝動，或兩者都有。隨著時間的發展，大多數的兒童可以擺脫過度及衝動，但注意力問題通常會延續到成年期。

　　大多數的心理疾患被認為是正常人格的「崩解」，而人格疾患則是於兒童期開始的錯誤的人格發展。這些疾患開始在生命早期，困擾個人或他人，而且很難治療。舉例來說，孤僻型人格疾患的患者通常是非常害羞的小孩，隨著時間漸漸的失去對人際關係的興趣，甚至失去穿著打扮及社會情境的興趣，表現很少的情緒，而且很難維持工作。反社會型人格疾患的主要特徵是破壞規範，在兒童期即發展出不負責任、不誠實及暴力行為。這些人通常是詐騙高手而且一開始很受人喜愛但無法維持正常的人際關係。他們對刺激也有異常的需求，而且無法從懲罰中學習。

想一想

1. 女性較男性有較高的重鬱症盛行率，你覺得可能的原因為何？
2. 人格疾患通常難以治療，為何如此？

▶▶▶ 心理學的應用　自殺防治的推展

　　李明濱教授於國內推行自殺防治近十年，並領導自殺防治中心推行「自殺守門員（一問、二應、三轉介）」及媒體報導自殺事件之「六不六要」將蓄意自我傷害(自殺)擠出國人十大死亡原因，將自殺死亡人數下降到每十萬人約12人，約每年三千多人之成效。自殺之成因複雜，影響的因素有種族、性別、婚姻狀況及憂鬱症等等，下面讓我們來看看。

　　單從國家來看，依據世界衛生組織2012年的資料來看，亞洲區域自殺率最高的國家為北韓（超過台灣五倍左右），南韓次之，俄羅斯及尼泊爾則排名在後，世界第一名為圭亞那。從前面幾個國家來看，很難看到是什麼因素影響著自殺，但自殺率最低的幾個國家，都是回教國家，像是沙烏地沙拉伯、敘利亞、科威特及黎巴嫩，也許我們可以推測宗教文化因素有很大的影響力。從性別因素來看自殺，台灣男性比女性有較高的自殺率，這點與世界上大多數的國家相同。而從年齡來看，一項台灣與南韓自殺率比較（陳映燁等，2006）顯示台灣於南韓在老年族群（大於六十五歲）自殺率皆偏高，且自殺方式也類似。由婚姻狀態來看自殺，未婚的男性及喪偶的女性則有較高的自殺率。

　　Maria Oqeundo（2001, 2007）及其同事在美國的流行病學研究發現，女性罹患憂鬱症的比率是男性的兩倍，而憂鬱症的病患也比一般人有較高的自殺率，其中男性病患的自殺率又比女性病患還來的高。另一個重要的發現是種族間有顯著的差異，如非洲裔的美國人其自殺率是非西班牙裔的白人與亞裔（含太平洋島民）美國人的一半，而自殺率最高的族群是印地安人。除此之外，在不同種族與性別中憂鬱症罹患的比率也不同。

本章總結

　　在第14章，我們談論了會造成痛苦或傷害的各種不同的異常想法、情緒與行為。

I. 心理疾患包含那些會傷害自己或他人的行為、想法或情緒。

　A. 我們對心理疾患成因的解釋會影響我們幫助他們的方式。

　B. 心理疾患現在被認為是自然的，而不是超自然的現象。生物及心理因素在心理疾患的起因都扮演了重要的角色。

II. 焦慮性疾患的特性是有過度的焦慮。

　A. 強烈的、不合理的害怕稱為畏懼症。

B. 廣泛性焦慮疾患的特點是任何一點小事都會焦慮。
C. 恐慌症是強烈的焦慮發作。
D. 強迫意念是令人焦慮又揮之不去的想法；強迫行為則是不斷重複一個行為的衝動。
E. 在創傷壓力之後持續的情緒及相關問題稱為創傷後壓力症候群（PTSD）。

III. 身體症狀疾患是個體將心理困擾以身體症狀來展現。
   A. 身體化疾患是身體症狀疾患中的一類，包含各式的身體症狀，可能間接的提高醫療併發症的危險性；罹病焦慮症是過度的關注健康。
   B. 功能性神經症狀障礙症是缺乏任何生理病因的嚴重特定身體症狀；疼痛症則是無生理病因的疼痛。

IV. 解離性疾患是個體記憶、知覺與身分上的扭曲。
   A. 解離性失憶及遊走包括心因性而非生理性的記憶喪失。
   B. 自我感消失的個體，會覺得環境變扭曲或不真實。
   C. 解離性身分障礙的個體彷彿擁有一個以上的人格。

V. 情緒障礙主要是異常的負向與正向情緒。
   A. 重鬱症的個體經驗到深層的不快樂並且失去活力，伴隨其他的症狀。
   B. 雙極型疾患會有躁期及鬱期的交替出現。

VI. 思覺失調症主要有三種異常症狀：(1) 妄想或幻覺；(2) 無組織的思考、情緒與行為；以及 (3) 失去情緒與興趣。
   A. 妄想型思覺失調症有嚴重扭曲現實的信念或妄想——通常是誇大或被害。
   B. 混亂型思覺失調症的特色是從正常人際互動中的極度退縮、破碎的妄想，以及幻聽，而且有表淺的傻笑表情。
   C. 緊張型思覺失調症有僵呆的特點，可能長時間的維持一個姿勢。

VII. 注意力缺失／過動疾患（ADHD）的特點是注意力的困難與極高的活動量及衝動，或兩者都有。

VIII. 人格疾患是個體長期人格發展下的困境。
   A. 孤僻型人格疾患的特點是對合宜的穿著及社交缺乏興趣，缺乏情緒感受，而且無法維持工作。
   B. 反社會型人格疾患經常違反社會及法律規範，經常對他人暴力、貪小便宜，並且沒有罪惡感。

注意：在閱讀此章時，很容易讓自己對號入座（猜想自己可能是哪種心理疾病）或是貼他人標籤（認為他人的行為有心理疾患）。心理疾患是需要專業人員的判斷，當你有這些疑慮時，可以求助於學校的輔導中心或是臨床心理師，幫助你解決你的困惑。

課程活動

你有心理方面的困擾嗎？請根據這個月的狀況來圈選適合你的答案，然後將分數加起來。分數愈高，表示心理困擾愈嚴重。

	完全沒有	輕微	中等程度	嚴重	非常嚴重
1.感覺緊張不安	0	1	2	3	4
2.覺得容易苦惱或動怒	0	1	2	3	4
3.感覺憂鬱 心情低落	0	1	2	3	4
4.感覺比不上別人	0	1	2	3	4
5.睡眠困難	0	1	2	3	4

資料來源：Wang, Y.T. et al.(2008). The validity of the five-item brief psychiatric symptom rating scale among general hospital inpatient. *Taiwanese J. Psychiatry*. 22,316-321.

依據 WHO 在 2011 年對於心理健康的定義，心理健康在情緒層面，個人可以感到安適、幸福與快樂；在個人層面，個體可以展現自主、有生產力、有效率並且發揮個人潛能；在社會層面，個人可以營造一個有支持力的社群及家庭。醫療對於心理健康的觀點也由沒有心理疾病提升為促進正向心理力量及增加復原力（resilience）。在心理健康促進與三級預防中，即告訴我們要增進有效處理日常生活能力的政策及實務，所以政府有必要提供大眾安全的居所、健康的食物及飲水、增能且公平的教育。但我們要請正在閱讀本章的你試著從發展興趣、嗜好、個人運動和社會參與等角度來想想看，哪些活動會帶給你下述正向情緒：

情緒	活動	情緒	活動	情緒	活動
精神抖擻		興奮		信賴	
如釋重負		狂喜		和善	
滿足		羨慕		親密	
愉悅		機敏		摯愛	
快活		覺得值得		被愛	
興味		活潑		幸福	
自負		認可		驚喜	
感官快樂		友善		嘆為觀止	

生活不可能完全平順，正向活動（情緒）適切地多於負面活動（情緒）是需要經營的，請善用心理學的知識讓你過得更快樂唷！

第 15 章　心理治療

黎士鳴　蘇維凱

當人們有心理疾患時，必須尋求專業心理師或精神科醫師的協助。不過，有心理困擾時，大部分的人一般是找家人或朋友訴苦。而隨著時代的進步與心理學的發展，愈來愈多人在遭遇人生困境時，會主動尋求專業人員的協助，包括臨床心理師、諮商心理師、精神科醫師以及社工師等。在這一章，我們將討論幾種在台灣常見的心理治療模式。不同的心理學觀點發展出不同的心理治療模式。本章將分別探討以精神分析、人本主義，以及認知行為等學派為基礎的心理治療。

15.1 心理治療的定義

> **心理治療**
> 由受過訓練的專業人員採用心理學的方法來協助個體處理心理問題的一種治療形式。

心理治療（psychotherapy）是指受過專業訓練的專業人員，採用心理學的方法來處理個體心理困擾的過程。所謂的心理學方法（psychological methods），是指根據心理學理論所衍生出來任何形式的人與人之間的互動（像是談話或示範等），不過並不包括醫療性的方法，例如給藥。與心理分析、人本主義，和社會學習理論相關的不同心理治療會用到各種不同的心理學方法。

15.2 心理治療的倫理規範

心理治療師與個案之間有一種獨特的關係。個案在情緒高漲的情況下向心理治療師透露內心深處的秘密，將自己的未來交付到治療師的手中，與治療師之間會建立一種治療性的情感交流。由於相對於個案，治療師處於掌控的地位，因此必須嚴格遵守倫理規範。以下是台灣心理學會針對心理師所提出的專業倫理守則，可以幫助專業人員透過自律來達到更有效能的治療：

1. 心理師（含臨床心理師與諮商心理師）所提供的專業服務與教學研究，必須在自己能力所及的範圍內。此能力範圍需根據心理師所受的教育、訓練、諮詢、及專業實務經驗來界定。
2. 心理師在實施心理衡鑑工作前，當事人（或其法定代理人或其監護人）得要求以其理解的語言，獲知衡鑑的性質、目的及其結果的參考價值與限制。心理師唯有在釐清當事人對心理衡鑑所提之全部疑問，並獲得其同意之後，始得進行衡鑑工作。
3. 心理師在解釋心理衡鑑結果時，應力求客觀正確，並審慎配合其他資料及

其他有效證據，以嚴謹的推論撰寫成衡鑑報告，提出有助於當事人的建議。

4. 臨床心理師在正式進行心理治療前，應清楚告知當事人（或其監護人）實施心理治療之理由、目標、方法、費用、及保密原則，並澄清當事人（或其監護人）對於心理治療的所有疑問。心理師在當事人（或其監護人）同意接受治療後，始得對當事人施行心理治療。

5. 臨床實習心理師需在督導下始得進行心理治療，且需告知當事人（或其監護人）自身之角色，並與其督導一起提供心理治療之服務。

6. 心理師在建立治療/諮商關係後，應竭盡全力，以當事人的福祉為最高考量點，直到治療關係結束為止。心理師不得無故終止與當事人的治療/諮商關係；若因各項必要因素，需終止該治療/諮商關係時，亦應以當事人福祉為最高考量。心理師於終止治療關係進行轉介時，應審慎維持資料移轉之完整性與機密性。

7. 心理師與當事人應始終保持專業關係：不得涉入當事人在治療/諮商關係外之財務問題；不得和有親密關係的人建立治療或諮商關係；在治療/諮商中及治療/諮商關係結束後兩年內，不得與當事人建立專業以外之關係；即使在治療關係結束兩年之後，心理師仍不得與之前個案當事人有任何利用或剝削之不當接觸。

8. 心理師對當事人的心理治療/諮商資料應嚴加保密，以免當事人受到傷害。唯在下列情形下，心理師未徵得當事人（或其監護人）同意，亦得依法令揭露當事人資料：(1) 為提供當事人所需的專業協助或諮詢；(2) 為避免當事人遭受各種傷害（包括他傷及自傷）；(3) 為澄清未付之治療費；但上述三項資料揭露，均僅限於與該事件有關之必要最小範圍。

9. 心理師若在其研究、教學、專業訓練、著書、演講、與大眾媒體活動中，涉及揭露可辨識當事人之個人資料，須事先取得當事人的書面同意。

10. 心理師應尊重兒童之基本人權，不得代替或強制兒童作決定。心理師若發現有任何違背《兒童及少年福利與權益保障法》之規定（例如體罰、虐待或性侵害）時，必須主動通報有關單位。

倫理規範是專業的一種道德層面的條約，主要是藉此來保障個案以及治療師的相關基本人權，透過這些規範，讓心理治療在運作時，可以以個案的福利為優先考量，並且將可能的傷害降到最低。目前，各醫療專業都有其倫理規範，核心重點就是保障權益，避免傷害。

關於倫理議題，以下有幾個可能會發生的治療情境。如果你是以下情境中的心理治療師，你會如何處理這樣的狀況？

1. 你是學生輔導中心的心理師。有一天，一個個案前來會談，你赫然發現這個個案正好是你心儀已久的對象，這時你該怎麼辦？
2. 妳的個案來跟妳哭訴說男朋友劈腿。在會談的過程中，妳發現個案口中的男朋友好像就是妳的男朋友，這時妳該怎麼辦？
3. 你的個案突然跟你告白，你會如何處理？
4. 你的個案告訴你他想殺了背叛他的女友，你會怎麼處理？
5. 在與個案會談的過程中，你發現他的生命故事跟你的很像。你很想跟他分享你自己的故事，這時分享你的故事會違反倫理嗎？

上述問題並沒有絕對的標準答案，如同倫理議題一樣，需要多方的反思自己的立場與觀點。

15.3 精神分析

精神分析
由佛洛伊德的人格理論所發展出來的心理治療方法，主要處理本我、自我以及超我之間的潛意識衝突所產生的心理問題。

精神分析（psychoanalysis）是佛洛伊德（Sigmund Freud）發展出來的治療取向。此模式是根據佛洛伊德的人格理論（詳見第 12 章），他認為心理困擾源自於本我（id）、自我（ego）以及超我（superego）之間的潛意識衝突。基本上，我們的內在世界一直都受到這三股力量的衝擊，在一般狀況下，這些衝突會自然地消失，但在某些狀況下，這些衝突又過於強烈而導致許多心理困擾。例如，自我與本我間的衝突會產生許多神經質焦慮，自我與超我間的衝突會產生許多道德焦慮，而自我與現實生活中的衝突則會產生現實焦慮；當這些焦慮過於強烈時，就會讓一個人產生心理困擾。精神分析就是透過許多策略，幫助個體將內在衝突或焦慮從檯面下（潛意識）轉上檯面上（意識）。

要將潛意識引導到意識層面並不容易。根據佛洛伊德的理論，本我完全潛藏於潛意識的。即使你現在可以感受到的性與攻擊的動機，都是自我將本我的實際慾望轉化成現實層面可以接受的模式。佛洛依德認為，自我就是與現實世界的接觸點，負責轉化本我的本能，好似本我的慾望會過於強烈，直接進入意識層面會太危險。因此必須透過特別的治療方法，心理師才可以協助個體將潛意識的本我衝突擺脫自我的「消毒」而浮上檯面。

當自我的防衛暫時放下，通常都有可能將潛意識中的資訊引導出來，但即

便如此，本我也只會以掩飾過的象徵形式出現。因此，心理分析師的職責有二：第一，創造可以讓自我防衛降低的環境條件；第二，詮釋「偽裝」過的潛意識資訊給病人了解。

15.3.1 精神分析治療的技術

大多數當代的精神分析學家已不採用傳統形式，而是採用經由榮格（Jung）、Adler、Horney，以及其他現代心理分析大師修改過的版本。雖然如此，但許多佛洛伊德採用的特定治療技巧仍被採用，包括自由聯想、夢境解析、阻抗解讀，和移情解讀。

自由聯想 自由聯想（free association）是佛洛伊德最主要的治療技法。此技法就是請個案將腦中的任何想法與念頭如實地報告出來，不論這些想法有多荒謬扭曲或微不足道。佛洛伊德希望透過這樣的技法可以讓個體的理智面暫時休息，好讓潛意識的內容浮上檯面。為了塑造適合的環境，個案通常會躺在躺椅上面朝天花板，而心理師則坐在個案身後，不在個案的視線範圍內，讓個案感覺他只是在自言自語，而非將最私密之事告訴別人。

> **自由聯想**
> 佛洛伊德發展出來的一種技法，即鼓勵個案將腦中所想的一切報告出來，好讓潛意識的內容悄悄躲過自我的審查而浮上意識層面。

夢境解析 佛洛伊德使用**夢境解析**（dream interpretation）的方式和自由聯想差不多。如第 6 章所提，夢境是進入潛意識的大門。例如，有個少年夢到自己坐在木筏上在沼澤裡漂盪，而自己不停地從髒水中撈到鞋子。對少年來說，這個夢看似沒有太大意義。但是精神分析學家可能會將此夢解釋成這少年對與異性發生親密關係的想法有罪惡感。

> **夢境解析**
> 佛洛伊德發展出來的一種技法，主要是透過病人回想夢境中的內容來解讀出其代表的潛在意義。

阻抗解讀 佛洛伊德非常強調對治療中的阻抗做解讀。治療中的**阻抗**（resistance）是指個案對心理分析過程產生任何形式的抗拒；阻抗往往反映出治療關係的困境，也代表治療師切入重點（或踩到地雷）。治療中的阻抗有兩種，一種是透過遲到、爽約或者是質疑療效的方式來呈現；另一種是針對心理師所做的某些解讀出現抗拒。佛洛伊德認為，抗拒表示心理師找到讓個案焦慮的衝突點，因而個案會想避重就輕或者避而不談。當個案逃避面對某個議題時，心理師就要特別小心地處理這個議題。佛洛伊德對被閃躲的議題特別有興趣。

> **阻抗**
> 個案對心理分析的治療過程中，所產生任何形式的抗拒反應。

移情解讀 由於個案是帶著自己私密的問題來求助，並且在治療的過程中分享內心世界、甚至是潛意識的內容，同時獲得心理師的接納與支持，因此，

圖 15.1 透過移情關係的解讀來處理個案的心理困境，是精神分析常用的一種技法。

個案與心理師之間自然會形成緊密的關係。基本上，心理師與個案之間的關係包含三個層面：一般社交關係、治療關係，以及移情關係。所謂的**移情**（**transference**）就是個案將心理師當成自己父母親的角色或者是某個重要他人（見圖 15.1）。在精神分析的治療中，個案很容易對心理師產生移情反應，將心理師當成自己的父母或雇主等。精神分析學家認為，移情的解讀有助於對個案提供有助益的洞見。

移情
精神分析治療的一種現象，個案將自己對重要他人的感受與想法投射到治療師身上。

宣洩 除了解讀看似抽象的潛意識衝突以外，精神分析師也會讓個案有適度宣洩情緒的機會，以抒發內在衝突產生的情緒。大多數的治療都會談到讓人情緒激動的議題，讓個案抒發這些情緒，即稱為**宣洩**（**catharsis**），是讓治療成功達到療效的重要關鍵（Diener & others, 2007）。

宣洩
讓與潛意識衝突有關的情緒抒發出來。

15.3.2 憂鬱症的人際取向治療

近年來，精神分析界出現了一種新的屬於後佛洛伊德取向的心理治療（neo-Freudian psychotherapy），稱為**人際取向治療**（**interpersonal psychotherapy**）（Frank & others, 2007; Klerman & Weissman, 1993; Luty & others, 2007;

人際取向治療
根據後佛洛伊德學派 Harry Stack Sullivan 的理論所發展出來的心理治療策略，主要著重在現有人際關係的改善。

Poleshuck & others, 2010）。如同第 12 章提及的，後佛洛伊德取向的人格理論著重在生活中的人際關係，而不單只是潛意識下的性衝動。人際取向治療簡稱 IPT，與傳統的精神分析相當不同，著重在「此時此地」（here and now），強調意識層面而非潛意識，盡量減少回顧過去，並忽略個體與治療師間的移情關係。IPT 是短期的心理治療模式，治療期約 12~16 週。與其他佛洛伊德式心理治療最大的不同是，IPT 是高度集中與結構化的治療，治療師會遵循詳細的治療守則按部就班地進行。

IPT 的發展源自於對憂鬱症的治療，此派學者認為，透過了解自己的感受，並改善跟生命中重要的人溝通的方式來改善人際互動以及增加社會支持系統，來改善憂鬱情緒。IPT 的治療師認為導致憂鬱症的因素有四種（見圖 15.2）：

1. 因為分手、離婚或對方死亡而失去重要關係所引發的悲傷反應（grief）。
2. 與重要他人發生衝突（conflict）。
3. 造成壓力或威脅我們自尊的生活事件（self-esteem）。
4. 缺乏建立健康人際關係的社交技巧（social skill）。

使用 IPT 治療憂鬱症的治療師有七大治療目標：

1. 幫助個案感覺治療師懂他的心情而且重視他的感受。
2. 幫助個案了解他的情緒是和生活中發生的事息息相關，尤其是個案目前的人際關係。IPT 治療師只有在過去的「情緒包袱」會影響個案目前的人際關係時，才會討論個案過去的人際關係（例如與父母、前男女朋友等的關係）。
3. 幫助個案學習用健康的方式來向他人表達自己的感受。
4. 找出無法修護的不健康人際互動，適當地結束不良關係，然後再與其他人建立健康的人際關係。
5. 幫助個案適應隨著生活變動而有的新角色，像是離婚後又開始約會或是開始一份新工作。
6. 幫助個案增進人際技巧以建立健康的新關係並加以維持。
7. 幫助個案著眼於未來而非留戀過去，保持樂觀以發現改變生活的契機。

為了達到以上的目標，治療師在每次治療時都要注意個案的感受、生活現況，以及目前有哪些改變的契機等。例如，小華這幾個月以來每天都感到心情低落。他目前在一家餐廳打工，有許多朋友及一位交往多年的女友，想大學畢

業當完兵後就跟她結婚，但他女友考上研究所，想之後再說。近幾個月來，他跟女友常發生衝突。在 IPT 的治療中，治療師就會探索小華的感受，特別是他覺得女友重視自己的學業勝過他們的感情，特別是覺得女友考上研究所，而自己只是即將大學畢業的自卑感。對此小華將一切的憤怒轉向女友考上研究所這件事。治療師會讓小華清楚自己的感受，包含對於自己的低自尊、對於這段關係是否沒有未來的擔憂，以及女友似乎重視研究所更甚於自己的不安等情緒感受。此時治療師的任務是教導小華要學習平靜地適切表達自己的感受，而非用生氣或挖苦的態度和女友互動。如此一來，女友也比較可能用比較溫和體諒的方式來回應，而這些改變應該可以減緩小華的憂鬱狀況。

目前許多研究證實 IPT 本身，或是 IPT 結合藥物治療，對於治療憂鬱症相當有效（de Mello & others, 2005; Frank & others, 2007; Schramm & others, 2007; Shedler, 2010）。最近，還有治療師將 IPT 延伸到人格疾患與飲食障礙的治療（Constantino & others, 2005），不過關於這方面的療效所知還不多。在國內，嘉南療養院杜家興心理師長期進行人際取向之憂鬱症治療團體，累積了許多臨床與實證資料，也發現國內憂鬱症患者的人際核心困境為『輕』；他們不是看輕別人，就是輕忽自己，因此導致許多不適應的人際互動模式。

悲傷經驗	人際衝突
角色轉化	社交失能

圖 15.2 IPT 認為導致憂鬱症有以上四大因素。

複習

　　精神分析是根據佛洛伊德的人格理論所發展出來的治療方法。治療師試圖幫助個案將潛意識的衝突帶到意識層面，如此才能用合情合理的方法來處理衝突。自我的任務是不讓潛意識的內容（包括本我、自我，以及超我之間的衝突）浮上意識層面，因此治療師必須營造一個環境讓自我鬆懈。然而，即使潛意識的內容得以顯露，但潛意識的許多訊息都是用偽裝或象徵符號的形式出現，這意味著治療師的一個任務就是要向個案解釋透過精神分析所取得的資訊背後的意義。精神分析學家最常用來使自我鬆懈的技法是自由聯想，此派學者認為個案所聯想的內容以象徵符號的方式透露個案潛藏的衝突。此外，精神分析學家還會將透過夢境、治療過程中的阻抗，以及個案對治療師的態度（移情）所得的訊息加以詮釋，來進一步了解個案的潛意識。而移情關係的處理，可以幫助個體走出過去的束縛以邁向新的人生。另外，宣洩也是處理情緒的重要方法，透過協助個案在治療室抒發情緒以釋放潛在的壓力。最後，人際取向治療屬於後佛洛伊德的取向，對治療憂鬱症很有效。與傳統精神分析治療不同的是，人際取向著重此時此地，協助個案明白自己的感受、做有效地情感表達與溝通，以及改善人際關係。

想一想

1. 你認為哪一種人格特質的人最適合採用精神分析的治療方式？你認為大多數的女性都會接受精神分析的治療方式嗎？跟佛洛伊德不同種族的族群又能接受精神分析嗎？
2. 你認為 IPT 的優、缺點分別為何？
3. 你目前有面臨 IPT 所提的任何一種人際困境嗎？

15.4　人本治療

　　人本學派與精神分析學派都認為，治療的主要目標就是將個體尚未覺察到的情緒帶到意識層面。第 12 章曾提到 Carl Rogers，也是人本心理治療的發起人之一，他提供一個新的方法來思考我們沒有意識到的情緒跟想法。不同於佛洛伊德的是，Rogers 不認為我們的潛意識是天生的；那些被壓抑的想法或感受只是暫時不被自己接納的部分，也就是和我們對自我以及理想自我的概念差異太大的想法與感受。

　　我們就用說明佛洛伊德潛意識概念的相同例子來對照說明 Rogers 的觀點。假設你是一個想要追求性濫交的人，但你的理想自我是絕對不會接受性濫交的那種人，你便可能會在意識層面抗拒這種慾望。根據 Rogers，對性濫交的渴望並非來自潛意識的本我，但結果都是一樣的：當個體否認某種感覺，便會

產生焦慮,直到這種感覺能被正視。人本學派認為全然的自我覺察是完整實現內在引導潛力所必須的,因此他們用「在覺察中成長」(growth in awareness)這種說法,而不是「內省」(insight)。

人本學派所採用的方法與精神分析學派相當不同,而且它包含許多種探索自我的策略。本節將探討兩位人本學派大師的論點:Carl Rogers 和 Frederick S. ("Fritz") Perls。

15.4.1　個人中心治療

> **個人中心治療**
> 由人本心理學家 Carl Rogers 提出,由治療師營造一個溫暖安全的環境,讓個案可以安心地探索他們未意識到的內在感受。

Rogers 將他的人本取向治療稱為**「案主中心心理治療」**(client-centered psychotherapy),近期又多稱為「個人中心心理治療」(person-centered psychotherapy)。他將治療重點放在個案身上,而非治療師的技巧,認為個案有能力自我成長,並不需要治療師用特別的治療技術或去詮釋個案的行為。治療師只需要創造一個安全的情緒支持環境,讓個案可以很自在跟治療師談論被意識否認掉的感受。覺察中的成長就是來自一個可以讓個案安心探索潛藏情緒的治療環境。Rogers 認為這樣的安全環境需要治療師具備三個元素來營造。治療師 (a) 必須能提供溫暖;(b) 能真誠地關懷並接納個案所有的感受與想法而不加以批評;(c) 有同理心——如實地了解個案與他所分享的情緒(見圖 15.3)。研究顯示,治療師能提供的溫暖跟同理心程度是治療成效的關鍵因素,即使治療方式並非個人中心治療(Brent & Kolko, 1998; Miller & Rose, 2009)。

> **反映**
> 人本心理治療的一種技法,治療師將個案所表達或潛在的情緒說出來,以協助個案釐清他們的感受。

在個人中心治療的過程中,最接近所謂「技巧」的治療策略當屬**反映**(reflection)。在此過程中,治療師可以透過將個案所表達的感受回應給個案,讓個案像照鏡子一般地看到自己,釐清自己的感受。治療師有時會問些問題,但是除了反映以外,此療法的治療師在治療過程中的話很少,而且會避免給個案建議。他們認為,當個案可以覺察到自我狀態,這時候的個案就有能力學習如何解決自己的問題;如果治療師為個案解決問題的話,個案反而會一直依賴治療師了。

15.4.2　完型心理治療

> **完型治療**
> 人本治療的一種,治療師扮演主動的角色,透過質問或挑戰個案的方式來協助個案發現自己內在的情緒感受。

人本心理學家 Fritz Perls 將自己在心理治療方面的論點稱為**完型治療**(Gestalt therapy)。「完型」這個概念源自於完型心理學(詳見第 1 章),該學派主張,知覺事物必須採用整體觀,否則就不具意義了。Fritz Perls 採用此觀念,希望能夠幫助個案看到自己的全貌,亦即允許衝突的訊息進入意識層面。

圖 15.3　針對被霸凌和失戀的個案，你能同理他們的感受嗎？

完型心理治療的目標與個人中心治療一樣，都是透過營造治療情境來幫助個體看到全面性的自我，但是治療師採用這兩種方法所創造出來的個體經驗卻截然不同。

完型治療師在治療中會採取主動。當治療師認為個案的言語並未反映其真實感受時，治療師會挑戰個案，並且直指不一致之處（見圖 15.4）。完型治療中的情緒氣壓（emotional atmosphere）也和個人中心治療截然不同。雖然完型治療師同樣很關心個案，他們會採用挑戰、質問的方式來幫助個案看到自己，而不是用溫暖的軟性方式。Perls 認為這是一種「安全的緊急狀況」（safe emergency），儘管這種方式會讓個案感到很不舒服，但這是在安全的治療環境中發生的情形。他認為治療師在安全治療環境下所做的面質，是協助個案意識其真實感受的關鍵。

圖 15.4　我們常會忽略自己的身體感受，而採用完型療法的治療師則會直指個案在言語和實際感受上的不一致之處。

近年來，已有專家將個人中心治療與完型治療加以整合與修正，而且治療效果似乎很好（Ellison & others; 2009）。

複習

人本心理治療致力於幫助個案達到全然的自我覺察。人本學家認為，當有關個體的訊息和個體的自我概念（個體認為自己是什麼樣的人，以及個體認為自己應該成為什麼樣的人）差異太大時，個體就會否認自己的感受。缺乏自我覺察的能力是有害的，因為個體無法對自己有正確的看法，做決定時就容易出問題，而且未符號化的訊息也會威脅個人的自我形象而製造焦慮。人本心理治療的不同取向有不同的方法。個人中心心理治療會營造一個舒適的環境，透過溫暖、同理心與無條件接納，讓個案可以放心地向治療師透露自己的真實感受，治療師則是透過反映的技巧協助個案釐清自己的感受，讓個案在自我覺察中成長。完型心理治療則會透過質問和挑戰的方式指出個體在言談和真實感受的不一致之處，協助個案說出內在衝突的感受。治療師透過直指不一致的方式，協助個案增進自我覺察。

想一想

1. 為何個人中心治療與完型治療所採取的方式截然不同，卻都符合人本治療的觀點？
2. 你會如何描述人本心理治療與精神分析治療之間最大的不同？這種差異有多重要？

15.5 認知行為治療

認知行為治療
以社會學習理論為依據的心理治療，治療師協助個案改掉偏差行為並學習合宜的行為模式，以及著重協助改變不適應的想法。

認知行為治療（cognitive-behavior therapy，簡稱 CBT）與社會學習理論（social learning theory）有密切的關係。社會學習理論學家認為，異常行為純粹是因為不當的古典制約、操作制約以及模仿學習而來，換句話說，個體之所以會出現異常行為是環境教他們的。因此，CBT 的治療師扮演的是老師的角色，會思考個案的偏差行為是如何習得的，並試圖教導個體改掉偏差行為並學習健康的行為模式。以下介紹幾個常見的 CBT 治療模式，這些模式的共通目標是協助個案學習適應的行為與理性的思考模式。

15.5.1 恐懼降低法

有數種 CBT 方法可用來消除對恐懼的反應，進而克服恐懼。第一批類似的 CBT 方法讓個體「想像」身處所畏懼的情境中。現在我們已知道，利用實

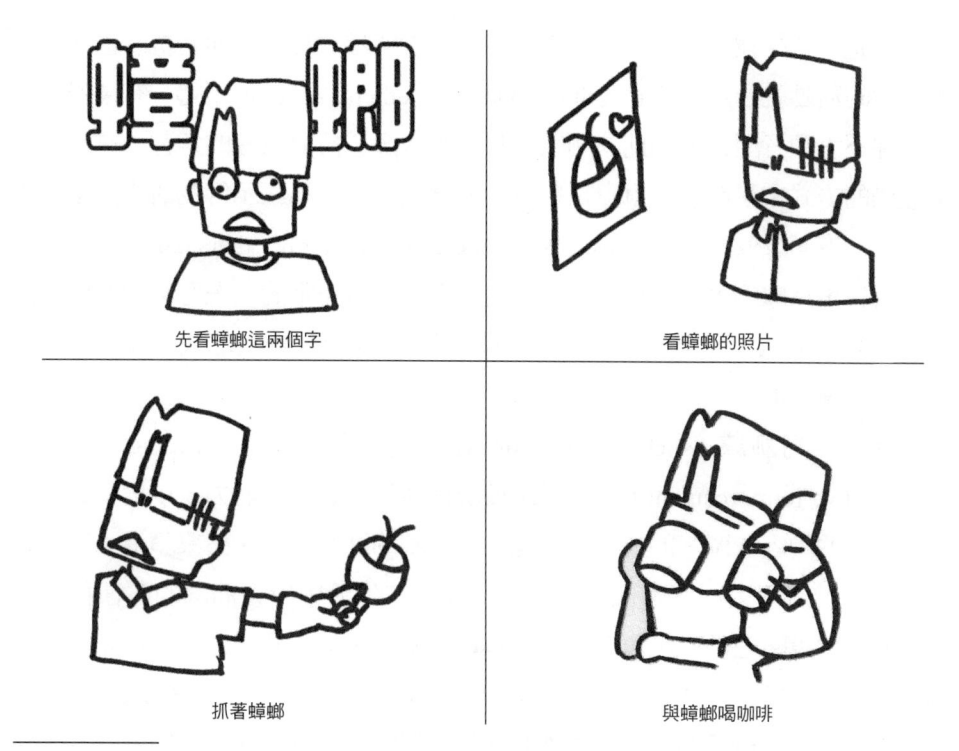

圖 15.5 採用逐步暴露法來處理恐蟑症。

境會比想像更有效；這種技巧稱為**逐步暴露法（graded exposure）**。

使用這種技巧時，治療師會陪伴個案一起經歷他所害怕的情境，從最輕微的恐懼開始，逐漸晉升到最恐懼的情境。例如，若個案有懼高症，治療師會陪著個案先走到二樓陽台的邊緣。當個案感覺不再畏懼後，他們再往上走，到三樓、四樓，甚至更高樓層的陽台邊，直到個案可以平靜安心地面對高度而不再焦慮（Chambless & Ollendick, 2001; Nathan & Gorman, 2007）。圖 15.5 用幽默的方式提供另一個例子。近年來科技進步，有些情境已經可以透過電腦產出虛擬情境影像的方式，在治療室中創造出相當逼真的恐懼情境來協助治療（Powers & Emmelkamp, 2008; Rothbaum, 2004）。

15.5.2 行為活化與社交技巧訓練

CBT 有一個目標是教導個案適應技巧以便能享受生活。例如，憂鬱症的個案往往因為自己的憂鬱情緒而不想動，整天躺在床上。治療師就可以採用**行為活化（behavioral activation）**的策略來幫助個案參與有「抗憂鬱」功效的活動（Dimidjian & others, 2006; Kanter & others, 2010）。這些活動視個案的需求與

逐步暴露法
針對恐懼症的行為治療策略，將個案所恐懼的事物由低恐懼逐步加強恐懼程度以協助個案逐一克服。

行為活化
以社會學習理論為依據的療法，常用於治療憂鬱症，治療師鼓勵個案多參與有助於減緩憂鬱情緒的活動。

喜好而定，包括找新工作、去擔任志工，重拾鋼琴課程等。而對抗憂鬱症通常很有效的活動就是規律運動（Stathopoulou & others, 2006）。不過，有憂鬱症的人往往不太願意配合，因此在剛開始時，治療師要扮演教練的角色，透過支持與鼓勵的方式來幫助個案實際採取行動。現在已有證據顯示行為活化療法在治療憂鬱症方面成效良好（Dobson & others, 2008; Kanter & others, 2010）。

有嚴重焦慮疾患以及思覺失調症的患者很難有正常的人際互動。他們常常看似害羞、尷尬、甚至「古怪」，而且有困難表達自己的情緒或感覺，因此也會需要某種治療。

社交技巧訓練
透過行為增強的原則來教導個體缺乏的社交技巧。

角色扮演
針對生活困境，治療師與個案扮演其中的角色來學習新行為的治療技巧。

社交技巧訓練（social skills training）就是透過模塑（shaping）和正增強（positive reinforcement）的方式來教導個體適切的社交能力，以增進適應功能。訓練的內容依個案的需要，可能包含基本的社交禮儀、餐桌禮儀、與他人溝通、衝突處理、親密關係、求職等，亦即在生活中所會面臨的各種社交情境。訓練的策略經常採用**角色扮演（role playing）**的方式來進行。例如，假設個案有工作面試的困難，治療師會先扮演個案的角色，示範合宜的應對技巧。之後由個案扮演自己的角色，治療師則針對個案表現良好的部分加以讚美提供正增強，並針對不合宜的部分提出建議。經過幾次的扮演訓練後，會讓個案和治療師以外的人練習，到最後個案就可以去嘗試真正的面試。透過這些社交技巧的訓練，可以幫助個案獲得過去所沒學到或者是因病情而缺損的一般人際技能。

認知行為治療師會特別注意不明確表達（unassertiveness）這個普遍的社交技巧問題。許多人，包含所謂的正常人在內，對於表達真正的感覺、發問、不同意，或爭取自己的權益等方面有困難。這些人常常壓抑自己的感受，任由自己被他人踐踏利用，有部分是因為其他人根本不知道他們要什麼。結果，等到內在的不滿達到頂點時，很有可能會以無法收拾的方式爆發。因此，社交技巧訓練的目的通常也包括教導個案用明確肯定的方式來向他人表達自己的情緒，而非用生氣的方式與他人互動。

認知再建構
認知行為治療法的一種，透過指出錯誤認知的不合理來協助個案修正無法適應所處環境的信念、期待與思考方式。

15.5.3 認知再建構

認知再建構（cognitive restructuring）是 CBT 的重要方法，其主要立論認為錯誤的認知或想法是導致偏差行為的原因。認知治療（cognitive therapy）根源於現代社會學習理論（Bandura, 1977; Ellis, 1962）與後佛洛伊德個人建構理論（Kelly, 1955）。由於有許多研究證實了認知治療對焦慮症與憂鬱症的確有

效，認知治療已成為主流治療法之一。

認知行為治療師認為，人的問題並非全部根源於不合宜的行為。有些人的行為是合宜的，只是他們誤以為自己的表現不合宜，因而產生焦慮等症狀。在這種情況下，若要透過調整他們原本就合宜的行為來進行治療會完全無效。此時需要修正的，是個體的錯誤認知，也就是個體對於自己以及他人不正確的看法。

心理學家 Albert Ellis（1962, 1999）與精神科醫師 Aaron T. Beck（Beck, 1976, 1999; Beck & others, 1979）都主張心理困擾和不合宜的行為皆源自於內在的想法。想法修正後，困擾也就自然消失。Beck 認為憂鬱症主要是因為 6 種錯誤的思考模式所導致，分述如下：

1. **斷章取義（selective abstraction）**：當你問女友自從和你交往以來是否有喜歡過別人時，她回答：「沒有，我從沒和其他男生打情罵俏過。我又不是瞎子，我當然還是有看過很帥的男生，但我只愛你一個！」你能接受這樣的答案嗎？或者因為聽到女友說有看過更帥的男生就暴跳如雷？若你選擇生氣，就是斷章取義，因為你選擇只聽到女友回答中的部分訊息。

2. **過度類化（overgeneralization）**：僅根據少數事證就擴大推論到所有事件，例如只要心理學被當，就覺得自己其他科目也會被當。

3. **武斷推論（arbitrary inference）**：根據極少數或沒有邏輯根據的訊息就下結論，例如，老闆請你吃午餐，你就覺得他想藉機告知要開除你。有些人會如此武斷地下結論，覺得只要有事發生，就一定是壞事。

4. **最大化與最小化（magnification/minimization）**：將壞事放大，好事縮小。例如，如果有人說你耳朵尖尖的很特別，你會想：「難怪沒人喜歡我，因為我的耳朵太醜了。」又例如，如果有人讚美你，你會想：「他只是和我客氣而已。」

5. **個人化（personalization）**：跟朋友出去玩碰上下大雨。你會覺得自己永遠諸事不順，這就是個人化，亦即將完全無關聯的事件想成都是和自己有關。

6. **妄下定論（absolutistic thinking）**：一位功課不好的醫學院學生，後來成為成功的醫院管理者，但他還是認為自己是失敗的。這種人會妄下定論，以絕對的模式判斷事情，非黑即白。這是錯誤且不好的行為與態度。

認知治療就是找出造成個案困擾的思考方式，透過一些治療策略來修正，

圖 15.6 認知取向主要是透過釐清個案的想法，來幫助個案能夠更理性的生活。

幫助個案活得更真實與自在（見圖 15.6）。在認知再建構時，治療師會使用各種說服的技巧來協助個案改變錯誤的思考模式。有實證證明認知再建構對於治療焦慮症及憂鬱症很有效，尤其是和行為活化或社交技巧訓練等方式結合使用時（Greeven & others, 2007; Hofmann & others, 2007; Stewart & Chambless, 2009; Stice & others, 2008; Vittengl & others, 2007）。近來，也有些認知治療會加入正念訓練（mindfulness training）。根據評估顯示，正念訓練在降低焦慮和憂鬱方面可以有不錯的效果（Hofmann & others, 2010; Kuyken & others, 2008）。

複習

與人格的社會學習論相關的心理治療又稱為認知行為治療，簡稱 CBT。此觀點認為異常行為是一種學習而來的行為，純粹是因為不恰當的學習經驗所致。行為治療師的角色像是老師，要幫助個案去除學來的不良行為，並學習合宜的行為。行為活化和社交技巧訓練等方法對於治療焦慮症、憂鬱症和其他精神健康問題很有成效。不過，有時問題並不是出在個案的問題行為，而是在於個案對自己及他人的看法。因此，CBT 往往需要靠認知再建構，也就是說，治療師需要藉由證明個案原本認知的荒謬處，進而協助個案修正錯誤來改變認知。CBT 對於治療焦慮症與憂鬱症同樣有效。

> **想一想**
>
> 1. 行為活化、社交技巧訓練及逐步暴露法可一起用來治療同時有社交焦慮症及憂鬱症的人嗎？
> 2. Aaron Beck 列出 6 種導致憂鬱症的錯誤思考模式。想一想，電視或小說裡有哪些角色就是用這樣的方式思考呢？

15.6　團體治療與家族治療

心理治療不是只有一對一的治療模式，也有採用團體或者是全家一起參與的模式。在學校最常見的就是成長團體或是生涯規劃團體。

15.6.1　團體治療

心理治療一般都採取一對一的模式，但有時考量效率與需求，會邀請幾個個案以團體的形式進行**團體治療（group therapy）**，通常由 1~2 位治療師一次帶領 4~8 名個案進行治療。團體治療除了比個別治療更符合成本效益以外，也有個別治療無法提供的好處（Clarke & others, 2001; Piper & others, 2007; Yalom, 1995）：(1) 得到團體其他成員的鼓勵；(2) 發現原來別人也有同樣的問題；(3) 聽到他人的建議；(4) 學習與他人互動的新方法。

> **團體治療**
> 以團體模式進行心理治療，通常一次有 4~8 個個案一同參與。

隨著治療師的治療取向不同，團體治療的形式可能差距很大，但共通點都是提供個案與其他個案互動的機會，並且在治療師的協助下，從這樣的互動過程中學習。不同取向的治療所採取的團體治療方式也不同。精神分析取向的治療師主要是扮演詮釋者的角色，本身並不參與成員間的互動；人本取向的治療師則是讓個案透過其他成員對自己的舉動和反應，來幫助個案看到真實的自己；認知行為取向的治療師則是利用團體來幫忙教導成員合宜、能適應環境的行為和認知。不論是哪種取向的心理治療師，大家都認同團體互動可以帶來特別的治療成效。但是若個案的問題複雜，需要治療師的完全注意，或是個案不希望在他人面前討論自己的問題的話，可能還是需要個別治療。

15.6.2　家族治療

家族治療（family therapy）是以家庭成員為團體成員的團體治療，包括父母、子女，以及其他的家庭成員。雖然進行家族治療的治療師同樣可能採取精神分析、人本，以及行為治療等取向，一般最熟知的家族治療是 Jay Haley

> **家族治療**
> 以家族理論及系統觀點對個人及家庭進行治療的一種方式。

（1976）與 Salvador Minuchin（1974）所提出的家庭系統治療法。

家庭系統觀點主張，要充分了解個體的心理問題，就必須先了解他的家庭背景，以及他在自己家庭系統中所扮演的角色。這種主張的原因有二。第一，個體的問題往往是家庭內的問題所導致。例如，一個母親之所以有憂鬱症，或是一個孩子之所以有攻擊性的行為，可能是在對父母衝突不斷的關係做反應。儘管被認為「有問題」的是憂鬱的母親和會攻擊人的小孩，除非父母的婚姻問題得到妥善的處理，否則憂鬱或攻擊的情況都不會有所改善。第二，個體的問題可能在整個家庭系統中是有其功用的。例如，年輕女兒堅持要到快瘦出病來時才肯吃東西。她這麼做，不論是有心還是無意，可能是要抓住父母的注意力，讓他們不要鬧離婚。

家族治療師的目標是解決所有家庭成員的問題，這個目標必須透過提升整個家庭的功能才能達到，主要會採取以下 4 種方法：(1) 讓所有的家庭成員看到整個家庭系統的功能狀態，並修正功能不彰之處；(2) 增加家人間的溫暖與親密度；(3) 改善家人間的溝通方式；(4) 幫助家庭建立適切的家規。透過這樣的介入，家庭成員的互動與整個家庭的功能就會明顯地與過去不同，讓每人都有歸屬感，當然，生活在家庭中的每一個成員也會有所改變。

15.6.3　伴侶治療

《愛是有道理的》一書作者蘇珊・強森博士（Dr. Sue Johnson）是著名的伴侶治療大師。她從心理學的理論出發來探討親密關係存在的意義，並且發展出一套情緒取向的伴侶治療方法。她從依附關係的角度來說明親密關係的特性，認為良好的親密關係就是一種安全的依附關係。透過情緒取向的婚姻治療，夫妻或伴侶可以學習情緒分享以及建立一個以安全依附為基礎的關係。當伴侶面對生活壓力或是生命困境時，另一伴的陪伴與擁抱是最安心的療癒歷程。強森博士在她的新作《療癒親密關係，也療癒自己：情緒取向創傷伴侶治療》中，將伴侶治療分成三大階段：第一階段為穩定關係與建造一個安全的基地；第二階段為重新建構伴侶之間的連結；第三階段為將改變整合到關係與雙方的自我概念中。透過創造一個安全的避風港，讓伴侶重新建立一個安全的依附關係，並且讓雙方從困境中走出來，並將成長轉變成個人與關係的內在復原力。從伴侶治療的角度來看，當婚姻或伴侶關係觸礁時，我們可以透過心理師的協助，不但可以修復破損的關係，更可以讓我們婚姻或伴侶關係更加穩固與幸福。

複習

團體治療或家族治療都是以團體為單位來進行心理治療，因為和其他也有同樣問題的人一起面對問題可以為個案帶來好處。個案可以從他人處得到鼓勵、建議，並且比較不會感到孤單，也可以學習與他人相處。不過問題複雜或不願在他人面前公開討論自己敏感問題的人還是比較適合個別治療。家族治療是以整個家庭為團體單位的治療方式。治療師的目標是重新建立家庭的正常功能來幫忙解決問題。伴侶治療是針對夫妻或親密夥伴兩人關係進行治療的方式，目的是改善關係中的困境，並協助依附關係的建立，讓雙方走出困境，建立更幸福穩固的親密關係。

想一想

1. 你認為哪一種治療憂鬱症的方式最有效？為什麼？
2. 當你需要尋求心理治療時，你會選擇團體治療或是個別治療？為什麼？

人類多樣性　女性心理治療：考量性別議題的治療模式

Nancy Felipe Russo（1990）指出，就提供心理健康服務方面，男性和女性得到的服務並不平等。根據近期所發展的女性心理治療（feminist psychotherapy）運動，主要強調以下幾個重點：

1. **個案與治療師的地位平等。**治療師應避免說教的角色，採用尊重的方式來對待女性個案，相信女性個案有能力做出好的決定。
2. **女性個案常被社會看待她們的方式而使發展受限，讓她們變成依賴他人的角色。**因此，應鼓勵女性相信自己是有能力的人，可以在個人、經濟，政治方面發揮自己的影響力。
3. **面對性別偏見與歧視勇於表達自己的感受。**鼓勵女性表達在現實生活中的不滿，特別是因為受到女性角色所壓抑的自己。
4. **重新定位自己，而非受限於妻子、母親或女兒的角色。**同時在女性掙脫傳統女性角色時，協助女性處理在這個過程中自然會有的焦慮。
5. **女性應正視自己的需求。**女性常忽略自己的需求，此目標是協助女性增加自我價值感和自尊。
6. **鼓勵女性發展傳統角色以外的重要技能。**自我肯定、職業技能、生涯發展等課題都是當代女性所需學習的。

很重要的一點是，女性心理治療的概念並不只侷限於女性，該療法所強調平等、獨立、自信對所有的人都有幫助。因此，有愈來愈多的心理治療會將女性心理治療的概念整合進

去，而非將其視為一個獨立的療法。

除了性別議題以外，性取向的議題也需要被重視。Catherine Eubanks-Carter、Lisa Burckell，以及 Marvin Goldfried（2005）等心理學家都認為有必要正視這個問題，因為還是有不少心理治療師將同性戀和雙性戀視為某種程度的「病態」。許多大學生正好面臨親密關係與性取向的議題，學校的學生輔導中心大多會辦理相關的演講或成長團體，而女性心理治療在面對社會既存的偏見與歧視時所展現的風格，正好提供許多相對弱勢的族群一個自我成長的方向與空間。

▶▶▶ 心 理 學 的 應 用　你會去學生輔導中心求助嗎？

每個人在生活中，或多或少都會遇到一些人生困境。面對這些困境時，你會尋求專業的協助嗎？以下是一項針對到學輔中心求助的大學生所做的調查研究，在該研究中，受試選擇受輔的機構包括：大學學輔中心（50.4%）、大學健康中心（21.0%），以及社區諮商機構（26.6%）。此研究的主要結果顯示：(1) 七成五受試的心理諮商經驗是正面的，兩成是正負參半的，九成受試認為心理諮商是有幫助的，有八成的受試將來會繼續求助心理諮商師，有九成的受試會推薦這項受輔作業（林家興，2007）。從這份研究報告來看，曾經到過輔導中心求助的學生，對這種專業服務大多表示肯定。但問題是，你會主動到輔導中心求助嗎？還有，問題要到多嚴重的程度你才會去輔導中心求助呢？

是否要去輔導中心求助，主要受到兩個因素的影響。第一，求助的汙名化問題。許多人有刻板印象，認為到輔導中心求助就代表你是有問題的人。第二，很嚴重的問題才需要去輔導中心求助。基本上，心理治療服務不只是解決人生的大問題或者是造成生活困擾的心理疾病。其實許多學校的輔導中心都會配合學生的需求提供多元化的服務，例如：成長團體、生涯規劃、親密關係諮詢、網路成癮處理等。透過這些服務，可以幫助你更加了解自己以及該如何適應這個多變的社會。因此，只要你覺得有需要，都可以到輔導中心求助。

克服了求助的難關，接下來就是要面對心理師所採用的治療模式了。如本章所提，不同的人格理論所發展出來的治療方式有所不同，表 15.1 即整理了國內心理師常用的治療學派。不過，不同的學派並不代表療效的差異，他們所代表的是面對問題的觀點以及切入的方法。國內的心理師都是經過專業訓練的專業人員，每個人都有自己精熟的學派與方式，因此在治療中，你可以和心理師討論你的期待與想法，這樣的溝通會更能幫助你面對困境。

參考文獻：林家興（2007）。大學諮商學習者受輔經驗之調查研究. 諮商輔導學報：高師輔導所刊；16，pp.1–21

表 15.1 國內常見的心理治療取向與參考書籍

治療取向	治療目標	參考書籍
精神分析	透過解決過去的困境與潛意識的衝突來幫助個體更成熟地調節自我。	西格蒙德‧佛洛伊德，2010，《精神分析引論》。左岸文化。
人際取向	透過處理人際衝突、悲傷經驗、人際角色、增進社交技巧，來協助個體走出憂鬱。	陳淑惠，2008，《憂鬱青少年人際心理治療》。心理出版社。
個人中心	認為每個人都是獨特的小種子，透過無條件的接納、溫暖與同理心等養分的灌溉，個體就會成長。	宋文理，2014，《成為一個人：一個治療者對心理治療的觀點》。左岸文化。
完型	根源於完型心理學，主張要將未表達之情緒完整表現，讓個體更加完整。	卓文君，2002，《完形治療的實踐》。心理出版。
認知治療	認為心理困擾來自於內在的想法，透過修正內在想法來改善困擾。	Judith S. Beck，2014，《認知治療：基礎與進階（第二版）》。弘智出版社。
行為治療	行為是受到外在環境所影響，透過行為改變技術可以改善行為。	陳榮華，2009，《行為改變技術》。五南出版社。
情緒中心治療	以個人經驗出發，著重在情緒層面的經驗感受與適應性。	唐子俊，2009，《有效學習情緒焦點治療──改變的歷程經驗治療》。心理出版社。
團體治療	透過小團體間成員的互動與討論來改善自我困擾。	許育光，2013，《團體諮商與心理治療：多元場域應用實務》。五南出版社。

本章總結

第 15 章說明不同的心理治療模式。

I. 心理治療是採用以心理學理論為依據的方法來解決心理問題，像是會談、示範以及強化等。
   A. 佛洛伊德是精神分析治療的始祖。他著重在處理潛意識的衝突，透過以下技法協助個案讓潛意識的內容浮上意識層面：
      1. 自由聯想是用來讓自我鬆懈的策略。
      2. 夢境解析是進入個人潛意識的一扇窗。
      3. 阻抗是個案在治療過程中出現任何形式的抗拒。
      4. 移情是個案將自己對於重要他人感受投射到治療師身上。
   B. 宣洩是透過情緒抒發來減低潛意識內的衝突。
   C. 人際取向治療是著重在人際關係的覺察與改變，對於治療憂鬱症很有成效。

II. 人本心理治療著重在協助個體達到完全的自我覺察。個人中心治療和完型治療是兩大主要療法。
   A. 個人中心治療透過提供安全的情緒環境，幫助個體發現真實的自我。
   B. 完型治療透過指出個案言行的不一致之處，協助個案更加瞭解自己。

III. 認知行為取向是幫助個案去除不合宜的想法與行為，並學習可以適應環境的合宜想法與行為。
   A. 逐步暴露法是處理恐懼症的有效策略。
   B. 行為活化是透過鼓勵個案參與具建設性的活動以幫助個案走出憂鬱的策略。
   C. 社交技巧訓練是協助個案學習新的人際技能。
   D. 認知再建構著重在修正造成個案偏差行為的錯誤認知。

IV. 有時考量個案的需求會採用團體形式來進行治療，主要包括團體治療和家族治療。
   A. 團體治療著重在成員間的互動與團體氣氛的營造，藉此來改善個體的問題。
   B. 家族治療是以家庭為單位的治療模式，目標是協助家庭重建功能。
   C. 伴侶治療是以親密夥伴為單位的治療模式。

課程活動

活動目的：同理心練習

活動說明：

同理心是一個經常使用的諮商技巧，重點就是要站在對方的立場去感受對方的心情，並且可以讓對方知道你感受到他的心情。將班上同學分成兩兩一組，其中一個人負責描述他的故事，另一個人則用「同理心」來感受對方的心情。描述故事的人就根據最近發生的事來和對方分享，同理者則試著站在對方的立場去感受敘事者當下的心情，並給予回應：「我覺得你當時的感覺是……」（可參照下列常用的情緒用語）。

常用情緒用語

程度	正向	負向
強烈	興奮 興高采烈 亢奮	忿怒 生氣 惱怒 嫌惡
中度	高興 快樂 喜悅	焦慮 擔心 鬱悶 害怕
低下	放鬆 平靜 自在	羞愧 悲傷 孤單 無聊

此分類根據情緒品質分成正負向兩個向度，以及生理活躍程度分成強烈、中度與低下三個程度。你可以就你自己的經驗來建立屬於自己的情緒表。

第 16 章　社會心理學

人是社會性的動物。我們喜歡與他人在一起，需要他人，也深受他人影響。有時我們的穿著或言行會模仿他人，我們的信念和態度也常被他人影響。在群體中，我們有時會因為群體壓力而做出不理性的行為；不過，有時群體所能提供的助力又遠大於個人。

對大部分的人來說，最重要的社會互動對象都是自己喜歡或心愛的人。在大學生活中，戀情的產生與消逝都是自然發生的現象，很少人會探討背後的原因。有些人偏向章頭漫畫的爬蟲類，用下半身談戀愛；有些人談戀愛只要開心就好；當然也有些人相當成熟，追求可以經營幸福的愛情。遺憾的是，我們除了喜歡與愛人以外，也會討厭甚至憎恨他人或其他群體。

在這一章，我們將深入探討人與人之間微妙的關係，以及戀情的發生與消逝。了解我們為什麼會對某人或某些群體有強烈的正向或負向感覺，可以讓我們更加了解身為人的意義。

16.1 社會心理學的定義

社會心理學
研究個體與他人及所處環境社群的互動。

社會心理學（social psychology）是心理學的一個分支，研究個體如何與他人互動，以及個體如何受到社會環境的影響。由於我們都生活在人群之中，我們自然而然也會受到他人的影響。我們有許多重要的行為是向他人學習而來，許多動機也都是社會性的。

群聚是人類的天性之一。社會心理學家 Elliot Aronson（1995）提醒我們，這是心理學最古老的洞見之一。在西元前 328 年，亞里斯多德（Aristotle）寫道：「人天生就是社會性的動物。無法適應團體生活，或者因為能夠自給自足而不需要團體生活，於是不參與社會成為其中一員的人，這樣的人若非神靈，就是野獸。」人們彼此需要，互相喜歡，而且每個人都深受他人所影響。社會心理學家就是要探討人們為什麼會互相吸引，對人有需求以及所受到的影響。我們必須在個體生活的社會環境中去檢視個人的心理。要全面地了解一個人，我們必須觀察個人如何受到所處社會環境的影響。

16.2 團體與社會影響

我們是在群體生活中的個體，自然會受到他人的影響。想想看，你是否經常參加班上的聚會？而在聚會中，你的行為是否會受到其他同學的影響？

我們就從社會的影響開始，先看看作為團體的一分子對我們所造成的影響。你會發現人性的光明面和黑暗面，這正充分突顯出我們是如何受到社會環境的影響。

16.2.1 去個人化

校園中出現的集體霸凌和青少年聚眾飆車等事件，這些讓我們擔憂不已的事情層出不窮。想想看，這些人為什麼會失去理智而做出瘋狂的行為呢？

身處團體中會使人覺得自己匿名，而且不會被指認，這種感覺的歷程稱為**去個人化（deindividuation）**（Zimbardo, 1969）。在這種狀態下，人比較不會意識到自己的所作所為，而且也比較不會在意別人的看法，結果平常不會去做的事發生的可能性就會增加。身處團體之中猶如穿上了制服，大家看起來都一樣，而像熱鬧的氣氛或噪音等刺激性的環境因素則會增加去個人化的可能性。想想你在一場觀眾爆滿的球賽或是大型的搖滾演唱會中的行為，你可能會瘋狂地大吼大叫，感覺到自己有某種程度的解放。去個人化的結果會打破你原有的界線，而做出一些自己原先不敢做的行為，如此便可能產生一些嚴重的後果。例如，當人們不會被指認出來時，他們會更具侵略性（Zimbardo, 1969）。

> **去個人化**
> 在團體中，個人因為覺得自己匿名而且不會被指認，因而比較不在意他人如何看待自己的所作所為。

16.2.2 不涉入的旁觀者

1964 年，報章雜誌都是有關 Kitty Genovese 之死的相關報導。她在紐約市的一個住宅區被打、被刺至死，整個過程歷時 30 分鐘，而她的 38 個鄰居都站在窗邊看著。令人難以置信的是，竟然沒有一個人出來幫她，甚至連報警的人都沒有。在台灣也有類似的例子。有人出車禍在路邊痛苦地求援，車子一輛輛從他身邊駛過，卻沒有人下車來幫忙。從路邊監視器的畫面可以看到，這段求援的過程長達 30 分鐘，他竟因無人伸出援手而死亡。你能相信這是在充滿人情味的台灣所發生的事嗎？

為什麼會這樣？Kitty 只是碰巧住在一個鄰居都是既冷漠又膽小的社區嗎？社會心理學家並不這麼認為，並開始進行研究，以便了解為什麼在一個沒有什麼結構的團體中，會使個人比較不會去幫助有需要的人。Bibb Latané、John Darley，以及 Judith Rodin 進行了一系列的實驗，想要了解當旁觀者在群體中之所以不行動的原因。在其中一個實驗裡（Latané & Rodin, 1969），一名女性實驗者要求大學生填寫一份問卷，在他們作答時，她走到簾幕後面，然後假裝發生意外。大學生聽見她爬上一張椅子，然後跌下來。她假裝很痛苦地呻

吟著,並且開始求救,看看有誰可以幫她把腳從一個重物底下移出來。當大學生是獨自在教室的另一端時,70%的人都會去幫她;但是,當他們與另一個對該實驗者的求助無動於衷的學生配對成一組時,只有7%的人會試著去幫忙。

在一個類似的實驗中(Darley & Latané, 1968),大學生從對講機裡「意外聽到」一場假裝的癲癇發作。當學生以為只有自己聽到時,有八成五的人會試著替病患尋求幫助;但是,當他們以為也有別人聽到時,則只有三成的人會尋求協助。社會心理學家並不認為在急難事件中未伸出援手的旁觀者是在人性方面有所缺失,而是認為他們是受到了身處團體之中的影響。許多研究顯示,團體的人數愈多,特定個人會幫助危難者的可能性就愈低(Garcia-Herrero & others, 2002; Latané & Nida, 1981)。

為什麼當我們處在一個結構鬆散的團體中時,就比較不會伸出援手?Latané和Darley(1970)認為,有他人在場時,會影響我們對於是否需要幫忙的覺知,也會影響我們認為自己有多少幫忙的責任。我們注意到有事情發生時,會先向他人尋求資訊。如果沒有其他人想辦法幫忙,則我們會去幫忙的可能性也很低,因為看起來好像沒有要幫忙的理由。如同前述的女性實驗者研究,當大學生是自己一人時,有七成的人會伸出援手,但是若跟另一個完全沒有反應的人(其實是實驗者安排的「實驗同謀」)在一組時,會幫忙的百分比就降至7%。在其他關於旁觀者的實驗中,若實驗者安排的實驗同謀試著去幫忙,則研究參與者也就更有可能幫忙。

有其他旁觀者在場時,我們也比較不會認為自己有幫忙的責任。結構鬆散的團體會創造出**責任分散(diffusion of responsibility)**的情況。如果團體中的每一個人都要為集體暴行負責,那麼就沒有任何個人需要單獨負起責任了:「不是我做的;我們只是湊在一起,一切就發生了。」在緊急情況中,單獨在場的人顯然有提供協助的責任;而在一群旁觀者中,一般的推想是我不必幫忙,反正自然會有其他人伸出援手。因此責任可能會被分散,結果沒有一個人認為自己應該負責。

責任分散
在團體之中,個體顯然會減少自己在團體中做出合宜行動的責任。

16.2.3 團體形式的工作與問題解決

我們經常會有團體工作的經驗,例如,一起讀書、做小組報告、開班會討論如何處理班上問題等。依據你的經驗,你覺得小組報告的表現會比一個人準備報告還要好嗎?

在某些情況下,身處團體中會增進個別成員的表現。這時,就會產生**社會**

社會促進
團體工作的形式會促進個別成員的表現。

促進（social facilitation）（Levine, Resnick, & Higgins, 1993）。在社會心理學最早期的一個實驗中，Triplett（1898）發現有其他同儕在場時，青少年捲釣魚線的速度比他們單獨進行時要快得多。

但是，身處團體中有時會造成個別成員的投入減少。作為觀眾，我們通常都會熱情地鼓掌，但是每個人的掌聲都一樣熱烈嗎？還是有些人會稍微混水摸魚一點？研究顯示，如果要求你盡全力鼓掌，當你認為自己的掌聲會被單獨測量時，你的鼓掌聲會比較大聲，而當你認為被測量的是一群人一起鼓掌的掌聲時，你鼓掌的聲音就沒那麼大聲（Latané, Williams, & Harkins, 1979）。這種現象稱為**社會閒散（social loafing）**。

> **社會閒散**
> 當被測量的是團體整體的表現而非個人的表現時，團體成員就比較不會那麼努力的傾向。

假設你說服你的導師，用下一堂課的時間在班上辦拔河比賽。你在一對一的個人對抗賽中比較努力，還是在四人一組的團體對抗賽中比較賣力呢？當參與拔河的人數增加時，每個成員平均貢獻的力量則隨之減少（Kravitz & Martin, 1986）。這種削弱的效果有部分可能是因為團體成員之間缺乏協調——有些人拉繩時有些人卻放鬆，結果減弱了平均的力量。但即使矇上參與者的眼睛，並讓他們相信有其他人和自己一起拉繩子時，仍不會像他們自己一人在拉繩時那麼賣力（Ingham, Levinger, Graves, & Peckham, 1974）。

影響社會閒散的關鍵因素有二：(1) 團體的人數多寡；(2) 作業任務本身的性質。團體愈大，個別成員愈可能減少他們對團體的貢獻（Sorkin, Hays, & West, 2001）。在較大的團體中之所以比較會打混，可能是因為他們相信其他人應該會做出更多的貢獻，或是因為自己剛開始的貢獻並未得到其他成員的正面回應，或是因為他們認為就算自己打混也不會有人注意到。

為什麼我自己一人開車時比較常引吭高歌，而當有其他親友同在車內時就沒那麼常唱歌？也許你曾有過這樣的經驗，就是當你得在一群觀眾面前講話時，覺得自己的表現不佳。這種現象稱為**社會抑制（social inhibition）**，亦即因為有他人在場而導致表現不佳。這與社會促進正好相反。為什麼有他人在場時，有時會促進表現，有時又會抑制表現？作業任務的性質正是影響團體成員個別表現的重要因素。因為有他人在場時會激發交感神經系統，而有些作業任務在交感神經高度激發時表現較佳，有些任務則在交感神經低度激發時的表現較好（Zajonc, 1965）。

> **社會抑制**
> 因為身處於團體中或在眾人的情境下導致某種行為的減少及退縮。

Hazel Markus（1978）要求研究參與者穿上特殊服裝，來為下一階段的實驗做準備。此穿衣服的作業任務有的很簡單，只要穿上平常穿的鞋襪就好；也有的很困難，得穿上奇怪、罕見的服裝。有些研究參與者是獨自進行這項作

業，沒有他人在場，有些研究參與者則是在穿衣服時，還有個實驗同謀在同一個房間內整理裝備。當研究參與者進行簡單的穿衣作業時，有他人在場會比單獨穿時來得快；當研究參與者進行的是較困難的作業時，有他人在場會穿得比單獨進行時還要慢。為什麼會這樣呢？

回想一下第 11 章所討論的最適程度激發（optimal levels of arousal）。當人們處於較高度激發的狀態時，簡單的作業會變得更容易完成，但是困難的作業則會變得更難以完成。高度激發的狀態，例如，在觀眾面前表演時，可能會對簡單或者是熟練的作業產生社會促進，但是對於困難或是不熟悉的作業就會產生社會抑制。專業的運動員、音樂家，甚至是在學生面前講課的老師，通常都是在有觀眾時才會有最佳表現，因為他們是在表現經年累月不斷練習過的技巧；相對地，缺乏練習與技術的新手表演者在有觀眾在場時，通常會表現得更糟。至於在壓力下常見的「失常」（choking）現象則通常發生在結果對我們很重要，而我們又在他人面前表現時（Baumeister, 1984）。即便是技術高超的人正在做已經相當精熟又例行的事，如果他們太過專注於想要嘗試去做的事情時，也會有失常的情況出現（Beilock & Carr, 2001）。

團體中的問題解決　一般來說，小團體成員一起解決複雜問題的能力，會比自己一個人處理較佳（Laughlin & others, 2006; Sorkin, Hays, & West, 2001）。即使團體中的個別成員表現出一定程度的社會閒散，不過三個臭皮匠還是勝過一個諸葛亮；而且解決問題多半需要不只一個人的知識與能力。然而，還是有例外，就是做腦力激盪的時候。團體進行腦力激盪似乎沒有什麼生產力，而團體中的成員獨立運作反而會有更多的可能性，也能提供更有創意的想法（Taylor, Berry, and Block, 1958; Mullen and Johnson, 1991）。如果有團體報告要做，最好是每個成員先獨自想並將想法列出，之後整個團體再開會一起討論。

然而，有時團體討論卻反而做出任何成員獨自思考時都不會做的糟糕決定，維持團體的共識與凝聚力往往會阻礙手中的作業任務而導致糟糕的決定。為什麼會如此？心理學家 Irving Janis（1982）研究了影響聰明、博學的決策團體做團體問題決策的因素。他提出某些歷史上最嚴重、最災難性的決定——例如，甘迺迪總統下令送古巴突擊隊入侵豬玀灣的決定，以及美國太空總署在 1986 年不顧工程師關於脆弱 O 型圈的警告而發射挑戰者號太空梭的致命決定（Kruglanski, 1986）——都是充滿錯誤的團體決策結果。Janis 把發生在團體中這種充滿錯誤的決策歷程稱為**團體迷思（groupthink）**。

團體迷思
在團體中所發生的錯誤決策歷程。

團體決策為何會造成團體迷思？有三項關鍵因素：(1) 極化的歷程；(2) 團體成員的凝聚力；(3) 團體的大小。假設有個朋友要你針對以下困境提出忠告：

我想參加研究所推甄，因此在學成績很重要。我現在感到很兩難，一方面想修一位備受那間研究所推崇的老師的課，但是那位老師的成績很不好拿，另一方面我又想修老師名氣沒那麼大但卻容易過的課，以便獲取高分。我該怎麼辦？

你會給這位朋友什麼建議？你會勸他孤注一擲，即使取得高分的機會很低，也要選擇名氣大但是很難拿高分的老師？研究顯示，如果是在一對一的情況下，大部分的人並不會建議這麼冒險的選擇；但是，當一群人一起討論這樣的困境時，他們就可能選擇比較極端的立場，建議採取比較冒險的方法（Stoner, 1961）。團體討論往往會讓我們把意見推到一個議題的某一個極端，而導致思考的**極化（polarization）**。

> **極化**
> 團體討論會傾向極端論點的現象。

團體迷思也比較可能發生在緊密連結、凝聚力強的團體中。凝聚力強的團體其成員通常會同意彼此的想法，並且打壓不同的聲音。因此，反駁性的證據與意見通常不會被端上檯面，結果使團體一直有自己的決策是正確的錯覺。在這樣的情況下，自然就容易出現有問題的決定。要避免團體迷思，團體中至少要有一名成員負責扮演「魔鬼代言人」的角色，持續地挑戰團體的想法。就算只有一個不同的意見，有時也能打破魔咒。

最後，團體的大小也很重要，因為隨著團體人數的增加，成員間互動的本質也會隨之改變（Fay, Garrod, & Carletta, 2000）。在小團體中，成員透過互動性對話（interactive dialogues）的過程來影響彼此的想法。成員是以一種有回饋、互相連結的方式彼此交談、交流意見。在大團體中，成員較可能做連續獨白（serial monologues）。他們輪流發表「演說」來表達自己的觀點，但是並未統整或回應其他團體成員所發表的意見。結果，在大團體中較少有建設性的意見交換，而團體中的強勢成員在討論之前就有的想法可能占盡優勢（Fay, Garrod, & Carletta, 2000）。如果強勢成員的意見不正確，在大團體中是比較不會被糾正的。如果團體的領導者並不特別支持某個觀點，就有助於預防團體迷思。關於在何種情況下的團體決策會做出糟糕的決定還有待更多研究去探討（Kerr & Tindale, 2004）。

16.2.4 從眾、社會角色，以及服從

我希望你們已經開始理解，社會情境對個體行為具有強大的影響力。顯

然，社會情境在許多方面都影響著我們的生活。但是，社會影響不只如此而已。如果只要有一個人發言就可以預防團體迷思，為什麼團體迷思還是會發生？接下來，我們要討論人有順從同儕團體和文化期望的傾向、社會給定的角色與規範對我們行為所產生的影響，以及我們都有服從權威人士指示的傾向。

從眾 人是社會性的動物，因此我們傾向表現得和團體中的其他人一樣——我們傾向從眾。**從眾**（conformity）是指屈服於團體壓力，因此表現出和他人相同的行為，即使沒有被直接要求也一樣。最能說明從眾的經典研究是 Solomon Asch（1956）所進行的一個實驗。他要求大學生擔任他的研究參與者，並佯稱這個實驗和「視知覺」有關。每個參與研究的學生都和其他的「研究參與者」組成一組，但這些所謂的其他研究參與者事實上都是實驗同謀。整組人會看到如圖 16.1 所示的四條直線。研究參與者的任務是判斷右邊三條線中哪一條和線條 A 一樣長。

整個作業刻意設計得很簡單，線條 Y 顯然是正確答案。但是真正的研究參與者被排在最後，要等所有人都回答完後才能回答。剛開始的答案皆如預期，但是之後就發生變化了。偽裝成研究參與者的實驗同謀們都選了線條 X。真正研究參與者的困惑一眼就看得出來，似乎在問：「是我瘋了，還是他們瘋了？」研究參與者通常在一開始會堅持正確答案，但是到最後都會屈服於團體壓力。令人驚訝的是，有 74% 的情況是研究參與者會屈從於團體的壓力，至少在某些時候會回答錯誤的答案。

這種從眾性有多「深刻」？研究參與者是否知道，自己只是跟著團體一起錯？或是團體真的改變了他們的判斷？人們可能會為了兩個理由而從眾：得到獎賞並避免懲罰（例如社會讚許或譴責），或是為了獲取資訊。在 Asch 的實驗中，人們似乎為了第一個理由，也就是為了尋求讚許並避免譴責而從眾。我們怎麼知道呢？當同樣的長度判斷實驗改以稍微不同的方式進行，也就是容許研究參與者私下表達其答案時，幾乎沒有人會跟著其他人給的錯誤答案來回答。顯然，即使在面對來自他人的壓力時，我們還是能保有自己的理性，但是往往會在外表言行上表現得和群眾一樣。

然而有些時候，我們是把他人視為訊息的來源而從眾。例如，在高級餐廳用餐時，我們會看看別人把餐巾放在哪裡，以及用哪支叉子吃沙拉等。研究顯示這樣的情況會發生

從眾
個體會屈服於團體壓力而做出依循團體的行為，即使沒有被直接要求要服從，也會順從團體。

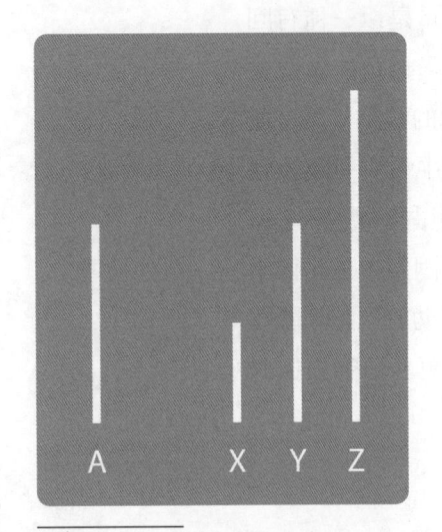

圖 16.1 Asch 的從眾研究中所使用的刺激。

在「正確答案」的判斷不如 Asch 的線條判斷實驗那麼清楚時。Sherif（1936）利用一個稱為「動點效果」（autokinetic effect）的知覺現象進行了一個研究。當研究參與者被安排在一間沒有任何參考點的暗室中，固定在牆上的光源看起來就像會左右移動一樣。由於光點並不是真的在移動，而且感覺光點左右移動的距離因人而異，因此，這是一個很模糊的情境（相對來說，Asch 的線條判斷作業就相當清楚明瞭）。Sherif 讓研究參與者和實驗同謀同坐在一間暗室中，並要求他們判斷該固定光點移動了多遠的距離。實驗同謀會回答非常高或非常低的答案，而研究參與者則傾向同意他們的答案。在這個模糊的情境中，即使研究參與者可以私下報告自己對點移動的估計距離，他們仍會傾向同意實驗同謀的答案。當某個情境中的適當反應並不清楚時，我們會以他人作為訊息來源，而且不只是外在表現得和他人一樣，而且也可能真的會改變我們的判斷來從眾。

以下是幾個會增加從眾可能性的因素：

1. **團體的大小**：團體裡的人愈多，我們就愈可能從眾。然而當團體變得太大，從眾的情形就會持平，不再特別增加或減少。
2. **意見一致的團體**：當我們面對一個對某件事意見態度完全相同的團體——也就是意見完全一致的團體時，從眾的可能性最高。但即使團體裡只有一個人和我們意見相同，從眾的可能性就會大幅下降（Nail, MacDonald, & Levy, 2000）。
3. **文化與從眾性**：Solomon Asch 在 1956 年所做的線條判斷實驗，已在全世界 17 種不同的文化中複製進行過無數次（Bond & Smith, 1996）。每種文化都有從眾的情形，但是來自個人主義文化（重視個人福祉）的人（例如在北美），在 Asch 實驗中的從眾性較低，而來自集體主義文化（重視社會整體福祉）的人，從眾性則較高。

社會角色與社會規範 為了避免團體工作陷入混亂，每個人的努力都必須和其他人協同一致。為了達成此一需求，每個文化都演變出許多**社會角色**（social roles）與**社會規範**（social norms），作為他人期待我們如何表現的準則（Levine & others, 1993）。如同戲劇演員都會拿到自己角色的劇本，社會角色告訴我們，他人期待我們會如何行事。在這門課裡，你扮演的是學生的角色，而教導心理學的人則是扮演教師的角色。每個社會角色都會給予扮演該角色的人一套在某個情境下所期待的合宜行為。當扮演教師角色的人站在教室前面滔滔不絕時，你不會覺得驚訝；但是如果坐在你旁邊的學生突然站起來，然後對

社會角色
由文化所決定的準則，教導人們社會期待他們會有什麼樣的行為。

社會規範
每個文化對於判斷行為是否可被接受的準則。

著所有人講一段長達 45 分鐘關於古典制約對於理解愛情有何種重要性的內容時，你就會很驚訝了。

社會角色會對個體的行為產生強大的影響。當我們換了一個新角色，往往就會改變行為，以便符合這個角色。舉一個戲劇性的例子來說明社會角色對行為的強大影響力：史丹佛大學的社會心理學家 Philip Zimbardo 對監獄中的社會角色做了研究。Zimbardo 對這些特殊的角色感興趣，是因為他覺得這樣的角色會造成對受刑人的虐待，而這樣的情況會使受刑人的行為愈來愈糟（Haney & Zimbardo, 1998）。以下是 Zimbardo 對其發現的描述：

> 我們從回覆 Palo Alto 市報紙上所刊登廣告的 70 名志願參與者中，仔細地挑選出大約 24 名年輕男性參加這個研究。其中一半的人被以擲硬幣的方式決定他們當受刑人，另一半則當監獄管理員。這是這些研究參與者在我們的模擬監獄中所要扮演的角色。監獄管理員需要了解這個狀況的嚴肅性和危險性，還有他們可能會受到的傷害。他們自訂明文規則，以維護法律、秩序與尊嚴，並且可以在 3 人一組每次 8 個小時的輪班中，自訂新規則。犯人則在毫無預警的狀況下，被市警從家裡帶走，經過搜身、上手銬、按指紋、在派出所做登錄以後，被矇著眼睛帶到我們的監獄裡。他們被脫光、消毒、穿上囚服、領取號碼，然後被帶到一間小囚房。囚房裡是要一起共度 2 週的另外兩名囚犯。付給研究參與者的費用很不錯，而他們的動機就是想賺點錢……。但是才僅僅 6 天，我們就被迫關閉這座假監獄，因為我們親眼見到很可怕的事情。對大部分的參與者（或是對我們）來說，現實與角色的變換界限已經模糊了。大部分人確實變成了囚犯或獄卒，再也無法清楚分辨自己和所扮演的角色。他們的行為、想法，以及感受，幾乎在每個層面都有了戲劇性的改變。不到 1 週的囚禁經驗（暫時地）就抹消了一輩子學來的東西；人性價值被拋在一旁、自我概念被挑戰，而人性最醜惡、最原始的病態層面則浮上檯面。我們看到有些扮演獄卒的人待囚犯如動物，以暴行為樂；有些扮演囚犯的人則變成無人性的機器，成天想的就是逃獄、自己的生存，以及對獄卒的恨意。在一開始的 4 天內，我們就必須放走 3 名扮演囚犯的人，因為他們已經出現情境創傷反應，像是歇斯底里地哭泣、思考紊亂，以及嚴重的憂鬱。其他人則要求我們給予假釋，甚至寧可退還他們已經拿到的參與費用，只求能夠被釋放。

資料來源：Reprinted by permission of Transaction Publishers. Excerpt from *Pathology of Imprisonment* by Phillip G. Zimbardo. Copyright 1972 by Transaction Publishers. All Rights Reserved.

社會角色和恐懼、憤怒、疲憊以及強烈的偏見綜合在一起，可能是這類行為背後的成因（Fiske & others, 2004）。Zimbardo 也認為去個人化可能也是一個重要因素。我們在日常生活中扮演著許多不同的角色（學生、員工、朋友等），這些角色有時會彼此衝突，而且無論我們是否意識到這些角色，它們都會對我們有所影響。除了服從我們的社會角色，我們也會依循或明或暗的規則，也就是社會規範（social norms）行事。文化中的社會規範告訴我們，在特定的社會情境下該如何行事。在電梯裡，我們會直視前方以避免與他人四目相接、不在公共場所摳鼻孔，因為這些都是廣為美國人所接受的社會規範。大多數人在大部分的時候都會服從文化的社會規範。當我們到社會規範不同的國家或文化旅行，有時會經驗到文化衝擊（culture-shock）。

了解自己的角色，還有他人的角色，可以幫助我們順利地與他人互動，一起為共同利益努力。例如，中國傳統的五常（倫）就是一種社會角色與社會規範，這些規範讓我們知道該如何扮演好不同的角色，以及如何與其他角色互動。

服從：權威人物的直接影響　　在傳統的思想中，我們經常會對權威者有所敬畏。小時候，老師說的話就是一種聖旨。長大後，我們很容易被權威者說服。想想看，你是否也會受到權威者的影響？Stanley Milgram（1963, 1965）進行了一系列的研究來協助我們了解**服從權威（odedience）**這個主題。為了體會其研究發現所造成的衝擊，可以試著想像你是他的研究參與者。你參加一個與記憶有關的研究。你依約定時間到了實驗室，和另一位研究參與者一起去見一位穿著白袍，看起來很嚴肅且充滿權威感的實驗者。實驗者選擇你當實驗中的「老師」，另一位研究參與者則當「學生」。學生必須記住一張字詞配對表，而你要考他的記憶力，然後操作一組設備。所謂的「設備」是一台標示著「電擊器」的控制裝置，上頭有一組標記從 15 到 450 伏特的開關。

你幫忙把學生綁在一個看起來像電椅的東西上，然後把從另一個房間裡的電擊器接出來的電擊設備接到他身上。學生問到，他有心臟病，這個實驗會不會有危險，實驗者向他保證，雖然電擊很痛，但是不會造成任何身體上的傷害。你回到另一個房間，坐在控制裝置前的位子上，並聽實驗者告訴你，該怎麼使用電擊來「幫助」學生記住字詞表。

你會透過擴音器聽到學生試著背誦字詞表，每當他犯錯，你就要移動開關電擊他。你要從最輕微的電擊開始，每次他犯錯就增加電擊的強度。你甚至要先受一次 45 伏特的電擊，以便了解那種感覺（很不舒服），然後實驗就開始。

服從權威
個體因為權威人士的要求所執行之行為。

學生背誦得相當正確，但是犯了幾個錯誤，而你依指示針對每個錯誤給予電擊。

你不知道的是，學生並未真的被電擊。他是實驗同謀，在這場實驗裡軋一角。他甚至沒有透過擴音器講話，你聽到的其實是錄音帶。但重點是，你相信有個心臟病患正被綁在隔壁房間的電椅上，而他每次犯了錯你就電擊他。

到 75 伏特時，學生發出呻吟聲；到 150 伏特時，他說覺得心臟狀況不太對，並要求不要再做實驗了。實驗者回絕這個請求，並告訴你，當他答錯就電擊他。到 180 伏特時，學生喊叫說他受不了了，然後你照實驗者的指示把電鈕轉到 300 伏特——標示著「危險：嚴重電擊」，此時學生停止回應。當你轉過頭看著實驗者，希望他停止這一切時，他卻堅定地告訴你繼續電擊下去。

你會怎麼做？你會施以危險的電擊，即使學生已經要求你住手？或者你會拒絕再繼續下去？Milgram 問一組精神科醫師認為有多少研究參與者會在這個關頭繼續施以電擊，精神科醫師預測不到 5% 的人會繼續。你預估會有多少比率的人繼續？Milgram 驚訝地發現，有 65% 的人不僅繼續下一個電擊，甚至還一直進行到最後（450 伏特）。

即使對熟知社會情境威力的社會心理學家來說，Milgram 的發現也令他們十分震驚。這會不會是個巧合？Milgram 找來的人碰巧都是虐待狂？Milgram 重做了這個研究，並且在學生、藍領階級、白領階級等各行各業、男女老少的不同研究參與者身上，都看到同樣的結果。他在聲譽卓著的耶魯大學實驗室裡、在康乃狄克州橋港（Bridgeport）鬧區的工作場所都進行過同樣的研究，這個研究也被許多不同的國家複製進行過同樣的實驗。這些研究的結果，是對社會情境威力的一個痛切提醒，警告我們：對於像你我一般的凡人，有多麼容易被權威人士誤導利用來服從並實踐他們想要的一切。

稍微值得安慰的是，後來的研究發現，當研究參與者與「受害者」處在同一個房間裡，可以看到受害者因電擊所受的痛苦時，人們較不會遵從指示給予強力電擊。此外，當實驗者的威信降低時，遵從的比率跌至 50%。當實驗者透過電話而非當面下指示時，比率跌至 25%。特別是當研究參與者眼見另外兩名研究參與者拒絕給予高壓電擊時，只有 10% 的人會遵從實驗者的指示進行到最後。當個人受到引導而覺得要對自己的行為負有更多的個人責任時，以及當權威者很明顯是為了自己的目的而行事時，遵從的情況也會減少。這些後續發現多少有些鼓舞作用，但並未削弱 Milgram 的研究發現所帶來的衝擊：社會情境對個人行為有可怕的影響力，必須小心防範。

關於 Milgram 的服從權威研究也讓我們思考研究參與者的基本人權問題。雖然這個研究在探索人性的重要面向上有相當大的價值，但是以今日的標準來看，這個研究是違背專業倫理的。其中最重要的問題在於，實驗者不能命令研究參與者違背自由意志繼續進行實驗——研究參與者隨時都可以退出實驗。

16.2.5 團體的光明面

這些有關社會閒散、極化，以及團體迷思的討論，是否讓你覺得人們永遠無法在任何事情上同心協力？或是，要當個好人的唯一辦法，就是像隱士般離群索居？其實不該是這樣的。想想身為團體一分子對我們的好處。有很多事情是個人再怎麼努力也無法達成的。獨自工作的人確實比團體中的人更賣力，但是，四個人合力足以把單獨一個人永遠也拉不動的船拖上岸。在 Milgram 的服從權威研究中，你會發現，當人們親眼見到別人拒絕實驗者的命令時，比較可能對權威人物採取不服從的反應。

團體對個人也有好處——想想支持團體和治療團體，都可以提供情緒上的支持與安慰。想想你在第 13 章所學到的，強大的支持團體可以有效地降低壓力的影響。我們必須在團體對我們的行為所具有的負面影響上保持警覺，不是因為我們要避開團體，而是讓我們能把握身為團體一分子的真正好處。

複習

我們是社會性的生物，所以自然會受到他人的影響。首先，在群體中，我們會因為他人的存在而有不同的反應。當有人需要協助時，因為他人的存在而讓你不會主動地去協助受害者。在團隊工作中，他人的存在也會影響你的工作表現。此外，他人也會對我們產生某種程度的影響，從眾與服從就展現出你如何不自主地受到他人影響。

想一想

1. 你是否曾經有過從眾的行為？你何時最容易從眾？
2. 你認為 Stanley Milgram 的研究有什麼重要性？這個研究對於社會中的每個人都有責任做出符合倫理的行為又有什麼看法？

16.3　態度與說服

態度是社會心理學中的重要概念，之所以特別受到重視，是因為態度通常是向他人學習而來，而且我們的態度往往會反映在我們對待他人的行為上。社會心理學家將**態度**（**attitudes**）定義為：使我們傾向以某些特定方式去行動或感受的信念。注意，這個定義包括三個部分：(1) 信念，例如，認為「推銷員都是騙子」；(2) 感受，例如，對推銷員的強烈厭惡；(3) 行為傾向，例如，當推銷員上門時，就準備讓他吃閉門羹。我們的態度從何而來？又為什麼會改變？

> **態度**
> 使個人以某些特定方式去行動或感受的信念。

16.3.1　態度的起源

我們的某些態度是從自身的經驗學習而來。曾經被狗咬過的小孩可能終其一生都會對狗有負面的態度，尤其是對咬傷他們的那種狗。換句話說，有些態度是經過古典制約而產生的。當某個刺激和正面經驗或負面經驗配對時，產生的態度也同樣會是正面或負面的（Hofman & others, 2010）。

態度也常是從觀察他人的行為學習而來（Hilmert & others, 2006）。父母對鄰居表示友善，小孩也會對鄰居有正面的態度；自己的好朋友覺得打棒球很無趣，我們也可能透過模仿而對打棒球有同樣的態度。

16.3.2　說服與態度改變

態度不是刻在石頭上的，態度形成之後也可能會改變。已知最早的社會心理學著作，其內容就是如何透過**說服**（**persuasion**）來改變人們的態度。亞里斯多德的《修辭學》（*Rhetoric*）一書，就是關於在演說家的論辯中，有哪些因素可以使其論證具有說服力的專著。每天政論節目上的名嘴在發表高論，就是試圖改變觀眾對某些議題的態度；廣播與電視上的宣傳和報章雜誌上的廣告，都是設計來改變你對產品的態度；候選人的政見發表會和宣傳文宣是要說服你去投他一票；當你要求老師不要考試時，你就是在透過說服想改變他的態度。說服是我們與其他社會成員互動時，一個自然且必要的部分。但是，考慮到說服可能帶來的重大影響（也許你朋友真的說服你把愛車借給他開），我們必須先了解說服的本質。有沒有說服力並不是完全取決於論點的邏輯性；事實上，合不合邏輯可能是最不重要的一環。說服力的重點通常不外乎以下三點：說服者的特性、論點本身的特性，以及聽眾的特性。

> **說服**
> 透過論點和其他相關方法來改變他人態度的歷程。

說服者的特性 某些說服者的特性在決定說服力上扮演重要的角色。一般來說，說服者愈可信，其訊息就愈有說服力。但是，Carl Hovland 根據他發現的**睡眠者效應（sleeper effects）**修正此結論（Hovland & Weiss, 1951）。即使說服者的可信度很低，其言論在當下並無說服力，但日後卻會產生說服的效果，這是因為人們通常會忘記什麼人說了什麼訊息。生活中經常出現這樣的狀況，例如，有些訊息來自不可靠的網路，可是時間一久，你就忘了這個訊息的來源是網路，而誤以為這是一個值得採信的訊息。在其他條件相等的情況下，如果說服者具吸引力、受歡迎、有名氣、討人喜歡，就會比不具吸引力的說服者更能有效地改變我們的意見。幸運的是，有吸引力的說服者對於我們的說服力似乎只限於某些較不重要的議題，不過這就幾乎包括了廣告想要我們買的每樣東西（Myers, 2005）。

> **睡眠者效應**
> 根據 Hovland 提出的說法，在經過一段時間後，低可信度說服者的言論仍然具有說服的潛力。

說服者愈是明顯表露意圖要改變你的意見，他就愈沒有說服力，特別是他可以藉由讓你改變意見而從中獲益時（Aronson, 1995）。如果一個房地產經紀人告訴你，他現在賣你的這塊地將來價格會暴漲，你可能不會相信他。然而，如果你是在宴會裡聽到 2 人說起同一件事，或許你就會相信，因為沒有人試著說服你接受或者能從中得利。這就是為什麼有些廣告要用「隱藏式攝影機」來拍攝使用者的親身經歷。既然螢幕上的主角不知道自己上了廣告，他們應該就不是刻意推銷。

論點本身的特性 除了說服者的特性，訊息本身的特性也是說服力的重要決定因素。許多證據顯示，激起恐懼的訊息可以強化溝通訊息的說服力，但是只有在特定的情況下才有效（Mewborn & Rogers, 1979）。聽眾會對引發恐懼的訊息有正面回應的情況只限於：(1) 情緒訴求夠強（但不能強過頭）；(2) 聽眾認為可怕的後果（如爛牙或肺癌）有可能發生在自己身上；(3) 訊息中提供了避開這個可怕後果的有效辦法（如某種輕鬆簡易的戒菸法）（Witte and Allen, 2000）。

幾乎所有的論證都有兩面。假如聽眾傾向支持你，或者只知道和你立場一致的資訊，那麼告訴聽眾論證的兩面，會讓你的訊息更具說服力。你可能會失去部分支持者，但是如果聽眾一開始並不贊成你的立場，或者對兩方面的資訊都有所了解，則最好是讓他們知道兩方面的訊息，因為這會讓你看起來比較可信，也比較公正（Baron & Byrne, 1982）。所以，下次看到有人呈現論證的正反兩面，那你可能是遇到一個堅信誠實和民主程序的人，也可能只是遇到一個精明的說客，正試圖要改變你的想法。

回想第 9 章關於認知的主題，問題如何以文字的方式呈現——如何被框定，強烈地影響我們如何解決這些問題（Lee & Aakers, 2004; Rothman & Salovey, 1997）。人很容易受到問題陳述方式的影響，以致於當相同的問題以不同的方式框定時，我們常會做出不同的回答。最近的研究發現，說服訊息的狀況亦然——以不同的方式框定相同的訊息，往往會使結果完全不同。

一個重要的例子是由兩位心理學家 Beth Meyerowitz 和 Shelly Chaiken（1987）所提供的。他們比較了兩種設計來鼓勵大學女生進行乳房自我檢測的訊息。兩組女性閱讀一本說明乳癌與自我檢測的 3 頁小冊子。兩組拿到的小冊子都相同，只有幾句話不一樣。其中一組讀的是特別框定以強調乳房自我檢測的好處：

> 現在就進行乳房自我檢測，妳會了解正常健康的乳房是什麼樣子，這樣在日後妳才看得出是否有發現任何微小的不正常變化。研究顯示，做乳房自我檢測的婦女比較容易在早期、易治療的階段就發現腫瘤。（p.504）

另一組讀的是特別框定以強調不做乳房自我檢測的壞處：

> 現在不做乳房自我檢測，妳就無法了解正常健康的乳房是什麼樣子，這樣在日後妳就很難發現任何微小的不正常變化。研究顯示，不做乳房自我檢測的婦女比較難在早期、易治療的階段就發現腫瘤。（p.504）

四個月後，研究者去訪談這些女性，以便了解這些訊息是否有正面的效果。結果顯示，第二種訊息框定的方式——呈現可能的損失，比第一種方式更有效。讀過以壞處來框定小冊子訊息的女性，對乳房自我檢測有較正面的態度，確實進行乳房自我檢測的比率也是另一組的兩倍。而閱讀以好處來框定小冊子訊息的女性，願意投入乳房自我檢測的程度，並不比沒讀過小冊子的女性高。由於兩本小冊子並沒有引發不同程度的恐懼，所以我們不能把這視為恐懼訴求的另一個例子。雖然目前對於如何框定訊息以鼓勵女性做乳房自我檢測已經多所了解，但是健康專業人員並不常使用最有效的方法（Kline & Mattson, 2000）。了解框定有助於我們掌握一個重點，即有效的說服不僅看你說了什麼，也要看你怎麼說。

聽眾的特性　除了說服者與訊息的特性，聽眾的某些特性也有助於決定某個論證的說服力。愈笨的人通常愈容易被說服。不過，當訊息很複雜、難以理解時則例外。在這種情況下，比較聰明的人反而比較容易被說服（Rhodes &

Wood, 1992）。有些人有比較高的社會讚許需求（一種希望別人稱讚或喜歡自己的需求）。有高社會讚許需求的人，會比低社會讚許需求的人更容易被說服（Baron & Byrne, 1982）。高自尊的人通常對自己的意見很有信心，因此很難去影響他。低自尊的人則相反，他們通常對於正在溝通的訊息不夠注意，因此不會被影響。例如，一個對自己看法很差的人在聽一場有關資助公立學校的演講時，可能只是一心想著自己的教育程度很低而沒留意演講的內容（Rhodes & Wood, 1992）。而中等自尊的人（對自己的看法和大多數人一樣正向的人）通常比高自尊或低自尊的人容易被說服（Rhodes & Wood, 1992; Zellner, 1970）。此外，和其他人一起聽演講，會比獨自一人聆聽更容易被說服。群眾人數愈多愈能產生強力的說服效果（Newton & Mann, 1980）。最後，對某種態度的社會支持也很重要。若你有相同態度的朋友，你的態度也就不容易改變（Visser & Mirabile, 2004）。

社會影響的技巧 有些人就是比其他人更能影響別人來改變態度。有部分是因為他們具備有力說服者的特質，也有部分是因為他們了解訊息和聽眾的特性——他們懂得如何將最有說服力的論點傳遞給聽眾。但是許多有力的說服者——無論是政治人物或推銷員——都能掌握並運用一些簡單的社會影響技巧（techniques of social influence）（Cialdini and Goldstein, 2004）。你可以回想看看，是否有推銷員曾經對你使用過這些招術。

一個經典的招術就是「門內腳」（foot-in-the-door technique）（Freedman & Fraser, 1966; burger, 1999）。對方先向你提出一個小小的合理請求，當你同意之後，他馬上就提出一個較大的要求。例如，某大學的研究人員打電話給你，說他想到府上拜訪，你會答應嗎？大部分人都不願意。但是，若對方先在電話裡問問題，而接電話的人也回答了，那會有較多人同意讓研究人員到家裡來。答應一個小要求，使我們更容易對接下來的大要求讓步（Myers, 2005）。

「低飛球」（low-ball technique）（Cialdini and Goldstein, 2004）的招術跟「門內腳」很相似。首先，對方提出一個合理的交易，當你接受後，交易條件就變成對你不利。這是許多銷售員常用的手法。例如，汽車銷售員先說服你用合理的價格買下一輛車。然後，再說服你多花一些錢在配備上。當你興高采烈地以合理價格買到車子時，卻又花了更多錢幫車子升級。儘管後來交易的結果會使花費變高，大多數人還是會完成這筆交易，不會就此中斷（Burger, 1986）。

信不信由你，如果一開始被要求幫一個較大的忙，但是你已經拒絕了這個請求，之後再請你幫一個較小的忙，人們大都會同意幫忙。這就是所謂的「門面效應」(door in the face technique) (Cialdini & others, 1975)。假設一個你本來就支持的慈善團體向你勸募 100 美元，一開始你可能會婉拒，因為這是比大數目。但是如果之後對方問你是否可作零錢捐，也許你就會答應幫忙了。

16.3.3 行為與態度改變：認知失調理論

到目前為止，我們已經了解說服是態度改變的一個重要原因。另一個引發態度改變的原因，則是我們的態度與行為之間常出現的歧異。雖然態度常代表行為傾向，但我們的態度與所作所為之間有時橫亙著巨大的鴻溝。例如，在越戰時，許多抱持強烈反戰態度的人接受了徵兵令，並投入戰場。又如，市場調查員都很清楚，對商品有好評的人不一定會掏錢來買。

值得玩味之處在於，當態度與行為不一致時，往往是態度必須退讓，而非行為。Leon Festinger (1957) 提出**認知失調 (cognitive dissonance)** 理論，來解釋態度會變得和行為一致的傾向。這個理論在社會心理學界引發諸多重大爭議，卻也引領許多有趣的研究。而根據認知失調論，態度與行為間的不一致是種令人不舒服的狀態，並且會刺激人們採取行動來降低這種不快，或者說是失調 (dissonance)。

> **認知失調**
> 個人的態度與行為不一致時所產生的不舒服狀態。

舉例來說，假設你抽菸（行為），而且你知道抽菸是肺癌及許多疾病的主因（態度），則你的行為與態度彼此間就不一致，因而產生不舒服的失調狀態。失調理論預測，為了降低失調，你可能會改變行為，或是改變態度 (Gibbons, Eggleston, & Benthin, 1997; Hoshino-Browne & others, 2005)（見圖 16.2）。你可能改變行為、從此戒菸，但是對癮君子來說，這實在是太困難了。而不幸的是，人們多半會用最簡單的方式來降低失調。在抽菸這件事上，改變你對抽菸的態度就簡單多了。你的癮君子朋友裡多半有人認為，那些把香菸和肺癌扯在一塊兒的研究都是騙人的；你八成也認識那種口口聲聲說「抽菸會致癌又怎樣，不抽還不是一樣要死」的人。這些都是非理性、自我防衛的意見，但卻都能有效降低失調。

Festinger 等社會心理學家透過許多實驗來驗證認知失調理論。其中最廣為人知的經典研究 (Festinger & Carlsmith, 1959)，就是讓研究參與者進行一個無聊的活動——把一堆線圈堆起來，再逐一拿下，再堆起來，再拿下來……連做半小時；接著，再轉動記分板上的 48 根木釘，每根都順時針轉動四分之一

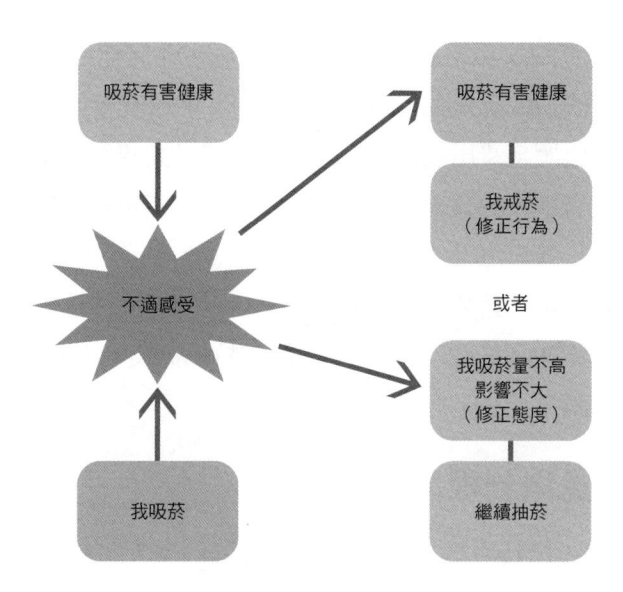

```
                吸菸有害健康
吸菸有害健康           ↗    ↓
    ↓              我戒菸
                  （修正行為）
  不適感受      
                    或者
    ↑           我吸菸量不高
                影響不大
  我吸菸        （修正態度）
                    ↓
                  繼續抽菸
```

圖 16.2 若態度與行為不一致，你會進入認知失調的狀態，而會感到某些不適，接下來你會調整態度或者是行為來達到一致狀態，以減少那些不適的感受。

圈，再從第一根開始，每根轉四分之一圈……也是半小時。完成後，研究者會告訴研究參與者，他需要人幫忙，告訴下一個研究參與者這個工作很有趣。研究者並告訴一半的研究參與者，幫忙後會得到 20 美元，但卻告訴另一半的研究參與者，幫忙後會得到 1 美元。還有第三組人，只做無聊工作，但不需要對接手的人說任何話。最後，所有人都要評估這個工作的趣味性。

你認為哪一組人的評價會最高？出乎多數人的意料──但正如認知失調理論所料，評價最高的是拿 1 美元的人。拿 20 美元的人不會陷入失調狀態中，他們會想：「這個工作超無聊，但是我會為了 20 美元說點小謊。」拿 1 美元的人就會陷入失調狀態，他們無法替自己找個藉口，解釋自己怎麼會說出與自己態度不一致的話，於是他們改變自己的態度，使其與行為一致。

認知失調不只和我們對堆線圈的態度有關（Myers, 2005）。舉例來說，1980 年的美國總統大選後有個有趣的研究，這個研究以選戰中支持雷根的大學生為研究參與者，當時雷根的對手為卡特。研究者要求這些大學生針對共和黨的雷根持反對態度的議題（由聯邦政府資助健康照護費用）撰寫一篇支持的文章，或者是針對對手民主黨候選人卡特的競選資格撰寫一篇支持的文章。研究者並強制其中一半的大學生需要寫這些違反他們本意的文章。研究者預期這些人不太會經歷認知失調（我寫了篇違反我本意的文章，但是我沒得選擇）。另一半大學生則可選擇要不要寫這種文章，這些學生就可能經歷相當嚴重的認

知失調，因為他們寫文章支持原本反對的意見，即使他們不必這麼做。如同 Festinger 所預料的，低認知失調組（非寫不可）的研究參與者幾乎沒有改變他們對聯邦資助健康照護費用或是卡特的態度，但是高認知失調組（可以有選擇的人）的態度就有很大的改變。當撰寫文章的行為產生認知失調的時候，態度會變得與行為更一致。

聽起來有點可怕，對吧？你可能認為，自己的態度都是經過深思熟慮，並且奠基於事實。若 Festinger 是對的，你所抱持的態度有時只不過是反映出你逃離認知失調的結果。

16.3.4 偏見與刻板印象

偏見
對一群人不正確的類化所產生的一種傷害性的態度。

在我們對他人所持有的各種態度中，最值得深入了解的就是偏見。**偏見（prejudice）**是一種傷害性的態度，以某一群人的膚色、宗教信仰、性別、年齡，或者任何顯著的差異為基礎，錯誤地將整群人類化。有偏見的人會認為這些差異代表一整群人有不好的特質。他們全都是懶鬼、或者全都歇斯底里、或者全都愛出鋒頭。

刻板印象
對於某個群體不正確類化的觀感，是偏見的基礎。

偏見所奠基的不正確類化，稱為**刻板印象（stereotype）**。我們都對其他族群有刻板印象。「台客」看起來是什麼樣子？如果你正在拍攝一部電影，你會選林志玲或是伍佰來演台客的角色呢？你應該不會選林志玲吧，因為她並不符合一般人對台客的刻板印象。

刻板印象可以是正面的（或許你相信所有的心理學教科書作者都很迷人、機智風趣、有魅力），也可以是負面的，但是所有的刻板印象，無論好壞，本質上都是具有傷害性的，原因有三：

1. **刻板印象剝奪我們把每個團體成員都視為獨立個體看待的能力**：當我們對一個團體持有刻板印象，就會傾向把團體中的每個成員都視為具有與刻板印象一致的特性，無論事實是否如此。即使刻板印象部分是奠基於事實，但許多團體成員都在眾多重要層面上與刻板印象不同。例如，我們對醫學系學生的看法，一般刻板印象當中的一個層面是他們都非常聰明。這是事實，平均來說，醫學系學生在學業表現上可能比一般學生好。然而，並不是每一個醫學系學生都很聰明。如果老師對一個沒有那麼聰明的醫學系學生的期待是奠基於刻板印象，那麼，即使這名學生其實表現得比他實際的能力更好，仍有可能被處罰，因為他並未達到老師假定他應該會有的水準。堅信某個族群的智力較低的刻板印象可能會造成更嚴重的後果，因為

會導致該族群的人在教育和工作機會上受到限制。

2. **刻板印象導致對行為的狹隘期待**：刻板印象使我們期待刻板印象團體的成員有特定的行為模式（Biernat, 2003）。舉例來說，我們期待女性要溫柔、擅於照顧與關懷他人，並且很合作，但是我們期待男性具競爭性、有雄心、有侵略性，以及堅強。每個性別中不完全符合這些期待的人都被視為異常，而且常變成被攻擊或取笑的對象。因此，刻板印象對一個不符合外界對其所屬團體（性別、種族、年齡等）狹隘期待的人，很可能是一種限制的力量。

3. **刻板印象造成錯誤的歸因**：歸因理論（attribution theory）奠基於人們嘗試對事情的起因做出解釋——亦即，替結果找出一個原因。我們最熱愛的事情之一就是解釋行為——無論自己的或是別人的行為。你的朋友這個月已經三度到你家吃晚餐了。為什麼？她破產了嗎？她是個白吃白喝的人嗎？還是她喜歡有你陪伴的感覺？根據歸因理論，我們對任何行為都會想要找出一個原因。

> **歸因理論**
> 這個理論是指人會有為個人及他人行為尋求一個解釋的傾向。

我們的刻板印象會影響我們對他人行為所做的歸因。如 Elliot Aronson（1995）所指出的，一個有偏見的白人看到一個白人家庭院子裡都是垃圾，他會想這是野狗找食物亂翻造成的。如果他看到一個黑人家庭院子裡一片狼籍，他可能會歸因於刻板印象中黑人懶惰、邋遢的生活方式。這些錯誤歸因會深化、強化我們的偏見，因為我們一直「看到」證據「支持」我們的刻板印象，同時又拒絕與刻板印象不符的證據。

自動化的偏見　我們對他人的偏見經常是自動產生的，雖然你會覺得對他人沒偏見，但有些偏見卻是不由自主就產生的。想想看以下的群體，同性戀、外勞、愛滋病患者等，你對這些人是否有偏見呢？問大學生時，大家都說沒有偏見，但是進一步問到要跟他們做朋友嗎？許多大學生的反應則是不要。這是個很有趣的發現，在理智上，你可能是沒有偏見的，但一些不自主的反應卻展現某種程度的偏見。這種自動產生的偏見源自於你的大腦系統自主產生的一些生理反應，來告訴你對該族群的恐懼或不悅（Wheeler & Fiske, 2005）。

刻板印象與偏見的緣由　要想找出減少偏見的辦法，最基本的一點就是要去了解這些傷害性的態度從何而來。社會心理學家提出三個解釋來說明偏見從何而來：

1. **現實衝突**：現實衝突理論（realistic conflict theory）認為，彼此競爭稀有的資源，如工作機會、食物，以及領土的人們，會以負面的方式看待對方（Myers, 2005）。特別是當其中一個群體比另一個群體更強時，尤其如此（Guimond & others, 2003）。當有偏見的人被激怒時，偏見就會加深，即使另一個群體並非激怒他們的直接原因（DeSteno & others, 2004）。
2. **我們與他們之別**：另一個偏見的來源是人們傾向把世界分成兩群——我們和他們。我們這一群稱為「內團體」（in-groups），而被排除在外的則變成「外團體」（out-groups）（DeSteno & others, 2004）。在一個經典的研究中，Sherif 和 Sherif（1953）隨機將一群中產階級的 11、12 歲小男孩分成兩群：響尾蛇隊和老鷹隊。在一系列設計來強化內團體凝聚力與團體間競爭的活動之後，互為對手的兩個隊伍開始彼此打鬥謾罵——他們對彼此有了偏見，即使隊伍一開始是隨機分出來的。要挑起偏見並讓我們做出情緒性的反應很簡單，只要是可以提醒我們是內團體成員的事物，即便只是一件 T 恤、一張照片，或是一首歌，都足以激起我們對外團體的憤怒感（Seger & others, 2009）。
3. **社會學習**：一如其他種態度，偏見顯然也能從別人身上學到。當我們看到父母、朋友、師長，乃至於媒體表現出刻板印象與偏見，我們就可能會跟著產生同樣的偏見。

對抗偏見 偏見對人類是有傷害性的。那麼，有沒有對抗它的辦法？以下提供教戰守則：

1. **認出偏見**：很多人都相信自己沒有任何偏見。要對抗偏見的第一步，也是最重要的一步，就是意識到我們自己有偏見，以及某個群體的人會在日常生活中以非常細微的方式打壓另一個群體的人（Aronson, 1995; Sue & others, 2007）。
2. **控制自動化的偏見**：要擺脫你從出生到現在學來的所有偏見是很困難的，但是我們可以有意識地控制我們自動化的偏見反應（Dasgupta & Rivera, 2006; Payne, 2005; Wheeler & Fiske, 2005）。假設現在有個同學要跟你借上一堂課的筆記。她說她生病了，所以沒去上課。假如她過去是一個愛蹺課的同學，你腦中就會產生「愛蹺課不認真」的偏見。真心誠意想要擺脫偏見的人，就會克制這種立即產生的偏見反應，並且依照對象本身的表現來決定如何對應——而不是以自動化的偏見來決定。

3. 增加偏見團體之間的接觸： 有時候，偏見可以透過直接與不同團體的成員接觸來削弱（Tuner & others, 2008; Pettigrew & Tropp, 2006）。但是，光是與不同團體的人接觸還不夠。要讓直接接觸產生效果，必須配合某些條件（Pettigrew & Tropp, 2006）。

第一，必須盡量維持兩個團體的地位平等（equal in status），而且兩個團體互動時的環境應該是團體平等的。光是某個種族的經理和另一個種族的員工互動是不會消除偏見的。

第二，唯有當我們相信互動的對象是其所屬團體中的典型分子——而不是特殊例外時，偏見才有可能降低。如果互動的結果是「這傢伙真是聰明，一點都不像『他們』那種人」，這對改善不同團體間的關係一點幫助也沒有。

第三，當兩個彼此抱有偏見的團體在互動時，是處於互相合作而非互相競爭的情境下，就有助於降低彼此的偏見。如果想要透過籃球比賽來改善不同族裔青少年的關係，就要把不同族裔的人編成一隊，而不是讓不同族裔的隊伍互相對抗。合作產生尊重；競爭維持偏見。

第四，團體接觸應該是非正式的，這樣才有可能產生一對一的互動。不同種族裔勞工間的正式互動，就不會像用餐時或下班後的互動一樣有效。

在台灣，我們對於精神疾病患者還是存有許多偏見。許多人還是認為精神病患是一種「不定時炸彈」或「無藥可醫者」。在黎士鳴（2009）的研究中發現，透過與精神病患的直接接觸，可以減少對於精神病患的恐懼與排斥。該研究針對某社區提供了許多接觸精神病患的活動。透過社區民眾與病患共同參與活動，可以發現社區民眾的態度有相當大的改變。他們由原先對精神病患排斥，轉變成願意接納精神病患，並且願意投注心力來協助他們。

在台灣還是有不少族群容易遭到排斥（例如：同性戀者、愛滋病患等）。透過許多活動的參與（例如，在校園中辦理同志影展、同志講座等教育活動），讓有偏見的人可以透過認識這些族群來減少偏見。透過這樣的方式，我們就可以漸漸打造出一個無偏見的社會環境。

複習

態度是生活中重要的議題，它包含信念、感受，以及行為傾向三大成分。態度是從自身經驗，以及觀察他人的行為中學習而來。

態度與行為不同，態度形成後還是可以改變。幾乎每天都有人試圖說服我們來改變我們的態度

或行為。而說服是否能夠成功，要視說服者、訊息，以及聽眾的特質而定。說服者的可信度、吸引力，以及內在意圖都會影響我們是否能夠接受說話者的論點。訊息的內容也會影響我們的態度，特別是在健康議題上的恐懼訴求訊息，若這些訊息沒有提供行為改變的策略以預防可怕的結果發生，基本上對行為的影響不大。此外，若聽眾很清楚一個論點的兩面，而且一開始反對訊息時，若說服者能呈現論點的兩面就會更具說服力。論點的陳述方式也會影響說服力。

行為與態度間的不一致會產生認知失調，我們可以透過改變行為或者是改變態度來減少這些不一致的現象。以吸菸為例，你可以戒菸（改變行為）或者是增加吸菸的正向態度，來減少吸菸行為與吸菸有害健康的態度之間的不一致程度。

偏見是基於對某群體的不正確類化而產生的負面態度，偏見不同於歧視，後者是一種行為。不正確的類化稱為刻板印象，刻板印象在本質上就是有害的。為了減少偏見，我們可以透過意識到自己有偏見、控制自動化的偏見反應，以及在正向的條件下與偏見群體互動的方式來減少偏見的產生。

想一想

1. 你要如何利用本節討論的內容，來說服其他人改開比較不會造成空氣汙染的汽車？
2. 在日常生活中，你是否有態度與行為不一致的狀況？你如何調適？

▶▶▶ 人類多樣性 暴力與霸凌

人類多樣性所探討的是文化在心理特性上的差異，本章所探討的社會心理學正好是深入探討社會文化對於個體心理歷程的影響，本次專欄特別以暴力及霸凌為主題，來探討不同時空背景對於此種行為的影響。

1. 先天性別因素：暴力的性別差異—男性肢體暴力與女性謠言暴力

男性有較多的睪固酮，而睪固酮讓男性有魁梧的身體且其本身就與攻擊性有高度關連性，近來更有研究指出睪固酮會影響我們追求社會地位的行為（Eisenegger, 2011），因而男性天生就可能有較高的攻擊傾向。性別研究中常使用的兩種理論，性別選擇理論（sex selection theory）和性別角色理論（sex role theory），說明了生物演化及社會角色期待如何影響男性攻擊性的表現，例如，許多雄性動物需要一較高下才可以在團體中獲得領袖地位與交配機會，還有一般情況下我們會期待男性是強壯、有肩膀、不畏懼衝突、能保護女性等的「男性特質」；雖然女性的物理性攻擊行為不如男性這麼強烈，但女性的確也經常使用物理性的攻擊（Catharine, 2011），並且從演化的觀點來看，能夠存活且較具支配性的女（雌）性，

其子代也較容易存活。另一項研究指出，男性通常比女性較常使用物理性的攻擊，但兩性在物理攻擊的使用皆比非物理性的多。女性非直接的攻擊行為，使用時間多在兒童期晚期及青少年時期（Archer, 2004），或到成年初期。常見的非直接性的攻擊行為包括背後議論、散播謠言、誇大或不實的中傷、陷人於罪或刻意的排擠等（連心瑜等，2012）。

2. 後天情境因素：冷暴力—關係中的新霸凌

由法國精神分析師 Marie-France Hirigoyen 所著之《冷暴力》一開始引述了幽默大師皮耶‧德普洛治的話：「心機深的遣詞用字，不必弄髒自己的手，也能殺人辱人。羞辱地位相當的人，乃人生一大樂事。」說明了透過精神虐待，一個人真的有可能毀掉另一個人。虐待關係中的溝通方式可能有：拒絕直接溝通、言語扭曲、模糊訊息製造誤會、冷嘲暗諷、利用矛盾產生不安、否定對方價值與人格、分化、和在關係中展現強勢。上述種種的不良溝通模式也許可以用 John Gottman 用以評估伴侶是否會離婚的四個指標來囊括，他指出當伴侶有：(1) 輕蔑對方、(2) 批判指責、(3) 拒絕溝通，以及 (4) 冷漠等溝通模式，離婚的機率就會相當的高。在家庭中的精神虐待依據國際兒童權利公約則有下列五種 (1) 言語暴力、(2) 虐待與貶損的行為方式、(3) 拒絕給予愛與親情、(4) 不符合年齡的要求，以及 (5) 矛盾的教養方式，除此之外還有 (6) 隱性的亂倫，例如母親向女兒透露先生床事方面的缺陷，或是家長要求孩子檢視自己的私處是否有疾病等。職場中的虐待關係，也包含上述的種種因素，例如：不合理的工作要求、言語上的攻擊與脅迫，或是有關性的騷擾，尤其要注意的是，職場中的霸凌有時候是超越工作本身的辛勞，而成為造成員工疲勞與離職的主要因素（蔡曉婷，2011）。

3. 時代因素：網路霸凌—新時代的暴力行為

近期的新聞報導中出現許多明星或是學生因為社交網絡上的霸凌，產生了輕生或是暴力的行為，網路霸凌也因此成為熱門討論的話題。但是其實早在多年前，許多藝人及政治人物的生活與形象就已經開始受到網路的考驗。霸凌對象可以是個人對抗個人，甚至到團體對抗團體（網軍），外國的學者則認為網路霸凌的角色可以分為受害者、霸凌者，以及同時既是受害者也是霸凌者（Kowalski & Limber, 2007）；霸凌的類型包括 11 種行式（陳茵嵐、劉奕蘭，2011），我們可以說一般生活中用來欺侮別人、占別人便宜的方式，幾乎都可以在網路上發生。約 30% 旁觀霸凌訊息的人可能會支持霸凌訊息，而轉變為霸凌者。

亞洲大學及網路成癮防治中心的柯慧貞教授建議，受到網路霸凌時，不要將錯誤的矛頭指向自己，認為「都是我不對」，也不要用別人的錯誤懲罰自己。當發現自己陷入情緒漩渦中的時候，請記得離開網路，脫離當下的情境，想辦法先讓自己靜下來，例如可以到戶外走走，等心情穩定後也許看法也會不同。如果還是覺得很生氣、憂鬱、難過、失眠、想逃避人際、不想到學校，甚至想要自殺等念頭，就要向輔導專業人員或是學校的輔導諮商中心尋求協助。

參考書籍：瑪麗法蘭絲‧伊里戈揚，2015，《冷暴力》

16.4 人際知覺的過程

除了態度以外，還有哪些因素會影響我們對他人的知覺，以及是否喜歡一個人？歸因歷程在**人際知覺（personal perception）**的心理歷程中扮演相當重要的角色。

人際知覺
對他人形成印象的過程。

16.4.1 人際知覺中的歸因歷程

我們多半以他人所做的事，以及我們認為他做這些事的理由來評價他人；簡單來說，**歸因（attribution）**是指找出是什麼因素使人們做出我們看到的行為的判斷歷程。歸因歷程中最重要的一個層面，就是決定一個人之所以有某種特定行為是因為某些外在的因素〔**情境歸因（situational attribution）**〕，或是因為某些內在的性格或特質〔**特質歸因（dispositional attribution）**〕。

歸因
試圖解釋事情發生之原因的歷程，亦即將事情歸於某種因素的歷程。

情境歸因
根據外在的情境因素來解釋一個人的行為。

特質歸因
根據個人的人格特質來解釋一個人的行為。

基本歸因謬誤
我們會有低估情境對他人的影響，但高估情境對自己影響的傾向。

社會心理學家 Fritz Heider（1958）提出假設，認為我們通常會用有系統的偏頗方式來評價他人，因此要做出正確的人際知覺會有困難。Heider 認為我們在解釋他人行為時，通常會低估情境對他人的影響，同時又高估性格特質的重要性，他稱這種偏見為**基本歸因謬誤（fundamental attribution error）**。相對地，當我們在解釋自己的行為時，我們似乎比較會做情境歸因，這稱為「行動者--觀察者效應」（actor-observer effect）（Jones & Nisbett, 1972）。例如，當我們看到有人開車開得很猛時，我們通常會想：「真是個混蛋！」但是如果是我們自己因為趕時間而開得很猛時，我們就會認為那是因為我有急事才會這樣。儘管是同樣的行為，但是將之歸因於何種因素，端視我們是行動者還是觀察者而定。

奧勒岡大學的心理學家 Betram Malle（2006）用整合分析（meta analysis）的方式檢視了 173 篇已發表的研究，他發現並沒有全面性的證據支持我們長期以來都相信的行動者——觀察者效應。這類研究讓我們重新省思我們長期都接受與人際知覺有關的一些假設。行動者與觀察者的不一致現象似乎確實存在，但是比原先提出的假設還要複雜（Malle & others, 2007）。即便某人臉上露出的情緒也會影響我們對他們的印象（Ames & Johar, 2009）。

近期的理論不只用心理歷程來看人際知覺，還包括了社會網絡（Smith & Collins, 2009）。我們不只經驗自己的回應，也會經驗我們認同的團體的回應（Mackie & others, 2008）。

負面訊息：瑜不敵瑕　我們看似經過一個複雜的「認知方程式」歷程，將許多與知覺他人有關的因素平均計算過；而且有些因素對結果的影響力更勝其他。當其他條件都相等時，我們會對負面訊息給予較重的加權（Hamilton & Zanna, 1972）。假設你遇到這樣的狀況：你是個重視關懷、外表吸引力，以及誠信的人。你在班上遇到一個非常關心人、外型佳的同學；下課後，你們也開心地聊了許久。但是在閒聊間，他卻要你幫忙想個藉口騙過他女朋友的查勤。如果誠信對你來說很重要，你對他的看法可能會變得很負面，他對女朋友不誠實這件事將會蓋過他其他的正面特質。亦即一點點的負面訊息的影響力通常會大過許多的正面訊息。例如，如果知道一個看來令人垂涎三尺的蛋糕裡頭混了非常少量的老鼠藥，大部分的人都會選擇放棄。

初始效應：第一印象的重要性　有些影響人際知覺的因素與被知覺的那個人沒有太大的關係，而是與第一次碰面時的情境有關。如果我們跟他人第一次碰面時，剛好是我們狀況很好或是狀況很糟的時候，會不會影響他人對我們的看法？不幸的是，在人際知覺的歷程中，第一印象通常扮演著相當重要的角色。闔上書本想一想，這實在令人困擾。先看到對方的某一面或是另一面，往往就決定了我們對這個人的印象，即使先看到那一面跟這個人的本質毫無關係。

我們所接收到的第一印象通常被看得比之後的印象更重（Asch, 1946; Belmore, 1987; Hovland, 1957），這就是所謂的**初始效應（primacy effect）**。假如你認識雅婷時，是剛好碰到她在醫院當志工演奏鋼琴時，你對她的印象多半是非常好的；要是之後的某一天，你遇到她獨自窩在酒吧裡，看起來既淒涼又邋遢，還帶著七分醉意，你就見識到雅婷的另一面。但是，因為你對雅婷的第一印象是正面的，你多半會忽視這件事，或者你會幫她找個藉口來解釋（雅婷一定是受了什麼重大打擊才會如此）。

> **初始效應**
> 第一印象嚴重影響我們對他人看法的傾向。

但是，假如你是先在酒吧認識雅婷的呢？在這種情形下，你對她的看法很可能就是負面的，而且這個看法會主宰你對她的印象——即使你之後接收到許多有關雅婷的正面訊息。如果你第二次遇到她時，是剛好碰到她在醫院當志工演奏鋼琴，那你多半會把這個好印象打折扣。

然而，第一印象（初始效應）不是永遠占上風。在以下三種情況下，第一印象的影響力會大幅降低：

1. **認識久了**：跟一個人認識久了，你對他的第一印象就不再那麼重要。雖然上班第一天給人一個良好的第一印象很重要，但也別擔心你做得不好，因

為日久見人心，你的同事會了解你真正的樣子。長時間一點一滴累積對你的了解，足以消除任何第一印象。長久認識有助於改正錯誤的第一印象，因為我們更容易注意到或記住與第一印象不一致的訊息（Belmore, 1987; Belmore & Hubbard, 1987）。

2. **時間久了**：隨時間流逝，第一印象也同樣會被遺忘。若是第一印象與之後的印象相隔夠久，比較新的印象會有較大的影響力。所以，假如你在心儀的對象面前搞砸了留下好印象的機會，等一段時間再去嘗試一遍。

3. **了解初始效應**：當人們警覺要避免受到第一印象的影響時，初始效應就會被削弱（Hovland, 1957）。像人事經理這類需要有正確人際印象的人都受過訓，了解初始效應的危險性，應該能夠減少初始效應在他們知覺他人時的影響力。

複習

我們對於他人的知覺可以被視為是根據複雜的認知方程式，我們會把從他人身上看到的所有正面與負面特質加權並加以平均。然而，許多因素使得人際知覺變得很複雜：不同的人會用不同的方式來評價一個人的相同行為；我們的情緒狀態會影響人際知覺；對一個人的負面訊息會比正面訊息的影響還大；還有第一印象通常比之後的印象來得重要。

想一想

1. 請從你的自身經歷中，舉出一個有關第一印象很難改變的例子。
2. 你認為我們是否真的傾向用人格特質來解釋他人的行為，而用情境特質來解釋自己的行為？

16.5 人際吸引：友誼與愛

你把哪些人當作朋友？為什麼你認為這些人是朋友，而其他人只是點頭之交？你談過戀愛嗎？也許你正沐浴在愛河中，你覺得愛侶的吸引力何在？友誼與愛情都是強而有力的社會現象，每個人的生活總會受到它們的影響，社會心理學家自然也對這樣的現象特別感興趣。接下來，我們要來探討別人身上有哪些特質會讓我們深受吸引，以及有哪些因素會影響人際關係的維持。

16.5.1 愛情與社會性情感連結的「化學作用」

當我們提到愛情中的「化學作用」，我們通常是指愛情中的來電感覺。而許多研究也告訴我們，愛情中的確有化學成分的存在。已有充分的證據顯示，在我們大腦和血液中的一種化學物質催產素（oxytocin），在建立愛的情感連結中扮演重要的角色，無論是父母和子女之間的愛，還是愛侶之間的愛（Young & Wang, 2004）。親密感和擁抱、嬰兒哺乳等身體接觸會釋放腦中的催產素，而催產素則會給我們一種平靜、安全、幸福的感覺。這種正向的身體和情緒回應會被制約到他人身上而促進兩人間的情感連結。催產素引發的正向感覺會讓人有進一步的肢體親密感，這樣的親密感又加強了情感的連結（Curtis & Wang, 2003）。催產素甚至可以在情侶爭執時促進正向溝通並降低衝突（Ditzen et al, 2009）。

16.5.2 人際吸引中另一個人的特質

雖然吸引力有化學性的基礎，但是還有更多因素會影響吸引力。什麼樣的人會讓我們覺得有吸引力？別人身上有哪些特質會讓我們喜歡？

相似與互補的特性 就人際互動而言，到底是同類相聚或是異性相吸呢？在許多方面都與你相似的人會比較吸引你，還是與你大大不同的人會比較吸引你？答案是兩者皆是，但是以不同的方式產生吸引力（Bem, 1996）。

文琪可能會重視對運動、養生和哲學都有興趣的人，因為她自己也對這些事情有興趣。有個和你一起慢跑的朋友、有人會與你分享健康飲食、有人和你一起進行漫長有趣的哲學討論，這都是很棒的事。一般來說，相似性是吸引力的重要成分。和我們有相似的價值觀、興趣與態度的人，通常是最容易吸引我們的人（Caspi & Herbener, 1990; Feingold, 1988）。

然而，相異也同樣具有吸引力。有時我們會愛上與自己不一樣的人，但純粹是肉體與情慾的關係（Bem, 1996）。不過，相異的吸引力有時也是因為相異的特性能夠互補（complement），也就是能夠與我們自己的某些特性有利地相互搭配。文琪有可能會被派對上認識的人所吸引，因為他的個性外向，而她自己則相反；她可能覺得自己是個好聽眾，和健談的人會處得比較好，好過和那些跟她一樣文靜的人相處；她也可能認為，當她和一個外向的人一同出席某些社交場合時，這個同伴會比安靜的男生更能幫助她與其他人互動。同樣地，一個強勢的人可能會比較喜歡順從的人，而喜歡照顧別人的人則會偏好喜歡被照

顧的人（Winch, 1958）。

另一個相異產生吸引力的情況是，當與你不同的人喜歡你時（Aronson, 1995）。被一個有著相反價值觀和意見的人所喜歡，是比被一個相似的人喜歡要來得更滿足、更有吸引力的事（Jones, Bell, & Aronson, 1971）。不過，值得注意的是，相異通常並不會帶來吸引力；相反地，相異在人際關係中通常會引起反感。一個強力鼓吹自由運動的人可能不會喜歡一個表態支持保守運動的人；一個有宗教信仰的人也不太可能會喜歡一個鄙視宗教的人。

個人能力　有能力的人會比沒有能力的人更吸引我們。聰明、強壯、有教養，都是吸引人的特質。但是，太過有能力的人可能比較沒有吸引力，或許是因為我們會感到自慚形穢的緣故。Elliot Aronson 和同事做了一個精巧的實驗，顯示「差一點就是完美」會是最佳狀況（Aronson, Willerman, & Floyd, 1966）。他們準備四捲錄音帶，內容分別是有關學院杯益智競賽代表隊的四個不同應徵者。研究參與者要聽其中一捲錄音帶。有兩個應徵者在困難的問題上答對九成以上的題目，聽起來像是優等生、運動萬能，而且活躍於學生事務中；另外兩名應徵者答對了三成的題目，聽起來像是一般程度、不擅運動的學生。在錄音帶結束前，一個優等生和一個一般生犯了一個錯──把咖啡打翻在自己身上。你認為，研究參與者會將四個學生中的哪一個評價為最有吸引力？兩個優等生的評價都比一般生要高，但是，出了個小狀況的優等生在所有人中被評為最有吸引力。顯然，有點不完美讓這個人看起來更容易親近。但是，小差錯對一般生來說並沒有同樣的效果：犯了錯的一般生被評為最沒吸引力。

簡單來說，我們會被能力好的人吸引，是因為我們也想跟他一樣，亦即那個人就像我們的「理想的自我」（ideal self）。然而從例另一方面來說，我們通常不會喜歡太完美的人，這是因為我們不會喜歡比我們自己更接近理想自我的人（Herbst & others, 2003）。

外表吸引力　一般來說，我們通常會比較喜歡外貌出眾的人，儘管這種情況還是會因文化而異（Anderson & others, 2008）。我們除了比較喜歡外貌好看的人以外，還有所謂的「月暈效應」（halo effect）──我們通常會認為外貌出眾的人對人也比較好，活得比較快樂，比較性感，也比較聰明（Langlois & others, 2000; Maner & others, 2005）。外表的吸引力不僅重要，它可能是吸引力發展早期最重要的因素（Myers, 2005）。

Elaine Walster 和同事隨機配對男女大學生進行相親。他們評量每個學生

的外表吸引力，也記錄他們的態度、智力和人格特質。在約會之後，研究者問每個學生他們有多喜歡約會的對象，以及是否想再和對方約會。最具決定性影響力的變項，就是外表——比態度、智力和人格特質更有決定性。如果男女雙方都評價對方為外貌佳，這樣的一對最有可能繼續約會（Walster, Aronson, & Abrahams, 1966）。

從一個精巧的實驗裡，可以看出外貌吸引力是影響人際互動的一個關鍵（Snyder, Tauke, & Berscheid, 1977）。男生要參與一個研究，內容是關於人們熟識的過程。他們要透過電話和一名女性交談（以排除非口語的溝通）。每個男生都會拿到有關他交談對象的描述與照片。

女性研究參與者隨機和電話另一端的男生配對，但是沒有對方的任何描述或照片。每個男生拿到的描述其實都是一樣的，但是其中一半男生拿到的是美女的照片，另一半男生拿到的則是外表普通的女生照片。在他們透過電話交談後，以為自己剛和美女通過電話的男生認為對方討人喜歡、鎮定、幽默風趣，以為自己和外表普通的女生通電話的男生比較不這麼認為。如同過去的研究結果，外貌愈佳，別人對你就愈有好感。但這不是這個研究唯一有趣的發現。

研究者找了其他人來聽這些男生的電話錄音，結果發現：以為自己在和美女講話的人，說話的方式比較討人喜歡（例如，溫暖、外向、風趣），而且也被認為比較喜歡這個談話過程。因此，以為對方是美女時，會使男生對對方表現得更有魅力。

女生的電話錄音更有趣。女生對對方所看到的照片一無所知，但是當男生認為他們是美女的時候，女生講話的方式也比較有魅力，更有自信，聽起來也像對對方有好感。顯然，認為女生是美女，會使男生以一種引導她顯得更可愛的方式來對待她。如果志明認為自己會喜歡春嬌，因為她長得漂亮，則他與她交談的方式將會帶出她最討人喜歡的一面，如此兩人的互動就會很好（Langlois & others, 2000）。

不過別氣餒！就算我們的外表不是那麼有吸引力，我們還是有希望的！我們似乎對另一半有兩個期望（Penke & others, 2007）：外表的吸引力，以及一個可以依賴、善良且值得信任的人（女性也比較喜歡可以提供資源的人）。所以並不是全部關乎外表，善良與值得信賴也很重要。外表吸引力和喜歡與否是相互影響的。我們覺得一個人好看時會比較喜歡對方，但是當我們愈來愈喜歡一個人，我們會開始覺得對方更好看了（Langlois & Stephan, 1981）。也就是說，很多時候都是情人眼裡出西施。

16.5.3 知覺者本身的特質

我們討論了別人之所以會吸引我們的特質。但是我們自己呢？我們的哪些特質會影響人際知覺呢？

情緒與人際知覺 有證據顯示，我們與他人相遇時的情緒狀態會影響我們對這個人的好感度（Foster & others, 1998）。我們在心情好的時候，會認為他人更具吸引力。William Griffith 和 Russell Veitch（1971）在人們等候參與一項人際知覺實驗時播放廣播新聞。廣播內容已事先預錄，有一半的研究參與者「正好」聽到壞消息，另一半則「正好」聽到有趣的新聞。之後，這些聽到壞消息的研究參與者都不喜歡他們在實驗中認識的陌生人，和聽到好消息的研究參與者的反應大不相同。在 Joseph Forgas 和 Gordon Bower（1987）的實驗中也驗證了這一點，研究者發現，當我們心情正好時，比較能記住有關於他人的正向訊息；當我們心情差時，比較能記住關於他人的負向訊息。因此，情緒對人際知覺的影響可能是相當持久的。

人際吸引中的性別差異 現在大部分的人，無論是男性或女性，都認為愛情對婚姻來說是必需的。然而，這並不表示男女是為了同樣的理由墜入情網。有證據清楚顯示，女性比男性更重視另一半的聰明才智、個性、教育程度、職業地位、企圖心，以及收入（Feingold, 1990, 1992a; Myers, 1999）。這些對男性來說並非不重要，只是相較之下，對女性而言又重要許多。兩性對同樣都很重視另一半的幽默感和好個性，但是男性比女性更加重視外表。有趣的是，在美國的不同世代以及許多不同的文化中，都發現同樣的結果（Feingold, 1992a）。

不過，有一點很重要，就是兩種性別內的成員在上述各點的差異是很大的。也許人際知覺認知方程式最令人驚訝的是，不同的人通常會使用不同的方程式。某種特質是正向或負向，以及該特質在人際知覺上的重要性，都會因人而異。文琪可能認為喜歡運動、養生、哲學，而且個性又外向，都是非常正向的特質；春嬌可能覺得這些特質沒什麼大不了；阿珍則可能認為這些都是很負向的特質。如果文琪、春嬌和阿珍都在派對上遇到一個有這些特質的男生，她們可能對他有非常不同的印象。我們每個人都是這樣，因為不同的人會以不同的方式評估相同的特質，因此有些人會愛上你，有些人會討厭你，有些人則根本對你沒感覺。

接近性 所謂近水樓臺先得月，展現了一項不浪漫的吸引力來源——接近性

（porximity），或說是地理位置上的親近度。你對你的鄰居，會比對那些距離你十萬八千里遠的人要來得友善。為什麼會這樣？物理上的接近性會增加人際互動，而重複出現在人們面前通常也會讓他們對你比較有好感（Zajonc, 1968; Harmon-Jones & Allen, 2001）。想想那首乍聽起來沒啥感覺，但聽廣播播放了1萬遍以後就覺得還不賴的歌——人也是一樣的道理。

互相喜歡　好感多半會帶來良好的相互回應。假如阿珍喜歡阿強，單單是她對阿強有好感這件事，就足以讓她對阿強產生吸引力。如果阿強跟一般人沒有太大的不同，他就較會受喜歡自己的人所吸引，而不會被不喜歡他的人吸引。雖然對某人有好感並不會讓你搖身變成選美冠軍，但確實是有些幫助的。

其中一個原因是，因為喜歡某個人確實能讓你的外表看起來更加吸引人，尤其是牽涉特殊的熱情時。你可能聽人說過某人談了戀愛之後，看起來變亮眼了，這是事實。你的眼神會更勾人，當你看著某個讓你喜歡的對象時，你的瞳孔較大，其他人會覺得這讓你看起來更亮眼（Hess, 1975），你的舉手投足都會更引人注目、更有魅力。在許多微妙的層面上，當你喜歡上別人時，也會變得更有吸引力。

另一個好感會相互影響的原因是，你對喜歡的人會比較親切，而待人親切會讓你更吸引人。許多研究顯示，當別人稱讚我們或是幫我們忙時，我們會比較喜歡對方。協助和稱讚令人覺得親切，而我們會因為他人給予協助和稱讚，而對他有好感。因此，送他花或者送她一組餐具吧——這會使得感情的天平轉而對你有利。如同你可能想到的，當好人的效果是有限的，如果好得太過火，尤其是當別人覺得你並不真誠，可能另有所圖時，讚美和禮物並不會增加別人對你的好感，甚至會反過來削弱它（Aronson, 1995）。

16.5.4　關係的維持

我們已經討論一些決定你會不會被他人所吸引的因素，但是維持關係又牽涉到哪些因素呢？假如那些吸引你的人之中，有一個成了你的朋友、情人，甚至配偶，哪些因素決定你們會不會一直在一起？許多關係都有個美好的開始，但最後卻傷心收場。為什麼？有兩個主要原因：(1) 你在關係中所期望得到的，和你在關係中真正得到的兩者間的差異；(2) 關係平衡或平等的程度。

關係中的期望 vs. 關係中的現實　當你與某個認識不深的人開始一段關係時，你所愛上的他有一部分是你期望他可能有的樣子。某些期望可能是奠基於

紮實的證據。他的某個朋友曾經告訴你，他是個待人十分親切的人，期望他對你也很親切是很合理的。你知道他和你是同行，你會期望能夠不費吹灰之力地與他分享你工作上的經驗。其他的期望可能是奠基於比較薄弱的證據。他在你面前表現得堅強有自信，你就假設他一直都會是這樣，不過，你看他處理過最大的問題，只是餐廳服務生送錯餐點而請求更換；妳確信他是個很棒的情人，雖然他只吻了一次妳的手道晚安；他打扮得像個喜好戶外活動的人，你就期望他像你一樣喜歡徒步旅行；他的教育程度很高，你就認為他會和你分享你對古典文學的熱愛。

重點是，即使你的期望有堅實的基礎，有些期望終究會落空。他可能並不像你們剛在一起時，你以為他會是的那個樣子。這是關係結束的一個常見理由。如果那個人變得和你原本預想的有很大的不同，你可能不願意繼續維持這段關係。這份失望不會直接導致關係的結束，它會間接影響你們的關係。失望會讓你變成一個缺乏熱情或者暴躁易怒的伴侶，使得你們漸漸不睦，最後導致關係的結束（Graziano & Musser, 1982）。特別是當一個人認為，他的伴侶對他的關心和在乎程度使他感到失望時，更是如此（Huston, Niehuis & Smith, 2001）。

即使你在認真開始一段關係以前，就已經對一個人很了解，期望與現實之間的差異仍然會是一個問題。期望常常沒被滿足的其中一個原因是，從**熱情愛（passionate love）** 轉變成**友伴愛（companionate love）**（Hatfield, 1988; Reis & Aron, 2008）。當兩個人談了戀愛，他們通常會感覺到強烈的熱情，混雜著浪漫、性慾，以及其他種種感覺。即使在最健康、最穩定的關係中，熱情愛仍會慢慢轉變成友伴愛，而友伴愛則沒有那麼強烈，它是友誼、親密、承諾，以及安全的混合體。雖然浪漫和性慾的情緒通常會持續扮演友伴愛中的一個重要部分，但這些感覺幾乎毫無疑問地都會隨著時間漸漸變淡。

如果情侶的一方或雙方並未預期熱情愛會改變，或者如果比他預期的還要早就改變了，熱情愛與友伴愛相混的現實可能會造成問題。另一方面，如果情侶雙方都真誠地想要一段長久的關係（很多人只在熱情愛還存續時才會維持關係，當感覺到不滿或被傷害時就分手），而且如果浪漫愛漸漸減少所必然伴隨發生的失望能透過雙方共同承擔來解決，這個過渡期就不是問題。

最後，對愛情關係的期望，可能會因為伴侶的改變而無法達成。有時候，那個愛好戶外運動的男人到頭來變成只會整天坐在沙發上看電視；喜歡跑趴的人卻變成了注重健康、慢跑的茹素者。如果有了小孩，或是因為職務高升，還

熱情愛
混合浪漫、性以及其他情緒的愛。

友伴愛
混合友誼、親密、承諾與安全的愛情，通常在熱情愛之後發展出來。

有其他林林總總的改變，都會讓關係的現實有所不同。如果發生在其中一方的改變無法被接受，關係改變的現實會讓人心煩意亂。然而，有時伴侶的改變會使本來良好的關係變得更好。

關係中的平等　當雙方給予伴侶的好處相等時，關係就更可能維持下去。伴侶能給予彼此的「好處」多不勝數，包括讚美、協助家務、放一天假不必顧小孩、鮮花、笑語、親密關係、在你日子不順遂時願意聆聽、去新餐廳吃飯、親吻，以及有趣的對話。好處也包括外表的吸引力（欣賞帥哥美女也是一種樂趣）、誠實、忠實、正直。

社會心理學家把一般人認為長期關係有賴於伴侶們彼此能「對等地」施與取這樣的常識，加以公式化並改良（Adams, 1965; Myers, 1999; Walster & Walster, 1978），稱之為**公平理論（equity theory）**。依照公平理論，只有當伴侶們知覺的付出與收穫間的比例是相等時，他們才會對關係感到自在。公平理論通常能以下列公式來說明：

公平理論
只有在伴侶雙方感覺到自己的付出與回報達到某種平衡時，才會覺得這段關係令他們自在。

$$\frac{某甲知覺到的獲益}{某甲知覺到的付出} = \frac{某乙知覺到的獲益}{某乙知覺到的付出}$$

這些獲益與付出不能簡單地被轉換成數字，但是，假設現在某甲知覺到她為這段關係「付出」10樣東西，而某乙覺得自己付出5樣東西，這是一段平等的關係嗎？這要這樣看：如果某甲知覺到自己從關係中「獲得」10樣東西，而某乙知覺到自己從關係中獲得5樣東西，這段關係就是平等的，因為下列等式是平衡的：

$$\frac{10}{10} = \frac{5}{5}$$

公平理論的公式中有兩個重點：第一，兩個人從對方那裡得到的獲益不必相等，但是他們各自的付出與獲益間的比率（ratio）必須是相等的。一個付出多收穫也多的人和一個付出少獲益也少的人，他們之間的關係可以是平等的。

第二，注意這個公式寫的是知覺到的（perceived）獲益與付出。唯一可以判斷一個人付出與獲益有多少的人，只有他自己。局外人可能認為這是一段非常不平等的關係，然而關係中的當事人卻很快樂。有的人可能認為好床伴很重要，有的人卻覺得好手藝更重要。

一旦關係中的任何一方知覺到這段關係是不公平的，他就可能會採取行動來恢復公平性，或者他會結束這段關係。有趣的是，當我們覺得自己得到的比

自己付出的少很多，或者當我們覺得自己得到的比付出的多很多，這兩種情況都會讓我們不舒服。無論是哪一種情況，我們都會希望能恢復公平性，或許可以透過自己調整付出，也或者會要求對方增加或減少付出。

複習

本節討論人際關係的形成，包括友誼與愛情。從見面的第一刻開始，你就開始透過人際知覺來評估對方；在認識的開始時，環境因素、雙方的相似性、對方的吸引力，以及是否互有好感，都會影響到你是否想與對方深交。當決定深交後，我們會採取一些方法來維持關係，特別是關係中的公平原則，更是影響到關係品質的重要因素。

想一想

1. 看看你旁邊一起上課的同學，你對他的第一印象是什麼？
2. 你有過談戀愛的經驗嗎？哪些因素促使你們在一起？

▶▶▶ 心理學的應用　親密關係的維持

我們必須在成長的過程中學會處理原慾中的攻擊本能與性慾，將它們昇華並轉化成生產力與親密關係。大學生正值學習感官愛慾轉化的時期，感官的愛慾常常會驅使我們追求身體上的親密，但身與心不可分離，我們最後都要追求情緒上的親密，並且同時尊重雙方的身體與心理應該沒有分別。根據譯者的認知，佛陀理解到將愛、貪愛及執著攪和在一起會令人痛苦，所以祂用心理責任與覺醒來接受與付出愛。一行禪師認為在家人比出家人更容易接受到性貪愛的形象和音樂，因此要保有相愛又健康的關係，需要持續的練習。

在人際關係中，我們常常使用以下四邪見的方式來看待人我關係。這四種方式都會導致我們及週遭的人煩憂苦痛。我們唯有練習慈悲喜捨以達至真愛。

四邪見

1. 常：一切關係（現象）皆是變動的（無常），我們卻看成是穩定不變的（常）。例如：我們看不到關係的改變，也覺得對方永遠會為自己而在，當分離到來時則痛苦萬分。
2. 樂：有時我們把苦看成樂。
   例如使用藥物、酒精、網路或開始一段婚外情，來逃避痛苦並耽溺享樂，卻讓周遭關心我們的人痛苦。
3. 我：我們切割、分別和創造二元對立的世界（對立 vs. 無我）。
   例如：我們在工作中推諉工作，製造小團體，缺乏合作。
4. 淨（shuddhi）：我們喜歡依特質區隔事物，卻看不到它們的相互性。
   例如：我們會將老闆和員工看作兩類人。

真愛四要素

1. 慈：愛自己也愛別人，有喜悅的能力，也可以把快樂帶給別人。
   練習：每天起床的時候對自己微笑，也跟看到的人打聲招呼。
2. 悲：認識內心的痛苦和困難，並下功夫去轉化它們。
   練習：當自己痛苦的時候，練習深呼吸，內觀自己痛苦的地方，靜觀感覺的起伏。
3. 喜：帶給自己、他人和世界喜悅。面帶微笑並幫助他人。
   練習：日行一善，每天幫你的同學一個忙。
4. 捨：平等或無分別與包容。
   練習：生活中多傾聽他人的心聲以及透過本章的課程活動試著學習降低偏見。

參考書籍：一行禪師，《愛對了》

本章總結

第16章介紹社會心理學，主要探討人與人之間的相互影響、態度與說服的本質，以及人際吸引的原因。

I. 社會心理學是心理學的一個分支，主要是研究個人如何與他人互動。

II. 我們的行為往往會受到社會情境相當大的影響。
   A. 去個人化：在群體中，由於個人可以匿名不被他人指認，而導致個人會去做一些自己過去不敢做的事。
   B. 旁觀者效應：當有人求助時，由於有其他人在場，因而影響個體對眼前發生事件的詮釋，造成責任分散的情況，因而導致個體不主動協助受害者。
   C. 團體極化：團體工作時，個人的投入可能會減少，而當意見變得兩極化時，團體問題解決可能會作出錯誤的決定，就連明智的決策者也可能受到團體迷思的影響。

D. 從眾：屈服於團體的壓力，因而使個體表現出和其他成員一樣的行為。
E. 社會角色和社會規範是影響個人行為的重要社會因素。
F. 服從：Stanley Milgram 的研究顯示，個體會服從權威者的要求去行事。
G. 團體的光明面：團體會造成有害影響，但是團體有時也可以達成以個人之力無法完成的事情，而且社會支持也可以減低壓力帶來的衝擊。

III. 態度是讓我們傾向以某種方式去行動和感覺的信念。
A. 態度是自個體自身過去的經驗以及觀察他人的行為學習而來。
B. 態度可以透過說服來改變，而決定是否有說服力的因素包括說服者、訊息本身，以及聽眾的特質。
C. 根據 Leon Festinger 的認知失調理論，我們有時候會改變態度以和我們的行為一致。
D. 偏見是基於對某個群體做不正確的類化而來的一種有害態度，這些類化稱為刻板印象。
E. 刻板印象是有害的，因為它使我們不用個人的方式來對待團體內的每個成員，會造成錯誤的歸因。

IV. 友誼與愛情都是根據人際知覺的歷程而產生的。
A. 人際知覺的歷程就像是複雜的認知方程式，我們會把對他人有關的正面與負面訊息加以綜合並做出評估。
  1. 在人際知覺中，負面訊息的影響往往大過正面訊息。
  2. 第一印象通常比後來的印象具更大的影響力。不過，初始效應在以下三種情況下會減低其影響力：認識久了、時間久了，以及了解初始效應。
B. 雖然每個人對於不同個體的知覺並不相同，還是有一些共通的因素會決定我們為什麼會被他人吸引，包括相似與互補的特質、能力，以及外表的吸引力。我們會吸引他人的因素則包括環境的接近性、情緒、是否互相喜歡等。
C. 關係維持：有兩個因素會決定一段關係是否能維持下去：在一段關係中自己所期望的和實際得到的之間的差異，以及關係的平等程度。最能持久的愛情關係，是可以從熱情愛過度到友伴愛。

課程活動

活動目的：減少偏見

進行方式：

　　偏見是你對某個群體的負面觀感。在生活中，我們經常都會對某個群體有些偏見，而這些偏見都源自於你對該群體的刻板印象。要注意的是，你的偏見往往是因為你對該群體的不了解所致。透過實際接觸與了解，可以減少你的偏見。以下的量表用來評估你對精神疾病患者的社會距離，以了解你對該群體的偏見有多強。

　　請就你的想法回答以下的問題：

	非常 不同意	不同意	有點 不同意	有點 同意	同意	非常 同意
	1	2	3	4	5	6
1. 我願意跟精神病患在同個社區	☐	☐	☐	☐	☐	☐
2. 我願意跟精神病患住同一棟樓	☐	☐	☐	☐	☐	☐
3. 我願意跟精神病患一起生活	☐	☐	☐	☐	☐	☐
4. 我願意跟精神病患一起吃飯	☐	☐	☐	☐	☐	☐
5. 我願意跟精神病患做朋友	☐	☐	☐	☐	☐	☐
6. 我願意與精神病患一起工作	☐	☐	☐	☐	☐	☐
7. 我願意僱用精神病患	☐	☐	☐	☐	☐	☐
8. 我願意幫助精神病患	☐	☐	☐	☐	☐	☐

分數說明：得分愈高表示你對精神疾病患者的接納度愈高。

第17章 心理學的應用

我們在前面的章節其實已經包含了應用心理學的內容，尤其是討論心理疾患（第 14 章）和心理治療（第 15 章）的主題時，便已經涵蓋了臨床與諮商心理學的核心內容，而壓力與健康（第 13 章）一章也說明了健康心理學的領域。

本章要介紹其他重要的應用心理學—包括環境，以及在企業、建築、法律、教育等各領域上的應用。這些領域僱用心理師的情況比起臨床、諮商、健康心理學等領域少得多，但卻是很重要且不斷發展的新領域。

17.1 環境心理學及永續經營

環境心理學家
專職研究環境對人類行為與心理歷程的影響，以及人類行為對環境的影響的心理學家。

環境心理學家（environmental psychologist）研究兩個有趣且與我們切身相關的主題：(1) 環境對我們行為及心理歷程的影響；(2) 我們的行為如何改變環境。我們先介紹物理環境對我們的影響，再將主題轉移到人類行為對全球環境的影響。

建築師與室內設計師絞盡腦汁想要創造出讓人們能夠在裡面健康生活、愉快工作且富生產力的環境。環境心理學家致力於研究環境因素讓我們產生何種心理反應。到目前為止，我們所發現的一切確實讓人感到有趣，但並不令人意外。舉例來說，在單調乏味甚至醜陋的空間裡，人們對於社交及他人較提不起興趣（Maslow & Mintz, 1956; Russell & Mehrabian, 1978）。教授如果在辦公室放置一些令人舒緩情緒的物品像是植栽或水族箱，可以讓學生覺得他們是被歡迎的（Campbell, 1978）。還有高溫的環境會讓人變得較不友善（Griffith & Veitch, 1971）。當然還有其他發現是我們先前未預料到的（例如在精神科病房增加一些盆栽可以促進病患的食慾），最重要的是這些發現對於建築設計和室內設計很有助益。

17.1.1 工作場所及居住環境之建築設計

建築師已經投注相當多的心血在創造讓員工感到安全、舒服並可以提升生產力的環境。舉例來說，開放式的辦公室設計，這樣的辦公室有著相當大的開放空間，空間的區隔利用可移動並且低矮的物件像是檔案櫃或是辦公桌來達到。這種方式的好處是空間安排相當有彈性，而且造價便宜，外觀又吸引人。但是心理學對這個辦公室設計的研究結果並不如預期來得這麼正向。由傳統辦公室搬到開放式辦公室的人在六個月後表示，雖然他們與其他人的互動更多，但卻合作更少，而且還有其他的缺點，像是他們覺得更吵雜、缺少隱私，以及

工作完成得更少（Hundert & Greenfield, 1969）。

心理學家們也漸漸地參與住家及住宅設計。也許是心理學家大多在大學工作，所以大學宿舍成為常出現的研究主題。傳統的大學宿舍有著長長的走道，在走道末端有交誼廳及浴廁，而現代的大學宿舍則變得有點像公寓，三至四間寢室環繞著共用的交誼廳及浴廁。雖然公寓式的宿舍設計能容納的人數並沒有比較多（見圖 17.1），但這種做法是以較人性的方式，將學生安排進同樣的空間。相較於公寓式的設計，住在傳統宿舍的學生較少待在宿舍內，並且也較少與其他學生互動，他們甚至覺得對宿舍環境的控制感較低，以這個案例而言，心理學研究較支持公寓式設計（Baum & Valins, 1977）。

更讓人感到意外的是，宿舍空間對學生行為的影響力會延伸到其他生活場域。當兩種宿舍的學生都被邀請到實驗室進行面談的時候，住傳統宿舍的學生在等候室時較少主動與人交談，並且會坐得離其他學生較遠，且較不會去注意他人的臉龐。顯然，他們不甚恰當的住宿環境讓他們連到了外頭的環境都不那麼社會化（Baum, Harpin, & Valins, 1975）。如果你現在住在一個像本章所介紹的傳統宿舍中，你不需要去擔心這樣的環境對你的社交行為會造成嚴重的損害，但是你要注意它可能會對你目前的行為有些小小的影響。

心理學家幫助建築師設計辦公場所，以利提升工作滿意度與生產力。你認為圖中的職員們有足夠的私人空間嗎？

Duncan Case（1981）也認為大學宿舍的設計會長時間影響人際型態。依據該研究，影響人際的主要因素是，宿舍內有沒有「必要的共用（享）空間」，像是共用的電梯、飲水機等相似的設施。這個研究發現，80% 的學生在升大二時會選擇與大一時一起分享共用設施的學生住在一起，即使是到了大四，也還有 50% 的學生會有這樣的情形。有 73% 的學生說他們最好的朋友就是他們大一的室友，所以我們可以清楚地看到建築設計如何影響友誼。

17.1.2 永續經營與環境保護

我們生命的維持系統——地球，正處於危機之中。生活在糟糕且嚴峻的環境，可能是我們的後代子孫會面臨到的問題。甚至在未來的某個時候，地球可能會再也無法支持人類的生存（Oskamp, 2000）。紀錄片《發現台灣》讓我

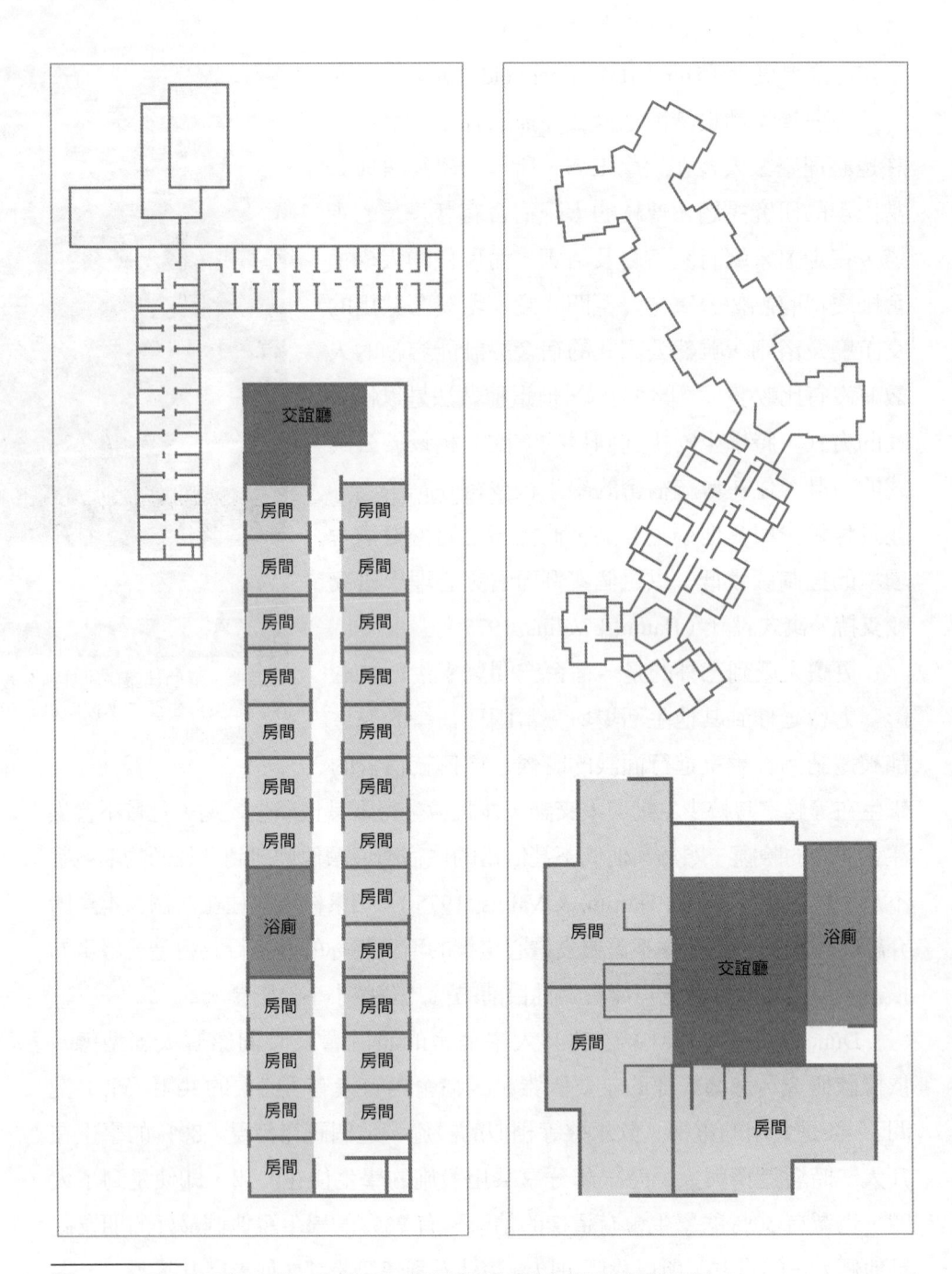

圖 17.1　圖中分別為大學宿舍做單一走道設計與套房式設計的設計圖。

們看到許多台灣特有的美好風光，也發現了環境的破壞對於美麗的福爾摩沙所造成的傷害。造成這種慘況的原因可能有以下三點：(1) 人口過剩；(2) 資源耗竭；(3) 汙染及氣候變遷。我們在之前就已經可以感覺到地球環境正邁向毀壞。在 1993 年，憂思科學家聯盟（Union of Concerned Scientists）有 1600 名

關注環境議題的科學家成員共同為以下的宣言背書：「如果要避免眾多人類的苦難發生，及我們在地球上的家園遭受無法挽回的破壞，我們就必須改變我們的生活及管理地球的方式。」

如今，為什麼地球生命的維持及地球的永續經營會成為心理學的一個課題？因為上述的三個原因，人口過剩、資源耗竭以及環境汙染皆由人類造成。要讓地球能夠維持生命，人類的行為就必須改變。在政府單位的人、在企業界的人，以及在消費的人，都需要改變他們的行為（Geller, 1995; Koger & Scott, 2007）。換句話說，所有的人都需要改變。

人口過剩 人類的數量達到10億大約花了300萬年。如今，地球上的人口以每年9700萬的速度持續增長，約每8年就會多出10億人口。現今逾60億的人口大約會在未來的47年再多出一倍，也就是說，到了21世紀中期，地球上的人口就會達到100至120億！以目前的速率計算，每分鐘就會多出184嘴要吃飯！人類快速的繁衍無疑是地球環境的一大威脅。

地球目前有超過60億的人口，其中逾10億人口生活在極度困苦和惡劣的環境裡。這些人大多分布於非工業化的國家中。環境使這些人的生命每天遭受疾病及營養不良的威脅。每天大約有5萬的嬰兒及兒童死於飢餓和營養不良的相關疾病。生活在窮困的環境且必須為自己與家庭的生存而掙扎的人，想必無法注意環境保護，這並不讓人意外。因而非工業化國家的人民被迫去對他們的環境做出有害的行為。舉例來說，他們耗盡天然資源，並將這些資源出口到工業化國家，像是印尼及南美的國家會砍伐他們的原始森林。又或者是因為不正確的農業技術破壞了土壤，又或者是因為不良的下水道設備、工業及農業的化學物質汙染了供水。在全球的已開發國家中，隨著愈來愈多人集中到大都市，這些問題也變得更為嚴重。

即便還是有些專家學者否認這個事實，但是地球能夠負擔的人口就快要達到它該有的限度，甚至有許多人認為其實已經超出地球的負荷了（Oskamp, 2000）。除非我們主動選擇去避免人口過多，否則人口過剩的問題並不會自行矯正。人口密度過高的地方可能會因為疾病或是因為資源缺乏所引起的戰爭而大量死亡。想想看上述兩個例子已經發生了嗎？或是覺得這兩個狀況有點熟悉？近些年來，非洲有上百萬人死於愛滋病以及種族滅絕的戰爭，是否皆為資源有限的地區因為人口過剩而導致的結果（Oskamp, 2000）？

資源耗竭 第二個主要的環境議題是關於人類消耗天然資源的速度。某些資

源對於我們的生存非常重要,像是乾淨的空氣(目前有 PM2.5 的空汙問題)、乾淨的水(目前有颱風過後的汙水問題),以及適合耕種的土壤(目前有農藥殘留問題)等。附帶一提的是,我們的生活型態需要每天有上百萬桶的原油來支持,地球所擁有的原油因為我們的慾望已經有一半被用完了。雖然美洲大約還有兩百年可用的碳,但是碳的使用已經造成了其他問題,像是空氣汙染、水銀中毒和全球暖化。如果我們希望持續過著有電的生活,我們就必須趕快轉而使用具有永續性又不會造成汙染的替代能源,例如太陽能或是風力發電。

以全球來說,水及可利用土壤已經面臨短缺。以台灣為例,大部分的人口聚集於西部地區,因此這個區域對於飲用水有相當大的需求。而加上西部地區有大量的農田、魚塭以及工業區需要用水,因此以雲林為例,便開始出現超抽地下水的問題了。由於超抽地下水會導致沿海地區的地層下陷問題,如此也可能影響到高鐵虎尾段的安全性。這些都是使用水資源上的一大困境。

其實與資源流失有關的事情我們常常聽到,像是漁獲量減少、森林的縮減導致動植物的絕種,以及其他地球提供給我們的寶貴資源也逐漸消失。人類過度的消費已經超過地球可負擔的極限。

汙染及氣候變遷 第三個對我們環境造成傷害的主因是汙染,包括空氣、水、土壤、垃圾,以及有毒物質的汙染。我們都聽過酸雨;霾害、有毒廢棄物、河川及湖的汙染等。上述狀況不僅影響環境的美觀,更會傷害我們的健康,甚至造成死亡。交通工具及工廠排放出來的煙塵造成了肺癌、氣喘及其他呼吸系統的疾病。空氣汙染造成致命影響的一個管道是透過人類行為。患有氣喘的人,他們自殺的風險是一般人的兩倍,儘管大部分患有氣喘的人並沒有自殺的念頭(Kuo & others, 2010)。即便因為燃燒油料和碳產生的微小粒子造成空氣中少量的汙染增加,都有可能讓氣喘患者的症狀加劇,並且還會增加自殺率(Kim & others, 2010)。世界衛生組織調查了歐洲的許多區域,並估計因為空氣汙染而死亡的人數甚至比車禍死亡的人數還要多(Oskamp, 2000),這樣的問題在美國的某些地方更加嚴重。土壤、水及食物供給鏈的汙染也同樣是嚴重的問題。

除此之外,現在已經非常清楚空氣汙染是造成全球暖化的原因。什麼是全球暖化?又為什麼會影響人類生命?油料及碳的燃燒讓大氣中的汙染物持續增加(主要是二氧化碳和甲烷),這兩種氣體都會浮到大氣的上層。這兩種氣體會如同溫室中的玻璃,接收大氣外的陽光,並且不斷反射地表散出的能量,不讓它們散發出去。溫室效應大幅地改變了地球的氣候,像是全球的平均溫度不

斷上升，阿拉斯加現在的均溫比起1960年時多了華氏10度。還有南、北兩極的融冰增加，造成海平面上升。因此，海平面上升到讓孟加拉、奈及利亞和美國路易斯安那州等世界人口密度最高的地區更容易因為洪水導致生命財產與土壤流失的地步，是遲早都會發生的事（Oskamp, 2000）。而在世界的其他地方，則會因為全球暖化導致當地氣溫下降，原因是暖化會造成洋流的位置改變，而這樣的改變則造成了更劇烈的天候變化。全球暖化以不同的方式影響地球供養這麼多人口的能力。舉例來說，美國中西部是「大穀倉」，但當地的氣候變得不再那麼適合農業。而適合耕種的位置則是向北移動到加拿大。這將會讓當地變成新的「大穀倉」，但一般來說，缺乏良好的土壤，想成為大穀倉也成不可能了。

　　釋放到大氣的其他化學汙染物質造成臭氧層的破壞。臭氧能藉由反射紫外線保護我們，這是眾所皆知的。但是臭氧的破洞逐年擴大，並影響了幾個地方，諸如南極洲、澳洲和紐西蘭，結果造成罹患皮膚癌及眼睛產生病變的人數增加（Oskamp, 2000）。水汙染也是一個急迫的問題，不單是地下水的減少，我們的飲用水也常受到工業、礦業、農業殺蟲劑、肥料、沖下馬桶的藥物，還有酸雨等眾多化學物質的汙染。現今估計每年全球約有2500萬人死於水汙染。合併其他環境問題，人類造成環境汙染的行為，已經超過地球原有的淨化再生能力。

　　綜合以上所有破壞地球供養能力的因素，聯合國估計幾十年後，約有20億的人口會因為當地的土地、水及空氣無法使用而成為環境難民（Oskamp, 2000）。

永續經營之心理學觀點　這些環境汙染問題的解決，部分需要仰賴新興的環保科技，像產生較少廢氣的交通工具。但最主要的方法是，所有的人都改變對地球造成破壞的行為。延續上述問題的觀點，我們需要對人口數量進行控制、減少汙染，及減緩消耗自然資源的速度。以美國來說，美國人口為世界人口的5%，卻消耗掉25%屬於大家共享的的自然資源，所以我們的改變更為重要（編按：原文書作者為美國人）。兩個心理學的取向有助於改變我們破壞環境的行為：行為取向以及人本認知心理學取向。在現實生活中，你經常會看到的是兩個取向的合併使用。

行為取向　用改變行為的方法來保護環境的行為取向主要有兩個特徵：

1. 大部分會使用學習理論作為行為改變的依據。學習是一種因為經驗而產生

的行為改變（第 7 章）。因此，以學習理論作為行為改變的依據是相當自然的。

2. 行為學派的學者，對於他們所做的介入，會以非常小心的方式去收集資料並加以評估。當他們要將在實驗室所學的知識應用來解決現實生活中的問題時，他們會以如同在做實驗一樣的嚴謹態度去評估解決方式是否有效。採用這種「實驗取向」可以讓心理學家快速淘汰沒有效益的策略，並採取更有效的解決方式。有時候，實驗的意思是我們嘗試使用別人建議的方法，儘管我們知道那個方法可能是無效的。因此，資料就可以針對心理學家的理論提供最後的檢視和校正。

Van Houwelingen 和 Van Raaij（1989）的研究提供一個用行為取向來改變消費者行為的最好例子。他們使用操作制約作為行為改變的依據，行為的改變是基於行為導致的後果，當後果是正向（增強）的，行為會增加，當後果是負向（懲罰）的，則行為出現的頻率會減少。研究人員在 50 個家庭中安裝了特殊的瓦斯表，讓使用者可以便於去檢視自己用了多少瓦斯以及花了多少錢。如同台灣的水電費一樣，如果用戶有達到節約的效果，就會得到一些減免的回饋。Van Houwelingen 和 Van Raaij（1989）發現提供瓦斯表可以減少一成的瓦斯使用量。他們還發現，瓦斯表立即的回饋是使用量減少的主因，因為將瓦斯表移除後，瓦斯的使用量又恢復到原來的浪費程度。消費者並非永久學習到節省的行為。這個研究結果告訴我們，操作制約的回饋必須持續提供，才能讓行為產生長期的改變。另一個操作制約回饋成功的應用案例是用在大卡車司機身上，藉由公布每位司機每加侖汽油跑了多少里程數，有助於司機努力節省油料的使用（Geller, 1995）。

認知與人本主義取向　許多心理學家想藉由改變認知（永續經營的信念和態度）或喚起較高層次的動機來影響與環境有關的行為（Schultz & others, 2007）。根據上述的方法，如果要避免環境被破壞，我們必須使用說服的方式去解決 5 大問題。

1. **我們正在否認某些事實**：很不幸地，我們人類往往會去否認或不想去聽那些具有威脅性或令人不舒服的訊息。對我們來說，繼續維持那些會破壞環境的行為是較容易且較舒服的，因此我們傾向去否認上述訊息的有效性和重要性。
2. **我們都有壞習慣**：Stern（2000）指出破壞環境的習慣會造成的負面影響。

即便很多人都知道我們的世界已經無法再承受這麼多的汙染和垃圾，我們還是很難促使人們去改變他們的習慣。
3. **我們的行為或是表現讓我們看起來像是無助的旁觀者：** 在前一章有提到，當我們身處於人群中時，通常比較不會去幫助那些需要幫忙的人。造成這個現象的原因有很多，包括「有別人會去解決這個問題」的想法。但很不幸的，我們這些世界公民是生活在一個超大的群體之中，因為地球上有60多億的住民，且人數還在持續增加中。所以我們必須有所體認，亦即要拯救地球，每一個人都必須有所行動。
4. **我們不相信我們的改變是有用的：** 社會學習理論學家 Albert Bandura 認為，我們只有在相信我能改變現況時才會有所行動。但大部分的人都相信，無論我們多麼努力，都不可能解決環境破壞的問題。不幸的是，除非大家一起採取行動，否則環境問題是不會被解決的。當我們一起動起來，世界就會有所改變。
5. **我們通常是短視近利的：** 目前，我們都是根據自身的利益來做與環境相關的決策。所以天氣熱的話，就開冷氣吧，我們不會去考慮到後代子孫的福祉。當你畢業後，為了快速獲利，你可能決定在你的工廠使用生煤，儘管生煤會造成很大的汙染，但是比較便宜。又或者未來你會將選票投給那些對你所屬企業有利的政治人物，即便這些政治人物贊成對高汙染的工業持較寬鬆的政策。即便大多數的人都知道我們的生活型態可能會傷害那些為汙染及資源耗竭所苦的人們，我們還是會選擇讓自己過得舒服一點，我們甚至不惜犧牲後代子孫的福祉。因此，要解決環境破壞的問題，我們必須以更高層次的動機去促使我們改變。

行為、認知及人本取向的整合 心理學家 E. Scott Geller（1995）和 Paul Stern（2000）主張將各種環境保護的方法加以整合。這麼做的理由是：第一，最有效的介入方法通常來自不同的理論觀點，我們不應該侷限於各自的單一理論；第二，通常必須綜合來自不同理論的介入技術才能達成最好的效果。

請仔細思考以下合併行為及態度改變的方法：一些電力公司會提出一些節約能源的方案以幫助消費者減少電力的使用。在某些地方，夏天家庭用電急遽增加使得電力公司的成本大增，因為他們必須投資去產生更多的電力（但多數時間是不必要的），或是在使用量較高的時候，以昂貴的價格向其他電力公司購買。但是如果電力公司願意資助現有的家庭去改善家中的隔熱，這會帶來什

麼影響呢?這對有房子的人是一大誘因,並促使他們改善隔熱,因為只要花一點點的錢做隔熱,就可以在未來省下很多電費。這樣的誘因非常有幫助,但是必須結合資訊性或是說服性的溝通才能有更好的效果(Stern, 2000)。有關說服力的討論,請參照第 16 章。

複習

環境心理學家研究物理環境對我們的心理會造成哪些影響。他們發現室內設計的某些元素如房間的色調及是否放置盆栽,都會影響在裡面的人的心情及他們與他人互動的興趣。同樣的,房間裡的物理特徵也會影響人的情緒及社交行為。宿舍的設計也會因為有無「必要的」共用空間而影響住宿生的交友狀況。有這種共用空間的宿舍,住宿生彼此之間通常較容易形成友誼。藉由研究工作場域與室內環境等的設計,心理學家可以提供建築師和室內設計師建議,協助他們設計出對使用者有最佳心理影響的環境。

因為人口過剩、資源耗竭,以及汙染問題,地球的環境已經被嚴重破壞了。但是,破壞環境的元兇就是人類。為了改變人類行為,心理學家應該積極介入,好讓地球能夠繼續供養生命。改變人類行為的方法主要是採用心理學兩大傳統學派的知識。行為取向主要是利用學習理論來改變行為,並以嚴格的標準來評估每項改變技術的有效性。另一個取向是奠基於認知及人本心理學的理論,將焦點放在改變人們的態度、價值觀、信念,以及環境條件上。而且這個取向相當重視社會心理學提到的說服理論,透過說服的方式來改變一個人的態度及信念。近年來,兩派學者都認同應將兩大取向各自的優點加以整合。

想一想

1. 審視一下你的居住環境,哪些環境因素能夠促進或是阻礙你與鄰居的互動?
2. 你可以做些什麼來保護環境?為什麼?哪些因素會影響你的行為?

17.2 心理學與工作

當你想到「工作」一詞時,你會聯想到「快樂」與「生活品質」嗎?應該會的,因為工作藉由許多重要的方式與我們的生活品質有關。如果沒有各行各業,我們生活所需的各項用品與服務,諸如汽機車、理髮、3C 產品及報紙等將不存在。還有,我們的生活品質也跟工作滿意度有關。試想一份令人生厭的工作或是一份有意義、有回饋的工作又會如何影響你的幸福感呢?

在企業工作的心理學家稱為**工業暨組織心理學家**（industrial-organizational psychologists; I/O psychologists）。他們想要藉由不同的方式讓人們從工作中獲得益處。例如，他們會藉由不同的方法協助企業與政府組織讓產品與服務變得更好，並透過改善管理及訓練的方式讓工作滿意度增加，還有改善人員遴選的方式，讓員工可以「適才適所」（Landy & Conte, 2004）。不過，無可否認的是，有時候心理學的理論是被用來幫助企業獲利而非改善員工生活，像是協助設計更具說服力的廣告，但這只是例外，而非企業界心理學家的通則。

> **工業暨組織心理學家**
> 專門研究提升企業效能與增進人類利益的心理學家。

工業暨組織心理學家最常出現在企業的人事部門，因為人員遴選與訓練是他們主要負責的業務。有些大公司會聘請專門的工業暨組織心理學家，有些公司則會向諮商公司尋求其工業暨組織心理學家提供服務。工業暨組織心理學家會教育人事與管理階層如何將心理學運用在工作中，以協助員工能更有效且愉快地達成企業目標。

其他工業暨組織心理學家的工作對象不是企業，而是消費者及員工。他們通常是為政府或公益團體工作，工作內容包括協助消費者在購買東西時能獲得充分資訊以做選擇，也有些是服務於保護勞工權益的組織中。

17.2.1 人事遴選與評估

回想一下，我們在第 1 及第 9 章提到 Alfred Binet 在 20 世紀初首度運用實際的方法來測量智力。自那時起，許多應用領域都開始採用各種方法來測量智力及其他心理特徵。在企業中，心理測驗最常被用來遴選、僱用新員工以及評量現有員工的工作表現。最常用的測量方式包括面試、紙筆測驗、表現測驗、工作表現評量，以及模擬工作的表現評量。人員的遴選與評量是每企業最重要的部分，因為找到合適的員工做合適的工作不只可以提升工作士氣及產能，還能夠減少員工流動率及缺席的狀況。

面試　面試是評估應徵者與是否晉升現職人員的核心方法。面試可能以多少帶點結構性的對話來詢問應徵者過去的受訓背景、經驗及未來目標。一個應徵者是否適合一個工作，有部分可以從他對於問題的實際應答中了解，但還可以從這個人的個性、說話方式、領導潛能，以及其他個人因素來評估。

一般來說，沒有結構的面試對於未來的工作表現並不算是一個好的一個預測指標（Schmidt & Hunter, 1998），除非可以進行多次的無結構面談（Sackett & Lievens, 2008）。在結構性的面試中，所有的應徵者都會被問相同的問題，

一般來說是比較有效率且準確的（Huffcutt & others, 2001; Schmidt & Hunter, 1998）。不過，本章還會討論其他比結構性面試更能有效評估求職者的方法。

智力測驗 在第 9 章所介紹用於測量一般智力的多種測驗，常被用來作為人員遴選的工具，尤其是繁複的工作（Gottfredson, 1997）。智力相關的測驗也可見於政府、軍方，以及私人企業。而且，由於醫學院、法學院及研究所都會採用智能測驗來遴選申請者，因此這類測驗在決定哪些人會進入這類專業領域上扮演了關鍵的角色。因此，在北美及其他的工業化國家中，不同行業間的區隔程度相當高（Gottfredson, 1997）。圖 17.2 顯示各種行業裡，中間一半申請者的智力表現。智力測驗 115 分的申請者有很多工作機會，不論想申請何種工作，都相當有競爭力。相對來說，智力測驗 80 分的申請者可能無法競爭到任何職務（Gottfredson, 1997）。這會引發公平性的問題，因此本章稍後會再討論其他遴選員工的方式。

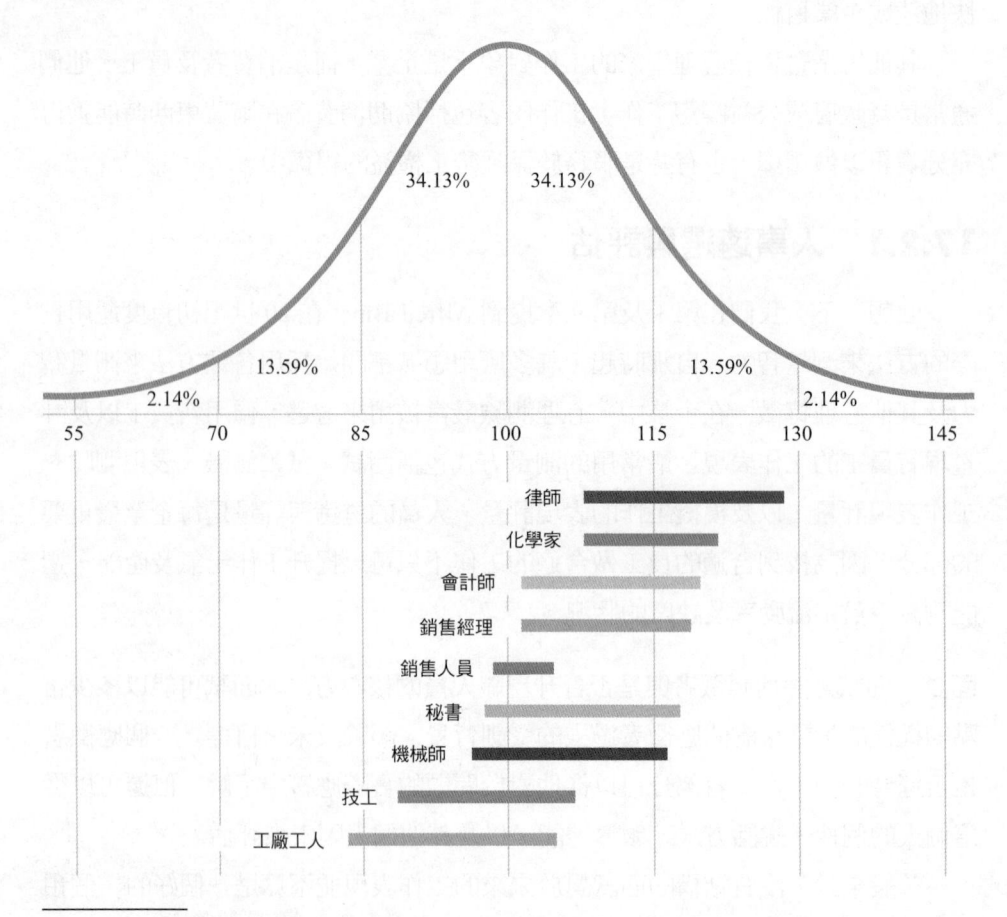

圖 17.2 各種職業其中間一半申請者的智力測驗成績分布圖（25% 的人分數高於每個分布，25% 的人則低於每個分布）。

特殊能力及工作知識測驗　雇主會藉由不同的方式去測量特殊技能、工作技能，以及工作知識，以幫助他去評估誰是潛在員工。舉例來說，拼字及閱讀測驗通常會用於遴選秘書或是文書工作人員，因為在這兩個領域能力好的應徵者，通常在做文字處理及校對等相關工作的表現能也會比較好。而對於應徵機械及工程領域工作的求職者，則通常會給予如圖 17.3 和 17.4 的測驗。這些測驗測量的是一個人對於空間關係及機械概念的理解能力。對於負責銷售的人，則會給予銷售態度相關的測驗，這類測驗會出許多狀況題，通常都是在銷售工作中會遇到的，銷售人員必須從多個選項中找出最適合的處理方式。

表現測驗　這類型的測驗測量求職者的實際操作情形，常用於遴選像是組裝工人或是特殊設備的維修人員。**表現測驗（performance tests）**依據的假設是，要知道求職者是否有能力做手動操作的工作，唯一的方式就是觀察他們實際操作的情形。普渡釘版測驗（Purdue Pegboard）就是屬於這類型的測驗。在這個測驗中，應徵者要按照要求將螺絲、墊圈及螺帽組裝在一起，而其手動工作的速度與正確度是評分者要評量的項目。其他種類的表現測驗會讓應徵者實際操作與工作類似的任務，例如需要做文書處理的行政人員，可能會被要求在有限的時間內完成特定的文書作業；應徵堆高機駕駛的人則會被要求在指定的路徑裡操作堆高機；而專業棒球隊在招募新成員時，也會請應徵者對上專業投手。每一種表現測驗都會提供應徵者某些行為的樣本，以協助預測應徵者在工

> **表現測驗**
> 人事遴選測驗的一種，測驗內容和實際工作所需的能力類似。

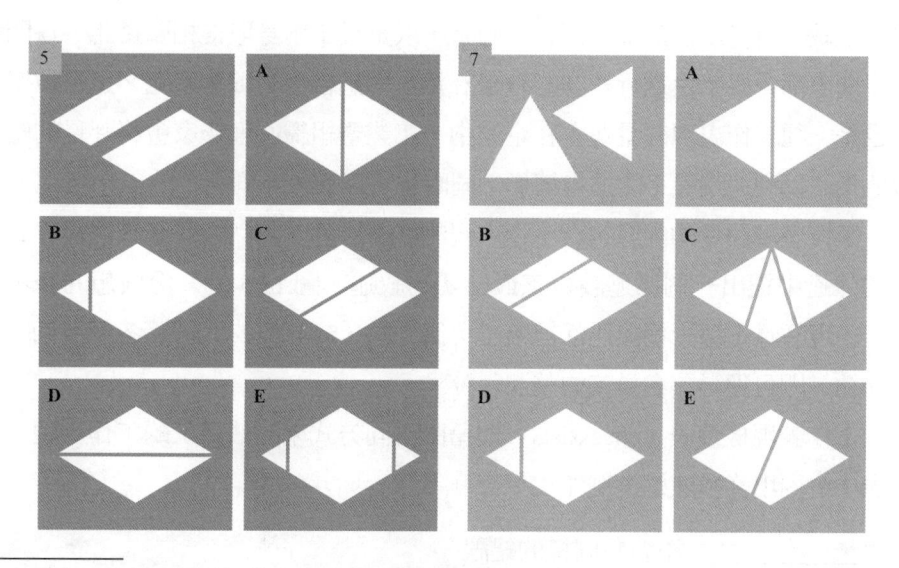

圖 17.3　測量空間關係能力的範例。哪種圖形（A 到 E）可以從左上角的形狀拼出來？

資料來源：Sample item from the Raven's Standard Progressive Matrices. Copyright ©2005 by Harcourt Assessment, Inc. Reproduced with permission. All rights reserved.

圖 17.4 測量力學理解程度的紙筆測驗範例。

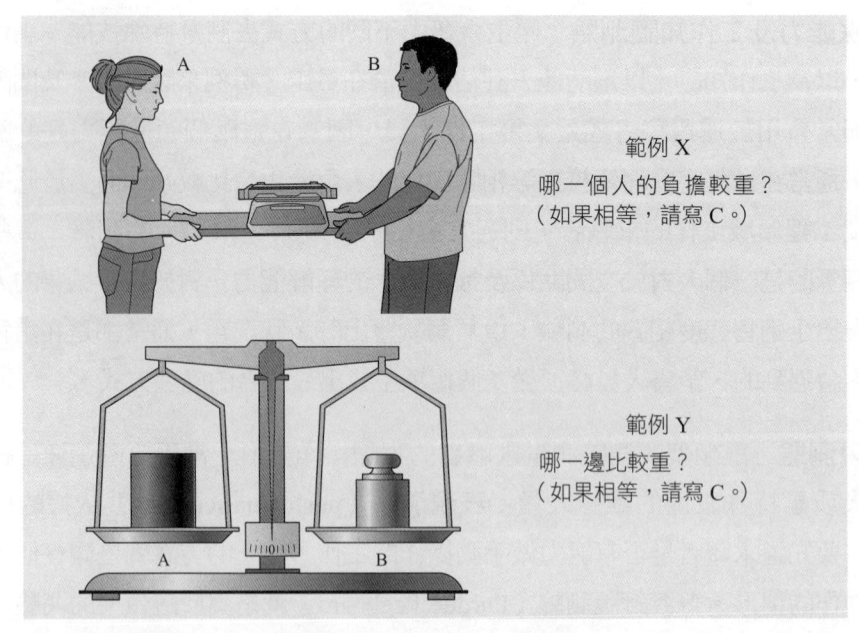

範例 X
哪一個人的負擔較重？
（如果相等，請寫 C。）

範例 Y
哪一邊比較重？
（如果相等，請寫 C。）

資料來源：Sample item from the *Differential Aptitude Tests: Fourth Edition.* Copyright ©1972, 1982 by Harcourt Assessment, Inc. Reproduced with permission. All rights reserved.

作上的實際表現。

工作表現之評量　測驗除了可以用來篩選應徵者以外，也可以用來評量目前的員工。這類測驗通常是用於評估員工的加薪、升等，或是續聘。現在最被廣為使用的評估方式是**工作表現評量（job performance ratings）**。評量通常是由督導來做，但可以自部屬、顧客、同事，或是員工本身取得相關資訊。每門課在學期末都會要學生進行教師的教學評量，你是否也有填寫過呢？這種教學評量也是一種工作表現評量喔！在企業中，工業暨組織心理學家會將評量的結果數值化，以利追蹤員工的進步情形，同時也可以比較不同員工的工作表現。

工作表現評量的內容包含工作表現的許多層面，評估人員必須自最好到最差的陳述中選出一個描述該員工最貼切的敘述。圖 17.5 是一份假想的多步驟工作表現評量，每一個陳述都被給予一個分數（5, 4, 3, 2, 1），將各個層面的分數加總，即可獲得該名員工的整體評分。

工作表現檢核表（checklists）則藉由不同方式來評估員工的工作表現。檢核表中會列出許多陳述，例如：

_____　不會犯同樣的錯誤
_____　工作習慣井然有序
_____　有效的領導者

工作表現評量
主管針對員工的實際工作表現進行評等。

	可靠性			
☐ 不滿意 需要持續督導，以確保有按照指示進行工作	☐ 中下 需要不少督導；並非總是依照指示進行工作	☐ 中等 需要一般性的督導	☐ 中上 通常可以仰賴此人完成交辦事項	☐ 優等 幾乎不需要督導，可以完全信賴

	工作量			
☐ 不滿意 總是低於工作要求	☐ 中下 經常低於工作要求	☐ 中等 達到工作要求	☐ 中上 經常高於工作要求	☐ 優等 總是高於工作要求

	專業知識			
☐ 不滿意 未能達到要求	☐ 中下 低於一般標準	☐ 中等 達到一般標準	☐ 中上 大致精熟	☐ 優等 全面了解

圖 17.5 評估員工表現的多步驟評量表範例。評量者只需要在每個層面勾選一個類別。

_____ 具有良好的判斷力
_____ 具有創新的想法

評量者勾選符合該員工特質的所有描述。每一個特質會依照該特質對該工作的重要性給予一個分數，將這些分數加總後，就可以得到該員工的整體評分。目前已經有多種工作表現評量可用以評估不同種類的員工，這些評量方式都可以將評量結果數字化。

衡鑑中心 在大型企業中，決定是否聘用或是晉升任何人進入管理階層，都會參考部分**衡鑑中心**（assessment centers）所進行的評量。衡鑑中心通常由高階管理階層及外聘的心理顧問所組成。要爭取同一個管理職務的所有人選會被一起邀請至中心進行嚴密的評估，然而評估的內容相當不同於他們的日常工作。這個技術是在第二次世界大戰期間發展出來的，當時的目的是挑選適合當臥底間諜的人選，後來則常被用來遴選經理人（Bray, Campbell, & Grant, 1974）。衡鑑中心在評估要晉升哪一個人選時，會使用面試和測驗等傳統方法，但一個明顯不同的特色是讓可能的人選進行所謂的**模擬管理任務測驗**（simulated management task）（Arthur & others, 2003; Thornton & Cleveland, 1990）。舉例來說，最常使用的模擬任務就是**籃中演練**（in-basket exercise）。

衡鑑中心
以模擬管理任務來評估員工的方法。

模擬管理任務測驗
評估管理能力的模擬任務，管理階層的可能人選必須在這個任務中展現出解決問題的管理能力。

籃中演練
一種模擬管理任務測驗，接受測驗者必須處理通常會出現在經理人待處理文件籃中的問題。

可能的人選會收到待處理文件（in-basket），待處理的問題是所應徵職務會碰到的問題，他們必須指出要採取哪些動作，例如召開會議、取得額外資訊，或是針對某個決定進行溝通等。所有人選對於模擬任務所進行的處置，都會被用來評估是否適合被僱用或晉升為經理人的依據。

組織中公民行為之評估　近幾年來，雇主在評估員工時，不會只考量工作表現；雇主還會評估員工是否具備良好的**組織公民性（organizational citizenship）**。所謂的組織公民性是指對組織的社會與心理福祉有所貢獻，亦即對同事及組織提供心理上或實質上的支持，並且超越工作本身的要求，以協助組織發展（Borman, 2004）。由於組織公民性與組織的成功有相當緊密的關聯，因此對於決定是否讓一個員工加薪或晉升扮演相當重要的角色。

> **組織公民性**
> 或稱為組織公民行為，透過支持組織目標、展現合作精神並協助其他員工，以及展現超出工作要求之行為以對組織有所貢獻。

17.2.2　工作選擇測量工具之效度

所有人員遴選方法的主要目的，就是藉由選出最適合每項工作的員工，以協助產業及政府提升產能。但是，這些方法對於改善人事遴選有多大的幫助呢？套用在第 9 章討論智力測驗時所用的詞彙，亦即這些測量方式的效度究竟高不高？

許多證據顯示，智力測驗是預測未來工作表現，以及是否可以成功完成工作訓練的良好指標。使用智力測驗可以大幅改善人員遴選的過程（Higgins & others, 2007; Salgado & others, 2003; Schmidt & Hunter, 1998）。舉例來說，Hunter（1979）計算，如果費城停止使用智力測驗來遴選警官，那麼在 10 年間就會損失一億七千萬美金，因為會有許多人無法通過訓練課程，所以必須花更多錢做訓練，或是有些人到後來會被解僱，因此需要再重新招募等。

研究者也發現，表現測驗以及衡鑑中心都是有效的測量方式（Arthur & others, 2003; Hunter & Hunter, 1984），但是在協助眾多行業遴選人員時，卻不如智力測驗來得管用。舉例來說，Hunter（1981）指出，美國聯邦政府每年招募約 460,000 的新人，和隨機任用相較之下，使用智力測驗來遴選員工可以幫政府省下 156 億美元的經費。最後，在我們所討論過的方法當中，非結構性的面試在遴選產能佳的員工方面是最沒有效的，而投射性人格測驗以及筆跡分析可說是完全沒有用（Schmidt & Hunter, 1998）。

為什麼智力對工作表現很重要呢？智力及其他能力可以讓一個員工有優異的表現（Hough & Oswald, 2000; Schmidt & Hunter, 1992）是基於 Earl Hunt

（1995）對於智力的看法（詳見第 9 章）。在此模型中，工作知識是工作表現最重要的因素。而工作知識則是員工的工作經驗以及智力能力的展現結果（見圖 17.6）。Schmidt 和 Hunter（1992）發現員工一般都會在工作的前五年穩定地吸收工作知識，之後持續工作的經驗就不會帶來更多的效益。當一個人開始工作後，智力會影響到個人學習工作知識的速度。智商較高的確可以在學習到工作知識後提升工作表現（例如對於在工作中產生的複雜問題可以提出更好的解決方法），但是智商較高的人之所以表現較佳的主因在於他們學習的速度更快。因此，智力對於工作表現的影響力，在工作的前 5 年還需要學習的時候最明顯，5 年之後，智力的影響會漸漸變小，因為工作經驗將跟工作知識畫上等號。所以，在遴選有經驗的人員時，工作知識測驗和智力測驗同樣有效（Hough & Oswald, 2000; Schmidt & Hunter, 1998）。

對於眾多行業而言，智力測驗通常是用來篩選應徵人員最有效的方法，但是對於一些工作而言卻不是那麼有用（Schmidt & Hunter, 1992）。複雜度較高的工作如行銷、管理等，在遴選人員時使用智力測驗是很管用的，但是複雜度較低的工作如機具操作或是工廠作業員等，在遴選人員時使用工作知識的表現測驗會比智力測驗來得有幫助。

我們在第 12 章介紹過五大人格特質，其中一項特質在預測員工是否能有良好的工作表現上非常有用。通常較認真嚴謹的員工學習工作知識的速度較快，在工作上的表現會較好（Barrick, Mount, & Judge, 2001; Higgins & others,

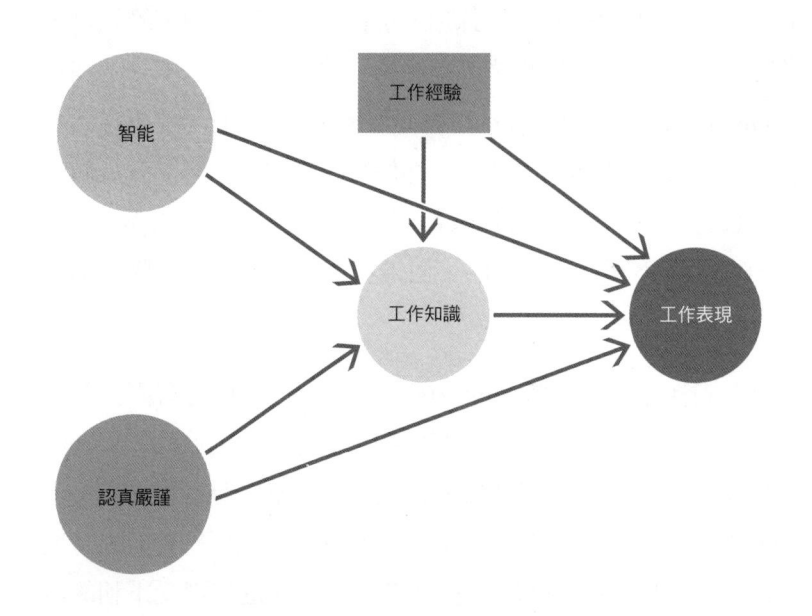

圖 17.6 了解工作所需技能及所需相關資訊的員工會表現得較好。智能較高的員工也因為其快速的學習力而有較佳的表現。經驗豐富的員工也因為他們較豐富的工作知識而有較佳的表現。在人格向度上，較認真嚴謹的員工其學習效果通常也較佳。

2007）。之所以會如此，有部分是因為較不認真嚴謹的員工比較容易在工作中造成疏忽，或是容易和別人起衝突。因此，智力並非唯一與良好工作表現有關的心理因素，認真嚴謹也同樣重要。

現今已經有許多測驗改由電腦網路取代傳統的紙筆測驗，它們跟傳統的方法同樣有效（Ployhart & others, 2003）。

17.2.3　人事遴選之公平性

工業暨組織心理學家的一項主要工作，就是提醒雇主注意在人員遴選上可能會有的諸多偏見。了解有哪些因素會導致偏見，就可以在那些搶破頭的工作遴選人員時提升其公平性。然而，這是相當複雜的議題，自然也沒有簡單的解決之道。

性別歧視　史丹佛大學的心理學家 Felicia Pratto 及其同事（1997）研究男女兩性從事收入高、權力大的工作（律師、政治人物、企業總裁、軍警人員等）在人數上的差異，在美國，從事這類工作的人約有三分之二都是男性（Pratto & others, 1997）。相對地，與助人有關的工作（心理學家、社工員、老師）則多由女性從事。是什麼原因讓男性掌握了大多數權力高的工作呢？

Pratto 和其同事認為可能有兩個因素造成這種不均衡的性別分布狀態。第一，在美國，男性和女性想要從事的工作類別本來就傾向不同，女性尤其比男性更可能選擇與助人有關的工作（Pratto & others, 1997）。第二，當女性真的去應徵權力高的工作時，她們比較不會被錄用。根據 Pratto 和其同事的論點，雇主們本身對女性已經有先入為主的想法或是偏見，認為女性無法堅守這些權位職務的價值（Konrad & others, 2000; Pratto & others, 1997）。有一件事早已眾人皆知，亦即當女性應徵管理階層的職務時，即便她和其他男性應徵者具備同樣的學經歷，對女性的評分通常還是會比較低（Dipboye, Fromkin, & Wilback, 1975）。這類偏見對女性是不利且不公平的，使得女性被拒於高位階職務的門外。

種族歧視　如同男女兩性在高位階職位的分配不均，不同族群也有同樣的狀況，亦即高位階的職務通常由主流文化的成員掌握，而非少數族群的人。在美國，不同種族間在職務分布上的懸殊差距顯然大部分也是來自偏見或歧視。

心理學家 John Dovidio 和 Samuel Gaertner（2000）花了超過 10 年的時間研究表達有種族偏見的情形以及少數族群求職者在人員遴選時遭受不利的狀

況是否有所改變。在 1989 年和 1999 年所進行的研究都是以大學生為研究對象，並使用相同的程序。研究的一個部分是請研究參與者回答有關種族議題的態度。研究結果與那段時期的社會潮流一致，在 1999 年表達有種族偏見的情況比 1989 年少。研究的另一部分則是模擬人員遴選的情境，要求研究參與者從應徵者中做選擇。在 1989 年及 1999 年，當應徵者的學經歷明顯很強或很弱時，在人員遴選時並未顯示有種族偏頗的情形。然而，當應徵者的學經歷屬一般時，少數族群比白人較不容易入選。這些研究發現顯示，即便公開表達種族偏見的情況有減少的趨勢，但是在求職公平性方面，偏見仍然是阻礙某些族群的重要因素。

不同種族在智力測驗的表現上可能會有差異，因此可能排除少數族群獲得高階職務的機會。一般而言，非裔及西語裔美國人在智力測驗的表現上仍多少低於白人，所以如果將這類測驗應用於人員遴選，可能意味著只有少部分的少數族群會獲得工作（Sackett & others, 2001; Schmidt & Ones, 1992; Wagner, 1997）。舉例來說，如果根據某個智力測驗分數選了 50% 的白人，可能只會有 16% 的非裔美國人會入選（Hunter & Hunter, 1984; Wagner, 1997）。

有些心理學家認為，某些少數族群的智力測驗分數之所以會比白人低，是因為這些測驗本身就對少數族群有偏頗（Williams, 1972）；他們認為所測驗的技巧與資訊都是基於主流文化製成的。有些心理學家則認為，智力測驗對任何族群都一樣有效，而不同族群的分數差異只是反映出少數族群在社會上面臨的不利與偏見，而非測驗本身有文化偏頗的情形。

佛羅里達州立大學的 Richard Wagner（1997）用數據資料指出，「運用智力測驗來預測未來工作表現對於所有膚色人種而言都是有效的」這種主張是有瑕疵的。不同族群在實際工作表現上的差異比智力測驗的差異還小。這代表即使是可以有同樣工作表現的有色人種，相較於白人，他們被錄取的機率是比較小的。如果 Wagner（1997）對於資料的詮釋正確，而且看起來也像是如此，那麼將智力測驗應用於人事遴選對於有色人種是有偏頗的。

身處民主社會中的我們，對於智力測驗在人事遴選中造成的偏頗該如何應對？一個明確的做法是強調工作技能與工作相關知識的測驗，但是這種做法只適用於已有該領域工作經驗的應徵者，至於職場新鮮人，智力測驗仍舊是最好的預測指標。我們可以藉由針對不同族群（種族）設定不同的最低錄取標準，以平衡智力測驗固有的偏誤，然而 1991 年的美國民權法案卻讓這樣的做法變成違法。也許要在社會中找到一個公平的方法去解決這個問題是相當困難的。

Richard Wagner（1997）認為禁止在人員遴選時使用智力測驗可能反而會讓情況變得更糟，如果用其他更無效的方法取代智力測驗，可能會讓歧視或偏見的狀況更嚴重（Richard Wagner, 1997）。一個測驗愈能預測未來的工作表現，對少數族群的偏見就愈少。至於為複雜的工作遴選新員工時，智力測驗仍舊是最有效的方式，無論對哪個族群都一樣。所以，在我們還沒有開發出沒有偏頗的有效方法之前，我們必須努力，以對所有人都更公平的方式來使用智力測驗。

17.2.4　工作滿意度、快樂及生產力

在企業中工作的心理學家有兩個主要的任務，第一是讓員工做得快樂與滿意，第二是提升員工的工作產值，增加他們對企業的貢獻度。要提升工作滿意度與生產力可以藉由兩個原則來達成。如同前面所提到的，我們可以透過人員遴選的方法讓適合的人去做適合的工作；另一個方法就是改善工作條件，包括員工如何被管理及督導等。我們首先來檢視工作的滿意度、愉悅程度，以及生產力之間的關係，然後再來看看督導方式和管理、組織及物理環境條件如何達到這些目標。

有一點很重要，就是生產力和員工滿意度這兩個目標不是互斥的，滿意度愈高的員工生產力就越高，較少請假、出狀況，離職的可能性也較低（Harrison & others, 2006）。也許最能讓企業主信服的是，一個企業單位有較多滿足的員工，就有較多滿意的顧客，也就會有更多的獲利（Harter, Schmidt, & Hayes, 2002）。幸運的是，對員工好的事情，對雇主也是好的。

改善工作滿意度、愉悅感與生產力之管理策略　有三個被廣為使用的主要管理策略可用來提升工作滿意度、愉悅感，以及生產力：

1. **改善管理及督導的方式**：多數有效能的經理人及督導相信，員工在適當的環境下可以表現得更好（Heslin & VandeWalle, 2008）。他們用體諒（對員工表現出溫暖、友善和關心）以及溝通（清楚告訴員工主管對他們的期待以及會如何評量員工）的方式來管理員工。此外，有效能的督導通常都是高度**結構化（structuring）**，像是花較多的時間去組織及指導整體工作。但是，只有在督導能夠體諒員工的情形下，高度結構化才會是優點，如果督導無法體恤員工，則高度結構化可能反而會造成反效果（Anastasi, 1987）。

> **結構化**
> 管理者對於員工的工作進行安排與指導。

2. **改善組織管理**：組織管理的方式也是一個常被研究的議題。企業中的訊息總是自管理階層由上而下命令下來，還是員工也可以部分參與決策？員工是被明確告知要如何工作，還是只需依據團隊目標工作，而員工對自己的工作有一定的自由度可以發揮？上述幾種方式會造成什麼不同嗎？兩種管理策略顯然對於提升工作滿意度及生產力有顯著的影響，一種是參與式管理策略，另一種是目標管理策略。

　　在**參與式管理（participative management）** 中，團隊中每個層級的員工都可以積極涉入決策過程（Hollander & Offermann, 1990; Ilgen, 1999; Turnage, 1990）。舉例來說，成衣廠要成立新的產品線，縫紉組的操作員先和他們的督導討論出最有效的方法，之後縫紉組的督導再將這個決策帶到更高的管理階層，藉由參與更高層的決策會議並與管理階層的督導進行溝通，然後該會議的督導在循同樣的模式把討論結果帶到更高的層級，如此一直到最高管理階層。參與式管理策略的最佳典範是 Weldon 睡衣工廠，他們因為採行這個做法而增加了 50% 的產量與營收（Likert, 1967）。

參與式管理
讓所有層級的員工都參與管理決策的制定。

　　另一個有效的組織管理策略是**目標管理（management by objectives）**（Locke & Latham, 1990; 2006）。這個方法最重要的部分是目標設定。員工或是團隊會被給予特殊的目標，像是每月生產 1000 個盤子、減少工廠 80% 的空氣汙染，或減少 20% 的營業稅等，但是關於要如何達成目標，個人或團隊被給予一定的自由度。這種方式對公司或企業而言是有好處的，因為可以確保管理階層將心力放在對公司而言是重要的目標上；而對員工來說，員工比較可以獨立工作，而且也比較容易知道員工是否在達成目標上有良好的表現。有大量研究指出，替員工設定較高但實際的目標，可以增加員工的動機及提高生產力。當員工的進展有得到回饋，組織也能提供達成較高目標的所需資源時，則成功當達成這些目標時會讓員工有較高的工作滿意度（Latham & Pinder, 2005; Locke & Latham, 2006）。目標管理策略通常會和參與式管理策略合併使用，讓員工一同參與目標的設定。

目標管理
給予員工明確的目標，但關於如何達成目標則給予員工一定的自由度的管理策略。

3. **改善物理環境條件**：工業暨組織心理學家已進行了相當多的研究，去探討物理環境條件（例如光線、噪音和溫度）對工作滿意度及生產力的影響。舉例來說，心理學家已經知道長時間在高溫環境下工作會影響工作表現，例如在攝氏 35 度的環境下工作 4~5 個小時，都會增加知覺與決策方面的錯誤率（Fine & Kobrick, 1978）。同時也有很多研究聚焦於機械的設計，使其符合操作者的心理特質。

減少社會閒散的管理策略 第 16 章曾提及，當團體一起做同一個案子時，團體個別成員的投入程度會比成員獨立做自己的案子時來得低，這種現象稱為社會閒散（Latané & others, 1979）。由於企業組織常常需要員工進行團體工作，從汽車製造到政府法令的撰寫，因此我們有必要了解有哪些因素會助長社會閒散，又有哪些因素可以減低它的產生。佛羅里達大學的心理學學家 James Shepard（1995）整理關於這個議題的相關研究。根據 Shepard 的說法，社會閒散是因為做團體案子的動機低，而動機低則是因為個體認為他們的貢獻沒有回報、沒有必要，或是覺得那會耗費他們大量的精力及時間。

因此，社會閒散可以藉由減少其發生原因而儘量降到最低的程度。

1. 對於那些認為就算達成團體目標，他們的貢獻也不會被認可或得到回報的人，解決之道就是針對個人的貢獻給予獎勵，獎勵可以包括透過評估個人在團體工作中的表現給予紅利或獎金。
2. 對於那些誤以為無論自己貢獻多寡，團體都能完成目標的人，解決之道就是讓他們知道每個人的貢獻都是不可或缺的，可以透過將工作切割，讓每個人都做獨特且重要的工作來達成。
3. 有時候個人會覺得他們對團體的貢獻跟回報是不等的。譬如說，一個年輕的銷售員可能會覺得草擬一個新的退休保險方案很花時間，倒不如把時間拿來推銷並拿抽成就好。

如果是上述的原因造成社會閒散，可以透過將工作任務變得簡單一些來處理，舉例來說，可以先尋求專家協助草擬一份新的退休計畫。

有趣的是，針對不同文化做社會閒散的研究，發現社會閒散的現象各種文化都有（Shepard, 1995）。然而，對於如何提升團體工作的動機，不同文化似乎會受到不同因素的影響。在日本，人們藉由互相監控產生動力，如果表現得好，成員就會給予正向的回饋，如果不夠盡力，就會感到羞愧。而在美國，人們較少互相評論對方的表現，工作的動力多是基於個人知覺對團體應盡多少責任。所以，結果就是當團體中已經出現社會閒散的情況時，日本人會比美國人更容易先退出團體（Shepard, 1995）。

▶▶▶ 人類多樣性　領導風格之性別差異

　　一個組織的成功與否也取決於領導者的好壞。領導者就是團隊工作的靈魂人物，引領著大家朝著目標邁進。心理學家研究了成功領導者的特質，像是有幹勁、誠實、有彈性、領導動機、智力，以及創造力都是一個人要成為領者導所需具備的特質。有效能的理導者知道領導方式必須隨著情境的不同而做調整（Zaccaro, 2007）。有效能的領導者通常都有一些共通性，像是有號召力、有遠見、能鼓舞他人、有專業能力，以及能夠對於所領導的人給予個別的關注（Chemers, 1997; Northouse, 1997; Shamir & Howell, 1999）。

　　整體來說，無論是男性或女性，在企業界或是政府單位擔任領導職務時，他們的行為表現並沒有太大的差異（Eagly & others, 2003）。然而，男性領導者和女性領導者有些相異之處必須去加以了解。女性領導者大多使用**轉化式管理**（**transformational management**），意思是她們會試圖去改變員工讓員工變得更好。採行轉化式管理的領導者會鼓勵員工去發揮潛能，主要是藉由設立好的典範、清楚說明目標並協助員工完成目標、尋找創新的問題解決方式，並指導員工與授權給員工去做事。此外，女性領導者在員工表現良好時通常會給予鼓勵（Eagly, Johannesen-Schmidt, & van Engen, 2003）。雖然這些男女兩性的平均差異很小，但卻非常重要。上述這些女性較出色的領導特質與領導效能為正相關。相對的，男性領導者常見的領導特質大都與領導效能無關或是呈負相關（Eagly, Johannesen-Schmidt, & van Engen, 2003）。

　　由於企業、政府單位，以及大學院校都已經知道，一個好的領導者會帶來成功的結果，無論他們是男性還是女性，因此也有愈來愈多的女性在管理階層的領導職務獲致成功。即便如此，還是有證據顯示在美國組織中的女性仍然會面臨「玻璃天花板效應」。女性可以升遷至某些高階層的位置，但是女性往往還是無法達到最高職務（Fernandez, 1998; Lovoy, 2001）。

17.2.5 人因工程

　　第一個使用心理學的方法去提升職場生產力以及員工生活的心理學家是 Lillian Gilbreth。她於 1915 年從布朗大學獲得博士學位，並且開始一系列的「時間與動作」研究，她利用慢動作攝影機去記錄和研究工廠的工人如何動作。她再根據這些分析結果來設計可以更有效率的工作方式。Gilbreth 也將她的研究對象放在住家上。為了改善做家事的效率，她開發了很多廚房用品，包括用腳踏板開蓋的垃圾桶以及電動食物攪拌機。也許是在保有成功的職業生涯同時還必須養育 12 個小孩驅使 Gilbreth 開發這些節省時間的用品。她孩子中

轉化式管理
管理階層藉由示範、清楚說明目標並協助員工達成、尋求創新的問題解決方法，以及指導並授權給員工的方式，協助員工往好的方向轉變。

的其中兩位將他們家的生活寫成 Cheaper By The Dozen（1949）一書，該部作品還在 2003 年被拍成電影《十二生笑》。

人因工程
工業暨組織心理學的分支，主要研究機械等由人類操作的相關產品設計如何讓人類更容易使用。

Gilbreth 開創性的研究成為現代**人因工程**（human factors engineering，又稱 ergonomics）領域的基石。人因工程最主要的目標是設計提升效率且便於人類操作的機械（Karwowski, 2005）。舉例來說，飛機駕駛員在盯著雷達、儀表板或是看飛機航向時，還需要同時操作許多控制的物件。人因工程師的工作就是要設計讓機師容易操作且可以安全使用的控制物件。以這個例子來說，控制物件的設計可能只需要機師用到觸覺，因為他們通常是在駕駛艙很暗或眼睛正盯著其他地方看的時候操作控制物件。控制物件設計成不同的形狀可以讓駕駛員很容易透過觸感區別出來，尤其是當形狀的設計跟功能有關時，如圖 17.7 所示。人因工程的研究還發現，控制物件如果被放在他相對應的儀表旁邊，會比分開在別的區塊較容易使用（見圖 17.8），並且指針移動的方向是與控制元件移動的方向一致的話又更好了（見圖 17.9）。

現今多數的人因工程聚焦於電腦的設計。過去 25 年來，電腦的使用頻率已從偶爾使用到現在多數人都會天天在工作中、家中，甚至是在移動中使用。如圖 17.10 所示，在人因領域工作的心理學家會與電腦科學家一起合作，藉由

圖 17.7 可以透過觸感以及與功能有關的形狀讓使用者可以輕易區別出控制桿的設計。

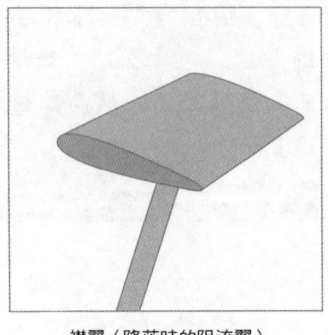

襟翼（降落時的阻流翼）　　起落架

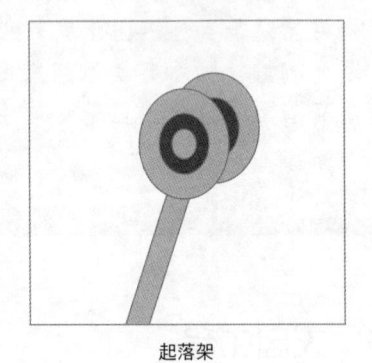

圖 17.8 適合操作員認知特徵的控制板與儀表板的排列。

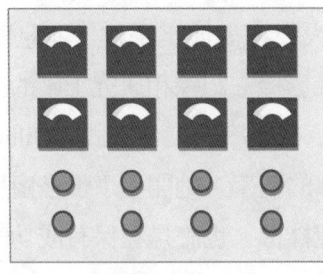

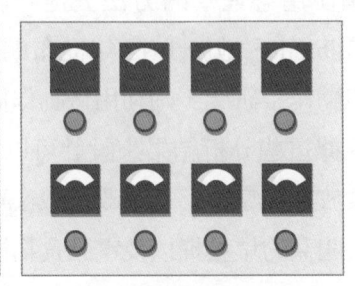

可接受的排列方式　　符合人因工程的排列方式

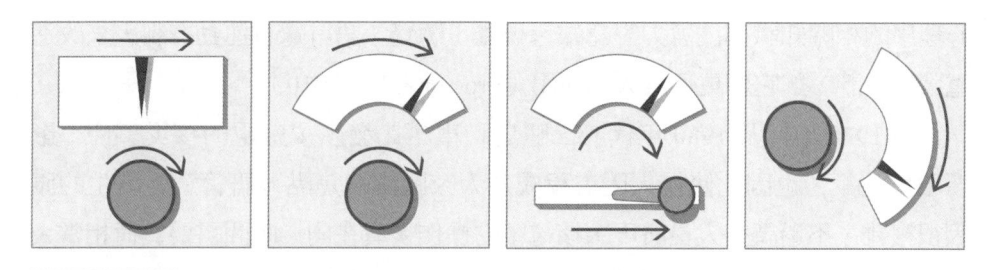

圖 17.9 控制介面做設計時，控制儀表旋鈕的轉動方向要與指針的方向配合。

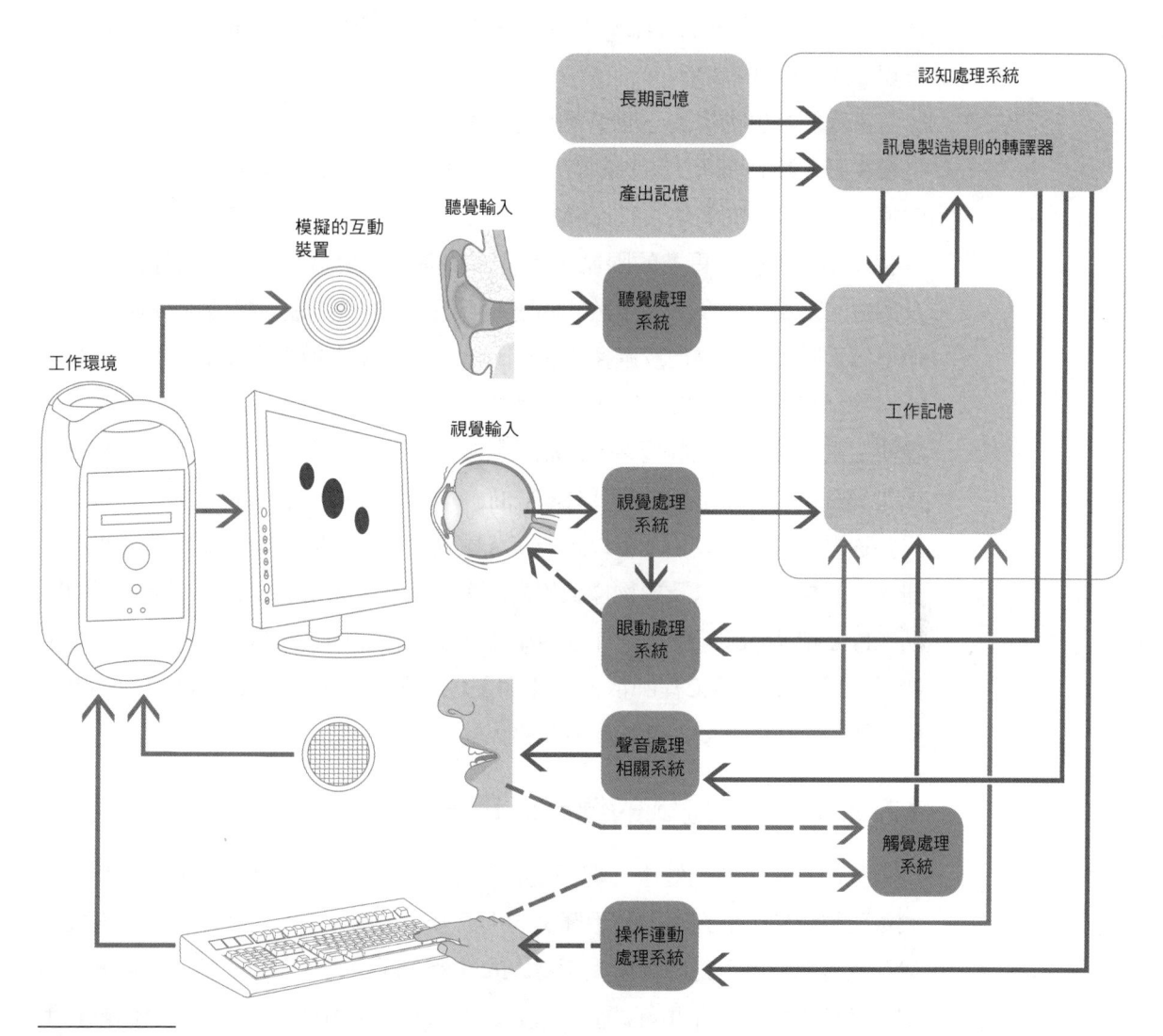

圖 17.10 人因工程心理學家會與電腦學家一起合作，透過考量心理學的因素，諸如注意力、認知、視覺、聽覺、語言和動作控制，設計出可以更有效使用的電腦。

心理學的相關知識如注意力、認知、視覺、聽覺、語言還有運動控制，來改進電腦的設計，讓它們更便於人們使用（Proctor & Vu, 2010）。

在 1970 年代及 1980 年代於三哩島和車諾比發生了嚴重的核災事件，影響環境甚鉅，也因此使得人因工程成為大家關注的焦點。儘管意外發生的原因很複雜，不過調查人員發現，核電廠的操作人員在同一時間需要負荷相當大的訊息量，但是控制台的設計卻容易使人混淆。他們認為控制系統的設計及電腦顯示方式讓操作人員的認知功能超過負荷，進而造成致命的錯誤（Wickens, 1992）。目前，人因工程師致力於將許多工作場域中的電腦訊息以簡化的方式呈現（Howell, 1993）。

當我們對生物學及心理學了解愈多，就可以知道人因工程未來的發展方向是要克服人類的衰老。這類創新人因工程的最大市場潛在客群是老年人。由於醫療發達，現今的老年人口比過去多很多，當這群人變得更老，他們犯錯的機率會變高，也會有更多的限制，這是因為隨著年齡增長，他們的運動、知覺及記憶的限制也愈多。大多數的問題並不嚴重，像是忘記收看某個電視節目，但是每天服用的藥物劑量過多或過少，則可能會產生嚴重的後果。老年人還可能經驗到其他生活上的限制，造成他們的生活品質變得比較不好，例如無法學會使用電子郵件、社群網站、通訊軟體或使智慧型手機，以至於不能了解家人或是兒孫的生活狀況。心理學家 Arthur Fisk 和 Wendy Rogers（2002）建議，只要透過一些小改變，就可以讓老年人感受明顯的不同，像是調整用品使用手冊、產品操作方法以及藥物標籤的寫法等。而且不光是老年人需要這類型的協助，Fisk 和 Roger 還發現大部分的糖尿病患者在監控其血糖狀況時也常常發生錯誤。這些由人因工程師依據知覺與記憶心理學的知識來改善標籤及使用說明，雖是小小的改變，卻能產生相當大的不同。

17.2.6 工作場域的健康心理學

我們首次討論到健康心理學是在第 13 章。我們知道醫療專業人員及一般大眾已經漸漸了解到壓力及不健康的生活型態（例如過勞、糟糕的飲食方式，以及缺乏運動）會對健康構成相當大的威脅。同樣的，在工商領域也漸漸了解到，有健康的員工才是好的企業（Eby & others, 2010）。健康的員工比較有生產力、較少請假、較少申請健康保險金（醫療保險），也較不會在他們最有生產力和有價值的時候死亡或失能。員工的健康狀態不佳，反而會對企業造成更多的花費。

很幸運地，很多的美國企業都提供促進員工健康的活動，而且企業也從中獲益。就以改善員工心血關功能的計畫為例。美國疾病控制與預防中心的研究結果顯示，久坐不動的人罹患心血管疾病的風險是規律運動者的兩倍，這個危險因素跟高血壓、高血清膽固醇以及抽煙等因素同等重要（Powell & others, 1987）。因此，美國約有 5 萬家的企業會安排某些活動來促進員工的健康。

假設你畢業後順利應徵上了兩個工作，這兩個工作的職務要求、薪水，以及升遷機會都一樣，但是第一個工作讓你可以選擇是要享有自選健身中心的免費會員，或是讓你在公司的健身房中有一個置物櫃，並且讓你能夠在休息時間去自由使用。這家公司還禁止在工作場所吸菸，而且自動販賣機賣的是果汁而非汽水。假設你是個有健康意識的人，你會選擇接受哪一份工作呢？

假設你選擇會提供員工充分運動條件或設備的工作，你會是幫一間賺錢的公司工作嗎？沒錯！第一，你的公司會吸引到那些愛運動且較健康的員工，因而可能可以減少公司因員工健康而發生的相關花費。第二，公司可以藉由運動讓員工保持健康來節省開支。舉例來說，Johnson & Johnson 這間公司研究這類健康計畫用在其 11000 名員工的效益，結果發現這讓他們的公司每年省下 25 萬美元的醫療保險相關費用（Bly, Jones, & Richardson, 1986）。心理學家藉由這麼許多不同的方法，讓企業了解，健康的工作環境不只是讓員工過得更幸福健康，也讓企業更賺錢。

目前國內對於職場心理健康有許多推展方案，如員工紓壓方案與職家平衡的家庭日活動，都是勞動部為了促進就職人口之心理健康所推動的在地方案。透過在公司中的舒壓課程以及假日與其他員工共同參與的家庭日活動，讓我們的職場生活享有更多的幸福感。

複習

我們的生活品質與各個公司行號及企業息息相關。我們享受這些公司製造的產品與提供的服務，我們也從自己的工作中得到成就與滿足。工業暨組織心理學家協助企業提高生產力、促進員工的安全與健康，並協助員工自工作中獲得意義與喜悅。工業暨組織心理學家通常會在企業的人事部門工作，因為他們負責人事的遴選及訓練。

工業暨組織心理學家同時也協助管理階層改善他們的管理方式（與員工的關係）、管理的組織結構（參與管理或目標管理），以及工作的環境及健康條件。心理學家透過上述及其他方法，致力於提升員工的滿意度、幸福感，以及生產力。

> **想一想**
>
> 1. 既然非結構性面談是所有人員遴選方式中最沒有效的一種,為什麼這種方式還是經常被使用呢?
> 2. 如果可以詢問未來的雇主關於工作環境的相關問題,你會問什麼問題來判斷自己未來是否可以工作愉快?

17.3 心理學與法律

　　心理學家與法律專業人員合作多時。心理學家常常必須針對一個人在犯罪當時的精神狀態,以及是否具有出庭應訊的能力而出庭作證。而律師的工作則包括聽取精神疾患強制住院的判決,以及保障精神疾病患者的權益。近年來,心理學家也開始將心理學的方法與原則應用在法庭上的法律執行面上。仔細想想,將心理學應用在法律領域其實並不令人驚訝。司法審判的過程中皆涉及人——律師、被告、證人,還有法官。對於法律專業的理解如果忽略了人的因素——任何相關人員的心理——那這樣的理解就不是完整的。

　　目前,心理學在法庭研究上主要著重於刑事案件的審判。研究發現顯示,除非我們能夠在審判時了解與控制這些心理因素,否則這些因素將會威脅到憲法所保障的公平審判。證據的品質相當重要;但是判決有罪的可能性有很大部分要視被告個人以及陪審員的特質而定。心理因素甚至還可以影響證據的品質與說服力。現今有愈來愈多的心理學家在陪審員的篩選以及證據呈現的過程中擔任程序顧問的角色。

17.3.1 被告與原告的特性

　　雖然我們都願意相信,在法庭上我們會被公平對待,但事實並不總是那麼一回事。在美國,你在法庭上被無罪開釋的機率與你的外貌、有不有錢,以及是不是白人有關。相較於有錢人,窮人在面對傷害及竊盜罪的指控時較容易被判決有罪(Haney, 1980)。外貌有吸引力的被告,就比外貌不佳的被告不容易被定罪,除非外貌的吸引力與犯罪成立的關係有關,像是詐財(Nemeth, 1981)。此外,白人的陪審員也較容易判定非裔的被告有罪(Haney, 1980)。上述相同特質也會影響到被告獲判刑責的嚴重程度。在犯罪紀錄由統計控制後,有著非裔美國人臉部特徵的被告容易獲判較長的刑期(Blair & others, 2004)。

在一級謀殺罪中，藍領階級較白領階級更可能被判處死刑。以及從1930至1979年間，即便在美國的白人人數是黑人的四倍，但是被執行死刑的非裔美國人有2066人，而白人則只有1751人伏法（Haney, 1980）。這些發現告訴我們，在刑事案件中，司法對於不同的被告是不公平的，很可能是因為陪審團對某些族群持有偏見與刻板印象所致。即便收入、外貌、和種族等個人特質與一個人有罪與否毫無關係，但是這些因素卻阻礙了讓所有人都可以獲得法律之下人人平等的公平對待機會。

心理學家還研究了陪審團在民事案件中的行為，這些民事案件涉及因疏忽或其他不正當行為造成的損害而向被告尋求金錢賠償。姑且不管事件的事實是如何，原告（尋求損害賠償者）的特質和被告的特質會影響陪審員判決的金額嗎？答案是肯定的。在模擬的審判中，年輕或男性原告因為受傷而獲得的損害賠償金額比年老或女性原告還要高（Greene & Loftus, 1998）。參與模擬審判的研究參與者認為會有這樣的差異可能是因為他們認為受傷的年輕男性可能比年老或女性原告能賺更多的錢，比較沒有去強調後者對賠償金的需求。同樣姑且不論案件的其他事實為何，當被告是企業組織而非個人時，陪審團也較容易判決金額大的賠償金（Greene & Loftus, 1998）。如同在刑事案件中一樣，不相關的心理因素同樣會影響陪審團在民事案件中的判決。

17.3.2 陪審團成員的特性

某些類型的陪審員較容易做出有罪的判決，並且建議較重的判刑。這種陪審員可能是白人、年長、高教育水準、高社會地位，而且通常較保守且相信權威與法律是需要被尊重的（Nemeth, 1981）。關於男性是否比女性較傾向將被告判處有罪，目前的證據對此並不一致，但是在強暴案件中的判決則可以清楚看到性別所呈現的差異：女性陪審員會較傾向於選擇有罪且判處較重的刑責，而男性陪審員則容易相信是女性受害者鼓勵犯罪的（Nemeth, 1981）。整體來說，陪審員傾向對於他們的同類較為仁慈。富有、受過教育的白人陪審員傾向於對沒錢、低教育水準的弱勢被告較嚴厲。

還有證據顯示，相信死刑有用的陪審員比那些不相信死刑有用的陪審員較容易判處他人有罪。在1968年以前，強烈反對死刑的人通常會被禁止擔任可能需要判決死刑的案件陪審員。1968年的威瑟斯彭訴伊利諾州一案成為一個具有里程碑意義的判決，該案的上訴法官以陪審團成員全由一群贊成死刑的成員所組成為由，認定該陪審團不是一個公平且具「代表性」的陪審團，因而

將死刑減成終身監禁。為了做出此一判決，該法官援引了當時蓋洛普的一份調查，顯示當時約只有55%的民眾贊成死刑。該法官裁定，只有當準陪審員強烈反對死刑到了完全罔顧證據的地步時，才可以將該準陪審員排除在名單之外。

那是一個好的決定嗎？在威瑟斯彭訴伊利諾州一案的法官，他假設陪審團完全由一群贊成死刑的成員所組成就不會給被告公平的判決，他是正確的嗎？事實上，許多研究都支持該法官的決定（Nemeth, 1981）。舉例來說，一項經典的研究探討對死刑的態度與將被告定罪的傾向兩者之間的關係，研究樣本是207名工人。研究參與者一開始被要求填寫一份問卷，其中包括以下內容：

死刑態度問卷

指導語：假設你現在是陪審員，你必須對一個犯下重罪的被告判刑。如果法律允許你在死刑或終生監禁，或其他刑罰做一選擇：（只能勾選一個）

1. 不論犯行及事實，我沒有辦法投判死刑一票。
2. 即便在法律允許我判死刑的情況下，有些案例我知道我沒有辦法投判死刑，但有些案例我會願意考慮投判死刑一票。
3. 我會考慮法律提供的所有處罰方式以及案件的事實與各種情況。
4. 只要法律允許，我通常會投判死刑。
5. 只要法律允許，我總是會投判死刑。

資料來源：From G. L. Jurow, "New Data on the Effects of a 'Death-Qualified' Jury on the Guilt Determination Process," *Harvard Law Review 84:59*, 1971 Harvard Law Review Association. Used by permission.

所有的研究參與者都看了兩支模擬的謀殺判決影帶，第一支影帶是關於被告搶劫店家並把店家殺死的案件，第二支影帶是關於被告在女大生的住所搶劫、強暴並將其殺害的案件。實驗中的陪審員依其問卷顯示的死刑態度被分成三組。比較不願意判死刑的陪審員（勾選1或2）在第一個案件中判無罪開釋的比例遠高於判決有罪（見表17.1）；相對地，有相當高意願判死刑者（勾選4或5）更可能判有罪，第二個案件也顯示同樣的形式，只是強度沒那麼高而已。

此研究及其他同樣也發現類似差異的研究顯示，如果陪審團清一色由傾向判死刑的人所組成（這些人通常也可能較保守、高地位且較權威的男性），容

表 17.1 在一場虛擬法庭判決的實驗中，判斷有罪與無罪與陪審員使用死刑意願高低有關

如果是陪審員願意使用死刑的意願	投票人數 有罪	無罪
低（1和2）	19	40
中（3）	59	73
高（4和5）	14	2

易傾向將被告定罪（Nemeth, 1981）。所以在選陪審員時，需要注意他們對於死刑的態度，不能一面倒的支持或反對死刑，以免影響判決。

17.3.3 心理因素與證據的呈現

關於前面提到陪審員及被告的個人特質會影響判決的結果，聽起來也許會讓人擔心，還好有一些研究顯示證據仍舊比上述兩者重要數倍（Nemeth, 1981）。不幸的是，事實並不是呈堂證供的唯一重要面向，心理因素也在事實呈現時占有一席之地。

刑事案件是一個互相對抗的過程。控方及被告的律師都在盡力說服陪審團被告是有罪或無罪，整個過程就像一場辯論。由於兩造律師無法同時發言，他們必須輪番上場。不幸的是，證據呈現的順序似乎也會讓判決的結果不同。一個探討證據呈現順序之影響的研究進行了模擬審判，他們請法律系的學生當控方律師及被告律師，一般大學生則當陪審員。模擬案件中的被告被控謀殺，但他宣稱他是出於自我防衛。有一半的時間由控方律師先行發言，另一半的時間則由被告律師先行上場。研究結果顯示第二個上場的律師有明顯的優勢（Thibaut & Walker, 1975）。如果你是被冤枉的，這對你而言就是個壞消息，因為傳統的流程是由控方律師對陪審團做最後的陳述。

回憶一下第 16 章，當你剛認識一個陌生人，他讓你知覺到的第一個訊息（第一印象）會深深地影響你對這個人的整體印象，除非你可以持續地和這個人相處，藉由蒐集這個人的相關訊息來修正你的印象，否則就需要等過了很久，等到關於這個人的第二個訊息進來。這也許可以解釋為什麼證據呈現的順序會影響判決。法庭上的答辯是一個非常複雜又冗長的過程，所以有時候反而是最新聽到的訊息較容易記得也較有說服力。當一個律師是第二個上場而且在最後才陳述最具說服力的論點，那麼第二個上場律師的優勢就又更大了，這個研究發現又讓上述詮釋更為有力（Thibaut & Walker, 1975）。

當你考量了心理因素如何影響證據的呈現,不要忘記第 8 章提到目擊者證詞的錯誤率之相關研究(Wells & Olson, 2003)。

17.3.4 嫌疑犯之訊問

警察會使用許多心理學的技巧以增加嫌犯招供的機會。有時後可以獲得好結果,有時候則不會。

訊問技巧 想像你現在被帶到一間空蕩蕩的偵查(訊問)室。你單獨一人和調查員們在一起,整個房間連電話都沒有,讓你有與外界完全隔絕的感覺。調查員通常會站得很近,侵犯你的個人空間,讓你感覺喪失了所有的權利。

調查員開始訊問時會先指出你的犯行。但是他會用一種好像可以理解的態度與你討論,並且合理化你的犯行,如同你在道德上沒有缺損一般,你會覺得如果你認罪的話,調查員也不會讓你難堪。如果又不是犯什麼了不起的大案,為什麼不乾脆認罪呢?但是如果你不承認犯行,第一位調查員很快就會變得不耐煩,然後就會甩門離去。這時房間內的另一位調查員就會上前來接手,並且要你原諒第一位調查員的行徑—因為今天是漫長又挫敗的一天。第二位調查員會非常同情你的處境,並且強調如果認罪的話,在法庭上也不會刁難你。這位調查員看起來會好像真的非常關心你。就在那時,第一位調查員會再度進入房間,並要求你認罪。你會感覺到現場有股怒氣正在累積,你就會脫口認罪以避免怒氣爆發。這種場景每天不知在全美各地的警察局上演多少次,雖然不是每次都有令人滿意的結果。常常進出警察局的人很清楚這個一貫作業也都認識警察,就比較不會受到影響。

錯誤的認罪 有時候,人們會承認他們沒有犯下的罪行。確實,在被定罪的人因為 DNA 證據幫他們洗刷罪名的案例中,有超過 20% 的人之前都是因為錯誤認罪而被定罪(Kassin, 2008)。在警方偵訊施加的壓力下,智能及情緒控制不佳的人特別容易認罪(Gudjonsson, 2001; Kassin & others, 2010; Russano & others, 2005)。近年的研究焦點都放在如何幫助警察在訊問中偵測嫌疑犯是否有說謊。這些方法都談不上完全可信,但多少還是可以幫助調查工作。舉例來說,這些研究並不支持緊張坐立難安的反應或是沒有眼神接觸就代表說謊,反而是那些說話停頓的時間較長以及比較少眨眼的人說謊的可能性比較高(Kassin, 2008; Mann, Vrij, & Bull, 2002)。

複習

有人的地方，心理學就占有一席之地。刑事案件的審判由不同的人組成，當然會受到心理因素的影響。但更令人驚訝甚至令人不安的，是看到心理因素的影響有多大。法庭上人員的特性或組成的不同，很可能會產生不一樣的結果。貧窮、未受教育且來自弱勢族群的被告較可能被判決有罪，獲判的刑責也較重。就陪審團而言，白人、年紀較長、高社經地位、較保守，且較一般人強調權威，還有相信死刑有用的陪審員，比較傾向於認為被告有罪並施予較重的刑罰。證據的特性比被告及陪審員的心理特徵對陪審團的決定來得有影響力，但是法庭證據的呈現仍然涉及心理因素。就連證據呈現的順序也會影響判決的結果。顯然，如果司法要做到對每個人都公平公正，就必須盡可能去了解並控制這些因素。

想一想

1. 心理學家可以藉由哪些方法來幫助刑事案件的被告準備他在法庭上的答辯？在協助的過程中有哪些道德議題是需要注意的？
2. 根據本章呈現的訊息，你認為一個人有可能得到「公平」的審判嗎？請說明理由。

17.4 心理學與教育

就如同工業暨組織心理學一樣，**教育心理學（educational psychology）**幾乎就跟心理學這門學科一樣古老。Binet 為學童發展出的智力測驗為教育測驗奠定了基礎，還有像是哥倫比亞大學的 Edward Lee Thorndike 在 20 世紀之初研究有哪些因素會影響學習及記憶。雖然教育心理學是古老的領域，但此領域仍舊不斷翻新。其創新特別表現在要改善教育使用在不同年齡及能力的人身上。心理學家在教育界扮演教授的角色幫忙訓練老師，也被視為設計師，幫忙設計學校課程，或是被當作顧問，提供諮詢及發展教育測驗，又或是被學校系統聘用為專家（**校園心理師，school psychologists**），提供教師諮商並針對可能需要特殊教育的學童進行測驗。大眾教育是基於 Thomas Jefferson 的理念，亦即每一位美國公民都享有公平的受教權和參政權。在民主體制下，每個公民都應該接受教育，並藉由教育學習如何在公民社會中生活，接受教育不能是有錢人的特權，應該是每一位美國兒童都應該享有的。在教育心理學最新且最重要的創新，是幫助更多孩子在學校中能有更完全的獲益：精熟式學習、用更有效

> **教育心理學**
> 該領域應用心理學在學習、認知等方面的知識來改善教育。

> **校園心理師**
> 協助衡鑑學童是否需要特殊教育，並提供老師及家長諮詢的心理學家。

的方法教育經濟弱勢的小孩、發展更有意義的成就測驗，以及將身心障礙的學童整合進入一般學校，即回歸主流教育。

17.4.1 直接式教學

直接式教學法認為，教一個科目最好的方式就是必須運用學習及記憶相關的心理學知識，直接教導該學科（Magliaro & others, 2005; McCrudden, Schraw, & Kambe, 2005; Reis & others, 2007）。特別是，直接式教學在使用時會著重於下面的策略：

1. 學童是「被引導」去學習，而不是放著不管任由他們自己去摸索新觀念和新想法。
2. 預期學生要學會的新知識及技巧應該要凸顯出來給他們看。
3. 新訊息應該以量少質精而淺顯易懂的方式呈現給學生。
4. 學生經常會被要求展現他們的所學，例如閱讀或解答問題，這樣老師才能評估他們究竟學會了什麼，而非只是透過考試。
5. 當學生的表現正確時，教師應該時常提供正增強，若是表現不正確，則給予溫和的改正。

在 1960 年代中期，美國聯邦教育署提出一項最大型又最昂貴的教學方法研究，要測試用新方式來教育經濟弱勢學童的成效。教育署提供資金給 9 個研究團體，要他們設計並執行他們認為對貧童最有幫助的教育方案，教育署同時和獨立的研究機構簽訂合約以評估這 9 個研究團體的方案是否有效。這項涉及全美上萬名學童的大型教育實驗被稱為**後續教育方案（Project Follow Through）**。這 9 項後續教育方案在教育哲學上大相逕庭，而且後來也顯示大多數的方案並無法有效改善教育的過程。不過，其中最成功的方案就是根據直接式教學的理論模型，該方案中的弱勢學童程度一直都可以維持在全國兒童的平均或之上。直接式教學的成功，證明教育心理學知識累積的重要性（Doernberger & Zigler, 1993; Morrell, 1998; Tucci, Hursh, & Laitinen, 2004）。

後續教育方案
美國聯邦政府資助之計畫，主要目的是要幫助經濟上有困難的學童受教育。

17.4.2 精熟式學習與智慧型助教系統

如果你是老師，你會在一個學童還沒學會數數之前就教他加法與減法嗎？或是你會在一個學童尚未熟悉基本的平面幾何學之前就教他三角學嗎？在學童還未學習好基本技能的時候，就要教他新技能是不合理的，然而這種事在美國

教育中卻天天上演一學童還沒準備好繼續學習就被從一個科目推到下一個科目一直被灌輸新的東西。為什麼會這樣呢？在很多學校裡，學習計畫是依照團體進度來安排的。某一段時間裡安排班級學數數，之後就得繼續去學習加法。學生在上學期學平面幾何學，到了下學期就學三角學。如果一個學童還沒有準備好要進入下一個階段，他通常都還是必須跟著團體的進度走。

教育心理學家 Benjamin Bloom 對於這種方式曾直言不諱地批評，並且提出了**精熟式學習（master learning）**的概念以取代過去的模式（Bloom, 1974）。精熟式學習的主張很簡單，亦即學生應該把現階段的學習任務完成，把該學習的內容掌握好，才可以進展至下一個階段的學習任務（Peladeau, Forget, & Gagne, 2003; Zimmerman & Dibenedetto, 2008）。舉例來說，一群高中生選修汽車機械原理的課程，該課程被設計 8 個單元循序漸進，一半的學生根據團體預先得進度學習，而另一半的學生則使用精熟式學習法，亦即根據自己的步調學習，課程結束評估時發現，使用精熟式學習的學生在同樣的時間裡反而學到了更多東西（Wentling, 1973）。

精熟式學習法對天資不是那麼聰明的小孩特別有效，但也不會對聰明的小孩有任何的不利（Ironsmith & Eppler, 2007）。按照傳統以團體進度學習的方法，到了高中畢業時，前 5 名的美國學生其學習量大約是最後 5 名的 3 倍，但使用精熟式學習法，最後 5 名的學生有大幅的進步，使這個差距大概可以減少一半（Bloom, 1974）。

最近，電腦的價格愈來愈便宜，這使得改良版的精熟式學習可用於一般教室，我們稱之為**智慧型輔助教學系統（intelligent tutoring systems**，簡稱 ITS）（Atkinson, 2002; Butz & others, 2006）。利用這個系統，可以讓電腦變成為學生個人化的小老師。以做算術為例，電腦可以呈現動畫，並且透過耳機告訴學生一個新的規則，例如減法規則，之後便要學生根據這個新規則來解題。如同精熟式學習，學生在還沒完成該階段應學會的事物以前，電腦不會讓學生進入下一個階段的學習，一定要到學生確實完成現階段的學習為止。不過，ITS 系統也可以根據學生所犯的錯誤進行指導。例如，當學生在學習二位數的減法時，必須學會借位，如果學生是因為不會借位而犯了錯，電腦會判斷為何種類型的錯誤，還會把相關的規則用比較簡單易懂的說法再教一遍。如果系統判斷學生犯的錯誤是因為忘記個位數的減法規則，還可以馬上呈現過去的教材進行複習。智慧型輔助教學系統不只讓老師可以更從容的面對不同程度的學生，也讓學生有機會可以補救過去漏掉的東西。透過網路，學生在放學之後仍舊可以使

精熟式學習法
該學習法強調，只有當學童完成一階段的學習任務才能夠再往下一個階段前進。

智慧型輔助教學系統
一種學習方式，該教學系統能夠分析學生學習上之不足，並提供適性的練習與指導。

用這類型的智慧型輔助教學系統（Dedic & others, 2001）。這種系統還可以與虛擬影像投射技術一起使用，例如，當學生正在學習濫伐森林造成的影響時，系統還可以模擬環境將學生「放」到雨林裡。

17.4.3 動機式學習

在第 11 章中，你學到如何分辨內在動機與外在動機。雖然學習後的獎勵，例如老師的讚賞（外在動機）對於增加學習動機是有效的，然而讓學習素材變得有趣（內在動機），也是讓教學變得更有效的重要面向。舉例來說，如果教師上課時強調的是學習內容是重要的，而不是強調仔細閱讀就會拿到高分，學生就會學得比較多（Guthrie & others, 2004）。相似的，讓學生能夠自行選擇他們有興趣的文章，他們也可以學得比較有動機，也學得比較多（Guthrie & others, 2004）。因此，那些達到內外在動機兩者平衡的教育計畫在效果上有很大的不同。

17.4.4 標準參照測驗

在幫助和引導學生成為成功的大人時，我們需要知道學生在學校的學習狀況，因此這個過程中也促進新評估法的發展。傳統的教育測驗是讓學生們互相比較。過去要了解學童的數學計算能力，需要學童去解答很多問題，然後將完成的題數與該年級的平均做比較，如果學童有達到，則被評等為符合該年級的水準。使用**標準參照測驗（criterion-referenced testing）**的目的，不是要去比較學童，而是要判斷學童是否有達到教學目標的最低要求（Sprinthall, Sprinthalll, & Oja, 1998）。通常都有可以實際進行操作的任務以了解學童的學習狀況。舉例來說，一項標準參照測驗會要求學童去填寫個人資料表，就像在應徵時使用的表格。這項測驗不是要比較學童間誰可以填寫得比較好，而是簡單檢視學童是否可以把表格填寫得宜，因為，如果一個成人無法填寫個人資料表，他被聘用的機會就會減少了。

標準參照測驗還提供資訊，讓老師知道他的教學哪裡需要加強。如果測驗的題項正確地反映出教學目的，標準參照測驗的結果就可以作為回饋，讓老師可以知道自己教得好不好。如果小新無法填寫個人資料表，老師就可以知道小新在這方面可能需要更多的指導；如果大多數的學生都不會填，學校的管理階層可能就要考量教學方法是否需要改進。因此，標準參照測驗在評估和改進教學方法有其重要性。

標準參照測驗
該測驗用於判定學生是否達到某特定學習目標之最低要求。

17.4.5 回歸主流：有特殊需求孩童之教育

1970 年代，法律對於特殊孩童教育規範上有長足的進步，所謂特殊兒童指的是他們可能是智能發展遲緩、有情緒問題或是有肢體障礙。著名的聯邦立法案件—公法 94-142 —確立「每個」孩童都有「權利」接受公民教育，無論他是否有特殊的需求。這代表這些生來就必須面對很多挑戰的兒童們，會有更多的機會接受公立學校的服務。

再者，聯邦法中還明確表示兒童有權利接受教育，並且是在「最少物理環境的限制之下」。這些法律條文的意思是，這些孩童應該如同正常的學童一樣接受一般教育與心理上的協助，並且是在一般日常的學校生活之中。因此，現今如果在一般學校可以教育這種有特殊需求的小孩，將無法再用法律將這些學童隔離在特殊學校，藉此學童們也可以學習如何與對方互動。無論何時，只要可能的話，就應該將特殊學童大部分的時間安置於一般學校，並且必要時才可以移除其所需要的特殊協助。這個活動稱為**回歸主流教育（mainstreaming）**，因為這種教育方式讓特殊學童可以留在一般教育環境下，並可以擁有一般的社會及教育發展。聯邦法保護這些特殊學童的權利，並且有著以下幾點好處。第一，有特殊需求的學生可以學習讓自己適應一般的世界，並且學習如何與沒有身心障礙的學生們互動。第二，同樣重要的是讓一般小孩直接與特殊學童接觸，讓他們了解這些學童跟他們一樣是一般人，並無二致，而且了解到他們也是值得結交的朋友（Augustine, Gruber, & Hanson, 1990; Sprinthall, Sprinthall, & Oja, 1998）。

> **回歸主流教育**
> 此教育理念的目的，是希望特殊教育之兒童能夠整合入常規教育系統，與其他學童一起學習。

複習

教育心理學家長久以來都在改善教學及測驗的方法，令人振奮的是，基於新概念與方法的教育心理學，可以讓更多的學童從學校系統中受益。精熟式學習可以成功改善學習狀況，並且減少學習者之間的差距。還有直接指導法藉由學習的原理發展出許多有效的方法來改善教學方法。其他給老師的方法則聚焦於如何增強學生的學習動機。而標準參照測驗則是以不同的方式來看待成功的學習—教導學童那些必要的技能和知識。回歸主流教育這個概念確保有特殊需求的孩子們在教育系統中都能有他的位置。

想一想

1. 請你想想看，精熟式學習如何提供每個人最大的公平性？
2. 本書已經使用易於學習的方式來設計內容。想想是否還有其他方法可以改善本書？

心理學的應用　佛家思想與心理學的應用

心理學是研究一個人的內在思考與外顯行為的一門科學，透過第1至16章的理論說明，協助你從不同的角度來了解你的心理世界，也就是你這個人。佛家強調覺醒的人，也就是了解自己實踐自我的人。從這個角度出發，心理學本身是透過科學的方法來了解人的一門學科，而佛學則是幫助你覺察自我與展現自我的一門藝術。

身為臨床心理師（本書譯者）主要工作任務就是採用心理學的知識來解析一個人的痛苦，並且應用心理學的理論來改善個案的苦惱。本章所談的即是心理學的應用，也就是將心理學實踐於生活之中，也是提醒你這門學科是可以協助你提升生活品質的一門學科。

苦、集、滅、道是佛學對於心理世界的觀點，苦指的是心理的痛苦（如：心理疾病）、集是心理痛苦的根源（如：健康心理學所提壓力模式）、滅是心理的痛苦可以消除（如：心理治療），道為邁向幸福的方法。在第14章已經談到許多心理困擾與心理疾病也就是我們可能的苦；在第13章以壓力模式來談為何會生病，也就是心理困擾的起因；在15章提到許多消除心理困擾的治療策略。在這次心理學的應用，將說明提升幸福感的八正道。

1. 正見（我們有能力轉化自身的痛苦）：我們的認知思考（第9章）影響著我們的生活，正見就是理性思考來面對生活的困境。在面對生活困境時，採用樂觀的思考或者是透過心理諮商（治療）來調整想法，讓自己過得更開心。
2. 正思維（反映事情的真貌）：我們的思想隨著生命的成長（第10章發展心理學）不同而有所差異，覺察到自己當下的成長階段、生活環境、情緒狀態，來調整自己的思考方式。簡單來說，不同生活經驗的人所看到的事情樣貌也有所不同，正思維就是回到自己當下的狀態，來重新看到生命的困境。最好的方法，就是休假讓自己出去走一走，換個腦袋重新出發。
3. 正語（不妄語、不兩舌、不惡口、不綺語）：在第16章社會心理學提到許多人際互動的議題，正語就是在與他人互動的過程中，真誠地表達自己的想法，減少惡言相向以及不適切的正向語言。
4. 正業：尊重生命、促進公益以及為自己負責是正業的三大原則，健康人格（第12章）發展就是採用正業的態度過生活。
5. 正命：為了生活我們必須工作，正命就是選取符合慈悲心的謀生之道。心理師的工作就是一種慈悲心的展現，透過專業知識的發揮與慈悲的態度，帶領個體從苦悶的人生邁向幸福天堂。
6. 正精進：保持身心健康就要持續地推動健康心理活動，如：良好的休閒活動、健康飲食、正向人際等等。
7. 正念：在第6章意識已經提到許多覺察自己的正念方法，正念就是覺察自己當下的狀態，讓自己活在當下。
8. 正定：我們都受到七情六慾的牽動（第11章動機與情緒），正定就是雖然身邊的環境有

所變動，心依然安住當下。『風來疏竹、風止而舞竹自停』，學習覺察自己的內在慾望與情緒波動，透過放鬆呼吸法，讓自己的心安定，然後再做決定。

安心的睡覺　　快樂的吃飯　　找朋友一起運動

本章總結

第 17 章主要是闡述心理學如何應用在環境、管理、建築設計、法律及教育領域。

I. 環境心理學利用心理學方法研究在不同建築設計下人們的行為反應，以及人類行為如何影響環境。

II. 人類活動造成人口過剩、資源耗竭和汙染，這些因素威脅地球供養眾多生命的能力。
　A. 為了避免地球環境受到不可挽回的傷害，我們必須要從個人、企業，以及政府層面進行改變。
　B. 心理學家已從兩種傳統心理學理論發展不同的技巧來改變人類破壞環境的行為。
　　1. 行為取向的特徵是藉由學習的原理來改變行為並搭配嚴謹的評估來衡量該技術在現實世界的有效性。
　　2. 認知及人本主義取向聚焦於態度、價值、信念及環境條件的改變。
　　3. 近年來，兩種傳統取向的心理學家都承認合併兩取向中最好之處是有必要的。

III. 在企業工作的心理學家我們稱之為工業暨組織心理學家。他們幫助企業較有效率地遴選、教

育、組織及管理他們的員工。協助改善器械使用安全性及效率的學科我們稱之為人因工程。
- A. 智力是預測新進員工是否會有好成績的最好指標，但對於簡單的工作則不是那麼有效。隨著時間，因為智力所帶來的優勢不是那麼重要，因為員工都可以獲得工作所需要的知識與技能。
- B. 結構性面談比非結構性面談更適合作為遴選員工的方式。
- C. 要挑選經驗豐富的員工使用工作相關知識測驗及工作表現測驗是較有效的方法。
- D. 人格向度中的認真嚴謹是非智力指標中預測良好成績重要因素。
- E. 下列幾種方法是用來評估員工的工作表現。
  1. 員工表現可以藉由工作表現評量，例如多步驟評量表及工作表現檢核表。
  2. 衡鑑中心常常進行評估管理階層職務的候選人。
- F. 企業中心理師最高的目標是增加工作滿意度及生產力。他們能夠藉由下面幾點達成這兩個目標：
  1. 為每個職位選擇適合的人。
  2. 改善督導的方式。
  3. 改善組織管理的方式。
  4. 改善物理環境的條件。
- G. 員工健康計畫不僅可以改善工作滿意度，還可以減少員工健康相關經費支出，並且間接減少重要員工因健康因素而離職和促死的成本。

IV. 心理學家利用其研究方法去探討影響審判的因素。
- A. 他們發現被告的特質會影響他們被定罪與否或是刑責的輕重。在民事案件中，原告及被告的特質同樣會影響陪審團的判斷。
- B. 相較於其他人，某些類型的陪審員較容易認為被告有罪且給予較重的處罰。
- C. 證據呈現的順序會影響審判。

V. 教育領域的心理學家會提供教師訓練、測驗系統諮詢或任用為校園心理師。
- A. 精熟式學習法是改善學童學習狀況的成功案例。Benjamin Bloom 相信在學童未精熟該階段任務時，不應該往下階段前進。運用電腦輔助教學系統可以很輕易的將精熟式學習帶入學童的學習過程中。
- B. 直接式教學法可以藉由注意下列幾點改善教室中的學習狀況：
  1. 積極的引導。
  2. 凸顯那些學生需要學會的新的技能還有資訊。
  3. 新訊息呈現的方式不應該太多，以適合學習與了解為佳。
  4. 經常詢問學生他們學到了什麼東西。
  5. 對於正確的答案應該經常提供正增強，對於錯誤的答案應該溫和地糾正。
- C. 研究指出，當教師提供有趣的題材讓學生選擇，以及告訴他們哪些東西是重要的，學生會學得更多。
- D. 標準參照測驗是用來指出學童是否有達到特殊學習目標的最低要求。
- E. 美國聯邦法律規定每個小孩都有權利接受公民教育，不論他是否有殘疾。並且教育環境應盡可能減少所可能造成的限制。

課程活動

想一想，你未來想成為怎樣的心理學家呢？你將如何應用心理學的知識於生活中呢？在2015年由亞洲大學心理系所主辦的臨床心理學的藍海學與用合一國際研討會中，針對成人心理衛生、神經科學與復健醫學、企業組織、兒童心理衛生、健康心理學以及司法領域進行產業界與學界間的對話。由此國際會議的討論，可以發現台灣心理學的應用將從傳統的市場航向寬廣的藍海。本週課堂練習，就從整自己的初衷與計劃自己的未來，大家思考一下，未來想將心理學應用在什麼領域。

可以先練習討論，若你是心理師，你的工作將滿足你哪種心理需求：

1. 心理師是餬口的工作。
2. 心理師是穩定的工作。
3. 心理師讓我有歸屬感。
4. 心理師這個工作讓我有成就感。
5. 成為心理師是我的夢想。

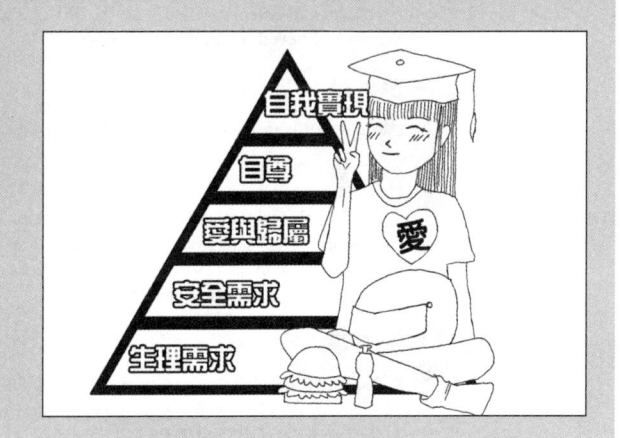

圖片來源

第 3 章

圖**3.15** From Penfield/Rasmussen. THE CEREBRAL CORTEX OF MAN. © 1950 Gale, a part of Cengage Learning, Inc. Reproduced by permission. www.cengage.com/permission.

第 5 章

圖**5.29** Figure from James T. Todd, Augustinus H. J. Oomes, Jan J. Koenderink, and Astrid M. L. Kappers, "The Perception of Doubly Curved Surfaces from Anistropic Textures," *Psychological Science*, vol. 15, no. 1, 2004. Used by permission of Blackwell Publishing; 圖**5.30** Figure from James T. Todd, Augustinus H. J. Oomes, Jan J. Koenderink, and Astrid M. L. Kappers, "The Perception of Doubly Curved Surfaces from Anistropic Textures," *Psychological Science*, vol. 15, no. 1, 2004. Used by permission of Blackwell Publishing; 圖**5.43** Copyright 2004 Steven K. Shevell. Used by permission.

第 6 章

圖**6.2** Records provided by T. E. LeVere. Used by permission.

第 8 章

圖**8.8** "An Experimental Study of the Effect of Language on the Reproduction of Visually Perceived Forms," L. Carmichael, H. P. Hogan and A. A. Walter, *Journal of Experimental Psychology* 15:73–86, 1932; 圖**8.11** Allport, G. W. & Postman, L. (1947). *The Psychology of Rumor.* Copyright © 1947 Henry Holt & Company. Illustration © Graphic Presentation Services.

第 9 章

圖**9.4** KOHLER, WOLFGANG; THE TASK OF GESTALT PSYCHOLOGY. © 1969 Princeton University Press, 1997 renewed PUP. Reprinted by permission of Princeton University Press; 圖**9.5** KOHLER, WOLFGANG; THE TASK OF GESTALT PSYCHOLOGY. © 1969 Princeton University Press, 1997 renewed PUP. Reprinted by permission of Princeton University Press; 圖**9.12** Sample item from the *Raven's Progressive Matrices (Standard, Sets A-3).* Copyright © 1976, 1958, 1938 NCS Pearson, Inc. Reproduced with permission. All rights reserved. *"Raven's Progressive Matrices," "Differential Aptitude Tests"* and *"DAT"* are trademarks, in the US and/or other countries, of Pearson Education, Inc. or its affiliate(s).

第 10 章

圖**10.5** Adapted from figure 1c: Fluid and crystallized intelligence increase with age into adulthood and then begin to decline. Note that fluid intelligence peaks earlier and declines more rapidly than crystallized intelligence. S.-C. Li, Lindenberger, Hommel, Aschersleben, Prinz, & Baltes, 2004, *Psychological Science*, 15, 155–163. Copyright © 2004 Blackwell Publishing. Used by permission of Blackwell Publishing.

第 13 章

圖**13.1** Reprinted from Thomas H. Holmes and R. H. Rahe, "The Social Readjustment Scale," *The Journal of Psychosomatic Research, V11: Page 214 © 1967* Elsevier Inc. With permission from Elsevier.

第 14 章

Page 483 From THE EXPERIENCE OF ANXIETY: A CASEBOOK, EXPANDED EDITION by Michael J. Goldstein & James O. Palmer, copyright © Michael J. Goldstein & James O. Palmer. Used by permission of Oxford University Press, Inc; **487** L. C. Kolb, *Modern Clinical Psychiatry*, 9th edition. 1977, p. 455. Used by permission; **490-491** L. C. Kolb, *Modern Clinical Psychiatry,* 9th edition. 1977, pp. 455–56. Used by permission.

第 17 章

圖**17.3** Sample item from the *Differential Aptitude Tests: Fourth Edition (DAT-4).* Copyright © 1972, 1982 by NCS Pearson. Reproduced with permission. All rights reserved. *"Raven's Progressive Matrices," "Differential Aptitude Tests"* and *"DAT"* are trademarks, in the US and/or other countries, of Pearson Education, Inc. or its affiliate(s); 圖**17.4** Sample item from the *Differential Aptitude Tests: Fourth Edition (DAT-4).* Copyright © 1972, 1982 by NCS Pearson. Reproduced with permission. All rights reserved. *"Raven's Progressive Matrices," "Differential Aptitude Tests"* and *"DAT"* are trademarks, in the US and/or other countries, of Pearson Education, Inc. or its affiliate(s).

照片來源

第 2 章

頁：**33** © Image Source/PictureQuest.

第 3 章

頁：**49**: © Manfred Kage/Peter Arnold, Inc.; **65**: Dr. Nancy Andreasen, The University of Iowa Hospitals and Clinics; **67**: (左) National Library of Medicine, (右) Meyers, Berman, Schiebel, Hayman/Department of Neuro-Oncology, M.D. Anderson Cancer Center; **70**: Dr. Marcus Raichle, Washington University School of Medicine; **71**: (上) Monte S. Buchsbaum, M.D., Mt. Sinai School of Medicine, New York, NY, (中) Edythe D. London, **72**: David N. Levin, University of Chicago.

第 4 章

頁：**89**: Digital Vision; **91**: Science Photo Library/Photo Researchers Inc.

第 5 章

頁：**112**: © Michael Newman/PhotoEdit, Inc.; **119**: Bob Coyle/The McGraw-Hill Companies; **140**: Kaiser Porcelain LTD. England;**143**: (由左至右) PhotoLink/Getty Images, © RF/Corbis, © John Aikins/Corbis; **145**: (左) © Bettmann/Corbis, (右) Library of Congress Prints and Photographs Division LC-DIG-ppmsca-06808; **148**: © David Wells/The Image Works.

第 10 章

頁：**314**: (上，由左至右) CMCD/Getty Images; Photomondo/Getty Images, (中上，由左至右) BananaStock/PictureQuest/Jupiter Images, MedioImages/Alamy Images, (中下，由左至右) Creatas/PunchStock, © RF/Corbis, (下，由左至右): Martial Colomb/Getty Images; © RF/Corbis; **334**: (上，全) Ryan McVay/Getty Images, (中上，全) © RF/Corbis, (中下，由左至右) Ryan McVay/Getty Images; Stockbyte/Getty Images, (下，由左至右) Blend Images/Getty Images; c Fancy Photography/Veer.

第 17 章

頁：**567**: Photodisc/PunchStock.